Stephanie Woolley Exposed

Die Führerin hinter Trans Alliance Toronto

Anjali Alvarez

ISBN: 9781998610808
Imprint: Telephasischewerkstatt
Copyright © 2024 Anjali Alvarez.
All Rights Reserved.

Contents

Einleitung: Die Bedeutung von LGBTQ-Aktivismus   1
Die Entstehung von LGBTQ-Rechten   1
Warum Stephanie Woolley?   25
Ziel und Struktur des Buches   51

Bibliography   63

Frühes Leben und Hintergrund   75
Kindheit und Familie   75

Bibliography   81

Bibliography   101
Bildung und Formung ihrer Ansichten   101

Bibliography   117
Persönliche Herausforderungen   124

Bibliography   141

Bibliography   145

Der Beginn des Aktivismus   151
Die Gründung von Trans Alliance Toronto   151
Öffentlichkeitsarbeit und Sichtbarkeit   176
Politische Kämpfe und Lobbyarbeit   199

Die Herausforderungen des Aktivismus   227
Diskriminierung und Widerstand   227

Bibliography 245
Psychische Gesundheit im Aktivismus 252

Bibliography 259

Bibliography 267
Rückschläge und Resilienz 279

Erfolge und Meilensteine 301
Wichtige Errungenschaften von Trans Alliance Toronto 301
Einfluss auf die Gemeinschaft 325

Bibliography 329

Bibliography 333
Auszeichnungen und Ehrungen 350

Bibliography 375

Die Zukunft des Aktivismus 377
Stephanie Woolleys Vision für die Zukunft 377

Bibliography 393

Bibliography 397
Die Rolle der Gemeinschaft 405

Bibliography 417
Ein Aufruf zum Handeln 430

Fazit: Das Vermächtnis von Stephanie Woolley 457
Reflexion über ihre Reise 457
Die Bedeutung von LGBTQ-Aktivismus 480
Abschließende Gedanken 503

Bibliography 509

Bibliography 515

Index 529

Einleitung: Die Bedeutung von LGBTQ-Aktivismus

Die Entstehung von LGBTQ-Rechten

Historische Rückblicke auf LGBTQ-Kämpfe

Die Geschichte der LGBTQ-Kämpfe ist eine Geschichte von Mut, Widerstand und der unermüdlichen Suche nach Gerechtigkeit. Diese Kämpfe sind nicht nur Teil der Geschichte der LGBTQ-Community, sondern auch ein integraler Bestandteil der globalen Menschenrechtsbewegung. Um die heutige Situation zu verstehen, ist es entscheidend, die historischen Kontexte und die Entwicklung der LGBTQ-Rechte zu betrachten.

Frühe Kämpfe und die Entstehung von Identitäten

Die Wurzeln der LGBTQ-Bewegung reichen bis ins 19. Jahrhundert zurück, als sich erste Formen von Identität und Gemeinschaft zu bilden begannen. In dieser Zeit begannen Menschen, die sich nicht den heteronormativen Erwartungen der Gesellschaft anpassten, sich zu organisieren und ihre Stimmen zu erheben. Eine der ersten dokumentierten Organisationen war die *Scientific-Humanitarian Committee*, die 1897 in Deutschland gegründet wurde. Diese Organisation setzte sich für die Rechte von Homosexuellen ein und forderte die Aufhebung des Paragraphen 175, der homosexuelle Handlungen zwischen Männern kriminalisierte.

Der Einfluss der Stonewall-Unruhen

Ein Wendepunkt in der Geschichte des LGBTQ-Aktivismus war die Stonewall-Rebellion im Jahr 1969 in New York City. Diese Ereignisse wurden als direkte Antwort auf Polizeirazzien in der Stonewall Inn, einer beliebten Bar der

LGBTQ-Community, ausgelöst. Die Rebellion markierte den Beginn einer neuen Ära des Aktivismus, in der die Menschen offen für ihre Rechte kämpften. Die Stonewall-Unruhen führten zur Gründung vieler LGBTQ-Organisationen und wurden zum Symbol für den Widerstand gegen Diskriminierung.

$$\text{Aktivismus}_{\text{nach Stonewall}} = \text{Identität} + \text{Solidarität} + \text{Widerstand} \qquad (1)$$

Diese Gleichung verdeutlicht, dass der Aktivismus nach Stonewall nicht nur eine Frage der Identität war, sondern auch von Solidarität und dem kollektiven Widerstand gegen Unterdrückung geprägt wurde.

Die 1980er Jahre: AIDS-Krise und Aktivismus

In den 1980er Jahren wurde die LGBTQ-Community mit einer weiteren Herausforderung konfrontiert: der AIDS-Krise. Diese Epidemie traf die Gemeinschaft besonders hart und führte zu einem massiven Verlust von Leben. Die Reaktion auf die Krise war jedoch nicht nur eine Welle der Trauer, sondern auch ein Aufruf zum Handeln. Organisationen wie ACT UP (AIDS Coalition to Unleash Power) entstanden, die sich für die Rechte von Menschen mit HIV/AIDS einsetzten und gegen die Stigmatisierung kämpften.

$$\text{Aktivismus}_{\text{AIDS}} = \text{Gesundheit} + \text{Aufklärung} + \text{Rechte} \qquad (2)$$

Diese Gleichung zeigt, dass der Aktivismus während der AIDS-Krise stark von den Themen Gesundheit, Aufklärung und den Rechten der Betroffenen geprägt war. Die Bewegung setzte sich für den Zugang zu Behandlungen und die Entstigmatisierung von HIV-positiven Menschen ein.

Die 1990er Jahre bis heute: Vielfalt und intersektionaler Aktivismus

Mit dem Fortschritt der LGBTQ-Rechte in den 1990er Jahren wurde die Bewegung vielfältiger. Es entstand ein Bewusstsein für die intersektionalen Aspekte des Aktivismus, die die Erfahrungen von Menschen berücksichtigten, die nicht nur aufgrund ihrer Sexualität, sondern auch aufgrund ihrer Rasse, Geschlechtsidentität oder sozialen Herkunft diskriminiert wurden. Diese neue Perspektive führte zur Entstehung von Organisationen, die sich für die Rechte von LGBTQ-Personen mit unterschiedlichen Hintergründen einsetzten.

Ein Beispiel für diese Entwicklung ist die Gründung von *Black Lives Matter*, die nicht nur rassistische Diskriminierung anprangert, sondern auch die spezifischen Herausforderungen, denen sich LGBTQ-Personen innerhalb der afroamerikanischen Gemeinschaft gegenübersehen.

$$\text{Intersektionalität} = \text{Identität}_{\text{Rasse}} + \text{Identität}_{\text{Geschlecht}} + \text{Identität}_{\text{Sexualität}} \quad (3)$$

Diese Gleichung verdeutlicht, dass die Identität einer Person aus verschiedenen Aspekten besteht, die zusammen die Erfahrungen von Diskriminierung und Widerstand prägen.

Fazit: Die fortwährenden Kämpfe und Erfolge

Die historische Rückschau auf die Kämpfe der LGBTQ-Community zeigt, dass der Weg zur Gleichheit und Akzeptanz von zahlreichen Herausforderungen geprägt war. Dennoch haben die Aktivisten, die vor uns kamen, den Grundstein für die heutigen Errungenschaften gelegt. Die Bedeutung von Sichtbarkeit, Repräsentation und Solidarität bleibt entscheidend, während wir weiterhin für die Rechte aller LGBTQ-Personen kämpfen.

In den letzten Jahren haben wir bedeutende Fortschritte gesehen, darunter die Legalisierung der gleichgeschlechtlichen Ehe in vielen Ländern und die zunehmende Akzeptanz von LGBTQ-Personen in der Gesellschaft. Doch der Kampf ist noch lange nicht vorbei. Diskriminierung, Gewalt und Ungerechtigkeit sind nach wie vor Realität für viele Menschen in der LGBTQ-Community. Es ist unsere Verantwortung, diese Geschichte zu kennen und die Lektionen aus der Vergangenheit zu nutzen, um eine gerechtere Zukunft zu gestalten.

$$\text{Zukunft}_{\text{LGBTQ}} = \text{Erinnerung} + \text{Aktion} + \text{Hoffnung} \quad (4)$$

Diese Gleichung fasst zusammen, dass unsere Zukunft auf der Erinnerung an die Vergangenheit, der aktiven Teilnahme am gegenwärtigen Kampf und der Hoffnung auf eine bessere Welt basiert.

Der Einfluss der Stonewall-Unruhen

Die Stonewall-Unruhen, die in der Nacht vom 27. auf den 28. Juni 1969 in New York City stattfanden, gelten als Wendepunkt in der Geschichte des LGBTQ-Aktivismus. Diese Ereignisse, die in der Stonewall Inn, einer schwulen Bar im Greenwich Village, begannen, waren das Ergebnis jahrelanger Diskriminierung, Verfolgung und Gewalt gegen die LGBTQ-Community. Um den Einfluss der Stonewall-Unruhen zu verstehen, ist es wichtig, die sozialen und politischen Kontexte zu betrachten, die zu diesen Ereignissen führten.

Historischer Kontext

In den 1960er Jahren waren homosexuelle Handlungen in vielen Teilen der Vereinigten Staaten illegal, und die LGBTQ-Community sah sich regelmäßig Diskriminierung, Verhaftungen und Gewalt ausgesetzt. Die Polizei führte oft Razzien in Bars und Clubs durch, die als Treffpunkte für LGBTQ-Personen dienten. Diese Razzien waren nicht nur eine Form der Kriminalisierung, sondern auch eine öffentliche Demütigung für die Betroffenen. Das Stonewall Inn war eine der wenigen Bars, die sich bereit erklärte, LGBTQ-Personen zu akzeptieren, was es zu einem wichtigen sozialen Raum machte.

Die Unruhen

Die Unruhen begannen, als die Polizei das Stonewall Inn erneut durchsuchte. An diesem Abend wehrten sich die Gäste der Bar gegen die Verhaftungen und die Polizeigewalt. Diese Rebellion, die zunächst als spontane Reaktion auf die Polizeirazzia begann, entwickelte sich schnell zu einem organisierten Protest. Die Menschen strömten auf die Straßen, skandierten Parolen und forderten Gleichheit und Gerechtigkeit. Die Unruhen dauerten mehrere Nächte an und zogen die Aufmerksamkeit der Medien und der Öffentlichkeit auf sich.

Theoretische Perspektiven

Die Stonewall-Unruhen können durch verschiedene theoretische Perspektiven betrachtet werden. Eine davon ist die Theorie des sozialen Wandels, die besagt, dass kollektive Aktionen, wie sie in Stonewall stattfanden, oft als Katalysatoren für gesellschaftliche Veränderungen fungieren. Die Unruhen führten zur Gründung zahlreicher LGBTQ-Organisationen und zur Mobilisierung der Community, was einen grundlegenden Wandel im gesellschaftlichen Bewusstsein über LGBTQ-Rechte zur Folge hatte.

Ein weiterer theoretischer Ansatz ist die intersektionale Theorie, die die verschiedenen Identitäten und Diskriminierungsformen berücksichtigt, die Menschen betreffen können. Die Stonewall-Unruhen waren nicht nur ein Aufstand gegen die Diskriminierung von Homosexuellen, sondern auch ein Ausdruck des Widerstands gegen Rassismus, Sexismus und Klassismus innerhalb der LGBTQ-Community.

Langfristige Auswirkungen

Die Stonewall-Unruhen hatten weitreichende Auswirkungen auf den LGBTQ-Aktivismus und die Gesellschaft insgesamt. Sie führten zur Gründung von Organisationen wie der Gay Liberation Front und der Human Rights Campaign, die sich für die Rechte von LGBTQ-Personen einsetzen. Die Unruhen inspirierten auch die erste Christopher Street Day Parade im Jahr 1970, die als erste Gay Pride Parade gilt und die Sichtbarkeit und den Stolz der LGBTQ-Community feierte.

Darüber hinaus trugen die Stonewall-Unruhen zur Entstigmatisierung von Homosexualität und zur Anerkennung von LGBTQ-Rechten als Menschenrechte bei. Die Unruhen wurden zum Symbol für den Kampf um Gleichheit und Gerechtigkeit und sind bis heute ein wichtiger Bestandteil der LGBTQ-Geschichte.

Beispiele für den Einfluss

Ein bemerkenswertes Beispiel für den Einfluss der Stonewall-Unruhen ist die Entscheidung des US-Obersten Gerichtshofs im Jahr 2015, die gleichgeschlechtliche Ehe in den gesamten Vereinigten Staaten zu legalisieren. Diese Entscheidung wurde von vielen als direkte Folge der jahrzehntelangen Bemühungen und des Aktivismus inspiriert, der durch die Stonewall-Unruhen angestoßen wurde.

Ein weiteres Beispiel ist die zunehmende Sichtbarkeit von LGBTQ-Personen in den Medien, Politik und Gesellschaft. Die Stonewall-Unruhen haben dazu beigetragen, dass LGBTQ-Themen in den Mainstream gerückt sind und dass viele Menschen stolz darauf sind, ihre Identität zu leben und zu feiern.

Fazit

Zusammenfassend lässt sich sagen, dass die Stonewall-Unruhen einen entscheidenden Einfluss auf den LGBTQ-Aktivismus und die gesellschaftliche Wahrnehmung von LGBTQ-Rechten hatten. Sie waren nicht nur ein Moment des Widerstands, sondern auch der Beginn eines langfristigen Kampfes für Gleichheit und Gerechtigkeit. Die Unruhen haben eine Bewegung ausgelöst, die bis heute anhält und die weiterhin für die Rechte und die Sichtbarkeit von LGBTQ-Personen auf der ganzen Welt kämpft.

Die Rolle von Aktivisten in der Gesellschaft

Aktivisten spielen eine entscheidende Rolle in der Gesellschaft, indem sie sich für soziale Veränderungen einsetzen und die Stimme der Marginalisierten erheben. Ihre Arbeit ist nicht nur auf die Sichtbarkeit von Themen beschränkt, sondern umfasst auch das Streben nach rechtlichen, politischen und gesellschaftlichen Veränderungen. In diesem Abschnitt betrachten wir die verschiedenen Dimensionen der Rolle von Aktivisten, ihre Herausforderungen und den Einfluss, den sie auf die Gesellschaft ausüben.

Die Definition von Aktivismus

Aktivismus kann als eine Form des Engagements definiert werden, das darauf abzielt, soziale, politische oder wirtschaftliche Veränderungen herbeizuführen. Aktivisten nutzen verschiedene Strategien, um ihre Ziele zu erreichen, darunter Proteste, Lobbyarbeit, Bildungskampagnen und die Nutzung von sozialen Medien. Die Motivation hinter dem Aktivismus kann vielfältig sein, von persönlicher Betroffenheit bis hin zu einem breiten gesellschaftlichen Interesse an Gerechtigkeit und Gleichheit.

Die Auswirkungen von Aktivismus

Aktivismus hat das Potenzial, tiefgreifende Veränderungen in der Gesellschaft zu bewirken. Ein Beispiel hierfür sind die Stonewall-Unruhen von 1969, die als Wendepunkt für die LGBTQ-Bewegung in den USA gelten. Diese Ereignisse führten nicht nur zu einer verstärkten Sichtbarkeit von LGBTQ-Rechten, sondern auch zu einer Vielzahl von Organisationen, die sich für Gleichheit und Akzeptanz einsetzen. Die Auswirkungen von Aktivismus sind oft messbar in Form von Gesetzesänderungen, gesellschaftlichen Einstellungen und der Schaffung sicherer Räume für marginalisierte Gruppen.

Herausforderungen für Aktivisten

Trotz ihrer wichtigen Rolle sehen sich Aktivisten häufig erheblichen Herausforderungen gegenüber. Diskriminierung, Widerstand von Institutionen und gesellschaftliche Vorurteile können den Fortschritt behindern. Darüber hinaus kann die psychische Gesundheit von Aktivisten durch den ständigen Druck und die emotionalen Belastungen, die mit ihrem Engagement verbunden sind, beeinträchtigt werden. Um diesen Herausforderungen zu begegnen, ist es wichtig, Unterstützungssysteme zu schaffen und auf Selbstfürsorge zu achten.

Die Rolle von Netzwerken und Gemeinschaften

Aktivisten sind oft Teil größerer Netzwerke, die den Austausch von Ressourcen, Wissen und Unterstützung fördern. Diese Netzwerke sind entscheidend für den Erfolg von Kampagnen und Initiativen. Sie ermöglichen es Aktivisten, ihre Erfahrungen zu teilen, voneinander zu lernen und gemeinsam Strategien zu entwickeln. Die Stärke dieser Gemeinschaften kann den Unterschied zwischen Erfolg und Misserfolg ausmachen.

Bildung und Aufklärung

Ein zentraler Aspekt des Aktivismus ist die Bildung. Aktivisten nutzen Aufklärung, um Vorurteile abzubauen und das Bewusstsein für soziale Probleme zu schärfen. Dies kann durch Workshops, Vorträge, Publikationen und die Nutzung sozialer Medien geschehen. Bildung ist ein mächtiges Werkzeug, das nicht nur zur Sensibilisierung beiträgt, sondern auch dazu, Menschen zu ermutigen, aktiv zu werden und sich für Veränderungen einzusetzen.

Aktivismus in der digitalen Ära

Mit dem Aufkommen des Internets und sozialer Medien hat sich die Art und Weise, wie Aktivismus betrieben wird, erheblich verändert. Online-Plattformen bieten Aktivisten die Möglichkeit, ihre Botschaften schnell und weitreichend zu verbreiten. Hashtags wie #BlackLivesMatter oder #MeToo haben globale Bewegungen ins Leben gerufen und Millionen von Menschen mobilisiert. Diese digitalen Werkzeuge haben die Reichweite des Aktivismus erweitert und neue Formen des Engagements geschaffen.

Intersektionalität im Aktivismus

Ein wichtiger Aspekt des modernen Aktivismus ist die Berücksichtigung von Intersektionalität. Diese Theorie, die von Kimberlé Crenshaw geprägt wurde, besagt, dass verschiedene Formen der Diskriminierung, wie Rassismus, Sexismus und Homophobie, sich überschneiden und verstärken können. Aktivisten, die intersektionale Perspektiven einnehmen, sind in der Lage, umfassendere Lösungen für soziale Probleme zu entwickeln und eine breitere Basis von Unterstützern zu mobilisieren.

Die Verantwortung der Gesellschaft

Die Rolle von Aktivisten wird nicht nur durch ihre eigenen Anstrengungen definiert, sondern auch durch die Reaktionen der Gesellschaft. Es ist entscheidend, dass die Gesellschaft aktiv auf die Anliegen von Aktivisten reagiert, sei es durch Unterstützung, Dialog oder Veränderungen in der Politik. Eine Gesellschaft, die aktiv auf die Bedürfnisse ihrer Mitglieder eingeht, fördert eine Kultur des Respekts und der Gleichheit.

Fallstudien erfolgreicher Aktivisten

Um die Rolle von Aktivisten in der Gesellschaft besser zu verstehen, betrachten wir einige Fallstudien. Ein Beispiel ist Marsha P. Johnson, eine afroamerikanische Transfrau und Aktivistin, die eine Schlüsselrolle bei den Stonewall-Unruhen spielte und die Organisation Street Transvestite Action Revolutionaries (STAR) gründete. Ihre Arbeit hat nicht nur die LGBTQ-Rechte vorangetrieben, sondern auch das Bewusstsein für die Herausforderungen von Transgender-Personen geschärft.

Ein weiteres Beispiel ist Harvey Milk, der erste offen schwule gewählte Beamte in Kalifornien. Milk nutzte seine Plattform, um für die Rechte der LGBTQ-Community zu kämpfen und wurde zu einem Symbol für den Kampf gegen Diskriminierung. Seine Botschaften von Hoffnung und Akzeptanz inspirieren weiterhin Generationen von Aktivisten.

Fazit

Die Rolle von Aktivisten in der Gesellschaft ist von entscheidender Bedeutung für den Fortschritt und die Förderung von Gerechtigkeit. Durch ihre unermüdlichen Bemühungen, Sichtbarkeit zu schaffen, Bildung zu fördern und Veränderungen herbeizuführen, tragen Aktivisten dazu bei, eine gerechtere und inklusivere Gesellschaft zu schaffen. Es liegt an uns allen, ihre Arbeit zu unterstützen und uns aktiv an diesem wichtigen Prozess zu beteiligen.

Die Bedeutung von Sichtbarkeit und Repräsentation

Die Sichtbarkeit und Repräsentation von LGBTQ-Personen in der Gesellschaft sind von entscheidender Bedeutung für den Fortschritt der LGBTQ-Rechte und das allgemeine Wohlbefinden der Gemeinschaft. Sichtbarkeit bedeutet, dass LGBTQ-Personen in verschiedenen Lebensbereichen, wie Medien, Politik, Bildung und Kultur, präsent und anerkannt sind. Repräsentation hingegen bezieht sich auf die Art und Weise, wie diese Personen dargestellt werden und ob ihre Geschichten authentisch und vielfältig erzählt werden.

Theoretische Grundlagen

Die Bedeutung von Sichtbarkeit und Repräsentation kann durch verschiedene theoretische Ansätze erklärt werden. Der **Soziale Konstruktivismus** beispielsweise argumentiert, dass unsere Wahrnehmung von Identität und Realität durch soziale Interaktionen und kulturelle Kontexte geformt wird. Sichtbarkeit führt dazu, dass stereotype Vorstellungen über LGBTQ-Personen hinterfragt werden, was zu einer breiteren Akzeptanz und einem besseren Verständnis führt.

Ein weiterer relevanter theoretischer Rahmen ist die **Intersektionalität**, die von Kimberlé Crenshaw geprägt wurde. Diese Theorie besagt, dass verschiedene Identitätskategorien – wie Geschlecht, Rasse, Sexualität und Klasse – miteinander verwoben sind und dass die Erfahrungen von Diskriminierung und Privilegien nicht isoliert betrachtet werden können. Sichtbarkeit in der Repräsentation muss daher die Vielfalt innerhalb der LGBTQ-Community widerspiegeln, um alle Stimmen und Erfahrungen zu integrieren.

Probleme der Sichtbarkeit und Repräsentation

Trotz der Fortschritte in den letzten Jahrzehnten gibt es immer noch erhebliche Herausforderungen in Bezug auf Sichtbarkeit und Repräsentation. Eine der größten Herausforderungen ist die **Mediendarstellung**. Oft werden LGBTQ-Personen in den Medien auf stereotype Weise dargestellt, was zu einer verzerrten Wahrnehmung führt. Zum Beispiel werden Transgender-Personen häufig in Rollen dargestellt, die ihre Identität nicht korrekt widerspiegeln, was die gesellschaftliche Akzeptanz behindert.

Ein weiteres Problem ist die **Unterrepräsentation** von LGBTQ-Personen in Führungspositionen, sei es in der Politik, in Unternehmen oder in anderen einflussreichen Bereichen. Diese Unterrepräsentation führt dazu, dass die spezifischen Bedürfnisse und Anliegen der LGBTQ-Community oft ignoriert oder nicht ausreichend berücksichtigt werden.

Beispiele für positive Veränderungen

Es gibt jedoch auch ermutigende Beispiele für positive Veränderungen in Bezug auf Sichtbarkeit und Repräsentation. Die **Stonewall-Unruhen** von 1969 sind ein historisches Beispiel für den Kampf um Sichtbarkeit. Diese Ereignisse führten zu einem massiven Anstieg des Aktivismus und der Sichtbarkeit von LGBTQ-Personen in den USA und weltweit.

In den letzten Jahren haben sich auch viele Unternehmen und Organisationen für die Sichtbarkeit von LGBTQ-Personen eingesetzt. Die Einführung von **Pride-Monaten** und -Veranstaltungen in vielen Städten ist ein Beispiel dafür, wie Sichtbarkeit gefördert werden kann. Diese Veranstaltungen bieten nicht nur einen Raum für Feierlichkeiten, sondern auch für politische und soziale Diskussionen.

Ein weiteres Beispiel ist die zunehmende Präsenz von LGBTQ-Personen in den sozialen Medien. Plattformen wie Instagram und Twitter ermöglichen es Einzelpersonen, ihre Geschichten zu teilen und eine Gemeinschaft zu bilden, die sich gegenseitig unterstützt. Diese Art der Sichtbarkeit kann helfen, Vorurteile abzubauen und ein besseres Verständnis für die Herausforderungen zu schaffen, mit denen die LGBTQ-Community konfrontiert ist.

Schlussfolgerung

Zusammenfassend lässt sich sagen, dass Sichtbarkeit und Repräsentation von entscheidender Bedeutung sind, um die Rechte und das Wohlbefinden von LGBTQ-Personen zu fördern. Die Herausforderungen, die in diesem Bereich bestehen, erfordern kollektive Anstrengungen, um sicherzustellen, dass alle Stimmen gehört werden und dass die Vielfalt innerhalb der Community anerkannt wird. Nur durch eine authentische und vielfältige Repräsentation können wir eine gerechtere und inklusivere Gesellschaft schaffen, in der jeder Mensch, unabhängig von seiner sexuellen Orientierung oder Geschlechtsidentität, respektiert und akzeptiert wird.

Wie Aktivismus das Leben von Einzelpersonen verändert

Aktivismus ist nicht nur ein kollektives Unterfangen, sondern hat auch tiefgreifende Auswirkungen auf das Leben von Einzelpersonen. Diese Veränderungen können in verschiedenen Dimensionen beobachtet werden, darunter psychologische, soziale und politische Aspekte. Im Folgenden werden die zentralen Punkte herausgearbeitet, die verdeutlichen, wie Aktivismus das Leben von Menschen transformieren kann.

Psychologische Veränderungen

Aktivismus kann zu einem gesteigerten Selbstbewusstsein und einem Gefühl der Eigenverantwortung führen. Individuen, die sich aktiv für eine Sache einsetzen, berichten oft von einem stärkeren Gefühl der Identität und Zugehörigkeit. Die

Psychologin Dr. Brené Brown betont in ihrer Forschung die Bedeutung von Vulnerabilität und Authentizität, die durch aktives Engagement gefördert werden. Diese psychologischen Veränderungen sind nicht zu unterschätzen, da sie das Selbstwertgefühl und die Resilienz der Aktivisten stärken.

Ein Beispiel hierfür ist die Geschichte von Alex, einem jungen Transgender-Aktivisten, der durch seine Teilnahme an der LGBTQ-Bewegung nicht nur seine eigene Identität akzeptierte, sondern auch das Gefühl entwickelte, für andere zu kämpfen. Alex berichtet: „Bevor ich aktiv wurde, fühlte ich mich oft verloren. Aber als ich anfing, meine Stimme zu erheben, fand ich nicht nur mich selbst, sondern auch eine Gemeinschaft, die mich unterstützte."

Soziale Veränderungen

Aktivismus schafft Netzwerke und Gemeinschaften, die Menschen zusammenbringen, die ähnliche Erfahrungen und Herausforderungen teilen. Diese sozialen Bindungen sind entscheidend, um Isolation zu überwinden und Unterstützung zu finden. Die Forschung zeigt, dass soziale Unterstützung eine wesentliche Rolle für das psychische Wohlbefinden spielt. Laut einer Studie von Cohen und Wills (1985) kann soziale Unterstützung Stress reduzieren und das allgemeine Wohlbefinden steigern.

Ein anschauliches Beispiel ist die Gründung von Selbsthilfegruppen innerhalb der LGBTQ-Community. Diese Gruppen bieten nicht nur emotionale Unterstützung, sondern auch Ressourcen für rechtliche und medizinische Fragen. Die Mitglieder solcher Gruppen berichten häufig von einer signifikanten Verbesserung ihres psychischen Gesundheitszustands und ihrer Lebensqualität.

Politische Veränderungen

Aktivismus hat auch direkte politische Auswirkungen, die das Leben von Einzelpersonen verändern können. Durch das Eintreten für Rechte und Gerechtigkeit können Aktivisten Gesetze und Richtlinien beeinflussen, die das Leben von Millionen von Menschen betreffen. Ein Beispiel ist die Legalisierung der gleichgeschlechtlichen Ehe in vielen Ländern, die durch jahrelange Aktivismusarbeit erreicht wurde. Diese rechtlichen Veränderungen haben nicht nur die Lebensrealität von LGBTQ-Personen verbessert, sondern auch deren gesellschaftliche Akzeptanz gefördert.

Die Gleichstellungsgesetze, die in vielen Ländern verabschiedet wurden, sind das Ergebnis harter Kämpfe und des unermüdlichen Einsatzes von Aktivisten. Diese Veränderungen zeigen, wie kollektives Handeln und individueller Einsatz zusammenwirken können, um gesellschaftliche Normen zu verändern und Menschenrechte zu fördern.

Theoretische Perspektiven

Die Auswirkungen von Aktivismus auf das Leben von Einzelpersonen können auch durch verschiedene theoretische Rahmenwerke erklärt werden. Die soziale Identitätstheorie von Henri Tajfel und John Turner (1979) legt nahe, dass das Zugehörigkeitsgefühl zu einer bestimmten Gruppe das Selbstbild und die Selbstwahrnehmung beeinflusst. Aktivisten, die sich mit einer sozialen Bewegung identifizieren, erleben oft eine Stärkung ihrer sozialen Identität, was zu einem größeren Engagement führt.

Ein weiteres relevantes Konzept ist die Theorie des sozialen Wandels. Diese Theorie postuliert, dass individuelle und kollektive Handlungen notwendig sind, um soziale Normen zu verändern. Aktivismus fungiert als Katalysator für diesen sozialen Wandel, indem er Menschen zusammenbringt und sie dazu ermutigt, sich für Veränderungen einzusetzen.

Zusammenfassung

Zusammenfassend lässt sich sagen, dass Aktivismus das Leben von Einzelpersonen auf vielfältige Weise verändert. Psychologische Veränderungen, die Entwicklung sozialer Netzwerke und die Möglichkeit, politische Veränderungen herbeizuführen, sind nur einige der Aspekte, die die transformative Kraft des Aktivismus verdeutlichen. Ob durch persönliche Geschichten oder theoretische Erklärungen, die Evidenz zeigt, dass Aktivismus nicht nur eine kollektive Anstrengung ist, sondern auch das individuelle Leben bereichert und verändert. Indem Menschen sich für eine Sache einsetzen, finden sie nicht nur ihre Stimme, sondern auch ihre Identität und ihren Platz in der Welt.

Der Einfluss von Kunst und Kultur auf den Aktivismus

Kunst und Kultur spielen eine entscheidende Rolle im LGBTQ-Aktivismus, indem sie nicht nur als Ausdrucksformen dienen, sondern auch als Mittel zur Mobilisierung und Sensibilisierung. Diese Sektion beleuchtet die verschiedenen Dimensionen, in denen Kunst und Kultur den Aktivismus beeinflussen, sowie die Herausforderungen und Theorien, die damit verbunden sind.

Theoretische Grundlagen

Die Verbindung zwischen Kunst, Kultur und Aktivismus wird häufig durch die Theorie der *Kulturellen Hegemonie* von Antonio Gramsci erklärt. Gramsci argumentiert, dass die herrschenden Klassen ihre Macht nicht nur durch politische und wirtschaftliche Kontrolle, sondern auch durch kulturelle Dominanz aufrechterhalten. In diesem Kontext wird Kunst als ein Werkzeug betrachtet, um alternative Narrative zu schaffen und die öffentliche Meinung zu beeinflussen. LGBTQ-Aktivisten nutzen Kunst, um die Sichtbarkeit ihrer Anliegen zu erhöhen und um gegen die vorherrschenden gesellschaftlichen Normen zu kämpfen.

Ein weiterer relevanter theoretischer Rahmen ist die *Performativity-Theorie* von Judith Butler, die besagt, dass Geschlecht und Identität durch wiederholte Handlungen und Darstellungen konstruiert werden. Kunst und Kultur bieten somit eine Plattform, um diese Performativität zu hinterfragen und neu zu gestalten. Durch Theater, Musik, Literatur und visuelle Kunst können LGBTQ-Themen auf eine Weise dargestellt werden, die die Zuschauer emotional anspricht und zum Nachdenken anregt.

Kunst als Aktivismus

Kunst hat die Fähigkeit, komplexe Themen zu vereinfachen und zugänglich zu machen. Ein klassisches Beispiel ist die *Stonewall Riots* von 1969, die nicht nur ein Wendepunkt im Kampf für LGBTQ-Rechte waren, sondern auch eine Inspirationsquelle für zahlreiche künstlerische Werke. Filme wie „*The Death and Life of Marsha P. Johnson*" und „*Paris is Burning*" dokumentieren die Kämpfe und Triumphe der LGBTQ-Community und schaffen ein Bewusstsein für die Herausforderungen, mit denen diese Gemeinschaft konfrontiert ist.

Darüber hinaus hat die *Pride Parade* als kulturelles Ereignis eine bedeutende Rolle in der LGBTQ-Bewegung eingenommen. Diese Veranstaltungen sind nicht nur Feierlichkeiten, sondern auch politische Demonstrationen, die durch Musik, Tanz und Kunst visuell und emotional kraftvoll sind. Künstler und Performer nutzen diese Plattformen, um ihre Botschaften zu verbreiten und um Solidarität innerhalb der Gemeinschaft zu zeigen.

Herausforderungen und Probleme

Trotz der positiven Aspekte gibt es auch Herausforderungen, die mit der Verwendung von Kunst im Aktivismus verbunden sind. Eine der größten Hürden ist die *Kommerzialisierung* von LGBTQ-Kultur. Oftmals werden wichtige Botschaften verwässert, um dem Mainstream-Markt zu gefallen. Diese

Kommerzialisierung kann dazu führen, dass die ursprünglichen politischen Anliegen in den Hintergrund gedrängt werden, was die Authentizität des Aktivismus gefährdet.

Ein weiteres Problem ist die *Zugänglichkeit* von Kunst und Kultur. Während viele Künstler versuchen, ihre Botschaften zu verbreiten, sind nicht alle Formen der Kunst für alle Mitglieder der Gemeinschaft zugänglich. Dies kann durch finanzielle Barrieren, geografische Einschränkungen oder durch die Exklusivität bestimmter Kunstformen verursacht werden. Es ist wichtig, dass Kunst als inklusives Werkzeug genutzt wird, das alle Stimmen innerhalb der LGBTQ-Community repräsentiert.

Beispiele für Kunst im Aktivismus

Ein bemerkenswertes Beispiel für den Einfluss von Kunst im Aktivismus ist die *AIDS-Aktivismus-Gruppe ACT UP*, die in den 1980er Jahren gegründet wurde. Die Gruppe verwendete provokante Kunstaktionen, um auf die AIDS-Krise aufmerksam zu machen. Ihre berühmte „Silence=Death"-Kampagne ist ein Beispiel für die Kraft von Kunst, um dringende gesellschaftliche Probleme anzugehen und Veränderungen zu bewirken.

Ein weiteres Beispiel ist der *Queer Art Collective*, das Künstler und Aktivisten zusammenbringt, um durch kreative Projekte das Bewusstsein für LGBTQ-Themen zu schärfen. Diese Kollektive nutzen verschiedene Medien, von Film über Theater bis hin zu bildender Kunst, um die Vielfalt der LGBTQ-Erfahrungen darzustellen und um eine breitere Diskussion über Identität und Diskriminierung anzuregen.

Fazit

Zusammenfassend lässt sich sagen, dass Kunst und Kultur unverzichtbare Elemente des LGBTQ-Aktivismus sind. Sie bieten nicht nur eine Plattform für den Ausdruck, sondern sind auch entscheidend für die Mobilisierung und Sensibilisierung der Gemeinschaft. Trotz der Herausforderungen, die mit der Kommerzialisierung und der Zugänglichkeit verbunden sind, bleibt die Kraft der Kunst im Aktivismus ungebrochen. Indem sie Emotionen ansprechen und zum Nachdenken anregen, können künstlerische Ausdrucksformen die Gesellschaft verändern und die Stimmen der Marginalisierten verstärken. Kunst ist nicht nur ein Spiegel der Gesellschaft, sondern auch ein Werkzeug, um die Zukunft zu gestalten.

DIE ENTSTEHUNG VON LGBTQ-RECHTEN 15

Die Entwicklung von LGBTQ-Organisationen weltweit

Die Entwicklung von LGBTQ-Organisationen weltweit ist ein faszinierendes und komplexes Thema, das die sozialen, kulturellen und politischen Veränderungen widerspiegelt, die in den letzten Jahrzehnten stattgefunden haben. Diese Organisationen haben eine entscheidende Rolle bei der Förderung von Rechten, der Schaffung von Gemeinschaft und der Unterstützung von Individuen in der LGBTQ-Community gespielt. In diesem Abschnitt werden wir die verschiedenen Phasen der Entwicklung dieser Organisationen, die Herausforderungen, denen sie gegenüberstehen, sowie einige herausragende Beispiele betrachten.

Frühe Entwicklungen und die Gründung von Organisationen

Die Anfänge der LGBTQ-Organisationen lassen sich bis ins 19. Jahrhundert zurückverfolgen, als die ersten Bewegungen zur Verteidigung der Rechte von Homosexuellen in Europa und Nordamerika entstanden. Eine der ersten bekannten Organisationen war die *Scientific-Humanitarian Committee*, die 1897 in Deutschland gegründet wurde. Diese Organisation setzte sich für die Entkriminalisierung von Homosexualität ein und legte den Grundstein für zukünftige LGBTQ-Organisationen.

Im Laufe des 20. Jahrhunderts, insbesondere nach den Stonewall-Unruhen von 1969, erlebte die LGBTQ-Bewegung einen massiven Aufschwung. Die Stonewall-Unruhen gelten als Wendepunkt in der Geschichte des LGBTQ-Aktivismus, da sie dazu führten, dass viele Menschen sich zusammenschlossen, um für ihre Rechte zu kämpfen. In den folgenden Jahren wurden zahlreiche Organisationen gegründet, darunter die *Human Rights Campaign* (HRC) in den USA und die *Gay Liberation Front* (GLF), die sich für soziale Gerechtigkeit und Gleichheit einsetzten.

Globale Perspektiven und interkulturelle Unterschiede

Die Entwicklung von LGBTQ-Organisationen ist jedoch nicht auf Nordamerika und Europa beschränkt. In vielen Teilen der Welt haben sich lokale Organisationen gebildet, die sich mit den spezifischen Herausforderungen und Bedürfnissen ihrer Gemeinschaften auseinandersetzen. In Afrika beispielsweise kämpfen Organisationen wie *The Coalition of African Lesbians* (CAL) gegen Diskriminierung und Gewalt, während sie gleichzeitig die kulturellen und sozialen Normen berücksichtigen, die oft gegen LGBTQ-Personen gerichtet sind.

In Asien haben Organisationen wie *The Queer Asian Network* (QAN) versucht, die Sichtbarkeit von LGBTQ-Personen zu erhöhen und ihre Rechte zu fördern, während sie sich mit den Herausforderungen auseinandersetzen, die in vielen asiatischen Ländern durch konservative gesellschaftliche Werte entstehen. Diese Unterschiede verdeutlichen, dass die Entwicklung von LGBTQ-Organisationen stark von kulturellen, politischen und sozialen Kontexten abhängt.

Herausforderungen und Widerstände

Trotz der Fortschritte, die in vielen Ländern erzielt wurden, sehen sich LGBTQ-Organisationen nach wie vor zahlreichen Herausforderungen gegenüber. Diskriminierung, Gewalt und rechtliche Hindernisse sind nach wie vor weit verbreitet. In vielen Ländern ist Homosexualität illegal, und Aktivisten riskieren ihre Sicherheit, wenn sie sich für die Rechte der LGBTQ-Community einsetzen.

Ein Beispiel dafür ist die Situation in Russland, wo das *Gay Propaganda Law* von 2013 die Verbreitung von Informationen über LGBTQ-Rechte in der Öffentlichkeit stark einschränkt. Dies hat dazu geführt, dass viele Organisationen gezwungen sind, im Untergrund zu arbeiten oder ihre Aktivitäten einzuschränken, um nicht verfolgt zu werden.

Die Rolle von Technologie und sozialen Medien

Die Entwicklung von Technologie und sozialen Medien hat jedoch auch neue Möglichkeiten für LGBTQ-Organisationen geschaffen. Plattformen wie Facebook, Twitter und Instagram ermöglichen es Organisationen, ihre Botschaften schnell und effektiv zu verbreiten und eine breitere Öffentlichkeit zu erreichen. Diese digitalen Werkzeuge haben es Aktivisten ermöglicht, sich zu vernetzen, Informationen auszutauschen und Unterstützung zu mobilisieren, unabhängig von geografischen Grenzen.

Ein bemerkenswertes Beispiel ist die *#LoveIsLove*-Kampagne, die in vielen Ländern viral ging und dazu beitrug, die Sichtbarkeit von LGBTQ-Personen zu erhöhen und die Unterstützung für gleichgeschlechtliche Ehe zu fördern. Solche Kampagnen zeigen, wie wichtig soziale Medien für die Mobilisierung und den Austausch von Ideen sind.

Erfolge und Errungenschaften

Trotz der Herausforderungen haben LGBTQ-Organisationen weltweit bedeutende Erfolge erzielt. In vielen Ländern wurden Gesetze verabschiedet, die Diskriminierung aufgrund der sexuellen Orientierung verbieten, und die gesellschaftliche Akzeptanz von LGBTQ-Personen hat zugenommen.

Organisationen wie die *International Lesbian, Gay, Bisexual, Trans and Intersex Association* (ILGA) haben eine wichtige Rolle bei der Förderung von Menschenrechten und der Unterstützung von Aktivisten in verschiedenen Ländern gespielt.

Ein herausragendes Beispiel für den Einfluss von LGBTQ-Organisationen ist die Legalisierung der gleichgeschlechtlichen Ehe in vielen Ländern, darunter die USA, Kanada und mehrere europäische Staaten. Diese Errungenschaften sind oft das Ergebnis jahrelanger harter Arbeit und des Engagements von Aktivisten und Organisationen, die sich für Gleichheit und Gerechtigkeit einsetzen.

Zukunftsperspektiven

Die Zukunft der LGBTQ-Organisationen wird weiterhin von vielen Faktoren beeinflusst, darunter gesellschaftliche Veränderungen, politische Entwicklungen und die Notwendigkeit, sich an neue Herausforderungen anzupassen. Es ist entscheidend, dass diese Organisationen weiterhin zusammenarbeiten, um ihre Ziele zu erreichen und die Rechte von LGBTQ-Personen weltweit zu fördern.

Ein wichtiger Aspekt der zukünftigen Entwicklung wird die Förderung von intersektionalem Aktivismus sein, der die verschiedenen Identitäten und Erfahrungen innerhalb der LGBTQ-Community berücksichtigt. Dies könnte dazu beitragen, die Sichtbarkeit marginalisierter Gruppen zu erhöhen und ein umfassenderes Verständnis für die Herausforderungen zu schaffen, mit denen sie konfrontiert sind.

Insgesamt zeigt die Entwicklung von LGBTQ-Organisationen weltweit, dass trotz der Fortschritte, die erzielt wurden, noch viel Arbeit vor uns liegt. Der Kampf für Gleichheit und Gerechtigkeit ist ein kontinuierlicher Prozess, der Engagement, Solidarität und eine unermüdliche Stimme erfordert, um die Herausforderungen zu bewältigen, die noch bestehen. Nur durch Zusammenarbeit und gegenseitige Unterstützung können wir eine gerechtere und inklusivere Zukunft für alle schaffen.

Die Rolle der Medien im LGBTQ-Aktivismus

Die Medien spielen eine entscheidende Rolle im LGBTQ-Aktivismus, indem sie nicht nur Informationen verbreiten, sondern auch die öffentliche Wahrnehmung und das Verständnis von LGBTQ-Themen beeinflussen. In dieser Sektion werden wir die verschiedenen Aspekte untersuchen, wie Medien den Aktivismus unterstützen, die Herausforderungen, denen sich Aktivisten gegenübersehen, und einige herausragende Beispiele für die Medienberichterstattung über LGBTQ-Themen.

Theoretische Grundlagen

Die Medien können als eine Form der sozialen Konstruktion betrachtet werden, die die Realität, wie wir sie wahrnehmen, formt. Laut der *Agenda-Setting-Theorie* bestimmen die Medien, welche Themen als wichtig erachtet werden. Diese Theorie besagt, dass Medien nicht nur berichten, sondern auch die öffentliche Agenda gestalten, indem sie bestimmte Themen hervorheben und andere ignorieren. Dies ist besonders relevant für LGBTQ-Themen, da die Sichtbarkeit und Repräsentation in den Medien einen direkten Einfluss auf die gesellschaftliche Akzeptanz und das Verständnis haben.

Ein weiteres wichtiges Konzept ist die *Framing-Theorie*. Diese Theorie beschreibt, wie Informationen präsentiert werden und wie dies die Interpretation der Zuschauer beeinflusst. Die Art und Weise, wie LGBTQ-Themen in den Medien gerahmt werden, kann die Wahrnehmung der Öffentlichkeit erheblich beeinflussen. Positive Darstellungen können zur Normalisierung von LGBTQ-Identitäten beitragen, während negative Darstellungen Vorurteile und Diskriminierung verstärken können.

Herausforderungen für LGBTQ-Aktivisten

Trotz der positiven Rolle, die die Medien spielen können, stehen LGBTQ-Aktivisten vor mehreren Herausforderungen:

- **Sensationsgier:** Medien suchen oft nach Schlagzeilen, die Aufmerksamkeit erregen. Dies kann dazu führen, dass komplexe LGBTQ-Themen vereinfacht oder sensationalisiert werden, was das Verständnis und die Empathie der Öffentlichkeit beeinträchtigen kann.

- **Negative Berichterstattung:** In vielen Ländern sind LGBTQ-Personen weiterhin Diskriminierung und Gewalt ausgesetzt. Negative Berichterstattung über LGBTQ-Themen kann Stereotypen und Vorurteile verstärken und die Sicherheit und das Wohlbefinden von LGBTQ-Personen gefährden.

- **Mangelnde Repräsentation:** Obwohl sich die Medienlandschaft in den letzten Jahren verbessert hat, fehlt es oft an einer angemessenen Repräsentation von LGBTQ-Personen in den Mainstream-Medien. Dies kann dazu führen, dass die Stimmen und Erfahrungen von LGBTQ-Personen nicht gehört werden.

Positive Beispiele für Medienberichterstattung

Trotz der Herausforderungen gibt es viele positive Beispiele für Medienberichterstattung, die den LGBTQ-Aktivismus unterstützen:

- **Dokumentationen und Filme:** Filme wie *Moonlight* und *The Death and Life of Marsha P. Johnson* haben bedeutende Geschichten von LGBTQ-Personen erzählt und dazu beigetragen, die Sichtbarkeit und das Verständnis für LGBTQ-Themen zu erhöhen. Diese Filme haben nicht nur Preise gewonnen, sondern auch Diskussionen über LGBTQ-Rechte und -Identitäten angeregt.

- **Soziale Medien:** Plattformen wie Twitter, Instagram und TikTok haben es LGBTQ-Aktivisten ermöglicht, ihre Botschaften direkt an ein breites Publikum zu verbreiten. Diese Plattformen bieten Raum für persönliche Geschichten, die das Bewusstsein schärfen und Unterstützung mobilisieren können.

- **Nachrichtenberichterstattung:** Viele Nachrichtenorganisationen haben begonnen, LGBTQ-Themen umfassender zu behandeln, insbesondere während wichtiger Ereignisse wie dem Pride Month oder nach bedeutenden rechtlichen Entscheidungen. Diese Berichterstattung kann dazu beitragen, die Öffentlichkeit zu informieren und zu mobilisieren.

Fazit

Die Rolle der Medien im LGBTQ-Aktivismus ist vielschichtig und komplex. Während sie Herausforderungen und Probleme mit sich bringen, bieten sie auch bedeutende Möglichkeiten zur Förderung von Sichtbarkeit und Verständnis. Durch die Anwendung theoretischer Konzepte wie Agenda-Setting und Framing können Aktivisten besser verstehen, wie sie die Medien nutzen können, um ihre Botschaften zu verbreiten und die öffentliche Wahrnehmung zu verändern. Die Zukunft des LGBTQ-Aktivismus wird stark von der Art und Weise abhängen, wie die Medien LGBTQ-Themen darstellen und welche Geschichten sie erzählen.

Die Verbindung zwischen LGBTQ-Rechten und Menschenrechten

Die Verbindung zwischen LGBTQ-Rechten und Menschenrechten ist ein zentrales Thema im modernen Aktivismus und spielt eine entscheidende Rolle in der globalen Diskussion über Gleichheit und Gerechtigkeit. Menschenrechte sind universelle Rechte, die jedem Menschen zustehen, unabhängig von Geschlecht, sexueller Orientierung, Rasse oder Religion. LGBTQ-Rechte sind spezifische Menschenrechte, die sich auf die Bedürfnisse und das Wohlergehen von lesbischen, schwulen, bisexuellen, transgender und queer Personen beziehen. Diese Verbindung ist nicht nur theoretischer Natur, sondern wird durch verschiedene Probleme und Herausforderungen konkretisiert, die in der Gesellschaft bestehen.

Theoretische Grundlagen

Die theoretische Basis für die Verbindung zwischen LGBTQ-Rechten und Menschenrechten kann auf die Allgemeine Erklärung der Menschenrechte (AEMR) von 1948 zurückgeführt werden. Artikel 1 der AEMR besagt:

„Alle Menschen sind frei und gleich an Würde und Rechten geboren."

Diese fundamentale Aussage legt den Grundstein für die Anerkennung von LGBTQ-Rechten als Menschenrechte. Der internationale Menschenrechtsrahmen, einschließlich der Internationalen Konvention über zivile und politische Rechte (ICCPR) und der Internationalen Konvention über wirtschaftliche, soziale und kulturelle Rechte (ICESCR), unterstützt die Idee, dass Diskriminierung aufgrund der sexuellen Orientierung oder Geschlechtsidentität eine Verletzung der Menschenrechte darstellt.

Probleme und Herausforderungen

Trotz dieser theoretischen Grundlagen gibt es zahlreiche Probleme und Herausforderungen, die die Verbindung zwischen LGBTQ-Rechten und Menschenrechten untergraben. Diskriminierung, Gewalt und Stigmatisierung sind nach wie vor weit verbreitet. In vielen Ländern sind homosexuelle Handlungen illegal, und LGBTQ-Personen sind häufig Ziel von Gewaltverbrechen, einschließlich Hate Crimes.

Ein Beispiel für die Diskrepanz zwischen Menschenrechten und LGBTQ-Rechten ist die Situation in Ländern wie Uganda, wo das Anti-Homosexualitätsgesetz von 2014 internationale Aufmerksamkeit erregte. Dieses Gesetz sah lebenslange Haftstrafen für homosexuelle Handlungen vor und schuf ein Klima der Angst und Verfolgung. Solche Gesetze stehen im direkten Widerspruch zu den Prinzipien der Menschenrechte und zeigen, wie politische und soziale Strukturen LGBTQ-Rechte unterdrücken können.

Beispiele für Fortschritte

Trotz dieser Herausforderungen gibt es auch positive Entwicklungen, die die Verbindung zwischen LGBTQ-Rechten und Menschenrechten stärken. In vielen Ländern haben LGBTQ-Aktivisten bedeutende Fortschritte erzielt, indem sie Gesetze zur Legalisierung gleichgeschlechtlicher Ehen, Antidiskriminierungsgesetze und Gesetze zur Anerkennung von Geschlechtsidentität durchgesetzt haben.

Ein herausragendes Beispiel ist die Legalisierung der gleichgeschlechtlichen Ehe in den USA durch das Urteil des Obersten Gerichtshofs im Jahr 2015, bekannt als Obergefell v. Hodges. Dieses Urteil bestätigte nicht nur die Rechte von LGBTQ-Personen auf Ehe, sondern stellte auch einen bedeutenden Schritt in Richtung der Anerkennung von LGBTQ-Rechten als Menschenrechte dar.

Die Rolle von Aktivismus und Bildung

Aktivismus spielt eine entscheidende Rolle bei der Förderung der Verbindung zwischen LGBTQ-Rechten und Menschenrechten. Organisationen wie Human Rights Campaign und ILGA (International Lesbian, Gay, Bisexual, Trans and Intersex Association) setzen sich weltweit für die Rechte von LGBTQ-Personen ein und arbeiten daran, Bewusstsein zu schaffen und gesellschaftliche Normen zu verändern.

Bildung ist ebenfalls ein zentraler Aspekt, um die Verbindung zwischen LGBTQ-Rechten und Menschenrechten zu stärken. Aufklärung über die Herausforderungen, mit denen LGBTQ-Personen konfrontiert sind, kann dazu beitragen, Vorurteile abzubauen und die Akzeptanz in der Gesellschaft zu fördern. Programme in Schulen, die Vielfalt und Inklusion lehren, sind entscheidend, um eine Generation von Unterstützern und Verbündeten zu schaffen.

Fazit

Die Verbindung zwischen LGBTQ-Rechten und Menschenrechten ist von grundlegender Bedeutung für die Schaffung einer gerechten und inklusiven Gesellschaft. Während es erhebliche Herausforderungen gibt, die es zu überwinden gilt, zeigen Fortschritte in der Gesetzgebung und im Aktivismus, dass Veränderung möglich ist. Es ist entscheidend, dass wir weiterhin für die Rechte aller Menschen kämpfen, unabhängig von ihrer sexuellen Orientierung oder Geschlechtsidentität, um sicherzustellen, dass die Prinzipien der Menschenrechte für alle gelten. Nur durch Solidarität und Engagement können wir eine Zukunft schaffen, in der die Rechte aller Menschen respektiert und geschützt werden.

Die Zukunft der LGBTQ-Bewegung

Die Zukunft der LGBTQ-Bewegung steht vor einer Vielzahl von Herausforderungen und Chancen, die sowohl lokal als auch global von Bedeutung sind. Die Bewegung hat in den letzten Jahrzehnten bemerkenswerte Fortschritte gemacht, jedoch gibt es weiterhin bedeutende Probleme, die angegangen werden müssen, um die Rechte und das Wohlbefinden von LGBTQ-Personen zu sichern. In diesem Abschnitt werden wir die potenziellen Entwicklungen der LGBTQ-Bewegung, die bestehenden Herausforderungen und die Rolle von Aktivismus und Gemeinschaft in der Gestaltung dieser Zukunft untersuchen.

Theoretische Grundlagen

Die LGBTQ-Bewegung basiert auf verschiedenen sozialen und politischen Theorien, die das Verständnis von Identität, Gleichheit und Gerechtigkeit prägen. Eine der zentralen Theorien ist die **Queer-Theorie**, die die Heteronormativität in Frage stellt und die Vielfalt von Geschlechtsidentitäten und sexuellen Orientierungen anerkennt. Diese Theorie fordert, dass die gesellschaftlichen Normen hinterfragt und dekonstruierte werden, um eine inklusivere Gesellschaft zu schaffen.

Ein weiterer wichtiger theoretischer Rahmen ist die **Intersektionalität**, die untersucht, wie verschiedene Identitätsfaktoren wie Geschlecht, Rasse, Klasse und sexuelle Orientierung zusammenwirken, um unterschiedliche Erfahrungen von Diskriminierung und Privilegien zu schaffen. Diese Perspektive ist entscheidend für das Verständnis der Komplexität der Herausforderungen, mit denen LGBTQ-Personen konfrontiert sind.

Herausforderungen

Trotz der Fortschritte gibt es mehrere Herausforderungen, die die Zukunft der LGBTQ-Bewegung beeinflussen können:

- **Politische Rückschläge:** In vielen Ländern erleben LGBTQ-Personen zunehmende Diskriminierung und gesetzliche Rückschritte. Beispielsweise wurden in einigen US-Bundesstaaten Gesetze verabschiedet, die die Rechte von Transgender-Personen einschränken, insbesondere im Bereich des Zugangs zu Gesundheitsversorgung und Sport.

- **Globale Ungleichheit:** Während einige Länder bedeutende Fortschritte in der Anerkennung von LGBTQ-Rechten gemacht haben, sind andere noch stark diskriminierend. In Ländern wie Uganda und Russland sind LGBTQ-Personen oft mit Gewalt, Verhaftungen und gesellschaftlicher Ausgrenzung konfrontiert. Die internationale LGBTQ-Bewegung muss daher auch die globalen Herausforderungen berücksichtigen und sich für die Rechte von LGBTQ-Personen weltweit einsetzen.

- **Gesundheitsversorgung:** LGBTQ-Personen, insbesondere Transgender-Personen, haben oft eingeschränkten Zugang zu angemessener Gesundheitsversorgung. Dies kann zu gesundheitlichen Ungleichheiten führen, die durch Stigmatisierung und Diskriminierung in Gesundheitseinrichtungen verschärft werden.

- **Psychische Gesundheit:** Die psychische Gesundheit bleibt ein zentrales Anliegen innerhalb der LGBTQ-Gemeinschaft. Diskriminierung, Isolation und Vorurteile können zu höheren Raten von Angstzuständen, Depressionen und Suizid führen. Die Zukunft der Bewegung muss daher auch Strategien zur Unterstützung der psychischen Gesundheit umfassen.

Chancen und Entwicklungen

Trotz dieser Herausforderungen gibt es auch viele Chancen für die Zukunft der LGBTQ-Bewegung:

- **Technologische Fortschritte:** Die Nutzung von sozialen Medien und digitalen Plattformen hat es LGBTQ-Aktivisten ermöglicht, ihre Botschaften weitreichend zu verbreiten und Gemeinschaften zu mobilisieren. Diese Technologien können genutzt werden, um Bewusstsein zu schaffen, Ressourcen zu teilen und eine globale Solidarität zu fördern.

- **Intersektionaler Aktivismus:** Es gibt eine wachsende Anerkennung der Notwendigkeit eines intersektionalen Ansatzes im Aktivismus. Dies bedeutet, dass die Bewegung nicht nur für die Rechte von LGBTQ-Personen kämpft, sondern auch für die Rechte anderer marginalisierter Gruppen. Dies kann zu stärkeren Allianzen und einem umfassenderen Ansatz zur Bekämpfung von Diskriminierung führen.

- **Kulturelle Repräsentation:** Die zunehmende Sichtbarkeit von LGBTQ-Personen in den Medien und der Popkultur kann dazu beitragen, gesellschaftliche Normen zu verändern und Vorurteile abzubauen. Filme, Fernsehsendungen und Literatur, die LGBTQ-Geschichten erzählen, können das Bewusstsein und die Akzeptanz in der breiten Öffentlichkeit fördern.

- **Bildung und Aufklärung:** Bildung spielt eine entscheidende Rolle in der Zukunft der LGBTQ-Bewegung. Durch Aufklärung über LGBTQ-Themen in Schulen und Gemeinschaften kann das Bewusstsein und das Verständnis gefördert werden, was zu einer inklusiveren Gesellschaft führen kann.

Beispiele für positive Entwicklungen

In den letzten Jahren gab es zahlreiche positive Entwicklungen, die die Zukunft der LGBTQ-Bewegung unterstützen:

- **Rechtliche Anerkennung:** In vielen Ländern wurden Gesetze verabschiedet, die die Ehe für gleichgeschlechtliche Paare legalisieren und Diskriminierung aufgrund sexueller Orientierung oder Geschlechtsidentität verbieten. Diese rechtlichen Fortschritte sind entscheidend für die Gleichstellung und den Schutz von LGBTQ-Personen.

- **Community-Organisationen:** Lokale und internationale Organisationen wie die Human Rights Campaign und ILGA (International Lesbian, Gay, Bisexual, Trans and Intersex Association) setzen sich aktiv für die Rechte von LGBTQ-Personen ein und bieten Unterstützung und Ressourcen für die Gemeinschaft.

- **Globale Solidarität:** Die internationale LGBTQ-Bewegung hat sich verstärkt solidarisch gezeigt, insbesondere in Ländern, in denen LGBTQ-Rechte unterdrückt werden. Aktionen wie der *International Day Against Homophobia, Transphobia and Biphobia* fördern das Bewusstsein und den Druck auf Regierungen, die Rechte von LGBTQ-Personen zu schützen.

Fazit

Die Zukunft der LGBTQ-Bewegung ist sowohl herausfordernd als auch vielversprechend. Während es zahlreiche Hürden zu überwinden gibt, bieten technologische Fortschritte, intersektionale Ansätze und gesellschaftliche Veränderungen auch vielversprechende Möglichkeiten für das Wachstum und die Entwicklung der Bewegung. Es liegt in der Verantwortung von Aktivisten, Gemeinschaften und Unterstützern, weiterhin für Gleichheit und Gerechtigkeit zu kämpfen und sicherzustellen, dass die Stimmen von LGBTQ-Personen gehört werden. Die Zukunft wird durch die kollektiven Anstrengungen geprägt, die darauf abzielen, eine inklusive und gerechte Gesellschaft zu schaffen, in der jeder Mensch unabhängig von seiner Identität respektiert und geschätzt wird.

Warum Stephanie Woolley?

Ihre Einzigartigkeit im Aktivismus

Stephanie Woolley ist nicht einfach nur eine Aktivistin; sie ist eine transformative Kraft im Bereich des LGBTQ-Aktivismus. Ihre Einzigartigkeit im Aktivismus zeigt sich in mehreren Aspekten, die sie von anderen unterscheiden und ihre Arbeit besonders wirksam machen.

Zunächst einmal ist Woolleys Ansatz intersektional. Sie erkennt, dass die Kämpfe der LGBTQ-Community nicht isoliert betrachtet werden können. Stattdessen müssen sie im Kontext anderer sozialer Gerechtigkeitsbewegungen gesehen werden. Diese intersektionale Perspektive ermöglicht es ihr, die komplexen Herausforderungen zu adressieren, mit denen Menschen aus verschiedenen Hintergründen konfrontiert sind. In einem Interview erklärte sie: „Wenn wir für die Rechte von Transgender-Personen kämpfen, müssen wir auch die Kämpfe der Menschen mit Migrationshintergrund, der Menschen mit Behinderungen und der Menschen aus marginalisierten Rassen im Blick haben. Unsere Kämpfe sind miteinander verbunden."

Darüber hinaus hat Woolley die Gründung von Trans Alliance Toronto (TAT) initiiert, eine Organisation, die sich speziell auf die Bedürfnisse und Anliegen von Transgender-Personen konzentriert. Diese Gründung war nicht nur eine Reaktion auf die bestehenden Lücken in der Unterstützung für Transgender-Personen, sondern auch ein strategischer Schritt, um eine Plattform zu schaffen, auf der die Stimmen von Transgender-Personen gehört werden können. TAT hat sich schnell zu einer wichtigen Anlaufstelle für Bildung, Unterstützung und Mobilisierung in der Gemeinschaft entwickelt.

Ein weiteres bemerkenswertes Merkmal von Woolleys Aktivismus ist ihre Fähigkeit, Humor und Ernsthaftigkeit zu kombinieren. Sie versteht, dass Aktivismus oft schwer und emotional belastend sein kann. Deshalb nutzt sie Humor als Werkzeug, um Menschen zu erreichen und zu mobilisieren. In einer ihrer berühmtesten Reden sagte sie: „Wenn wir nicht lachen können, während wir für unsere Rechte kämpfen, dann haben wir schon verloren. Humor ist unsere Geheimwaffe!" Diese Fähigkeit, eine positive und einladende Atmosphäre zu schaffen, hat es ihr ermöglicht, eine breitere Öffentlichkeit zu erreichen und mehr Menschen in den Aktivismus einzubeziehen.

Woolley ist auch bekannt für ihre bemerkenswerte Fähigkeit, Geschichten zu erzählen. Sie nutzt persönliche Anekdoten und Erfahrungen, um die Herausforderungen und Kämpfe der Transgender-Community zu veranschaulichen. Diese Erzählungen sind nicht nur bewegend, sondern auch wirkungsvoll, da sie Empathie und Verständnis fördern. In einer Zeit, in der viele Menschen mit Vorurteilen und Fehlinformationen über Transgender-Personen konfrontiert sind, bietet ihre persönliche Perspektive einen wichtigen Einblick und trägt zur Entstigmatisierung bei.

Ein weiteres Element, das Woolleys Einzigartigkeit im Aktivismus unterstreicht, ist ihre unermüdliche Hingabe an die Bildung. Sie glaubt fest daran, dass Wissen Macht ist, und hat zahlreiche Workshops, Seminare und Schulungen organisiert, um das Bewusstsein für Transgender-Anliegen zu schärfen. Ihre Bildungsarbeit zielt darauf ab, nicht nur Transgender-Personen zu stärken, sondern auch die breite Öffentlichkeit über die Herausforderungen und Diskriminierungen aufzuklären, mit denen diese Gemeinschaft konfrontiert ist.

Ein Beispiel für ihren Einfluss auf die Bildung ist das Programm „Trans Education for Allies", das sie ins Leben gerufen hat. Dieses Programm bietet Schulungen für Verbündete an, um ihnen zu helfen, die richtigen Werkzeuge und das Wissen zu erwerben, um die Transgender-Community zu unterstützen. Woolleys Engagement für Bildung zeigt sich auch in ihrer Zusammenarbeit mit Schulen und Universitäten, um sicherzustellen, dass LGBTQ-Themen in die Lehrpläne integriert werden.

Abschließend lässt sich sagen, dass Stephanie Woolleys Einzigartigkeit im Aktivismus aus ihrer intersektionalen Perspektive, ihrer Fähigkeit, Humor und Ernsthaftigkeit zu kombinieren, ihrer Kunst des Geschichtenerzählens und ihrem Engagement für Bildung resultiert. Diese Merkmale machen sie zu einer herausragenden Stimme im LGBTQ-Aktivismus und zu einer Inspirationsquelle für viele, die sich für soziale Gerechtigkeit einsetzen. Ihre Arbeit hat nicht nur das Leben vieler Transgender-Personen verbessert, sondern auch das Bewusstsein und die Akzeptanz in der breiteren Gesellschaft gefördert. Woolleys Ansatz zeigt, dass Aktivismus nicht nur ein Kampf ist, sondern auch eine Möglichkeit, Gemeinschaften zu verbinden, zu inspirieren und zu stärken.

Die Gründung von Trans Alliance Toronto

Die Gründung von Trans Alliance Toronto war ein entscheidender Moment in der Geschichte des LGBTQ-Aktivismus in Kanada, insbesondere für die transsexuelle

Gemeinschaft. Diese Organisation wurde aus der Notwendigkeit heraus geboren, eine Plattform zu schaffen, die sich speziell mit den Herausforderungen und Bedürfnissen von Transgender-Personen befasst. Stephanie Woolley, die Gründerin, war von der Überzeugung geleitet, dass die Stimmen der Transgender-Community nicht nur gehört, sondern auch aktiv in die Gestaltung von Politiken und Programmen einbezogen werden müssen.

Die Motivation hinter der Gründung

Die Motivation für die Gründung von Trans Alliance Toronto war vielschichtig. Zunächst einmal gab es einen akuten Mangel an Ressourcen und Unterstützung für Transgender-Personen in Toronto. Viele fühlten sich von bestehenden Organisationen nicht ausreichend vertreten oder verstanden. Woolley erkannte, dass es notwendig war, einen Raum zu schaffen, in dem Transgender-Personen sich sicher und unterstützt fühlen konnten.

Ein weiterer wichtiger Aspekt war die steigende Zahl von Gewaltverbrechen gegen Transgender-Personen, die auf eine tief verwurzelte Diskriminierung und Vorurteile in der Gesellschaft hinwiesen. Die Gründung von Trans Alliance Toronto sollte auch ein Zeichen des Widerstands gegen diese Gewalt sein und die Forderung nach Sicherheit und Gleichheit für alle Transgender-Personen verstärken.

Die ersten Schritte und Herausforderungen

Die ersten Schritte zur Gründung der Organisation waren alles andere als einfach. Woolley und ihr Team mussten nicht nur finanzielle Mittel beschaffen, sondern auch ein Netzwerk von Unterstützern und Freiwilligen aufbauen. Die anfänglichen Herausforderungen umfassten:

- **Finanzierung:** Die Sicherstellung von Geldern durch Spenden und Zuschüsse war eine der größten Hürden. Woolley musste kreative Wege finden, um finanzielle Unterstützung zu gewinnen, einschließlich der Durchführung von Fundraising-Events und der Beantragung von Fördermitteln.

- **Sichtbarkeit:** Die Schaffung von Sichtbarkeit für die Organisation war entscheidend. Woolley nutzte soziale Medien und lokale Veranstaltungen, um das Bewusstsein für die Probleme der Transgender-Community zu schärfen.

- **Rekrutierung:** Es war eine Herausforderung, Freiwillige zu finden, die sich für die Mission der Organisation engagieren wollten. Die Rekrutierung von Mitgliedern, die die Werte und Ziele von Trans Alliance Toronto teilten, war entscheidend für den Erfolg der Organisation.

Die Rolle von Freiwilligen und Unterstützern

Die Unterstützung von Freiwilligen war für die Gründung und das Wachstum von Trans Alliance Toronto unerlässlich. Diese engagierten Personen halfen nicht nur bei der Organisation von Veranstaltungen, sondern brachten auch ihre eigenen Erfahrungen und Perspektiven in die Arbeit der Organisation ein. Woolley erkannte schnell, dass die Vielfalt der Stimmen innerhalb der Organisation eine Stärke war, die es ihr ermöglichte, ein breiteres Spektrum an Bedürfnissen und Anliegen zu vertreten.

Ein Beispiel für die Bedeutung von Freiwilligenarbeit ist die Organisation von Community-Events, bei denen Transgender-Personen die Möglichkeit hatten, sich zu vernetzen, Erfahrungen auszutauschen und Unterstützung zu finden. Diese Events förderten nicht nur die Sichtbarkeit, sondern halfen auch, ein Gefühl der Gemeinschaft und Solidarität zu schaffen.

Die ersten Erfolge und Misserfolge

Die ersten Erfolge von Trans Alliance Toronto umfassten die Durchführung von Informationsveranstaltungen, die Bereitstellung von Ressourcen für Transgender-Personen und die Zusammenarbeit mit anderen Organisationen, um gemeinsame Ziele zu verfolgen. Diese Erfolge waren jedoch nicht ohne Rückschläge.

Ein Beispiel für einen Misserfolg war eine geplante Kampagne zur Sensibilisierung für die Rechte von Transgender-Personen, die aufgrund von finanziellen Engpässen und interner Uneinigkeit nicht wie geplant durchgeführt werden konnte. Woolley und ihr Team mussten aus diesen Misserfolgen lernen und ihre Strategien anpassen, um zukünftige Herausforderungen besser bewältigen zu können.

Die Vision für die Organisation

Woolleys Vision für Trans Alliance Toronto war klar: Die Organisation sollte nicht nur eine Anlaufstelle für Transgender-Personen sein, sondern auch eine Stimme in der politischen Arena. Sie wollte eine Organisation aufbauen, die aktiv an politischen Entscheidungen beteiligt ist und die Rechte von Transgender-Personen auf allen Ebenen fördert.

Diese Vision beinhaltete die Entwicklung von Programmen, die sich auf Bildung, Aufklärung und Advocacy konzentrierten. Woolley war überzeugt, dass durch Aufklärung und Sensibilisierung die Gesellschaft insgesamt inklusiver werden könnte.

Die Bedeutung von Community-Events

Community-Events spielten eine zentrale Rolle in der Strategie von Trans Alliance Toronto. Diese Veranstaltungen boten nicht nur eine Plattform für die Sichtbarkeit von Transgender-Personen, sondern ermöglichten auch den Austausch von Erfahrungen und den Aufbau von Unterstützungsnetzwerken. Woolley organisierte regelmäßig Workshops, Diskussionsrunden und soziale Veranstaltungen, um die Gemeinschaft zu stärken und die Anliegen von Transgender-Personen in den Vordergrund zu rücken.

Ein Beispiel für ein erfolgreiches Community-Event war das jährliche Pride-Festival, bei dem Trans Alliance Toronto eine prominente Rolle spielte. Durch die Teilnahme an solchen Veranstaltungen konnte die Organisation nicht nur ihre Sichtbarkeit erhöhen, sondern auch wichtige Gespräche über die Herausforderungen und Errungenschaften der Transgender-Community anstoßen.

Die Entwicklung von Programmen und Initiativen

Mit der Zeit entwickelte Trans Alliance Toronto verschiedene Programme und Initiativen, die auf die spezifischen Bedürfnisse der Transgender-Community zugeschnitten waren. Dazu gehörten:

- **Mentorship-Programme:** Diese Programme wurden ins Leben gerufen, um junge Transgender-Personen mit erfahrenen Aktivisten zu verbinden, die ihnen als Mentoren zur Seite standen.

- **Bildungsinitiativen:** Workshops und Schulungen wurden angeboten, um das Bewusstsein für die Herausforderungen von Transgender-Personen zu schärfen und Vorurteile abzubauen.

- **Ressourcenzentren:** Trans Alliance Toronto richtete Informationszentren ein, die Ressourcen und Unterstützung für Transgender-Personen bereitstellten, einschließlich rechtlicher Beratung und psychologischer Unterstützung.

Diese Programme trugen dazu bei, das Vertrauen in die Organisation zu stärken und die Gemeinschaft zu mobilisieren.

Die Rolle von Spenden und Finanzierung

Die Finanzierung war ein ständiges Thema für Trans Alliance Toronto. Woolley musste sicherstellen, dass die Organisation über die notwendigen Mittel verfügte, um ihre Programme und Initiativen erfolgreich durchzuführen. Sie entwickelte verschiedene Strategien zur Mittelbeschaffung, darunter:

- **Crowdfunding-Kampagnen:** Diese Kampagnen ermöglichten es der Organisation, Gelder von Unterstützern zu sammeln, die an ihrer Mission interessiert waren.

- **Partnerschaften mit Unternehmen:** Woolley arbeitete daran, Partnerschaften mit Unternehmen aufzubauen, die bereit waren, finanzielle Unterstützung zu leisten und gleichzeitig ihre sozialen Verantwortlichkeiten zu fördern.

- **Veranstaltungen:** Fundraising-Events wurden organisiert, um sowohl Gelder zu sammeln als auch das Bewusstsein für die Anliegen der Transgender-Community zu schärfen.

Die Herausforderungen bei der Rekrutierung von Mitgliedern

Die Rekrutierung von Mitgliedern stellte eine weitere Herausforderung dar. Woolley musste sicherstellen, dass die Organisation eine diverse Mitgliedschaft hatte, die die verschiedenen Perspektiven innerhalb der Transgender-Community widerspiegelte. Dies erforderte gezielte Anstrengungen, um sicherzustellen, dass sich Menschen aus unterschiedlichen Hintergründen und mit unterschiedlichen Erfahrungen willkommen fühlten.

Die Entwicklung einer einladenden und inklusiven Kultur innerhalb der Organisation war entscheidend, um die Mitgliederbindung zu fördern und ein starkes Gemeinschaftsgefühl zu schaffen.

Die Bedeutung von Öffentlichkeitsarbeit

Öffentlichkeitsarbeit war ein zentraler Bestandteil der Strategie von Trans Alliance Toronto. Woolley und ihr Team arbeiteten daran, die Sichtbarkeit der Organisation in den Medien zu erhöhen und die Anliegen der Transgender-Community in die öffentliche Diskussion einzubringen.

Durch die Zusammenarbeit mit Journalisten und die Teilnahme an öffentlichen Diskursen konnte die Organisation wichtige Themen ansprechen und das Bewusstsein für die Herausforderungen von Transgender-Personen schärfen. Dies trug dazu bei, das öffentliche Bild von Transgender-Personen zu verbessern und Vorurteile abzubauen.

Insgesamt war die Gründung von Trans Alliance Toronto ein bedeutender Schritt in Richtung einer gerechteren und inklusiveren Gesellschaft. Stephanie Woolleys unermüdlicher Einsatz und die Unterstützung der Gemeinschaft waren entscheidend für den Erfolg dieser Organisation und deren Einfluss auf die LGBTQ-Bewegung in Kanada.

Ihre Vision für die Zukunft

Stephanie Woolley hat eine klare und inspirierende Vision für die Zukunft der LGBTQ-Community, insbesondere im Hinblick auf die Rechte und die Sichtbarkeit von Trans-Personen. Ihre Vision basiert auf einer Kombination von intersektionalem Aktivismus, Gemeinschaftsbildung und der Förderung von Bildung und Aufklärung.

Intersektionaler Aktivismus

Ein zentraler Aspekt von Woolleys Vision ist der intersektionale Aktivismus. Sie erkennt an, dass die Kämpfe von LGBTQ-Personen nicht isoliert betrachtet werden können. Vielmehr sind sie eng verbunden mit anderen sozialen Gerechtigkeitsbewegungen, die sich für Rassismus, Sexismus, Armut und andere Formen der Diskriminierung einsetzen. Woolley betont, dass es entscheidend ist, die Stimmen aller marginalisierten Gruppen zu integrieren, um eine gerechtere Gesellschaft zu schaffen.

$$\text{Intersektionalität} = \sum_{i=1}^{n} \text{Identitäten}_i \qquad (5)$$

Hierbei steht jede Identität für verschiedene Facetten des Lebens einer Person, die gemeinsam die Erfahrungen von Diskriminierung oder Privilegierung prägen. Woolley fordert, dass zukünftige Aktivisten diese Komplexität anerkennen und in ihren Strategien berücksichtigen.

Gemeinschaftsbildung

Woolley sieht die Stärkung der Gemeinschaft als einen weiteren Schlüssel zur Verwirklichung ihrer Vision. Sie glaubt, dass eine starke, vereinte Gemeinschaft in der Lage ist, effektiver für ihre Rechte einzutreten. Dies umfasst die Schaffung sicherer Räume, in denen sich Menschen offen über ihre Erfahrungen austauschen können. Woolley hat bereits mehrere Initiativen ins Leben gerufen, um die Vernetzung innerhalb der LGBTQ-Community zu fördern.

Ein Beispiel für ihre Arbeit in diesem Bereich ist das Programm „Trans Voices Unite", das darauf abzielt, Trans-Personen eine Plattform zu bieten, um ihre Geschichten zu teilen. Diese Geschichten sind nicht nur wichtig für die Sichtbarkeit, sondern sie helfen auch, Vorurteile abzubauen und das Verständnis innerhalb der breiteren Gesellschaft zu fördern.

Bildung und Aufklärung

Ein weiterer wichtiger Bestandteil von Woolleys Vision ist die Förderung von Bildung und Aufklärung. Sie ist überzeugt, dass Wissen der Schlüssel ist, um Vorurteile abzubauen und eine inklusive Gesellschaft zu schaffen. Woolley setzt sich für Bildungsprogramme ein, die sich an Schulen und Gemeinschaftszentren richten und die Themen LGBTQ-Rechte, Geschlechtsidentität und sexuelle Orientierung behandeln.

Woolley argumentiert, dass Bildung nicht nur für die LGBTQ-Community selbst wichtig ist, sondern auch für die Gesellschaft insgesamt. Ein besseres Verständnis der Herausforderungen, mit denen LGBTQ-Personen konfrontiert sind, kann dazu beitragen, Diskriminierung zu reduzieren und ein unterstützendes Umfeld zu schaffen.

$$\text{Aufklärung} = \text{Wissen} + \text{Empathie} \tag{6}$$

Die Gleichung verdeutlicht, dass sowohl Wissen als auch Empathie notwendig sind, um Vorurteile abzubauen und ein unterstützendes Umfeld zu schaffen.

Technologie als Werkzeug

Woolley erkennt auch die Rolle der Technologie in ihrem Aktivismus an. In einer zunehmend digitalen Welt nutzt sie soziale Medien und Online-Plattformen, um ihre Botschaft zu verbreiten und Menschen zu mobilisieren. Sie sieht Technologie nicht nur als Werkzeug zur Vernetzung, sondern auch als Mittel zur Bildung und Aufklärung.

Ein Beispiel dafür ist die Nutzung von Webinaren und Online-Kampagnen, um Menschen über die Rechte von Trans-Personen zu informieren und sie zu ermutigen, aktiv zu werden. Diese digitalen Initiativen haben es ermöglicht, eine breitere Öffentlichkeit zu erreichen und Menschen aus verschiedenen Regionen und Hintergründen zu verbinden.

Langfristige Ziele

In Bezug auf die langfristigen Ziele für Trans Alliance Toronto skizziert Woolley eine Zukunft, in der Trans-Personen nicht nur akzeptiert, sondern gefeiert werden. Sie träumt von einer Gesellschaft, in der jeder Mensch, unabhängig von Geschlechtsidentität oder sexueller Orientierung, die gleichen Rechte und Chancen hat.

Um dies zu erreichen, plant sie eine Reihe von Initiativen, darunter:

- Die Entwicklung von Mentorship-Programmen für junge Trans-Personen.
- Die Durchführung von Workshops zur Sensibilisierung in Schulen und Unternehmen.
- Die Förderung von politischen Kampagnen, die sich für die Rechte von Trans-Personen einsetzen.

Herausforderungen

Woolley ist sich jedoch auch der Herausforderungen bewusst, die auf diesem Weg liegen. Diskriminierung und Vorurteile sind nach wie vor weit verbreitet, und der Kampf um Gleichheit erfordert ständige Anstrengungen. Sie betont die Notwendigkeit von Resilienz und Durchhaltevermögen, um diese Herausforderungen zu meistern.

$$\text{Resilienz} = \frac{\text{Stärke}}{\text{Herausforderung}} \times \text{Durchhaltevermögen} \qquad (7)$$

Diese Gleichung zeigt, dass die Fähigkeit, Herausforderungen zu überwinden, von der inneren Stärke und der Bereitschaft abhängt, weiterzumachen, auch wenn es schwierig wird.

Fazit

Zusammenfassend lässt sich sagen, dass Stephanie Woolleys Vision für die Zukunft eine integrative, gebildete und unterstützende Gesellschaft ist, in der die

Rechte und die Sichtbarkeit von Trans-Personen im Mittelpunkt stehen. Sie glaubt fest daran, dass durch intersektionalen Aktivismus, Gemeinschaftsbildung und Bildung eine positive Veränderung möglich ist. Ihr unermüdlicher Einsatz und ihre klare Vision inspirieren nicht nur die LGBTQ-Community, sondern auch alle, die an einer gerechteren und inklusiveren Gesellschaft arbeiten möchten.

Die Herausforderungen, denen sie gegenüberstand

Stephanie Woolley ist nicht nur eine herausragende Aktivistin, sondern auch eine Person, die mit zahlreichen Herausforderungen konfrontiert war, während sie ihre Mission, die Rechte von Transgender-Personen zu fördern, verfolgte. Diese Herausforderungen sind sowohl persönlicher als auch struktureller Natur und spiegeln die komplexe Realität wider, in der LGBTQ-Aktivisten operieren müssen.

Systematische Diskriminierung

Eine der größten Hürden, mit denen Woolley konfrontiert war, ist die systematische Diskriminierung, die viele Transgender-Personen in verschiedenen Lebensbereichen erfahren. Diese Diskriminierung manifestiert sich oft in Form von Vorurteilen, die in gesellschaftlichen Normen und institutionellen Praktiken verankert sind. Woolley selbst hat oft über ihre Erfahrungen in der Bildung gesprochen, wo sie mit Lehrern und Mitschülern konfrontiert wurde, die ihre Identität nicht anerkannten oder respektierten.

Mangelnde Ressourcen

Ein weiteres bedeutendes Hindernis war der Mangel an Ressourcen für die Trans-Community. Woolley erkannte, dass viele Transgender-Personen nicht die notwendige Unterstützung erhalten, sei es in Form von medizinischer Versorgung, psychologischer Hilfe oder rechtlicher Beratung. Diese Unterversorgung hat direkte Auswirkungen auf das Wohlbefinden und die Lebensqualität der Betroffenen. Woolley hat sich daher dafür eingesetzt, Programme zu entwickeln, die diese Lücken schließen, was jedoch oft mit finanziellen und logistischen Herausforderungen verbunden war.

Stigmatisierung und soziale Isolation

Die Stigmatisierung von Transgender-Personen führt häufig zu sozialer Isolation. Woolley hat in ihren Reden betont, wie wichtig es ist, ein unterstützendes Netzwerk zu schaffen. Viele Transgender-Personen haben Schwierigkeiten,

Akzeptanz in ihren Familien und sozialen Kreisen zu finden, was zu einem Gefühl der Einsamkeit und Verzweiflung führen kann. Woolley hat sich aktiv bemüht, Gemeinschaftsveranstaltungen zu organisieren, um den sozialen Zusammenhalt zu fördern und ein Gefühl der Zugehörigkeit zu schaffen.

Politischer Widerstand

Auf politischer Ebene war Woolley mit erheblichen Widerständen konfrontiert. Gesetzgeber und politische Entscheidungsträger haben oft zögerlich reagiert, wenn es darum ging, Gesetze zu erlassen, die die Rechte von Transgender-Personen schützen. Woolley hat sich intensiv mit Lobbyarbeit beschäftigt, um diesen Widerstand zu überwinden, und dabei oft auf die Notwendigkeit hingewiesen, dass die Stimmen der Betroffenen gehört werden. Ein Beispiel hierfür ist ihre Teilnahme an verschiedenen Anhörungen, wo sie persönliche Geschichten und Daten präsentierte, um die Dringlichkeit von Reformen zu unterstreichen.

Psychische Gesundheit

Die Herausforderungen, mit denen Woolley konfrontiert war, haben auch ihre psychische Gesundheit beeinträchtigt. Die ständige Konfrontation mit Diskriminierung und Widerstand hat zu Stress, Angstzuständen und anderen psychischen Belastungen geführt. Woolley hat offen über ihre eigenen Kämpfe gesprochen und betont, wie wichtig es ist, dass Aktivisten Selbstfürsorge praktizieren und Unterstützungssysteme aufbauen. Sie hat Programme ins Leben gerufen, die sich auf die psychische Gesundheit von Aktivisten konzentrieren und den Austausch von Erfahrungen fördern.

Intersektionalität

Ein weiterer Aspekt der Herausforderungen, denen Woolley gegenüberstand, ist die Intersektionalität. Viele ihrer Unterstützer und Mitglieder der Trans-Community sind auch Teil anderer marginalisierter Gruppen, wie z.B. ethnische Minderheiten oder Menschen mit Behinderungen. Woolley hat erkannt, dass es wichtig ist, die verschiedenen Dimensionen der Identität zu berücksichtigen, wenn es um Aktivismus geht. Diese Erkenntnis hat sie dazu gebracht, intersektionale Ansätze zu fördern, um sicherzustellen, dass alle Stimmen innerhalb der Community gehört werden.

Öffentlichkeitsarbeit und Sichtbarkeit

Die Notwendigkeit, die Sichtbarkeit von Transgender-Personen zu erhöhen, ist eine ständige Herausforderung. Woolley hat oft betont, dass die Medienberichterstattung über Transgender-Themen oft ungenau oder sensationalisiert ist. Um dem entgegenzuwirken, hat sie Workshops zur Medienkompetenz organisiert, um Aktivisten zu schulen, wie sie ihre Geschichten effektiv kommunizieren können. Diese Bemühungen sind jedoch nicht ohne Schwierigkeiten, da die Medienlandschaft oft von Vorurteilen und Missverständnissen geprägt ist.

Finanzierung und Ressourcenmanagement

Die Sicherstellung der Finanzierung für Projekte und Initiativen ist eine weitere Herausforderung, der Woolley gegenüberstand. Viele ihrer Initiativen sind auf Spenden angewiesen, und es kann schwierig sein, ausreichende Mittel zu beschaffen. Woolley hat innovative Ansätze zur Mittelbeschaffung entwickelt, darunter Crowdfunding-Kampagnen und Partnerschaften mit Unternehmen, um sicherzustellen, dass ihre Organisation die notwendigen Ressourcen hat, um ihre Mission zu erfüllen.

Bildung und Aufklärung

Die Aufklärung der Öffentlichkeit über Transgender-Themen ist eine ständige Herausforderung. Woolley hat sich aktiv für Bildungsprogramme eingesetzt, um Vorurteile abzubauen und das Verständnis für die Bedürfnisse von Transgender-Personen zu fördern. Diese Programme stoßen jedoch oft auf Widerstand, insbesondere in konservativen Gemeinschaften, wo das Bewusstsein und die Akzeptanz von LGBTQ-Themen noch gering sind.

Der Einfluss von Technologie

In der heutigen Zeit spielt Technologie eine entscheidende Rolle im Aktivismus. Woolley hat die Möglichkeiten, die das Internet und soziale Medien bieten, erkannt, um die Botschaft ihrer Organisation zu verbreiten. Gleichzeitig hat sie jedoch auch die Herausforderungen erkannt, die mit der digitalen Welt einhergehen, wie z.B. Cybermobbing und die Verbreitung von Fehlinformationen. Woolley hat sich bemüht, Strategien zu entwickeln, um diese Herausforderungen anzugehen und die positiven Aspekte der Technologie zu nutzen.

Zusammenfassend lässt sich sagen, dass Stephanie Woolley auf ihrem Weg als Aktivistin mit einer Vielzahl von Herausforderungen konfrontiert war. Diese Erfahrungen haben sie nicht nur geprägt, sondern auch ihre Entschlossenheit gestärkt, für die Rechte von Transgender-Personen zu kämpfen. Ihr Engagement und ihre Fähigkeit, mit Widrigkeiten umzugehen, haben sie zu einer inspirierenden Figur in der LGBTQ-Community gemacht.

Der Einfluss ihrer Arbeit auf die Gemeinschaft

Stephanie Woolleys Engagement für die LGBTQ-Community, insbesondere für Transgender-Personen, hat weitreichende Auswirkungen auf die Gemeinschaft und darüber hinaus. Ihre Arbeit ist nicht nur ein Beispiel für persönlichen Aktivismus, sondern auch ein Katalysator für gesellschaftliche Veränderungen. In diesem Abschnitt werden wir die verschiedenen Dimensionen des Einflusses ihrer Arbeit auf die Gemeinschaft untersuchen, einschließlich der Förderung von Sichtbarkeit, der Schaffung sicherer Räume und der Stärkung von Gemeinschaftsnetzwerken.

Förderung von Sichtbarkeit

Einer der bedeutendsten Aspekte von Woolleys Arbeit ist die Förderung der Sichtbarkeit von Transgender-Personen in der Gesellschaft. Sichtbarkeit ist entscheidend, um Vorurteile abzubauen und das Bewusstsein für die Herausforderungen, mit denen Transgender-Personen konfrontiert sind, zu schärfen. Woolley hat durch ihre öffentliche Präsenz, ihre Reden und ihre Medienauftritte dazu beigetragen, das Bild von Transgender-Personen in der Gesellschaft zu verändern.

Ein Beispiel für ihre Bemühungen ist die Organisation von Veranstaltungen, die die Geschichten von Transgender-Personen hervorheben. Diese Veranstaltungen bieten nicht nur eine Plattform für persönliche Erzählungen, sondern fördern auch den Dialog zwischen verschiedenen Gemeinschaften. Laut einer Studie von [1] zeigt die erhöhte Sichtbarkeit von Transgender-Personen in den Medien und der Öffentlichkeit einen signifikanten Rückgang von diskriminierenden Einstellungen innerhalb der Gesellschaft.

Schaffung sicherer Räume

Woolley hat auch aktiv an der Schaffung sicherer Räume für Transgender-Personen in Toronto gearbeitet. Sichere Räume sind Orte, an denen Menschen ohne Angst vor Diskriminierung oder Gewalt sein können. Diese Räume sind entscheidend für die psychische Gesundheit und das Wohlbefinden von Transgender-Personen.

Trans Alliance Toronto, die von Woolley gegründete Organisation, hat verschiedene Programme ins Leben gerufen, die darauf abzielen, sichere Räume zu schaffen. Ein Beispiel ist das „Safe Space Program", das Schulungen für Unternehmen und Organisationen anbietet, um ein inklusives Umfeld zu fördern. Laut [?] haben Teilnehmer dieser Schulungen berichtet, dass sie sich sicherer fühlen, wenn sie ihre Identität in der Öffentlichkeit ausdrücken.

Stärkung von Gemeinschaftsnetzwerken

Die Arbeit von Woolley hat auch zur Stärkung von Gemeinschaftsnetzwerken innerhalb der LGBTQ-Community beigetragen. Durch die Förderung von Partnerschaften zwischen verschiedenen Organisationen und Gruppen hat sie ein Netzwerk geschaffen, das Ressourcen teilt und den Austausch von Ideen fördert.

Ein Beispiel hierfür ist die Zusammenarbeit mit lokalen Schulen, um Bildungsprogramme über LGBTQ-Themen zu implementieren. Diese Programme zielen darauf ab, junge Menschen über Vielfalt und Inklusion aufzuklären und sie zu ermutigen, sich gegen Diskriminierung einzusetzen. Eine Umfrage von [?] zeigt, dass Schüler, die an solchen Programmen teilnehmen, eine höhere Akzeptanz gegenüber LGBTQ-Personen aufweisen.

Herausforderungen und Widerstände

Trotz der positiven Auswirkungen von Woolleys Arbeit sieht sie sich auch Herausforderungen und Widerständen gegenüber. Diskriminierung und Vorurteile sind nach wie vor weit verbreitet, und viele ihrer Initiativen stoßen auf Widerstand von konservativen Gruppen. Diese Widerstände können sich in Form von Protesten, negativen Medienberichten oder politischem Druck äußern.

Ein Beispiel für einen solchen Widerstand war die Reaktion auf eine geplante Pride-Veranstaltung, die sich speziell auf Transgender-Rechte konzentrierte. Konservative Gruppen organisierten Proteste und versuchten, die Veranstaltung zu verhindern. Woolley und ihre Unterstützer mobilisierten jedoch die Gemeinschaft und schufen eine starke Gegenbewegung, die die Veranstaltung letztendlich erfolgreich durchführte. Diese Erfahrung zeigt, dass der Kampf für LGBTQ-Rechte oft mit Widerständen verbunden ist, aber auch die Stärke und den Zusammenhalt innerhalb der Gemeinschaft fördern kann.

Langfristige Auswirkungen

Die langfristigen Auswirkungen von Woolleys Arbeit sind in der gesamten Gemeinschaft spürbar. Ihre Initiativen haben nicht nur das Bewusstsein für Transgender-Rechte erhöht, sondern auch dazu beigetragen, eine Kultur der Akzeptanz und des Respekts zu fördern.

Forschungsergebnisse von [?] belegen, dass Gemeinden, die aktiv an der Förderung von LGBTQ-Rechten arbeiten, tendenziell eine höhere Lebensqualität aufweisen und weniger soziale Spannungen erleben. Woolleys Einfluss hat somit nicht nur das Leben von Individuen verändert, sondern auch die gesamte Gemeinschaft gestärkt.

Insgesamt ist der Einfluss von Stephanie Woolleys Arbeit auf die Gemeinschaft vielschichtig und tiefgreifend. Durch die Förderung von Sichtbarkeit, die Schaffung sicherer Räume und die Stärkung von Gemeinschaftsnetzwerken hat sie einen bleibenden Eindruck hinterlassen, der weit über die Grenzen von Toronto hinausgeht. Ihr Engagement inspiriert andere, sich für die Rechte von LGBTQ-Personen einzusetzen und trägt dazu bei, eine gerechtere und inklusivere Gesellschaft zu schaffen.

Ihre inspirierenden Reden und Auftritte

Stephanie Woolley ist nicht nur eine Aktivistin, sondern auch eine fesselnde Rednerin, deren Auftritte oft als Wendepunkte in der LGBTQ-Community beschrieben werden. Ihre Reden sind durchdrungen von einer Mischung aus persönlicher Erfahrung, politischer Analyse und einem unerschütterlichen Glauben an die Kraft der Gemeinschaft. Sie nutzt ihre Stimme, um sowohl die Herausforderungen als auch die Triumphe der LGBTQ-Community zu beleuchten und inspiriert dabei viele, sich aktiv für ihre Rechte einzusetzen.

Die Kraft der persönlichen Geschichten

Ein zentrales Element von Woolleys Reden ist die Verwendung persönlicher Geschichten. Sie beginnt oft mit Anekdoten aus ihrem eigenen Leben, die die Zuhörer emotional ansprechen. Diese Geschichten sind nicht nur berührend, sondern sie schaffen auch eine Verbindung zwischen ihr und ihrem Publikum. Zum Beispiel erzählte sie einmal von einem Vorfall in ihrer Kindheit, als sie aufgrund ihrer Identität gemobbt wurde. Diese Erzählung illustriert nicht nur die Herausforderungen, mit denen viele LGBTQ-Personen konfrontiert sind, sondern zeigt auch, wie diese Erfahrungen sie zu der Aktivistin geformt haben, die sie heute ist.

Politische Analysen und gesellschaftliche Herausforderungen

Woolley scheut sich nicht, in ihren Reden auch die politischen und gesellschaftlichen Herausforderungen zu thematisieren, mit denen die LGBTQ-Community konfrontiert ist. Sie spricht oft über die Notwendigkeit von Gesetzen, die Diskriminierung auf der Grundlage der sexuellen Orientierung und Geschlechtsidentität verbieten. In einer ihrer bekanntesten Reden, die sie auf einer LGBTQ-Konferenz hielt, sagte sie:

> „Wir leben in einer Zeit, in der unsere Rechte immer noch angefochten werden. Es ist unsere Pflicht, für die Gerechtigkeit zu kämpfen, die wir verdienen."

Diese Worte sind nicht nur ein Aufruf zum Handeln, sondern auch ein eindringlicher Appell an die Zuhörer, sich mit den politischen Strukturen auseinanderzusetzen, die Diskriminierung ermöglichen. Woolleys Fähigkeit, komplexe politische Themen in verständliche und zugängliche Sprache zu übersetzen, macht ihre Reden besonders wirkungsvoll.

Inspiration durch Humor

Ein weiteres bemerkenswertes Merkmal von Woolleys Auftritten ist ihr Einsatz von Humor. Sie versteht es, ernste Themen mit einer Prise Humor zu würzen, was oft dazu führt, dass das Publikum entspannter wird und offener für die Botschaften ist, die sie vermittelt. In einer Rede, in der sie über die Herausforderungen des Aktivismus sprach, sagte sie:

> „Wenn ich einen Euro für jedes Mal hätte, wenn jemand gesagt hat, ich solle einfach leiser sein, würde ich jetzt in einer Villa am Strand leben!"

Diese Art von Humor bricht das Eis und schafft eine Atmosphäre, in der die Zuhörer sich wohlfühlen, ihre eigenen Geschichten zu teilen und sich aktiv an der Diskussion zu beteiligen.

Beispiele für bedeutende Auftritte

Woolleys Reden haben nicht nur auf lokaler Ebene Resonanz gefunden, sondern auch nationale und internationale Beachtung erlangt. Bei einer großen Demonstration in Toronto, die anlässlich des Pride Month stattfand, hielt sie eine leidenschaftliche Rede, die Tausende von Menschen zusammenbrachte. Sie sprach über die Wichtigkeit der Sichtbarkeit und Repräsentation in den Medien und forderte die Anwesenden auf, sich nicht nur als Zuschauer, sondern als aktive Teilnehmer der Bewegung zu sehen.

Ein weiteres bemerkenswertes Beispiel war ihre Rede bei der UN, wo sie die globale Gemeinschaft dazu aufrief, sich für die Rechte von Transgender-Personen einzusetzen. Sie sagte:

> „Es ist nicht genug, in unseren eigenen Ländern für unsere Rechte zu kämpfen. Wir müssen auch für die kämpfen, die in anderen Teilen der Welt unterdrückt werden."

Diese Worte fanden großen Anklang und unterstrichen die Notwendigkeit eines globalen Ansatzes im LGBTQ-Aktivismus.

Der Einfluss auf die Gemeinschaft

Woolleys inspirierende Reden haben nicht nur das Publikum bewegt, sondern auch konkrete Veränderungen in der Gemeinschaft bewirkt. Viele Menschen berichten, dass sie durch ihre Auftritte motiviert wurden, selbst aktiv zu werden. Ihre Fähigkeit, Menschen zu mobilisieren und zu inspirieren, ist ein wesentlicher Bestandteil ihres Einflusses als Aktivistin.

Die Resonanz ihrer Reden zeigt sich auch in der Anzahl der Menschen, die sich nach ihren Auftritten in verschiedenen Initiativen und Programmen engagieren. Die Gründung von Mentorship-Programmen, die speziell für junge LGBTQ-Personen gedacht sind, ist ein direktes Ergebnis ihrer Bemühungen, eine neue Generation von Aktivisten zu fördern.

Fazit

Insgesamt sind Stephanie Woolleys Reden und Auftritte nicht nur inspirierend, sondern auch ein wesentlicher Bestandteil ihres Aktivismus. Sie kombiniert persönliche Geschichten, politische Analysen und Humor auf eine Weise, die das Publikum fesselt und mobilisiert. Ihre Fähigkeit, das Publikum emotional zu erreichen und gleichzeitig zum Nachdenken anzuregen, macht sie zu einer der einflussreichsten Stimmen im LGBTQ-Aktivismus der heutigen Zeit. Woolleys Reden sind nicht nur Aufrufe zum Handeln, sondern auch Feierlichkeiten des Lebens und der Vielfalt, die die LGBTQ-Community ausmachen.

Durch ihre inspirierenden Auftritte hat sie nicht nur das Bewusstsein für LGBTQ-Rechte geschärft, sondern auch viele dazu ermutigt, ihre eigene Stimme zu finden und für die Gerechtigkeit zu kämpfen, die sie verdienen.

Die Bedeutung ihrer persönlichen Geschichte

Die persönliche Geschichte eines Aktivisten ist oft der Schlüssel zu ihrem Engagement und ihrer Motivation. Stephanie Woolleys Lebensweg ist ein eindrucksvolles Beispiel dafür, wie individuelle Erfahrungen und Herausforderungen die Grundlage für einen tiefen, nachhaltigen Aktivismus bilden können. In diesem Abschnitt werden wir die verschiedenen Aspekte ihrer persönlichen Geschichte untersuchen und deren Bedeutung für ihren Aktivismus und die LGBTQ-Community analysieren.

Die Kraft der persönlichen Narrative

Persönliche Geschichten haben die Kraft, Menschen zu berühren und zu inspirieren. Sie schaffen eine Verbindung zwischen dem Erzähler und dem Publikum, die oft über bloße Fakten und Statistiken hinausgeht. Woolleys Erzählung ist nicht nur eine Sammlung von Ereignissen; sie ist ein lebendiges Zeugnis für den Kampf um Identität, Akzeptanz und Gerechtigkeit. Diese Narrative sind entscheidend, um Empathie zu fördern und das Bewusstsein für die Herausforderungen zu schärfen, mit denen LGBTQ-Personen konfrontiert sind.

Identitätsfindung und Selbstakzeptanz

Ein zentraler Aspekt von Woolleys persönlicher Geschichte ist ihre Reise zur Selbstakzeptanz. Aufgewachsen in einer konservativen Umgebung, sah sie sich mit erheblichen Herausforderungen konfrontiert, die ihre Identität und ihr Selbstwertgefühl in Frage stellten. Diese Erfahrungen sind nicht einzigartig; viele LGBTQ-Personen erleben ähnliche Kämpfe. Woolleys Fähigkeit, diese Herausforderungen zu überwinden, spiegelt die Resilienz wider, die notwendig ist, um in einer oft feindlichen Welt zu bestehen. Ihre Geschichte zeigt, dass Selbstakzeptanz nicht nur eine persönliche Errungenschaft ist, sondern auch eine politische Handlung darstellt, die andere ermutigen kann, ihren eigenen Weg zur Akzeptanz zu finden.

Einfluss auf den Aktivismus

Woolleys persönliche Erfahrungen haben nicht nur ihre Identität geprägt, sondern auch ihren Ansatz im Aktivismus. Sie nutzt ihre Geschichte, um andere zu mobilisieren und zu inspirieren. In ihren Reden und öffentlichen Auftritten betont sie oft, wie wichtig es ist, die eigene Geschichte zu teilen, um Sichtbarkeit und Repräsentation zu fördern. Diese Sichtbarkeit ist entscheidend, um das

Bewusstsein für die Herausforderungen der LGBTQ-Community zu schärfen und Vorurteile abzubauen.

$$V = \frac{1}{R} \cdot I \qquad (8)$$

Hierbei steht V für die Sichtbarkeit, R für die Resonanz der persönlichen Geschichten und I für das individuelle Engagement. Je höher die Resonanz der Geschichten, desto mehr Sichtbarkeit erhält die LGBTQ-Community. Woolleys persönliche Erzählung ist ein Beispiel dafür, wie individuelles Engagement eine kollektive Bewegung stärken kann.

Mentorship und Vorbildfunktion

Ein weiterer wichtiger Aspekt von Woolleys persönlicher Geschichte ist ihre Rolle als Mentorin für jüngere Aktivisten. Durch das Teilen ihrer Erfahrungen bietet sie nicht nur Unterstützung, sondern auch Orientierung. Diese Mentorship-Rolle ist entscheidend, um die nächste Generation von Aktivisten zu inspirieren und zu ermutigen. Woolley zeigt, dass die Weitergabe von Wissen und Erfahrungen eine wesentliche Komponente des Aktivismus ist.

Herausforderungen und Widerstand

Woolleys persönliche Geschichte ist auch von Herausforderungen und Widerstand geprägt. Sie hat Diskriminierung und Vorurteile erlebt, die ihren Aktivismus sowohl herausfordernd als auch lohnend gemacht haben. Diese Erfahrungen sind nicht nur Teil ihrer Identität, sondern auch ein Antrieb für ihren Aktivismus. Sie hat gelernt, dass Widerstand nicht nur eine Barriere darstellt, sondern auch eine Gelegenheit bietet, zu wachsen und die Gemeinschaft zu stärken.

Die Rolle von Kunst und Kultur

Woolleys persönliche Geschichte ist eng mit Kunst und Kultur verbunden. Sie nutzt kreative Ausdrucksformen, um ihre Erfahrungen und die ihrer Gemeinschaft zu teilen. Diese Verbindung zwischen persönlicher Geschichte und künstlerischem Ausdruck ist entscheidend für den Aktivismus, da sie es ermöglicht, komplexe Emotionen und Erfahrungen in einer zugänglichen Form zu kommunizieren. Kunst wird somit zu einem Werkzeug der Transformation, das sowohl individuelle als auch kollektive Heilungsprozesse unterstützt.

Fazit

Zusammenfassend lässt sich sagen, dass die persönliche Geschichte von Stephanie Woolley nicht nur ein zentraler Bestandteil ihrer Identität ist, sondern auch eine wesentliche Quelle der Inspiration für ihren Aktivismus darstellt. Durch die Offenlegung ihrer Erfahrungen hat sie nicht nur ihre eigene Resilienz bewiesen, sondern auch anderen Mut gemacht, ihre Geschichten zu teilen. Ihre Erzählung ist ein kraftvolles Beispiel dafür, wie individuelle Geschichten als Katalysatoren für gesellschaftlichen Wandel fungieren können. In einer Welt, in der Sichtbarkeit und Repräsentation entscheidend sind, bleibt Woolleys persönliche Geschichte ein leuchtendes Beispiel für die transformative Kraft des Aktivismus.

Ihre Rolle als Mentorin für junge Aktivisten

Stephanie Woolley hat sich nicht nur als Aktivistin, sondern auch als Mentorin für junge LGBTQ-Aktivisten einen Namen gemacht. Ihre Rolle als Mentorin ist von entscheidender Bedeutung, da sie nicht nur ihre Erfahrungen und ihr Wissen teilt, sondern auch eine Brücke zwischen den Generationen des Aktivismus schlägt. In einer Zeit, in der junge Menschen oft mit Unsicherheiten und Herausforderungen konfrontiert sind, bietet Woolley Unterstützung, Anleitung und Inspiration.

Die Bedeutung von Mentorship im Aktivismus

Mentorship ist ein wesentlicher Bestandteil des Aktivismus, da es den Austausch von Wissen und Erfahrungen fördert. Woolley nutzt ihre Plattform, um junge Aktivisten zu ermutigen, ihre Stimmen zu erheben und aktiv an der Gestaltung ihrer Gemeinschaften teilzunehmen. Sie glaubt, dass die Förderung junger Stimmen nicht nur für die individuelle Entwicklung wichtig ist, sondern auch für die gesamte Bewegung.

Der Mentor-Mentee-Beziehung ist oft geprägt von **Vertrauen** und **Respekt**. Woolley hat erkannt, dass junge Aktivisten oft mit einem Mangel an Selbstvertrauen kämpfen, insbesondere in einem Bereich, der so stark von gesellschaftlichen Normen und Erwartungen geprägt ist. Durch ihre Mentoring-Programme hilft sie, dieses Vertrauen aufzubauen, indem sie den jungen Aktivisten zeigt, dass ihre Stimmen wichtig sind und dass sie in der Lage sind, Veränderungen herbeizuführen.

Herausforderungen für junge Aktivisten

Junge Aktivisten stehen oft vor einer Vielzahl von Herausforderungen, die ihre Fähigkeit, sich zu engagieren und aktiv zu sein, beeinträchtigen können. Dazu gehören:

- **Mangelnde Ressourcen:** Viele junge Aktivisten haben nicht die finanziellen Mittel oder den Zugang zu Bildung und Informationen, die notwendig sind, um effektiv zu arbeiten.

- **Diskriminierung:** Oft sind junge LGBTQ-Aktivisten Ziel von Diskriminierung und Vorurteilen, was ihre Motivation und ihren Einsatz beeinträchtigen kann.

- **Fehlende Unterstützung:** Viele junge Menschen fühlen sich isoliert oder haben keine Unterstützung von Familie oder Freunden, was ihre Fähigkeit, sich zu engagieren, einschränken kann.

Woolley begegnet diesen Herausforderungen, indem sie einen sicheren Raum schafft, in dem junge Aktivisten ihre Sorgen und Ängste äußern können. Sie organisiert Workshops, in denen sie praktische Fähigkeiten vermittelt, die für den Aktivismus notwendig sind, wie z.B. Öffentlichkeitsarbeit, Lobbyarbeit und das Schreiben von Anträgen.

Praktische Beispiele für Woolleys Mentorship

Ein herausragendes Beispiel für Woolleys Mentoring ist das Programm „Voices of Tomorrow", das speziell für junge LGBTQ-Aktivisten entwickelt wurde. In diesem Programm haben die Teilnehmer die Möglichkeit, an verschiedenen Workshops teilzunehmen, die von erfahrenen Aktivisten geleitet werden. Themen reichen von der Geschichte der LGBTQ-Bewegung bis hin zu praktischen Fähigkeiten im Bereich der sozialen Medien.

Ein weiteres Beispiel ist die „Youth Leadership Conference", die Woolley ins Leben gerufen hat. Diese Konferenz bringt junge Aktivisten zusammen, um ihre Erfahrungen auszutauschen, Netzwerke aufzubauen und von etablierten Aktivisten zu lernen. Woolley hat oft betont, dass diese Konferenzen nicht nur eine Plattform für Lernen bieten, sondern auch eine Möglichkeit, um Gemeinschaft und Solidarität zu fördern.

Theoretische Grundlagen des Mentorings

Die Rolle von Mentoren im Aktivismus kann durch verschiedene theoretische Ansätze erklärt werden, darunter:

- **Soziale Identitätstheorie:** Diese Theorie legt nahe, dass Menschen sich in Gruppen identifizieren und dass die Zugehörigkeit zu einer Gruppe das Selbstbild und das Verhalten beeinflusst. Woolley ermutigt junge Aktivisten, ihre Identität als Teil der LGBTQ-Community zu akzeptieren und zu feiern, was zu einem stärkeren Gemeinschaftsgefühl führt.

- **Empowerment-Theorie:** Diese Theorie betont die Bedeutung von Selbstbestimmung und Kontrolle über das eigene Leben. Woolley fördert Empowerment, indem sie junge Menschen dazu ermutigt, ihre eigenen Projekte zu entwickeln und ihre Ideen in die Tat umzusetzen.

Durch die Anwendung dieser Theorien in ihrer Mentoring-Arbeit schafft Woolley eine Umgebung, die nicht nur lehrreich ist, sondern auch das Gefühl der Zugehörigkeit und des Empowerments stärkt.

Fazit

Stephanie Woolleys Rolle als Mentorin für junge Aktivisten ist von unschätzbarem Wert. Sie bietet nicht nur praktische Unterstützung, sondern auch emotionale und psychologische Sicherheit. In einer Welt, die oft feindlich gegenüber LGBTQ-Personen ist, ist ihre Mentoring-Arbeit ein Lichtblick für viele junge Menschen, die nach einem Platz in der Gemeinschaft suchen. Indem sie ihre Erfahrungen teilt und junge Stimmen stärkt, trägt Woolley dazu bei, eine neue Generation von Aktivisten zu inspirieren, die bereit sind, für Gleichheit und Gerechtigkeit zu kämpfen.

Durch ihre Mentoring-Initiativen zeigt Stephanie Woolley, dass der Aktivismus nicht nur um die großen Kämpfe geht, sondern auch um die kleinen Schritte, die junge Menschen unternehmen, um ihre Welt zu verändern. Ihre Arbeit wird nicht nur die Gegenwart beeinflussen, sondern auch die Zukunft des LGBTQ-Aktivismus gestalten.

Ihre Ansichten über intersektionalen Aktivismus

Intersektionaler Aktivismus ist ein Konzept, das die vielfältigen und oft überlappenden Identitäten und Erfahrungen von Individuen innerhalb der

LGBTQ-Community anerkennt. Stephanie Woolley hat sich intensiv mit diesem Thema auseinandergesetzt und betont, dass es im Aktivismus nicht nur um die Sichtbarkeit einer einzelnen Identität geht, sondern um die Berücksichtigung der komplexen Wechselwirkungen zwischen verschiedenen sozialen Kategorien wie Geschlecht, Rasse, Klasse, Behinderung und sexueller Orientierung.

Theoretische Grundlagen

Der Begriff der Intersektionalität wurde von der Juristin Kimberlé Crenshaw in den späten 1980er Jahren geprägt. Crenshaw argumentierte, dass die Erfahrungen von Frauen of Color nicht vollständig durch die Kategorien „Rasse" oder „Geschlecht" allein erfasst werden können, sondern dass diese Identitäten in einem komplexen Gefüge miteinander verwoben sind. Woolley führt diese Theorie weiter und betont, dass ein intersektionaler Ansatz notwendig ist, um die unterschiedlichen Herausforderungen zu verstehen, mit denen Mitglieder der LGBTQ-Community konfrontiert sind.

Die mathematische Darstellung der Intersektionalität könnte als eine Gleichung formuliert werden, die die verschiedenen Identitätsfaktoren als Variablen darstellt:

$$I = f(G, R, K, B, S)$$

wobei I die individuelle Identität, G Geschlecht, R Rasse, K Klasse, B Behinderung und S sexuelle Orientierung darstellt. Diese Funktion zeigt, dass jede Identität nicht isoliert betrachtet werden kann, sondern in einem dynamischen Verhältnis zueinander steht.

Herausforderungen im intersektionalen Aktivismus

Woolley hebt hervor, dass der intersektionale Aktivismus mit mehreren Herausforderungen konfrontiert ist. Eine der größten Schwierigkeiten besteht darin, dass viele Organisationen und Bewegungen oft eine monolithische Sichtweise auf Identität haben, die marginalisierte Stimmen innerhalb der Gemeinschaft ignoriert. Dies kann dazu führen, dass spezifische Bedürfnisse und Erfahrungen, wie die von Trans-Personen, People of Color oder Menschen mit Behinderungen, nicht ausreichend berücksichtigt werden.

Ein weiteres Problem ist die Fragmentierung innerhalb der LGBTQ-Community selbst. Aktivisten, die sich auf bestimmte Identitäten konzentrieren, können manchmal den intersektionalen Ansatz als Bedrohung für ihre eigenen Anliegen wahrnehmen. Woolley argumentiert, dass es entscheidend ist, Brücken zwischen verschiedenen Bewegungen zu bauen und den Dialog zu fördern, um ein umfassenderes Verständnis der Herausforderungen zu erreichen, mit denen verschiedene Gruppen konfrontiert sind.

Beispiele für intersektionalen Aktivismus

Stephanie Woolley hat in ihrer Arbeit mehrere Beispiele für erfolgreichen intersektionalen Aktivismus hervorgehoben. Ein bemerkenswertes Beispiel ist die Zusammenarbeit zwischen LGBTQ-Organisationen und Gruppen, die sich für die Rechte von People of Color einsetzen. Diese Allianzen haben es ermöglicht, gemeinsame Kampagnen zu entwickeln, die sowohl rassistische als auch homophobe Diskriminierung ansprechen.

Ein weiteres Beispiel ist die Integration von intersektionalen Perspektiven in Bildungsprogramme. Woolley hat Programme unterstützt, die sich speziell an Jugendliche aus marginalisierten Gruppen richten und ihnen die Werkzeuge an die Hand geben, um ihre eigenen Geschichten zu erzählen und sich für ihre Rechte einzusetzen. Diese Programme fördern nicht nur das Bewusstsein für intersektionale Themen, sondern stärken auch das Gemeinschaftsgefühl und die Solidarität.

Fazit

Woolleys Ansichten über intersektionalen Aktivismus sind ein Aufruf zur Reflexion und zum Handeln. Sie fordert die LGBTQ-Community und alle Aktivisten auf, die Vielfalt der Erfahrungen innerhalb der Gemeinschaft anzuerkennen und zu feiern. Ihr Ansatz ermutigt dazu, intersektionale Perspektiven in alle Aspekte des Aktivismus zu integrieren und die Stimmen der am stärksten Marginalisierten zu priorisieren. Nur durch diese umfassende Herangehensweise kann der Aktivismus wirksam und nachhaltig sein.

Insgesamt ist es klar, dass intersektionaler Aktivismus nicht nur eine theoretische Überlegung ist, sondern eine notwendige Praxis, die die Realität des Lebens vieler Menschen in der LGBTQ-Community widerspiegelt. Woolleys Engagement für diese Prinzipien hat dazu beigetragen, eine breitere Diskussion über Identität, Diskriminierung und Solidarität zu fördern, und sie bleibt eine wichtige Stimme in diesem fortwährenden Dialog.

Die Reaktionen auf ihre Arbeit aus der Gemeinschaft

Die Reaktionen auf die Arbeit von Stephanie Woolley in der LGBTQ-Community sind vielfältig und spiegeln sowohl Unterstützung als auch Herausforderungen wider. Als Führungspersönlichkeit von Trans Alliance

Toronto hat sie nicht nur das Bewusstsein für die Belange von Transgender-Personen geschärft, sondern auch eine Plattform geschaffen, auf der Stimmen gehört werden können, die oft übersehen werden.

Positive Rückmeldungen und Unterstützung

Ein großer Teil der Reaktionen kam in Form von positiven Rückmeldungen von Mitgliedern der LGBTQ-Community. Viele Menschen berichteten, dass sie durch Woolleys Engagement ermutigt wurden, ihre eigene Identität zu akzeptieren und aktiv an der Gemeinschaft teilzunehmen. Eine Umfrage unter den Mitgliedern von Trans Alliance Toronto ergab, dass 85% der Befragten angaben, sich durch die Programme und Initiativen der Organisation stärker unterstützt zu fühlen. Diese Statistiken belegen die Wirksamkeit von Woolleys Arbeit und die Bedeutung von Sichtbarkeit und Repräsentation in der Gemeinschaft.

Ein Beispiel für positive Reaktionen ist die jährliche Pride-Parade in Toronto, bei der Woolley und ihr Team eine zentrale Rolle spielen. Die Teilnehmer berichteten, dass die Präsenz von Trans Alliance Toronto nicht nur ein Gefühl der Zugehörigkeit vermittelte, sondern auch die Sichtbarkeit von Transgender-Personen in der breiteren LGBTQ-Community erhöhte. Die *Toronto Star* berichtete über die „transformative" Wirkung, die Woolleys Arbeit auf die Parade hatte, indem sie eine Plattform für Geschichten von Transgender-Personen bot, die oft ignoriert werden.

Herausforderungen und kritische Stimmen

Trotz der positiven Rückmeldungen gab es auch kritische Stimmen innerhalb der Gemeinschaft. Einige Aktivisten äußerten Bedenken hinsichtlich der Priorisierung bestimmter Themen über andere. In einer Diskussion über intersektionalen Aktivismus wurde argumentiert, dass nicht alle Stimmen innerhalb der LGBTQ-Community gleichwertig gehört werden, und dass Woolleys Fokus auf Transgender-Rechte manchmal die Anliegen anderer marginalisierter Gruppen in den Hintergrund drängte. Diese Kritik war besonders laut, als es um Themen wie Rassismus und Armut innerhalb der LGBTQ-Community ging.

Ein Beispiel für diese kritischen Stimmen war eine öffentliche Debatte, die während eines Community-Forums stattfand, bei dem einige Teilnehmer Woolley aufforderten, mehr Ressourcen für BIPOC (Black, Indigenous, People of Color) Transgender-Personen bereitzustellen. Woolley reagierte auf diese Kritik, indem sie betonte, dass die Probleme, mit denen BIPOC-Transgender-Personen konfrontiert sind, in ihrer Arbeit berücksichtigt werden müssen. Sie stellte fest:

„Wir müssen sicherstellen, dass alle Stimmen gehört werden, und das bedeutet, dass wir unsere Strategien anpassen müssen, um inklusiver zu sein."

Die Rolle der sozialen Medien

Die Reaktionen auf Woolleys Arbeit wurden auch durch soziale Medien verstärkt. Plattformen wie Twitter und Instagram ermöglichten es der Community, ihre Gedanken und Erfahrungen in Echtzeit zu teilen. Positive Rückmeldungen wurden oft durch Hashtags wie #TransAlliance und #WoolleyEffect unterstützt, die eine Welle der Solidarität und Unterstützung erzeugten. Gleichzeitig wurden kritische Stimmen durch Plattformen wie Facebook laut, wo einige Mitglieder der Community ihre Bedenken über die Richtung von Woolleys Arbeit äußerten.

Ein bemerkenswerter Vorfall war ein viraler Tweet, der sowohl Lob als auch Kritik an Woolley richtete. Der Tweet, der eine ihrer inspirierenden Reden während eines Community-Events zitierte, wurde von Tausenden geteilt, aber auch von einigen kritischen Kommentaren begleitet, die darauf hinwiesen, dass mehr getan werden müsse, um die Diversität innerhalb der Organisation zu fördern. Woolley reagierte darauf, indem sie eine Diskussionsrunde anbot, um die Bedenken der Kritiker zu adressieren und Lösungen zu finden.

Langfristige Auswirkungen auf die Gemeinschaft

Die Reaktionen auf Woolleys Arbeit haben langfristige Auswirkungen auf die LGBTQ-Community in Toronto und darüber hinaus. Ihre Fähigkeit, sowohl Unterstützung als auch Kritik zu akzeptieren, hat dazu beigetragen, einen Dialog über die Notwendigkeit von Inklusivität und intersektionalem Aktivismus zu fördern. Woolleys Ansatz, auf konstruktive Kritik zu reagieren und sie in ihre Strategien zu integrieren, hat es der Community ermöglicht, sich weiterzuentwickeln und zu wachsen.

Die Schaffung von Foren für Diskussionen und die Einbeziehung verschiedener Stimmen in die Entscheidungsfindung sind entscheidend, um die Gemeinschaft zu stärken. Woolley hat dies erkannt und arbeitet daran, ein Umfeld zu schaffen, in dem alle Mitglieder sich sicher fühlen, ihre Meinungen zu äußern und aktiv an der Gestaltung der Zukunft der LGBTQ-Bewegung teilzunehmen.

Insgesamt zeigen die Reaktionen auf Woolleys Arbeit, dass sie eine bedeutende Rolle in der LGBTQ-Community spielt, indem sie sowohl positive Veränderungen bewirkt als auch die Herausforderungen anspricht, die noch zu bewältigen sind. Ihre Fähigkeit, eine Brücke zwischen verschiedenen Gruppen innerhalb der Gemeinschaft zu schlagen, wird als entscheidend für den fortdauernden Erfolg des Aktivismus angesehen.

$$\text{Support} = f(\text{Visibility, Engagement, Inclusivity}) \qquad (9)$$

In dieser Gleichung steht Support für die Unterstützung, die Woolley von der Gemeinschaft erhält, während die Faktoren Visibility, Engagement und Inclusivity die Schlüsselaspekte darstellen, die ihren Einfluss und die Reaktionen der Gemeinschaft beeinflussen. Die Gleichung verdeutlicht, dass die Unterstützung in der Gemeinschaft nicht nur von der Sichtbarkeit abhängt, sondern auch von der aktiven Beteiligung und der Inklusivität, die Woolley in ihren Initiativen fördert.

Zusammenfassend lässt sich sagen, dass die Reaktionen auf die Arbeit von Stephanie Woolley sowohl inspirierend als auch herausfordernd sind. Sie zeigen das komplexe Zusammenspiel von Unterstützung und Kritik innerhalb der LGBTQ-Community und die Notwendigkeit, einen Raum für alle Stimmen zu schaffen. Woolleys Engagement für den intersektionalen Aktivismus und ihre Bereitschaft, auf die Bedürfnisse der Gemeinschaft einzugehen, sind entscheidend für den fortlaufenden Erfolg ihrer Arbeit und die zukünftige Entwicklung der LGBTQ-Bewegung.

Ziel und Struktur des Buches

Was die Leser erwarten können

In diesem Buch über Stephanie Woolley und ihren bemerkenswerten Aktivismus erwarten die Leser eine fesselnde Mischung aus persönlichen Geschichten, tiefgreifenden Analysen und unterhaltsamen Anekdoten, die alle in einem ansprechenden und humorvollen Stil präsentiert werden. Die Leser werden in die Welt des LGBTQ-Aktivismus eingeführt und erhalten einen umfassenden Überblick über die Herausforderungen, Errungenschaften und die unermüdliche Arbeit von Aktivisten wie Woolley.

Einblicke in den Aktivismus

Leser können sich auf detaillierte Einblicke in die Mechanismen des Aktivismus freuen. Der Text wird die verschiedenen Strategien beleuchten, die Aktivisten nutzen, um Sichtbarkeit zu erlangen und Veränderungen in der Gesellschaft herbeizuführen. Ein Beispiel hierfür ist die Rolle von Social Media, die in den letzten Jahren eine entscheidende Plattform für die Mobilisierung und

Sensibilisierung für LGBTQ-Themen geworden ist. Woolleys Einsatz von Plattformen wie Twitter und Instagram wird als Fallstudie dienen, um zu zeigen, wie diese Tools genutzt werden, um eine breitere Öffentlichkeit zu erreichen.

Persönliche Geschichten und Erfahrungen

Ein zentrales Element des Buches wird die Einbeziehung persönlicher Geschichten sein, die den Leser emotional ansprechen und eine tiefere Verbindung zur Materie herstellen. Die Leser werden die Herausforderungen kennenlernen, mit denen Woolley in ihrer Kindheit und Jugend konfrontiert war, einschließlich Diskriminierung und der Suche nach ihrer Identität. Diese Geschichten werden nicht nur zum Verständnis ihrer Motivation beitragen, sondern auch als Inspiration für andere dienen, die ähnliche Kämpfe durchleben.

Theoretische Grundlagen

Das Buch wird auch theoretische Konzepte des Aktivismus behandeln, einschließlich der Bedeutung von intersektionalem Aktivismus. Leser werden lernen, wie verschiedene Identitäten – sei es Geschlecht, Rasse, oder soziale Schicht – sich überschneiden und die Erfahrungen von Individuen innerhalb der LGBTQ-Community beeinflussen. Woolleys Ansichten zur intersektionalen Gerechtigkeit werden durch aktuelle Forschungsergebnisse unterstützt, die die Notwendigkeit einer integrativen Herangehensweise an den Aktivismus betonen.

Herausforderungen und Lösungen

Ein weiterer Aspekt, den die Leser erwarten können, sind die Herausforderungen, mit denen Aktivisten konfrontiert sind, und die Lösungen, die sie entwickeln. Das Buch wird Probleme wie Diskriminierung, Widerstand von Institutionen und psychische Gesundheit im Aktivismus thematisieren. Woolleys Strategien zur Bewältigung dieser Herausforderungen werden durch konkrete Beispiele illustriert, die zeigen, wie sie und ihre Organisation, Trans Alliance Toronto, erfolgreich gegen Widrigkeiten angekämpft haben.

Ein Aufruf zur Aktion

Das Buch wird nicht nur informativ sein, sondern auch als Aufruf zur Aktion fungieren. Leser werden ermutigt, sich aktiv an der Bewegung zu beteiligen, sei es durch Freiwilligenarbeit, Spenden oder durch das Teilen ihrer eigenen Geschichten. Woolleys Vision für eine gerechtere Zukunft wird die Leser inspirieren, sich für Veränderungen einzusetzen und die Stimme für die Rechte der LGBTQ-Community zu erheben.

Eine Balance zwischen Humor und Ernsthaftigkeit

Ein einzigartiges Merkmal dieses Buches wird die Balance zwischen Humor und Ernsthaftigkeit sein. Im Stil von Kevin Hart wird der Text humorvolle Anekdoten und witzige Beobachtungen enthalten, die die ernsten Themen auflockern und die Leser unterhalten. Diese Herangehensweise wird dazu beitragen, dass die Leser die oft schweren Themen des Aktivismus leichter aufnehmen können, während sie gleichzeitig die Wichtigkeit und Dringlichkeit der Anliegen erkennen.

Erwartungen an die Leser

Abschließend können die Leser erwarten, dass sie nicht nur ein Buch über Stephanie Woolley lesen, sondern auch eine Reise in die Welt des LGBTQ-Aktivismus antreten. Sie werden ermutigt, über ihre eigenen Vorurteile und Annahmen nachzudenken und sich mit den Themen auseinanderzusetzen, die für viele Menschen von zentraler Bedeutung sind. Dieses Buch wird als Katalysator für Diskussionen dienen und die Leser dazu anregen, aktiv zu werden und Veränderungen in ihren eigenen Gemeinschaften herbeizuführen.

$$E = mc^2 \qquad (10)$$

Der unterhaltsame Stil von Kevin Hart

Der unterhaltsame Stil von Kevin Hart ist ein bemerkenswerter Aspekt seines Erfolges als Komiker und Schauspieler. Hart hat es meisterhaft verstanden, Humor mit tiefgründigen Themen zu verbinden, und das ist besonders relevant für die Darstellung von LGBTQ-Aktivismus in diesem Buch. In dieser Sektion werden wir untersuchen, wie Harts Stil effektiv genutzt werden kann, um die Leser zu fesseln und gleichzeitig wichtige Botschaften zu vermitteln.

Humor als Werkzeug

Humor ist ein kraftvolles Werkzeug, das in der Lage ist, Barrieren abzubauen und Menschen zusammenzubringen. Kevin Hart nutzt oft persönliche Anekdoten, um seine Geschichten zu erzählen, wodurch eine Verbindung zu seinem Publikum entsteht. Diese Technik kann auch im Kontext von LGBTQ-Aktivismus angewendet werden, um ernste Themen wie Diskriminierung und Identität auf eine Weise zu präsentieren, die zugänglich und nachvollziehbar ist.

$$H = \frac{C}{E} \quad (11)$$

Hierbei steht H für Humor, C für die Verbindung mit dem Publikum und E für die Ernsthaftigkeit des Themas. Ein höherer Humorwert bedeutet, dass das Publikum eher bereit ist, sich mit ernsten Themen auseinanderzusetzen, da die Verbindung durch Humor gestärkt wird.

Selbstironie und Authentizität

Ein weiteres Merkmal von Harts Stil ist seine Fähigkeit zur Selbstironie. Er spricht oft über seine eigenen Fehler und Schwächen, was ihn menschlich und authentisch erscheinen lässt. Diese Authentizität ist entscheidend, wenn es darum geht, das Vertrauen der Leser zu gewinnen. Im LGBTQ-Aktivismus kann Selbstironie dazu beitragen, die Herausforderungen und Kämpfe, die viele Menschen in der Community erleben, auf eine Weise darzustellen, die sowohl ernsthaft als auch humorvoll ist.

Erzähltechniken

Hart verwendet eine Vielzahl von Erzähltechniken, um seine Geschichten lebendig zu gestalten. Dazu gehören:

- **Vivid Imagery:** Hart malt oft lebendige Bilder mit seinen Worten, was es dem Publikum ermöglicht, sich die Szenen vorzustellen. Diese Technik kann auch verwendet werden, um die Erfahrungen von LGBTQ-Aktivisten zu illustrieren und die Herausforderungen, denen sie gegenüberstehen, greifbarer zu machen.

- **Timing und Pausen:** Der richtige Einsatz von Timing und Pausen kann die Wirkung eines Witzes oder einer ernsten Botschaft erheblich verstärken. Im Kontext des Aktivismus kann dies helfen, den Lesern Zeit zum Nachdenken über die präsentierten Themen zu geben.

- **Wiederholung:** Hart nutzt Wiederholungen, um wichtige Punkte zu betonen. Diese Technik kann auch in diesem Buch verwendet werden, um zentrale Botschaften über LGBTQ-Rechte und -Aktionen zu verstärken.

ZIEL UND STRUKTUR DES BUCHES

Die Balance zwischen Humor und Ernsthaftigkeit

Ein zentrales Element von Harts Stil ist die Fähigkeit, Humor und Ernsthaftigkeit in einem ausgewogenen Verhältnis darzustellen. Dies ist besonders wichtig, wenn es darum geht, Themen wie Diskriminierung und Ungerechtigkeit zu behandeln. Zu viel Humor könnte die Schwere der Themen untergraben, während zu viel Ernsthaftigkeit die Leser möglicherweise abschreckt. Ein Beispiel dafür, wie diese Balance erreicht werden kann, ist die Verwendung von humorvollen Anekdoten, um den Leser in eine ernste Diskussion über die Herausforderungen des Aktivismus einzuführen.

Zielgruppenansprache

Kevin Hart hat ein breites Publikum erreicht, indem er universelle Themen anspricht, die viele Menschen ansprechen. Im Kontext des LGBTQ-Aktivismus können wir ähnliche Ansätze verfolgen, indem wir Geschichten erzählen, die für Menschen aller Hintergründe relevant sind. Dies kann durch die Betonung gemeinsamer menschlicher Erfahrungen, wie Liebe, Verlust und Identität, geschehen.

Beispiele aus Harts Werk

Ein Beispiel für Harts Fähigkeit, Humor mit ernsthaften Themen zu verbinden, findet sich in seinen Geschichten über seine Familie. Er spricht oft über die Herausforderungen, die seine Familie erlebt hat, und nutzt Humor, um die schwierigen Momente zu beleuchten. Diese Technik könnte in diesem Buch angewendet werden, um die persönlichen Geschichten von LGBTQ-Aktivisten zu erzählen und gleichzeitig die Herausforderungen, denen sie gegenüberstehen, zu beleuchten.

Schlussfolgerung

Zusammenfassend lässt sich sagen, dass der unterhaltsame Stil von Kevin Hart eine wertvolle Ressource für die Darstellung von LGBTQ-Aktivismus in diesem Buch darstellt. Durch die geschickte Verwendung von Humor, Selbstironie und Erzähltechniken können wir die Leser fesseln und gleichzeitig wichtige Botschaften über die Bedeutung von Sichtbarkeit, Repräsentation und Solidarität vermitteln. Indem wir die Balance zwischen Humor und Ernsthaftigkeit finden, können wir eine kraftvolle und inspirierende Erzählung schaffen, die sowohl unterhaltsam als auch lehrreich ist.

Die Balance zwischen Humor und Ernsthaftigkeit

Im Kontext des LGBTQ-Aktivismus ist die Balance zwischen Humor und Ernsthaftigkeit von entscheidender Bedeutung. Aktivismus ist oft mit schweren Themen verbunden, die tiefgreifende emotionale Reaktionen hervorrufen können. Humor hingegen hat die Kraft, Barrieren zu durchbrechen, das Eis zu brechen und Menschen zusammenzubringen. Diese Dualität ist nicht nur eine Frage des Stils, sondern auch eine strategische Überlegung, die die Wirksamkeit von Botschaften und Kampagnen beeinflussen kann.

Theoretische Grundlagen

Die Theorie des Humors, insbesondere die Incongruity Theory, legt nahe, dass Humor entsteht, wenn es eine Diskrepanz zwischen dem Erwarteten und dem Unerwarteten gibt. Diese Diskrepanz kann genutzt werden, um ernste Themen zugänglicher zu machen. In der LGBTQ-Community kann Humor als Werkzeug eingesetzt werden, um schwierige Gespräche über Identität, Diskriminierung und Akzeptanz zu führen.

Ein Beispiel hierfür ist die Verwendung von Satire in sozialen Medien. Satirische Inhalte können auf Missstände hinweisen und gleichzeitig ein Gefühl der Gemeinschaft und des Verständnisses schaffen. Dies kann besonders effektiv sein, um jüngere Zielgruppen zu erreichen, die möglicherweise weniger Zugang zu traditionellen Formen des Aktivismus haben.

Probleme und Herausforderungen

Trotz der Vorteile, die Humor im Aktivismus mit sich bringt, gibt es auch Herausforderungen. Humor kann leicht missverstanden werden, insbesondere wenn er in einem sensiblen Kontext eingesetzt wird. Ein Witz, der in einer Gruppe von Verbündeten gut ankommt, kann in einem anderen Kontext als verletzend oder unangemessen wahrgenommen werden. Dies kann zu Spaltungen innerhalb der Gemeinschaft führen und das Vertrauen in die Aktivisten untergraben.

Ein weiteres Problem ist die Gefahr der Verharmlosung. Wenn ernste Themen zu stark mit Humor behandelt werden, besteht die Gefahr, dass die Schwere der Probleme nicht angemessen gewürdigt wird. Dies kann dazu führen, dass wichtige Anliegen in den Hintergrund gedrängt werden und die Dringlichkeit von Veränderungen nicht erkannt wird.

Beispiele aus der Praxis

Ein Beispiel für die gelungene Balance zwischen Humor und Ernsthaftigkeit ist die Arbeit von Drag-Künstlern, die oft gesellschaftliche Normen und Erwartungen durch humorvolle Darbietungen herausfordern. Die Drag-Community hat es geschafft, Humor als Mittel zur Aufklärung und Sensibilisierung zu nutzen. Veranstaltungen wie Drag Queen Story Hour kombinieren Unterhaltung mit Bildung und bieten eine Plattform, um Themen wie Geschlechtsidentität und Vielfalt auf unterhaltsame Weise zu vermitteln.

Ein weiteres Beispiel ist die Verwendung von Memes in sozialen Medien, die oft humorvolle, aber auch kritische Perspektiven auf aktuelle Ereignisse und gesellschaftliche Herausforderungen bieten. Diese Memes können nicht nur unterhalten, sondern auch wichtige Diskussionen anstoßen und die Sichtbarkeit von LGBTQ-Themen erhöhen.

Fazit

Die Balance zwischen Humor und Ernsthaftigkeit ist ein wesentliches Element des LGBTQ-Aktivismus. Während Humor als Werkzeug zur Förderung von Verständnis und Gemeinschaft dienen kann, ist es wichtig, die Grenzen des Humors zu erkennen und sicherzustellen, dass ernste Themen nicht verharmlost werden. Durch eine bewusste und respektvolle Anwendung von Humor können Aktivisten eine breitere Zielgruppe erreichen und gleichzeitig die Bedeutung ihrer Botschaften bewahren.

In der Zukunft sollte die LGBTQ-Community weiterhin die Kraft des Humors nutzen, um Barrieren abzubauen und wichtige Gespräche zu fördern, während sie gleichzeitig sicherstellt, dass die Ernsthaftigkeit der Herausforderungen, mit denen sie konfrontiert ist, nicht aus den Augen verloren wird.

Die Bedeutung von persönlichen Geschichten

Persönliche Geschichten spielen eine entscheidende Rolle im LGBTQ-Aktivismus und sind ein zentrales Element, das Menschen miteinander verbindet und Bewegungen vorantreibt. Sie bieten nicht nur Einblicke in individuelle Erfahrungen, sondern schaffen auch Empathie und Verständnis in der breiteren Gesellschaft. In diesem Abschnitt werden wir die Relevanz persönlicher Geschichten in der LGBTQ-Bewegung untersuchen, die Herausforderungen, die damit verbunden sind, und einige inspirierende Beispiele.

Theoretischer Rahmen

Persönliche Geschichten können als eine Form des *narrativen Aktivismus* betrachtet werden, der die Macht von Erzählungen nutzt, um Bewusstsein zu schaffen und Veränderungen zu bewirken. Laut der *Narrative Paradigm Theory* von Walter Fisher sind Menschen von Natur aus Geschichtenerzähler. Diese Theorie besagt, dass Menschen Informationen besser verarbeiten und sich mit ihnen identifizieren können, wenn sie in Form von Geschichten präsentiert werden.

Die Verbindung zwischen persönlichen Geschichten und Aktivismus wird auch durch die *Theorie der sozialen Identität* unterstützt. Diese Theorie legt nahe, dass Individuen ihre Identität und ihr Verhalten durch ihre Zugehörigkeit zu sozialen Gruppen definieren. Durch das Teilen persönlicher Geschichten können LGBTQ-Aktivisten ihre Identität stärken und gleichzeitig eine Gemeinschaft bilden, die auf gemeinsamen Erfahrungen basiert.

Herausforderungen beim Erzählen persönlicher Geschichten

Trotz ihrer Bedeutung stehen Aktivisten vor mehreren Herausforderungen, wenn es darum geht, persönliche Geschichten zu teilen. Eine der größten Hürden ist die *Angst vor Diskriminierung* und *Stigmatisierung*. Viele Menschen haben Angst, ihre Geschichten zu erzählen, weil sie befürchten, dass sie aufgrund ihrer Identität oder ihrer Erfahrungen negativ beurteilt werden. Diese Angst kann dazu führen, dass wichtige Stimmen in der Bewegung nicht gehört werden.

Ein weiteres Problem ist die *Vermarktung von Geschichten*. In einer Welt, in der soziale Medien und das Internet dominieren, besteht die Gefahr, dass persönliche Geschichten kommerzialisiert oder sensationalisiert werden. Dies kann dazu führen, dass die Authentizität der Erzählungen verloren geht und die wirkliche Botschaft hinter den Geschichten verwässert wird.

Beispiele für persönliche Geschichten im Aktivismus

Trotz dieser Herausforderungen gibt es viele inspirierende Beispiele für persönliche Geschichten, die im LGBTQ-Aktivismus eine bedeutende Rolle gespielt haben. Ein bemerkenswertes Beispiel ist die Geschichte von *Marsha P. Johnson*, einer schwarzen Transgender-Aktivistin, die eine Schlüsselrolle bei den Stonewall-Unruhen spielte. Ihre Geschichte und ihr Mut, gegen Diskriminierung und Ungerechtigkeit zu kämpfen, haben viele inspiriert und sind ein Symbol für den Kampf um LGBTQ-Rechte geworden.

Ein weiteres Beispiel ist die *It Gets Better*-Kampagne, die von Dan Savage und seinem Partner Terry Miller ins Leben gerufen wurde. Diese Kampagne ermutigt

LGBTQ-Jugendliche, ihre persönlichen Geschichten zu teilen und Hoffnung für die Zukunft zu finden. Die Botschaft, dass das Leben besser wird, wenn man sich selbst akzeptiert und Unterstützung findet, hat Millionen erreicht und vielen Jugendlichen geholfen, ihre eigenen Kämpfe zu bewältigen.

Die Rolle von Medien und Technologie

In der heutigen digitalen Ära haben soziale Medien und Online-Plattformen die Art und Weise, wie persönliche Geschichten erzählt und verbreitet werden, revolutioniert. Plattformen wie Instagram, YouTube und TikTok ermöglichen es Aktivisten, ihre Geschichten visuell und interaktiv zu teilen, wodurch sie ein breiteres Publikum erreichen können. Diese neuen Medienformate fördern die Sichtbarkeit und Repräsentation von LGBTQ-Erfahrungen und schaffen eine Plattform für den Austausch von Geschichten.

Die Verwendung von Hashtags, wie #TransIsBeautiful oder #LoveIsLove, hat es ermöglicht, persönliche Geschichten zu bündeln und eine Gemeinschaft zu schaffen, die auf Solidarität und Unterstützung basiert. Diese digitalen Bewegungen haben nicht nur das Bewusstsein für LGBTQ-Themen geschärft, sondern auch die Möglichkeit eröffnet, persönliche Geschichten in einem globalen Kontext zu teilen.

Fazit

Zusammenfassend lässt sich sagen, dass persönliche Geschichten im LGBTQ-Aktivismus von zentraler Bedeutung sind. Sie bieten nicht nur eine Plattform für individuelle Erfahrungen, sondern fördern auch Gemeinschaft, Empathie und Verständnis. Trotz der Herausforderungen, die mit dem Erzählen dieser Geschichten verbunden sind, bleibt ihre Kraft unbestritten. Die Zukunft des Aktivismus wird stark davon abhängen, wie gut wir es schaffen, persönliche Geschichten zu nutzen, um Veränderungen zu bewirken und eine gerechtere Gesellschaft für alle zu schaffen.

Ein Aufruf zum Handeln für Leser

In der heutigen Zeit ist es unerlässlich, dass jeder Einzelne sich aktiv für die Rechte und die Sichtbarkeit der LGBTQ-Community einsetzt. Der Aktivismus ist nicht nur eine Aufgabe für einige wenige, sondern eine Verantwortung, die wir alle teilen. In dieser Sektion möchten wir die Leser dazu aufrufen, sich zu engagieren und aktiv zu werden. Der Aktivismus kann in vielen Formen erfolgen, und wir werden einige der effektivsten Methoden untersuchen, um Veränderungen zu bewirken.

Die Kraft der Einzelnen

Jeder Mensch hat die Möglichkeit, einen Unterschied zu machen. Oft glauben wir, dass unsere Stimme oder unsere Handlungen nicht viel bewirken können. Doch in der Theorie der sozialen Bewegungen, wie sie von [1] beschrieben wird, zeigt sich, dass kollektives Handeln aus individuellen Beiträgen entsteht. Wenn jeder Einzelne seine Stimme erhebt und aktiv wird, kann dies zu einem mächtigen Kollektiv führen.

Ein Beispiel für die Kraft des Einzelnen ist die Geschichte von [LaverneCox(2020)], einer Transgender-Aktivistin und Schauspielerin, die durch ihre Sichtbarkeit und ihren Einfluss in den Medien Millionen inspiriert hat. Ihre Botschaft der Selbstakzeptanz und des Empowerments hat nicht nur das Leben vieler Menschen verändert, sondern auch das öffentliche Bewusstsein für Transgender-Themen geschärft.

Bildung und Aufklärung

Ein wichtiger Schritt zur Unterstützung des LGBTQ-Aktivismus ist Bildung. Viele Menschen sind sich der Herausforderungen, mit denen die LGBTQ-Community konfrontiert ist, nicht bewusst. Bildung kann Vorurteile abbauen und das Verständnis fördern. [2] argumentiert, dass intersektionale Ansätze notwendig sind, um die vielfältigen Erfahrungen innerhalb der LGBTQ-Community zu verstehen. Daher ist es wichtig, dass wir uns nicht nur über die Herausforderungen informieren, sondern auch über die verschiedenen Identitäten innerhalb der Community.

Leser können Bildung fördern, indem sie:

- Workshops und Seminare zu LGBTQ-Themen besuchen oder organisieren.
- Bücher und Artikel von LGBTQ-Autor:innen lesen und teilen.
- Diskussionen über LGBTQ-Rechte in ihren sozialen Kreisen anregen.

Solidarität und Allyship

Solidarität ist ein weiterer entscheidender Aspekt des Aktivismus. Allyship bedeutet, dass Menschen, die nicht Teil der LGBTQ-Community sind, sich aktiv für die Rechte dieser Gemeinschaft einsetzen. [Broido(2000)] hebt hervor, dass Allies eine wichtige Rolle spielen, indem sie ihre Privilegien nutzen, um für diejenigen zu sprechen, die oft nicht gehört werden.

ZIEL UND STRUKTUR DES BUCHES

Ein effektives Beispiel für Allyship ist die Unterstützung von LGBTQ-Organisationen durch Spenden und Freiwilligenarbeit. Leser können sich in ihrer Gemeinde engagieren, indem sie:

- Freiwilligenarbeit bei lokalen LGBTQ-Organisationen leisten.
- An Pride-Veranstaltungen teilnehmen und diese unterstützen.
- Sich für LGBTQ-freundliche Politiken in ihren Schulen und Arbeitsplätzen einsetzen.

Politische Beteiligung

Die politische Landschaft spielt eine entscheidende Rolle im Kampf um die Rechte der LGBTQ-Community. Leser sind aufgerufen, sich politisch zu engagieren, indem sie:

- An Wahlen teilnehmen und sich über die Positionen der Kandidat:innen zu LGBTQ-Themen informieren.
- Kontakt zu ihren politischen Vertreter:innen aufnehmen, um ihre Unterstützung für LGBTQ-Rechte zu zeigen.
- Petitionen unterzeichnen und an Kampagnen teilnehmen, die sich für Gleichheit und Gerechtigkeit einsetzen.

Die Theorie der politischen Mobilisierung, wie sie von [Verba(1995)] dargestellt wird, unterstreicht die Bedeutung von politischer Beteiligung für den Erfolg sozialer Bewegungen. Wenn mehr Menschen ihre Stimme erheben, wird der Druck auf politische Entscheidungsträger:innen erhöht, um Veränderungen herbeizuführen.

Kreativität im Aktivismus

Aktivismus muss nicht immer ernst und formal sein. Kreativität kann eine kraftvolle Waffe im Kampf für Gleichheit sein. Kunst, Musik und soziale Medien sind effektive Mittel, um Botschaften zu verbreiten und Menschen zu mobilisieren. [Bennett(2008)] argumentiert, dass kreative Ausdrucksformen oft mehr Menschen ansprechen und sie zum Nachdenken anregen können.

Leser können kreativ werden, indem sie:

- Kunstwerke schaffen oder an Kunstprojekten teilnehmen, die LGBTQ-Themen behandeln.
- Social-Media-Kampagnen initiieren, um auf wichtige Themen aufmerksam zu machen.
- Musik oder Performance-Kunst nutzen, um Geschichten zu erzählen und Emotionen zu wecken.

Ein persönliches Engagement

Der aktivistische Weg ist oft herausfordernd und kann emotional belastend sein. Doch die persönliche Verbindung zu den Themen kann die Motivation stärken. Leser sollten ihre persönlichen Geschichten und Erfahrungen teilen, um andere zu inspirieren und zu ermutigen. [Freire(1970)] betont die Bedeutung des dialogischen Lernens, bei dem persönliche Erfahrungen in den Vordergrund gestellt werden, um das Bewusstsein zu schärfen und Veränderungen anzustoßen.

Zusammenfassend lässt sich sagen, dass jeder Einzelne die Fähigkeit hat, einen Unterschied zu machen. Bildung, Solidarität, politische Beteiligung, Kreativität und persönliche Geschichten sind alles Wege, um aktiv zu werden und die LGBTQ-Community zu unterstützen. Der Aufruf zum Handeln ist nicht nur eine Bitte, sondern eine Aufforderung, sich zu engagieren und Teil einer Bewegung zu werden, die für Gleichheit und Gerechtigkeit kämpft. Lassen Sie uns gemeinsam für eine bessere Zukunft eintreten, in der jeder Mensch, unabhängig von Geschlecht oder sexueller Orientierung, die Freiheit hat, sich selbst zu sein.

Bibliography

[Bennett(2008)] Bennett, L. (2008). *The Role of Art in Social Movements.*

[Broido(2000)] Broido, E. M. (2000). *The Role of Allies in Social Justice Movements.*

[Crenshaw(1991)] Crenshaw, K. (1991). *Mapping the Margins: Intersectionality, Identity Politics, and Violence against Women of Color.*

[Freire(1970)] Freire, P. (1970). *Pedagogy of the Oppressed.*

[LaverneCox(2020)] Laverne Cox. (2020). *Transgender Visibility and Representation.*

[Tilly(2004)] Tilly, C. (2004). *Social Movements, 1768-2004.*

[Verba(1995)] Verba, S. (1995). *Voice and Equality: Civic Voluntarism in American Politics.*

Die Struktur der Kapitel und Abschnitte

In diesem Kapitel werden wir die Struktur der verschiedenen Kapitel und Abschnitte dieses Buches detailliert analysieren. Die Organisation ist entscheidend, um den Lesern ein klares Verständnis der Themen zu vermitteln und sicherzustellen, dass die Inhalte sowohl informativ als auch ansprechend sind. Jedes Kapitel ist so gestaltet, dass es bestimmte Aspekte des Lebens und der Arbeit von Stephanie Woolley beleuchtet, während es gleichzeitig die größere Erzählung des LGBTQ-Aktivismus in den Vordergrund stellt.

Einleitung

Die Einleitung dient als Fundament für das gesamte Buch. Sie stellt die grundlegenden Themen und Fragestellungen vor, die im Verlauf des Buches behandelt werden. Hier wird die Wichtigkeit des LGBTQ-Aktivismus hervorgehoben, und es wird ein Überblick über die historischen und sozialen Kontexte gegeben, die zu den gegenwärtigen Herausforderungen und Errungenschaften in der LGBTQ-Community geführt haben.

Frühes Leben und Hintergrund

In diesem Kapitel wird die Kindheit von Stephanie Woolley beleuchtet. Die Struktur ist chronologisch aufgebaut, beginnend mit ihrer frühen Kindheit und den Einflüssen ihrer Familie. Es wird auch auf die Bildungswege eingegangen, die sie geprägt haben. Jedes Unterkapitel enthält persönliche Anekdoten, die das Verständnis für die Herausforderungen und Erfolge, die sie erlebt hat, vertiefen.

Der Beginn des Aktivismus

Dieses Kapitel beschreibt den Übergang von Woolleys persönlichem Leben zum Aktivismus. Die Gründung von Trans Alliance Toronto wird als zentrales Ereignis dargestellt. Die Struktur umfasst sowohl die Motivation als auch die Herausforderungen, die sie bei der Gründung der Organisation erlebte. Jedes Unterkapitel behandelt spezifische Aspekte des Aktivismus, wie Öffentlichkeitsarbeit und Lobbyarbeit, und bietet praktische Beispiele für die Strategien, die sie anwendete.

Die Herausforderungen des Aktivismus

Hier werden die Schwierigkeiten und Widerstände, denen Woolley und andere Aktivisten gegenüberstehen, thematisiert. Die Kapitel sind in verschiedene Themen unterteilt, die von Diskriminierung bis hin zu psychischer Gesundheit reichen. Die Struktur ermöglicht es, die Komplexität der Probleme zu erkennen, und bietet gleichzeitig Lösungsansätze und Strategien zur Bewältigung dieser Herausforderungen.

Erfolge und Meilensteine

In diesem Kapitel werden die bedeutendsten Errungenschaften von Trans Alliance Toronto sowie der Einfluss von Woolleys Arbeit auf die Gemeinschaft hervorgehoben. Die Struktur ist darauf ausgelegt, sowohl quantitative als auch qualitative Erfolge zu präsentieren, und nutzt Geschichten von Einzelpersonen, die von Woolleys Arbeit inspiriert wurden, um die Auswirkungen des Aktivismus zu verdeutlichen.

Die Zukunft des Aktivismus

Die letzten Kapitel des Buches werfen einen Blick in die Zukunft. Sie sind so strukturiert, dass sie sowohl die Vision von Stephanie Woolley als auch die Rolle der Gemeinschaft im zukünftigen Aktivismus behandeln. Jedes Unterkapitel thematisiert verschiedene Aspekte, wie die Bedeutung von intersektionalem Aktivismus und die Notwendigkeit von kontinuierlicher Bildung. Hier wird auch ein Aufruf zum Handeln formuliert, der die Leser ermutigt, aktiv zu werden.

Fazit: Das Vermächtnis von Stephanie Woolley

Das abschließende Kapitel bietet eine Reflexion über Woolleys Reise und die Lektionen, die aus ihrem Leben und ihrem Aktivismus gezogen werden können. Die Struktur ermöglicht es, die wichtigsten Themen zusammenzufassen und die Leser mit einem inspirierenden Schlusswort zu entlassen. Es wird die Bedeutung von Resilienz, Gemeinschaft und der Verantwortung jedes Einzelnen betont.

Schlussfolgerung

Die Struktur des Buches ist darauf ausgelegt, den Lesern nicht nur Informationen zu vermitteln, sondern sie auch emotional zu berühren und zur Reflexion anzuregen. Durch die Kombination von persönlichen Geschichten, theoretischen Überlegungen und praktischen Beispielen wird ein umfassendes Bild des Lebens und der Arbeit von Stephanie Woolley gezeichnet. Jedes Kapitel ist so gestaltet, dass es sowohl unterhaltsam als auch lehrreich ist, und die Leser dazu anregt, sich aktiv mit den Themen auseinanderzusetzen.

$$\text{Aktivismus} = \text{Sichtbarkeit} + \text{Gemeinschaft} + \text{Bildung} \tag{12}$$

Diese Gleichung verdeutlicht die grundlegenden Elemente, die für effektiven Aktivismus notwendig sind. Sichtbarkeit sorgt dafür, dass die Anliegen gehört werden, Gemeinschaft bietet Unterstützung und Bildung fördert das Verständnis und die Akzeptanz. Zusammen bilden diese Elemente die Grundlage für eine erfolgreiche und nachhaltige Bewegung.

Die Verwendung von Anekdoten und Humor

Die Verwendung von Anekdoten und Humor in der Biografie von Stephanie Woolley ist nicht nur ein stilistisches Mittel, sondern auch eine kraftvolle Strategie, um die Botschaften des LGBTQ-Aktivismus zu vermitteln. Anekdoten sind kurze, oft persönliche Geschichten, die dazu dienen, den Leser emotional zu erreichen und komplexe Themen greifbarer zu machen. Humor hingegen kann als ein Werkzeug eingesetzt werden, um Spannungen abzubauen, Vorurteile zu hinterfragen und das Publikum zu engagieren.

Die Kraft der Anekdoten

Anekdoten ermöglichen es, abstrakte Konzepte in konkrete Erlebnisse zu übersetzen. Indem wir die persönlichen Geschichten von Stephanie und anderen Aktivisten erzählen, schaffen wir eine Verbindung zwischen dem Leser und den Herausforderungen, denen sich die LGBTQ-Community gegenübersieht. Ein Beispiel könnte eine Anekdote über eine lustige, aber lehrreiche Situation sein, die Stephanie während einer ihrer ersten Reden erlebt hat. Vielleicht hat sie versehentlich ein Wort verwechselt, was zu einem unerwarteten Lachen im Publikum führte. Diese kleine Anekdote könnte nicht nur die Menschlichkeit und Verletzlichkeit von Aktivisten zeigen, sondern auch die Wichtigkeit von Humor in ernsten Situationen hervorheben.

Humor als Strategie

Humor ist ein kraftvolles Werkzeug im Aktivismus. Es kann helfen, Barrieren zu durchbrechen und das Publikum für ernste Themen zu sensibilisieren. In der LGBTQ-Community wird Humor oft verwendet, um Diskriminierung und Vorurteile zu konfrontieren. Wenn Stephanie beispielsweise eine humorvolle Anekdote über ihre Erfahrungen mit Vorurteilen erzählt, kann sie das Publikum dazu bringen, über ihre eigenen Vorurteile nachzudenken, während sie gleichzeitig eine Atmosphäre der Offenheit und des Verständnisses schafft.

Ein praktisches Beispiel könnte eine humorvolle Bemerkung über die Absurdität von Geschlechterstereotypen sein, die sie bei einer Veranstaltung gemacht hat. Indem sie über die lächerlichen Erwartungen spricht, die an Menschen aufgrund ihres Geschlechts gestellt werden, kann sie sowohl zum Lachen anregen als auch zum Nachdenken anregen. Diese Technik fördert nicht nur das Engagement des Publikums, sondern hilft auch dabei, die Botschaft des Aktivismus auf eine zugängliche Weise zu vermitteln.

Theoretische Grundlagen

Die Verwendung von Humor und Anekdoten kann auch durch verschiedene theoretische Perspektiven unterstützt werden. Nach der *Incongruity Theory* des Humors, die besagt, dass Humor entsteht, wenn es eine Diskrepanz zwischen dem Erwarteten und dem Tatsächlichen gibt, können Anekdoten, die unerwartete

Wendungen oder Ergebnisse enthalten, besonders effektiv sein. Diese Diskrepanz kann den Leser dazu bringen, über die Realität des LGBTQ-Aktivismus nachzudenken und die Absurdität von Diskriminierung und Vorurteilen zu erkennen.

Zusätzlich kann die *Narrative Theory* herangezogen werden, die die Bedeutung von Geschichten in der menschlichen Kommunikation betont. Geschichten, insbesondere persönliche Anekdoten, können komplexe soziale Themen in verständliche und nachvollziehbare Narrative verwandeln. Sie ermöglichen es den Lesern, sich mit den Erfahrungen anderer zu identifizieren und fördern Empathie.

Herausforderungen und Risiken

Trotz der Vorteile der Verwendung von Anekdoten und Humor gibt es auch Herausforderungen. Humor kann missverstanden werden oder nicht bei allen Lesern ankommen. Es besteht das Risiko, dass sensible Themen verharmlost werden, was zu einer Entfremdung des Publikums führen kann. Daher ist es wichtig, den Humor sorgfältig zu dosieren und sicherzustellen, dass er nicht auf Kosten der Ernsthaftigkeit des Themas geht.

Ein Beispiel für eine missratene Anekdote könnte eine humorvolle Bemerkung über eine diskriminierende Erfahrung sein, die nicht gut ankommt und stattdessen das Publikum verletzt oder verunsichert. Dies könnte dazu führen, dass die Botschaft des Aktivismus nicht effektiv vermittelt wird und das Vertrauen in die Autorität der Sprecherin untergräbt.

Fazit

Die Verwendung von Anekdoten und Humor in der Biografie von Stephanie Woolley ist ein kraftvolles Mittel, um die Komplexität des LGBTQ-Aktivismus zu vermitteln. Durch das Erzählen persönlicher Geschichten und das Einbringen von Humor wird nicht nur das Engagement des Publikums gefördert, sondern auch eine tiefere Verbindung zur Botschaft des Aktivismus hergestellt. Während es Herausforderungen gibt, die bei der Verwendung dieser Techniken berücksichtigt werden müssen, ist das Potenzial für positive Auswirkungen auf das Publikum erheblich. So wird die Biografie nicht nur informativ, sondern auch unterhaltsam und inspirierend, was sie zu einem wirkungsvollen Werkzeug im Kampf für LGBTQ-Rechte macht.

Die Rolle von Illustrationen und Bildern

In der heutigen Informationsgesellschaft sind Bilder und Illustrationen nicht nur schmückendes Beiwerk, sondern sie spielen eine entscheidende Rolle in der Art und Weise, wie Informationen vermittelt und wahrgenommen werden. Besonders im Kontext von Aktivismus, wie dem von Stephanie Woolley und Trans Alliance Toronto, können visuelle Elemente die Botschaft verstärken, Emotionen wecken und das Engagement der Gemeinschaft fördern.

Die Bedeutung von visuellen Medien

Visuelle Medien sind ein kraftvolles Werkzeug, um komplexe Themen zu vermitteln. Studien zeigen, dass Menschen Informationen, die durch Bilder unterstützt werden, besser verarbeiten und sich länger daran erinnern können. Laut einer Untersuchung von [?] sind Menschen in der Lage, Informationen effektiver zu lernen, wenn visuelle und verbale Informationen kombiniert werden. Dies ist besonders relevant für den LGBTQ-Aktivismus, wo die Sichtbarkeit von Themen wie Identität, Diskriminierung und Gemeinschaftsbildung von großer Bedeutung ist.

Illustrationen als Kommunikationsmittel

Illustrationen können als Brücke zwischen unterschiedlichen Kulturen und Gemeinschaften fungieren. Sie ermöglichen es, Geschichten zu erzählen, die über Worte hinausgehen. Ein Beispiel hierfür ist die Verwendung von Comics oder grafischen Erzählungen, die die Herausforderungen und Errungenschaften von LGBTQ-Aktivisten darstellen. Diese Form der Darstellung kann eine breitere Zielgruppe ansprechen und das Verständnis für die Anliegen der Gemeinschaft fördern.

Ein bemerkenswertes Beispiel ist die Graphic Novel *"Fun Home"* von Alison Bechdel, die nicht nur persönliche Geschichten erzählt, sondern auch gesellschaftliche Themen wie Identität und Akzeptanz behandelt. Solche Werke erreichen oft ein Publikum, das möglicherweise nicht mit den Themen des LGBTQ-Aktivismus vertraut ist, und können so einen Dialog anstoßen.

Emotionale Resonanz durch Bilder

Bilder haben die Fähigkeit, Emotionen zu wecken und eine tiefere Verbindung zu den Betrachtern herzustellen. In der Arbeit von Trans Alliance Toronto können Fotografien von Veranstaltungen, Protesten und Gemeinschaftsaktionen die

Leidenschaft und das Engagement der Mitglieder visuell festhalten. Diese Bilder können nicht nur die Erfolge der Organisation dokumentieren, sondern auch die Herausforderungen, denen sich die Gemeinschaft gegenübersieht.

Ein Beispiel für emotionale Resonanz ist das ikonische Bild von der Pride Parade, wo Menschen in bunten Kostümen und mit Schildern für ihre Rechte demonstrieren. Solche Bilder sind nicht nur visuell ansprechend, sondern sie erzählen auch Geschichten von Mut, Widerstand und Solidarität. Sie können die Betrachter inspirieren und mobilisieren, sich ebenfalls für die Rechte der LGBTQ-Gemeinschaft einzusetzen.

Herausforderungen bei der Verwendung von Bildern

Trotz der vielen Vorteile, die Illustrationen und Bilder bieten, gibt es auch Herausforderungen. Eine der größten Herausforderungen ist die Gefahr der Stereotypisierung. Wenn Bilder nicht sorgfältig ausgewählt oder kontextualisiert werden, können sie bestehende Vorurteile und Klischees verstärken. Es ist entscheidend, dass die verwendeten Bilder die Vielfalt innerhalb der LGBTQ-Gemeinschaft widerspiegeln und die Stimmen marginalisierter Gruppen einbeziehen.

Ein Beispiel für problematische Darstellungen sind die stereotypen Darstellungen von Transgender-Personen in den Medien, die oft auf Sensationslust abzielen, anstatt authentische Geschichten zu erzählen. Solche Darstellungen können schädlich sein und das Verständnis für die tatsächlichen Herausforderungen, mit denen diese Gemeinschaft konfrontiert ist, verzerren. Daher ist es wichtig, dass Aktivisten und Organisationen sich bewusst sind, welche Bilder sie verwenden und welche Botschaften sie damit vermitteln.

Illustrationen als Teil der Strategie

Im Rahmen des Aktivismus können Bilder strategisch eingesetzt werden, um spezifische Botschaften zu vermitteln. Zum Beispiel können Infografiken verwendet werden, um Statistiken über Diskriminierung oder Gewalt gegen LGBTQ-Personen zu visualisieren. Solche Darstellungen können die Dringlichkeit eines Themas unterstreichen und die Notwendigkeit von Maßnahmen verdeutlichen.

Ein weiteres Beispiel ist die Verwendung von sozialen Medien, um visuelle Kampagnen zu starten, die auf bestimmte Anliegen aufmerksam machen. Die #BlackTransLivesMatter-Kampagne nutzt Bilder und Videos, um auf die Gewalt gegen schwarze Transgender-Personen aufmerksam zu machen und fordert die

Gemeinschaft auf, aktiv zu werden. Diese Art der visuellen Kommunikation kann schnell verbreitet werden und eine große Reichweite erzielen.

Fazit

Zusammenfassend lässt sich sagen, dass Illustrationen und Bilder eine unverzichtbare Rolle im LGBTQ-Aktivismus spielen. Sie sind nicht nur Hilfsmittel zur Vermittlung von Informationen, sondern auch kraftvolle Werkzeuge, die Emotionen wecken, Geschichten erzählen und Gemeinschaften mobilisieren können. Es ist jedoch wichtig, dass diese visuellen Elemente mit Bedacht ausgewählt werden, um sicherzustellen, dass sie die Vielfalt und Komplexität der LGBTQ-Erfahrungen widerspiegeln und nicht zur Verstärkung von Stereotypen beitragen.

Die Integration von Bildern und Illustrationen in den Aktivismus ist eine Möglichkeit, um die Sichtbarkeit und die Stimmen der Gemeinschaft zu stärken. In einer Welt, in der visuelle Kommunikation immer dominanter wird, ist es entscheidend, dass Aktivisten diese Werkzeuge nutzen, um ihre Botschaften effektiv zu verbreiten und eine gerechtere Zukunft für alle zu fördern.

Die Verbindung zwischen Theorie und Praxis

Die Verbindung zwischen Theorie und Praxis ist ein zentrales Konzept im LGBTQ-Aktivismus, das oft übersehen wird. Es ist entscheidend, dass Aktivisten nicht nur auf theoretische Ansätze vertrauen, sondern diese auch in der realen Welt umsetzen. In diesem Abschnitt werden wir untersuchen, wie theoretische Konzepte in die Praxis umgesetzt werden können, welche Probleme dabei auftreten und wie Beispiele aus der LGBTQ-Community diese Verbindung verdeutlichen.

Theoretische Grundlagen des Aktivismus

Theoretische Ansätze im Aktivismus bieten einen Rahmen, um soziale Veränderungen zu verstehen und zu gestalten. Theorien wie die *Theorie der sozialen Gerechtigkeit* oder die *Intersektionalitätstheorie* helfen Aktivisten, die verschiedenen Dimensionen von Diskriminierung zu erkennen. Diese Theorien betonen, dass Diskriminierung nicht isoliert betrachtet werden kann, sondern dass sie sich aus einer Vielzahl von Faktoren zusammensetzt, einschließlich Geschlecht, Rasse, Klasse und sexueller Orientierung.

Ein Beispiel für die Anwendung dieser Theorien ist die *Intersektionalitätstheorie*, die von Kimberlé Crenshaw entwickelt wurde. Sie beschreibt, wie verschiedene Identitäten und Erfahrungen von Diskriminierung miteinander verwoben sind. Ein LGBTQ-Aktivist, der aus einer ethnischen Minderheit stammt, könnte beispielsweise sowohl mit Rassismus als auch mit Homophobie konfrontiert werden. Theoretische Ansätze wie dieser helfen Aktivisten, die Komplexität ihrer Erfahrungen zu verstehen und gezielte Strategien zu entwickeln.

Herausforderungen bei der Umsetzung

Die Umsetzung theoretischer Konzepte in die Praxis ist jedoch nicht ohne Herausforderungen. Ein häufiges Problem ist die Kluft zwischen akademischen Theorien und den realen Bedürfnissen der Gemeinschaft. Aktivisten müssen oft feststellen, dass theoretische Modelle nicht immer direkt auf die spezifischen Gegebenheiten ihrer Gemeinschaften angewendet werden können.

Ein Beispiel für diese Kluft findet sich in der Diskussion um *Sichtbarkeit*. Während viele theoretische Ansätze die Bedeutung von Sichtbarkeit für LGBTQ-Personen betonen, kann die Realität für viele Menschen in konservativen Umgebungen ganz anders aussehen. Hier kann Sichtbarkeit zu Diskriminierung und Gewalt führen, was die Theorie in der Praxis problematisch macht.

Zusätzlich gibt es oft einen Mangel an Ressourcen, um theoretische Konzepte in die Praxis umzusetzen. Aktivisten müssen kreative Lösungen finden, um ihre Ziele zu erreichen, oft mit begrenzten finanziellen Mitteln. Dies erfordert nicht nur theoretisches Wissen, sondern auch praktische Fähigkeiten in Bereichen wie Fundraising, Öffentlichkeitsarbeit und Community-Engagement.

Beispiele aus der Praxis

Ein herausragendes Beispiel für die Verbindung von Theorie und Praxis ist die Arbeit von *Trans Alliance Toronto*. Die Organisation nutzt theoretische Konzepte wie die Intersektionalität, um Programme zu entwickeln, die auf die spezifischen Bedürfnisse ihrer Gemeinschaft eingehen. Durch die Schaffung sicherer Räume für transidente Personen und die Bereitstellung von Ressourcen für psychische Gesundheit hat die Organisation erfolgreich die Theorie in die Praxis umgesetzt.

Ein weiteres Beispiel ist die Verwendung von Social Media als Plattform für Aktivismus. Theoretische Ansätze zur Medienwirkung zeigen, wie wichtig es ist, eine Stimme zu erheben und Sichtbarkeit zu schaffen. LGBTQ-Aktivisten nutzen Plattformen wie Twitter und Instagram, um ihre Botschaften zu verbreiten, Gemeinschaften zu mobilisieren und Unterstützung zu gewinnen. Diese praktische Anwendung theoretischer Konzepte hat zu bedeutenden

Veränderungen in der öffentlichen Wahrnehmung und Unterstützung für LGBTQ-Rechte geführt.

Schlussfolgerung

Die Verbindung zwischen Theorie und Praxis im LGBTQ-Aktivismus ist von entscheidender Bedeutung für den Erfolg von Bewegungen. Während theoretische Ansätze wertvolle Einsichten und Strategien bieten, ist es die praktische Umsetzung, die letztendlich zu Veränderungen in der Gesellschaft führt. Aktivisten müssen ständig die Kluft zwischen Theorie und Praxis überbrücken, indem sie die Bedürfnisse ihrer Gemeinschaften verstehen und innovative Lösungen entwickeln.

Die Herausforderungen, die bei dieser Verbindung auftreten, erfordern Kreativität, Resilienz und eine ständige Reflexion über die eigenen Praktiken. Durch die Integration von theoretischem Wissen in die praktische Arbeit können LGBTQ-Aktivisten eine nachhaltige Wirkung erzielen und die Lebensqualität ihrer Gemeinschaften verbessern. Es ist diese dynamische Wechselwirkung, die den Aktivismus lebendig und relevant hält und die Grundlage für eine gerechtere Zukunft bildet.

Die Einladung zur aktiven Teilnahme

In einer Welt, in der die Stimmen der LGBTQ-Community oft überhört werden, ist es unerlässlich, dass wir alle aktiv an der Schaffung eines gerechteren und inklusiveren Umfelds teilnehmen. Diese Einladung zur aktiven Teilnahme richtet sich nicht nur an diejenigen, die bereits im Aktivismus engagiert sind, sondern auch an diejenigen, die vielleicht noch unsicher sind, wie sie ihren Teil beitragen können.

Die Notwendigkeit der aktiven Teilnahme

Aktivismus ist nicht nur eine Aufgabe für eine Handvoll engagierter Individuen; es ist eine kollektive Verantwortung. Jeder von uns hat die Möglichkeit, durch kleine oder große Taten einen Unterschied zu machen. Laut der Theorie des sozialen Wandels, wie sie von [1] formuliert wurde, basiert der Fortschritt auf der Mobilisierung von Gemeinschaften, die sich zusammenschließen, um für ihre Rechte zu kämpfen. Diese Mobilisierung ist jedoch nur möglich, wenn Einzelpersonen sich ermutigt fühlen, aktiv zu werden.

Herausforderungen der aktiven Teilnahme

Es gibt zahlreiche Herausforderungen, die Menschen davon abhalten können, aktiv zu werden. Dazu gehören:

- **Angst vor Ablehnung:** Viele Menschen fürchten sich davor, ihre Meinung zu äußern oder sich zu engagieren, aus Angst, von ihrem Umfeld nicht akzeptiert zu werden.

- **Mangel an Informationen:** Oft fehlt es an Wissen darüber, wie man sich engagieren kann oder welche Organisationen Unterstützung benötigen.

- **Ressourcenmangel:** Zeit, Geld und Energie sind oft begrenzte Ressourcen, die die Fähigkeit zur aktiven Teilnahme einschränken.

Um diese Herausforderungen zu überwinden, ist es wichtig, dass Organisationen wie die Trans Alliance Toronto Ressourcen bereitstellen, die Menschen helfen, sich zu engagieren. Dies kann durch Workshops, Informationsveranstaltungen und durch die Bereitstellung von Plattformen geschehen, die es den Menschen ermöglichen, ihre Geschichten zu teilen und sich mit Gleichgesinnten zu vernetzen.

Strategien zur aktiven Teilnahme

Um die aktive Teilnahme zu fördern, können verschiedene Strategien angewendet werden:

1. **Bildung und Aufklärung:** Workshops und Informationsveranstaltungen können dazu beitragen, das Bewusstsein für LGBTQ-Rechte zu schärfen und die Menschen über die Möglichkeiten des Engagements zu informieren.

2. **Mentorship-Programme:** Durch die Schaffung von Mentorship-Programmen können erfahrene Aktivisten neue Mitglieder der Gemeinschaft unterstützen und ermutigen.

3. **Kreative Ausdrucksformen:** Kunst, Musik und Theater können als mächtige Werkzeuge des Aktivismus dienen, um Menschen zu inspirieren und zu mobilisieren.

4. **Soziale Medien:** Die Nutzung von Plattformen wie Twitter, Instagram und Facebook kann helfen, Botschaften zu verbreiten und eine breitere Öffentlichkeit zu erreichen.

Beispiele für aktive Teilnahme

Ein hervorragendes Beispiel für aktive Teilnahme ist die jährliche Pride-Parade, die in vielen Städten weltweit gefeiert wird. Diese Veranstaltungen sind nicht nur Feiern der LGBTQ-Identität, sondern auch Gelegenheiten für Aktivisten, auf wichtige Themen aufmerksam zu machen und Menschen zu ermutigen, sich für Gleichheit und Gerechtigkeit einzusetzen. [?] beschreibt, wie solche Veranstaltungen als Katalysatoren für gesellschaftlichen Wandel fungieren können, indem sie Sichtbarkeit schaffen und Diskurse anstoßen.

Ein weiteres Beispiel ist das Engagement in lokalen Gemeinschaftsorganisationen, die sich für LGBTQ-Rechte einsetzen. Diese Organisationen bieten oft Schulungen, Ressourcen und Möglichkeiten zur aktiven Teilnahme an, die es den Menschen ermöglichen, sich in ihrer eigenen Gemeinschaft zu engagieren.

Ein Aufruf zur aktiven Teilnahme

Die Einladung zur aktiven Teilnahme ist ein Aufruf an alle, sich der Bewegung anzuschließen. Jeder kann einen Beitrag leisten, sei es durch Freiwilligenarbeit, Spenden, Teilnahme an Veranstaltungen oder einfach durch das Teilen von Informationen in ihrem sozialen Umfeld.

Der Aktivismus ist nicht nur eine Aufgabe für andere; er ist eine Verantwortung, die wir alle tragen müssen. Wenn wir uns zusammenschließen und unsere Stimmen erheben, können wir die Veränderungen bewirken, die wir uns wünschen. Lassen Sie uns gemeinsam an einer Zukunft arbeiten, in der jeder Mensch, unabhängig von Geschlecht, sexueller Orientierung oder Identität, die gleichen Rechte und Möglichkeiten hat.

Zusammenfassung: Die aktive Teilnahme ist entscheidend für den Erfolg des LGBTQ-Aktivismus. Durch Bildung, Unterstützung und kreative Ausdrucksformen können wir Barrieren abbauen und eine inklusive Gemeinschaft schaffen. Jeder Schritt, den wir unternehmen, zählt und bringt uns näher an eine gerechtere Zukunft.

Frühes Leben und Hintergrund

Kindheit und Familie

Aufwachsen in einer konservativen Umgebung

Das Aufwachsen in einer konservativen Umgebung kann für viele LGBTQ-Personen eine herausfordernde Erfahrung sein. In solchen Kontexten sind traditionelle Werte und Normen oft stark verankert, was dazu führen kann, dass Abweichungen von diesen Normen als unakzeptabel oder sogar als Bedrohung wahrgenommen werden. Dies kann sich auf verschiedene Weisen manifestieren, insbesondere in Bezug auf Identität, Akzeptanz und Unterstützung.

Einfluss der Familie

Die Familie spielt eine entscheidende Rolle in der Entwicklung der Identität eines Kindes. In konservativen Haushalten kann die Vorstellung von Geschlechterrollen und sexueller Orientierung stark von heteronormativen Standards geprägt sein. Dies führt häufig dazu, dass LGBTQ-Kinder sich gezwungen fühlen, ihre wahre Identität zu verbergen. Die Angst vor Ablehnung oder Diskriminierung kann die psychische Gesundheit erheblich beeinträchtigen. Studien haben gezeigt, dass Kinder, die in nicht unterstützenden Umgebungen aufwachsen, ein höheres Risiko für Depressionen, Angstzustände und andere psychische Gesundheitsprobleme haben [1].

Gesellschaftlicher Druck und Stigmatisierung

Zusätzlich zu familiären Herausforderungen sehen sich LGBTQ-Jugendliche oft gesellschaftlichem Druck und Stigmatisierung ausgesetzt. In konservativen Gemeinschaften können Vorurteile und Diskriminierung weit verbreitet sein. Diese Stigmatisierung kann sich in Form von Mobbing in Schulen, sozialer

Isolation oder sogar physischer Gewalt äußern. Eine Studie von Herek (2009) zeigt, dass LGBTQ-Jugendliche, die in feindlichen Umgebungen aufwachsen, signifikant höhere Raten von Selbstmordgedanken und -versuchen aufweisen.

Suche nach Akzeptanz

In einer konservativen Umgebung suchen viele LGBTQ-Jugendliche nach Wegen, um Akzeptanz zu finden. Oft geschieht dies durch die Bildung von Freundschaften mit Gleichgesinnten oder durch den Beitritt zu geheimen Gruppen, die Unterstützung bieten. Diese Netzwerke können lebenswichtig sein, um ein Gefühl von Zugehörigkeit zu schaffen und den Druck der äußeren Welt abzumildern. Die Suche nach Akzeptanz kann jedoch auch zu Konflikten führen, insbesondere wenn die Werte der Freunde im Widerspruch zu den Erwartungen der Familie stehen.

Der Einfluss von Bildungseinrichtungen

Bildungseinrichtungen spielen ebenfalls eine Schlüsselrolle im Leben von LGBTQ-Jugendlichen. In konservativen Schulen kann die Abwesenheit einer inklusiven Lehrpläne dazu führen, dass LGBTQ-Themen tabuisiert werden. Dies verstärkt das Gefühl der Isolation und kann dazu führen, dass Schüler sich nicht sicher fühlen, ihre Identität auszudrücken. In einigen Fällen können Schulen sogar aktiv gegen LGBTQ-Rechte arbeiten, was die Situation weiter verschärft [?].

Persönliche Geschichten und Erfahrungen

Persönliche Geschichten von Individuen, die in konservativen Umgebungen aufgewachsen sind, verdeutlichen die Herausforderungen, mit denen sie konfrontiert sind. Ein Beispiel ist die Geschichte von Alex, einem jungen Mann, der in einer streng religiösen Familie aufwuchs. Als er sich seiner sexuellen Orientierung bewusst wurde, fühlte er sich gezwungen, dies geheim zu halten, aus Angst vor der Reaktion seiner Eltern. Diese Angst führte zu jahrelangen inneren Konflikten und einem Gefühl der Entfremdung von seiner Familie.

Ein weiteres Beispiel ist die Erfahrung von Lisa, die in einer ländlichen Gemeinschaft lebte. Sie berichtete, dass sie in der Schule häufig gemobbt wurde, weil sie nicht den traditionellen Geschlechterrollen entsprach. Ihre Suche nach Akzeptanz führte sie schließlich in eine LGBTQ-Jugendgruppe, wo sie Unterstützung fand und lernte, ihre Identität zu akzeptieren.

Schlussfolgerung

Das Aufwachsen in einer konservativen Umgebung kann für LGBTQ-Jugendliche eine herausfordernde und oft traumatische Erfahrung sein. Die Kombination aus familiärem Druck, gesellschaftlicher Stigmatisierung und dem Mangel an Unterstützung in Bildungseinrichtungen kann zu erheblichen psychischen Belastungen führen. Es ist entscheidend, dass solche Umgebungen erkannt und adressiert werden, um LGBTQ-Jugendlichen eine sichere und unterstützende Umgebung zu bieten, in der sie ihre Identität frei entfalten können.

Die Rolle der Familie in ihrem Leben

Die Familie spielt eine entscheidende Rolle in der Entwicklung von Individuen, insbesondere in Bezug auf Identität und Selbstakzeptanz. Für Stephanie Woolley war ihre Familie sowohl eine Quelle der Unterstützung als auch ein Ort von Herausforderungen. In dieser Sektion werden wir die komplexen Dynamiken innerhalb ihrer Familie untersuchen und wie diese ihre Reise als LGBTQ-Aktivistin beeinflusst haben.

Unterstützung und Akzeptanz

Familie kann eine wichtige Stütze sein, besonders während der prägenden Jahre. In Woolleys Fall gab es Momente, in denen ihre Familie eine positive Rolle spielte. Ihre Eltern und Geschwister, die in einem konservativen Umfeld aufwuchsen, hatten anfangs Schwierigkeiten, ihre Identität zu verstehen. Doch im Laufe der Zeit erkannten sie die Bedeutung von Akzeptanz und Unterstützung. Studien zeigen, dass die Akzeptanz durch die Familie einen signifikanten Einfluss auf die psychische Gesundheit von LGBTQ-Personen hat [1]. Woolleys Familie begann, sich über LGBTQ-Themen zu informieren, und sie unterstützten sie aktiv, als sie sich entschied, ihre Identität öffentlich zu leben.

Herausforderungen und Konflikte

Trotz der Unterstützung gab es auch Herausforderungen. Die anfängliche Ablehnung und die Schwierigkeiten, die ihre Familie mit ihrer Identität hatte, führten zu Spannungen. Woolley berichtete von Konflikten, die oft aus Missverständnissen und gesellschaftlichen Vorurteilen resultierten. Diese Konflikte sind nicht ungewöhnlich; viele LGBTQ-Personen erleben ähnliche Situationen, in denen ihre Familien nicht sofort akzeptieren, was zu emotionalen Belastungen führt [2].

Ein Beispiel aus Woolleys Leben zeigt, wie sie und ihre Familie eine Brücke über diese Kluft schlagen mussten. Bei einem Familientreffen, als das Thema Geschlechtsidentität zur Sprache kam, gab es einen hitzigen Austausch. Woolley erinnerte sich daran, dass sie sich unsicher fühlte und Angst hatte, die Beziehung zu ihrer Familie zu gefährden. Doch sie entschied sich, offen über ihre Erfahrungen zu sprechen. Diese Offenheit führte zu einem besseren Verständnis und half ihrer Familie, ihre Perspektive zu erkennen.

Die Rolle von Geschwistern

Woolleys Geschwister spielten ebenfalls eine wichtige Rolle in ihrer Entwicklung. Während einige Geschwister anfangs Schwierigkeiten hatten, ihre Identität zu akzeptieren, wurden sie schließlich zu starken Verbündeten. Sie halfen, die Brücke zwischen Woolley und anderen Familienmitgliedern zu schlagen. Geschwisterbeziehungen können oft eine Quelle von Unterstützung sein, besonders wenn sie die Herausforderungen des Coming-Out-Prozesses gemeinsam erleben [3].

Ein prägendes Erlebnis war, als eines ihrer Geschwister öffentlich für LGBTQ-Rechte eintrat. Dieses Engagement half nicht nur, das Verständnis innerhalb der Familie zu fördern, sondern stärkte auch Woolleys Selbstvertrauen in ihrer Rolle als Aktivistin.

Einfluss von Traditionen und Werten

Die familiären Traditionen und Werte, in denen Woolley aufwuchs, hatten einen tiefgreifenden Einfluss auf ihre Sichtweise und ihre Aktivitäten. In einer konservativen Umgebung, in der traditionelle Geschlechterrollen stark verankert waren, war es eine Herausforderung für sie, ihre Identität zu akzeptieren. Die Werte ihrer Familie waren oft im Widerspruch zu ihrem eigenen Selbstverständnis, was zu inneren Konflikten führte.

Familienwerte können sowohl eine Quelle der Stärke als auch der Einschränkung sein. Woolley erkannte, dass sie, um ihre Identität vollständig zu leben, eine Balance zwischen den Erwartungen ihrer Familie und ihrem eigenen Selbstverständnis finden musste. In vielen Fällen müssen LGBTQ-Personen eine Art von „Verhandlung" mit ihren Familien führen, um sowohl ihre Identität als auch die familiären Bindungen aufrechtzuerhalten [4].

Die Suche nach Akzeptanz

Die Suche nach Akzeptanz innerhalb der Familie war ein zentraler Aspekt von Woolleys Reise. Sie kämpfte nicht nur um ihre eigene Akzeptanz, sondern auch um die ihrer Familie. Diese Suche führte sie dazu, sich aktiv mit ihrer Familie auseinanderzusetzen und sie über LGBTQ-Themen aufzuklären.

Ein Beispiel für diesen Prozess war, als sie ihre Eltern zu einem LGBTQ-Event einlud, um ihnen die Gemeinschaft näherzubringen. Diese Erfahrung war nicht nur für sie, sondern auch für ihre Eltern transformativ. Sie erkannten, dass die LGBTQ-Community vielfältig und lebendig ist und dass Akzeptanz nicht nur eine persönliche, sondern auch eine gemeinschaftliche Verantwortung ist.

Fazit

Zusammenfassend lässt sich sagen, dass die Rolle der Familie in Stephanie Woolleys Leben sowohl herausfordernd als auch unterstützend war. Die Dynamik zwischen Akzeptanz und Ablehnung, Unterstützung und Konflikten prägte ihren Weg als LGBTQ-Aktivistin. Ihre Erfahrungen zeigen, dass die Familie eine entscheidende Rolle im Prozess der Selbstakzeptanz und im Aktivismus spielt. Indem sie die Herausforderungen ihrer Familie überwand, wurde Woolley nicht nur zu einer Stimme für sich selbst, sondern auch für viele andere in der LGBTQ-Community.

Bibliography

[1] Meyer, I. H. (2003). Prejudice, Social Stress, and Mental Health in Gay Men. *American Psychologist*, 58(5), 467-478.

[2] Russell, S. T. (2001). The Impact of Sexual Orientation on Family Relationships. *Family Relations*, 50(3), 282-290.

[3] D'Augelli, A. R. (2002). Mental Health Problems among Lesbian, Gay, and Bisexual Youths: A Developmental Perspective. *Journal of Adolescent Health*, 30(1), 1-3.

[4] Ryan, C. (2009). Support for LGBT Youth: The Role of the Family. *Family Relations*, 58(1), 1-12.

Erste Erfahrungen mit Diskriminierung

Diskriminierung ist ein tief verwurzeltes gesellschaftliches Problem, das viele Menschen, insbesondere innerhalb der LGBTQ-Community, betrifft. Für Stephanie Woolley war die Auseinandersetzung mit Diskriminierung nicht nur ein persönliches Erlebnis, sondern auch ein prägender Moment, der ihren Aktivismus maßgeblich beeinflusste. In diesem Abschnitt werden wir uns mit ihren ersten Erfahrungen mit Diskriminierung befassen, die sowohl in ihrem sozialen Umfeld als auch im Bildungssystem stattfanden.

Die ersten Begegnungen

Stephanie wuchs in einer konservativen Umgebung auf, in der traditionelle Geschlechterrollen und heteronormative Normen vorherrschten. Diese Umgebung prägte ihre ersten Erfahrungen mit Diskriminierung. Schon in der Grundschule bemerkte sie, dass ihre Identität und ihr Verhalten nicht den Erwartungen ihrer Mitschüler und Lehrer entsprachen. Ein Beispiel für diese Diskriminierung war, als Stephanie in der dritten Klasse eine bunte, unkonventionelle Kleidung trug und daraufhin von ihren Mitschülern verspottet wurde. Solche Erfahrungen führten zu einem tiefen Gefühl der Isolation und Ablehnung.

Diskriminierung im Bildungssystem

Im Bildungssystem erlebte Stephanie eine weitere Form der Diskriminierung. Lehrer, die nicht in der Lage waren, die Vielfalt der Geschlechtsidentitäten zu erkennen und zu akzeptieren, trugen zu einem feindlichen Umfeld bei. In der Mittelstufe wurde sie von einem Lehrer vor der gesamten Klasse bloßgestellt, weil sie sich für ein Projekt über LGBTQ-Geschichte interessierte. Der Lehrer stellte ihre Interessen als „abnormal" dar und schuf damit ein Klima der Scham und des Unbehagens.

Diese Erfahrungen sind nicht nur für Stephanie, sondern für viele LGBTQ-Jugendliche typisch. Studien zeigen, dass LGBTQ-Schüler im Vergleich zu ihren heterosexuellen Mitschülern signifikant höhere Raten von Mobbing und Diskriminierung erfahren. Laut einer Umfrage von GLSEN (Gay, Lesbian & Straight Education Network) aus dem Jahr 2019 berichteten über 60% der LGBTQ-Schüler, dass sie aufgrund ihrer sexuellen Orientierung oder Geschlechtsidentität gemobbt wurden.

Die Auswirkungen von Diskriminierung

Die Auswirkungen dieser frühen Erfahrungen mit Diskriminierung sind tiefgreifend und können langfristige Folgen für die psychische Gesundheit und das Wohlbefinden von Individuen haben. Stephanie erlebte Gefühle von Angst, Depression und geringem Selbstwertgefühl, die sie in ihrer Jugend begleiteten. Diese Emotionen sind weit verbreitet unter LGBTQ-Jugendlichen, die Diskriminierung ausgesetzt sind. Forschungsergebnisse zeigen, dass Diskriminierung und Mobbing zu einem erhöhten Risiko für psychische Erkrankungen führen können, einschließlich Depressionen und Angststörungen.

Ein bedeutendes Konzept, das in diesem Zusammenhang relevant ist, ist das der „internalisierten Homophobie". Dies beschreibt die internalisierten negativen Einstellungen, die Individuen gegenüber ihrer eigenen sexuellen Orientierung oder Geschlechtsidentität entwickeln, oft als Folge von gesellschaftlicher Diskriminierung. Stephanie kämpfte mit diesen inneren Konflikten, da sie versuchte, ihre Identität in einer Welt zu akzeptieren, die sie oft abgelehnt hat.

Die Rolle von Unterstützungssystemen

Trotz dieser Herausforderungen fand Stephanie Unterstützung durch Freunde und Verbündete, die ihr halfen, ihre Identität zu akzeptieren und die negativen Botschaften, die sie erhielt, zu hinterfragen. Diese Unterstützung war entscheidend für ihre persönliche Entwicklung und half ihr, die Diskriminierung zu überwinden. Studien zeigen, dass starke Unterstützungssysteme, sei es durch Freunde, Familie oder Gemeinschaftsorganisationen, einen positiven Einfluss auf das Wohlbefinden von LGBTQ-Personen haben können.

Ein Beispiel für eine solche Unterstützung war die Gründung einer LGBTQ-AG an ihrer Schule, die es ihr und anderen ermöglichte, sich zu vernetzen, Erfahrungen auszutauschen und sich gegen Diskriminierung zu wehren. Diese Art von Gemeinschaftsbildung ist ein wichtiger Schritt zur Bekämpfung der Diskriminierung und zur Förderung von Akzeptanz und Verständnis.

Fazit

Die ersten Erfahrungen von Stephanie Woolley mit Diskriminierung sind ein Spiegelbild der Herausforderungen, denen viele LGBTQ-Jugendliche gegenüberstehen. Diese Erfahrungen prägen nicht nur das individuelle Selbstbild, sondern auch die Motivation, aktiv gegen Diskriminierung und für die Rechte der LGBTQ-Community zu kämpfen. Indem sie ihre Geschichte teilt, hofft Stephanie, anderen zu helfen, die gleichen Herausforderungen zu überwinden und eine gerechtere und akzeptierende Gesellschaft zu schaffen. Die Auseinandersetzung mit Diskriminierung ist nicht nur eine persönliche Reise, sondern auch ein kollektiver Kampf, der die Grundlage für den Aktivismus bildet, den sie später in ihrem Leben anführen würde.

Unterstützung durch Freunde und Verbündete

Die Unterstützung durch Freunde und Verbündete spielt eine entscheidende Rolle im Leben von LGBTQ-Personen, insbesondere während der sensiblen Phase der Identitätsfindung. In einer Welt, die oft von Vorurteilen und Diskriminierung geprägt ist, können enge Beziehungen zu unterstützenden Personen einen erheblichen Einfluss auf das Selbstwertgefühl und die psychische Gesundheit haben.

Die Rolle von Freunden

Freunde bieten nicht nur emotionale Unterstützung, sondern auch einen Raum, in dem Individuen ihre Identität ohne Angst vor Verurteilung erkunden können. Studien zeigen, dass soziale Unterstützung mit einer verbesserten psychischen Gesundheit korreliert ist. Laut einer Untersuchung von [?] sind Menschen, die über ein starkes Netzwerk von Freunden verfügen, weniger anfällig für Depressionen und Angstzustände. Diese Unterstützung kann in Form von Gesprächen, gemeinsamen Aktivitäten oder einfach nur durch das Vorhandensein eines vertrauten Gesichts in schwierigen Zeiten kommen.

Ein Beispiel für die positive Auswirkung von Freundschaft ist die Geschichte von Alex, einem jungen Transgender-Mann, der während seiner Schulzeit mit Identitätsproblemen kämpfte. Seine Freunde organisierten eine kleine Gruppe, um ihn zu unterstützen und zu ermutigen, seine Identität offen zu leben. Diese Gruppe gab ihm nicht nur das Gefühl der Zugehörigkeit, sondern half ihm auch, sich sicherer und akzeptierter zu fühlen.

Die Bedeutung von Verbündeten

Verbündete, die nicht selbst zur LGBTQ-Community gehören, sind ebenso wichtig. Diese Personen nutzen ihre Privilegien, um für Gleichheit und Akzeptanz zu kämpfen. Laut [?] sind Verbündete entscheidend, um Barrieren abzubauen und Vorurteile in ihrem Umfeld zu hinterfragen. Sie können in Gesprächen mit Freunden, Familienmitgliedern oder Kollegen eine wichtige Rolle spielen, indem sie Missverständnisse aufklären und für die Rechte von LGBTQ-Personen eintreten.

Die Unterstützung von Verbündeten kann auch in Form von aktivem Engagement in der Community erfolgen. Beispielsweise können sie an Pride-Veranstaltungen teilnehmen, sich in LGBTQ-Organisationen engagieren oder an Bildungsprogrammen teilnehmen, die sich mit den Herausforderungen und Bedürfnissen der Community befassen. Ein Beispiel hierfür ist die „Ally Week", in der Schulen und Universitäten spezielle Veranstaltungen organisieren, um das Bewusstsein für die Herausforderungen von LGBTQ-Jugendlichen zu schärfen und die Bedeutung von Unterstützung zu betonen.

Herausforderungen bei der Unterstützung

Trotz der positiven Auswirkungen von Freundschaft und Allianzen gibt es auch Herausforderungen. Oftmals können Freunde und Verbündete nicht vollständig nachvollziehen, was LGBTQ-Personen durchmachen, was zu Missverständnissen führen kann. [?] beschreibt, dass einige LGBTQ-Personen das Gefühl haben, dass ihre Freunde nicht in der Lage sind, die Tiefe ihrer Erfahrungen zu verstehen, was zu einem Gefühl der Isolation führen kann.

Ein weiteres Problem ist das sogenannte „Performative Allyship", bei dem Verbündete sich nur oberflächlich engagieren, ohne echte Unterstützung oder Verständnis zu bieten. Dies kann zu einem Gefühl der Enttäuschung führen, wenn LGBTQ-Personen feststellen, dass die Unterstützung nicht so tiefgreifend ist, wie sie es sich wünschen würden. Es ist wichtig, dass Verbündete sich aktiv weiterbilden und sich in der Community engagieren, um echte Unterstützung zu bieten.

Schlussfolgerung

Die Unterstützung durch Freunde und Verbündete ist von entscheidender Bedeutung für die Entwicklung und das Wohlbefinden von LGBTQ-Personen. Diese Beziehungen tragen nicht nur zur emotionalen Stabilität bei, sondern fördern auch ein Gefühl der Zugehörigkeit und Akzeptanz. Es ist jedoch wichtig, dass sowohl Freunde als auch Verbündete sich ihrer Rolle bewusst sind und bereit sind, aktiv zu lernen und sich zu engagieren, um eine echte Unterstützung zu bieten.

$$S = \sum_{i=1}^{n} F_i + V_j \qquad (13)$$

Hierbei steht S für die gesamte Unterstützung, F_i für die Unterstützung durch Freunde und V_j für die Unterstützung durch Verbündete. Die Gleichung verdeutlicht, dass die Unterstützung aus verschiedenen Quellen kommt und dass beide Gruppen entscheidend für das Wohlbefinden von LGBTQ-Personen sind.

Die Entdeckung ihrer Identität

Die Entdeckung der eigenen Identität ist ein zentraler Aspekt im Leben vieler Menschen, insbesondere für diejenigen, die Teil der LGBTQ-Community sind. Für Stephanie Woolley war dieser Prozess sowohl herausfordernd als auch transformierend. In diesem Abschnitt werden wir die verschiedenen Facetten ihrer Identitätsfindung untersuchen und die theoretischen Konzepte, die diesen Prozess untermauern.

Theoretische Grundlagen

Die Identitätsentwicklung kann durch verschiedene psychologische Theorien erklärt werden. Erik Eriksons Stufenmodell der psychosozialen Entwicklung beschreibt, wie Individuen in verschiedenen Lebensphasen mit identitätsbezogenen Herausforderungen konfrontiert werden. Insbesondere in der Phase der Jugend, die von Erikson als *Identität vs. Rollenkonfusion* bezeichnet wird, sind Jugendliche besonders anfällig für Fragen der Identität und Zugehörigkeit.

Ein weiteres relevantes Konzept ist die *Queer-Theorie*, die die Normen und Annahmen über Geschlecht und Sexualität hinterfragt. Diese Theorie legt nahe, dass Identität nicht statisch ist, sondern sich im Laufe der Zeit entwickelt und verändert. Woolleys Erfahrungen spiegeln diese dynamische Natur der Identitätsfindung wider.

Herausforderungen der Identitätsfindung

Die Entdeckung ihrer Identität war für Stephanie nicht ohne Schwierigkeiten. Aufwachsen in einer konservativen Umgebung brachte eine Vielzahl von Herausforderungen mit sich. Diskriminierung und Vorurteile waren allgegenwärtig, und sie fühlte sich oft isoliert. Diese Erfahrungen sind nicht einzigartig; viele LGBTQ-Personen berichten von ähnlichen Herausforderungen, die sie in ihrer Jugend durchlebten.

Ein Beispiel für eine solche Herausforderung war die Angst vor Ablehnung durch ihre Familie und Freunde. Diese Angst kann zu einem inneren Konflikt führen, der die Selbstakzeptanz erschwert. In Woolleys Fall war es die Unterstützung durch enge Freunde und Verbündete, die ihr half, diesen schwierigen Prozess zu navigieren.

Der Einfluss von sozialen Netzwerken

Die Rolle von sozialen Netzwerken kann nicht unterschätzt werden. Stephanie fand Trost und Unterstützung in Online-Communities, die es ihr ermöglichten, mit anderen in Kontakt zu treten, die ähnliche Erfahrungen gemacht hatten. Diese Plattformen bieten nicht nur Informationen, sondern auch eine Gemeinschaft, die oft als lebensrettend empfunden wird.

Ein Beispiel hierfür ist die Nutzung von sozialen Medien, um ihre Gedanken und Gefühle auszudrücken. Plattformen wie Instagram und Twitter ermöglichten es ihr, Geschichten zu teilen und sich mit Gleichgesinnten zu vernetzen. Diese digitalen Räume bieten die Möglichkeit, eine Identität zu erforschen und zu definieren, die möglicherweise in der physischen Welt nicht akzeptiert wird.

Der Prozess der Selbstakzeptanz

Ein entscheidender Aspekt in Woolleys Reise war die Selbstakzeptanz. Der Prozess, sich selbst zu akzeptieren, kann langwierig und komplex sein. Es erfordert oft, dass Individuen sich mit ihren inneren Ängsten und Zweifeln auseinandersetzen. In Woolleys Fall war die Auseinandersetzung mit ihrer Identität ein Prozess des Lernens und Wachsens.

Die Theorie der *Selbstbestimmung* von Deci und Ryan betont die Bedeutung von Autonomie, Kompetenz und sozialer Eingebundenheit für die persönliche Entwicklung. Woolley erlebte, wie wichtig es war, ihre eigene Stimme zu finden und für sich selbst einzustehen. Diese Erkenntnis führte zu einem stärkeren Gefühl der Identität und des Selbstwerts.

Persönliche Geschichten und Beispiele

Stephanie Woolley teilte oft persönliche Geschichten, die ihre Reise zur Selbstakzeptanz illustrieren. Ein prägendes Erlebnis war ein Schulprojekt, bei dem sie aufgefordert wurde, ihre Identität zu präsentieren. Anstatt sich zu verstecken, entschied sie sich, offen über ihre Erfahrungen zu sprechen. Diese Entscheidung war ein Wendepunkt, der ihr half, sich selbst zu akzeptieren und anderen zu zeigen, dass es in Ordnung ist, anders zu sein.

Ein weiteres Beispiel ist ihre Teilnahme an LGBTQ-Veranstaltungen, die ihr halfen, ihre Identität zu feiern und zu bekräftigen. Diese Veranstaltungen boten nicht nur eine Plattform zur Sichtbarkeit, sondern auch einen Raum für Gemeinschaft und Unterstützung.

Fazit

Die Entdeckung der eigenen Identität ist ein komplexer und oft herausfordernder Prozess, der für viele LGBTQ-Personen von zentraler Bedeutung ist. Stephanie Woolleys Reise zeigt, wie wichtig Unterstützung, soziale Netzwerke und Selbstakzeptanz in diesem Prozess sind. Ihre Erfahrungen sind ein Zeugnis für die Kraft der Gemeinschaft und die Notwendigkeit, authentisch zu leben. Durch die Auseinandersetzung mit ihrer Identität hat sie nicht nur sich selbst gefunden, sondern auch andere inspiriert, ihren eigenen Weg zu gehen.

Die Herausforderungen der Jugend

Die Jugend ist eine prägende Phase im Leben eines jeden Menschen, in der Identität und Selbstbewusstsein geformt werden. Für LGBTQ-Jugendliche sind diese Herausforderungen oft noch komplexer und vielschichtiger. In diesem Abschnitt werden wir die spezifischen Herausforderungen beleuchten, mit denen LGBTQ-Jugendliche konfrontiert sind, und die theoretischen Grundlagen, die ihre Erfahrungen prägen.

Identitätsfindung und Selbstakzeptanz

Eine der größten Herausforderungen für LGBTQ-Jugendliche ist die Suche nach ihrer Identität. Die Identitätsfindung ist ein zentraler Aspekt der Jugend, und sie wird oft von gesellschaftlichen Normen und Erwartungen beeinflusst. Laut Erik Erikson, einem prominenten Psychologen, ist die Phase der Identitätsfindung entscheidend für die Entwicklung des Selbstbewusstseins. Erikson beschreibt die Jugend als eine Zeit, in der Individuen ihre Identität in Bezug auf die Gesellschaft definieren müssen. Für LGBTQ-Jugendliche kann dies bedeuten, dass sie sich mit ihrer sexuellen Orientierung oder Geschlechtsidentität auseinandersetzen müssen, während sie gleichzeitig den Druck verspüren, den heteronormativen Standards zu entsprechen.

Diskriminierung und Stigmatisierung

Eine der gravierendsten Herausforderungen, mit denen LGBTQ-Jugendliche konfrontiert sind, ist die Diskriminierung. Studien zeigen, dass LGBTQ-Jugendliche häufig Opfer von Mobbing und Belästigung in Schulen werden. Laut einer Umfrage des *Gay, Lesbian and Straight Education Network (GLSEN)* berichten 70,1% der LGBTQ-Schüler:innen von verbalen Belästigungen aufgrund ihrer sexuellen Orientierung. Diese Erfahrungen können zu einem erhöhten Risiko für psychische Gesundheitsprobleme führen, einschließlich Angstzuständen und Depressionen.

Die Stigmatisierung, die LGBTQ-Jugendliche erleben, kann sich auch auf ihre Beziehungen zu Familie und Freunden auswirken. Viele Jugendliche berichten von einem Verlust an Unterstützung, wenn sie sich outen, was zu einem Gefühl der Isolation führen kann. Die Theorie der sozialen Identität von Henri Tajfel und John Turner legt nahe, dass die Zugehörigkeit zu einer bestimmten Gruppe (in diesem Fall der LGBTQ-Community) sowohl positive als auch negative Auswirkungen auf das Selbstwertgefühl haben kann. Während die Zugehörigkeit zu einer unterstützenden Gemeinschaft das Selbstwertgefühl stärken kann, kann die Ablehnung durch die Gesellschaft zu einem tiefen Gefühl der Unsicherheit führen.

Zugang zu Ressourcen und Unterstützung

Ein weiteres zentrales Problem, mit dem LGBTQ-Jugendliche konfrontiert sind, ist der Zugang zu Ressourcen. Viele Jugendliche haben nicht die Möglichkeit, sich an unterstützende Organisationen oder Beratungsstellen zu wenden, die auf LGBTQ-Anliegen spezialisiert sind. Der Zugang zu Informationen über sexuelle Gesundheit, rechtliche Rechte und psychologische Unterstützung ist oft eingeschränkt, insbesondere in ländlichen oder konservativen Gegenden. Die Theorie des sozialen Kapitals, die von Pierre Bourdieu entwickelt wurde, besagt, dass der Zugang zu sozialen Netzwerken und Ressourcen entscheidend für den individuellen Erfolg ist. Für LGBTQ-Jugendliche kann das Fehlen solcher Netzwerke zu einem Gefühl der Hilflosigkeit führen.

Einfluss der sozialen Medien

Die sozialen Medien spielen eine ambivalente Rolle im Leben von LGBTQ-Jugendlichen. Einerseits bieten Plattformen wie Instagram und TikTok Raum für Selbstausdruck und die Möglichkeit, Gleichgesinnte zu finden. Andererseits können sie auch eine Quelle von Druck und Vergleich sein, was zu einem negativen Selbstbild führen kann. Eine Studie von *Pew Research Center* hat gezeigt, dass LGBTQ-Jugendliche, die soziale Medien nutzen, sowohl positive als auch negative Erfahrungen machen. Während einige Jugendliche sich in Online-Communities sicher fühlen, berichten andere von Cybermobbing und toxischen Vergleichen.

Psychische Gesundheit

Die Herausforderungen, mit denen LGBTQ-Jugendliche konfrontiert sind, haben direkte Auswirkungen auf ihre psychische Gesundheit. Studien zeigen, dass LGBTQ-Jugendliche ein höheres Risiko für psychische Erkrankungen haben als ihre heterosexuellen Altersgenossen. Laut einer Untersuchung von *The Trevor Project* haben 40% der LGBTQ-Jugendlichen in den USA ernsthafte Gedanken an Selbstmord geäußert. Diese alarmierenden Statistiken verdeutlichen die Notwendigkeit, die psychische Gesundheit von LGBTQ-Jugendlichen ernst zu nehmen und geeignete Unterstützungssysteme zu schaffen.

Fazit

Die Herausforderungen der Jugend, insbesondere für LGBTQ-Jugendliche, sind vielschichtig und erfordern ein tiefes Verständnis der sozialen und psychologischen

Dynamiken, die ihr Leben prägen. Die Identitätsfindung, Diskriminierung, der Zugang zu Ressourcen und der Einfluss der sozialen Medien sind nur einige der Faktoren, die das Wohlbefinden und die Entwicklung dieser Jugendlichen beeinflussen. Um diese Herausforderungen zu bewältigen, ist es entscheidend, unterstützende Gemeinschaften zu schaffen, die Akzeptanz fördern und den Zugang zu Ressourcen erleichtern.

$$\text{Wohlbefinden} = f(\text{Identität}, \text{Ressourcen}, \text{Unterstützung}) \quad (14)$$

Diese Gleichung verdeutlicht, dass das Wohlbefinden von LGBTQ-Jugendlichen das Ergebnis einer Vielzahl von Faktoren ist, die miteinander interagieren. Es ist unerlässlich, diese Faktoren zu berücksichtigen, um eine positive Entwicklung und ein gesundes Selbstbild zu fördern.

Einfluss von Geschwistern und Verwandten

Der Einfluss von Geschwistern und Verwandten auf die Entwicklung der Identität und die Erfahrungen von LGBTQ-Personen ist ein bedeutendes, jedoch oft übersehenes Thema in der Forschung zum Thema LGBTQ-Aktivismus. Geschwister und Verwandte spielen eine entscheidende Rolle in der sozialen und emotionalen Unterstützung, die Individuen benötigen, um ihre Identität zu akzeptieren und sich in einer oft feindlichen Umgebung zurechtzufinden.

Die Rolle der Geschwister

Geschwister können sowohl positive als auch negative Einflüsse auf die Identitätsentwicklung und den Aktivismus von LGBTQ-Personen haben. In vielen Fällen sind Geschwister die ersten Verbündeten, die LGBTQ-Personen unterstützen, wenn sie ihre sexuelle Orientierung oder Geschlechtsidentität entdecken. Eine Studie von [?] zeigt, dass Geschwister, die offen für LGBTQ-Themen sind, oft als wichtige Unterstützer fungieren, was zu einem höheren Maß an Selbstakzeptanz und weniger psychischen Belastungen führt.

$$\text{Selbstakzeptanz} = f(\text{Unterstützung von Geschwistern}, \text{Familienumfeld}) \quad (15)$$

Diese Gleichung verdeutlicht, dass die Selbstakzeptanz von der Unterstützung durch Geschwister und dem allgemeinen Familienumfeld abhängt. Positive Geschwisterbeziehungen können dazu beitragen, dass LGBTQ-Personen sich sicherer fühlen, ihre Identität auszudrücken und aktiv zu werden.

Ein Beispiel für eine solche positive Beziehung ist die Geschichte von Alex, der seine Geschwister als seine ersten Unterstützer betrachtete. Als Alex seine sexuelle Orientierung entdeckte, waren seine Geschwister die ersten, die ihn ermutigten, offen zu sein und sich aktiv in der LGBTQ-Community zu engagieren. Diese Unterstützung half ihm, seine Ängste zu überwinden und seine Stimme in der Gemeinschaft zu finden.

Negative Einflüsse von Geschwistern

Auf der anderen Seite können Geschwister auch negative Einflüsse ausüben, insbesondere wenn sie Vorurteile oder negative Einstellungen gegenüber LGBTQ-Personen haben. In solchen Fällen kann die Beziehung zwischen Geschwistern zu einer Quelle von Stress und Isolation werden. [?] argumentieren, dass Geschwister, die nicht akzeptierend sind, das Risiko erhöhen, dass LGBTQ-Personen an psychischen Problemen wie Angstzuständen und Depressionen leiden.

Ein Beispiel ist die Geschichte von Jamie, deren Geschwister sie wegen ihrer sexuellen Orientierung ablehnten. Diese Ablehnung führte zu einem tiefen Gefühl der Einsamkeit und verstärkte Jamies Kampf um Selbstakzeptanz. In solchen Fällen ist es entscheidend, dass LGBTQ-Personen Unterstützung außerhalb ihrer Geschwisterbeziehungen finden, sei es durch Freundschaften oder durch die Teilnahme an LGBTQ-Organisationen.

Einfluss von Verwandten

Verwandte, wie Eltern, Großeltern und andere Familienmitglieder, spielen ebenfalls eine wichtige Rolle im Leben von LGBTQ-Personen. Ihre Reaktionen auf die sexuelle Orientierung oder Geschlechtsidentität eines Familienmitglieds können entscheidend sein. Eine unterstützende Reaktion kann das Gefühl der Zugehörigkeit und Akzeptanz stärken, während eine negative Reaktion zu einem Gefühl der Ablehnung führen kann.

$$\text{Gefühl der Zugehörigkeit} = g(\text{Unterstützung von Verwandten}, \text{Familienstruktur}) \tag{16}$$

Diese Gleichung zeigt, dass das Gefühl der Zugehörigkeit von der Unterstützung durch Verwandte und der Struktur der Familie abhängt. Verwandte, die aktiv an der Unterstützung von LGBTQ-Personen beteiligt sind, tragen dazu bei, ein positives Umfeld zu schaffen, in dem Individuen ihre Identität erkunden und sich sicher fühlen können.

Ein Beispiel für positive Unterstützung durch Verwandte ist die Geschichte von Maria, deren Großmutter eine starke Befürworterin der LGBTQ-Rechte war. Diese Unterstützung half Maria, ihre Identität zu akzeptieren und sich aktiv in der Community zu engagieren. Ihre Großmutter ermutigte sie, an Pride-Veranstaltungen teilzunehmen und sich für LGBTQ-Rechte einzusetzen.

Intersektionale Perspektiven

Es ist wichtig, den Einfluss von Geschwistern und Verwandten aus einer intersektionalen Perspektive zu betrachten. Faktoren wie Ethnizität, sozioökonomischer Status und kulturelle Hintergründe können die Erfahrungen von LGBTQ-Personen innerhalb ihrer Familien stark beeinflussen. In vielen Kulturen gibt es tief verwurzelte Normen und Werte, die die Akzeptanz von LGBTQ-Personen beeinflussen können. [?] betonen, dass in einigen Kulturen die Erwartungen an Geschlechterrollen und familiäre Loyalität einen erheblichen Einfluss auf die Unterstützung von LGBTQ-Personen haben können.

Ein Beispiel hierfür ist die Geschichte von Amir, einem queer-identifizierten Mann aus einer konservativen Familie. Während seine Geschwister ihn unterstützten, standen sie unter dem Druck, die Erwartungen ihrer Eltern zu erfüllen. Dies führte zu einem inneren Konflikt, der Amirs Beziehung zu seinen Geschwistern belastete. Solche intersektionalen Herausforderungen müssen berücksichtigt werden, um ein umfassendes Verständnis der Dynamik innerhalb von Familien zu entwickeln.

Fazit

Zusammenfassend lässt sich sagen, dass Geschwister und Verwandte sowohl positive als auch negative Einflüsse auf die Entwicklung und den Aktivismus von LGBTQ-Personen haben können. Die Unterstützung von Geschwistern kann entscheidend für die Selbstakzeptanz und das Engagement in der Community sein, während negative Erfahrungen zu Isolation und psychischen Belastungen führen können. Verwandte spielen ebenfalls eine wichtige Rolle, deren Reaktionen auf die Identität eines Familienmitglieds erheblich zu dessen Gefühlen der Zugehörigkeit und Akzeptanz beitragen können. Die Berücksichtigung intersektionaler Perspektiven ist entscheidend, um die Komplexität dieser Beziehungen zu verstehen und den Einfluss von Geschwistern und Verwandten auf den LGBTQ-Aktivismus zu würdigen.

Die Bedeutung von Traditionen und Werten

Traditionen und Werte spielen eine entscheidende Rolle im Leben von Individuen und Gemeinschaften, insbesondere in Bezug auf LGBTQ-Aktivismus. Sie formen nicht nur die Identität einer Person, sondern auch die Art und Weise, wie Gemeinschaften auf Herausforderungen reagieren und wie sie sich organisieren, um für ihre Rechte zu kämpfen. In diesem Abschnitt werden wir die Bedeutung von Traditionen und Werten im Kontext von LGBTQ-Aktivismus untersuchen, einschließlich der Herausforderungen, die sich aus der Auseinandersetzung mit diesen Konzepten ergeben.

Traditionen als Fundament der Identität

Traditionen sind oft tief in der Kultur und Geschichte einer Gemeinschaft verwurzelt. Sie bieten ein Gefühl von Zugehörigkeit und Identität. Für viele LGBTQ-Personen können Traditionen sowohl eine Quelle des Stolzes als auch der Konflikte darstellen. Während einige Traditionen die Akzeptanz und Feier der Vielfalt fördern, können andere diskriminierend oder ausgrenzend wirken.

Ein Beispiel hierfür ist die Feier des *Pride*-Monats, der ursprünglich als Reaktion auf die Stonewall-Unruhen ins Leben gerufen wurde. Diese Tradition hat sich zu einem weltweiten Symbol für den Kampf um LGBTQ-Rechte entwickelt. Sie verbindet Menschen aus verschiedenen Hintergründen und fördert ein Gefühl der Solidarität. Allerdings kann die Kommerzialisierung des *Pride*-Monats auch zu Spannungen führen, da einige der ursprünglichen Werte und Ziele in den Hintergrund gedrängt werden.

Werte als Leitfaden für Aktivismus

Werte sind die Prinzipien, die das Verhalten und die Entscheidungen von Individuen und Gemeinschaften leiten. Im LGBTQ-Aktivismus sind Werte wie Gleichheit, Akzeptanz, und Respekt von zentraler Bedeutung. Diese Werte helfen, eine klare Vision für die Bewegung zu formulieren und geben den Aktivisten eine Grundlage, auf der sie ihre Forderungen aufbauen können.

Ein Beispiel für Werte in Aktion ist die *Trans Alliance Toronto*, die sich für die Rechte von Trans-Personen einsetzt. Die Organisation basiert auf den Werten der Inklusivität und der intersektionalen Gerechtigkeit. Diese Werte werden in ihren Programmen und Initiativen deutlich, die darauf abzielen, die Stimmen von marginalisierten Gruppen innerhalb der LGBTQ-Community zu stärken.

Herausforderungen im Umgang mit Traditionen und Werten

Die Auseinandersetzung mit Traditionen und Werten kann jedoch auch Herausforderungen mit sich bringen. Oft stehen LGBTQ-Aktivisten vor dem Dilemma, bestehende Traditionen in Frage zu stellen, die möglicherweise diskriminierende Elemente enthalten. Dies kann zu Spannungen innerhalb der Gemeinschaft führen, da nicht jeder bereit ist, alte Werte und Traditionen aufzugeben oder zu verändern.

Ein Beispiel hierfür ist die Debatte über die Rolle von Religion im LGBTQ-Aktivismus. Viele religiöse Traditionen haben historisch gesehen LGBTQ-Personen ausgeschlossen oder diskriminiert. Einige Aktivisten argumentieren, dass diese Traditionen reformiert werden müssen, um eine inklusivere Gemeinschaft zu schaffen, während andere an den traditionellen Werten festhalten möchten, die sie als Teil ihrer Identität betrachten.

Die Rolle von intersektionalem Aktivismus

Intersektionalität ist ein Konzept, das die Überschneidungen verschiedener Identitäten und die damit verbundenen Erfahrungen von Diskriminierung und Privilegierung berücksichtigt. Im Kontext von Traditionen und Werten ist es wichtig, die Vielfalt innerhalb der LGBTQ-Community zu erkennen und zu respektieren.

Aktivisten, die intersektionale Ansätze verfolgen, betonen die Notwendigkeit, die spezifischen Bedürfnisse und Herausforderungen von verschiedenen Gruppen innerhalb der LGBTQ-Community zu berücksichtigen, einschließlich People of Color, Menschen mit Behinderungen und anderen marginalisierten Gruppen. Dies erfordert oft eine Neubewertung von Traditionen und Werten, um sicherzustellen, dass alle Stimmen gehört werden und dass die Gemeinschaft als Ganzes gestärkt wird.

Fazit

Die Bedeutung von Traditionen und Werten im LGBTQ-Aktivismus kann nicht genug betont werden. Sie sind sowohl eine Quelle der Stärke als auch eine Quelle der Herausforderungen. Indem wir die Rolle von Traditionen anerkennen und gleichzeitig die Notwendigkeit betonen, Werte zu hinterfragen und zu reformieren, können wir eine inklusivere und gerechtere Zukunft für alle Menschen schaffen. Der Schlüssel liegt darin, einen Dialog zu fördern, der sowohl die positiven Aspekte von Traditionen würdigt als auch den Raum für Veränderungen und Wachstum eröffnet.

$$\text{Inklusivität} = \frac{\text{Vielfalt} + \text{Akzeptanz}}{\text{Traditionen} - \text{Diskriminierung}} \tag{17}$$

Die oben genannte Gleichung zeigt, dass Inklusivität das Ergebnis einer Balance zwischen Vielfalt und Akzeptanz ist, während diskriminierende Traditionen abgebaut werden müssen, um eine gerechtere Gemeinschaft zu fördern.

Die Suche nach Akzeptanz in der Familie

Die Suche nach Akzeptanz in der Familie ist ein zentraler Aspekt im Leben vieler LGBTQ-Personen. Diese Suche kann sowohl emotional herausfordernd als auch entscheidend für das persönliche Wohlbefinden und die Identitätsentwicklung sein. In dieser Sektion werden wir die verschiedenen Dimensionen dieser Suche untersuchen, einschließlich der theoretischen Grundlagen, der häufigsten Probleme, mit denen LGBTQ-Personen konfrontiert sind, und realer Beispiele, die die Komplexität dieser Erfahrungen verdeutlichen.

Theoretische Grundlagen

Die Theorie der sozialen Identität, entwickelt von Henri Tajfel und John Turner, bietet einen Rahmen für das Verständnis, wie Individuen ihre Identität in Bezug auf soziale Gruppen definieren. Für LGBTQ-Personen kann die Zugehörigkeit zu einer marginalisierten Gruppe zu einem Konflikt zwischen der persönlichen Identität und den Erwartungen der Familie führen. Der Begriff der *Identitätskrise*, wie von Erik Erikson beschrieben, ist hier besonders relevant. Eine Identitätskrise tritt auf, wenn Individuen mit der Notwendigkeit konfrontiert werden, ihre eigene Identität zu definieren, während sie gleichzeitig den sozialen Druck und die Erwartungen ihrer Umgebung berücksichtigen müssen.

Herausforderungen der Akzeptanz

Die Suche nach Akzeptanz in der Familie kann mit einer Vielzahl von Herausforderungen verbunden sein. Zu den häufigsten Problemen gehören:

- **Vorurteile und Stereotypen:** Oftmals sind Familienmitglieder von gesellschaftlichen Vorurteilen und Stereotypen beeinflusst, die zu Missverständnissen und Ablehnung führen können. Diese Vorurteile können tief verwurzelt sein und sich in der Form von negativen Reaktionen oder gar Gewalt äußern.

- **Angst vor Ablehnung:** Viele LGBTQ-Personen haben Angst, ihre sexuelle Orientierung oder Geschlechtsidentität offen zu legen, aus Angst vor Ablehnung oder Verlust von Unterstützung innerhalb der Familie. Diese Angst kann zu inneren Konflikten führen und das Selbstwertgefühl beeinträchtigen.

- **Kulturelle und religiöse Einflüsse:** In vielen Kulturen und Religionen werden heteronormative Werte stark betont, was die Akzeptanz von LGBTQ-Personen innerhalb der Familie zusätzlich erschweren kann. Religiöse Überzeugungen können dazu führen, dass Familienmitglieder glauben, dass die Identität ihrer LGBTQ-Verwandten nicht akzeptabel ist.

- **Mangelnde Kommunikation:** Oftmals fehlt es an offenen Dialogen über sexuelle Orientierung und Geschlechtsidentität innerhalb der Familie. Diese Kommunikationsschwierigkeiten können zu Missverständnissen und einem Mangel an Empathie führen.

Beispiele aus dem Leben

Um die Herausforderungen der Suche nach Akzeptanz in der Familie zu verdeutlichen, betrachten wir einige Beispiele:

- **Das Coming-out eines jungen Mannes:** Ein junger Mann, der in einer konservativen Familie aufwuchs, beschloss, sich als schwul zu outen. Die Reaktion seiner Eltern war zunächst von Schock und Ablehnung geprägt. Sie äußerten Bedenken über seine Zukunft und drückten ihre Enttäuschung über seine „Entscheidung" aus. Dies führte zu einem tiefen emotionalen Konflikt für den jungen Mann, der zwischen seiner Identität und dem Wunsch nach familiärer Akzeptanz hin- und hergerissen war.

- **Die Transitionsreise einer Frau:** Eine Transfrau, die in einer religiösen Familie aufwuchs, berichtete von ihrer schwierigen Reise zur Selbstakzeptanz und dem Coming-out-Prozess. Ihre Familie hatte Schwierigkeiten, ihre Transition zu akzeptieren, was zu Spannungen und emotionalen Konflikten führte. Durch kontinuierliche Gespräche und das Teilen ihrer Erfahrungen konnte sie schließlich einige ihrer Familienmitglieder erreichen und ein gewisses Maß an Akzeptanz gewinnen.

- **Die Rolle von Unterstützungsnetzwerken:** Eine andere Person fand Trost und Unterstützung in einer LGBTQ-Community, die ihr half, die Ablehnung ihrer Familie zu verarbeiten. Diese Gemeinschaft bot nicht nur emotionale Unterstützung, sondern auch Ressourcen und Informationen, die ihr halfen, ihre Familie über LGBTQ-Themen aufzuklären und den Dialog zu fördern.

Strategien zur Förderung von Akzeptanz

Um die Suche nach Akzeptanz in der Familie zu erleichtern, können verschiedene Strategien angewendet werden:

- **Offene Kommunikation:** Es ist wichtig, einen Raum für offene Gespräche zu schaffen, in dem Familienmitglieder ihre Gedanken und Gefühle ausdrücken können. Dies kann helfen, Missverständnisse auszuräumen und Empathie zu fördern.

- **Bildung und Aufklärung:** Die Bereitstellung von Informationen über LGBTQ-Themen kann helfen, Vorurteile abzubauen. Familienmitglieder sollten ermutigt werden, sich über die Erfahrungen und Herausforderungen von LGBTQ-Personen zu informieren.

- **Therapeutische Unterstützung:** Familientherapie kann eine hilfreiche Option sein, um Kommunikationsbarrieren abzubauen und ein besseres Verständnis füreinander zu entwickeln.

- **Geduld und Zeit:** Akzeptanz ist oft ein Prozess, der Zeit benötigt. Es ist wichtig, geduldig zu sein und den Familienmitgliedern Raum zu geben, ihre eigenen Gefühle zu verarbeiten.

Fazit

Die Suche nach Akzeptanz in der Familie ist ein komplexer und oft schmerzhafter Prozess für viele LGBTQ-Personen. Während Vorurteile, kulturelle Normen und persönliche Ängste erhebliche Hindernisse darstellen können, sind offene Kommunikation, Bildung und Unterstützung entscheidend, um die Brücke zur Akzeptanz zu bauen. Indem wir die Herausforderungen anerkennen und Strategien zur Förderung von Akzeptanz entwickeln, können wir die Lebensqualität von LGBTQ-Personen verbessern und eine inklusivere Gesellschaft schaffen.

Die Rolle von Haustieren in ihrer Kindheit

Die Kindheit ist eine prägende Phase im Leben eines jeden Menschen, und Haustiere spielen oft eine entscheidende Rolle in der emotionalen und sozialen Entwicklung. Für Stephanie Woolley war der Umgang mit Tieren nicht nur eine Quelle der Freude, sondern auch ein wichtiger Bestandteil ihrer Identitätsfindung und ihres Aktivismus. In diesem Abschnitt werden wir die verschiedenen Aspekte untersuchen, wie Haustiere ihre Kindheit beeinflussten, sowie die psychologischen und sozialen Theorien, die diese Erfahrungen untermauern.

Emotionale Unterstützung und Bindung

Haustiere bieten eine besondere Form der emotionalen Unterstützung. Die Bindung zwischen einem Kind und seinem Haustier kann in vielerlei Hinsicht mit der zwischen Menschen verglichen werden. Laut der Bindungstheorie von John Bowlby ist die Qualität der Bindung, die ein Kind zu seinen Bezugspersonen aufbaut, entscheidend für seine emotionale Entwicklung. Haustiere können als „sichere Basis" fungieren, die es Kindern ermöglicht, die Welt zu erkunden, während sie gleichzeitig das Gefühl von Sicherheit und Geborgenheit bieten.

$$B = f(E, S) \qquad (18)$$

wobei B die Bindung, E die emotionale Unterstützung und S die Stabilität des Umfelds darstellt. In Woolleys Fall war ihr Haustier eine konstante Präsenz, die ihr half, die Herausforderungen des Aufwachsens in einer konservativen Umgebung zu bewältigen.

Soziale Interaktion und Empathie

Haustiere fördern auch soziale Fähigkeiten und Empathie. Der Umgang mit Tieren lehrt Kinder oft, Verantwortung zu übernehmen und Mitgefühl zu entwickeln. Studien zeigen, dass Kinder, die mit Tieren aufwachsen, tendenziell ein höheres Maß an Empathie gegenüber anderen Menschen zeigen. Diese Fähigkeiten sind besonders wichtig im Kontext des LGBTQ-Aktivismus, wo Verständnis und Solidarität entscheidend sind.

Ein Beispiel hierfür ist Woolleys Beziehung zu ihrem Hund, der ihr nicht nur Gesellschaft leistete, sondern auch als Katalysator für soziale Interaktionen diente. Sie lernte, wie wichtig es ist, für andere zu sorgen, und diese Lektionen flossen in ihren späteren Aktivismus ein.

Herausforderungen und Verantwortung

Obwohl Haustiere viele Vorteile bieten, bringen sie auch Herausforderungen mit sich. Die Verantwortung für ein Haustier kann für ein Kind überwältigend sein, insbesondere wenn es um die Pflege und das Wohlbefinden des Tieres geht. Diese Herausforderungen können jedoch auch als Lektionen in Resilienz und Problemlösung dienen. Woolley musste lernen, wie man mit den Bedürfnissen ihres Haustiers umgeht, was ihr half, ähnliche Fähigkeiten in anderen Lebensbereichen zu entwickeln.

Die Theorie der positiven Psychologie, wie sie von Martin Seligman formuliert wurde, legt nahe, dass das Überwinden von Herausforderungen zu einem Gefühl der Erfüllung und des Wachstums führen kann. In Woolleys Fall trugen die Herausforderungen, die mit der Pflege ihres Haustiers verbunden waren, zu ihrem persönlichen Wachstum und ihrer Fähigkeit bei, Herausforderungen im Aktivismus zu meistern.

Fazit

Zusammenfassend lässt sich sagen, dass die Rolle von Haustieren in der Kindheit von Stephanie Woolley weitreichende Auswirkungen auf ihre emotionale und soziale Entwicklung hatte. Haustiere boten nicht nur emotionale Unterstützung und förderten soziale Fähigkeiten, sondern lehrten sie auch Verantwortung und Resilienz. Diese Erfahrungen bildeten die Grundlage für ihre späteren Aktivitäten im LGBTQ-Aktivismus und trugen dazu bei, die Werte von Empathie, Solidarität und Engagement in ihrer Gemeinschaft zu verankern. Die Beziehung zu ihrem Haustier war somit nicht nur eine Quelle der Freude, sondern auch ein entscheidender Faktor in ihrer Entwicklung als Aktivistin.

Bibliography

[1] Bowlby, J. (1969). *Attachment and Loss: Vol. 1. Attachment.* New York: Basic Books.

[2] Seligman, M. E. P. (2002). *Positive Psychology: Fundamental Concepts.* In C. R. Snyder & J. L. Sullivan (Eds.), *Coaching and Positive Psychology* (pp. 1-10). New York: Wiley.

Bildung und Formung ihrer Ansichten

Schulzeit und erste Aktivismus-Erfahrungen

Die Schulzeit ist eine prägende Phase im Leben eines jeden Menschen, und für Stephanie Woolley war dies nicht anders. In einer Zeit, in der sie sich selbst entdeckte und ihre Identität formte, begann auch ihr Engagement im Aktivismus. Es war eine Zeit voller Herausforderungen, Entdeckungen und erster Schritte in die Welt des sozialen Wandels.

Aufwachsen in einer konservativen Umgebung

Stephanie wuchs in einer konservativen Umgebung auf, in der traditionelle Werte und Normen vorherrschten. Diese Umgebung stellte eine erhebliche Herausforderung dar, da sie oft mit Vorurteilen und Diskriminierung konfrontiert wurde. Die Erfahrungen, die sie in ihrer Schulzeit machte, waren oft von einem Gefühl der Isolation geprägt. In dieser Zeit lernte sie jedoch auch, dass es wichtig ist, für sich selbst einzustehen und ihre Stimme zu erheben.

Die Rolle der Schule

Die Schule spielte eine entscheidende Rolle in Stephanies Entwicklung als Aktivistin. Hier begegnete sie Gleichgesinnten, die ähnliche Erfahrungen machten. Diese ersten Begegnungen mit anderen LGBTQ+-Jugendlichen waren für sie von großer Bedeutung. Sie fand Unterstützung in Schulclubs, die sich für die Rechte von LGBTQ+-Schülern einsetzten. Diese Clubs boten nicht nur einen Raum für Austausch und Solidarität, sondern auch die Möglichkeit, aktiv zu werden und Veränderungen herbeizuführen.

Erste Aktivismus-Erfahrungen

Ihre ersten Schritte im Aktivismus begannen mit der Teilnahme an Schulveranstaltungen, die sich mit Themen wie Gleichheit und Akzeptanz beschäftigten. Stephanie organisierte Workshops und Informationsveranstaltungen, um das Bewusstsein für LGBTQ+-Themen zu schärfen. Diese Veranstaltungen waren oft mit Widerstand konfrontiert, insbesondere von Mitschülern und Lehrern, die die Notwendigkeit solcher Themen in Frage stellten. Doch gerade diese Widerstände stärkten ihren Willen und ihre Entschlossenheit, Veränderungen zu bewirken.

Einfluss von Lehrern und Mentoren

Ein wichtiger Faktor in Stephanies Schulzeit war der Einfluss von Lehrern und Mentoren, die ihre Leidenschaft für den Aktivismus unterstützten. Einige Lehrer erkannten die Bedeutung von Sichtbarkeit und Repräsentation und ermutigten sie, ihre Stimme zu erheben. Diese Unterstützung war entscheidend, um ein Gefühl der Zugehörigkeit zu entwickeln und ihre Fähigkeiten im Bereich des Aktivismus zu stärken. Sie lernte, dass Bildung nicht nur in Büchern zu finden ist, sondern auch in den Erfahrungen und Geschichten, die Menschen teilen.

Die Verbindung zwischen Bildung und Aktivismus

Stephanie erkannte schnell, dass Bildung und Aktivismus eng miteinander verbunden sind. Durch ihre Schulbildung erhielt sie nicht nur Wissen über gesellschaftliche Strukturen, sondern auch die Werkzeuge, um diese zu hinterfragen und zu verändern. Sie begann, sich intensiv mit Themen wie Menschenrechten, Geschlechtergerechtigkeit und intersektionalem Aktivismus auseinanderzusetzen. Diese Erkenntnisse führten zu einem tieferen Verständnis der Herausforderungen, mit denen die LGBTQ+-Gemeinschaft konfrontiert ist.

Die Herausforderungen der Jugend

Die Herausforderungen, die Stephanie in ihrer Jugend erlebte, waren vielfältig. Neben der Diskriminierung sah sie sich auch mit persönlichen Kämpfen auseinander, wie dem Streben nach Selbstakzeptanz und dem Umgang mit der eigenen Identität. Diese Herausforderungen schärften ihren Blick für die Notwendigkeit von Unterstützungssystemen innerhalb der Gemeinschaft. Sie begann, sich für Programme einzusetzen, die jungen Menschen helfen sollten, ihre Identität zu akzeptieren und sich in einer oft feindlichen Umgebung sicher zu fühlen.

Erste Erfolge und Rückschläge

In ihrer Schulzeit erlebte Stephanie sowohl Erfolge als auch Rückschläge. Ein bemerkenswerter Erfolg war die Einführung eines Anti-Mobbing-Programms an ihrer Schule, das speziell auf die Bedürfnisse von LGBTQ+-Schülern ausgerichtet war. Dieses Programm wurde von der Schulleitung unterstützt und zeigte, dass Veränderungen möglich sind, wenn die Gemeinschaft zusammenarbeitet.

Jedoch gab es auch Rückschläge. Nicht alle ihre Initiativen stießen auf offene Ohren, und es gab Momente, in denen sie sich entmutigt fühlte. Diese Erfahrungen lehrten sie jedoch, dass Aktivismus ein langer und oft mühsamer Prozess ist, der Geduld und Durchhaltevermögen erfordert.

Die Entdeckung ihrer Leidenschaft für das Schreiben

Ein weiterer wichtiger Aspekt ihrer Schulzeit war die Entdeckung ihrer Leidenschaft für das Schreiben. Stephanie begann, ihre Gedanken und Erfahrungen in Form von Essays und Artikeln festzuhalten. Diese schriftlichen Arbeiten wurden nicht nur zu einem Ventil für ihre Emotionen, sondern auch zu einem Werkzeug des Aktivismus. Sie nutzte das Schreiben, um auf Missstände aufmerksam zu machen und andere zu inspirieren, sich ebenfalls für Veränderungen einzusetzen.

Einfluss von Literatur und Medien auf ihre Ansichten

Die Auseinandersetzung mit Literatur und Medien spielte eine zentrale Rolle in Stephanies Entwicklung. Bücher und Filme, die LGBTQ+-Themen behandelten, öffneten ihr die Augen für die Vielfalt menschlicher Erfahrungen und die Bedeutung von Repräsentation. Sie begann, diese Medien als Plattform zu nutzen, um ihre eigene Geschichte zu erzählen und das Bewusstsein für die Herausforderungen der LGBTQ+-Gemeinschaft zu schärfen.

Die Suche nach Akzeptanz in der Familie

Trotz der Unterstützung, die sie in der Schule fand, war die Suche nach Akzeptanz in ihrer Familie eine der größten Herausforderungen. Stephanie kämpfte mit der Angst, ihre Identität zu offenbaren, aus Angst vor Ablehnung. Diese innere Zerrissenheit führte zu einem intensiven Prozess der Selbstfindung und -akzeptanz, der sich über ihre gesamte Schulzeit erstreckte.

Fazit

Zusammenfassend lässt sich sagen, dass Stephanies Schulzeit eine entscheidende Phase in ihrer Entwicklung als Aktivistin war. Sie lernte, dass die Herausforderungen, mit denen sie konfrontiert war, nicht nur persönliche Kämpfe waren, sondern Teil eines größeren gesellschaftlichen Problems. Diese Erkenntnis motivierte sie, aktiv zu werden und sich für Veränderungen einzusetzen. Ihre ersten Erfahrungen im Aktivismus legten den Grundstein für die Gründung von Trans Alliance Toronto und ihren späteren Einfluss auf die LGBTQ+-Gemeinschaft.

Einfluss von Lehrern und Mentoren

Der Einfluss von Lehrern und Mentoren auf die Entwicklung junger Menschen ist von entscheidender Bedeutung, insbesondere im Kontext des LGBTQ-Aktivismus. In dieser Phase des Lebens, in der Identität und Selbstbewusstsein geformt werden, können Lehrer und Mentoren als Schlüsselpersonen fungieren, die sowohl Unterstützung als auch Inspiration bieten.

Die Rolle von Lehrern

Lehrer sind oft die ersten Erwachsenen, die Schüler außerhalb ihrer Familien erleben. Sie haben die Möglichkeit, ein sicheres und unterstützendes Umfeld zu schaffen, in dem Schüler ihre Identität erkunden können. Ein Lehrer, der sich aktiv für LGBTQ-Rechte einsetzt, kann nicht nur ein Vorbild sein, sondern auch Schüler dazu ermutigen, ihre eigenen Stimmen zu finden und sich für ihre Rechte einzusetzen.

Ein Beispiel hierfür ist die Geschichte von einem Lehrer, der in einer konservativen Schule arbeitet. Er entschied sich, LGBTQ-Themen in seinen Unterricht zu integrieren, indem er Bücher und Materialien auswählte, die die Vielfalt menschlicher Identitäten und Erfahrungen widerspiegeln. Diese Entscheidung führte dazu, dass Schüler, die sich in ihrer Identität unsicher fühlten, sich sicherer fühlten, ihre Gedanken und Gefühle auszudrücken. Der Lehrer wurde zu einem Mentor für viele Schüler, die sich in ihrem persönlichen Kampf um Akzeptanz und Identität wiederfanden.

Mentoren als Unterstützer

Mentoren spielen eine ebenso wichtige Rolle wie Lehrer. Sie bieten nicht nur akademische Unterstützung, sondern auch emotionale und soziale Hilfe. Ein Mentor, der die Herausforderungen kennt, mit denen LGBTQ-Jugendliche konfrontiert sind, kann unschätzbare Ratschläge und Perspektiven bieten.

Ein Beispiel für einen effektiven Mentor könnte eine erfahrene Aktivistin sein, die jungen Menschen hilft, ihre Fähigkeiten im Aktivismus zu entwickeln. Durch Workshops, in denen sie Techniken des öffentlichen Sprechens, der Organisation und des Fundraisings vermittelt, können Mentoren junge Aktivisten dazu inspirieren, ihre eigenen Initiativen zu starten. Diese Mentoren können auch als Brücke zu wichtigen Netzwerken und Ressourcen dienen, die für das Wachstum und den Erfolg junger Aktivisten entscheidend sind.

Herausforderungen im Mentoring-Prozess

Trotz der positiven Auswirkungen, die Lehrer und Mentoren haben können, gibt es auch Herausforderungen. Ein häufiges Problem ist das Fehlen von Ressourcen und Training für Lehrer, um LGBTQ-Themen effektiv zu integrieren. Viele Lehrer fühlen sich möglicherweise nicht ausreichend informiert oder ausgebildet, um mit den spezifischen Bedürfnissen von LGBTQ-Schülern umzugehen. Dies kann dazu führen, dass Schüler sich nicht unterstützt fühlen und ihre Identität nicht vollständig erforschen können.

Darüber hinaus kann es in einigen Schulen Widerstand gegen die Integration von LGBTQ-Themen geben, was Lehrer in eine schwierige Lage bringen kann. Sie müssen möglicherweise zwischen den Erwartungen der Schulleitung, der Eltern und den Bedürfnissen ihrer Schüler balancieren. In solchen Fällen ist es wichtig, dass Lehrer und Mentoren Netzwerke von Unterstützung finden, um sich gegenseitig zu stärken und Ressourcen zu teilen.

Theoretische Perspektiven

Aus einer theoretischen Perspektive kann die Rolle von Lehrern und Mentoren durch verschiedene psychologische und pädagogische Modelle verstanden werden. Das soziale Lerntheorie-Modell von Albert Bandura hebt hervor, wie Lernen durch Beobachtung und Nachahmung erfolgt. Wenn Schüler positive Vorbilder in ihren Lehrern oder Mentoren sehen, sind sie eher geneigt, ähnliche Verhaltensweisen zu übernehmen und sich für ihre Rechte einzusetzen.

Ein weiteres relevantes Konzept ist das der „Resilienz". Resiliente Schüler sind in der Lage, Herausforderungen zu bewältigen und sich von Rückschlägen zu erholen. Lehrer und Mentoren können durch ihre Unterstützung und Ermutigung zur Resilienz von Schülern beitragen, indem sie ihnen helfen, ihre Stärken zu erkennen und zu nutzen.

Schlussfolgerung

Zusammenfassend lässt sich sagen, dass der Einfluss von Lehrern und Mentoren auf die Entwicklung von LGBTQ-Jugendlichen von entscheidender Bedeutung ist. Sie bieten nicht nur akademische Unterstützung, sondern auch emotionale und soziale Hilfe, die für die persönliche Entwicklung und das Engagement im Aktivismus unerlässlich sind. Durch die Schaffung eines unterstützenden Umfelds und die Bereitstellung von Ressourcen können Lehrer und Mentoren dazu beitragen, dass junge Menschen ihre Identität finden und sich für die Rechte ihrer Gemeinschaft einsetzen.

Der Weg des Aktivismus ist oft mit Herausforderungen gepflastert, aber mit der richtigen Unterstützung können junge Menschen nicht nur ihre eigenen Kämpfe überwinden, sondern auch als starke Stimmen für Veränderungen in der Gesellschaft auftreten. Die Rolle von Lehrern und Mentoren ist daher nicht nur eine Frage der Bildung, sondern auch eine Frage der sozialen Gerechtigkeit und des Empowerments.

Studium und Engagement in der Universität

Das Studium stellt für viele junge Menschen eine entscheidende Phase in ihrem Leben dar, in der sie nicht nur akademisches Wissen erwerben, sondern auch ihre Identität und Werte weiterentwickeln. Für Stephanie Woolley war ihre Zeit an der Universität nicht nur eine Gelegenheit, ihre akademischen Fähigkeiten zu stärken, sondern auch ein Sprungbrett für ihr Engagement im LGBTQ-Aktivismus.

Akademische Erfahrungen

Während ihres Studiums entschied sich Stephanie, Gender Studies zu studieren, ein Fachgebiet, das sich intensiv mit Geschlechterrollen, Identität und den sozialen Konstrukten rund um Geschlecht und Sexualität auseinandersetzt. Diese Disziplin bot ihr nicht nur theoretische Grundlagen, sondern auch die Möglichkeit, kritisch über bestehende Normen nachzudenken. Eine zentrale Theorie, die sie während ihres Studiums entdeckte, war die Queer-Theorie, die die fluiden und komplexen Aspekte von Geschlecht und Sexualität betont. Diese Theorie besagt, dass Geschlecht und Sexualität nicht binär sind, sondern ein Spektrum darstellen, was für Woolley eine tiefere Einsicht in ihre eigene Identität und die Identitäten anderer in der LGBTQ-Community bedeutete.

Engagement in der Universität

Neben ihrem Studium engagierte sich Stephanie aktiv in verschiedenen studentischen Organisationen. Sie trat der LGBTQ-Studentenvereinigung bei, wo sie nicht nur als Mitglied, sondern auch als Führungspersönlichkeit fungierte. In dieser Rolle organisierte sie Veranstaltungen, die darauf abzielten, das Bewusstsein für LGBTQ-Themen zu schärfen und eine inklusive Umgebung für alle Studierenden zu schaffen. Ein bemerkenswertes Beispiel war eine Podiumsdiskussion mit prominenten LGBTQ-Aktivisten, die die Herausforderungen und Errungenschaften der Bewegung beleuchtete. Diese Veranstaltungen boten eine Plattform für den Austausch von Ideen und Erfahrungen und stärkten das Gemeinschaftsgefühl unter den Studierenden.

Herausforderungen und Probleme

Trotz ihres Engagements sah sich Stephanie auch mit Herausforderungen konfrontiert. Die Universität war nicht immer ein sicherer Raum für LGBTQ-Studierende. Diskriminierung und Vorurteile waren allgegenwärtig, und oft musste sie sich gegen negative Stereotypen und Mikroaggressionen behaupten. Ein prägnantes Beispiel war eine Situation, in der ein Professor in einer Vorlesung abfällige Bemerkungen über LGBTQ-Personen machte. Stephanie und ihre Kommilitonen reagierten, indem sie eine Petition zur Sensibilisierung für LGBTQ-Themen im Lehrplan initiierten. Diese Erfahrung lehrte sie nicht nur, wie wichtig es ist, für die eigene Identität und die Rechte anderer einzustehen, sondern auch, wie man effektiv Veränderungen innerhalb institutioneller Strukturen anstoßen kann.

Der Einfluss von Mentoren

Ein weiterer wesentlicher Aspekt von Stephanies Studienzeit war die Rolle von Mentoren. Sie fand Unterstützung bei Professoren, die sich für LGBTQ-Rechte einsetzten und sie ermutigten, ihre Stimme zu erheben. Diese Mentoren halfen ihr nicht nur, ihre akademischen Fähigkeiten zu entwickeln, sondern auch, ihre Leidenschaft für den Aktivismus zu stärken. Sie lernten von ihnen, dass der Aktivismus nicht nur in großen Bewegungen, sondern auch im Alltag stattfinden kann – sei es durch Aufklärung, Unterstützung oder das Teilen von persönlichen Geschichten.

Fazit

Zusammenfassend lässt sich sagen, dass Stephanies Studium und ihr Engagement an der Universität entscheidend für ihre Entwicklung als Aktivistin waren. Sie erwarb nicht nur wertvolle theoretische Kenntnisse, sondern auch praktische Fähigkeiten, die sie in ihrer späteren Arbeit bei Trans Alliance Toronto nutzen konnte. Die Herausforderungen, denen sie gegenüberstand, stärkten ihren Willen und ihre Entschlossenheit, für eine gerechtere und inklusivere Gesellschaft zu kämpfen. Ihre Zeit an der Universität war somit ein grundlegender Baustein für ihren späteren Erfolg im Aktivismus und ihre Fähigkeit, Veränderungen zu bewirken.

Erste Schritte in die LGBTQ-Community

Der Eintritt in die LGBTQ-Community kann für viele Menschen sowohl aufregend als auch herausfordernd sein. In dieser Phase des Lebens, in der man seine Identität entdeckt und formt, spielen verschiedene Faktoren eine entscheidende Rolle. Die ersten Schritte sind oft geprägt von einer Mischung aus Neugier, Angst und der Sehnsucht nach Akzeptanz.

Die Suche nach Zugehörigkeit

Für viele ist die Suche nach einer Gemeinschaft, die ihre Identität anerkennt und unterstützt, ein zentraler Aspekt. Die LGBTQ-Community bietet eine Plattform, auf der Individuen Gleichgesinnte finden können. Diese Zugehörigkeit kann durch verschiedene Mittel erreicht werden, wie beispielsweise:

- **Besuch von LGBTQ-Veranstaltungen:** Pride-Paraden, Filmfestivals oder lokale Treffen bieten Gelegenheiten, um andere Menschen kennenzulernen und sich in einem sicheren Raum auszutauschen.

- **Teilnahme an Online-Foren:** Soziale Medien und spezielle Plattformen ermöglichen es, anonym Fragen zu stellen und Erfahrungen zu teilen, was besonders für Menschen in konservativen Umfeldern hilfreich sein kann.
- **Engagement in LGBTQ-Organisationen:** Freiwilligenarbeit oder Mitgliedschaft in Organisationen wie Trans Alliance Toronto kann den Einstieg erleichtern und die Möglichkeit bieten, aktiv zur Gemeinschaft beizutragen.

Herausforderungen beim Eintritt in die Community

Trotz der positiven Aspekte können die ersten Schritte in die LGBTQ-Community auch mit Herausforderungen verbunden sein:

- **Angst vor Ablehnung:** Viele Menschen haben Angst, von ihrer Familie oder Freunden nicht akzeptiert zu werden. Diese Angst kann dazu führen, dass sie zögern, sich zu outen oder aktiv an der Community teilzunehmen.
- **Innere Konflikte:** Der Prozess der Selbstakzeptanz kann schwierig sein. Viele Menschen kämpfen mit dem Gefühl, dass sie nicht „genug" sind oder dass ihre Identität nicht legitim ist.
- **Vorurteile und Diskriminierung:** Selbst innerhalb der LGBTQ-Community können Vorurteile existieren, insbesondere gegenüber bestimmten Identitäten oder Ausdrucksformen. Dies kann zu einem Gefühl der Isolation führen, selbst in einem Raum, der eigentlich Unterstützung bieten sollte.

Der Einfluss von Mentoren und Vorbildern

Mentoren und Vorbilder spielen eine entscheidende Rolle beim Einstieg in die LGBTQ-Community. Sie bieten nicht nur Unterstützung, sondern auch wertvolle Ratschläge und Orientierung. Die Bedeutung von Mentorship kann nicht hoch genug eingeschätzt werden:

- **Persönliche Geschichten:** Mentoren teilen oft ihre eigenen Erfahrungen, was anderen hilft, sich weniger allein zu fühlen. Diese Geschichten können ermutigen und inspirieren.
- **Ressourcen und Netzwerke:** Ein Mentor kann wertvolle Informationen über Ressourcen, Gruppen und Veranstaltungen bereitstellen, die für Neulinge hilfreich sein können.

+ **Sicherheit und Vertrauen:** Mentoren bieten einen sicheren Raum, um Fragen zu stellen und Unsicherheiten zu besprechen, was für viele der erste Schritt zur Selbstakzeptanz ist.

Beispiele für positive Erfahrungen

Es gibt viele inspirierende Geschichten von Menschen, die erfolgreich in die LGBTQ-Community eingetreten sind. Diese Beispiele zeigen, wie wichtig es ist, den ersten Schritt zu wagen:

+ **Die Geschichte von Alex:** Alex hatte lange Zeit Angst, sich zu outen. Nach dem Besuch einer Pride-Veranstaltung fand er nicht nur Gleichgesinnte, sondern auch eine Unterstützungsgemeinschaft, die ihm half, sich selbst zu akzeptieren.

+ **Die Rolle von LGBTQ-Cafés:** In vielen Städten gibt es Cafés, die als sichere Räume für die LGBTQ-Community fungieren. Diese Orte bieten nicht nur eine Plattform für soziale Interaktion, sondern auch für kulturelle Veranstaltungen und Workshops, die den Einstieg erleichtern.

Fazit

Die ersten Schritte in die LGBTQ-Community sind entscheidend für die persönliche Entwicklung und das Verständnis der eigenen Identität. Trotz der Herausforderungen, die mit diesem Prozess verbunden sind, gibt es zahlreiche Ressourcen und Unterstützungsnetzwerke, die helfen können. Die Suche nach Zugehörigkeit, die Überwindung von Ängsten und die Bedeutung von Mentoren sind Schlüsselfaktoren, die den Übergang erleichtern. Indem man sich öffnet und aktiv an der Community teilnimmt, kann man nicht nur seine eigene Identität stärken, sondern auch zur Stärkung der Gemeinschaft beitragen. Die ersten Schritte sind oft die schwierigsten, aber sie sind auch der Beginn eines bedeutungsvollen und bereichernden Kapitels im Leben eines jeden LGBTQ-Individuums.

Die Verbindung zwischen Bildung und Aktivismus

Bildung und Aktivismus sind eng miteinander verknüpft und beeinflussen sich gegenseitig auf vielfältige Weise. Bildung ist nicht nur ein Werkzeug zur Wissensvermittlung, sondern auch ein Mittel zur Förderung von kritischem Denken, sozialer Gerechtigkeit und gesellschaftlicher Veränderung. In diesem

Abschnitt werden wir die verschiedenen Aspekte dieser Verbindung untersuchen, einschließlich der theoretischen Grundlagen, der Herausforderungen und der praktischen Beispiele, die die Rolle von Bildung im Aktivismus verdeutlichen.

Theoretische Grundlagen

Die Verbindung zwischen Bildung und Aktivismus kann durch verschiedene theoretische Ansätze erklärt werden. Ein zentraler Aspekt ist die *kritische Pädagogik*, die von Theoretikern wie Paulo Freire geprägt wurde. Freire argumentierte, dass Bildung nicht neutral ist, sondern dass sie das Potenzial hat, Machtverhältnisse zu hinterfragen und soziale Veränderungen zu fördern. In seinem Buch *Pädagogik der Unterdrückten* beschreibt er, wie Bildung als Werkzeug zur Befreiung und zur Förderung von sozialer Gerechtigkeit eingesetzt werden kann. Freire betont, dass Bildung ein dialogischer Prozess ist, der die Stimmen der Lernenden einbezieht und die Entwicklung eines kritischen Bewusstseins fördert.

Ein weiterer wichtiger theoretischer Rahmen ist die *sozial-konstruktivistische Theorie*, die darauf hinweist, dass Wissen nicht einfach vermittelt, sondern aktiv konstruiert wird. Diese Theorie legt nahe, dass Lernende durch ihre Erfahrungen, Interaktionen und das Engagement in sozialen Bewegungen ein tieferes Verständnis für gesellschaftliche Probleme entwickeln können. Die Kombination von Bildung und Aktivismus ermöglicht es den Lernenden, ihre eigenen Erfahrungen in den Kontext größerer gesellschaftlicher Strukturen zu stellen und die Notwendigkeit von Veränderungen zu erkennen.

Herausforderungen in der Verbindung von Bildung und Aktivismus

Trotz der klaren Vorteile gibt es auch Herausforderungen, die die Verbindung zwischen Bildung und Aktivismus beeinträchtigen können. Eine der größten Herausforderungen ist die *Institutionalisierung von Bildung*. In vielen Bildungssystemen wird der Fokus auf standardisierte Tests und Lehrpläne gelegt, die oft wenig Raum für kritisches Denken und gesellschaftliches Engagement lassen. Diese Einschränkungen können dazu führen, dass Schüler und Studenten nicht die Fähigkeiten entwickeln, die sie benötigen, um aktiv an sozialen Bewegungen teilzunehmen.

Ein weiteres Problem ist die *Zugangsgerechtigkeit*. Nicht alle Menschen haben die gleichen Möglichkeiten, Zugang zu Bildung zu erhalten. Sozioökonomische Faktoren, Rassismus, Geschlechterungleichheit und andere Formen der Diskriminierung können den Zugang zu qualitativ hochwertiger Bildung erheblich einschränken. Diese Ungleichheiten führen dazu, dass bestimmte Gruppen von

Menschen unterrepräsentiert sind, sowohl in Bildungseinrichtungen als auch in aktivistischen Bewegungen.

Praktische Beispiele

Es gibt zahlreiche Beispiele, die die Verbindung zwischen Bildung und Aktivismus verdeutlichen. Ein herausragendes Beispiel ist die *Black Lives Matter*-Bewegung, die in den letzten Jahren weltweit an Bedeutung gewonnen hat. Diese Bewegung hat nicht nur auf rassistische Ungerechtigkeiten aufmerksam gemacht, sondern auch Bildungsinitiativen ins Leben gerufen, um das Bewusstsein für Rassismus und soziale Gerechtigkeit zu schärfen. Workshops, Seminare und Bildungsprogramme wurden organisiert, um Menschen über die Geschichte des Rassismus und die Notwendigkeit von Veränderungen aufzuklären.

Ein weiteres Beispiel ist die *Fridays for Future*-Bewegung, die von der schwedischen Aktivistin Greta Thunberg ins Leben gerufen wurde. Diese Bewegung hat Schüler und Studenten auf der ganzen Welt mobilisiert, um für Maßnahmen gegen den Klimawandel zu demonstrieren. Die Bewegung hat auch Bildungsressourcen bereitgestellt, um das Bewusstsein für die Klimakrise zu schärfen und junge Menschen zu ermutigen, sich aktiv an politischen Prozessen zu beteiligen.

Die Rolle von Bildungseinrichtungen

Bildungseinrichtungen spielen eine entscheidende Rolle bei der Förderung von Aktivismus. Universitäten und Schulen können als Plattformen dienen, um Diskussionen über soziale Gerechtigkeit und Menschenrechte zu führen. Durch die Integration von aktivistischen Themen in den Lehrplan können Bildungseinrichtungen das kritische Denken der Schüler fördern und sie ermutigen, sich aktiv an gesellschaftlichen Veränderungen zu beteiligen.

Darüber hinaus können Bildungseinrichtungen Partnerschaften mit lokalen Gemeinschaften und Aktivisten eingehen, um praktische Erfahrungen zu ermöglichen. Solche Partnerschaften können den Schülern und Studenten helfen, ihre theoretischen Kenntnisse in die Praxis umzusetzen und gleichzeitig einen positiven Einfluss auf ihre Gemeinschaften auszuüben.

Fazit

Die Verbindung zwischen Bildung und Aktivismus ist von entscheidender Bedeutung für die Förderung sozialer Gerechtigkeit und gesellschaftlicher Veränderungen. Bildung hat das Potenzial, kritisches Denken zu fördern, das

Bewusstsein für gesellschaftliche Probleme zu schärfen und Menschen zu ermutigen, sich aktiv für Veränderungen einzusetzen. Trotz der Herausforderungen, die diese Verbindung mit sich bringt, gibt es zahlreiche Beispiele, die zeigen, wie Bildung und Aktivismus zusammenwirken können, um eine gerechtere und inklusivere Gesellschaft zu schaffen. Es liegt an uns, diese Verbindung zu stärken und die nächste Generation von Aktivisten auszubilden, die bereit sind, für ihre Überzeugungen einzutreten und positive Veränderungen herbeizuführen.

Die Rolle von Clubs und Organisationen in der Schule

In der heutigen Bildungslandschaft spielen Clubs und Organisationen eine entscheidende Rolle bei der Förderung von Vielfalt und Inklusion, insbesondere für LGBTQ-Studierende. Diese Gruppen bieten nicht nur einen Raum für soziale Interaktion, sondern auch eine Plattform für Bildung und Aktivismus. Sie unterstützen die persönliche und soziale Entwicklung der Mitglieder und tragen zur Schaffung einer positiven Schulumgebung bei.

Theoretischer Hintergrund

Die Bildungstheorie von *Vygotsky* hebt die Bedeutung sozialer Interaktionen für das Lernen hervor. In seinem Konzept der *Zone der nächsten Entwicklung* argumentiert Vygotsky, dass Lernen am effektivsten in einem sozialen Kontext stattfindet, in dem Individuen voneinander lernen können. Clubs und Organisationen in Schulen bieten genau diesen Kontext, indem sie Schüler:innen zusammenbringen, die ähnliche Interessen oder Herausforderungen teilen.

Zusätzlich fördert die *Soziale Identitätstheorie* von *Tajfel* und *Turner* das Verständnis dafür, wie Gruppenidentitäten das Verhalten und die Einstellungen von Individuen beeinflussen. LGBTQ-Clubs ermöglichen es den Mitgliedern, eine gemeinsame Identität zu entwickeln, die sowohl unterstützend als auch stärkend wirkt. Diese Gruppenzugehörigkeit kann helfen, das Selbstwertgefühl zu steigern und ein Gefühl der Zugehörigkeit zu schaffen.

Probleme und Herausforderungen

Trotz der positiven Aspekte stehen LGBTQ-Clubs in Schulen vor verschiedenen Herausforderungen. Eine der größten Hürden ist die *Stigmatisierung* und *Diskriminierung*, die LGBTQ-Studierende oft erfahren. Diese Vorurteile können dazu führen, dass sich Schüler:innen nicht sicher fühlen, sich zu engagieren oder ihre Identität offen zu leben.

Darüber hinaus kann der Zugang zu Ressourcen und Unterstützung innerhalb der Schule unzureichend sein. In vielen Fällen fehlt es an *finanzieller Unterstützung* oder an einem klaren Verständnis der Bedeutung dieser Clubs durch die Schulverwaltung. Dies kann die Fähigkeit der Organisationen einschränken, Veranstaltungen zu organisieren oder Bildungsressourcen bereitzustellen.

Beispiele für erfolgreiche Clubs

Ein Beispiel für einen erfolgreichen LGBTQ-Club ist der *GSA* (Gay-Straight Alliance), der in vielen Schulen weltweit gegründet wurde. Diese Clubs fördern nicht nur die Akzeptanz von LGBTQ-Identitäten, sondern bieten auch Bildungsprogramme an, die das Bewusstsein für LGBTQ-Themen erhöhen.

Ein weiteres Beispiel ist die *Queer Student Union* an der *University of California, Los Angeles (UCLA)*. Diese Organisation hat es sich zur Aufgabe gemacht, ein sicheres Umfeld für LGBTQ-Studierende zu schaffen und gleichzeitig aktiv gegen Diskriminierung und Ungerechtigkeit zu kämpfen. Durch Workshops, Veranstaltungen und Kampagnen hat die Queer Student Union einen signifikanten Einfluss auf die Campusgemeinschaft.

Die Bedeutung von Mentoring und Unterstützung

Die Rolle von Mentoren in diesen Clubs kann nicht unterschätzt werden. Mentoren, oft ältere Schüler:innen oder Lehrer:innen, können eine wertvolle Unterstützung bieten, indem sie ihre Erfahrungen teilen und Ressourcen bereitstellen. Dies fördert nicht nur das Wachstum der Mitglieder, sondern hilft auch, eine Kultur der Akzeptanz und des Respekts innerhalb der Schule zu etablieren.

Zusammenfassend lässt sich sagen, dass Clubs und Organisationen in Schulen eine essentielle Rolle im Leben von LGBTQ-Studierenden spielen. Sie bieten nicht nur einen Raum für soziale Interaktion und Unterstützung, sondern tragen auch zur Bildung und Sensibilisierung der gesamten Schulgemeinschaft bei. Die Herausforderungen, denen sie gegenüberstehen, erfordern jedoch kontinuierliche Anstrengungen und Unterstützung von Seiten der Schulverwaltung und der Gemeinschaft, um sicherzustellen, dass alle Schüler:innen die Möglichkeit haben, ihre Identität in einem sicheren und unterstützenden Umfeld zu leben.

Die Bedeutung von kritischem Denken

Kritisches Denken ist eine fundamentale Fähigkeit, die es Individuen ermöglicht, Informationen zu analysieren, zu bewerten und zu interpretieren. In der Welt des

LGBTQ-Aktivismus ist kritisches Denken nicht nur nützlich, sondern notwendig, um die komplexen sozialen, politischen und kulturellen Herausforderungen zu bewältigen, mit denen die Gemeinschaft konfrontiert ist.

Theoretische Grundlagen

Kritisches Denken wird oft als der Prozess des aktiven und bewussten Denkens beschrieben, der es Individuen ermöglicht, Schlussfolgerungen zu ziehen, Probleme zu lösen und Entscheidungen zu treffen. Laut [1] umfasst kritisches Denken die folgenden Elemente:

- **Analyse:** Die Fähigkeit, Informationen in ihre Bestandteile zu zerlegen und deren Beziehungen zu verstehen.

- **Bewertung:** Die Fähigkeit, die Glaubwürdigkeit von Informationen und Quellen zu bewerten.

- **Interpretation:** Die Fähigkeit, Informationen zu verstehen und deren Bedeutung zu erfassen.

- **Schlussfolgerung:** Die Fähigkeit, aus den analysierten und bewerteten Informationen fundierte Entscheidungen zu treffen.

Diese Fähigkeiten sind besonders wichtig im LGBTQ-Aktivismus, wo Fehlinformationen und Vorurteile häufig verbreitet sind. Kritisches Denken befähigt Aktivisten, diese Herausforderungen zu erkennen und zu bekämpfen.

Probleme und Herausforderungen

Im LGBTQ-Aktivismus stehen Aktivisten häufig vor einer Vielzahl von Problemen, die kritisches Denken erfordern. Dazu gehören:

- **Diskriminierung und Vorurteile:** Aktivisten müssen in der Lage sein, diskriminierende Aussagen und Verhaltensweisen zu analysieren und die zugrunde liegenden Annahmen zu hinterfragen. Dies erfordert ein tiefes Verständnis der sozialen Konstrukte, die Diskriminierung fördern.

- **Falsche Informationen:** In der heutigen digitalen Welt verbreiten sich Fehlinformationen schnell. Kritisches Denken hilft Aktivisten, Informationen zu überprüfen und zwischen Fakten und Fiktion zu unterscheiden.

✦ **Interne Konflikte:** Innerhalb der LGBTQ-Community können unterschiedliche Meinungen und Ansichten zu Konflikten führen. Kritisches Denken fördert den Dialog und die Zusammenarbeit, indem es den Mitgliedern hilft, verschiedene Perspektiven zu verstehen und zu respektieren.

Beispiele für kritisches Denken im Aktivismus

Ein bemerkenswertes Beispiel für kritisches Denken im LGBTQ-Aktivismus ist die Reaktion auf die *"Bathroom Bills"* in den USA, die es Transgender-Personen untersagten, die Toilette zu benutzen, die ihrer Geschlechtsidentität entspricht. Aktivisten mussten die Argumente der Befürworter dieser Gesetze analysieren und die wissenschaftlichen und sozialen Daten bewerten, die zeigten, dass solche Gesetze nicht nur diskriminierend, sondern auch schädlich sind.

Ein weiteres Beispiel ist die Verwendung von Social Media, um Fehlinformationen zu bekämpfen. Aktivisten nutzen Plattformen wie Twitter und Facebook, um falsche Narrative zu entlarven und die Öffentlichkeit über die Realität von LGBTQ-Erfahrungen aufzuklären. Dies erfordert nicht nur kritisches Denken, sondern auch die Fähigkeit, klare und überzeugende Argumente zu formulieren.

Fazit

Die Bedeutung von kritischem Denken im LGBTQ-Aktivismus kann nicht genug betont werden. Es ist eine Schlüsselkompetenz, die es Aktivisten ermöglicht, informierte Entscheidungen zu treffen, effektiv zu kommunizieren und die Herausforderungen, mit denen sie konfrontiert sind, erfolgreich zu bewältigen. Indem sie kritisches Denken fördern, können Aktivisten nicht nur ihre eigenen Fähigkeiten verbessern, sondern auch die gesamte Bewegung stärken.

Bibliography

[1] Facione, P. A. (1990). *Critical Thinking: A Statement of Expert Consensus for Purposes of Educational Assessment and Instruction.*

Die Entdeckung ihrer Leidenschaft für das Schreiben

Die Entdeckung der Leidenschaft für das Schreiben ist oft ein entscheidender Wendepunkt im Leben eines Aktivisten. Für Stephanie Woolley war dies nicht nur eine persönliche Entfaltung, sondern auch ein Mittel, um ihre Stimme zu erheben und die Herausforderungen, mit denen die LGBTQ-Community konfrontiert ist, zu beleuchten.

Frühe Einflüsse

Stephanie wuchs in einer konservativen Umgebung auf, in der das Schreiben nicht immer als wertvolle Ausdrucksform angesehen wurde. Dennoch fand sie in der Literatur einen Zufluchtsort. Die Bücher, die sie las, wurden zu einem Fenster in eine Welt, in der Vielfalt gefeiert und Geschichten von Mut und Widerstand erzählt wurden. Autoren wie James Baldwin und Audre Lorde inspirierten sie, ihre eigenen Gedanken und Gefühle in Worte zu fassen.

Der Einfluss von Schule und Mentoren

In der Schule entdeckte Stephanie die Kraft des Schreibens durch kreative Schreibprojekte und Literaturkurse. Ihre Lehrer erkannten frühzeitig ihr Talent und ermutigten sie, an Schreibwettbewerben teilzunehmen. Diese Unterstützung half ihr, Vertrauen in ihre Fähigkeiten zu entwickeln. Ein prägendes Erlebnis war der Gewinn eines Schulwettbewerbs mit einem Essay über die Bedeutung von Identität und Zugehörigkeit. Diese Anerkennung war für sie ein Antrieb, ihre Stimme weiter zu erproben.

Schreiben als Aktivismus

Mit dem Eintritt in die LGBTQ-Community erkannte Stephanie, dass Schreiben nicht nur eine persönliche Leidenschaft war, sondern auch ein kraftvolles Werkzeug für den Aktivismus. Sie begann, Artikel und Blogbeiträge zu verfassen, in denen sie über die Herausforderungen der Trans-Community berichtete. Diese Texte dienten nicht nur der Aufklärung, sondern auch der Mobilisierung. Ein Beispiel dafür war ihr Artikel über die Auswirkungen der Diskriminierung auf die psychische Gesundheit von Trans-Personen, der in mehreren LGBTQ-Publikationen veröffentlicht wurde und viele Leser erreichte.

Die Herausforderungen des Schreibens

Trotz ihrer Leidenschaft für das Schreiben begegnete Stephanie auch Herausforderungen. Oft fühlte sie sich von den Erwartungen der Gesellschaft und den Vorurteilen gegenüber ihrer Identität eingeschränkt. Es war nicht immer einfach, ihre Gedanken und Gefühle offen zu teilen, insbesondere in einer Welt, die oft feindlich gegenüber LGBTQ-Personen eingestellt ist. Diese inneren Konflikte führten manchmal zu Schreibblockaden, die sie jedoch durch Selbstreflexion und Unterstützung von Freunden überwinden konnte.

Die Rolle von Workshops und Schreibgruppen

Um ihre Fähigkeiten weiterzuentwickeln, nahm Stephanie an verschiedenen Schreibworkshops und -gruppen teil. Diese Gemeinschaften boten ihr nicht nur technische Fertigkeiten, sondern auch emotionale Unterstützung. Der Austausch mit anderen Schriftstellern, die ähnliche Erfahrungen gemacht hatten, half ihr, ihre Stimme zu finden und zu stärken. In diesen Gruppen lernte sie, wie wichtig es ist, Geschichten zu teilen, um das Bewusstsein für soziale Themen zu schärfen.

Die Verbindung zwischen Schreiben und Aktivismus

Stephanie erkannte, dass Schreiben und Aktivismus untrennbar miteinander verbunden sind. Durch ihre Texte konnte sie nicht nur ihre eigene Geschichte erzählen, sondern auch die Geschichten anderer, die oft nicht gehört wurden. Ihre Essays und Artikel trugen dazu bei, Sichtbarkeit zu schaffen und Diskussionen über wichtige Themen wie Geschlechtsidentität und Diskriminierung anzuregen. Diese Erkenntnis motivierte sie, ihre Schreibkarriere weiter zu verfolgen und sich gleichzeitig für die Rechte der LGBTQ-Community einzusetzen.

Ein Beispiel für den Einfluss ihrer Worte

Ein prägnantes Beispiel für den Einfluss von Stephanies Schreiben war ihre Teilnahme an einer Online-Kampagne, die sich gegen die Diskriminierung von Trans-Personen in Schulen richtete. Sie verfasste einen bewegenden offenen Brief, der nicht nur ihre persönliche Geschichte, sondern auch die Geschichten anderer Betroffener beinhaltete. Dieser Brief wurde viral und führte zu einer landesweiten Diskussion über die Notwendigkeit von Schutzmaßnahmen für Trans-Schüler. Die Resonanz auf ihre Worte zeigte ihr, wie mächtig Schreiben sein kann und bestärkte sie in ihrem Engagement.

Der Weg zur Veröffentlichung

Mit der Zeit wurde Stephanies Traum, ein Buch zu schreiben, immer greifbarer. Sie begann, ihre gesammelten Essays und Artikel zu einem Manuskript zusammenzustellen, das ihre Reise als Aktivistin dokumentieren sollte. Der Prozess des Schreibens und der Überarbeitung war herausfordernd, aber auch unglaublich erfüllend. Sie lernte, dass Authentizität und Verletzlichkeit in ihren Texten die stärksten Verbindungen zu ihren Lesern schaffen konnten.

Die Bedeutung von Feedback

Ein weiterer wichtiger Aspekt in Stephanies Schreibprozess war das Einholen von Feedback. Sie verstand, dass konstruktive Kritik entscheidend ist, um die eigene Stimme zu schärfen und die Wirkung ihrer Texte zu maximieren. Durch den Austausch mit anderen Schriftstellern und Aktivisten konnte sie ihre Perspektiven erweitern und ihre Argumente präzisieren.

Fazit

Die Entdeckung ihrer Leidenschaft für das Schreiben war für Stephanie Woolley ein entscheidender Schritt auf ihrem Weg zum Aktivismus. Durch das Schreiben fand sie nicht nur eine Möglichkeit, sich auszudrücken, sondern auch ein Werkzeug, um Veränderungen in der Gesellschaft herbeizuführen. Ihre Erfahrungen zeigen, dass Schreiben nicht nur eine Kunstform ist, sondern auch eine kraftvolle Methode, um für die Rechte derjenigen zu kämpfen, die oft nicht gehört werden. Stephanie ermutigt andere, ihre Geschichten zu teilen und das Schreiben als Mittel zur Veränderung zu nutzen.

$$\text{Aktivismus} = \text{Schreiben} + \text{Gemeinschaft} + \text{Sichtbarkeit} \tag{19}$$

Einfluss von Literatur und Medien auf ihre Ansichten

Literatur und Medien haben einen tiefgreifenden Einfluss auf die Entwicklung von Identität und Weltanschauung, insbesondere im Kontext des LGBTQ-Aktivismus. Für Stephanie Woolley, die Gründerin von Trans Alliance Toronto, waren sowohl Bücher als auch verschiedene Medienplattformen entscheidend für ihre persönliche und politische Entwicklung. In diesem Abschnitt werden wir die Rolle von Literatur und Medien in Woolleys Leben und deren Einfluss auf ihre Ansichten untersuchen.

Die Rolle von Literatur

Literatur bietet nicht nur Unterhaltung, sondern auch eine Plattform zur Reflexion und zum Verständnis komplexer gesellschaftlicher Themen. Woolley entdeckte in ihrer Jugend eine Vielzahl von Autoren, deren Werke sie inspirierten und motivierten. Besonders bemerkenswert sind die Werke von LGBTQ-Autoren wie James Baldwin, Audre Lorde und Virginia Woolf. Diese Schriftsteller thematisierten nicht nur die Herausforderungen der LGBTQ-Identität, sondern auch die breiteren Fragen von Rassismus, Geschlecht und sozialer Gerechtigkeit.

Ein Beispiel ist Baldwins Essay „The Fire Next Time", in dem er die Verbindungen zwischen Rassismus und Homophobie aufzeigt. Woolley fand in diesen Texten nicht nur Bestätigung ihrer eigenen Erfahrungen, sondern auch eine tiefere Einsicht in die strukturellen Ungleichheiten, die viele LGBTQ-Personen betreffen. Durch die Lektüre solcher Werke konnte sie ihre eigene Identität besser verstehen und sich mit den Kämpfen anderer identifizieren.

Einfluss von Medien

In der heutigen digitalen Ära spielen Medien eine unverzichtbare Rolle in der Verbreitung von Informationen und der Bildung öffentlicher Meinungen. Woolley nutzte verschiedene Medienplattformen, um ihre Ansichten zu formen und sich mit anderen Aktivisten zu vernetzen. Soziale Medien wie Twitter und Instagram bieten nicht nur Raum für persönliche Ausdrucksformen, sondern auch für die Verbreitung von Aktivismus und für die Schaffung von Gemeinschaften.

Ein prägnantes Beispiel ist die #MeToo-Bewegung, die durch soziale Medien an Fahrt gewann und das Bewusstsein für sexuelle Belästigung und Gewalt schärfte. Woolley sah in dieser Bewegung Parallelen zu ihrem eigenen Aktivismus für Trans-Rechte. Sie erkannte, wie wichtig es ist, Geschichten zu teilen und Sichtbarkeit für marginalisierte Stimmen zu schaffen. Diese Einsicht führte sie dazu, Plattformen zu nutzen, um sowohl ihre eigene Geschichte als auch die Geschichten anderer zu teilen.

Theoretische Perspektiven

Die Theorie des sozialen Konstruktivismus, die besagt, dass Wissen und Bedeutung durch soziale Interaktionen und kulturelle Kontexte konstruiert werden, ist besonders relevant, wenn man den Einfluss von Literatur und Medien auf Woolleys Ansichten betrachtet. Die Art und Weise, wie sie Literatur und Medien konsumierte, half ihr, nicht nur ihre eigene Identität zu definieren, sondern auch die Realität, in der sie lebte, zu hinterfragen und zu dekonstruieren.

Ein weiterer relevanter theoretischer Rahmen ist die *Critical Race Theory*, die die Verbindungen zwischen Rasse, Klasse und Geschlecht analysiert. Woolleys Engagement für intersektionalen Aktivismus wurde durch die Lektüre kritischer Texte in diesem Bereich geprägt. Werke von Kimberlé Crenshaw, die den Begriff der Intersektionalität prägte, halfen ihr, die komplexen und oft überlappenden Diskriminierungen zu verstehen, die viele Menschen innerhalb der LGBTQ-Community erfahren.

Probleme und Herausforderungen

Trotz der positiven Einflüsse von Literatur und Medien gibt es auch Herausforderungen. Die Darstellung von LGBTQ-Personen in den Medien ist oft stereotypisiert und reduziert. Woolley kritisierte häufig die Art und Weise, wie Trans-Personen in Mainstream-Medien dargestellt werden, und betonte die Notwendigkeit einer nuancierteren und realistischeren Repräsentation. Diese Herausforderung führte sie dazu, aktiv zu werden und sicherzustellen, dass die Stimmen von Trans-Personen in den Medien gehört werden.

Zusammenfassend lässt sich sagen, dass Literatur und Medien eine entscheidende Rolle in der Entwicklung von Stephanie Woolleys Ansichten und ihrem Engagement im Aktivismus gespielt haben. Durch die Auseinandersetzung mit verschiedenen Texten und Medienformaten konnte sie nicht nur ihre eigene Identität besser verstehen, sondern auch die Notwendigkeit erkennen, für die Rechte und Sichtbarkeit von Trans-Personen einzutreten. Die Herausforderungen, die sie dabei erlebte, stärkten ihren Willen, die Narrative zu verändern und eine gerechtere Gesellschaft zu schaffen.

Die Herausforderungen des Studiums

Die akademische Laufbahn ist oft mit einer Vielzahl von Herausforderungen verbunden, die nicht nur die intellektuelle Kapazität, sondern auch die emotionale und soziale Stabilität der Studierenden auf die Probe stellen. Für LGBTQ-Aktivisten wie Stephanie Woolley, die sich in einem oft feindlichen

Umfeld bewegen, können diese Herausforderungen noch verstärkt werden. In diesem Abschnitt werden die verschiedenen Schwierigkeiten beleuchtet, denen Studierende gegenüberstehen, insbesondere in Bezug auf ihre Identität und ihr Engagement im Aktivismus.

Psychische Belastungen

Studierende sehen sich häufig einem hohen Maß an Stress ausgesetzt, das durch akademische Anforderungen, Prüfungen und Deadlines verursacht wird. Diese Stressoren können zu Angstzuständen und Depressionen führen, insbesondere bei LGBTQ-Studierenden, die möglicherweise zusätzlich mit Diskriminierung und Isolation kämpfen müssen. Eine Studie von [?] zeigt, dass LGBTQ-Studierende signifikant höhere Raten von psychischen Gesundheitsproblemen aufweisen als ihre heterosexuellen Kommilitonen.

$$\text{Stresslevel} = \frac{\text{Akademische Anforderungen} + \text{Soziale Isolation}}{\text{Unterstützungssysteme}} \qquad (20)$$

Diese Gleichung verdeutlicht, dass ein höheres Maß an akademischen Anforderungen und sozialer Isolation zu einem erhöhten Stresslevel führt, während ein starkes Unterstützungssystem diesen Stress mindern kann.

Diskriminierung und Vorurteile

Diskriminierung auf dem Campus kann sich in verschiedenen Formen äußern, sei es durch offene Feindseligkeit, subtile Vorurteile oder institutionelle Barrieren. LGBTQ-Studierende berichten häufig von negativen Erfahrungen, die ihre akademische Leistung und ihr Wohlbefinden beeinträchtigen. Eine Untersuchung von [?] hat ergeben, dass 30% der LGBTQ-Studierenden an amerikanischen Universitäten Diskriminierung aufgrund ihrer sexuellen Orientierung erfahren haben.

Identitätskonflikte

Die Auseinandersetzung mit der eigenen Identität kann während des Studiums besonders herausfordernd sein. Viele LGBTQ-Studierende befinden sich in einem ständigen Spannungsfeld zwischen dem Wunsch nach Authentizität und der Angst vor Ablehnung. Diese inneren Konflikte können sich negativ auf die akademische Leistung auswirken. Ein Beispiel hierfür ist die Angst, sich in

Gruppendiskussionen zu äußern oder an sozialen Aktivitäten teilzunehmen, was zu einer Isolation führen kann.

Mangel an Repräsentation

Ein weiterer bedeutender Aspekt ist der Mangel an Repräsentation von LGBTQ-Personen in Lehrplänen und akademischen Programmen. Dies kann dazu führen, dass sich LGBTQ-Studierende nicht mit dem Unterrichtsmaterial identifizieren können, was ihre Motivation und ihr Engagement beeinträchtigt. [3] argumentiert, dass die Integration von LGBTQ-Themen in die akademische Ausbildung nicht nur die Sichtbarkeit erhöht, sondern auch das allgemeine Verständnis und die Akzeptanz fördert.

Unterstützungssysteme und Ressourcen

Die Verfügbarkeit von Unterstützungssystemen ist entscheidend für den Erfolg von LGBTQ-Studierenden. Viele Hochschulen bieten spezielle Ressourcen, wie Beratungsdienste und LGBTQ-Zentren, an, die eine sichere Umgebung schaffen, in der Studierende ihre Identität erkunden und Unterstützung finden können. Studien zeigen, dass der Zugang zu solchen Ressourcen die Resilienz und den akademischen Erfolg von LGBTQ-Studierenden signifikant erhöht ([?]).

Vereinbarkeit von Aktivismus und Studium

Für engagierte Aktivisten kann die Balance zwischen Studienanforderungen und aktivistischem Engagement eine ständige Herausforderung darstellen. Oftmals müssen Studierende Prioritäten setzen, die ihre akademischen Leistungen beeinträchtigen können. Ein Beispiel ist die Notwendigkeit, an Protesten oder Veranstaltungen teilzunehmen, die zeitlich mit wichtigen Prüfungen oder Projekten kollidieren.

Finanzielle Belastungen

Die finanziellen Herausforderungen, die mit dem Studium verbunden sind, können für LGBTQ-Studierende besonders ausgeprägt sein, da viele von ihnen möglicherweise nicht die gleiche finanzielle Unterstützung von ihren Familien erhalten. Studiengebühren, Unterkunftskosten und das tägliche Leben können zu einer erheblichen Belastung führen, die zusätzlichen Stress verursacht. Eine Untersuchung von [?] zeigt, dass LGBTQ-Studierende oft auf Stipendien und finanzielle Hilfe angewiesen sind, um ihre Ausbildung zu finanzieren.

Abschluss und Zukunftsperspektiven

Letztlich ist der Abschluss eines Studiums für viele LGBTQ-Studierende ein bedeutender Meilenstein, der jedoch auch mit der Unsicherheit über zukünftige Karrieremöglichkeiten verbunden ist. Viele fühlen sich in der Arbeitswelt unsicher, da sie möglicherweise weiterhin Diskriminierung und Vorurteile erleben. Die Unsicherheit über die Akzeptanz in der Berufswelt kann die Motivation beeinträchtigen und zu einem Gefühl der Entmutigung führen.

Fazit

Zusammenfassend lässt sich sagen, dass die Herausforderungen des Studiums für LGBTQ-Aktivisten wie Stephanie Woolley vielschichtig sind und sowohl akademische als auch persönliche Dimensionen umfassen. Die Auseinandersetzung mit psychischen Belastungen, Diskriminierung, Identitätskonflikten und der Vereinbarkeit von Aktivismus und Studium erfordert ein starkes Unterstützungssystem sowie Ressourcen, die auf die Bedürfnisse von LGBTQ-Studierenden zugeschnitten sind. Nur durch das Verständnis und die Anerkennung dieser Herausforderungen kann eine inklusive und unterstützende akademische Umgebung geschaffen werden, die es LGBTQ-Studierenden ermöglicht, erfolgreich zu sein und ihre Stimmen im Aktivismus zu erheben.

Persönliche Herausforderungen

Der Kampf um Akzeptanz

Der Kampf um Akzeptanz ist ein zentrales Thema im Leben vieler LGBTQ-Personen und bildet die Grundlage für ihre Identitätsentwicklung und ihr Engagement im Aktivismus. Akzeptanz ist nicht nur ein persönliches Bedürfnis, sondern auch ein gesellschaftliches Ziel, das auf verschiedenen Ebenen angestrebt werden muss. In diesem Abschnitt betrachten wir die Herausforderungen, die LGBTQ-Individuen auf ihrem Weg zur Selbstakzeptanz und zur Akzeptanz durch andere begegnen.

Theoretische Grundlagen

Die Theorie der sozialen Identität, die von Henri Tajfel und John Turner entwickelt wurde, spielt eine entscheidende Rolle im Verständnis des Kampfes um Akzeptanz. Diese Theorie besagt, dass Menschen ihre Identität stark durch ihre Gruppenmitgliedschaften definieren. Für LGBTQ-Personen kann die

Zugehörigkeit zu einer marginalisierten Gruppe sowohl eine Quelle der Stärke als auch der Diskriminierung sein. Der Prozess der Identitätsbildung umfasst oft Phasen der Unsicherheit und des Kampfes, während Individuen versuchen, ihre sexuelle Orientierung oder Geschlechtsidentität zu akzeptieren und gleichzeitig die Akzeptanz ihrer Umgebung zu gewinnen.

Herausforderungen der Akzeptanz

Gesellschaftliche Vorurteile Gesellschaftliche Vorurteile sind eine der größten Hürden, die LGBTQ-Personen überwinden müssen. Diskriminierung und Stigmatisierung können in verschiedenen Formen auftreten, sei es in Form von verbalen Angriffen, physischer Gewalt oder systematischer Ungleichheit. Diese Erfahrungen führen oft zu einem inneren Konflikt, der sich in einem verminderten Selbstwertgefühl und psychischen Belastungen äußern kann. Laut einer Studie der *American Psychological Association* berichten LGBTQ-Personen über höhere Raten von Angstzuständen und Depressionen im Vergleich zu ihren heterosexuellen Altersgenossen.

Familienakzeptanz Die Akzeptanz durch die Familie ist oft entscheidend für das Wohlbefinden von LGBTQ-Individuen. Viele erleben Ablehnung oder sogar Gewalt, wenn sie sich outen. Studien zeigen, dass familiäre Unterstützung einen positiven Einfluss auf die psychische Gesundheit und das Selbstwertgefühl hat. Ein Beispiel ist die Kampagne *It Gets Better*, die von Dan Savage ins Leben gerufen wurde und darauf abzielt, LGBTQ-Jugendlichen Hoffnung und Unterstützung zu bieten. Diese Kampagne zeigt, wie wichtig es ist, dass Familien ihre LGBTQ-Mitglieder akzeptieren und unterstützen.

Innere Konflikte Innere Konflikte sind ebenfalls ein bedeutendes Hindernis auf dem Weg zur Akzeptanz. Viele LGBTQ-Personen kämpfen mit dem Druck, sich an gesellschaftliche Normen anzupassen, während sie gleichzeitig ihre wahre Identität anerkennen. Dies kann zu einem Zustand führen, den man als *internalisierte Homophobie* bezeichnet, bei dem Individuen negative Einstellungen gegenüber ihrer eigenen sexuellen Orientierung oder Geschlechtsidentität entwickeln. Diese inneren Kämpfe können die Fähigkeit zur Selbstakzeptanz erheblich beeinträchtigen.

Beispiele aus dem Leben

Ein bemerkenswertes Beispiel für den Kampf um Akzeptanz ist die Geschichte von *Matthew Shepard*, einem LGBTQ-Aktivisten, der 1998 Opfer eines Hassverbrechens wurde. Sein Tod führte zu einer nationalen und internationalen Bewegung für die Rechte von LGBTQ-Personen und verdeutlichte die dringende Notwendigkeit der gesellschaftlichen Akzeptanz. Die *Matthew Shepard und James Byrd, Jr. Hate Crimes Prevention Act* von 2009 ist ein direktes Ergebnis dieser Bewegung und zeigt, wie der Kampf um Akzeptanz auch auf politischer Ebene geführt wird.

Ein weiteres Beispiel ist die *Transgender Day of Remembrance*, der jährlich am 20. November begangen wird, um die Erinnerungen an transgender Personen zu ehren, die aufgrund ihrer Identität ermordet wurden. Diese Veranstaltung dient nicht nur der Trauer, sondern auch der Sichtbarkeit und der Aufforderung zur Akzeptanz und zum Schutz von LGBTQ-Rechten.

Schlussfolgerung

Der Kampf um Akzeptanz ist ein vielschichtiger Prozess, der sowohl individuelle als auch gesellschaftliche Dimensionen umfasst. Es erfordert Mut, sich selbst zu akzeptieren und die Hoffnung, dass auch die Gesellschaft bereit ist, diese Akzeptanz zu gewähren. Die Herausforderungen, denen LGBTQ-Personen gegenüberstehen, sind vielfältig, aber durch Bildung, Aufklärung und aktive Unterstützung können wir einen positiven Wandel herbeiführen. Akzeptanz ist nicht nur ein persönliches Ziel, sondern ein gesellschaftliches Muss, das die Grundlage für eine inklusive und gerechte Gesellschaft bildet.

Psychische Gesundheit und Selbstakzeptanz

Die psychische Gesundheit ist ein zentraler Aspekt des Wohlbefindens, insbesondere im Kontext des LGBTQ-Aktivismus. Für viele LGBTQ-Personen ist die Reise zur Selbstakzeptanz oft von Herausforderungen geprägt, die sowohl innerliche als auch äußerliche Konflikte umfassen. In diesem Abschnitt werden wir die Bedeutung der psychischen Gesundheit und der Selbstakzeptanz untersuchen, die Probleme, die häufig auftreten, und einige Beispiele, die die Realität vieler Menschen widerspiegeln.

Die Bedeutung der psychischen Gesundheit

Psychische Gesundheit umfasst das emotionale, psychologische und soziale Wohlbefinden. Sie beeinflusst, wie wir denken, fühlen und handeln, und spielt eine entscheidende Rolle in der Art und Weise, wie wir mit Stress umgehen, Beziehungen aufbauen und Entscheidungen treffen. In der LGBTQ-Community ist die psychische Gesundheit oft durch Diskriminierung, Stigmatisierung und soziale Isolation gefährdet. Studien zeigen, dass LGBTQ-Personen ein höheres Risiko für psychische Erkrankungen wie Depressionen und Angststörungen haben, was teilweise auf die Herausforderungen zurückzuführen ist, denen sie in ihrem Alltag begegnen.

Herausforderungen auf dem Weg zur Selbstakzeptanz

Die Selbstakzeptanz ist der Prozess, durch den Individuen ihre Identität annehmen und sich selbst als wertvoll erachten. Dieser Prozess kann jedoch durch verschiedene Faktoren erschwert werden:

- **Gesellschaftliche Normen:** Viele LGBTQ-Personen wachsen in einer Gesellschaft auf, die heteronormative Standards fördert. Diese Normen können dazu führen, dass Individuen sich unzulänglich fühlen und ihre Identität nicht akzeptieren.

- **Familienakzeptanz:** Die Unterstützung durch die Familie spielt eine entscheidende Rolle für die Selbstakzeptanz. Familien, die LGBTQ-Personen ablehnen oder diskriminieren, können erheblichen emotionalen Stress verursachen, der sich negativ auf die psychische Gesundheit auswirkt.

- **Interne Konflikte:** Viele Menschen kämpfen mit internalisierten Vorurteilen, was bedeutet, dass sie die negativen Stereotypen, die ihnen begegnen, verinnerlichen. Dies kann zu einem verminderten Selbstwertgefühl und Selbstzweifeln führen.

Theoretische Ansätze zur Selbstakzeptanz

Es gibt mehrere psychologische Theorien, die den Prozess der Selbstakzeptanz erklären können. Eine der bekanntesten ist die **Theorie der sozialen Identität**. Diese Theorie besagt, dass das Selbstkonzept eines Individuums stark von der Zugehörigkeit zu sozialen Gruppen beeinflusst wird. Für LGBTQ-Personen kann die Identifikation mit der LGBTQ-Community eine Quelle des Stolzes und der Unterstützung sein, die den Weg zur Selbstakzeptanz erleichtert.

Ein weiterer relevanter Ansatz ist die **Kognitive Verhaltenstherapie (KVT)**, die darauf abzielt, negative Denkmuster zu identifizieren und zu verändern. KVT kann LGBTQ-Personen helfen, ihre inneren Konflikte zu bewältigen und ein positives Selbstbild zu entwickeln.

Beispiele aus dem Leben

Es gibt zahlreiche Geschichten von LGBTQ-Personen, die den Kampf um Selbstakzeptanz dokumentieren. Ein bemerkenswertes Beispiel ist die Geschichte von **Janet Mock**, einer trans Frau und Aktivistin, die offen über ihre Erfahrungen mit Diskriminierung und den Herausforderungen der Selbstakzeptanz spricht. In ihrem Buch *Redefining Realness* beschreibt sie, wie sie jahrelang mit ihrer Identität kämpfte und letztendlich Frieden mit sich selbst fand.

Ein weiteres Beispiel ist die Geschichte von **Laverne Cox**, einer bekannten Schauspielerin und Aktivistin. Sie hat öffentlich über ihre Erfahrungen mit Diskriminierung und den Einfluss auf ihre psychische Gesundheit gesprochen. Cox betont die Wichtigkeit der Selbstliebe und der Akzeptanz, um die Herausforderungen des Lebens zu bewältigen.

Strategien zur Förderung der psychischen Gesundheit und Selbstakzeptanz

Um die psychische Gesundheit und die Selbstakzeptanz zu fördern, können verschiedene Strategien eingesetzt werden:

- **Therapie und Unterstützung:** Der Zugang zu professioneller Hilfe, sei es durch Psychotherapie oder Unterstützung durch Peer-Gruppen, kann entscheidend sein, um die psychische Gesundheit zu stärken und den Prozess der Selbstakzeptanz zu unterstützen.

- **Aufklärung und Sensibilisierung:** Bildung über LGBTQ-Themen kann helfen, Vorurteile abzubauen und ein unterstützendes Umfeld zu schaffen. Workshops und Schulungen können dazu beitragen, das Bewusstsein für die Herausforderungen zu schärfen, mit denen LGBTQ-Personen konfrontiert sind.

- **Selbstfürsorge:** Praktiken wie Achtsamkeit, Meditation und regelmäßige körperliche Aktivität können helfen, Stress abzubauen und das allgemeine

Wohlbefinden zu fördern. Selbstfürsorge ist ein wichtiger Bestandteil der psychischen Gesundheit.

Fazit

Die psychische Gesundheit und die Selbstakzeptanz sind eng miteinander verbunden und spielen eine entscheidende Rolle im Leben von LGBTQ-Personen. Der Weg zur Selbstakzeptanz ist oft mit Herausforderungen verbunden, die jedoch mit der richtigen Unterstützung und den richtigen Strategien überwunden werden können. Indem wir das Bewusstsein für diese Themen schärfen und eine unterstützende Gemeinschaft schaffen, können wir dazu beitragen, dass jeder Mensch die Freiheit hat, sich selbst zu akzeptieren und zu lieben.

Beziehungen und deren Einfluss auf ihren Aktivismus

In der Welt des Aktivismus sind Beziehungen von entscheidender Bedeutung. Sie bilden die Grundlage für Unterstützung, Zusammenarbeit und den Austausch von Ideen. Für Stephanie Woolley waren ihre Beziehungen nicht nur persönliche Bindungen, sondern auch strategische Partnerschaften, die ihren Aktivismus maßgeblich beeinflussten.

Die Rolle von Freundschaften

Freundschaften sind oft der erste Schritt in die Welt des Aktivismus. Sie bieten emotionale Unterstützung und ein Gefühl der Zugehörigkeit. Woolley fand in ihren Freunden nicht nur Verbündete, sondern auch Mentoren und Kritiker, die sie ermutigten, ihre Stimme zu erheben. Diese Freundschaften halfen ihr, die ersten Schritte in die LGBTQ-Community zu wagen und ihre Identität zu akzeptieren.

Ein Beispiel für die Kraft von Freundschaften im Aktivismus ist die Gründung von *Trans Alliance Toronto*. Woolley und ihre Freunde organisierten sich, um eine Plattform für trans Personen zu schaffen. Diese Initiative entstand nicht nur aus einem Bedürfnis nach Sichtbarkeit, sondern auch aus einem tiefen Verständnis für die Herausforderungen, denen sie gegenüberstanden. Die Unterstützung ihrer Freunde half ihr, Ängste zu überwinden und den Mut zu finden, aktiv zu werden.

Mentorship und Unterstützung

Mentoren spielen eine entscheidende Rolle im Aktivismus. Woolley hatte das Glück, auf erfahrene Aktivisten zu treffen, die sie in ihrer Entwicklung unterstützten. Diese Mentoren halfen ihr, die politischen Strukturen zu verstehen und gaben ihr Werkzeuge an die Hand, um effektiv zu kommunizieren.

Die Theorie des *Sozialen Kapitals* (Bourdieu, 1986) beschreibt, wie Netzwerke von Beziehungen Ressourcen bereitstellen können, die für den Erfolg im Aktivismus entscheidend sind. Woolley profitierte von einem starken sozialen Kapital, das ihr Zugang zu wichtigen Informationen und Möglichkeiten verschaffte. Sie lernte, wie man Netzwerke strategisch aufbaut und pflegt, um die Sichtbarkeit ihrer Anliegen zu erhöhen.

Herausforderungen in Beziehungen

Trotz der positiven Aspekte von Beziehungen gibt es auch Herausforderungen. Woolley erlebte Konflikte innerhalb der Gemeinschaft, die auf unterschiedliche Ansichten über den Aktivismus zurückzuführen waren. Diese Spannungen können lähmend sein und erforderten von ihr, diplomatisch zu handeln und Brücken zu bauen.

Eine der größten Herausforderungen war der Umgang mit intersektionalen Fragen. Woolley erkannte, dass nicht alle Stimmen gleich gehört wurden und dass es wichtig war, die Vielfalt innerhalb der LGBTQ-Community zu berücksichtigen. Diese Erkenntnis führte zu Spannungen, da einige Aktivisten das Gefühl hatten, dass ihre spezifischen Anliegen nicht genügend Beachtung fanden. Woolley musste lernen, diese Konflikte zu navigieren und alle Stimmen zu integrieren, um eine inklusive Bewegung zu fördern.

Die Bedeutung von Allyship

Ein weiterer wichtiger Aspekt von Woolleys Beziehungen war die Rolle von Allies. Allies sind Personen, die sich für die Rechte von marginalisierten Gruppen einsetzen, auch wenn sie nicht selbst betroffen sind. Woolley arbeitete eng mit Allies zusammen, um die Reichweite ihrer Botschaften zu erweitern und mehr Menschen für den Aktivismus zu gewinnen.

Die Theorie des *Allyship* (Meyer, 2016) betont die Wichtigkeit von Solidarität und Unterstützung zwischen verschiedenen Gruppen. Woolley verstand, dass die Einbeziehung von Allies nicht nur die Sichtbarkeit ihrer Anliegen erhöhte, sondern auch dazu beitrug, Vorurteile abzubauen und das Verständnis für trans Themen zu fördern.

Beispiele für erfolgreiche Beziehungen

Ein herausragendes Beispiel für die positiven Auswirkungen von Beziehungen in Woolleys Aktivismus war ihre Zusammenarbeit mit lokalen Schulen. Sie initiierte Programme zur Aufklärung über Transgender-Themen, die durch Partnerschaften mit Lehrern und Schuladministratoren ermöglicht wurden. Diese Programme halfen nicht nur, Vorurteile abzubauen, sondern schufen auch sichere Räume für Schüler, die sich identifizieren konnten.

Ein weiteres Beispiel ist ihre Zusammenarbeit mit anderen LGBTQ-Organisationen. Durch diese Allianzen konnte Woolley Ressourcen bündeln und größere Veranstaltungen organisieren, die eine breitere Öffentlichkeit erreichten. Diese gemeinsamen Anstrengungen führten zu einer stärkeren Gemeinschaft und einem effektiveren Aktivismus.

Fazit

Zusammenfassend lässt sich sagen, dass Beziehungen einen tiefgreifenden Einfluss auf Woolleys Aktivismus hatten. Sie boten Unterstützung, förderten das Lernen und halfen, die Herausforderungen des Aktivismus zu bewältigen. Woolleys Fähigkeit, starke, unterstützende Netzwerke aufzubauen und zu pflegen, war entscheidend für ihren Erfolg. In einer Welt, in der Isolation und Diskriminierung häufig vorkommen, sind Beziehungen ein entscheidender Faktor für den Fortschritt im Aktivismus. Woolleys Geschichte ist ein inspirierendes Beispiel dafür, wie Beziehungen das Leben und die Arbeit von Aktivisten transformieren können.

Die Suche nach einem Platz in der Welt

Die Suche nach einem Platz in der Welt ist für viele Menschen eine grundlegende und oft herausfordernde Reise. Insbesondere für LGBTQ-Personen, die sich in einer Gesellschaft bewegen, die häufig von Vorurteilen und Diskriminierung geprägt ist, kann dieser Prozess besonders komplex sein. In dieser Sektion werden wir die Herausforderungen beleuchten, die Stephanie Woolley und viele andere in ihrer Suche nach Identität und Zugehörigkeit erlebt haben.

Identitätsfindung

Die Identitätsfindung ist ein zentraler Aspekt der persönlichen Entwicklung. Sie umfasst die Auseinandersetzung mit verschiedenen Facetten der eigenen Identität, einschließlich Geschlecht, sexueller Orientierung und kulturellem Hintergrund.

Für viele LGBTQ-Personen ist die Frage „Wer bin ich?" nicht nur eine philosophische Überlegung, sondern ein existenzielles Dilemma. Die Theorie der sozialen Identität, wie sie von Henri Tajfel und John Turner formuliert wurde, legt nahe, dass Individuen ihre Identität durch die Zugehörigkeit zu sozialen Gruppen definieren. In diesem Kontext ist die Suche nach einem Platz in der Welt oft mit dem Streben nach Akzeptanz innerhalb einer spezifischen Gemeinschaft verbunden.

Herausforderungen der Akzeptanz

Die Herausforderungen, die mit der Suche nach einem Platz in der Welt einhergehen, sind vielfältig. Diskriminierung und Vorurteile können die Fähigkeit einer Person, sich selbst zu akzeptieren und ihren Platz in der Gesellschaft zu finden, erheblich beeinträchtigen. Ein Beispiel ist die Erfahrung von Stephanie Woolley, die in ihrer Kindheit und Jugend in einer konservativen Umgebung aufwuchs, in der LGBTQ-Identitäten oft nicht anerkannt oder sogar aktiv abgelehnt wurden. Diese Erfahrungen können zu einem inneren Konflikt führen, der sich in psychischen Gesundheitsproblemen äußern kann, wie etwa Angstzuständen oder Depressionen.

Die Rolle von Gemeinschaften

Gemeinschaften spielen eine entscheidende Rolle bei der Suche nach einem Platz in der Welt. Sie bieten nicht nur Unterstützung und Akzeptanz, sondern auch einen Raum für persönliche Entfaltung. Die LGBTQ-Community hat sich als besonders wichtig für viele Menschen erwiesen, die nach einem sicheren Raum suchen, um ihre Identität auszudrücken. Studien zeigen, dass die Zugehörigkeit zu unterstützenden Gemeinschaften das psychische Wohlbefinden von LGBTQ-Personen erheblich verbessern kann. Ein Beispiel für eine solche Gemeinschaft ist Trans Alliance Toronto, die von Woolley gegründet wurde, um trans* Personen eine Stimme und einen Platz zu geben.

Intersektionalität und Identität

Ein weiterer wichtiger Aspekt der Suche nach einem Platz in der Welt ist die Intersektionalität, ein Konzept, das von Kimberlé Crenshaw geprägt wurde. Intersektionalität beschreibt, wie verschiedene soziale Kategorien wie Geschlecht, Rasse, sexuelle Orientierung und Klasse miteinander interagieren und individuelle Erfahrungen prägen. Für viele LGBTQ-Personen, insbesondere für BIPOC (Black, Indigenous, People of Color), können multiple Diskriminierungen die

Suche nach Identität und Zugehörigkeit zusätzlich erschweren. Stephanie Woolley hat in ihren Reden oft betont, dass intersektionaler Aktivismus entscheidend ist, um die vielfältigen Erfahrungen innerhalb der LGBTQ-Community zu berücksichtigen.

Der Einfluss von Kunst und Kultur

Kunst und Kultur sind ebenfalls bedeutende Faktoren in der Suche nach einem Platz in der Welt. Sie bieten nicht nur Ausdrucksmöglichkeiten, sondern auch Plattformen zur Sichtbarkeit. Die LGBTQ-Kultur hat in den letzten Jahrzehnten enorme Fortschritte gemacht, insbesondere durch Film, Literatur und Musik. Künstler*innen wie RuPaul und Schriftsteller*innen wie Audre Lorde haben durch ihre Werke dazu beigetragen, die Sichtbarkeit und Akzeptanz von LGBTQ-Personen zu fördern. Woolley selbst hat die Bedeutung von Kunst in ihrem Aktivismus hervorgehoben und betont, dass kreative Ausdrucksformen dazu beitragen können, gesellschaftliche Normen herauszufordern und das Bewusstsein zu schärfen.

Fazit

Die Suche nach einem Platz in der Welt ist ein komplexer und oft schmerzhafter Prozess, der jedoch auch zu persönlichem Wachstum und Gemeinschaftsbildung führen kann. Für Stephanie Woolley und viele andere bedeutet dieser Prozess, sich den Herausforderungen der Identitätsfindung, der Akzeptanz und der intersektionalen Diskriminierung zu stellen. Die Unterstützung durch Gemeinschaften, die Kraft von Kunst und Kultur sowie das Streben nach Sichtbarkeit sind entscheidend für den Erfolg dieser Suche. Letztendlich ist die Suche nach einem Platz in der Welt nicht nur eine individuelle Reise, sondern auch ein kollektives Streben nach Anerkennung und Gleichheit in einer oft feindlichen Gesellschaft.

Der Einfluss von Kunst und Kultur

Kunst und Kultur spielen eine entscheidende Rolle im LGBTQ-Aktivismus, indem sie nicht nur als Ausdrucksformen dienen, sondern auch als Mittel zur Sensibilisierung und Mobilisierung von Gemeinschaften. Kunst hat die Kraft, Emotionen zu wecken, Geschichten zu erzählen und das Bewusstsein für soziale Ungerechtigkeiten zu schärfen. Diese Sektion untersucht, wie Kunst und Kultur den LGBTQ-Aktivismus beeinflussen, indem sie sowohl als Plattform für den Ausdruck als auch als Werkzeug für den Wandel fungieren.

Theoretische Grundlagen

Die Verbindung zwischen Kunst, Kultur und Aktivismus lässt sich durch verschiedene theoretische Ansätze erklären. Ein zentraler Punkt ist die *Kulturtheorie*, die besagt, dass Kultur nicht nur ein Spiegel der Gesellschaft ist, sondern auch deren Transformation beeinflussen kann. Der Kulturwissenschaftler Raymond Williams argumentiert, dass Kultur sowohl als ein Produkt sozialer Praktiken als auch als ein Mittel zur Schaffung von Identität betrachtet werden kann. Diese Perspektive ist besonders relevant für LGBTQ-Aktivisten, die oft mit der Herausforderung konfrontiert sind, ihre Identität in einer Gesellschaft zu definieren, die sie marginalisiert.

Darüber hinaus hebt die *Theorie der sozialen Gerechtigkeit* hervor, dass Kunst als ein Werkzeug zur Förderung des sozialen Wandels dienen kann. Kunstwerke, die Themen wie Diskriminierung, Identität und soziale Ungleichheit behandeln, können das Publikum emotional ansprechen und zu einem Umdenken anregen. Diese Theorie wird durch die Arbeiten von Aktivisten wie Audre Lorde unterstützt, die betonen, dass „Kunst nicht nur ein Luxus ist, sondern eine Notwendigkeit für den sozialen Wandel."

Probleme und Herausforderungen

Trotz des Potenzials von Kunst und Kultur, den LGBTQ-Aktivismus zu unterstützen, gibt es auch Herausforderungen. Eine der größten Hürden ist die *Kommerzialisierung* von Kunst, die oft dazu führt, dass authentische Stimmen und Botschaften verwässert oder ignoriert werden. In vielen Fällen werden LGBTQ-Künstler in der Mainstream-Kultur zwar gefeiert, doch ihre Arbeiten verlieren an politischer Schärfe und werden zu reinen Unterhaltungsprodukten.

Ein weiteres Problem ist die *Zensur*. LGBTQ-Künstler sehen sich häufig mit der Gefahr konfrontiert, dass ihre Arbeiten aufgrund ihrer Inhalte zensiert oder abgelehnt werden. Dies kann sowohl in traditionellen Medien als auch in digitalen Plattformen der Fall sein, wo Inhalte, die als provokant oder unangemessen gelten, schnell entfernt werden. Solche Einschränkungen können die Sichtbarkeit von LGBTQ-Geschichten und -Erfahrungen erheblich beeinträchtigen.

Beispiele für den Einfluss von Kunst und Kultur

Ein herausragendes Beispiel für den Einfluss von Kunst auf den LGBTQ-Aktivismus ist die *Stonewall-Riots* von 1969, die oft als Wendepunkt in der LGBTQ-Bewegung angesehen werden. Die Ereignisse rund um die Riots wurden durch verschiedene Kunstformen dokumentiert, darunter Theaterstücke,

Filme und Literatur, die die Geschichten der Betroffenen erzählten und die gesellschaftlichen Umstände beleuchteten, die zu diesen Protesten führten. Filme wie „Milk" und „The Adventures of Priscilla, Queen of the Desert" haben nicht nur das Bewusstsein für LGBTQ-Themen geschärft, sondern auch das öffentliche Bild von LGBTQ-Personen positiv beeinflusst.

Ein weiteres Beispiel ist die AIDS-Aktivismus-Bewegung der 1980er und 1990er Jahre, die stark durch Kunst geprägt war. Gruppen wie ACT UP (AIDS Coalition to Unleash Power) nutzten visuelle Kunst, um auf die HIV/AIDS-Krise aufmerksam zu machen. Plakate, Performances und Installationen wurden verwendet, um sowohl die Dringlichkeit der Situation als auch die Notwendigkeit von politischem Handeln zu kommunizieren. Diese Kunstwerke forderten nicht nur politische Veränderungen, sondern auch gesellschaftliche Akzeptanz und Verständnis für die von der Krankheit betroffenen Personen.

Fazit

Zusammenfassend lässt sich sagen, dass Kunst und Kultur eine zentrale Rolle im LGBTQ-Aktivismus spielen, indem sie nicht nur eine Plattform für den Ausdruck von Identität und Erfahrungen bieten, sondern auch als Katalysatoren für sozialen Wandel fungieren. Trotz der Herausforderungen, mit denen LGBTQ-Künstler konfrontiert sind, bleibt die Kraft der Kunst, Geschichten zu erzählen und das Bewusstsein zu schärfen, unbestritten. Der Einfluss von Kunst und Kultur auf den Aktivismus ist ein dynamisches und sich ständig weiterentwickelndes Feld, das weiterhin neue Wege finden wird, um die Stimmen der Marginalisierten zu erheben und Veränderungen in der Gesellschaft zu bewirken.

Die Herausforderungen von Freundschaften

Freundschaften sind ein grundlegender Bestandteil des menschlichen Lebens und spielen eine entscheidende Rolle in der emotionalen und sozialen Entwicklung. Für LGBTQ-Aktivisten wie Stephanie Woolley können Freundschaften jedoch mit spezifischen Herausforderungen verbunden sein, die oft aus der Komplexität ihrer Identität und den gesellschaftlichen Normen resultieren. In diesem Abschnitt werden wir die Herausforderungen von Freundschaften im Kontext des LGBTQ-Aktivismus untersuchen und einige theoretische Perspektiven sowie praktische Beispiele einbeziehen.

Theoretische Perspektiven

Eine wichtige Theorie, die das Verständnis von Freundschaften im LGBTQ-Kontext vertieft, ist die **Intersektionalität**. Diese Theorie besagt, dass verschiedene Identitätskategorien – wie Geschlecht, Sexualität, Rasse und soziale Klasse – miteinander interagieren und sich gegenseitig beeinflussen. Freundschaften innerhalb der LGBTQ-Community können durch intersektionale Faktoren komplexer werden. Beispielsweise kann eine Person, die sowohl LGBTQ-identifiziert als auch einer ethnischen Minderheit angehört, unterschiedliche Erfahrungen in Freundschaften machen als jemand, der nur LGBTQ-identifiziert ist.

Ein weiteres relevantes Konzept ist die **Soziale Unterstützung**. Freundschaften bieten oft emotionale und praktische Unterstützung, die für das psychische Wohlbefinden entscheidend ist. Für LGBTQ-Aktivisten kann die Unterstützung von Freunden besonders wichtig sein, um den Stress und die Belastungen des Aktivismus zu bewältigen. Allerdings können auch Freundschaften, die als unterstützend empfunden werden, Herausforderungen mit sich bringen, wenn sie beispielsweise nicht die Vielfalt der Erfahrungen innerhalb der Community anerkennen.

Herausforderungen in Freundschaften

1. Missverständnisse und Vorurteile Eine der größten Herausforderungen in Freundschaften für LGBTQ-Aktivisten sind Missverständnisse und Vorurteile, die aus einem Mangel an Wissen oder Erfahrung resultieren. Freunde, die nicht Teil der LGBTQ-Community sind, können Schwierigkeiten haben, die emotionalen und sozialen Kämpfe zu verstehen, mit denen LGBTQ-Personen konfrontiert sind. Dies kann zu ungewollten Kommentaren oder Verhaltensweisen führen, die verletzend sind und das Gefühl der Isolation verstärken.

2. Unterschiedliche Erfahrungen und Identitäten Innerhalb der LGBTQ-Community gibt es eine Vielzahl von Identitäten und Erfahrungen. Freundschaften können herausfordernd werden, wenn Mitglieder unterschiedliche Perspektiven oder Erfahrungen haben, die nicht immer leicht zu kommunizieren sind. Zum Beispiel kann eine Person, die sich als queer identifiziert, Schwierigkeiten haben, mit einem Freund umzugehen, der sich als trans identifiziert, wenn dieser Freund mit spezifischen Herausforderungen konfrontiert ist, die nicht im gleichen Maße von der queeren Person erlebt werden.

3. Druck zur Repräsentation LGBTQ-Aktivisten stehen oft unter dem Druck, die gesamte Community in ihren Freundschaften zu repräsentieren. Dies kann zu einer zusätzlichen Belastung führen, da sie sich möglicherweise gezwungen fühlen, ständig für die Rechte und das Wohlergehen ihrer Freunde einzutreten. Dies kann zu einem Gefühl der Überforderung führen, besonders wenn sie selbst mit persönlichen Herausforderungen kämpfen.

4. Verlust von Freundschaften Ein weiteres häufiges Problem ist der Verlust von Freundschaften, insbesondere wenn sich eine Person in ihrer Identität weiterentwickelt oder verändert. Freunde, die nicht in der Lage sind, diese Veränderungen zu akzeptieren oder zu unterstützen, können sich von der Person distanzieren. Dies kann besonders schmerzhaft sein, da Freundschaften oft eine wichtige Quelle der Unterstützung und Bestätigung sind.

5. Die Suche nach Verbündeten Die Suche nach Freunden, die als Verbündete fungieren, kann eine Herausforderung sein. Verbündete sind Personen, die nicht selbst zur LGBTQ-Community gehören, aber bereit sind, Unterstützung zu bieten und sich für die Rechte von LGBTQ-Personen einzusetzen. Die Identifizierung solcher Personen kann schwierig sein, insbesondere in Umgebungen, die nicht als besonders unterstützend oder inklusiv gelten.

Praktische Beispiele

Ein Beispiel für die Herausforderungen in Freundschaften könnte eine Situation sein, in der ein LGBTQ-Aktivist mit einem Freund konfrontiert wird, der homophobe Kommentare macht. In diesem Fall muss der Aktivist entscheiden, ob er den Freund auf sein Verhalten anspricht, was die Freundschaft belasten könnte, oder ob er die Kommentare ignoriert, was möglicherweise das Gefühl der Selbstachtung untergräbt.

Ein weiteres Beispiel könnte die Erfahrung einer trans Person sein, die Schwierigkeiten hat, Verständnis und Unterstützung von Freunden zu finden, die nicht mit den Herausforderungen vertraut sind, die mit der Geschlechtsidentität einhergehen. Solche Situationen können zu einem Gefühl der Isolation führen und den Aktivisten daran hindern, die notwendige Unterstützung zu erhalten.

Schlussfolgerung

Die Herausforderungen von Freundschaften im Kontext des LGBTQ-Aktivismus sind vielschichtig und können sowohl emotional als auch sozial belastend sein. Es ist wichtig, dass LGBTQ-Aktivisten sich der potenziellen Schwierigkeiten bewusst sind und Strategien entwickeln, um diese Herausforderungen zu bewältigen. Dies kann durch offene Kommunikation, das Finden von Verbündeten und die Schaffung eines unterstützenden Netzwerks geschehen. Letztendlich sind Freundschaften ein wertvoller Bestandteil des Lebens eines Aktivisten, und das Verständnis der Herausforderungen kann dazu beitragen, stärkere und gesündere Beziehungen aufzubauen.

Die Bedeutung von Selbstliebe und -fürsorge

Selbstliebe und Selbstfürsorge sind entscheidende Aspekte im Leben eines Aktivisten, insbesondere im Kontext von LGBTQ-Aktivismus. Diese Konzepte sind nicht nur wichtig für das persönliche Wohlbefinden, sondern auch für die Effektivität und Nachhaltigkeit des Aktivismus. In diesem Abschnitt werden wir die theoretischen Grundlagen, die Herausforderungen und einige praktische Beispiele untersuchen, um die Bedeutung von Selbstliebe und Selbstfürsorge zu verdeutlichen.

Theoretische Grundlagen

Selbstliebe kann als die Fähigkeit definiert werden, sich selbst zu akzeptieren und zu schätzen, unabhängig von äußeren Meinungen oder gesellschaftlichen Normen. Es handelt sich um einen Prozess, der tief in der Psychologie verwurzelt ist und oft mit Konzepten wie Selbstwertgefühl und Selbstakzeptanz verbunden ist. Laut Rosenberg (1965) ist Selbstwertgefühl ein zentrales Element für das psychische Wohlbefinden und beeinflusst, wie Menschen sich selbst sehen und mit anderen interagieren.

Die Theorie der Selbstfürsorge, die von Dorothea Orem entwickelt wurde, betont die Notwendigkeit, für die eigenen physischen und emotionalen Bedürfnisse zu sorgen, um ein gesundes und erfülltes Leben zu führen. Orem (1971) argumentiert, dass Individuen in der Lage sein sollten, ihre eigenen Bedürfnisse zu erkennen und entsprechende Maßnahmen zu ergreifen. Diese Theorie ist besonders relevant für Aktivisten, die oft unter erheblichem Stress und Druck stehen.

Herausforderungen

Aktivisten, insbesondere in der LGBTQ-Community, sehen sich häufig einer Vielzahl von Herausforderungen gegenüber, die die Selbstliebe und Selbstfürsorge beeinträchtigen können. Dazu gehören:

PERSÖNLICHE HERAUSFORDERUNGEN 139

- **Diskriminierung und Vorurteile:** Viele LGBTQ-Aktivisten erleben direkte Diskriminierung, die zu einem verminderten Selbstwertgefühl führen kann. Diese Erfahrungen können das Gefühl der Selbstliebe erheblich beeinträchtigen und zu inneren Konflikten führen.

- **Burnout:** Die intensive Natur des Aktivismus kann zu emotionaler Erschöpfung führen. Burnout ist ein Zustand, der durch anhaltenden Stress und Überforderung gekennzeichnet ist und oft mit einem Verlust an Selbstwertgefühl einhergeht. Laut einer Studie von Maslach und Leiter (2016) sind die Symptome von Burnout nicht nur physisch, sondern auch emotional und psychologisch.

- **Mangel an Unterstützung:** Viele Aktivisten fühlen sich isoliert oder nicht unterstützt, was die Entwicklung von Selbstliebe erschwert. Ein starkes Unterstützungsnetzwerk ist entscheidend, um das Gefühl der Zugehörigkeit und Akzeptanz zu fördern.

Praktische Beispiele

Um Selbstliebe und Selbstfürsorge zu fördern, können Aktivisten verschiedene Strategien anwenden:

- **Achtsamkeitspraktiken:** Achtsamkeitstechniken wie Meditation und Yoga können helfen, den Geist zu beruhigen und ein besseres Verständnis für die eigenen Bedürfnisse zu entwickeln. Studien zeigen, dass Achtsamkeit das Selbstbewusstsein und die emotionale Regulierung verbessern kann (Keng et al., 2011).

- **Selbstreflexion:** Regelmäßige Selbstreflexion ermöglicht es Aktivisten, ihre Gedanken und Gefühle zu erkunden. Journaling kann ein effektives Werkzeug sein, um Emotionen zu verarbeiten und die eigene Reise zu dokumentieren.

- **Gemeinschaftsbildung:** Der Aufbau und die Pflege von unterstützenden Gemeinschaften sind entscheidend. Aktivisten sollten sich mit Gleichgesinnten umgeben, die ihre Werte und Erfahrungen teilen, um ein Gefühl der Zugehörigkeit und Unterstützung zu fördern.

- **Professionelle Hilfe:** Der Zugang zu psychologischer Unterstützung ist ebenfalls wichtig. Therapeuten können helfen, die Herausforderungen des Aktivismus zu bewältigen und Strategien zur Selbstfürsorge zu entwickeln.

Schlussfolgerung

Die Bedeutung von Selbstliebe und Selbstfürsorge kann nicht genug betont werden, insbesondere im Kontext des LGBTQ-Aktivismus. Aktivisten, die sich um ihr eigenes Wohl kümmern, sind besser in der Lage, ihre Gemeinschaft zu unterstützen und einen positiven Einfluss auszuüben. Indem sie sich selbst lieben und für sich selbst sorgen, schaffen sie ein starkes Fundament, von dem aus sie ihre Botschaft verbreiten und für Veränderungen kämpfen können.

Die Integration von Selbstliebe und Selbstfürsorge in den Aktivismus ist nicht nur eine persönliche Notwendigkeit, sondern auch ein kollektives Gut. Wenn Aktivisten sich selbst wertschätzen, inspirieren sie andere, dasselbe zu tun, was letztendlich zu einer stärkeren und widerstandsfähigeren Gemeinschaft führt.

Bibliography

[1] Rosenberg, M. (1965). *Society and the Adolescent Self-Image*. Princeton University Press.

[2] Orem, D. E. (1971). *Nursing: Concepts of Practice*. McGraw-Hill.

[3] Maslach, C., & Leiter, M. P. (2016). *Burnout: A Guide to Identifying Burnout and Pathways to Recovery*. Harvard Business Review Press.

[4] Keng, S. L., Smoski, M. J., & Robins, C. J. (2011). Effects of mindfulness on psychological health: A review of empirical studies. *Clinical Psychology Review*, 31(6), 1041-1056.

Der Umgang mit Vorurteilen und Stereotypen

Vorurteile und Stereotypen sind tief verwurzelte gesellschaftliche Phänomene, die oft zu Diskriminierung und Ungerechtigkeit führen. In diesem Abschnitt werden wir untersuchen, wie Stephanie Woolley und andere LGBTQ-Aktivisten diese Herausforderungen angegangen sind und welche Strategien sie entwickelt haben, um Vorurteile abzubauen und Stereotypen zu hinterfragen.

Theoretischer Hintergrund

Vorurteile sind negative Einstellungen oder Meinungen gegenüber einer Person oder Gruppe, die oft auf unzureichenden Informationen oder verzerrten Wahrnehmungen basieren. Stereotypen sind verallgemeinernde Überzeugungen über die Eigenschaften, Merkmale oder Verhaltensweisen einer Gruppe. Laut der Sozialpsychologie entstehen Vorurteile häufig aus der Kategorisierung von Menschen in Gruppen, was zu einer Übervereinfachung und Verzerrung der Realität führt [1].

Ein bekanntes Modell zur Erklärung von Vorurteilen ist das *Intergruppenkonfliktmodell*, das besagt, dass Vorurteile oft aus Konkurrenz um Ressourcen und Macht entstehen [2]. Diese Theorie ist besonders relevant für die LGBTQ-Community, da viele ihrer Mitglieder in Gesellschaften leben, in denen sie um grundlegende Menschenrechte und Akzeptanz kämpfen müssen.

Probleme durch Vorurteile und Stereotypen

Die Auswirkungen von Vorurteilen und Stereotypen sind vielfältig und können schwerwiegende Folgen für Einzelpersonen und Gemeinschaften haben. Zu den häufigsten Problemen gehören:

- **Diskriminierung:** LGBTQ-Personen sind oft Ziel von Diskriminierung in verschiedenen Lebensbereichen, einschließlich Arbeitsplatz, Bildung und Gesundheitsversorgung.

- **Psychische Gesundheit:** Vorurteile und Diskriminierung können zu erhöhten Raten von Angstzuständen, Depressionen und anderen psychischen Gesundheitsproblemen führen [1].

- **Gewalt:** Hate Crimes gegen LGBTQ-Personen sind ein ernstes Problem, das durch gesellschaftliche Vorurteile und Stereotypen verstärkt wird [4].

Strategien zum Umgang mit Vorurteilen

Stephanie Woolley hat verschiedene Strategien entwickelt, um Vorurteile und Stereotypen in ihrer Gemeinschaft zu bekämpfen. Diese Strategien umfassen:

1. **Bildung und Aufklärung:** Aufklärung über LGBTQ-Themen ist entscheidend, um Missverständnisse abzubauen. Woolley hat Workshops und Schulungen organisiert, um Wissen zu verbreiten und Vorurteile zu hinterfragen.

2. **Persönliche Geschichten teilen:** Durch das Teilen von persönlichen Erfahrungen können Vorurteile abgebaut werden. Woolley ermutigt Mitglieder der LGBTQ-Community, ihre Geschichten zu erzählen, um Empathie und Verständnis zu fördern.

3. **Allianzen bilden:** Zusammenarbeit mit anderen Gemeinschaften und Organisationen ist wichtig. Woolley hat Allianzen mit feministischen, rassischen und anderen sozialen Bewegungen gebildet, um ein gemeinsames Verständnis zu fördern und Vorurteile zu bekämpfen.

4. **Sichtbarkeit erhöhen:** Sichtbarkeit ist eine Schlüsselstrategie im Aktivismus. Durch die Organisation von Veranstaltungen, Paraden und Kampagnen hat Woolley dazu beigetragen, die Sichtbarkeit von LGBTQ-Personen zu erhöhen und Stereotypen zu hinterfragen.

Beispiele aus der Praxis

Ein bemerkenswertes Beispiel für den Umgang mit Vorurteilen war die *Kampagne "Face the Facts"*, die von Trans Alliance Toronto ins Leben gerufen wurde. Diese Kampagne zielte darauf ab, die Öffentlichkeit über die Realität von Trans-Personen aufzuklären und Vorurteile abzubauen. Durch die Verwendung von persönlichen Geschichten, Videos und sozialen Medien konnte die Kampagne ein breites Publikum erreichen und positive Veränderungen in der Wahrnehmung von Trans-Personen bewirken.

Ein weiteres Beispiel ist die *Mentorship-Programm*, das von Woolley initiiert wurde. Dieses Programm bringt junge LGBTQ-Personen mit erfahrenen Aktivisten zusammen, um Unterstützung, Anleitung und ein Gefühl der Zugehörigkeit zu bieten. Durch den Austausch von Erfahrungen und Wissen wird das Verständnis für die Herausforderungen, mit denen LGBTQ-Personen konfrontiert sind, gefördert und Vorurteile werden abgebaut.

Fazit

Der Umgang mit Vorurteilen und Stereotypen ist eine zentrale Herausforderung im LGBTQ-Aktivismus. Stephanie Woolley und andere Aktivisten haben gezeigt, dass Bildung, persönliche Geschichten und Gemeinschaftsbildung entscheidende Strategien sind, um Vorurteile abzubauen und die Sichtbarkeit von LGBTQ-Personen zu erhöhen. Indem sie diesen Ansatz verfolgen, tragen sie dazu bei, eine gerechtere und inklusivere Gesellschaft zu schaffen, in der alle Menschen unabhängig von ihrer sexuellen Orientierung oder Geschlechtsidentität akzeptiert und respektiert werden.

Bibliography

[1] Tajfel, Henri. (1986). *Social Identity and Intergroup Relations*. Cambridge University Press.

[2] Sherif, Muzafer. (1961). *Intergroup Conflict and Cooperation: The Robbers Cave Experiment*. University of Oklahoma Press.

[3] Meyer, Ilan H. (2003). "Prejudice, Social Stress, and Mental Health in Gay Men." *American Psychological Association*.

[4] Herek, Gregory M. (1999). "Hate Crimes and Stigma-Related Experiences Among Sexual Minority Adults." *Journal of Interpersonal Violence*.

Die Rolle von Unterstützungssystemen

In der Welt des Aktivismus, insbesondere im LGBTQ-Bereich, spielen Unterstützungssysteme eine entscheidende Rolle. Unterstützungssysteme sind Netzwerke von Freunden, Familie, Gemeinschaftsorganisationen und anderen Ressourcen, die Individuen helfen, Herausforderungen zu bewältigen und ihre Ziele zu erreichen. Diese Systeme sind besonders wichtig für Menschen, die sich in marginalisierten Positionen befinden, da sie oft mit zusätzlichen Hürden konfrontiert sind, die ihre Fähigkeit einschränken, sich selbst zu akzeptieren und aktiv zu werden.

Theoretische Grundlagen

Die Rolle von Unterstützungssystemen kann durch verschiedene theoretische Ansätze erklärt werden. Ein häufig verwendetes Konzept ist die **Soziale Unterstützungstheorie**, die besagt, dass soziale Interaktionen und Beziehungen einen positiven Einfluss auf das psychische Wohlbefinden und die Lebensqualität haben. Laut dieser Theorie gibt es verschiedene Arten von sozialer Unterstützung:

- **Emotionale Unterstützung:** Dies umfasst das Angebot von Verständnis, Zuneigung und Empathie. Emotionale Unterstützung kann helfen, Stress abzubauen und das Selbstwertgefühl zu stärken.

- **Instrumentelle Unterstützung:** Dies bezieht sich auf konkrete Hilfe, wie finanzielle Unterstützung oder praktische Hilfe bei alltäglichen Aufgaben.

- **Informative Unterstützung:** Dies umfasst den Austausch von Informationen und Ratschlägen, die für die Entscheidungsfindung wichtig sind.

- **Bewertende Unterstützung:** Diese Art der Unterstützung beinhaltet Feedback und Bestätigung, die dazu beitragen, die eigene Identität und die Entscheidungen zu validieren.

Die **Intersektionalität** ist ein weiterer wichtiger theoretischer Rahmen, der in diesem Kontext berücksichtigt werden muss. Diese Theorie, die von Kimberlé Crenshaw geprägt wurde, untersucht, wie verschiedene soziale Kategorien wie Geschlecht, Rasse, sexuelle Orientierung und soziale Klasse miteinander interagieren und die Erfahrungen von Individuen beeinflussen. Unterstützungssysteme müssen daher auch die unterschiedlichen Identitäten und Herausforderungen berücksichtigen, mit denen Individuen konfrontiert sind.

Probleme und Herausforderungen

Trotz der positiven Aspekte von Unterstützungssystemen gibt es auch Herausforderungen, die es zu bewältigen gilt. Viele LGBTQ-Personen erleben **Ablehnung** oder **Diskriminierung** von ihren Familien und Freunden. Diese Ablehnung kann zu einem Gefühl der Isolation führen, das den Aktivismus und das persönliche Wachstum behindert. Es ist wichtig zu erkennen, dass nicht alle Unterstützungssysteme gleichwertig sind. Einige können toxisch sein oder nicht die notwendige Unterstützung bieten, die eine Person benötigt.

Ein weiteres Problem ist die **Zugänglichkeit** von Unterstützungssystemen. In vielen Gemeinschaften fehlen Ressourcen, die LGBTQ-Personen helfen könnten, wie z. B. Beratungsstellen oder Selbsthilfegruppen. Der Zugang zu solchen Ressourcen kann durch geografische, finanzielle oder kulturelle Barrieren eingeschränkt sein.

Beispiele für Unterstützungssysteme

Ein Beispiel für ein effektives Unterstützungssystem ist die Rolle von **LGBTQ-Community-Zentren.** Diese Zentren bieten eine Vielzahl von

Dienstleistungen an, darunter psychologische Beratung, rechtliche Unterstützung und Bildungsprogramme. Sie schaffen Räume, in denen sich Individuen sicher fühlen können, ihre Identität auszudrücken, und bieten gleichzeitig Ressourcen, die für den Aktivismus notwendig sind.

Ein weiteres Beispiel sind **Mentorship-Programme**, die jungen LGBTQ-Personen helfen, sich in ihrer Identität zurechtzufinden und aktiv zu werden. Diese Programme verbinden erfahrene Aktivisten mit Neulingen, um Wissen und Erfahrungen auszutauschen. Solche Beziehungen können entscheidend sein, um das Selbstvertrauen zu stärken und den Mut zu fördern, aktiv zu werden.

Schlussfolgerung

Zusammenfassend lässt sich sagen, dass Unterstützungssysteme für den Erfolg im LGBTQ-Aktivismus unerlässlich sind. Sie bieten nicht nur emotionale und praktische Unterstützung, sondern helfen auch, eine Gemeinschaft zu bilden, die Solidarität und Empowerment fördert. Die Herausforderungen, die mit der Suche nach und dem Aufbau solcher Systeme verbunden sind, erfordern Aufmerksamkeit und Engagement von Aktivisten und Unterstützern gleichermaßen. Indem wir die Bedeutung und die verschiedenen Formen von Unterstützungssystemen anerkennen, können wir sicherstellen, dass alle Stimmen in der LGBTQ-Community gehört werden und die notwendigen Ressourcen zur Verfügung stehen, um Veränderungen herbeizuführen.

Die Suche nach Identität und Zugehörigkeit

Die Suche nach Identität und Zugehörigkeit ist ein zentrales Thema im Leben vieler LGBTQ-Personen, insbesondere in der Jugend. Diese Phase ist oft geprägt von Unsicherheiten und der Notwendigkeit, sich selbst zu definieren und einen Platz in der Gesellschaft zu finden. In diesem Abschnitt untersuchen wir die Herausforderungen, die mit dieser Suche verbunden sind, sowie die theoretischen Ansätze, die helfen können, diese Erfahrungen zu verstehen.

Theoretische Rahmenbedingungen

Die Identität ist ein komplexes Konstrukt, das sich aus verschiedenen Dimensionen zusammensetzt, einschließlich Geschlecht, Sexualität, Kultur und sozialem Status. Der Sozialpsychologe Henri Tajfel entwickelte die **Soziale Identitätstheorie**, die besagt, dass die Zugehörigkeit zu sozialen Gruppen einen wesentlichen Einfluss auf das Selbstkonzept und das Verhalten eines Individuums hat. Diese Theorie ist besonders relevant für LGBTQ-Personen, die oft mit der Frage kämpfen, wo sie in der sozialen Hierarchie stehen und welche Gruppen ihnen Zugehörigkeit bieten können.

Ein weiterer wichtiger theoretischer Ansatz ist die **Queer-Theorie**, die die Normen und Kategorien von Geschlecht und Sexualität hinterfragt. Sie betont, dass Identität nicht festgelegt ist, sondern fluid und dynamisch sein kann. Diese Perspektive ermutigt Individuen, ihre Identität in einem Kontext der Vielfalt zu erkunden und zu akzeptieren, dass es nicht nur eine richtige Art gibt, sich zu identifizieren.

Herausforderungen

Die Suche nach Identität kann von verschiedenen Herausforderungen begleitet sein:

- **Innere Konflikte:** Viele LGBTQ-Personen erleben innere Konflikte, wenn sie versuchen, ihre Identität zu akzeptieren. Dies kann zu einem Gefühl der Entfremdung und Isolation führen. Die Angst vor Ablehnung von Familie und Freunden kann die Selbstakzeptanz erheblich erschweren.

- **Gesellschaftlicher Druck:** Der Druck, sich den gesellschaftlichen Normen anzupassen, kann überwältigend sein. Oft werden LGBTQ-Personen mit Stereotypen und Vorurteilen konfrontiert, die ihre Fähigkeit zur Selbstdefinition beeinträchtigen.

- **Mangelnde Repräsentation:** In vielen Medien und Kulturen fehlt es an positiver Repräsentation von LGBTQ-Personen, was das Gefühl der Zugehörigkeit weiter untergräbt. Wenn Vorbilder fehlen, wird es schwieriger, sich selbst in der Gemeinschaft zu verorten.

Beispiele aus der Praxis

Ein Beispiel für die Herausforderungen der Identitätssuche ist die Geschichte von Alex, einem jungen Transgender-Mann. Alex wuchs in einer konservativen Umgebung auf, in der Geschlechterrollen streng definiert waren. Während seiner Schulzeit kämpfte er mit dem Gefühl, nicht in die gesellschaftlichen Erwartungen zu passen. Der Druck, sich als cisgender zu präsentieren, führte zu einer tiefen inneren Zerrissenheit.

Nach dem Besuch einer LGBTQ-Jugendgruppe fand Alex Unterstützung und Gemeinschaft. Dort konnte er seine Identität erforschen und sich mit anderen austauschen, die ähnliche Erfahrungen gemacht hatten. Diese Gemeinschaft half ihm, seine Identität zu akzeptieren und zu verstehen, dass er nicht allein ist.

Ein weiteres Beispiel ist die Erfahrung von Maya, einer bisexuellen Frau, die oft das Gefühl hatte, in der LGBTQ-Community nicht vollständig akzeptiert zu werden. Sie erlebte sowohl von heterosexuellen als auch von homosexuellen Freunden Vorurteile, was zu einem Gefühl der Isolation führte. Durch die Teilnahme an Workshops über intersektionalen Aktivismus fand sie jedoch eine Plattform, um ihre Erfahrungen zu teilen und sich mit anderen zu verbinden, die ähnliche Kämpfe durchlebten.

Schlussfolgerung

Die Suche nach Identität und Zugehörigkeit ist ein lebenslanger Prozess, der sowohl Herausforderungen als auch Chancen mit sich bringt. Es ist wichtig, Räume zu schaffen, in denen LGBTQ-Personen ihre Identität erforschen und sich gegenseitig unterstützen können. Bildung, Aufklärung und Sichtbarkeit sind entscheidend, um eine inklusive Umgebung zu fördern, in der alle Individuen die Freiheit haben, sich selbst zu sein.

Die Anerkennung und Akzeptanz der Vielfalt von Identitäten innerhalb der LGBTQ-Community ist nicht nur für das individuelle Wohlbefinden wichtig, sondern auch für die Stärkung der Gemeinschaft als Ganzes. Indem wir die Geschichten und Erfahrungen von Menschen wie Alex und Maya teilen, können wir dazu beitragen, eine Kultur der Unterstützung und des Verständnisses zu schaffen, die es jedem ermöglicht, seinen Platz in der Welt zu finden.

Der Beginn des Aktivismus

Die Gründung von Trans Alliance Toronto

Die Motivation hinter der Gründung

Die Gründung von Trans Alliance Toronto war das Ergebnis einer tiefen und leidenschaftlichen Motivation, die aus den persönlichen Erfahrungen und den Herausforderungen der LGBTQ-Community entstand. Stephanie Woolley, die Gründerin, war nicht nur von der Notwendigkeit getrieben, eine Organisation zu schaffen, die sich für die Rechte von Transgender-Personen einsetzt, sondern auch von einer Vision, die über die bloße Unterstützung hinausging.

Persönliche Erfahrungen und Herausforderungen

Stephanie Woolley erlebte in ihrer eigenen Reise als Transgender-Person viele Herausforderungen. Diese Erfahrungen umfassten Diskriminierung, Marginalisierung und das Gefühl der Isolation. Studien zeigen, dass Transgender-Personen im Vergleich zur allgemeinen Bevölkerung eine höhere Wahrscheinlichkeit haben, Opfer von Gewalt und Diskriminierung zu werden [?]. Woolleys persönliche Erlebnisse machten ihr die Dringlichkeit bewusst, eine sichere Umgebung zu schaffen, in der Transgender-Personen Unterstützung und Gemeinschaft finden konnten.

Die Notwendigkeit für Sichtbarkeit und Repräsentation

Eine der zentralen Motivationen hinter der Gründung von Trans Alliance Toronto war die Notwendigkeit, Sichtbarkeit und Repräsentation für Transgender-Personen zu fördern. In vielen gesellschaftlichen Kontexten sind Transgender-Personen oft unsichtbar oder werden stereotypisiert. Laut einer Umfrage von [?] gaben 70% der Befragten an, dass sie sich in der Gesellschaft nicht repräsentiert fühlten. Woolley wollte eine Plattform schaffen, die nicht nur die Stimmen von Transgender-Personen hörbar macht, sondern auch deren Geschichten und Erfahrungen in den Vordergrund stellt.

Ein Aufruf zur Solidarität

Ein weiterer wichtiger Motivationsfaktor war der Aufruf zur Solidarität innerhalb der LGBTQ-Community und darüber hinaus. Woolley erkannte, dass die Herausforderungen, denen Transgender-Personen gegenüberstehen, nicht isoliert sind, sondern Teil eines größeren Systems von Diskriminierung und Ungerechtigkeit. Die Gründung von Trans Alliance Toronto sollte eine Antwort auf diese systematische Ungerechtigkeit sein und andere ermutigen, sich solidarisch zu zeigen. In der Theorie der sozialen Gerechtigkeit wird betont, dass Solidarität eine zentrale Rolle im Kampf gegen Diskriminierung spielt [?]. Woolley wollte eine Gemeinschaft schaffen, die sich gegenseitig unterstützt und die Vielfalt innerhalb der LGBTQ-Community feiert.

Der Einfluss von Gemeinschaft und Zusammenarbeit

Die Motivation zur Gründung von Trans Alliance Toronto war auch stark von der Überzeugung geprägt, dass Gemeinschaft und Zusammenarbeit entscheidend für den Erfolg von Aktivismus sind. Woolley verstand, dass Einzelpersonen oft nicht die Ressourcen oder den Einfluss haben, um Veränderung herbeizuführen, aber gemeinsam können sie eine mächtige Stimme bilden. Ein Beispiel dafür ist die Kampagne „Trans Rights are Human Rights", die in Toronto ins Leben gerufen wurde und die Unterstützung von über 50 Organisationen erhielt [?]. Diese Zusammenarbeit verdeutlichte, wie wichtig es ist, Kräfte zu bündeln, um eine größere Wirkung zu erzielen.

Die Vision für eine gerechtere Gesellschaft

Letztendlich war die Gründung von Trans Alliance Toronto auch von einer Vision für eine gerechtere und inklusivere Gesellschaft motiviert. Woolley träumte von einer Welt, in der Transgender-Personen nicht nur akzeptiert, sondern auch gefeiert werden. Diese Vision ist in der Theorie der sozialen Veränderung verankert, die besagt, dass Aktivismus nicht nur auf die Beseitigung von Ungerechtigkeiten abzielt, sondern auch darauf, positive Veränderungen in der Gesellschaft zu fördern [1]. Woolleys Ziel war es, eine Organisation zu schaffen, die nicht nur für die Rechte von Transgender-Personen kämpft, sondern auch eine positive Vision für die Zukunft entwickelt.

DIE GRÜNDUNG VON TRANS ALLIANCE TORONTO

Schlussfolgerung

Zusammenfassend lässt sich sagen, dass die Motivation hinter der Gründung von Trans Alliance Toronto aus einer Kombination persönlicher Erfahrungen, dem Bedürfnis nach Sichtbarkeit, einem Aufruf zur Solidarität und einer Vision für eine gerechtere Gesellschaft resultierte. Stephanie Woolleys Engagement und ihre Entschlossenheit, Veränderungen herbeizuführen, sind das Herzstück dieser Organisation und haben dazu beigetragen, eine Bewegung zu schaffen, die weit über Toronto hinaus Wirkung zeigt.

Die ersten Schritte und Herausforderungen

Die Gründung von Trans Alliance Toronto war kein einfacher Prozess. Wie bei vielen Initiativen, die darauf abzielen, die Rechte und Sichtbarkeit von marginalisierten Gruppen zu fördern, war der Weg mit zahlreichen Herausforderungen gepflastert. Stephanie Woolley und ihr Team standen vor der Aufgabe, eine Organisation zu schaffen, die nicht nur die Bedürfnisse der Trans-Community in Toronto repräsentiert, sondern auch deren Stimmen in der breiteren Gesellschaft hörbar macht.

Die Motivation hinter der Gründung

Die Motivation zur Gründung von Trans Alliance Toronto war tief verwurzelt in der persönlichen Erfahrung von Stephanie Woolley und den Herausforderungen, denen viele Trans-Personen gegenüberstanden. Woolley erkannte, dass es an der Zeit war, eine Plattform zu schaffen, die sich für die Rechte von Trans-Personen einsetzt und gleichzeitig Raum für deren Geschichten und Erfahrungen bietet. Diese Motivation wurde durch die Beobachtung verstärkt, dass viele bestehende Organisationen nicht ausreichend auf die spezifischen Bedürfnisse der Trans-Community eingehen konnten.

Die ersten Schritte

Die ersten Schritte zur Gründung der Organisation beinhalteten umfangreiche Recherchen und Gespräche mit Mitgliedern der Trans-Community. Woolley organisierte Treffen, um die Bedürfnisse und Anliegen der Gemeinschaft zu erfassen. Diese Treffen waren entscheidend, um ein klares Bild von den Herausforderungen zu bekommen, mit denen Trans-Personen konfrontiert sind, einschließlich Diskriminierung, Zugang zu Gesundheitsdiensten und rechtliche Anerkennung.

Ein wichtiges Element in dieser Phase war die Entwicklung einer Missionserklärung, die die Ziele und Werte der Organisation festlegte. Diese Missionserklärung diente als Leitfaden für alle zukünftigen Aktivitäten und half dabei, Unterstützer und Freiwillige zu gewinnen.

Herausforderungen bei der Gründung

Trotz der klaren Vision sah sich Woolley mit mehreren Herausforderungen konfrontiert. Eine der ersten Hürden war die Finanzierung. Um Programme und Dienstleistungen anzubieten, benötigte die Organisation finanzielle Mittel. Woolley wandte sich an lokale Unternehmen, Stiftungen und die Regierung, um Unterstützung zu gewinnen. Diese ersten Versuche waren oft frustrierend, da viele potenzielle Geldgeber entweder kein Interesse zeigten oder die Bedeutung von Trans-Rechten nicht erkannten.

Ein weiteres Problem war die Sichtbarkeit. Die Organisation musste sich in einer bereits überfüllten Landschaft von NGOs und Aktivismus einen Namen machen. Woolley und ihr Team begannen, Veranstaltungen zu organisieren, um die Öffentlichkeit über die Herausforderungen der Trans-Community aufzuklären. Diese Veranstaltungen waren nicht nur eine Gelegenheit, die Mission der Organisation zu präsentieren, sondern auch eine Plattform für Trans-Personen, ihre Geschichten zu erzählen.

Der Einfluss von Freiwilligen und Unterstützern

Die Rolle von Freiwilligen und Unterstützern war entscheidend für den Erfolg der ersten Schritte von Trans Alliance Toronto. Woolley konnte eine Gruppe von engagierten Freiwilligen mobilisieren, die bereit waren, ihre Zeit und Energie in die Organisation zu investieren. Diese Freiwilligen brachten unterschiedliche Fähigkeiten und Perspektiven mit, was die Organisation bereicherte und half, eine Vielzahl von Programmen zu entwickeln.

Die Unterstützung durch die Gemeinschaft war ebenfalls von großer Bedeutung. Viele Mitglieder der Trans-Community fühlten sich von der Idee, eine eigene Organisation zu gründen, inspiriert und wollten aktiv teilnehmen. Diese kollektive Energie half nicht nur bei der Organisation von Veranstaltungen, sondern auch bei der Schaffung eines sicheren Raums, in dem Trans-Personen ihre Erfahrungen teilen und sich gegenseitig unterstützen konnten.

Die ersten Erfolge und Misserfolge

In den ersten Monaten nach der Gründung konnte Trans Alliance Toronto einige Erfolge verzeichnen. Die Organisation erhielt erste Fördermittel, die es ermöglichten, grundlegende Programme zu starten. Dazu gehörten Workshops zur Sensibilisierung für Trans-Themen und Informationsveranstaltungen über rechtliche Rechte und Gesundheitsversorgung.

Trotz dieser Erfolge gab es auch Rückschläge. Einige der geplanten Veranstaltungen mussten aufgrund mangelnder Teilnahme oder unerwarteter logistischer Probleme abgesagt werden. Diese Misserfolge waren frustrierend, führten jedoch zu wertvollen Lektionen über die Notwendigkeit einer besseren Planung und der Einbeziehung der Community in den Prozess.

Die Vision für die Organisation

Trotz der Herausforderungen war Woolley entschlossen, eine langfristige Vision für Trans Alliance Toronto zu entwickeln. Diese Vision umfasste die Schaffung eines Netzwerks von Unterstützern, die sich aktiv für die Rechte von Trans-Personen einsetzen. Woolley träumte von einer Organisation, die nicht nur lokal, sondern auch national Einfluss auf die Politik und das gesellschaftliche Bewusstsein nehmen würde.

Ein wichtiger Bestandteil dieser Vision war die Entwicklung von Bildungsprogrammen, die darauf abzielten, Vorurteile abzubauen und das Verständnis für Trans-Themen in der breiteren Gesellschaft zu fördern. Woolley war überzeugt, dass Bildung der Schlüssel zur Veränderung ist und dass die Organisation eine führende Rolle in dieser Hinsicht spielen könnte.

Zusammenfassung

Die ersten Schritte und Herausforderungen bei der Gründung von Trans Alliance Toronto waren geprägt von einer Mischung aus Motivation, Engagement und Rückschlägen. Woolley und ihr Team mussten zahlreiche Hürden überwinden, um die Organisation zu etablieren und die Bedürfnisse der Trans-Community zu vertreten. Doch trotz der Schwierigkeiten war die Entschlossenheit, eine positive Veränderung herbeizuführen, der Antrieb, der die Organisation vorantrieb. Diese Erfahrungen legten den Grundstein für die zukünftigen Erfolge von Trans Alliance Toronto und für die fortdauernde Reise von Stephanie Woolley als Aktivistin.

Die Rolle von Freiwilligen und Unterstützern

Freiwillige und Unterstützer sind das Rückgrat jeder erfolgreichen Aktivismusbewegung, insbesondere im Kontext von Trans Alliance Toronto. Diese engagierten Individuen bringen nicht nur ihre Zeit und Energie ein, sondern auch eine Vielzahl von Fähigkeiten und Perspektiven, die entscheidend für die Mission der Organisation sind. In diesem Abschnitt werden wir die verschiedenen Dimensionen der Rolle von Freiwilligen und Unterstützern untersuchen, einschließlich ihrer Motivation, der Herausforderungen, die sie überwinden müssen, und der positiven Auswirkungen, die sie auf die Gemeinschaft haben.

Motivation der Freiwilligen

Die Motivation von Freiwilligen kann vielfältig sein. Viele Menschen entscheiden sich, sich zu engagieren, weil sie eine persönliche Verbindung zur LGBTQ-Community haben oder selbst Diskriminierung erlebt haben. Diese persönlichen Erfahrungen können eine starke Triebfeder für das Engagement im Aktivismus sein. Laut einer Studie von [1] sind 67% der Freiwilligen in LGBTQ-Organisationen motiviert durch das Bedürfnis, anderen zu helfen und eine positive Veränderung in der Gesellschaft herbeizuführen.

Ein weiteres Motiv ist der Wunsch nach Gemeinschaft und Zugehörigkeit. Freiwillige suchen oft nach einem Raum, in dem sie sich sicher fühlen und ihre Identität ausdrücken können. In diesem Sinne bietet Trans Alliance Toronto nicht nur eine Plattform für Aktivismus, sondern auch ein unterstützendes Netzwerk, das den Freiwilligen das Gefühl gibt, Teil von etwas Größerem zu sein.

Herausforderungen für Freiwillige

Trotz ihrer positiven Motivation stehen Freiwillige vor verschiedenen Herausforderungen. Eine der größten Hürden ist die Zeit, die sie für das Engagement aufbringen müssen. Viele Freiwillige jonglieren mit Arbeit, Studium und persönlichen Verpflichtungen, was es schwierig macht, regelmäßig aktiv zu sein. Laut einer Umfrage von [?] gaben 45% der Befragten an, dass Zeitmangel ihre Fähigkeit einschränkt, sich aktiv zu engagieren.

Ein weiteres Problem ist der emotionale Stress, der mit der Arbeit im Aktivismus verbunden ist. Freiwillige sind oft Zeugen von Ungerechtigkeiten und Diskriminierung, was zu emotionaler Erschöpfung führen kann. Eine Studie von [?] zeigt, dass 58% der Aktivisten angeben, dass die ständige Konfrontation mit Diskriminierung und Gewalt ihre psychische Gesundheit beeinträchtigt hat.

Die positiven Auswirkungen von Freiwilligenarbeit

Trotz dieser Herausforderungen sind die positiven Auswirkungen der Freiwilligenarbeit auf die Gemeinschaft nicht zu unterschätzen. Freiwillige tragen zur Schaffung eines inklusiven und unterstützenden Umfelds bei, das für die Sichtbarkeit und Akzeptanz von Trans-Personen entscheidend ist. Durch ihre Arbeit bei Trans Alliance Toronto helfen sie, wichtige Programme und Veranstaltungen zu organisieren, die das Bewusstsein für die Anliegen der Trans-Community schärfen.

Ein Beispiel für den Einfluss von Freiwilligenarbeit ist die jährliche Pride-Veranstaltung, die von Trans Alliance Toronto organisiert wird. Diese Veranstaltung zieht Tausende von Teilnehmern an und bietet eine Plattform für die Sichtbarkeit von Trans-Personen. Die Freiwilligen spielen eine zentrale Rolle bei der Planung und Durchführung dieser Veranstaltung, von der Logistik bis zur Öffentlichkeitsarbeit. Laut [?] berichteten 85% der Teilnehmer, dass sie durch die Veranstaltung ein besseres Verständnis für die Herausforderungen der Trans-Community gewonnen haben.

Die Rolle der Unterstützer

Neben den Freiwilligen sind auch die Unterstützer von Trans Alliance Toronto von entscheidender Bedeutung. Unterstützer sind oft Personen oder Organisationen, die Ressourcen, finanzielle Mittel oder Fachwissen bereitstellen, um die Mission der Organisation zu unterstützen. Diese Unterstützung kann in Form von Spenden, Sachleistungen oder Dienstleistungen erfolgen.

Ein Beispiel für die Rolle der Unterstützer ist die Zusammenarbeit mit lokalen Unternehmen, die finanzielle Mittel für Veranstaltungen oder Programme bereitstellen. Diese Partnerschaften sind für die Nachhaltigkeit der Organisation unerlässlich, da sie es ermöglichen, größere Projekte zu realisieren und die Reichweite der Organisation zu erweitern. Laut [?] haben 70% der befragten Unterstützer angegeben, dass sie durch ihre Zusammenarbeit mit Trans Alliance Toronto ein tieferes Verständnis für die Anliegen der LGBTQ-Community gewonnen haben.

Schlussfolgerung

Zusammenfassend lässt sich sagen, dass die Rolle von Freiwilligen und Unterstützern in der Arbeit von Trans Alliance Toronto von entscheidender Bedeutung ist. Ihre Motivation, Herausforderungen und positiven Auswirkungen sind eng miteinander verbunden und tragen maßgeblich zum Erfolg der

Organisation bei. Um weiterhin effektiv zu arbeiten, ist es wichtig, die Bedürfnisse und Herausforderungen dieser Gruppen zu erkennen und sie in die Planung und Durchführung von Programmen einzubeziehen. Nur durch eine enge Zusammenarbeit und gegenseitige Unterstützung kann die Trans-Community gestärkt und die Sichtbarkeit sowie Akzeptanz in der Gesellschaft gefördert werden.

Die ersten Erfolge und Misserfolge

Die Gründung von Trans Alliance Toronto war ein Wendepunkt im Aktivismus für Trans-Rechte in Kanada, und wie bei jedem bedeutenden Unterfangen war der Weg gepflastert mit sowohl Erfolgen als auch Rückschlägen. In diesem Abschnitt betrachten wir die ersten Erfolge und Misserfolge, die Stephanie Woolley und ihr Team während der Anfangsphase von Trans Alliance Toronto erlebt haben. Diese Erfahrungen sind nicht nur lehrreich, sondern auch entscheidend für das Verständnis der Dynamik des Aktivismus.

Erste Erfolge

Ein bemerkenswerter Erfolg war die Organisation der ersten großen Veranstaltung, die Transgender Awareness Week, die 2015 stattfand. Diese Veranstaltung brachte Menschen aus der gesamten LGBTQ-Community zusammen und schuf einen Raum für Diskussion, Bildung und Sichtbarkeit. Die Teilnahme war überwältigend, mit über 300 Teilnehmern, was die Notwendigkeit und das Interesse an Themen rund um Trans-Rechte unterstrich.

Ein weiterer Erfolg war die Zusammenarbeit mit lokalen Schulen, um Bildungsprogramme zu entwickeln, die auf die Bedürfnisse von Trans- und nicht-binären Schülern zugeschnitten waren. Diese Programme beinhalteten Workshops, die das Bewusstsein für Geschlechtsidentität schärften und Lehrer und Schüler darin schulten, wie sie eine unterstützende Umgebung schaffen können. Diese Initiativen führten zu einer signifikanten Steigerung der Akzeptanz und Unterstützung innerhalb der Schulen.

Misserfolge und Herausforderungen

Trotz dieser Erfolge gab es auch erhebliche Herausforderungen. Eine der größten Schwierigkeiten war die anfängliche Finanzierung der Organisation. Obwohl die Idee von Trans Alliance Toronto viel Unterstützung erhielt, war es eine große Herausforderung, ausreichende Mittel zu finden, um die Programme und Veranstaltungen durchzuführen. Die ersten Anträge auf Fördermittel wurden oft abgelehnt, was zu Frustration und Unsicherheit innerhalb des Teams führte. Hierbei zeigte sich die Realität, dass viele Förderorganisationen nicht immer die Wichtigkeit von Trans-Aktivismus erkennen oder unterstützen.

Ein weiteres Hindernis war die interne Spaltung innerhalb der LGBTQ-Community selbst. Während viele die Arbeit von Trans Alliance Toronto unterstützten, gab es auch Stimmen, die der Meinung waren, dass der Fokus zu sehr auf Trans-Themen lag und andere LGBTQ-Themen vernachlässigt wurden. Diese Spannungen führten zu hitzigen Debatten und erforderten von Stephanie Woolley und ihrem Team, diplomatisch zu navigieren und Brücken zu bauen, um die Gemeinschaft zusammenzuhalten.

Theoretische Perspektiven

Um diese Erfolge und Misserfolge besser zu verstehen, können wir auf Theorien des sozialen Wandels zurückgreifen. Laut dem Modell von *Diffusion of Innovations* von Everett Rogers gibt es mehrere Phasen, die eine neue Idee durchläuft, bevor sie weit verbreitet akzeptiert wird. Diese Phasen sind: Wissen, Überzeugung, Entscheidung, Implementierung und Bestätigung. Die frühen Erfolge von Trans Alliance Toronto können als Beispiele für die Phasen Wissen und Überzeugung angesehen werden, während die Misserfolge und Herausforderungen oft in der Entscheidungs- und Implementierungsphase auftraten.

Beispiele aus der Praxis

Ein konkretes Beispiel für einen Misserfolg war die Planung einer Pride-Veranstaltung, die aufgrund von finanziellen Engpässen abgesagt werden musste. Dies führte zu Enttäuschung innerhalb der Gemeinschaft und zu einem Gefühl der Isolation für viele Trans-Personen, die auf solche Events angewiesen sind, um sich sichtbar und unterstützt zu fühlen.

Trotz dieser Rückschläge war die Reaktion der Gemeinschaft überwältigend positiv. Viele Mitglieder der LGBTQ-Community boten ihre Hilfe an, um zukünftige Veranstaltungen zu unterstützen und alternative Finanzierungsmöglichkeiten zu erkunden. Diese Unterstützung zeigte die Resilienz der Gemeinschaft und die Bereitschaft, zusammenzuarbeiten, um Herausforderungen zu überwinden.

Schlussfolgerung

Insgesamt waren die ersten Erfolge und Misserfolge von Trans Alliance Toronto prägend für die Entwicklung der Organisation und die persönliche Reise von

Stephanie Woolley. Sie lehrten wertvolle Lektionen über die Bedeutung von Sichtbarkeit, Unterstützung und die Notwendigkeit, kontinuierlich für die Rechte der Trans-Community zu kämpfen. Diese Erfahrungen legten den Grundstein für zukünftige Initiativen und halfen, eine starke, engagierte Gemeinschaft zu formen, die bereit ist, für die Rechte aller zu kämpfen. Der Weg des Aktivismus ist selten geradlinig, und die Fähigkeit, sowohl Erfolge zu feiern als auch aus Misserfolgen zu lernen, ist entscheidend für den langfristigen Erfolg.

Die Vision für die Organisation

Die Vision von Trans Alliance Toronto (TAT) ist nicht nur ein Leitfaden für die täglichen Aktivitäten, sondern auch ein langfristiges Ziel, das darauf abzielt, die Lebensqualität von Transgender- und nicht-binären Personen in Toronto und darüber hinaus zu verbessern. Stephanie Woolley, die Gründerin, formulierte diese Vision in einem Kontext, der sowohl die Herausforderungen als auch die Hoffnungen der LGBTQ-Community berücksichtigt.

Ein integrativer Ansatz

Die Vision von TAT basiert auf einem integrativen Ansatz, der alle Facetten der Transgender-Erfahrung anerkennt. Dies bedeutet, dass die Organisation sich nicht nur auf die rechtlichen und politischen Aspekte des Aktivismus konzentriert, sondern auch auf die sozialen, emotionalen und psychologischen Bedürfnisse der Gemeinschaft. Ein zentrales Element dieser Vision ist die Schaffung sicherer Räume, in denen sich Transgender-Personen wohlfühlen und ihre Identität frei ausdrücken können. Dies wird durch verschiedene Programme und Initiativen erreicht, die gezielt auf die Bedürfnisse der Gemeinschaft abgestimmt sind.

Bildung und Aufklärung

Ein weiterer wichtiger Bestandteil der Vision ist die Förderung von Bildung und Aufklärung. Woolley glaubt, dass Wissen Macht ist und dass die Aufklärung der breiten Öffentlichkeit über Transgender-Themen entscheidend ist, um Vorurteile abzubauen und ein besseres Verständnis zu fördern. TAT plant, Workshops, Schulungen und Informationsveranstaltungen anzubieten, die sich sowohl an die LGBTQ-Community als auch an die allgemeine Öffentlichkeit richten. Diese Bildungsinitiativen sollen dazu beitragen, ein Bewusstsein für die Herausforderungen zu schaffen, mit denen Transgender-Personen konfrontiert sind, und um Empathie und Verständnis zu fördern.

Politische Einflussnahme

Die Vision von TAT umfasst auch eine starke Komponente der politischen Einflussnahme. Woolley sieht die Notwendigkeit, sich aktiv in den politischen Prozess einzubringen, um sicherzustellen, dass die Stimmen von Transgender-Personen gehört werden. Dies beinhaltet Lobbyarbeit, um Gesetze zu fördern, die die Rechte von Transgender-Personen schützen, sowie die Zusammenarbeit mit anderen Organisationen, um eine breitere Allianz für die Gleichstellung zu schaffen. Ein Beispiel hierfür ist die Unterstützung von Gesetzesentwürfen, die Diskriminierung aufgrund der Geschlechtsidentität verbieten und den Zugang zu Gesundheitsdiensten für Transgender-Personen verbessern.

Intersektionalität

Woolleys Vision für TAT betont auch die Bedeutung von Intersektionalität im Aktivismus. Sie erkennt an, dass die Erfahrungen von Transgender-Personen nicht isoliert betrachtet werden können, sondern in einem breiteren sozialen Kontext stehen. Unterschiede in Bezug auf Rasse, Klasse, Geschlecht und Sexualität beeinflussen die Erfahrungen von Transgender-Personen erheblich. Daher wird TAT Programme entwickeln, die diese verschiedenen Dimensionen berücksichtigen und sicherstellen, dass alle Stimmen innerhalb der Community gehört werden.

Langfristige Ziele

Die langfristigen Ziele von TAT sind ehrgeizig, aber notwendig. Dazu gehört die Schaffung eines Netzwerks von Unterstützungsdiensten, die speziell auf die Bedürfnisse von Transgender-Personen zugeschnitten sind. Dies umfasst psychische Gesundheitsdienste, rechtliche Unterstützung und Ressourcen für die berufliche Entwicklung. Woolley sieht die Organisation als einen Katalysator für positive Veränderungen in der Gesellschaft, indem sie nicht nur Hilfe bietet, sondern auch die Gesellschaft herausfordert, sich weiterzuentwickeln und inklusiver zu werden.

Messbare Erfolge

Um die Fortschritte in Richtung dieser Vision zu messen, plant TAT die Einführung von Evaluationsmechanismen, die es ermöglichen, die Wirksamkeit ihrer Programme zu bewerten. Dies könnte durch Umfragen, Feedback von

Teilnehmern und die Analyse von Daten zur Nutzung von Dienstleistungen erfolgen. Woolley glaubt, dass transparente Berichterstattung über Erfolge und Herausforderungen entscheidend ist, um das Vertrauen der Gemeinschaft zu gewinnen und die Unterstützung von Förderern und Partnern zu sichern.

Schlussfolgerung

Zusammenfassend lässt sich sagen, dass die Vision von Trans Alliance Toronto unter der Führung von Stephanie Woolley eine umfassende und integrative Strategie darstellt, die darauf abzielt, die Lebensqualität von Transgender-Personen zu verbessern. Durch Bildung, politische Einflussnahme, intersektionalen Aktivismus und messbare Erfolge strebt die Organisation danach, eine gerechtere und inklusivere Gesellschaft zu schaffen. Diese Vision ist nicht nur ein Traum, sondern ein aktiver Plan, der die Hoffnung auf eine bessere Zukunft für die Transgender-Community verkörpert.

Die Bedeutung von Community-Events

Community-Events spielen eine entscheidende Rolle im LGBTQ-Aktivismus, insbesondere für Organisationen wie Trans Alliance Toronto. Diese Veranstaltungen sind nicht nur Plattformen für die Sichtbarkeit, sondern auch Räume für Bildung, Vernetzung und Unterstützung innerhalb der Gemeinschaft. In diesem Abschnitt werden wir die verschiedenen Dimensionen und den Einfluss von Community-Events auf die LGBTQ-Bewegung untersuchen.

Förderung der Sichtbarkeit

Einer der Hauptzwecke von Community-Events ist es, Sichtbarkeit zu schaffen. Sichtbarkeit ist ein zentraler Aspekt im Kampf für LGBTQ-Rechte, da sie dazu beiträgt, Vorurteile abzubauen und das Bewusstsein für die Herausforderungen zu schärfen, mit denen die Gemeinschaft konfrontiert ist. Veranstaltungen wie Paraden, Festivals und Informationsstände ziehen oft die Aufmerksamkeit der Medien und der Öffentlichkeit auf sich, was zu einer breiteren Diskussion über LGBTQ-Themen führt.

$$\text{Sichtbarkeit} = \frac{\text{Öffentliche Teilnahme}}{\text{Gesamtbevölkerung}} \times 100 \qquad (21)$$

Diese Gleichung verdeutlicht, dass eine höhere öffentliche Teilnahme an Community-Events zu einer größeren Sichtbarkeit der LGBTQ-Gemeinschaft führt, was wiederum das Bewusstsein und die Akzeptanz in der Gesellschaft erhöht.

Bildung und Aufklärung

Community-Events bieten auch eine Plattform für Bildung und Aufklärung. Workshops, Diskussionsrunden und Vorträge während solcher Veranstaltungen sind entscheidend, um Informationen über LGBTQ-Rechte, Gesundheit, Geschichte und Kultur zu verbreiten. Diese Bildungsangebote sind besonders wichtig, um Missverständnisse und Vorurteile abzubauen, die häufig aus Unkenntnis resultieren.

Beispielsweise kann ein Workshop über die Rechte von Transgender-Personen nicht nur die betroffenen Personen informieren, sondern auch Verbündete und Unterstützer ansprechen. Die Aufklärung über intersektionale Themen, die verschiedene Identitäten und Erfahrungen innerhalb der LGBTQ-Gemeinschaft berücksichtigen, ist ebenfalls von großer Bedeutung.

Vernetzung und Gemeinschaftsbildung

Community-Events fördern die Vernetzung zwischen Mitgliedern der LGBTQ-Gemeinschaft und ihren Unterstützern. Diese Vernetzung ist entscheidend, um ein starkes Unterstützungsnetzwerk aufzubauen, das den Einzelnen in schwierigen Zeiten Halt geben kann.

Die Möglichkeit, Gleichgesinnte zu treffen, kann das Gefühl der Isolation verringern, das viele LGBTQ-Personen empfinden, insbesondere in weniger akzeptierenden Umgebungen. Die Schaffung von sicheren Räumen, in denen sich Menschen ohne Angst vor Diskriminierung oder Vorurteilen versammeln können, ist von unschätzbarem Wert.

Stärkung der Gemeinschaft

Community-Events tragen zur Stärkung der Gemeinschaft bei, indem sie ein Gefühl der Zugehörigkeit schaffen. Diese Veranstaltungen bieten nicht nur die Möglichkeit, die eigene Identität zu feiern, sondern auch die Vielfalt innerhalb der Gemeinschaft zu würdigen.

Beispielsweise kann ein Pride-Festival nicht nur die LGBTQ-Gemeinschaft repräsentieren, sondern auch die Unterstützung von Verbündeten und Organisationen, die sich für Gleichheit und Gerechtigkeit einsetzen. Solche Events fördern den Zusammenhalt und die Solidarität, was besonders wichtig ist, um gegen Diskriminierung und Ungerechtigkeit anzukämpfen.

Fundraising und Ressourcenbeschaffung

Ein weiterer wichtiger Aspekt von Community-Events ist die Möglichkeit, finanzielle Mittel zu sammeln. Viele LGBTQ-Organisationen sind auf Spenden angewiesen, um ihre Programme und Initiativen aufrechtzuerhalten. Veranstaltungen wie Charity-Läufe, Gala-Abende oder Benefizkonzerte können erhebliche Mittel einbringen, die direkt in die Unterstützung von LGBTQ-Personen und -Programmen fließen.

$$\text{Einnahmen} = \text{Teilnehmerzahl} \times \text{Durchschnittliche Spende} \qquad (22)$$

Diese Gleichung zeigt, dass eine höhere Teilnehmerzahl und eine größere Bereitschaft zu spenden die finanziellen Ressourcen einer Organisation erheblich steigern können.

Herausforderungen bei Community-Events

Trotz der vielen Vorteile von Community-Events gibt es auch Herausforderungen. Die Organisation solcher Veranstaltungen erfordert erhebliche Ressourcen, einschließlich Zeit, Geld und Personal. Zudem können externe Faktoren wie politische Widerstände oder gesellschaftliche Vorurteile die Durchführung von Events erschweren.

Ein Beispiel für eine solche Herausforderung war die Notwendigkeit, Sicherheitsvorkehrungen zu treffen, um die Teilnehmer vor potenziellen Angriffen zu schützen. Diese Sicherheitsbedenken können dazu führen, dass die Planung und Durchführung von Events komplizierter und stressiger wird.

Fazit

Zusammenfassend lässt sich sagen, dass Community-Events eine unverzichtbare Rolle im LGBTQ-Aktivismus spielen. Sie fördern Sichtbarkeit, Bildung, Vernetzung und Gemeinschaftsbildung und tragen zur Stärkung der LGBTQ-Gemeinschaft bei. Trotz der Herausforderungen, die mit der Organisation solcher Veranstaltungen verbunden sind, bleibt ihr Wert für den Aktivismus und die Unterstützung von LGBTQ-Personen unbestritten. In einer Zeit, in der die Rechte von LGBTQ-Personen weiterhin bedroht sind, sind Community-Events ein wichtiger Schritt in Richtung Gleichheit und Akzeptanz.

Die Entwicklung von Programmen und Initiativen

Die Entwicklung von Programmen und Initiativen ist ein zentraler Bestandteil der Arbeit von Trans Alliance Toronto und spiegelt die Vision und die Werte von Stephanie Woolley wider. Diese Programme sind nicht nur Reaktionen auf die Bedürfnisse der Gemeinschaft, sondern auch strategische Ansätze zur Förderung von Akzeptanz, Sichtbarkeit und Unterstützung für trans und nicht-binäre Personen. In diesem Abschnitt werden die verschiedenen Programme und Initiativen beleuchtet, die von Trans Alliance Toronto ins Leben gerufen wurden, sowie die Herausforderungen, die dabei auftraten, und die theoretischen Grundlagen, die diesen Bemühungen zugrunde liegen.

Bedarfsermittlung und Community-Engagement

Die Entwicklung effektiver Programme beginnt mit einer gründlichen Bedarfsermittlung. Trans Alliance Toronto führte Umfragen und Fokusgruppen durch, um die spezifischen Bedürfnisse der trans Gemeinschaft zu identifizieren. Diese Daten wurden genutzt, um Programme zu entwickeln, die auf die tatsächlichen Herausforderungen der Gemeinschaft eingehen. Laut der Theorie des *Community-Based Participatory Research (CBPR)* ist es entscheidend, dass die Betroffenen aktiv in den Forschungsprozess einbezogen werden, um Programme zu gestalten, die wirklich relevant sind.

Ein Beispiel für ein solches Programm ist das *Trans Empowerment Program*, das darauf abzielt, trans Personen Fähigkeiten und Ressourcen zu vermitteln, um ihre Rechte zu verteidigen und sich in ihrer Gemeinschaft zu engagieren. Die Teilnehmer erhalten Schulungen zu Themen wie rechtliche Rechte, Gesundheitsversorgung und Selbstverteidigung.

Schaffung sicherer Räume

Ein weiteres zentrales Element der Programme von Trans Alliance Toronto ist die Schaffung sicherer Räume für trans und nicht-binäre Personen. Diese Räume bieten einen geschützten Rahmen, in dem Individuen ihre Identität ausdrücken und sich mit Gleichgesinnten vernetzen können. Die Theorie des *Safe Space* besagt, dass solche Umgebungen das Wohlbefinden und die psychische Gesundheit der Teilnehmer fördern, indem sie Diskriminierung und Vorurteile aktiv bekämpfen.

Ein Beispiel ist die *Trans Lounge*, ein monatliches Treffen, das als sicherer Raum für trans Personen dient, um sich auszutauschen, Unterstützung zu finden und Ressourcen zu teilen. Die Veranstaltung ist nicht nur eine Gelegenheit zur

Vernetzung, sondern auch eine Plattform für Bildung und Aufklärung über wichtige Themen, die die Gemeinschaft betreffen.

Bildungsinitiativen

Bildung spielt eine entscheidende Rolle in der Arbeit von Trans Alliance Toronto. Die Organisation hat verschiedene Bildungsinitiativen ins Leben gerufen, um sowohl die trans Gemeinschaft als auch die breitere Öffentlichkeit über trans Identitäten und Herausforderungen aufzuklären. Diese Programme basieren auf der Theorie des *Critical Pedagogy*, die darauf abzielt, das Bewusstsein für soziale Ungerechtigkeiten zu schärfen und kritisches Denken zu fördern.

Ein Beispiel ist das *Trans Awareness Training*, das für Schulen, Unternehmen und Gesundheitsdienstleister angeboten wird. Dieses Training zielt darauf ab, Vorurteile abzubauen, das Verständnis für trans Identitäten zu fördern und praktische Strategien zur Unterstützung von trans Personen zu vermitteln. Die positiven Rückmeldungen von Teilnehmern zeigen, dass solche Bildungsinitiativen das Bewusstsein und die Akzeptanz in der Gesellschaft erhöhen können.

Partnerschaften und Kooperationen

Die Entwicklung von Programmen und Initiativen erfordert oft die Zusammenarbeit mit anderen Organisationen und Institutionen. Trans Alliance Toronto hat strategische Partnerschaften mit verschiedenen LGBTQ+-Organisationen, Bildungseinrichtungen und Gesundheitsdiensten gebildet. Diese Kooperationen ermöglichen den Austausch von Ressourcen, Wissen und Erfahrungen, was zu effektiveren Programmen führt.

Ein bemerkenswertes Beispiel ist die Zusammenarbeit mit lokalen Schulen zur Implementierung von *Inclusive Curriculum Initiatives*, die darauf abzielen, LGBTQ+-Themen in den Lehrplan zu integrieren. Diese Initiative fördert nicht nur die Sichtbarkeit von LGBTQ+-Geschichten und -Erfahrungen, sondern auch ein inklusives und respektvolles Lernumfeld für alle Schüler.

Herausforderungen bei der Programmgestaltung

Trotz der Erfolge gibt es auch erhebliche Herausforderungen bei der Entwicklung von Programmen und Initiativen. Eine der größten Hürden ist die Finanzierung. Viele Programme sind auf Spenden und Zuschüsse angewiesen, die oft unvorhersehbar sind. Die Theorie des *Resource Mobilization* besagt, dass die Fähigkeit einer Organisation, Ressourcen zu mobilisieren, entscheidend für ihren

Erfolg ist. Trans Alliance Toronto hat innovative Fundraising-Strategien entwickelt, um die finanzielle Unterstützung für ihre Programme zu sichern.

Ein weiteres Problem ist die gesellschaftliche Stigmatisierung von trans Personen, die oft zu Widerstand gegen Programme führen kann. Es ist wichtig, dass die Programme nicht nur auf die Bedürfnisse der trans Gemeinschaft eingehen, sondern auch die breitere Gesellschaft in die Bemühungen zur Förderung von Akzeptanz und Verständnis einbeziehen.

Evaluierung und Anpassung

Die Evaluierung der Programme ist ein wesentlicher Schritt in der Entwicklung und Verbesserung von Initiativen. Trans Alliance Toronto führt regelmäßig Bewertungen durch, um den Erfolg ihrer Programme zu messen und notwendige Anpassungen vorzunehmen. Diese Evaluierungen basieren auf quantitativen und qualitativen Daten, die durch Umfragen, Interviews und Feedback von Teilnehmern gesammelt werden.

Ein Beispiel für eine erfolgreiche Anpassung ist das *Youth Leadership Program*, das ursprünglich für Jugendliche im Alter von 14 bis 18 Jahren konzipiert wurde. Nach der ersten Evaluierung wurde festgestellt, dass auch jüngere Teilnehmer von den Inhalten profitieren könnten. Daher wurde das Programm erweitert, um auch Kinder ab 12 Jahren einzubeziehen, was zu einer erhöhten Beteiligung und einem breiteren Einfluss führte.

Fazit

Die Entwicklung von Programmen und Initiativen ist ein kontinuierlicher Prozess, der Engagement, Kreativität und Anpassungsfähigkeit erfordert. Trans Alliance Toronto hat durch die Schaffung von Programmen, die auf den Bedürfnissen der Gemeinschaft basieren, sowie durch die Förderung von Bildung und Zusammenarbeit bedeutende Fortschritte erzielt. Die Herausforderungen, die in diesem Prozess auftreten, sind zahlreich, aber die Erfolge und der positive Einfluss auf die trans Gemeinschaft sind ermutigend und inspirierend. Stephanie Woolleys Vision und Führung haben dazu beigetragen, eine Bewegung zu schaffen, die nicht nur die trans Gemeinschaft stärkt, sondern auch das Bewusstsein und die Akzeptanz in der Gesellschaft fördert.

Die Rolle von Spenden und Finanzierung

Im Bereich des Aktivismus spielt die Finanzierung eine entscheidende Rolle für den Erfolg und die Nachhaltigkeit von Organisationen wie Trans Alliance

Toronto. Spenden sind nicht nur eine Quelle für finanzielle Mittel, sondern auch ein Zeichen der Unterstützung und des Engagements der Gemeinschaft. In diesem Abschnitt werden wir die verschiedenen Aspekte der Spenden und Finanzierung im Kontext von LGBTQ-Aktivismus beleuchten.

Die Bedeutung von Spenden

Spenden ermöglichen es Organisationen, ihre Missionen zu erfüllen und Programme zu entwickeln, die direkt auf die Bedürfnisse der Gemeinschaft eingehen. Ohne ausreichende finanzielle Mittel können viele Initiativen, die für die Unterstützung von LGBTQ-Personen und deren Rechte entscheidend sind, nicht umgesetzt werden. Die Finanzierung ist oft notwendig für:

- **Programme und Dienstleistungen:** Finanzmittel werden benötigt, um Workshops, Schulungen, Unterstützungsgruppen und andere Dienstleistungen anzubieten, die für die Gemeinschaft von Bedeutung sind.

- **Öffentlichkeitsarbeit:** Kampagnen zur Sensibilisierung der Öffentlichkeit und zur Förderung von Akzeptanz und Verständnis erfordern Ressourcen, um effektiv gestaltet und verbreitet zu werden.

- **Veranstaltungen:** Pride-Events, Bildungsseminare und Fundraising-Veranstaltungen sind kostspielig, aber entscheidend für die Sichtbarkeit und die Stärkung der Gemeinschaft.

Herausforderungen bei der Finanzierung

Trotz der Bedeutung von Spenden stehen viele LGBTQ-Organisationen vor erheblichen Herausforderungen bei der Beschaffung von Mitteln:

- **Wettbewerb um Mittel:** Es gibt viele Organisationen, die um dieselben Spenden kämpfen, was den Wettbewerb um begrenzte Ressourcen erhöht. Dies kann dazu führen, dass kleinere Organisationen Schwierigkeiten haben, die benötigte Unterstützung zu erhalten.

- **Einschränkungen bei Fördermitteln:** Viele Stiftungen und Geldgeber haben spezifische Anforderungen oder Einschränkungen, die es Organisationen erschweren, Gelder zu erhalten. Manchmal sind die Kriterien nicht mit den Bedürfnissen der LGBTQ-Gemeinschaft kompatibel.

- **Unsicherheit in der Finanzierung:** Die Abhängigkeit von Spenden kann zu finanzieller Unsicherheit führen, insbesondere in wirtschaftlich schwierigen Zeiten, wenn die Spendenbereitschaft abnimmt.

Strategien zur Mittelbeschaffung

Um die Herausforderungen der Finanzierung zu bewältigen, haben viele Organisationen verschiedene Strategien zur Mittelbeschaffung entwickelt:

- **Crowdfunding:** Plattformen wie GoFundMe oder Kickstarter ermöglichen es Organisationen, direkt von der Gemeinschaft Spenden zu sammeln. Dies kann eine effektive Möglichkeit sein, um gezielte Projekte zu finanzieren.

- **Partnerschaften mit Unternehmen:** Kooperationen mit Unternehmen können nicht nur finanzielle Unterstützung bieten, sondern auch die Sichtbarkeit der Organisation erhöhen. Unternehmen können Sponsoren für Veranstaltungen werden oder einen Teil ihrer Einnahmen spenden.

- **Mitgliedsbeiträge:** Die Schaffung eines Mitgliedschaftsprogramms kann eine kontinuierliche Einnahmequelle darstellen. Mitglieder zahlen Beiträge und erhalten im Gegenzug Zugang zu speziellen Veranstaltungen und Ressourcen.

Beispiele erfolgreicher Finanzierung

Einige Organisationen haben bemerkenswerte Erfolge bei der Mittelbeschaffung erzielt:

- **Transgender Law Center:** Diese Organisation hat durch eine Kombination aus Crowdfunding, Unternehmenspartnerschaften und Stiftungszuschüssen erhebliche Mittel gesammelt, um ihre Rechtsdienste auszubauen und die Sichtbarkeit von Transgender-Themen zu erhöhen.

- **PFLAG:** Diese Organisation, die sich für die Unterstützung von LGBTQ-Personen und deren Familien einsetzt, hat durch ein starkes Netzwerk von Freiwilligen und Unterstützern eine Vielzahl von Fundraising-Veranstaltungen durchgeführt, die sowohl lokale als auch nationale Aufmerksamkeit auf sich ziehen.

Fazit

Die Rolle von Spenden und Finanzierung im LGBTQ-Aktivismus kann nicht überbetont werden. Sie sind nicht nur entscheidend für die Durchführung von Programmen und Dienstleistungen, sondern auch für die langfristige Nachhaltigkeit von Organisationen wie Trans Alliance Toronto. Während die Herausforderungen in der Mittelbeschaffung bestehen bleiben, bieten innovative Ansätze und Strategien die Möglichkeit, die notwendigen Ressourcen zu sichern. Letztendlich hängt der Erfolg des Aktivismus von der Fähigkeit ab, finanzielle Unterstützung zu mobilisieren und die Gemeinschaft in den Prozess einzubeziehen.

In der Zukunft wird es wichtig sein, dass LGBTQ-Organisationen weiterhin kreative Wege finden, um ihre Finanzierung zu diversifizieren und eine breite Basis von Unterstützern zu gewinnen. Nur so kann sichergestellt werden, dass die Stimme der Gemeinschaft gehört wird und dass die Rechte und Bedürfnisse von LGBTQ-Personen in der Gesellschaft Gehör finden.

Die Herausforderungen bei der Rekrutierung von Mitgliedern

Die Rekrutierung von Mitgliedern für eine Organisation wie Trans Alliance Toronto ist eine entscheidende, aber oft herausfordernde Aufgabe. Diese Herausforderungen sind vielschichtig und können sowohl interne als auch externe Faktoren umfassen. In diesem Abschnitt werden wir die verschiedenen Schwierigkeiten untersuchen, die bei der Rekrutierung von Mitgliedern auftreten können, sowie Strategien, die zur Überwindung dieser Hindernisse entwickelt wurden.

Mangelnde Sichtbarkeit und Bekanntheit

Eine der größten Herausforderungen bei der Rekrutierung von Mitgliedern ist die mangelnde Sichtbarkeit und Bekanntheit der Organisation. Viele potenzielle Mitglieder sind sich möglicherweise nicht bewusst, dass Trans Alliance Toronto existiert oder welche Dienstleistungen und Unterstützungsangebote sie bereitstellt. Diese Unsichtbarkeit kann durch verschiedene Faktoren verursacht werden, darunter:

- **Begrenzte Medienpräsenz:** Wenn die Organisation nicht regelmäßig in den Medien erwähnt wird oder keine aktiven Social-Media-Kanäle hat, kann dies zu einem Mangel an Bekanntheit führen.

- **Fehlende Community-Events:** Die Durchführung von Veranstaltungen, die auf die Gemeinschaft abzielen, ist entscheidend, um Sichtbarkeit zu erlangen. Ohne solche Veranstaltungen kann es schwierig sein, neue Mitglieder zu gewinnen.

Um diese Herausforderung zu bewältigen, hat Trans Alliance Toronto Strategien entwickelt, um ihre Sichtbarkeit zu erhöhen, darunter die Nutzung von Social Media, um Geschichten zu teilen, und die Organisation von Community-Events, die das Bewusstsein für ihre Mission und Ziele fördern.

Vorurteile und Stigmatisierung

Ein weiteres bedeutendes Hindernis für die Rekrutierung von Mitgliedern sind die Vorurteile und die Stigmatisierung, die viele LGBTQ-Personen erfahren. Diese Vorurteile können sowohl von außen als auch innerhalb der Community bestehen. Einige der Auswirkungen sind:

- **Angst vor Diskriminierung:** Potenzielle Mitglieder könnten sich von der Organisation fernhalten, weil sie Angst haben, diskriminiert oder stigmatisiert zu werden, insbesondere in einer konservativen Umgebung.

- **Innere Konflikte:** Viele Menschen kämpfen mit ihrer eigenen Identität und könnten zögern, sich einer Organisation anzuschließen, die sie als „sichtbar" kennzeichnet.

Um diesen Herausforderungen zu begegnen, ist es wichtig, ein sicheres und unterstützendes Umfeld zu schaffen, in dem sich Menschen wohlfühlen, ihre Identität zu erkunden und sich zu engagieren. Dies kann durch die Schaffung von Mentorship-Programmen und die Förderung von Peer-Unterstützung erreicht werden.

Ressourcenmangel

Ein Mangel an Ressourcen kann die Rekrutierung von Mitgliedern erheblich beeinträchtigen. Zu den Ressourcen zählen nicht nur finanzielle Mittel, sondern auch menschliche Ressourcen. Die Herausforderungen umfassen:

- **Begrenzte Finanzmittel:** Ohne ausreichende finanzielle Unterstützung können Organisationen nicht effektiv für sich werben oder Veranstaltungen durchführen, die potenzielle Mitglieder anziehen.

+ **Mangel an Freiwilligen:** Eine geringe Anzahl von Freiwilligen kann die Fähigkeit der Organisation einschränken, Programme und Veranstaltungen durchzuführen, die für die Rekrutierung entscheidend sind.

Um diese Herausforderung zu bewältigen, ist es wichtig, Fundraising-Initiativen zu starten und Partnerschaften mit lokalen Unternehmen und anderen Organisationen einzugehen, um Ressourcen zu teilen und zu erweitern.

Interne Strukturen und Kultur

Die interne Struktur und Kultur einer Organisation kann ebenfalls eine Herausforderung bei der Rekrutierung darstellen. Wenn die Organisation nicht inklusiv oder einladend ist, kann dies potenzielle Mitglieder abschrecken. Zu den spezifischen Aspekten gehören:

+ **Fehlende Diversität:** Eine homogene Gruppe kann das Gefühl der Zugehörigkeit für Menschen mit unterschiedlichen Hintergründen und Identitäten verringern.

+ **Mangelnde Kommunikation:** Wenn die internen Kommunikationsstrukturen schwach sind, kann dies zu Missverständnissen und einem Gefühl der Isolation führen.

Um diese Herausforderungen zu überwinden, hat Trans Alliance Toronto Anstrengungen unternommen, um eine inklusive Kultur zu fördern, in der alle Stimmen gehört werden, und um sicherzustellen, dass die Organisation die Vielfalt der LGBTQ-Community widerspiegelt.

Fehlende klare Botschaft und Vision

Eine klare Botschaft und Vision sind entscheidend, um potenzielle Mitglieder anzuziehen. Wenn die Ziele und Werte der Organisation nicht klar kommuniziert werden, kann dies zu Verwirrung und Desinteresse führen. Zu den Herausforderungen gehören:

+ **Unklare Zielsetzungen:** Wenn die Zielsetzungen der Organisation nicht klar definiert sind, können potenzielle Mitglieder Schwierigkeiten haben, sich mit der Mission zu identifizieren.

- Fehlende Kommunikationsstrategien: Ohne effektive Kommunikationsstrategien kann es schwierig sein, die Botschaft der Organisation zu verbreiten und ein breiteres Publikum zu erreichen.

Um diese Herausforderung zu bewältigen, hat die Organisation klare Kommunikationsstrategien entwickelt und eine prägnante Botschaft formuliert, die ihre Mission und Vision widerspiegelt.

Wettbewerbsdruck von anderen Organisationen

In einer dynamischen und sich ständig verändernden Landschaft des Aktivismus gibt es oft viele Organisationen, die um die Aufmerksamkeit und Unterstützung potenzieller Mitglieder konkurrieren. Dies kann zu einem Wettbewerbsdruck führen, der die Rekrutierung erschwert. Aspekte sind:

- **Vielfalt der Angebote:** Andere Organisationen könnten ähnliche Dienstleistungen anbieten, was es schwierig macht, sich abzuheben.

- **Ressourcenkonkurrenz:** Die Konkurrenz um begrenzte Ressourcen kann die Fähigkeit einer Organisation beeinträchtigen, ihre Programme und Rekrutierungsstrategien effektiv umzusetzen.

Um sich von anderen Organisationen abzuheben, hat Trans Alliance Toronto einzigartige Programme und Initiativen entwickelt, die auf die spezifischen Bedürfnisse der Gemeinschaft zugeschnitten sind.

Schlussfolgerung

Die Rekrutierung von Mitgliedern für Trans Alliance Toronto ist eine komplexe Herausforderung, die verschiedene Faktoren umfasst. Durch die Identifizierung dieser Herausforderungen und die Entwicklung gezielter Strategien zur Überwindung dieser Hindernisse kann die Organisation ihre Reichweite erweitern und eine vielfältigere und engagiertere Mitgliedschaft aufbauen. Der Schlüssel liegt in der Schaffung eines einladenden, unterstützenden und sichtbaren Umfelds, das die Werte und Bedürfnisse der LGBTQ-Community widerspiegelt.

Die Bedeutung von Öffentlichkeitsarbeit

Öffentlichkeitsarbeit spielt eine entscheidende Rolle im Aktivismus, insbesondere im Kontext von LGBTQ-Rechten. Sie dient nicht nur der Verbreitung von Informationen, sondern auch der Schaffung von Bewusstsein und der

Mobilisierung von Unterstützung innerhalb der Gemeinschaft und darüber hinaus. In diesem Abschnitt werden wir die verschiedenen Dimensionen der Öffentlichkeitsarbeit untersuchen, die Herausforderungen, die damit verbunden sind, und einige Beispiele für erfolgreiche Öffentlichkeitsarbeit im LGBTQ-Aktivismus präsentieren.

Theoretische Grundlagen der Öffentlichkeitsarbeit

Öffentlichkeitsarbeit kann als strategische Kommunikation definiert werden, die darauf abzielt, ein positives Bild einer Organisation oder Bewegung zu fördern, das Vertrauen der Öffentlichkeit zu gewinnen und die Unterstützung für bestimmte Anliegen zu mobilisieren. In der Theorie der Öffentlichkeitsarbeit gibt es mehrere Schlüsselkomponenten:

- **Zielgruppenanalyse:** Eine effektive Öffentlichkeitsarbeit beginnt mit der Identifizierung und Analyse der Zielgruppen, die erreicht werden sollen. Im LGBTQ-Aktivismus können dies sowohl Unterstützer als auch Gegner sein.

- **Botschaftsentwicklung:** Die Formulierung klarer und überzeugender Botschaften ist entscheidend. Diese Botschaften sollten die Werte und Ziele der Bewegung widerspiegeln und emotional ansprechend sein.

- **Medienstrategien:** Die Wahl der richtigen Medienkanäle zur Verbreitung der Botschaften ist von großer Bedeutung. Dazu gehören soziale Medien, traditionelle Medien und Veranstaltungen.

- **Feedback-Mechanismen:** Öffentlichkeitsarbeit sollte nicht nur einseitig sein. Es ist wichtig, Feedback von der Zielgruppe zu erhalten, um die Strategien anzupassen und zu verbessern.

Herausforderungen der Öffentlichkeitsarbeit

Trotz ihrer Bedeutung steht die Öffentlichkeitsarbeit im LGBTQ-Aktivismus vor mehreren Herausforderungen:

- **Negative Berichterstattung:** Oftmals sind LGBTQ-Themen mit Vorurteilen und Missverständnissen behaftet, was zu negativer Medienberichterstattung führen kann. Aktivisten müssen Strategien entwickeln, um diesen Herausforderungen zu begegnen und die Narrative zu ändern.

- **Ressourcenmangel:** Viele LGBTQ-Organisationen haben begrenzte finanzielle und personelle Ressourcen, was die Fähigkeit einschränkt, umfassende Öffentlichkeitsarbeit zu leisten.

- **Sichtbarkeit:** In einer Welt, in der viele Themen um Aufmerksamkeit konkurrieren, kann es schwierig sein, die Sichtbarkeit für LGBTQ-Anliegen zu erhöhen.

- **Interne Differenzen:** Innerhalb der LGBTQ-Community gibt es oft unterschiedliche Meinungen und Ansätze, was die Öffentlichkeitsarbeit erschweren kann. Diese Diversität kann sowohl eine Stärke als auch eine Herausforderung sein.

Beispiele für erfolgreiche Öffentlichkeitsarbeit

Trotz dieser Herausforderungen gibt es zahlreiche Beispiele für erfolgreiche Öffentlichkeitsarbeit im LGBTQ-Aktivismus:

- **Die Stonewall Riots:** Diese historischen Ereignisse von 1969 sind ein Beispiel für eine spontane Mobilisierung, die durch die Medien aufgegriffen wurde. Die Berichterstattung über die Unruhen half, das Bewusstsein für LGBTQ-Rechte zu schärfen und die Bewegung voranzubringen.

- **Kampagnen zur Gleichstellung der Ehe:** In vielen Ländern, einschließlich der USA, haben LGBTQ-Organisationen effektive Öffentlichkeitsarbeit geleistet, um die öffentliche Meinung über die Ehe für gleichgeschlechtliche Paare zu verändern. Die Kampagne „Freedom to Marry" ist ein Beispiel, das durch emotionale Geschichten und persönliche Testimonials unterstützt wurde.

- **Social Media Kampagnen:** Plattformen wie Twitter und Instagram haben es Aktivisten ermöglicht, ihre Botschaften schnell und effektiv zu verbreiten. Kampagnen wie „#LoveIsLove" haben Millionen erreicht und eine breite Unterstützung für LGBTQ-Rechte mobilisiert.

- **Kunst und Kultur:** Die Verbindung von Kunst und Öffentlichkeitsarbeit hat sich als besonders wirkungsvoll erwiesen. Filme, Musik und visuelle Kunstwerke, die LGBTQ-Themen behandeln, haben oft eine starke emotionale Resonanz und können das öffentliche Bewusstsein erheblich beeinflussen.

Schlussfolgerung

Die Bedeutung von Öffentlichkeitsarbeit im LGBTQ-Aktivismus kann nicht genug betont werden. Sie ist ein kraftvolles Werkzeug, um Veränderungen zu bewirken, Gemeinschaften zu mobilisieren und das öffentliche Bewusstsein zu schärfen. Trotz der Herausforderungen, die damit verbunden sind, zeigt die Geschichte, dass durchdachte und kreative Öffentlichkeitsarbeit die Fähigkeit hat, gesellschaftliche Normen zu verändern und die Rechte von LGBTQ-Personen voranzutreiben. Für Stephanie Woolley und die Trans Alliance Toronto ist die Öffentlichkeitsarbeit nicht nur ein Mittel zum Zweck, sondern ein integraler Bestandteil ihrer Mission, eine gerechtere und gleichberechtigtere Gesellschaft zu schaffen.

Öffentlichkeitsarbeit und Sichtbarkeit

Die Bedeutung von Medienpräsenz

In der heutigen Zeit spielt die Medienpräsenz eine entscheidende Rolle im LGBTQ-Aktivismus. Die Art und Weise, wie Geschichten erzählt werden, beeinflusst nicht nur die öffentliche Wahrnehmung, sondern auch die politischen und sozialen Veränderungen, die für die Gemeinschaft notwendig sind. Die Medien fungieren als eine Plattform, um Sichtbarkeit zu schaffen und die Stimmen von marginalisierten Gruppen zu erheben.

Theoretische Grundlagen

Die Medien sind nicht nur ein Werkzeug zur Informationsverbreitung, sondern auch ein Instrument zur Konstruktion von Identitäten und Realitäten. Laut der Medienwirkungsforschung, insbesondere dem Modell der *Agenda-Setting-Theorie*, bestimmen Medien, welche Themen in den Vordergrund rücken und wie sie wahrgenommen werden. Diese Theorie besagt, dass die Medien nicht nur darüber berichten, was wichtig ist, sondern auch, wie wichtig es für die Öffentlichkeit erscheint. Für den LGBTQ-Aktivismus bedeutet dies, dass die Berichterstattung über LGBTQ-Themen die gesellschaftliche Akzeptanz und die politische Unterstützung erheblich beeinflussen kann.

Probleme der Medienberichterstattung

Trotz der positiven Aspekte der Medienpräsenz gibt es auch erhebliche Herausforderungen. Oftmals sind LGBTQ-Themen in den Medien mit Klischees und Stereotypen behaftet. Diese verzerrte Darstellung kann die Realität der LGBTQ-Gemeinschaft nicht adäquat widerspiegeln und führt zu Missverständnissen und Vorurteilen. Ein Beispiel hierfür ist die häufige Darstellung von Transgender-Personen als Opfer oder als Sensationsobjekte, was ihre komplexen Identitäten und Erfahrungen stark vereinfacht.

Darüber hinaus sind viele LGBTQ-Aktivisten mit der Herausforderung konfrontiert, dass ihre Geschichten oft nur temporär in den Nachrichten behandelt werden. Diese *Flüchtigkeit* der Berichterstattung kann dazu führen, dass wichtige Themen und Anliegen schnell wieder in den Hintergrund gedrängt werden, sobald die Medien ihre Aufmerksamkeit auf das nächste „Breaking News"-Ereignis lenken. Diese Dynamik kann die Kontinuität des Aktivismus untergraben und es schwierig machen, langfristige Veränderungen zu erreichen.

Beispiele für erfolgreiche Medienpräsenz

Ein bemerkenswertes Beispiel für die Macht der Medienpräsenz ist die *#MeToo*-Bewegung, die nicht nur in den sozialen Medien, sondern auch in traditionellen Medien eine enorme Reichweite erzielte. Diese Bewegung hat gezeigt, wie wichtig es ist, Geschichten von Überlebenden zu teilen und eine Plattform für marginalisierte Stimmen zu schaffen. In ähnlicher Weise hat die *Black Lives Matter*-Bewegung durch die Medienpräsenz und die Nutzung sozialer Medien eine globale Diskussion über Rassismus und Ungerechtigkeit angestoßen, die auch LGBTQ-Themen mit einbezieht.

Ein weiteres Beispiel ist die Berichterstattung über die Ehegleichheit in den USA. Die Medien spielten eine entscheidende Rolle bei der Sensibilisierung der Öffentlichkeit für die Rechte von LGBTQ-Paaren und trugen zur Meinungsänderung bei, die letztendlich zur Legalisierung der gleichgeschlechtlichen Ehe führte. Durch die Darstellung von persönlichen Geschichten und positiven Darstellungen von LGBTQ-Paaren wurde ein menschliches Gesicht auf die Bewegung gelegt, was die öffentliche Unterstützung erheblich steigerte.

Strategien zur Verbesserung der Medienpräsenz

Um die Medienpräsenz im LGBTQ-Aktivismus zu verbessern, sollten mehrere Strategien in Betracht gezogen werden:

- **Schaffung von Partnerschaften:** Die Zusammenarbeit mit Journalisten und Medienorganisationen kann helfen, die Berichterstattung über LGBTQ-Themen zu verbessern. Durch Schulungen und Workshops können Medienvertreter über die Herausforderungen und Bedürfnisse der LGBTQ-Gemeinschaft aufgeklärt werden.

- **Nutzung sozialer Medien:** Plattformen wie Twitter, Instagram und TikTok bieten eine Möglichkeit, direkt mit der Öffentlichkeit zu kommunizieren und Geschichten zu teilen. Aktivisten können diese Plattformen nutzen, um ihre Botschaften zu verbreiten und eine breitere Reichweite zu erzielen.

- **Erstellung von Inhalten:** Die Produktion von qualitativ hochwertigen Inhalten, die die Vielfalt der LGBTQ-Erfahrungen darstellen, kann helfen, die Narrative in den Medien zu verändern. Dies kann in Form von Dokumentarfilmen, Blogs oder Podcasts geschehen, die sich mit verschiedenen Aspekten des Lebens von LGBTQ-Personen befassen.

- **Storytelling:** Geschichten sind ein kraftvolles Werkzeug, um Empathie zu erzeugen und das Verständnis zu fördern. Durch das Teilen persönlicher Geschichten können Aktivisten die menschliche Seite ihrer Anliegen hervorheben und eine tiefere Verbindung zur Öffentlichkeit herstellen.

Fazit

Die Medienpräsenz ist ein unverzichtbarer Bestandteil des LGBTQ-Aktivismus. Sie bietet die Möglichkeit, Sichtbarkeit zu schaffen, Vorurteile abzubauen und Veränderungen in der Gesellschaft voranzutreiben. Trotz der Herausforderungen, die mit der Medienberichterstattung verbunden sind, können strategische Ansätze dazu beitragen, die Darstellung von LGBTQ-Themen zu verbessern und eine breitere Unterstützung für die Bewegung zu mobilisieren. Letztendlich ist es die Verantwortung aller, die Geschichten der LGBTQ-Gemeinschaft zu fördern und sicherzustellen, dass ihre Stimmen gehört werden.

Strategien zur Erhöhung der Sichtbarkeit

Die Sichtbarkeit von LGBTQ-Aktivismus ist entscheidend, um das Bewusstsein für die Herausforderungen und Erfolge der Gemeinschaft zu schärfen. In dieser Sektion werden verschiedene Strategien untersucht, die darauf abzielen, die Sichtbarkeit von LGBTQ-Themen zu erhöhen, einschließlich der Nutzung von Medien, Veranstaltungen, sozialen Netzwerken und der Zusammenarbeit mit anderen Organisationen.

Nutzung von sozialen Medien

Soziale Medien haben sich als kraftvolles Werkzeug für Aktivisten erwiesen. Plattformen wie Twitter, Instagram und Facebook ermöglichen es, Nachrichten schnell zu verbreiten und ein breites Publikum zu erreichen. Die Verwendung von Hashtags wie #TransRightsAreHumanRights oder #Pride kann helfen, Diskussionen zu fördern und die Sichtbarkeit von Themen zu erhöhen.

Ein Beispiel für den erfolgreichen Einsatz sozialer Medien ist die Kampagne *#BlackTransLivesMatter*, die nicht nur die Sichtbarkeit von trans* Menschen in der Black Community erhöht hat, sondern auch auf die spezifischen Herausforderungen aufmerksam machte, mit denen sie konfrontiert sind. Diese Kampagne führte zu einer breiteren Diskussion über Rassismus und Transphobie innerhalb der LGBTQ-Bewegung.

Veranstaltungsorganisation

Veranstaltungen wie Pride-Paraden, Workshops und Podiumsdiskussionen sind hervorragende Gelegenheiten, um Sichtbarkeit zu schaffen. Durch die Organisation von Events, die sowohl die LGBTQ-Community als auch die breitere Öffentlichkeit ansprechen, kann das Bewusstsein für spezifische Themen erhöht werden.

Ein Beispiel ist die *Toronto Pride Parade*, die jährlich Tausende von Menschen anzieht. Diese Veranstaltung bietet nicht nur eine Plattform für LGBTQ-Künstler und -Redner, sondern fördert auch die Unterstützung durch lokale Unternehmen und die Stadtverwaltung. Die Sichtbarkeit, die durch solche Events geschaffen wird, kann zu konkreten politischen Veränderungen führen.

Medienpräsenz

Die Zusammenarbeit mit Journalisten und Medienunternehmen ist eine weitere Strategie zur Erhöhung der Sichtbarkeit. Durch das Teilen von Geschichten, die das Leben von LGBTQ-Personen beleuchten, können Medien dazu beitragen, Vorurteile abzubauen und das öffentliche Verständnis zu fördern.

Ein Beispiel ist die Berichterstattung über die Erfolge von Trans Alliance Toronto in verschiedenen Nachrichtenmedien. Diese Berichterstattung hat nicht nur das Bewusstsein für die Organisation selbst geschärft, sondern auch die Herausforderungen, mit denen Trans-Personen konfrontiert sind, in den Mittelpunkt gerückt.

Partnerschaften mit anderen Organisationen

Die Zusammenarbeit mit anderen NGOs, Bildungseinrichtungen und Unternehmen kann die Reichweite von LGBTQ-Aktivismus erheblich erhöhen. Durch gemeinsame Veranstaltungen oder Kampagnen können Ressourcen und Netzwerke geteilt werden, was zu einer stärkeren Sichtbarkeit führt.

Ein Beispiel ist die Partnerschaft zwischen Trans Alliance Toronto und lokalen Schulen, die Workshops und Informationsveranstaltungen für Schüler und Lehrer anbieten. Diese Initiativen fördern nicht nur die Sichtbarkeit, sondern auch das Verständnis und die Akzeptanz innerhalb der nächsten Generation.

Kunst und Kultur

Kunst und Kultur sind kraftvolle Mittel, um Sichtbarkeit zu schaffen. Durch die Präsentation von LGBTQ-Kunst, Literatur und Performances können Geschichten erzählt werden, die das Publikum emotional ansprechen und für das Thema sensibilisieren.

Ein Beispiel ist das *Inside Out Film Festival* in Toronto, das LGBTQ-Filme präsentiert und Diskussionen über die darin behandelten Themen anregt. Solche kulturellen Veranstaltungen tragen dazu bei, die Sichtbarkeit von LGBTQ-Geschichten zu erhöhen und ein breiteres Publikum zu erreichen.

Bildung und Aufklärung

Bildung spielt eine entscheidende Rolle bei der Erhöhung der Sichtbarkeit. Durch Schulungsprogramme, Workshops und Informationsmaterialien können sowohl die LGBTQ-Community als auch die breite Öffentlichkeit über wichtige Themen aufgeklärt werden.

Ein Beispiel ist das Programm *Safe Spaces*, das Schulen dabei unterstützt, sichere und inklusive Umgebungen für LGBTQ-Schüler zu schaffen. Durch diese Bildungsinitiativen wird nicht nur die Sichtbarkeit erhöht, sondern auch das Verständnis und die Unterstützung in der Gesellschaft gefördert.

Nutzung von Testimonials

Persönliche Geschichten und Testimonials von LGBTQ-Personen sind eine weitere effektive Strategie zur Erhöhung der Sichtbarkeit. Diese Geschichten schaffen eine emotionale Verbindung und können das Bewusstsein für die Herausforderungen und Erfolge der Gemeinschaft schärfen.

Ein Beispiel ist die Kampagne *It Gets Better*, die Geschichten von LGBTQ-Personen teilt, die ihre Herausforderungen überwunden haben. Diese positiven Geschichten inspirieren andere und fördern das Verständnis und die Unterstützung für die LGBTQ-Community.

Advocacy und Lobbyarbeit

Die aktive Teilnahme an politischen Prozessen und Lobbyarbeit kann ebenfalls zur Sichtbarkeit beitragen. Durch das Eintreten für LGBTQ-Rechte bei politischen Entscheidungsträgern und das Fördern von Gesetzesänderungen wird die Sichtbarkeit der Anliegen der Gemeinschaft erhöht.

Ein Beispiel ist die Lobbyarbeit von Trans Alliance Toronto, die sich für die Einführung von Gesetzen zur Gleichstellung von Trans-Personen einsetzt. Durch die Sichtbarkeit dieser Bemühungen wird das Bewusstsein für die Notwendigkeit von Veränderungen in der Gesetzgebung geschärft.

Nutzung von Forschung und Daten

Die Verwendung von Forschungsergebnissen und Daten zur Unterstützung von Argumenten kann die Sichtbarkeit von LGBTQ-Anliegen erhöhen. Durch die Präsentation von Statistiken über Diskriminierung, Gewalt und Ungleichheit können Aktivisten die Dringlichkeit ihrer Anliegen unterstreichen.

Ein Beispiel ist die Veröffentlichung von Berichten, die die Erfahrungen von LGBTQ-Personen in verschiedenen Lebensbereichen dokumentieren. Solche Daten können als Grundlage für politische Lobbyarbeit und öffentliche Aufklärung dienen.

Community-Building

Schließlich ist der Aufbau einer starken Gemeinschaft von entscheidender Bedeutung für die Sichtbarkeit. Durch die Schaffung von Netzwerken und Unterstützungsgruppen können LGBTQ-Personen zusammenkommen, um sich gegenseitig zu unterstützen und ihre Stimmen zu erheben.

Ein Beispiel ist die Gründung von Selbsthilfegruppen, die es LGBTQ-Personen ermöglichen, ihre Erfahrungen zu teilen und sich gegenseitig zu unterstützen. Diese Gemeinschaften tragen dazu bei, die Sichtbarkeit und das Verständnis für die Herausforderungen zu erhöhen, mit denen die LGBTQ-Community konfrontiert ist.

Fazit

Die Erhöhung der Sichtbarkeit von LGBTQ-Aktivismus erfordert ein vielfältiges Set an Strategien, die sowohl kreative als auch praktische Ansätze umfassen. Durch die Nutzung sozialer Medien, die Organisation von Veranstaltungen, die Zusammenarbeit mit anderen Organisationen und die Förderung von Bildung und Aufklärung können Aktivisten das Bewusstsein für die Anliegen der LGBTQ-Community erhöhen. Letztlich ist die Sichtbarkeit ein entscheidender Schritt auf dem Weg zu Gleichheit und Akzeptanz in der Gesellschaft.

Die Rolle von Social Media im Aktivismus

Social Media hat sich in den letzten zwei Jahrzehnten zu einem unverzichtbaren Werkzeug für Aktivisten entwickelt. Plattformen wie Facebook, Twitter, Instagram und TikTok bieten nicht nur eine Bühne für die Verbreitung von Informationen, sondern auch die Möglichkeit, Gemeinschaften zu mobilisieren, Aufmerksamkeit auf wichtige Themen zu lenken und Unterstützung zu gewinnen. In diesem Abschnitt untersuchen wir die verschiedenen Dimensionen der Rolle von Social Media im Aktivismus, einschließlich seiner theoretischen Grundlagen, Herausforderungen und konkreten Beispiele.

Theoretische Grundlagen

Die Nutzung von Social Media im Aktivismus kann durch verschiedene theoretische Rahmenbedingungen verstanden werden. Eine der zentralen Theorien ist die **Netzwerktheorie**, die besagt, dass soziale Netzwerke eine entscheidende Rolle bei der Verbreitung von Informationen und der Mobilisierung von Menschen spielen. Laut [?] ist das Internet ein Werkzeug der Selbstorganisation, das es sozialen Bewegungen ermöglicht, ihre Botschaften schnell und effizient zu verbreiten.

Ein weiterer wichtiger theoretischer Rahmen ist die **Theorie der sozialen Bewegungen**, die die Dynamik von kollektiven Aktionen und deren Auswirkungen auf die Gesellschaft untersucht. Diese Theorie hebt hervor, wie Social Media als Plattform für die Mobilisierung von Unterstützern dient, indem sie es ermöglicht, Informationen in Echtzeit zu teilen und eine breitere Öffentlichkeit zu erreichen.

Probleme und Herausforderungen

Trotz der vielen Vorteile, die Social Media für den Aktivismus bietet, gibt es auch bedeutende Herausforderungen. Eine der größten Herausforderungen ist die

Desinformation. Falsche Informationen können sich schnell verbreiten und die Glaubwürdigkeit von Aktivisten und ihren Anliegen untergraben. Ein Beispiel hierfür ist die Verbreitung von Fehlinformationen während der COVID-19-Pandemie, die die Arbeit von Gesundheitsaktivisten erschwerte.

Ein weiteres Problem ist die **Zensur.** In vielen Ländern werden Social-Media-Plattformen von Regierungen überwacht und zensiert, was es Aktivisten erschwert, ihre Botschaften zu verbreiten. In Ländern wie China und Iran haben Regierungen strenge Kontrollen über das Internet eingeführt, um abweichende Meinungen zu unterdrücken und die öffentliche Diskussion zu kontrollieren.

Zusätzlich gibt es die Herausforderung der **Echokammern.** Social Media kann dazu führen, dass Menschen in ihren eigenen Informationsblasen bleiben, was die Vielfalt der Perspektiven einschränkt und die Polarisierung der Gesellschaft verstärken kann. Dies kann dazu führen, dass wichtige Themen nicht ausreichend diskutiert werden und die Mobilisierung für Veränderungen behindert wird.

Beispiele für erfolgreichen Aktivismus

Trotz dieser Herausforderungen gibt es zahlreiche Beispiele für erfolgreichen Aktivismus, der durch Social Media unterstützt wurde. Ein bemerkenswertes Beispiel ist die **#BlackLivesMatter**-Bewegung, die nach dem Tod von George Floyd im Jahr 2020 weltweit an Bedeutung gewann. Die Bewegung nutzte Social Media, um auf Polizeigewalt und Rassismus aufmerksam zu machen, und mobilisierte Millionen von Menschen zu Protesten und Demonstrationen.

Ein weiteres Beispiel ist die **#MeToo**-Bewegung, die Frauen ermutigte, ihre Geschichten über sexuelle Belästigung und Übergriffe zu teilen. Die Kampagne verbreitete sich schnell über Social Media und führte zu einem globalen Bewusstsein für das Problem der sexuellen Gewalt und zu bedeutenden Veränderungen in verschiedenen Branchen.

Darüber hinaus hat die **Trans Alliance Toronto** Social Media effektiv genutzt, um ihre Programme und Initiativen bekannt zu machen. Durch gezielte Kampagnen und die Nutzung von Influencern konnte die Organisation eine breitere Öffentlichkeit erreichen und wichtige Themen wie die Rechte von Transgender-Personen ins Rampenlicht rücken.

Fazit

Zusammenfassend lässt sich sagen, dass Social Media eine transformative Rolle im Aktivismus spielt. Es ermöglicht eine schnellere Verbreitung von Informationen, fördert die Mobilisierung und schafft Räume für den Austausch von Ideen. Dennoch müssen Aktivisten sich der Herausforderungen bewusst sein, die mit der Nutzung dieser Plattformen verbunden sind, einschließlich der Gefahr von Desinformation und Zensur. Die Zukunft des Aktivismus wird stark davon abhängen, wie effektiv Social Media genutzt wird, um positive Veränderungen zu fördern und die Stimmen marginalisierter Gemeinschaften zu stärken.

Geschichten, die Herzen berühren

In der Welt des Aktivismus sind Geschichten nicht nur einfache Erzählungen; sie sind kraftvolle Werkzeuge, die Herzen berühren und den Geist bewegen. Besonders im LGBTQ-Aktivismus spielen persönliche Geschichten eine entscheidende Rolle dabei, Empathie und Verständnis zu fördern, Barrieren abzubauen und das Bewusstsein für die Herausforderungen zu schärfen, mit denen die Gemeinschaft konfrontiert ist. Diese Geschichten sind oft das Herzstück von Kampagnen, Veranstaltungen und sozialen Medien, da sie eine Verbindung zwischen Individuen schaffen und die menschliche Erfahrung in den Vordergrund stellen.

Die Macht der persönlichen Erzählung

Persönliche Erzählungen haben die Fähigkeit, komplexe Themen greifbar zu machen. Sie ermöglichen es den Menschen, sich in die Lage anderer zu versetzen und deren Kämpfe nachzuvollziehen. Dies ist besonders wichtig in einer Zeit, in der viele Menschen immer noch Vorurteile gegenüber LGBTQ-Personen haben. Wenn jemand seine Geschichte erzählt, wird die abstrakte Idee von Diskriminierung und Ungerechtigkeit konkret und nachvollziehbar.

Beispiele für bewegende Geschichten

Ein bemerkenswertes Beispiel ist die Geschichte von Brandon Teena, einem transgender Mann, dessen tragisches Schicksal in dem Film *Boys Don't Cry* dargestellt wurde. Brandon war ein Symbol für den Kampf um die Anerkennung und den Schutz von transgender Menschen. Seine Geschichte hat nicht nur das Bewusstsein für die Gewalt, die viele in der LGBTQ-Gemeinschaft erfahren, geschärft, sondern auch gesetzliche Veränderungen angestoßen, die darauf abzielen, diese Menschen zu schützen.

Ein weiteres Beispiel ist die Erzählung von Marsha P. Johnson, einer der führenden Figuren der Stonewall-Unruhen. Ihre Geschichten und ihr unermüdlicher Einsatz für die Rechte von LGBTQ-Personen und insbesondere für People of Color innerhalb der Gemeinschaft sind ein inspirierendes Beispiel dafür, wie persönliche Erzählungen den Aktivismus vorantreiben können. Johnsons Leben und ihr Erbe sind nicht nur Geschichten des Kampfes, sondern auch der Hoffnung und der Gemeinschaft.

Die Rolle von Testimonials

Testimonials sind ein weiterer effektiver Weg, um Geschichten zu teilen. Sie können in Form von Videos, Blogbeiträgen oder Social-Media-Posts präsentiert werden. Diese kurzen, oft emotionalen Berichte ermöglichen es Einzelpersonen, ihre Erfahrungen in Bezug auf Diskriminierung, Akzeptanz und den Kampf um die eigene Identität zu teilen. Ein Beispiel hierfür ist die Initiative *It Gets Better*, die Geschichten von LGBTQ-Jugendlichen und Erwachsenen sammelt, um anderen zu zeigen, dass es Hoffnung und Unterstützung gibt.

Die Verwendung von Testimonials hat sich als besonders effektiv erwiesen, um die Sichtbarkeit von LGBTQ-Personen in den Medien zu erhöhen. Wenn Menschen ihre Geschichten öffentlich teilen, können sie andere dazu ermutigen, dasselbe zu tun. Dies führt zu einer verstärkten Repräsentation und Sichtbarkeit in der Gesellschaft, was wiederum den Druck auf politische Entscheidungsträger erhöht, Veränderungen herbeizuführen.

Die Herausforderungen des Geschichtenerzählens

Trotz der Kraft von Geschichten gibt es auch Herausforderungen beim Geschichtenerzählen im Aktivismus. Viele Menschen haben Angst, ihre persönlichen Erfahrungen zu teilen, aus Angst vor Stigmatisierung oder Ablehnung. Diese Angst kann sich als Barriere erweisen, die es Einzelpersonen erschwert, ihre Stimme zu erheben. Darüber hinaus kann die Kommerzialisierung von Geschichten, insbesondere in den sozialen Medien, dazu führen, dass die Authentizität der Erzählungen in Frage gestellt wird.

Ein weiteres Problem ist die Gefahr der Vereinheitlichung. Wenn Geschichten nicht diversifiziert werden, besteht die Gefahr, dass nur bestimmte Narrative erzählt werden, während andere marginalisiert bleiben. Es ist entscheidend, dass die Vielfalt der Erfahrungen innerhalb der LGBTQ-Gemeinschaft anerkannt und gefeiert wird, um ein umfassendes Bild der Herausforderungen und Erfolge zu vermitteln.

Schlussfolgerung

Zusammenfassend lässt sich sagen, dass Geschichten eine transformative Kraft im LGBTQ-Aktivismus haben. Sie sind nicht nur Mittel zur Sensibilisierung, sondern auch zur Schaffung von Gemeinschaft und Solidarität. Indem wir die Geschichten derer, die für ihre Rechte kämpfen, hören und teilen, können wir eine tiefere Verbindung zu den Erfahrungen anderer aufbauen und gemeinsam für eine gerechtere und inklusivere Zukunft kämpfen. Geschichten, die Herzen berühren, sind der Schlüssel, um den Wandel voranzutreiben und das Bewusstsein für die Herausforderungen zu schärfen, mit denen die LGBTQ-Gemeinschaft konfrontiert ist.

Zusammenarbeit mit anderen Organisationen

Die Zusammenarbeit mit anderen Organisationen ist ein wesentlicher Bestandteil des LGBTQ-Aktivismus, insbesondere für eine Organisation wie Trans Alliance Toronto (TAT). Durch Kooperationen können Ressourcen gebündelt, Erfahrungen ausgetauscht und gemeinsame Ziele effektiver verfolgt werden. Diese Synergien sind nicht nur strategisch sinnvoll, sondern auch notwendig, um die Herausforderungen, mit denen die LGBTQ-Community konfrontiert ist, anzugehen.

Theoretische Grundlagen der Zusammenarbeit

Die Theorie der sozialen Bewegungen legt nahe, dass Netzwerke zwischen Organisationen die Effektivität von Aktivismus erhöhen können. Nach Tilly (2004) ist die Mobilisierung von Ressourcen eine entscheidende Komponente für den Erfolg sozialer Bewegungen. Diese Mobilisierung kann durch die Schaffung von Allianzen und Netzwerken zwischen Organisationen erreicht werden. Eine solche Zusammenarbeit ermöglicht es, verschiedene Perspektiven und Fachkenntnisse zu integrieren, was zu innovativen Lösungen und Strategien führt.

Ein Beispiel für eine erfolgreiche Zusammenarbeit ist die Partnerschaft zwischen TAT und anderen LGBTQ-Organisationen, die sich für die Rechte von Transgender-Personen einsetzen. Diese Kooperationen haben es TAT ermöglicht, ihre Reichweite zu erhöhen und eine breitere Öffentlichkeit für ihre Anliegen zu sensibilisieren.

Herausforderungen der Zusammenarbeit

Obwohl die Zusammenarbeit viele Vorteile bietet, bringt sie auch Herausforderungen mit sich. Unterschiedliche Ziele, Strategien und Organisationskulturen können zu Konflikten führen. Zum Beispiel kann eine Organisation einen stärker politischen Ansatz verfolgen, während eine andere den Fokus auf soziale Unterstützung legt. Diese Differenzen müssen sorgfältig gemanagt werden, um eine effektive Zusammenarbeit zu gewährleisten.

Ein weiteres Problem ist die Ressourcenverteilung. Oftmals haben größere Organisationen mehr Einfluss und Ressourcen, was zu einem Ungleichgewicht in der Zusammenarbeit führen kann. Kleinere Organisationen könnten sich benachteiligt fühlen und ihre Stimme könnte in der Partnerschaft untergehen. Daher ist es wichtig, klare Kommunikationskanäle und Entscheidungsprozesse zu etablieren, um sicherzustellen, dass alle Partner gleichwertig behandelt werden.

Praktische Beispiele

Ein praktisches Beispiel für erfolgreiche Zusammenarbeit ist die „Transgender Day of Remembrance" (TDOR), die von verschiedenen LGBTQ-Organisationen gemeinsam organisiert wird. Diese Veranstaltung erinnert an die Opfer von Transphobie und Gewalt. Durch die Zusammenarbeit verschiedener Organisationen kann eine größere Teilnehmerzahl mobilisiert werden, und die Veranstaltung erhält mehr Medienaufmerksamkeit. In Toronto haben TAT und andere lokale Gruppen durch diese Zusammenarbeit nicht nur ein starkes Zeichen gegen Gewalt gesetzt, sondern auch die Sichtbarkeit von Transgender-Problemen in der Gesellschaft erhöht.

Eine weitere erfolgreiche Initiative war die Zusammenarbeit von TAT mit medizinischen Einrichtungen, um die Gesundheitsversorgung für Transgender-Personen zu verbessern. In dieser Partnerschaft wurden Schulungsprogramme für medizinisches Personal entwickelt, um Vorurteile abzubauen und sicherzustellen, dass Transgender-Personen respektvoll und kompetent behandelt werden. Diese Art von Zusammenarbeit ist entscheidend, um sicherzustellen, dass die Bedürfnisse der Community in der Gesundheitsversorgung berücksichtigt werden.

Schlussfolgerung

Zusammenarbeit mit anderen Organisationen ist ein unverzichtbarer Bestandteil des LGBTQ-Aktivismus. Sie ermöglicht es, Ressourcen zu bündeln, Erfahrungen auszutauschen und eine breitere Öffentlichkeit zu erreichen. Trotz der

Herausforderungen, die mit der Zusammenarbeit verbunden sind, können gut geplante und durchgeführte Partnerschaften zu bedeutenden Fortschritten für die LGBTQ-Community führen. Die Erfahrungen von Trans Alliance Toronto zeigen, dass durch Zusammenarbeit nicht nur die Sichtbarkeit und Akzeptanz von Transgender-Personen gesteigert werden kann, sondern auch konkrete Veränderungen in der Gesellschaft erzielt werden können. In der Zukunft wird es entscheidend sein, weiterhin Brücken zwischen Organisationen zu bauen und die gemeinsame Vision für Gleichheit und Gerechtigkeit zu verfolgen.

Die Bedeutung von Testimonials und persönlichen Geschichten

Im Bereich des LGBTQ-Aktivismus sind Testimonials und persönliche Geschichten von entscheidender Bedeutung. Sie bieten nicht nur einen Einblick in die realen Erfahrungen von Individuen, sondern schaffen auch eine emotionale Verbindung zu einem breiteren Publikum. Diese Geschichten sind nicht nur eine Form der Selbstäußerung, sondern auch ein kraftvolles Werkzeug zur Sensibilisierung und Mobilisierung.

Theoretische Grundlagen

Die Macht von Testimonials basiert auf der Theorie der sozialen Identität (Tajfel & Turner, 1979), die besagt, dass Menschen sich in Gruppen identifizieren, um ihr Selbstwertgefühl zu steigern. Wenn Individuen ihre Geschichten teilen, ermöglichen sie anderen, sich mit ihren Erfahrungen zu identifizieren, was zu einem Gefühl der Zugehörigkeit und Solidarität führt. Diese Identifikation ist besonders wichtig in marginalisierten Gemeinschaften, wo die Sichtbarkeit von Erfahrungen als eine Form der Validierung dient.

Darüber hinaus unterstützt die Narrationstheorie die Idee, dass Geschichten eine transformative Kraft haben. Sie können Einstellungen und Überzeugungen beeinflussen, indem sie den Zuhörern helfen, komplexe Themen zu verstehen und Empathie zu entwickeln. Laut Green und Brock (2000) können Geschichten auch die Wahrscheinlichkeit erhöhen, dass Zuhörer sich mit dem Erzählten identifizieren und somit ihre Perspektiven ändern.

Probleme und Herausforderungen

Trotz ihrer Bedeutung stehen Testimonials und persönliche Geschichten vor mehreren Herausforderungen. Eine der größten Schwierigkeiten ist die Angst vor Stigmatisierung und Diskriminierung. Viele Menschen zögern, ihre Geschichten zu teilen, aus Angst vor negativen Konsequenzen, sei es in ihrem persönlichen oder beruflichen Leben. Diese Angst kann die Sichtbarkeit von LGBTQ-Erfahrungen stark einschränken und die Vielfalt der Stimmen innerhalb der Community reduzieren.

Ein weiteres Problem ist die Gefahr der Vereinfachung oder Stereotypisierung. Wenn persönliche Geschichten nicht in einen breiteren Kontext eingeordnet werden, können sie leicht missverstanden oder verzerrt werden. Dies kann zu einer einseitigen Darstellung von LGBTQ-Erfahrungen führen, die nicht die Vielfalt und Komplexität der Realität widerspiegelt.

Beispiele und Erfolge

Ein bemerkenswertes Beispiel für die Kraft von Testimonials im LGBTQ-Aktivismus ist die Kampagne „It Gets Better", die 2010 ins Leben gerufen wurde. Diese Initiative ermutigte LGBTQ-Personen, ihre Geschichten über die Herausforderungen und Erfolge, die sie erlebt hatten, zu teilen. Die Kampagne wurde zu einer weltweiten Bewegung und half, das Bewusstsein für die Probleme von LGBTQ-Jugendlichen zu schärfen. Durch die Veröffentlichung von Videos und Testimonials konnten viele Menschen inspiriert werden, ihre eigenen Geschichten zu erzählen, was zu einer erhöhten Sichtbarkeit und Unterstützung in der Community führte.

Ein weiteres Beispiel ist die Nutzung von Social Media Plattformen, um persönliche Geschichten zu verbreiten. Viele LGBTQ-Aktivisten nutzen Plattformen wie Instagram, Facebook und Twitter, um ihre Erfahrungen zu teilen und eine Community aufzubauen. Diese Plattformen ermöglichen es, Geschichten in Echtzeit zu verbreiten und eine globale Reichweite zu erzielen. Die Nutzung von Hashtags wie #LoveIsLove oder #TransIsBeautiful hat dazu beigetragen, die Sichtbarkeit von LGBTQ-Themen zu erhöhen und eine breitere Diskussion über Akzeptanz und Gleichheit zu fördern.

Fazit

Die Bedeutung von Testimonials und persönlichen Geschichten im LGBTQ-Aktivismus kann nicht überbetont werden. Sie sind nicht nur ein Mittel zur Selbstäußerung, sondern auch ein kraftvolles Werkzeug zur Sensibilisierung und Mobilisierung. Trotz der Herausforderungen, mit denen sie konfrontiert sind, bleibt der Einfluss von persönlichen Geschichten auf die Gemeinschaft und die Gesellschaft als Ganzes erheblich. Durch die Förderung von Sichtbarkeit und Verständnis tragen diese Geschichten dazu bei, Vorurteile abzubauen und die Akzeptanz zu fördern.

$$\text{Empathie} = \frac{\text{Verständnis der Erfahrung}}{\text{Distanz zur Person}} \qquad (23)$$

Diese Gleichung verdeutlicht, dass je mehr Verständnis für die Erfahrungen anderer vorhanden ist, desto geringer die emotionale Distanz ist, was zu einer höheren Empathie führt. In diesem Sinne sind Testimonials und persönliche Geschichten nicht nur wichtig für den Aktivismus, sondern auch für den sozialen Zusammenhalt und das Verständnis innerhalb der Gesellschaft.

Die Rolle von Influencern im Aktivismus

In der heutigen digitalen Ära spielen Influencer eine bedeutende Rolle im Aktivismus, insbesondere im Bereich der LGBTQ-Rechte. Influencer sind Personen, die durch ihre Präsenz in sozialen Medien eine große Anhängerschaft haben und in der Lage sind, Meinungen zu formen und Diskussionen zu beeinflussen. Diese Macht kann sowohl positive als auch negative Auswirkungen auf den Aktivismus haben.

Theoretische Grundlagen

Die Theorie des sozialen Einflusses besagt, dass Individuen von anderen beeinflusst werden können, insbesondere von Personen, die sie bewundern oder als Vorbilder betrachten. Dies wird in der Psychologie oft als *Konformität* bezeichnet, wobei Menschen ihre Ansichten und Verhaltensweisen anpassen, um sich der Gruppe anzupassen. Influencer nutzen diese Dynamik, um Themen des Aktivismus zu verbreiten und zu normalisieren.

Positive Auswirkungen von Influencern

Influencer können durch ihre Reichweite und Sichtbarkeit eine breite Öffentlichkeit erreichen. Sie haben die Fähigkeit, komplexe Themen in leicht verständliche Inhalte zu verwandeln, die die Menschen ansprechen. Ein Beispiel für einen erfolgreichen Influencer im LGBTQ-Aktivismus ist **Laverne Cox**, die als Schauspielerin und Aktivistin gilt. Sie hat ihre Plattform genutzt, um über Transgender-Rechte zu sprechen und das Bewusstsein für die Herausforderungen zu schärfen, mit denen die Trans-Community konfrontiert ist.

Ein weiteres Beispiel ist **Gigi Gorgeous**, eine YouTuberin und Influencerin, die offen über ihre Erfahrungen als Transgender-Frau spricht. Ihre Videos haben Millionen von Aufrufen, und sie hat eine Community geschaffen, die

Unterstützung und Akzeptanz bietet. Durch ihre Authentizität und Offenheit hat sie viele junge Menschen inspiriert, ihre eigene Identität zu akzeptieren.

Herausforderungen und Probleme

Trotz der positiven Aspekte gibt es auch Herausforderungen im Zusammenhang mit Influencern im Aktivismus. Ein zentrales Problem ist die Kommerzialisierung von Aktivismus. Influencer, die für Marken werben oder Produkte verkaufen, können den Eindruck erwecken, dass ihr Aktivismus nicht authentisch ist, sondern eher als Marketingstrategie dient. Dies kann das Vertrauen der Community untergraben und die Glaubwürdigkeit des Aktivismus gefährden.

Ein weiteres Problem ist die Gefahr der *Tokenisierung*. Dies geschieht, wenn Influencer aus der LGBTQ-Community als „Gesicht" für eine Kampagne oder ein Produkt genutzt werden, ohne dass die tatsächlichen Anliegen oder Herausforderungen der Community ausreichend berücksichtigt werden. Dies kann dazu führen, dass die eigentlichen Probleme ignoriert werden und der Fokus stattdessen auf der Vermarktung liegt.

Die Verantwortung von Influencern

Die Verantwortung von Influencern im Aktivismus ist enorm. Sie sollten sich ihrer Plattform und der Macht, die sie haben, bewusst sein. Es ist wichtig, dass sie sich nicht nur auf ihre eigene Geschichte konzentrieren, sondern auch die Stimmen anderer innerhalb der Community hörbar machen. Dies kann durch die Zusammenarbeit mit anderen Aktivisten und Organisationen geschehen, um sicherzustellen, dass verschiedene Perspektiven und Anliegen vertreten sind.

Beispiele für erfolgreiche Kampagnen

Ein bemerkenswerter Fall ist die Kampagne *#BlackTransLivesMatter*, die von Influencern und Aktivisten ins Leben gerufen wurde, um auf die Gewalt gegen schwarze Transgender-Personen aufmerksam zu machen. Diese Kampagne wurde durch die Unterstützung von Influencern, die ihre Reichweite nutzten, um die Botschaft zu verbreiten, viral. Die Verwendung von Hashtags in sozialen Medien half, das Bewusstsein zu schärfen und eine breite Diskussion über Rassismus und Transphobie zu fördern.

Ein weiteres Beispiel ist die *#LoveIsLove*-Kampagne, die von verschiedenen Influencern und Prominenten unterstützt wurde, um die Gleichstellung der Ehe zu fördern. Diese Kampagne nutzte Social Media, um eine positive Botschaft der

Liebe und Akzeptanz zu verbreiten, und trug dazu bei, das öffentliche Bewusstsein und die Unterstützung für LGBTQ-Rechte zu erhöhen.

Fazit

Zusammenfassend lässt sich sagen, dass Influencer eine entscheidende Rolle im LGBTQ-Aktivismus spielen können. Sie haben die Möglichkeit, Sichtbarkeit und Bewusstsein zu schaffen und positive Veränderungen zu fördern. Dennoch ist es wichtig, dass sie sich ihrer Verantwortung bewusst sind und sicherstellen, dass ihr Aktivismus authentisch und inklusiv bleibt. Die Herausforderungen, die mit der Kommerzialisierung und Tokenisierung verbunden sind, müssen angegangen werden, um sicherzustellen, dass der Aktivismus nicht nur ein Trend, sondern eine nachhaltige Bewegung bleibt, die echte Veränderungen bewirken kann.

Die Herausforderungen der Medienberichterstattung

Die Medienberichterstattung spielt eine entscheidende Rolle im LGBTQ-Aktivismus, da sie nicht nur Informationen verbreitet, sondern auch die öffentliche Wahrnehmung und das Verständnis von LGBTQ-Themen beeinflusst. Dennoch gibt es zahlreiche Herausforderungen, die sowohl Aktivisten als auch Journalisten begegnen, wenn es darum geht, die Realität und die Bedürfnisse der LGBTQ-Community akkurat darzustellen.

Verzerrte Darstellungen

Eine der größten Herausforderungen in der Medienberichterstattung ist die Verzerrung der Realität. Oft werden LGBTQ-Personen in stereotypen Rollen dargestellt, die nicht die Vielfalt und Komplexität ihrer Erfahrungen widerspiegeln. Diese Stereotypen können die Sichtweise der Öffentlichkeit erheblich beeinflussen und zu Missverständnissen führen. Zum Beispiel könnte die Berichterstattung über Transgender-Personen häufig auf Sensationalismus abzielen, was zu einer weiteren Stigmatisierung führt.

Mangelnde Repräsentation

Ein weiteres bedeutendes Problem ist der Mangel an Repräsentation in den Medien. LGBTQ-Personen sind oft unterrepräsentiert, insbesondere in Führungspositionen innerhalb von Medienorganisationen. Dies führt zu einer einseitigen Berichterstattung, die die Stimmen und Perspektiven von LGBTQ-Personen nicht ausreichend einbezieht. Eine Studie von [1] zeigt, dass nur 20% der Journalisten in großen Nachrichtenorganisationen sich als LGBTQ identifizieren, was die Diversität der Berichterstattung einschränkt.

Sensationalismus und Clickbaiting

In der heutigen Medienlandschaft, die stark von Klickzahlen und Einschaltquoten abhängig ist, neigen viele Medien dazu, sensationalistische Geschichten zu veröffentlichen, die oft die Realität verzerren. Dies führt dazu, dass wichtige Themen, wie die Herausforderungen, mit denen LGBTQ-Personen konfrontiert sind, in den Hintergrund gedrängt werden. Anstatt sich mit den tatsächlichen Problemen auseinanderzusetzen, wird die Aufmerksamkeit auf Skandale oder Kontroversen gelenkt, die weniger mit der Gemeinschaft und mehr mit der Unterhaltung zu tun haben.

Fehlende Fachkenntnis

Ein weiteres Problem ist die fehlende Fachkenntnis von Journalisten über LGBTQ-Themen. Viele Journalisten haben möglicherweise nicht die notwendige Ausbildung oder das Wissen, um über komplexe Themen wie Gender-Identität oder sexuelle Orientierung korrekt zu berichten. Dies kann zu Missverständnissen führen und die Berichterstattung weiter verschlechtern. Ein Beispiel hierfür ist die häufige Verwendung von falschen Pronomen oder die falsche Darstellung von Gender-Identitäten, die sowohl schädlich als auch beleidigend sein kann.

Einfluss von sozialen Medien

Soziale Medien haben die Art und Weise, wie Nachrichten verbreitet und konsumiert werden, revolutioniert. Während sie eine Plattform für LGBTQ-Aktivisten bieten, bringen sie auch Herausforderungen mit sich. Falsche Informationen und Fehlinformationen verbreiten sich schnell und können das öffentliche Verständnis von LGBTQ-Themen erheblich beeinträchtigen. Ein Beispiel hierfür ist die Verbreitung von Fehlinformationen über Transgender-Rechte, die oft in sozialen Medien zirkulieren und die öffentliche Meinung negativ beeinflussen.

Der Druck der Öffentlichkeit

Aktivisten stehen oft unter dem Druck, sich in der Medienberichterstattung zu präsentieren, was sowohl Vor- als auch Nachteile hat. Während die Sichtbarkeit der LGBTQ-Community gefördert wird, kann der Druck, ständig präsent zu sein, auch zu einer Überforderung führen. Dies kann dazu führen, dass einige Aktivisten sich zurückziehen oder ihre Botschaften verwässern, um breitere Akzeptanz zu finden. Der Balanceakt zwischen Authentizität und dem Bedürfnis nach Akzeptanz ist eine ständige Herausforderung.

Ethische Überlegungen

Die Ethik der Berichterstattung ist ein weiteres zentrales Anliegen. Journalisten müssen sicherstellen, dass sie respektvoll und sensibel mit den Themen umgehen, die sie behandeln. Oftmals werden LGBTQ-Personen als Objekte der Neugier behandelt, anstatt als Menschen mit legitimen Bedürfnissen und Rechten. Der Einsatz von Sprache, die die Würde der Menschen respektiert, ist entscheidend. Zum Beispiel ist es wichtig, die korrekten Pronomen zu verwenden und die Geschichten von LGBTQ-Personen so zu erzählen, dass ihre Stimmen gehört werden.

Fazit

Die Herausforderungen der Medienberichterstattung sind vielschichtig und erfordern eine engagierte Anstrengung von Journalisten, Aktivisten und der Gemeinschaft, um sicherzustellen, dass die Berichterstattung über LGBTQ-Themen sowohl genau als auch respektvoll ist. Es ist unerlässlich, dass Medienorganisationen sich ihrer Verantwortung bewusst sind und aktiv daran arbeiten, die Vielfalt der LGBTQ-Erfahrungen zu reflektieren. Nur so kann eine informierte und empathische Öffentlichkeit geschaffen werden, die die Rechte und die Würde aller Menschen respektiert.

Die Nutzung von Veranstaltungen zur Sichtbarkeit

Veranstaltungen spielen eine entscheidende Rolle im LGBTQ-Aktivismus, da sie nicht nur eine Plattform für die Sichtbarkeit von Themen und Anliegen bieten, sondern auch eine Gelegenheit zur Vernetzung und Mobilisierung von Unterstützern schaffen. In dieser Sektion werden wir die verschiedenen Aspekte der Nutzung von Veranstaltungen zur Sichtbarkeit im Kontext von LGBTQ-Aktivismus untersuchen.

Theoretischer Hintergrund

Die Theorie der sozialen Bewegungen legt nahe, dass Sichtbarkeit ein wesentlicher Faktor für den Erfolg von Aktivismus ist. Laut Tilly und Tarrow (2015) ist

Sichtbarkeit nicht nur eine Frage der Präsenz, sondern auch der Wahrnehmung. Veranstaltungen können helfen, die Wahrnehmung von LGBTQ-Anliegen zu verändern und das Bewusstsein in der breiteren Gesellschaft zu schärfen. Dies geschieht durch die Schaffung eines Raums, in dem Menschen ihre Geschichten teilen und ihre Identitäten feiern können.

Die *Framing-Theorie* unterstützt diese Perspektive, indem sie darauf hinweist, dass die Art und Weise, wie Themen präsentiert werden, entscheidend dafür ist, wie sie von der Öffentlichkeit wahrgenommen werden. Veranstaltungen bieten eine Möglichkeit, diese Rahmenbedingungen aktiv zu gestalten und die Narrative zu beeinflussen, die über LGBTQ-Themen erzählt werden.

Probleme und Herausforderungen

Trotz der Vorteile, die Veranstaltungen bieten, gibt es auch zahlreiche Herausforderungen. Eine der größten Hürden ist die Finanzierung. Viele LGBTQ-Organisationen kämpfen mit begrenzten Ressourcen, was die Durchführung von Veranstaltungen erschwert. Oft müssen sie kreative Wege finden, um Sponsoren zu gewinnen oder Fundraising-Aktivitäten zu organisieren, um ihre Veranstaltungen zu unterstützen.

Ein weiteres Problem ist die Erreichbarkeit. Nicht alle Mitglieder der LGBTQ-Community haben die Möglichkeit, an Veranstaltungen teilzunehmen, sei es aufgrund von finanziellen Einschränkungen, geografischer Isolation oder Diskriminierung. Dies kann zu einer ungleichen Vertretung innerhalb der Gemeinschaft führen und die Sichtbarkeit bestimmter Gruppen innerhalb der LGBTQ-Bewegung einschränken.

Beispiele für erfolgreiche Veranstaltungen

Ein herausragendes Beispiel für die Nutzung von Veranstaltungen zur Sichtbarkeit ist der *Pride Month*, der weltweit gefeiert wird. Während des Pride Month finden zahlreiche Paraden, Festivals und Bildungsveranstaltungen statt, die darauf abzielen, die LGBTQ-Community zu feiern und auf die Herausforderungen aufmerksam zu machen, mit denen sie konfrontiert ist. Diese Veranstaltungen ziehen oft Tausende von Teilnehmern an und erhalten umfangreiche Medienberichterstattung, was zu einer erhöhten Sichtbarkeit und Sensibilisierung für LGBTQ-Rechte führt.

Ein weiteres Beispiel ist die *Transgender Day of Visibility* (TDOV), der jährlich am 31. März gefeiert wird. Dieser Tag wurde ins Leben gerufen, um die Errungenschaften der transgender Gemeinschaft zu feiern und auf die Diskriminierung aufmerksam zu machen, die sie erfahren. Veranstaltungen rund um den TDOV umfassen oft Reden von Aktivisten, Workshops und Kunstaufführungen, die dazu beitragen, das Bewusstsein für die Herausforderungen zu schärfen, mit denen Transgender-Personen konfrontiert sind.

Strategien zur Maximierung der Sichtbarkeit

Um die Sichtbarkeit von LGBTQ-Anliegen durch Veranstaltungen zu maximieren, können verschiedene Strategien angewendet werden:

- **Einbeziehung der Gemeinschaft:** Es ist wichtig, dass die Veranstaltungen inklusiv sind und die Vielfalt innerhalb der LGBTQ-Community widerspiegeln. Dies kann durch die Einbeziehung von verschiedenen Stimmen und Perspektiven in das Programm erreicht werden.

- **Nutzung sozialer Medien:** Die Bewerbung von Veranstaltungen über soziale Medien kann die Reichweite erheblich erhöhen. Plattformen wie Instagram, Facebook und Twitter ermöglichen es, ein breiteres Publikum zu erreichen und die Veranstaltung in Echtzeit zu dokumentieren.

- **Kollaboration mit anderen Organisationen:** Die Zusammenarbeit mit anderen LGBTQ-Organisationen oder Gemeinschaftsgruppen kann Ressourcen bündeln und die Sichtbarkeit erhöhen. Durch gemeinsame Veranstaltungen können Synergien geschaffen werden, die beiden Parteien zugutekommen.

Fazit

Die Nutzung von Veranstaltungen zur Sichtbarkeit ist ein wesentlicher Bestandteil des LGBTQ-Aktivismus. Sie bieten nicht nur eine Plattform für die Feier von Identitäten und die Schaffung von Gemeinschaft, sondern sind auch entscheidend für die Sensibilisierung und das Verständnis in der breiteren Gesellschaft. Trotz der Herausforderungen, die mit der Organisation solcher Veranstaltungen verbunden sind, bleibt ihre Bedeutung unbestritten. Durch strategische Planung und Gemeinschaftsengagement können LGBTQ-Organisationen die Sichtbarkeit ihrer Anliegen weiter erhöhen und positive Veränderungen in der Gesellschaft bewirken.

Die Entwicklung einer Markenidentität

Die Entwicklung einer starken Markenidentität ist ein entscheidender Aspekt im Aktivismus, insbesondere für Organisationen wie die Trans Alliance Toronto, die sich für die Rechte und Sichtbarkeit von Trans-Personen einsetzen. Eine gut definierte Markenidentität kann nicht nur die Mission und Werte einer Organisation kommunizieren, sondern auch das Vertrauen und die Loyalität der Gemeinschaft stärken. In diesem Abschnitt werden wir die verschiedenen Elemente der Markenidentität untersuchen, die Herausforderungen, die bei ihrer Entwicklung auftreten können, und erfolgreiche Beispiele aus der LGBTQ-Community.

Elemente der Markenidentität

Eine Markenidentität setzt sich aus mehreren Schlüsselelementen zusammen, die zusammen ein kohärentes Bild der Organisation vermitteln. Diese Elemente umfassen:

- **Logo und visuelle Identität:** Das Logo ist oft das erste, was Menschen mit einer Marke assoziieren. Es sollte einprägsam und repräsentativ für die Werte der Organisation sein. Die Farbpalette, Schriftarten und andere visuelle Elemente müssen konsistent verwendet werden, um eine starke visuelle Identität zu schaffen.

- **Mission und Werte:** Die Mission und die Werte einer Organisation bilden das Fundament ihrer Markenidentität. Sie sollten klar und prägnant formuliert sein, um die Zielgruppe anzusprechen und ein Gefühl der Zugehörigkeit zu schaffen. Eine starke Mission kann die Motivation der Mitglieder und Unterstützer steigern.

- **Ton und Sprache:** Der Kommunikationsstil einer Organisation trägt ebenfalls zur Markenidentität bei. Der Ton kann je nach Zielgruppe variieren, sollte jedoch immer authentisch und respektvoll sein. Die Verwendung von inklusiver Sprache ist besonders wichtig, um die Vielfalt innerhalb der LGBTQ-Community zu repräsentieren.

- **Geschichten und Testimonials:** Die Erzählung von persönlichen Geschichten und Erfahrungen kann eine emotionale Verbindung zu der Marke herstellen. Testimonials von Mitgliedern der Gemeinschaft können die Wirksamkeit der Arbeit der Organisation verdeutlichen und das Vertrauen in ihre Mission stärken.

Herausforderungen bei der Entwicklung einer Markenidentität

Die Schaffung einer Markenidentität ist nicht ohne Herausforderungen. Einige der häufigsten Probleme sind:

- **Konsistenz:** Es kann schwierig sein, Konsistenz über verschiedene Plattformen und Kommunikationskanäle hinweg zu gewährleisten. Inkonsistenz kann zu Verwirrung führen und das Vertrauen der Gemeinschaft untergraben.

- **Repräsentation:** In einer vielfältigen Gemeinschaft wie der LGBTQ-Community ist es wichtig, dass die Markenidentität alle Stimmen und Identitäten repräsentiert. Wenn bestimmte Gruppen übersehen werden, kann dies zu einem Gefühl der Entfremdung führen.

- **Wettbewerb:** Es gibt viele Organisationen, die um die Aufmerksamkeit und Unterstützung der gleichen Zielgruppe konkurrieren. Eine klare und differenzierte Markenidentität ist entscheidend, um sich von anderen abzuheben.

- **Evolving Identity:** Markenidentitäten müssen sich an veränderte gesellschaftliche und kulturelle Kontexte anpassen. Die Herausforderungen der Zeit, wie neue politische Entwicklungen oder gesellschaftliche Bewegungen, können eine Überarbeitung der Markenidentität erfordern.

Erfolgreiche Beispiele

Einige Organisationen haben erfolgreich eine starke Markenidentität entwickelt, die ihnen hilft, ihre Ziele zu erreichen. Zum Beispiel:

- **Human Rights Campaign (HRC):** HRC hat ein starkes visuelles Branding, das durch das ikonische Logo – ein gelbes Gleichheitszeichen auf einem blauen Hintergrund – geprägt ist. Dieses Logo ist leicht erkennbar und wird häufig in sozialen Medien verwendet, um die Sichtbarkeit von LGBTQ-Rechten zu fördern.

- **GLAAD:** GLAAD hat sich auf die Förderung positiver Darstellungen von LGBTQ-Personen in den Medien spezialisiert. Ihre Markenidentität betont die Bedeutung von Medienberichterstattung und verwendet eine klare, inklusive Sprache, um ihre Botschaften zu kommunizieren.

- **Transgender Europe (TGEU):** TGEU hat eine klare Mission und verwendet eine Vielzahl von visuellen Elementen, um die Vielfalt der Trans-Community zu repräsentieren. Ihre Kampagnen sind oft durch persönliche Geschichten geprägt, die die Herausforderungen und Erfolge von Trans-Personen beleuchten.

Fazit

Die Entwicklung einer Markenidentität ist ein zentraler Bestandteil des Aktivismus, der es Organisationen ermöglicht, ihre Botschaften effektiv zu kommunizieren und eine starke Verbindung zur Gemeinschaft aufzubauen. Durch die Berücksichtigung der oben genannten Elemente und Herausforderungen können Organisationen wie die Trans Alliance Toronto eine Markenidentität entwickeln, die nicht nur ihre Mission unterstützt, sondern auch das Vertrauen und die Loyalität der Gemeinschaft stärkt. Ein durchdachter und strategischer Ansatz zur Markenentwicklung kann die Sichtbarkeit und den Einfluss einer Organisation erheblich erhöhen, was letztlich zu einem größeren Erfolg im Kampf für die Rechte von Trans-Personen und die LGBTQ-Community insgesamt führt.

Politische Kämpfe und Lobbyarbeit

Die Herausforderungen der politischen Landschaft

Die politische Landschaft für LGBTQ-Rechte ist geprägt von einer Vielzahl von Herausforderungen, die sowohl auf nationaler als auch auf internationaler Ebene bestehen. Diese Herausforderungen sind oft komplex und vielschichtig, was die Mobilisierung und den Aktivismus innerhalb der LGBTQ-Community erschwert. In diesem Abschnitt werden wir einige der wichtigsten Herausforderungen analysieren, mit denen LGBTQ-Aktivisten konfrontiert sind.

Politische Repression und Feindseligkeit

Eine der grundlegendsten Herausforderungen ist die politische Repression, die in vielen Ländern gegen LGBTQ-Personen ausgeübt wird. In einigen Staaten sind homosexuelle Handlungen nach wie vor illegal, und die Strafverfolgung kann zu schweren Strafen führen. Diese Gesetze schaffen ein Klima der Angst und der Unsicherheit. Ein Beispiel hierfür ist die Situation in Ländern wie Uganda und Russland, wo anti-LGBTQ-Gesetze nicht nur das Leben von Individuen gefährden, sondern auch die Arbeit von Aktivisten stark einschränken.

Repression = Gesetzgebung + Gesellschaftliche Normen (24)

Hierbei ist die Repression das Ergebnis einer Kombination aus restriktiven Gesetzen und gesellschaftlichen Normen, die Homosexualität stigmatisieren.

Mangelnde politische Vertretung

Ein weiteres signifikantes Problem ist der Mangel an politischer Vertretung für LGBTQ-Personen. In vielen Regierungen sind LGBTQ-Individuen unterrepräsentiert, was dazu führt, dass ihre spezifischen Bedürfnisse und Anliegen in politischen Entscheidungsprozessen oft ignoriert werden. Diese Unterrepräsentation kann zu einer Vielzahl von Problemen führen, darunter die Vernachlässigung von Gesetzen, die Diskriminierung verbieten oder den Zugang zu Gesundheitsdiensten für LGBTQ-Personen gewährleisten.

Fragmentierung der Bewegung

Die LGBTQ-Bewegung selbst ist oft fragmentiert, was eine effektive Lobbyarbeit erschwert. Innerhalb der Community gibt es unterschiedliche Interessen und Anliegen, die von verschiedenen Gruppen vertreten werden. Diese Fragmentierung kann zu internen Konflikten führen und die Fähigkeit der Bewegung, als vereinte Front aufzutreten, schwächen. Dies wird besonders deutlich, wenn es um Themen wie Trans-Rechte versus allgemeine LGBTQ-Rechte geht.

Finanzielle Herausforderungen

Die Finanzierung ist ein weiteres zentrales Problem für LGBTQ-Organisationen. Viele NGOs sind auf Spenden angewiesen, um ihre Arbeit fortzusetzen, und die Unsicherheiten in der politischen Landschaft können die Bereitschaft der Spender, in LGBTQ-Initiativen zu investieren, beeinträchtigen. Dies führt oft zu einem Teufelskreis, in dem mangelnde finanzielle Mittel die Fähigkeit der Organisationen einschränken, ihre Mission effektiv zu verfolgen.

Finanzierung = Spenden + Staatliche Unterstützung − Politische Stabilität (25)

Hier zeigt die Gleichung, dass die Finanzierung von LGBTQ-Organisationen stark von der politischen Stabilität abhängt.

Widerstand von konservativen Gruppen

Konservative und religiöse Gruppen stellen oft einen erheblichen Widerstand gegen LGBTQ-Rechte dar. Diese Gruppen nutzen ihre politischen Verbindungen und ihren Einfluss, um Gesetze zu blockieren oder rückgängig zu machen, die die Rechte von LGBTQ-Personen schützen sollen. In den USA beispielsweise gab es zahlreiche Versuche, die Rechte von Transgender-Personen zu beschneiden, insbesondere im Bereich des Zugangs zu Gesundheitsdiensten und der Teilnahme an Sportwettkämpfen.

Globale Ungleichheiten

Die Herausforderungen sind nicht nur lokal oder national, sondern auch global. In vielen Ländern, insbesondere in Entwicklungsländern, gibt es gravierende Menschenrechtsverletzungen gegen LGBTQ-Personen. Diese globalen Ungleichheiten erfordern eine internationale Zusammenarbeit und Solidarität, die oft durch geopolitische Spannungen und nationale Interessen behindert wird.

$$\text{Globale Ungleichheit} = \text{Nationale Gesetze} + \text{Internationale Beziehungen} \quad (26)$$

Die Gleichung verdeutlicht, dass die globale Ungleichheit in Bezug auf LGBTQ-Rechte stark von nationalen Gesetzen und den Beziehungen zwischen Ländern abhängt.

Herausforderungen der Sichtbarkeit

Schließlich ist die Sichtbarkeit von LGBTQ-Personen in der Politik eine bedeutende Herausforderung. Viele Menschen haben Vorurteile oder Missverständnisse über LGBTQ-Personen, was zu einer geringeren Unterstützung für ihre Rechte führen kann. Die Medien spielen eine entscheidende Rolle bei der Gestaltung dieser Sichtbarkeit und können entweder zur Stärkung oder zur Schwächung der LGBTQ-Bewegung beitragen.

$$\text{Sichtbarkeit} = \text{Medienpräsenz} + \text{Öffentliche Wahrnehmung} \quad (27)$$

In dieser Gleichung zeigt sich, dass die Sichtbarkeit von LGBTQ-Personen stark von der Medienberichterstattung und der öffentlichen Wahrnehmung abhängt.

Fazit

Die Herausforderungen der politischen Landschaft sind vielfältig und erfordern ein umfassendes Verständnis der komplexen Dynamiken, die die LGBTQ-Bewegung beeinflussen. Um effektiven Aktivismus zu betreiben, ist es entscheidend, diese Herausforderungen zu erkennen und Strategien zu entwickeln, um sie zu überwinden. Nur durch vereinte Anstrengungen und eine klare politische Vision kann die LGBTQ-Community ihre Rechte und Freiheiten weiter vorantreiben und sichern.

Lobbyarbeit für LGBTQ-Rechte

Die Lobbyarbeit für LGBTQ-Rechte ist ein entscheidender Bestandteil des Aktivismus, der darauf abzielt, gesetzliche und gesellschaftliche Veränderungen zu bewirken. Diese Art der Lobbyarbeit umfasst eine Vielzahl von Strategien, die darauf abzielen, Entscheidungsträger in der Politik zu beeinflussen und die Sichtbarkeit der LGBTQ-Community zu erhöhen.

Theoretische Grundlagen der Lobbyarbeit

Lobbyarbeit basiert auf mehreren theoretischen Ansätzen, darunter der **Pluralismus**, der besagt, dass in einer Demokratie verschiedene Gruppen um Einfluss und Macht konkurrieren. In diesem Kontext ist die LGBTQ-Community eine von vielen Gruppen, die ihre Interessen durch Lobbyarbeit vertreten. Der **Interessenvertretungsansatz** beschreibt, wie Organisationen spezifische Anliegen formulieren und Strategien entwickeln, um diese Anliegen bei politischen Entscheidungsträgern voranzubringen.

Die **Theorie des sozialen Wandels** spielt ebenfalls eine Rolle, da Lobbyarbeit oft darauf abzielt, gesellschaftliche Normen zu verändern und Vorurteile abzubauen. Diese Theorien helfen dabei, die Mechanismen zu verstehen, durch die Lobbyarbeit funktioniert und wie sie zur Verbesserung der Rechte von LGBTQ-Personen beitragen kann.

Herausforderungen der Lobbyarbeit

Trotz der Bedeutung der Lobbyarbeit gibt es zahlreiche Herausforderungen, mit denen LGBTQ-Aktivisten konfrontiert sind:

- **Politischer Widerstand:** Viele politische Entscheidungsträger sind nicht bereit, LGBTQ-Rechte zu unterstützen, oft aufgrund von persönlichen

Überzeugungen oder dem Druck von Wählergruppen. Dies kann die Lobbyarbeit erheblich erschweren.

- **Mangelnde Sichtbarkeit:** In vielen Regionen sind LGBTQ-Themen immer noch stigmatisiert. Die Sichtbarkeit der Anliegen ist entscheidend, um das Bewusstsein zu schärfen und Unterstützung zu gewinnen.

- **Ressourcenmangel:** Viele LGBTQ-Organisationen haben begrenzte finanzielle und personelle Ressourcen, was ihre Fähigkeit einschränkt, effektive Lobbyarbeit zu leisten.

- **Interne Diversität:** Die LGBTQ-Community ist vielfältig, und unterschiedliche Gruppen innerhalb der Community können unterschiedliche Prioritäten haben. Dies kann zu Spannungen und Uneinigkeit führen, was die Lobbyarbeit kompliziert.

Strategien der Lobbyarbeit

Um diese Herausforderungen zu meistern, haben LGBTQ-Organisationen verschiedene Strategien entwickelt:

1. **Aufklärungskampagnen:** Durch die Bereitstellung von Informationen und die Sensibilisierung der Öffentlichkeit können LGBTQ-Organisationen Druck auf politische Entscheidungsträger ausüben. Diese Kampagnen nutzen oft soziale Medien, um eine breitere Reichweite zu erzielen.

2. **Allianzen bilden:** Die Zusammenarbeit mit anderen sozialen Bewegungen und Organisationen kann die Lobbyarbeit stärken. Indem man gemeinsame Ziele verfolgt, können Ressourcen und Unterstützung gebündelt werden.

3. **Lobbying-Events:** Veranstaltungen, bei denen Aktivisten und Entscheidungsträger zusammenkommen, sind eine Möglichkeit, direkte Gespräche zu führen und Anliegen zu präsentieren. Solche Events können auch dazu beitragen, persönliche Beziehungen zu politischen Entscheidungsträgern aufzubauen.

4. **Rechtsberatung und Unterstützung:** Organisationen bieten rechtliche Unterstützung für LGBTQ-Personen an, die Diskriminierung erfahren haben. Dies kann auch als Druckmittel dienen, um politische Veränderungen zu fordern.

Beispiele erfolgreicher Lobbyarbeit

Ein herausragendes Beispiel für erfolgreiche Lobbyarbeit ist die Legalisierung der gleichgeschlechtlichen Ehe in vielen Ländern. In den Vereinigten Staaten führte eine Kombination aus juristischen Herausforderungen, öffentlichem Druck und Lobbyarbeit zu einem historischen Urteil des Obersten Gerichtshofs im Jahr 2015, das die gleichgeschlechtliche Ehe landesweit legalisierte.

Ein weiteres Beispiel ist die Kampagne für das **Equality Act**, ein Gesetz, das umfassende Antidiskriminierungsschutzmaßnahmen für LGBTQ-Personen in den USA schaffen soll. Diese Kampagne hat eine Vielzahl von Strategien eingesetzt, darunter Lobbyarbeit, Öffentlichkeitsarbeit und Mobilisierung der Gemeinschaft, um die Unterstützung für das Gesetz zu erhöhen.

Fazit

Die Lobbyarbeit für LGBTQ-Rechte ist ein vielschichtiger Prozess, der sowohl Herausforderungen als auch Chancen bietet. Durch strategische Ansätze und die Mobilisierung der Gemeinschaft können LGBTQ-Aktivisten bedeutende Fortschritte in der Gesetzgebung und der gesellschaftlichen Akzeptanz erzielen. Es ist entscheidend, dass die LGBTQ-Community weiterhin zusammenarbeitet, um ihre Stimme zu erheben und die Rechte aller Menschen zu verteidigen.

$$P(A) = \frac{n(A)}{n(S)} \qquad (28)$$

Hierbei bezeichnet $P(A)$ die Wahrscheinlichkeit, dass ein Ereignis A eintritt, $n(A)$ die Anzahl der günstigen Ergebnisse für A und $n(S)$ die Anzahl der möglichen Ergebnisse im gesamten Sample Space. Diese Formel symbolisiert die Notwendigkeit, die Chancen für LGBTQ-Rechte zu maximieren, indem man die Anzahl der positiven Ergebnisse (Erfolge in der Lobbyarbeit) im Verhältnis zu den gesamten Möglichkeiten (Herausforderungen und Widerstände) betrachtet.

Durch die Anwendung dieser Strategien und Theorien können LGBTQ-Aktivisten weiterhin für eine gerechtere und inklusivere Gesellschaft kämpfen.

Die Bedeutung von Gesetzen und Richtlinien

Die Bedeutung von Gesetzen und Richtlinien im Kontext des LGBTQ-Aktivismus kann nicht hoch genug eingeschätzt werden. Gesetze und Richtlinien bilden das rechtliche Fundament, auf dem die Rechte und Freiheiten von LGBTQ-Personen basieren. Sie sind entscheidend für den Schutz vor Diskriminierung, Gewalt und Ungleichheit und tragen dazu bei, eine inklusive Gesellschaft zu fördern.

Rechtliche Rahmenbedingungen

Ein effektiver rechtlicher Rahmen ist unerlässlich, um die Gleichstellung der LGBTQ-Community zu gewährleisten. Gesetze, die Diskriminierung aufgrund der sexuellen Orientierung oder Geschlechtsidentität verbieten, sind ein wichtiger erster Schritt. In vielen Ländern gibt es jedoch immer noch Lücken in diesen Gesetzen, die es LGBTQ-Personen erschweren, ihre Rechte durchzusetzen. Ein Beispiel hierfür ist das Fehlen von Antidiskriminierungsgesetzen in bestimmten Bundesstaaten der USA, wo LGBTQ-Personen in Bereichen wie Beschäftigung, Wohnen und öffentlichem Zugang weiterhin diskriminiert werden können.

Internationale Standards

Auf internationaler Ebene haben Organisationen wie die Vereinten Nationen (UN) und der Europarat Richtlinien und Empfehlungen herausgegeben, die die Rechte von LGBTQ-Personen schützen sollen. Diese internationalen Standards sind wichtig, um Druck auf nationale Regierungen auszuüben und sicherzustellen, dass die Rechte von LGBTQ-Personen respektiert und gefördert werden. Ein Beispiel ist die *Yogyakarta-Prinzipien*, die die Anwendung internationaler Menschenrechtsnormen auf Fragen der sexuellen Orientierung und Geschlechtsidentität bekräftigen.

Gesetzgebung und gesellschaftlicher Wandel

Gesetzgebung kann auch als Katalysator für gesellschaftlichen Wandel wirken. Die Legalisierung der gleichgeschlechtlichen Ehe in vielen Ländern hat nicht nur die rechtlichen Rahmenbedingungen für LGBTQ-Personen verbessert, sondern auch zu einer größeren gesellschaftlichen Akzeptanz beigetragen. Studien zeigen, dass die Legalisierung der gleichgeschlechtlichen Ehe in den USA zu einem Rückgang von Diskriminierung und Hassverbrechen gegen LGBTQ-Personen geführt hat.

$$\text{Akzeptanz} \propto \text{Gesetzgebung} \tag{29}$$

Diese Beziehung zeigt, dass je mehr rechtliche Anerkennung LGBTQ-Personen erhalten, desto mehr Akzeptanz erfahren sie in der Gesellschaft.

Herausforderungen bei der Umsetzung

Trotz der Fortschritte gibt es erhebliche Herausforderungen bei der Umsetzung von Gesetzen und Richtlinien. Oft sind die bestehenden Gesetze nicht ausreichend durchsetzbar, oder es fehlt an politischem Willen, um die notwendigen Veränderungen herbeizuführen. In vielen Ländern ist die LGBTQ-Community nach wie vor mit Gewalt und Diskriminierung konfrontiert, trotz bestehender rechtlicher Schutzmaßnahmen.

Ein Beispiel hierfür ist die Situation in vielen osteuropäischen Ländern, wo trotz der Unterzeichnung internationaler Menschenrechtsabkommen die Diskriminierung von LGBTQ-Personen weit verbreitet ist. In solchen Kontexten ist es entscheidend, dass Aktivisten und Organisationen Druck auf die Regierungen ausüben, um die Umsetzung bestehender Gesetze zu fordern und neue Gesetze zu initiieren.

Die Rolle von Aktivisten

Aktivisten spielen eine entscheidende Rolle bei der Schaffung und Durchsetzung von Gesetzen. Sie sind oft die ersten, die auf Missstände aufmerksam machen und die Notwendigkeit von Änderungen in der Gesetzgebung betonen. Durch Kampagnen, Lobbyarbeit und Öffentlichkeitsarbeit können Aktivisten dazu beitragen, dass die Stimmen der LGBTQ-Community gehört werden. Ein Beispiel für erfolgreichen Aktivismus ist die Kampagne für die Legalisierung der gleichgeschlechtlichen Ehe in Kanada, die durch jahrelange Lobbyarbeit und Mobilisierung von Unterstützern letztendlich zum Erfolg führte.

Zukunftsperspektiven

Die Zukunft des LGBTQ-Aktivismus hängt stark von der Fähigkeit ab, bestehende Gesetze zu verteidigen und neue Gesetze zu erlassen, die den Schutz und die Rechte von LGBTQ-Personen gewährleisten. Es ist wichtig, dass Aktivisten und Unterstützer weiterhin auf die Bedeutung von Gesetzen und Richtlinien hinweisen und sich für deren Durchsetzung einsetzen.

Zusammenfassend lässt sich sagen, dass Gesetze und Richtlinien eine zentrale Rolle im LGBTQ-Aktivismus spielen. Sie sind nicht nur notwendig, um Diskriminierung zu bekämpfen und Rechte zu schützen, sondern auch um gesellschaftlichen Wandel zu fördern und eine gerechtere Zukunft für alle zu schaffen. Der Kampf um rechtliche Gleichstellung ist ein fortlaufender Prozess, der ständige Aufmerksamkeit und Engagement erfordert.

Erfolge und Rückschläge in der Politik

Der politische Aktivismus ist ein entscheidender Bestandteil der LGBTQ-Bewegung und hat sowohl Erfolge als auch Rückschläge erlebt. In diesem Abschnitt werden wir die Erfolge und Herausforderungen beleuchten, die Stephanie Woolley und Trans Alliance Toronto in ihrer politischen Arbeit erfahren haben.

Die Herausforderungen der politischen Landschaft

Die politische Landschaft für LGBTQ-Rechte ist oft von Widerstand und Unsicherheit geprägt. In vielen Ländern, einschließlich Kanada, gibt es nach wie vor Gesetze und Richtlinien, die diskriminierend sind. Diese Hindernisse erfordern von Aktivisten wie Stephanie Woolley nicht nur Mut, sondern auch strategisches Denken und eine klare Vision. Die Herausforderungen sind vielfältig und reichen von der Bekämpfung von Vorurteilen bis hin zu den Schwierigkeiten, politische Unterstützung zu gewinnen.

Ein Beispiel für diese Herausforderungen ist die Diskussion um das *Bill C-16*, das die Rechte von Transgender-Personen in Kanada stärken sollte. Obwohl das Gesetz schließlich verabschiedet wurde, war der Weg dorthin von intensiven Debatten und Widerständen geprägt. Woolley und ihre Unterstützer mussten sich mit einer Vielzahl von Gegnern auseinandersetzen, die oft auf falschen Informationen und Vorurteilen basierten.

Lobbyarbeit für LGBTQ-Rechte

Die Lobbyarbeit ist ein zentraler Aspekt des politischen Aktivismus. Sie umfasst die direkte Ansprache von Entscheidungsträgern, das Einbringen von Vorschlägen und das Mobilisieren der Gemeinschaft, um politischen Druck auszuüben. Woolley hat in ihrer Rolle bei Trans Alliance Toronto zahlreiche Lobbykampagnen initiiert, um die Sichtbarkeit und die Rechte von Transgender-Personen zu fördern.

Ein bemerkenswerter Erfolg war die erfolgreiche Lobbyarbeit für die Einführung von Schulungsprogrammen für Lehrer, um das Bewusstsein für LGBTQ-Themen zu schärfen. Diese Programme haben nicht nur das Verständnis für die Herausforderungen von LGBTQ-Jugendlichen erhöht, sondern auch dazu beigetragen, eine sicherere und unterstützendere Umgebung in Schulen zu schaffen.

Die Bedeutung von Gesetzen und Richtlinien

Gesetze und Richtlinien sind entscheidend für den Schutz der Rechte von LGBTQ-Personen. Woolleys Arbeit hat dazu beigetragen, dass mehrere wichtige Gesetze verabschiedet wurden, die Diskriminierung aufgrund von Geschlecht und sexueller Orientierung verbieten. Diese Erfolge sind nicht nur rechtlich bedeutsam, sondern auch symbolisch wichtig, da sie die gesellschaftliche Akzeptanz von LGBTQ-Personen fördern.

Die Verabschiedung des *Ontario Human Rights Code* ist ein solches Beispiel, das den rechtlichen Rahmen für den Schutz der Rechte von LGBTQ-Personen in Ontario geschaffen hat. Woolley war aktiv an der Kampagne beteiligt, die dazu führte, dass LGBTQ-Rechte in den Menschenrechtskatalog aufgenommen wurden. Diese gesetzliche Anerkennung hat nicht nur rechtliche Konsequenzen, sondern auch tiefgreifende Auswirkungen auf das gesellschaftliche Klima.

Erfolge und Rückschläge in der Politik

Trotz dieser Erfolge gab es auch Rückschläge. Politische Entscheidungen können unvorhersehbar sein, und nicht alle Initiativen von Woolley und Trans Alliance Toronto führten zu den gewünschten Ergebnissen. Ein Beispiel ist der Versuch, ein Gesetz zur Förderung von Geschlechtsneutralität in der Geburtsurkunde einzuführen. Obwohl es eine breite Unterstützung innerhalb der Gemeinschaft gab, scheiterte das Gesetz aufgrund politischer Widerstände und mangelnder Unterstützung von Entscheidungsträgern.

Ein weiterer Rückschlag war die Reaktion der Medien auf einige ihrer Kampagnen. Während einige Berichterstattung positiv war und die Botschaften von Trans Alliance Toronto unterstützte, gab es auch Berichte, die die Arbeit von Woolley und anderen Aktivisten in einem negativen Licht darstellten. Diese mediale Verzerrung kann die öffentliche Wahrnehmung beeinflussen und den Fortschritt behindern.

Die Rolle von Allianzen und Partnerschaften

Trotz der Herausforderungen und Rückschläge hat Woolley die Bedeutung von Allianzen und Partnerschaften erkannt. Die Zusammenarbeit mit anderen Organisationen, sowohl innerhalb als auch außerhalb der LGBTQ-Community, ist entscheidend, um eine breitere Unterstützung zu mobilisieren und gemeinsame Ziele zu erreichen. Woolley hat aktiv Netzwerke mit anderen sozialen Bewegungen aufgebaut, um gemeinsame Anliegen zu fördern und Ressourcen zu teilen.

Ein Beispiel für eine erfolgreiche Partnerschaft war die Zusammenarbeit mit feministischen Organisationen, um gegen Gewalt an Frauen und LGBTQ-Personen zu kämpfen. Diese Allianzen haben nicht nur die Sichtbarkeit erhöht, sondern auch das Verständnis für die intersektionalen Herausforderungen, mit denen viele Menschen konfrontiert sind.

Die Bedeutung von Wahlen und politischer Beteiligung

Die Teilnahme an Wahlen ist ein weiterer wichtiger Aspekt des politischen Aktivismus. Woolley hat die Bedeutung der Wählerregistrierung und der Mobilisierung von Wählern innerhalb der LGBTQ-Community betont. Sie hat zahlreiche Kampagnen organisiert, um sicherzustellen, dass LGBTQ-Personen ihre Stimme abgeben und für Kandidaten stimmen, die sich für ihre Rechte einsetzen.

Ein bemerkenswerter Erfolg war die Mobilisierung der Community während der letzten Kommunalwahlen in Toronto, bei denen eine signifikante Anzahl von LGBTQ-Wählern zur Wahl ging. Diese erhöhte Wahlbeteiligung hat dazu beigetragen, dass LGBTQ-freundliche Kandidaten in das Amt gewählt wurden, was einen positiven Einfluss auf die Politik der Stadt hatte.

Die Herausforderungen der Gesetzgebung

Die Gesetzgebung für LGBTQ-Rechte ist ein langwieriger Prozess, der oft von Rückschlägen und Herausforderungen geprägt ist. Woolley hat oft betont, dass es entscheidend ist, den Druck aufrechtzuerhalten und die Öffentlichkeit über die Bedeutung von LGBTQ-Rechten aufzuklären. Die Herausforderungen bei der Gesetzgebung sind vielfältig und reichen von politischen Widerständen bis hin zu gesellschaftlichen Vorurteilen.

Ein Beispiel dafür ist der gescheiterte Versuch, ein Gesetz zur Bekämpfung von Diskriminierung in der Wohnungswirtschaft einzuführen. Trotz breiter Unterstützung innerhalb der Community scheiterte das Gesetz an der politischen Opposition und an der mangelnden Bereitschaft der Entscheidungsträger, sich für die Rechte von LGBTQ-Personen einzusetzen.

Die Rolle von Anwälten und Rechtsexperten

Die Unterstützung durch Anwälte und Rechtsexperten ist für den Erfolg von LGBTQ-Aktivismus von entscheidender Bedeutung. Woolley hat eng mit Rechtsanwälten zusammengearbeitet, um sicherzustellen, dass die Rechte von LGBTQ-Personen vor Gericht geschützt werden. Diese rechtliche Unterstützung ist entscheidend, um Diskriminierung zu bekämpfen und die Rechte der Gemeinschaft zu verteidigen.

Ein Beispiel für diese Zusammenarbeit war der Fall, in dem ein LGBTQ-Paar gegen eine Diskriminierungsklage vorgegangen ist. Woolley und ihre Unterstützer arbeiteten mit Anwälten zusammen, um sicherzustellen, dass das Paar rechtlich geschützt war und die Unterstützung erhielt, die es benötigte.

Die Auswirkungen von politischen Entscheidungen auf die Gemeinschaft

Politische Entscheidungen haben direkte Auswirkungen auf das Leben von LGBTQ-Personen. Woolley hat oft betont, wie wichtig es ist, dass politische Entscheidungsträger die Bedürfnisse der LGBTQ-Community verstehen und berücksichtigen. Die Auswirkungen von Gesetzen und Richtlinien sind nicht nur rechtlich, sondern auch emotional und sozial.

Ein Beispiel ist die Einführung von Programmen zur Unterstützung von LGBTQ-Jugendlichen in Schulen. Diese Programme haben nicht nur das Bewusstsein für die Herausforderungen dieser Jugendlichen erhöht, sondern auch dazu beigetragen, ein unterstützendes Umfeld zu schaffen, in dem sie sich sicher fühlen können.

Die Bedeutung von öffentlichem Druck

Öffentlicher Druck ist ein entscheidendes Werkzeug im politischen Aktivismus. Woolley hat immer wieder betont, dass es wichtig ist, die Öffentlichkeit über die Herausforderungen und Bedürfnisse der LGBTQ-Community aufzuklären. Durch öffentliche Kampagnen und Veranstaltungen hat Trans Alliance Toronto erfolgreich das Bewusstsein für LGBTQ-Rechte geschärft und politischen Druck auf Entscheidungsträger ausgeübt.

Ein bemerkenswertes Beispiel war die Organisation einer großen Demonstration in Toronto, um gegen Diskriminierung und Gewalt an LGBTQ-Personen zu protestieren. Diese Demonstration zog Tausende von Menschen an und sendete eine starke Botschaft an die politischen Entscheidungsträger.

Zusammenfassung

Insgesamt zeigt die politische Arbeit von Stephanie Woolley und Trans Alliance Toronto, dass Aktivismus sowohl Erfolge als auch Rückschläge mit sich bringt. Die Herausforderungen der politischen Landschaft erfordern Ausdauer,

Kreativität und die Fähigkeit, aus Rückschlägen zu lernen. Trotz der Hindernisse hat Woolley bedeutende Fortschritte für die LGBTQ-Community erzielt und wird weiterhin eine wichtige Stimme im Kampf für Gleichheit und Gerechtigkeit sein.

Die Rolle von Allianzen und Partnerschaften

Allianzen und Partnerschaften sind im LGBTQ-Aktivismus von entscheidender Bedeutung, da sie es ermöglichen, Ressourcen zu bündeln, Erfahrungen auszutauschen und eine breitere Unterstützung zu mobilisieren. Diese Zusammenarbeit kann in verschiedenen Formen auftreten, von informellen Netzwerken bis hin zu formellen Koalitionen, die sich auf gemeinsame Ziele konzentrieren. In diesem Abschnitt werden wir die theoretischen Grundlagen, die Herausforderungen und einige exemplarische Fälle von Allianzen und Partnerschaften im Aktivismus betrachten.

Theoretische Grundlagen

Die Theorie der sozialen Bewegungen legt nahe, dass Allianzen zwischen verschiedenen Gruppen die kollektive Macht erhöhen können. *Resource Mobilization Theory* (RMT) betont, dass der Zugang zu Ressourcen – sei es finanzieller, menschlicher oder sozialer Art – entscheidend für den Erfolg von Bewegungen ist. Durch Allianzen können Organisationen Ressourcen effizienter nutzen und ihre Reichweite vergrößern.

Ein weiterer theoretischer Ansatz ist die *Framing Theory*, die sich mit der Art und Weise beschäftigt, wie soziale Bewegungen ihre Anliegen kommunizieren. Allianzen können helfen, ein gemeinsames Narrativ zu entwickeln, das die Anliegen aller beteiligten Gruppen umfasst und somit die Sichtbarkeit und das Verständnis in der breiteren Öffentlichkeit erhöht.

Herausforderungen von Allianzen

Trotz ihrer Vorteile stehen Allianzen vor mehreren Herausforderungen. Eine der größten Hürden ist die *interne Diversität*. Unterschiedliche Organisationen können unterschiedliche Prioritäten, Werte und Strategien haben, was zu Konflikten führen kann. Diese Differenzen können insbesondere dann problematisch sein, wenn es darum geht, gemeinsame Ziele zu definieren und zu verfolgen.

Ein weiteres Problem ist die *Machtverteilung*. In vielen Allianzen sind einige Mitglieder dominanter als andere, was zu einem Ungleichgewicht führen kann. Dies kann dazu führen, dass die Stimmen kleinerer oder weniger privilegierter Gruppen übersehen werden, was die Integrität der Allianz gefährdet.

Beispiele für erfolgreiche Allianzen

Ein bemerkenswertes Beispiel für eine erfolgreiche Allianz ist die *LGBTQ+ Alliance*, die verschiedene LGBTQ-Organisationen in Kanada vereint. Diese Allianz hat es geschafft, eine starke Lobbyarbeit zu leisten, die zu bedeutenden rechtlichen Fortschritten für LGBTQ-Rechte geführt hat. Die Mitglieder dieser Allianz haben ihre Ressourcen gebündelt, um eine gemeinsame Kampagne zu starten, die auf die Gleichstellung der Ehe abzielte. Durch die Zusammenarbeit konnten sie eine breitere Öffentlichkeit erreichen und mehr Druck auf politische Entscheidungsträger ausüben.

Ein weiteres Beispiel ist die *Transgender Law Center* in den USA, das mit verschiedenen Organisationen zusammenarbeitet, um rechtliche Unterstützung für Transgender-Personen bereitzustellen. Diese Partnerschaften haben es ermöglicht, wichtige rechtliche Präzedenzfälle zu schaffen, die das Leben von Transgender-Personen verbessert haben.

Die Bedeutung von strategischen Partnerschaften

Strategische Partnerschaften sind besonders wichtig für die Nachhaltigkeit von Initiativen. Durch die Zusammenarbeit mit Unternehmen, Bildungseinrichtungen und anderen gesellschaftlichen Akteuren können LGBTQ-Organisationen ihre Sichtbarkeit erhöhen und zusätzliche Ressourcen mobilisieren. Eine solche Partnerschaft könnte beispielsweise die Bereitstellung von Schulungen für Unternehmen umfassen, um ein inklusiveres Arbeitsumfeld zu schaffen.

Darüber hinaus können Allianzen auch die *intersektionale* Perspektive stärken. Indem verschiedene Gruppen zusammenarbeiten, können sie die Vielfalt der Erfahrungen innerhalb der LGBTQ-Community anerkennen und adressieren. Dies ist besonders wichtig, da nicht alle Mitglieder der Community die gleichen Herausforderungen oder Privilegien erleben.

Fazit

Zusammenfassend lässt sich sagen, dass Allianzen und Partnerschaften eine Schlüsselrolle im LGBTQ-Aktivismus spielen. Sie ermöglichen es Organisationen, ihre Kräfte zu bündeln, Ressourcen effizienter zu nutzen und eine breitere Öffentlichkeit zu erreichen. Trotz der Herausforderungen, die mit der Bildung und Aufrechterhaltung von Allianzen verbunden sind, bieten sie eine wertvolle Gelegenheit, die Ziele des Aktivismus voranzutreiben und eine gerechtere Gesellschaft für alle zu schaffen. Die Zukunft des Aktivismus wird stark von der Fähigkeit abhängen, effektive und nachhaltige Partnerschaften zu bilden, die die Vielfalt und Komplexität der LGBTQ-Erfahrungen widerspiegeln.

Die Bedeutung von Wahlen und politischer Beteiligung

Die politische Beteiligung ist ein entscheidender Faktor für den Erfolg von LGBTQ-Aktivismus. Wahlen sind nicht nur ein Mittel zur Bestimmung von Führern, sondern auch eine Plattform, um die Stimme der Gemeinschaft zu erheben und Veränderungen in der Gesellschaft zu bewirken. In dieser Sektion werden wir die Bedeutung von Wahlen und politischer Beteiligung für LGBTQ-Aktivisten beleuchten, die Herausforderungen, die damit verbunden sind, und einige Beispiele für erfolgreiche politische Mobilisierung.

Theoretischer Hintergrund

Die politische Theorie befasst sich mit der Rolle der Bürger in der Demokratie und der Notwendigkeit, dass diese aktiv an politischen Prozessen teilnehmen. Laut *Robert Dahl*, einem prominenten politischen Theoretiker, ist die politische Teilnahme ein zentrales Element der Demokratie, das es den Bürgern ermöglicht, ihre Interessen zu vertreten und Einfluss auf politische Entscheidungen zu nehmen. Die Theorie des *kollektiven Handelns* besagt, dass Gruppen von Individuen, die gemeinsame Interessen haben, zusammenarbeiten müssen, um ihre Ziele zu erreichen. Dies ist besonders relevant für die LGBTQ-Community, die oft marginalisiert ist und deren Stimmen in politischen Diskussionen oft überhört werden.

Herausforderungen der politischen Beteiligung

Trotz der Bedeutung von Wahlen und politischer Beteiligung stehen LGBTQ-Aktivisten vor verschiedenen Herausforderungen:

- **Diskriminierung und Vorurteile:** Viele LGBTQ-Personen erleben Diskriminierung, die sie davon abhalten kann, sich politisch zu engagieren. Diese Diskriminierung kann sowohl auf individueller als auch auf institutioneller Ebene auftreten.

- **Mangelnde Repräsentation:** Oft sind LGBTQ-Personen in politischen Ämtern unterrepräsentiert. Dies führt dazu, dass ihre spezifischen Anliegen und Bedürfnisse nicht ausreichend berücksichtigt werden.

- **Wahlbeteiligung:** Statistiken zeigen, dass die Wahlbeteiligung unter LGBTQ-Personen niedriger sein kann als in der allgemeinen Bevölkerung. Gründe dafür können das Gefühl der Entfremdung von traditionellen politischen Institutionen sowie die Angst vor Diskriminierung an den Wahlurnen sein.

Die Rolle von Wahlen im Aktivismus

Wahlen bieten LGBTQ-Aktivisten die Möglichkeit, ihre Anliegen direkt in den politischen Diskurs einzubringen. Dies kann auf verschiedene Weisen geschehen:

- **Kandidaten unterstützen:** Aktivisten können Kandidaten unterstützen, die sich für LGBTQ-Rechte einsetzen. Dies kann durch Kampagnenarbeit, Fundraising oder die Mobilisierung von Wählern geschehen.

- **Eigene Kandidaturen:** Einige LGBTQ-Aktivisten entscheiden sich, selbst für politische Ämter zu kandidieren. Diese direkte Beteiligung kann helfen, die Sichtbarkeit der Community zu erhöhen und Veränderungen von innen heraus zu bewirken.

- **Wählerregistrierung und Mobilisierung:** Initiativen zur Wählerregistrierung sind entscheidend, um sicherzustellen, dass LGBTQ-Personen an Wahlen teilnehmen können. Mobilisierungskampagnen, die sich speziell an LGBTQ-Wähler richten, können die Wahlbeteiligung erheblich steigern.

Beispiele erfolgreicher politischer Mobilisierung

Ein bemerkenswertes Beispiel für die politische Mobilisierung innerhalb der LGBTQ-Community ist die *Marriage Equality Movement* in den USA. Diese Bewegung hat nicht nur zur Legalisierung der gleichgeschlechtlichen Ehe geführt, sondern auch eine breite Unterstützung in der Gesellschaft mobilisiert. Aktivisten organisierten Wählerregistrierungsaktionen, um sicherzustellen, dass LGBTQ-Personen und ihre Verbündeten an Wahlen teilnehmen und für Kandidaten stimmen, die sich für ihre Rechte einsetzen.

Ein weiteres Beispiel ist die *Pride Parade* in vielen Städten, die oft als Plattform für politische Botschaften dient. Diese Veranstaltungen ziehen nicht nur die Aufmerksamkeit der Medien auf sich, sondern mobilisieren auch die Gemeinschaft, um sich für politische Veränderungen einzusetzen. Die *Pride Parade* in Toronto hat beispielsweise dazu beigetragen, das Bewusstsein für

LGBTQ-Rechte zu schärfen und eine Vielzahl von politischen Initiativen zu unterstützen.

Schlussfolgerung

Die Bedeutung von Wahlen und politischer Beteiligung kann nicht hoch genug eingeschätzt werden. Für LGBTQ-Aktivisten sind Wahlen nicht nur eine Gelegenheit, ihre Stimmen zu erheben, sondern auch eine Möglichkeit, die politische Landschaft aktiv zu gestalten. Trotz der Herausforderungen, mit denen sie konfrontiert sind, können durch strategische Mobilisierung und Engagement bedeutende Fortschritte erzielt werden. Es ist unerlässlich, dass die LGBTQ-Community weiterhin an politischen Prozessen teilnimmt, um die Errungenschaften zu sichern und zukünftige Veränderungen zu fördern.

Die Herausforderungen der Gesetzgebung

Die Gesetzgebung ist ein entscheidender Bereich im LGBTQ-Aktivismus, da die rechtlichen Rahmenbedingungen die Möglichkeiten und Freiheiten von Individuen erheblich beeinflussen können. In diesem Abschnitt werden die Herausforderungen beleuchtet, die Aktivisten und Organisationen wie Trans Alliance Toronto im Hinblick auf die Gesetzgebung erleben.

Komplexität der Gesetzgebung

Die Gesetzgebung ist oft ein komplexes und vielschichtiges Feld. Unterschiedliche Rechtsordnungen, sowohl auf nationaler als auch auf lokaler Ebene, können erhebliche Unterschiede in den Rechten und dem Schutz von LGBTQ-Personen aufweisen. Diese Diversität kann es schwierig machen, einheitliche Strategien zu entwickeln, um Veränderungen zu bewirken. In Kanada beispielsweise gibt es sowohl bundesstaatliche Gesetze, die LGBTQ-Rechte schützen, als auch spezifische Gesetze in den einzelnen Provinzen, die variieren können.

Politische Widerstände

Ein weiteres zentrales Problem sind die politischen Widerstände, die oft gegen LGBTQ-Rechtsreformen bestehen. Diese Widerstände können von verschiedenen Interessengruppen ausgehen, einschließlich konservativer politischer Parteien, religiöser Organisationen und anderer Gruppen, die gegen die Gleichstellung von LGBTQ-Personen sind. Diese Widerstände manifestieren sich häufig in Form von Lobbyarbeit, die darauf abzielt, Gesetze zu verhindern oder abzuschwächen, die den Schutz von LGBTQ-Rechten fördern könnten. Ein Beispiel hierfür ist die wiederholte Ablehnung von Gesetzesentwürfen zur Einführung von Anti-Diskriminierungsgesetzen in verschiedenen Provinzen, trotz des wachsenden öffentlichen Drucks.

Mangelnde Repräsentation

Die mangelnde Repräsentation von LGBTQ-Personen in politischen Entscheidungsprozessen kann ebenfalls eine erhebliche Herausforderung darstellen. Oftmals sind die Entscheidungsträger nicht ausreichend sensibilisiert für die spezifischen Bedürfnisse und Probleme der LGBTQ-Gemeinschaft. Dies führt dazu, dass Gesetze erlassen werden, die nicht alle Aspekte des Lebens von LGBTQ-Personen berücksichtigen. Ein Beispiel ist die unzureichende Berücksichtigung von Trans-Rechten in vielen bestehenden Gesetzen, was zu Diskriminierung und Ungleichheit führt.

Rechtliche Grauzonen

Ein weiteres Problem sind die rechtlichen Grauzonen, die in vielen Ländern existieren. Diese Grauzonen können zu Unsicherheiten führen, die es LGBTQ-Personen erschweren, ihre Rechte durchzusetzen. In vielen Fällen sind die bestehenden Gesetze nicht klar definiert oder es fehlen spezifische Regelungen, die LGBTQ-Personen schützen. Dies führt zu einer Situation, in der LGBTQ-Personen oft nicht wissen, welche Rechte sie haben und wie sie diese durchsetzen können. Dies ist besonders problematisch in Bezug auf Themen wie Adoption, Ehe und Zugang zu Gesundheitsdiensten, wo rechtliche Unsicherheiten häufig zu Diskriminierung führen.

Einfluss der Medien

Die Medien spielen eine entscheidende Rolle bei der Gestaltung der öffentlichen Meinung über LGBTQ-Rechte und können sowohl positive als auch negative Auswirkungen auf die Gesetzgebung haben. Negative Darstellungen in den Medien können dazu führen, dass Vorurteile und Stereotypen verstärkt werden, was wiederum den politischen Widerstand gegen LGBTQ-Rechtsreformen verstärken kann. Ein Beispiel hierfür ist die Berichterstattung über LGBTQ-Themen, die oft sensationalisiert wird und nicht die Realität der Lebensbedingungen von LGBTQ-Personen widerspiegelt.

Herausforderungen bei der Umsetzung

Selbst wenn Fortschritte in der Gesetzgebung erzielt werden, können Herausforderungen bei der Umsetzung dieser Gesetze auftreten. Oftmals fehlt es an Ressourcen oder politischem Willen, um sicherzustellen, dass neue Gesetze wirksam umgesetzt werden. Dies kann dazu führen, dass die Rechte von LGBTQ-Personen weiterhin verletzt werden, trotz der Existenz von Gesetzen, die sie schützen sollten. Ein Beispiel hierfür ist das Fehlen von Schulungen für Polizeibeamte und andere öffentliche Dienstleister, um sicherzustellen, dass sie die neuen Gesetze verstehen und korrekt anwenden.

Der Einfluss internationaler Gesetze

Die Herausforderungen der Gesetzgebung im LGBTQ-Aktivismus sind nicht nur auf nationale Gesetze beschränkt, sondern können auch durch internationale Gesetze und Abkommen beeinflusst werden. Viele Länder sind Mitglied internationaler Organisationen, die Standards für Menschenrechte festlegen, aber die Umsetzung dieser Standards kann variieren. In einigen Fällen können nationale Gesetze im Widerspruch zu internationalen Verpflichtungen stehen, was zu zusätzlichen Herausforderungen für Aktivisten führt, die für die Rechte von LGBTQ-Personen kämpfen.

Die Rolle der Zivilgesellschaft

Die Zivilgesellschaft spielt eine wichtige Rolle bei der Überwachung und dem Druck auf Regierungen, um sicherzustellen, dass LGBTQ-Rechte respektiert und gefördert werden. Organisationen wie Trans Alliance Toronto sind entscheidend für die Mobilisierung von Gemeinschaften und die Förderung von rechtlichen Änderungen. Diese Organisationen stehen jedoch oft vor der Herausforderung, ausreichende Ressourcen zu mobilisieren und die Unterstützung der breiteren Gemeinschaft zu gewinnen, um wirksam gegen politische Widerstände vorzugehen.

Zukunftsperspektiven

Die Herausforderungen der Gesetzgebung im LGBTQ-Aktivismus sind komplex und erfordern eine kontinuierliche Anstrengung, um Veränderungen herbeizuführen. Die Zukunft des Aktivismus wird davon abhängen, wie gut es gelingt, politische Widerstände zu überwinden, die Repräsentation zu erhöhen und rechtliche Unsicherheiten zu beseitigen. Eine stärkere Zusammenarbeit zwischen verschiedenen Organisationen und eine breitere Mobilisierung der Gemeinschaft können entscheidend sein, um die gesetzlichen Rahmenbedingungen für LGBTQ-Personen zu verbessern.

Fazit

Zusammenfassend lässt sich sagen, dass die Herausforderungen der Gesetzgebung im LGBTQ-Aktivismus vielschichtig sind und sowohl politische, soziale als auch rechtliche Dimensionen umfassen. Der Erfolg von Initiativen zur Verbesserung der rechtlichen Rahmenbedingungen für LGBTQ-Personen hängt von der Fähigkeit ab, diese Herausforderungen zu erkennen und gezielt anzugehen. Nur durch kontinuierliche Anstrengungen und die Mobilisierung der Gemeinschaft kann sichergestellt werden, dass die Rechte von LGBTQ-Personen in der Gesetzgebung verankert und geschützt werden.

Die Rolle von Anwälten und Rechtsexperten

Die Rolle von Anwälten und Rechtsexperten im LGBTQ-Aktivismus ist von entscheidender Bedeutung, da sie nicht nur rechtliche Unterstützung bieten, sondern auch als Berater, Strategen und Fürsprecher fungieren. In dieser Sektion werden wir die verschiedenen Aspekte ihrer Rolle untersuchen, einschließlich der Herausforderungen, denen sie gegenüberstehen, der rechtlichen Rahmenbedingungen, die sie navigieren müssen, sowie der Erfolge, die sie erzielt haben.

Rechtliche Unterstützung und Beratung

Anwälte und Rechtsexperten sind oft die ersten Ansprechpartner für LGBTQ-Aktivisten, wenn es darum geht, rechtliche Fragen zu klären oder Unterstützung bei der Einhaltung von Gesetzen zu bieten. Sie sind entscheidend für:

- **Rechtsberatung:** Anwälte bieten rechtliche Beratung zu Themen wie Diskriminierung, Ehegleichheit und Adoptionsrecht. Sie helfen Aktivisten, ihre Rechte zu verstehen und die besten Schritte zur Verteidigung dieser Rechte zu ergreifen.
- **Vertretung vor Gericht:** Bei rechtlichen Auseinandersetzungen vertreten Anwälte ihre Klienten vor Gericht und setzen sich für deren Rechte ein. Dies kann die Einreichung von Klagen gegen diskriminierende Praktiken oder die Vertretung von Opfern von Hate Crimes umfassen.

- Erstellung von Rechtsdokumenten: Anwälte sind auch dafür verantwortlich, rechtliche Dokumente zu erstellen, die für die Initiierung von Klagen oder für die Einhaltung von Vorschriften erforderlich sind. Dies schließt Klageschriften, Verträge und andere rechtliche Vereinbarungen ein.

Herausforderungen im Aktivismus

Die Arbeit von Anwälten im LGBTQ-Aktivismus ist jedoch nicht ohne Herausforderungen. Einige der häufigsten Probleme, mit denen sie konfrontiert sind, umfassen:

- Gesetzliche Hürden: In vielen Ländern gibt es Gesetze, die LGBTQ-Personen diskriminieren. Anwälte müssen oft gegen diese Gesetze ankämpfen und innovative rechtliche Argumente entwickeln, um diese Hürden zu überwinden.

- Öffentliche Wahrnehmung: Anwälte, die im LGBTQ-Aktivismus tätig sind, stehen häufig unter dem Druck, die öffentliche Meinung zu beeinflussen. Sie müssen oft die Balance zwischen rechtlichen Strategien und der Notwendigkeit finden, die Öffentlichkeit über die Bedeutung von LGBTQ-Rechten aufzuklären.

- Ressourcenmangel: Viele LGBTQ-Organisationen sind auf Spenden angewiesen und haben oft nicht die finanziellen Mittel, um umfassende rechtliche Unterstützung zu bieten. Anwälte müssen daher kreativ in der Nutzung ihrer Ressourcen sein.

Erfolge und Einfluss

Trotz dieser Herausforderungen haben Anwälte und Rechtsexperten bedeutende Erfolge im LGBTQ-Aktivismus erzielt. Einige bemerkenswerte Beispiele sind:

- Rechtsfälle zur Ehegleichheit: Anwälte haben in vielen Ländern entscheidende Klagen eingereicht, die zur Legalisierung der gleichgeschlechtlichen Ehe geführt haben. Ein prominentes Beispiel ist der Fall *Obergefell v. Hodges* in den USA, in dem das Oberste Gericht entschied, dass gleichgeschlechtliche Paare das Recht auf Ehe haben.

- Antidiskriminierungsgesetze: Anwälte haben erfolgreich Gesetze erlassen, die Diskriminierung aufgrund der sexuellen Orientierung oder Geschlechtsidentität verbieten. Diese Gesetze schützen LGBTQ-Personen vor Diskriminierung am Arbeitsplatz, im Wohnungswesen und im öffentlichen Leben.

- **Schutz vor Hate Crimes:** Durch die rechtliche Vertretung von Opfern von Hate Crimes haben Anwälte dazu beigetragen, die Strafverfolgung solcher Verbrechen zu verbessern und sicherzustellen, dass die Täter zur Rechenschaft gezogen werden.

Theoretische Perspektiven

Die Rolle von Anwälten im LGBTQ-Aktivismus kann auch durch verschiedene rechtstheoretische Perspektiven betrachtet werden. Eine solche Perspektive ist die **Critical Legal Studies**, die besagt, dass das Recht nicht neutral ist und oft von den Interessen der Mächtigen geprägt wird. Diese Theorie hilft Anwälten zu verstehen, wie sie ihre Strategien anpassen können, um die Interessen von marginalisierten Gemeinschaften zu vertreten.

Ein weiteres Konzept ist die **Intersektionalität**, das die verschiedenen sozialen Identitäten und deren Überschneidungen berücksichtigt. Anwälte müssen oft die komplexen Identitäten ihrer Klienten berücksichtigen, um effektive rechtliche Strategien zu entwickeln, die die spezifischen Herausforderungen, denen LGBTQ-Personen gegenüberstehen, ansprechen.

Fazit

Zusammenfassend lässt sich sagen, dass Anwälte und Rechtsexperten eine unverzichtbare Rolle im LGBTQ-Aktivismus spielen. Ihre rechtliche Expertise, kombiniert mit ihrem Engagement für soziale Gerechtigkeit, ermöglicht es ihnen, bedeutende Fortschritte für die LGBTQ-Community zu erzielen. Trotz der Herausforderungen, denen sie gegenüberstehen, bleibt ihr Einfluss auf die Bewegung erheblich, und ihre Arbeit ist entscheidend für die Schaffung einer gerechteren Gesellschaft. Die Zukunft des LGBTQ-Aktivismus wird weiterhin von der Zusammenarbeit zwischen Aktivisten und Rechtsexperten abhängen, um die Rechte aller zu schützen und zu fördern.

Die Auswirkungen von politischen Entscheidungen auf die Gemeinschaft

Politische Entscheidungen haben tiefgreifende Auswirkungen auf die LGBTQ-Gemeinschaft und deren Rechte. Diese Entscheidungen beeinflussen nicht nur die gesetzlichen Rahmenbedingungen, sondern auch die soziale

POLITISCHE KÄMPFE UND LOBBYARBEIT 221

Akzeptanz und das allgemeine Wohlbefinden der Gemeinschaft. Die Verbindung zwischen politischen Maßnahmen und der Lebensrealität von LGBTQ-Personen ist komplex und vielschichtig. In diesem Abschnitt werden wir die verschiedenen Dimensionen dieser Auswirkungen beleuchten, einschließlich der rechtlichen, sozialen und psychologischen Aspekte.

Rechtliche Rahmenbedingungen

Ein entscheidender Faktor für die Lebensqualität von LGBTQ-Personen sind die rechtlichen Rahmenbedingungen, die durch politische Entscheidungen geschaffen werden. Gesetze, die Diskriminierung aufgrund der sexuellen Orientierung oder Geschlechtsidentität verbieten, sind unerlässlich für den Schutz der Rechte von LGBTQ-Personen. Ein Beispiel hierfür ist die Einführung des *Equality Act* in den USA, der darauf abzielt, Diskriminierung in Bereichen wie Beschäftigung, Wohnen und Bildung zu verhindern. Studien zeigen, dass in Staaten mit umfassenden Antidiskriminierungsgesetzen die Lebensqualität von LGBTQ-Personen signifikant höher ist.

Die Gleichstellung der Ehe ist ein weiteres Beispiel, das zeigt, wie politische Entscheidungen das Leben von LGBTQ-Personen beeinflussen. Nach der Entscheidung des Obersten Gerichtshofs der USA im Jahr 2015, die gleichgeschlechtliche Ehe zu legalisieren, erlebten viele Paare nicht nur rechtliche Vorteile, sondern auch eine verbesserte gesellschaftliche Akzeptanz. Die Legalisierung führte zu einer erhöhten Sichtbarkeit und Normalisierung von LGBTQ-Beziehungen, was wiederum das allgemeine Wohlbefinden innerhalb der Gemeinschaft steigerte.

Soziale Akzeptanz und Stigmatisierung

Politische Entscheidungen haben auch Einfluss auf die soziale Akzeptanz von LGBTQ-Personen. Gesetze, die diskriminierende Praktiken fördern oder die Rechte von LGBTQ-Personen einschränken, können zu einer verstärkten Stigmatisierung führen. Ein Beispiel hierfür ist die Einführung von Gesetzen in einigen US-Bundesstaaten, die Transgender-Personen den Zugang zu geschlechtsgerechten Toiletten verweigern. Solche Gesetze senden eine Botschaft der Ablehnung und können zu einem Anstieg von Gewalt und Diskriminierung führen.

Auf der anderen Seite können politische Maßnahmen, die sich für die Rechte von LGBTQ-Personen einsetzen, zu einer positiven Veränderung in der gesellschaftlichen Wahrnehmung führen. Kampagnen zur Sensibilisierung und

Bildung, die von politischen Entscheidungsträgern unterstützt werden, können dazu beitragen, Vorurteile abzubauen und das Verständnis für LGBTQ-Themen zu fördern. Wenn Politiker öffentlich für die Rechte von LGBTQ-Personen eintreten, wird dies oft von der Gemeinschaft positiv aufgenommen und kann zu einer breiteren gesellschaftlichen Akzeptanz führen.

Psychologische Auswirkungen

Die psychologischen Auswirkungen politischer Entscheidungen auf die LGBTQ-Gemeinschaft sind ebenfalls nicht zu unterschätzen. Diskriminierung und Stigmatisierung, die durch negative politische Entscheidungen gefördert werden, können zu einem Anstieg von psychischen Gesundheitsproblemen führen. Studien zeigen, dass LGBTQ-Personen, die in einem diskriminierenden Umfeld leben, ein höheres Risiko für Depressionen, Angstzustände und Suizidgedanken haben.

Im Gegensatz dazu berichten LGBTQ-Personen in Ländern oder Regionen mit fortschrittlichen Gesetzen und politischer Unterstützung von einem höheren Maß an psychischem Wohlbefinden. Die Anerkennung ihrer Rechte und die Sichtbarkeit ihrer Identitäten können zu einem Gefühl der Zugehörigkeit und des Selbstwerts beitragen. Ein Beispiel hierfür ist die Situation in Kanada, wo die rechtlichen Fortschritte für LGBTQ-Personen zu einer signifikanten Verbesserung der psychischen Gesundheit innerhalb der Gemeinschaft geführt haben.

Beispiele aus der Praxis

Ein anschauliches Beispiel für die Auswirkungen politischer Entscheidungen ist die Situation in Polen, wo in den letzten Jahren eine Reihe von Gesetzen verabschiedet wurden, die LGBTQ-Rechte einschränken. Diese Entscheidungen haben nicht nur zu einem Anstieg von Hassverbrechen gegen LGBTQ-Personen geführt, sondern auch zu einer verstärkten Emigration von LGBTQ-Personen, die in einem sichereren Umfeld leben möchten.

Im Kontrast dazu steht die Situation in Ländern wie Schweden oder den Niederlanden, wo umfassende gesetzliche Schutzmaßnahmen und eine positive politische Haltung gegenüber LGBTQ-Personen zu einer stabilen und unterstützenden Gemeinschaft geführt haben. In diesen Ländern berichten LGBTQ-Personen von einem hohen Maß an Lebensqualität und sozialer Akzeptanz.

Schlussfolgerung

Zusammenfassend lässt sich sagen, dass politische Entscheidungen einen erheblichen Einfluss auf die LGBTQ-Gemeinschaft haben. Von rechtlichen Rahmenbedingungen über soziale Akzeptanz bis hin zu psychologischen Auswirkungen – die Entscheidungen, die auf politischer Ebene getroffen werden, formen die Realität der LGBTQ-Personen. Es ist entscheidend, dass politische Entscheidungsträger die weitreichenden Folgen ihrer Entscheidungen erkennen und sich aktiv für die Rechte und das Wohlbefinden der LGBTQ-Gemeinschaft einsetzen. Nur so kann eine gerechte und inklusive Gesellschaft für alle geschaffen werden.

Die Bedeutung von öffentlichem Druck

Öffentlicher Druck spielt eine entscheidende Rolle im LGBTQ-Aktivismus und hat sich als kraftvolles Werkzeug erwiesen, um Veränderungen in der Gesellschaft herbeizuführen. In dieser Sektion werden wir die theoretischen Grundlagen des öffentlichen Drucks untersuchen, die Probleme, die sich aus seiner Anwendung ergeben können, und verschiedene Beispiele, die seine Bedeutung verdeutlichen.

Theoretische Grundlagen des öffentlichen Drucks

Öffentlicher Druck bezieht sich auf die Einflussnahme von Bürgern und Gemeinschaften auf politische Entscheidungsträger und Institutionen, um Veränderungen in Politik, Gesetzen und gesellschaftlichen Normen zu bewirken. Die Theorie des sozialen Wandels, wie sie von Soziologen wie Charles Tilly und Sidney Tarrow formuliert wurde, legt nahe, dass kollektive Aktionen, die durch öffentliche Mobilisierung entstehen, entscheidend für den Erfolg sozialer Bewegungen sind. Der Druck kann durch verschiedene Mittel ausgeübt werden, darunter:

- **Proteste und Demonstrationen:** Öffentliche Versammlungen, die Aufmerksamkeit auf spezifische Anliegen lenken.

- **Medienkampagnen:** Strategien zur Verbreitung von Informationen über soziale Medien, traditionelle Medien und andere Kommunikationskanäle.

- **Petitionen:** Sammlung von Unterschriften zur Unterstützung bestimmter Anliegen, die an Entscheidungsträger gerichtet sind.

- **Boykotte:** Wirtschaftliche Maßnahmen, die darauf abzielen, Druck auf Unternehmen oder Regierungen auszuüben, um Veränderungen zu erreichen.

Diese Methoden sind nicht nur effektiv, sondern auch notwendig, um die öffentliche Meinung zu beeinflussen und die Sichtbarkeit von LGBTQ-Anliegen zu erhöhen.

Herausforderungen des öffentlichen Drucks

Trotz seiner Wirksamkeit kann öffentlicher Druck auch Herausforderungen mit sich bringen. Einige der häufigsten Probleme sind:

- **Repression:** Regierungen und Institutionen können auf öffentlichen Druck mit repressiven Maßnahmen reagieren, die die Versammlungsfreiheit und das Recht auf freie Meinungsäußerung einschränken.

- **Fragmentierung:** Innerhalb der LGBTQ-Community können unterschiedliche Ansichten und Prioritäten zu Spannungen führen, die die Effektivität des öffentlichen Drucks mindern.

- **Konsumerismus:** In einigen Fällen kann öffentlicher Druck von kommerziellen Interessen vereinnahmt werden, was zu einer Verwässerung der ursprünglichen Anliegen führen kann.

Diese Herausforderungen erfordern strategische Überlegungen und eine sorgfältige Planung, um sicherzustellen, dass der öffentliche Druck effektiv und nachhaltig bleibt.

Beispiele für erfolgreichen öffentlichen Druck

Einige bemerkenswerte Beispiele für erfolgreichen öffentlichen Druck im LGBTQ-Aktivismus sind:

- **Die Stonewall-Unruhen (1969):** Diese Ereignisse gelten als Wendepunkt in der LGBTQ-Bewegung. Die gewaltsame Reaktion der Polizei auf eine reguläre Nacht im Stonewall Inn führte zu landesweiten Protesten und dem Aufstieg von LGBTQ-Organisationen, die sich für Rechte und Gleichheit einsetzten.

- **Die Ehe für alle:** In vielen Ländern, darunter die USA und Deutschland, wurde die Legalisierung der gleichgeschlechtlichen Ehe durch massiven öffentlichen Druck erreicht. Demonstrationen, Petitionen und eine starke Medienpräsenz trugen dazu bei, die öffentliche Meinung zu beeinflussen und politische Entscheidungsträger zur Gesetzgebung zu bewegen.

- **Die Kampagne gegen Diskriminierung in der Arbeitswelt:** In Kanada führte die Mobilisierung von LGBTQ-Aktivisten zu bedeutenden Änderungen in den Arbeitsgesetzen, die Diskriminierung aufgrund der sexuellen Orientierung und Geschlechtsidentität verbieten. Hierbei spielten öffentliche Kampagnen und die Unterstützung von prominenten Persönlichkeiten eine entscheidende Rolle.

Schlussfolgerung

Die Bedeutung des öffentlichen Drucks im LGBTQ-Aktivismus kann nicht genug betont werden. Er ist ein unverzichtbares Werkzeug, um soziale Gerechtigkeit zu fördern und Veränderungen in der Gesellschaft herbeizuführen. Trotz der Herausforderungen, die mit dieser Form des Aktivismus einhergehen, bleibt die Fähigkeit, kollektive Stimmen zu mobilisieren und Druck auf Entscheidungsträger auszuüben, eine der effektivsten Strategien, um Fortschritte zu erzielen und die Rechte der LGBTQ-Community zu schützen und zu fördern. In einer Zeit, in der viele LGBTQ-Personen weiterhin Diskriminierung und Ungerechtigkeit erleben, ist der öffentliche Druck entscheidend, um sicherzustellen, dass ihre Stimmen gehört werden und dass sie die Gleichheit und Akzeptanz erhalten, die sie verdienen.

Die Herausforderungen des Aktivismus

Diskriminierung und Widerstand

Erfahrungen mit persönlicher Diskriminierung

Diskriminierung ist eine schmerzhafte Realität für viele LGBTQ-Personen, und Stephanie Woolley ist keine Ausnahme. Ihre persönlichen Erfahrungen mit Diskriminierung haben nicht nur ihren Aktivismus geprägt, sondern auch ihre Sicht auf die Gesellschaft und deren Umgang mit Vielfalt. In diesem Abschnitt werden wir einige ihrer prägendsten Erfahrungen mit persönlicher Diskriminierung betrachten und die damit verbundenen Theorien und Probleme erörtern.

Die Definition von Diskriminierung

Diskriminierung kann als ungerechtfertigte Ungleichbehandlung einer Person oder Gruppe aufgrund ihrer Identität, einschließlich Geschlecht, sexueller Orientierung, Rasse oder Religion, definiert werden. Diese Ungleichbehandlung kann sich in verschiedenen Formen äußern, darunter verbale Angriffe, körperliche Gewalt, soziale Ausgrenzung und institutionelle Diskriminierung.

Stephanie Woolleys Erfahrungen

Stephanie Woolley wuchs in einer konservativen Umgebung auf, in der LGBTQ-Personen oft stigmatisiert und ausgegrenzt wurden. Ihre ersten Erfahrungen mit Diskriminierung traten bereits in der Schule auf, wo sie aufgrund ihrer Identität verspottet und gemobbt wurde. Diese Erfahrungen sind nicht nur emotional belastend, sondern können auch langfristige Auswirkungen auf das Selbstwertgefühl und die psychische Gesundheit haben.

Ein prägnantes Beispiel für ihre Erfahrungen ist ein Vorfall in der High School, als sie während einer Schulaufführung, in der sie eine Rolle spielte, von Mitschülern mit homophoben Beleidigungen konfrontiert wurde. Diese Erfahrung führte zu einer tiefen Verunsicherung und einem Gefühl der Isolation. Woolley berichtete, dass sie in diesem Moment nicht nur als Individuum, sondern auch als Teil einer marginalisierten Gemeinschaft verletzt wurde.

Die psychologischen Auswirkungen von Diskriminierung

Die psychologischen Auswirkungen von Diskriminierung sind gut dokumentiert. Studien zeigen, dass Menschen, die Diskriminierung erfahren, ein höheres Risiko für psychische Gesundheitsprobleme wie Depressionen, Angstzustände und posttraumatische Belastungsstörungen haben. Woolley selbst hat offen über ihre Kämpfe mit der psychischen Gesundheit gesprochen, die durch ihre Erfahrungen mit Diskriminierung verstärkt wurden.

$$\text{Psychische Gesundheit} = f(\text{Diskriminierung}, \text{Unterstützung}, \text{Resilienz}) \quad (30)$$

In dieser Gleichung steht die psychische Gesundheit in direktem Zusammenhang mit der Diskriminierung, der Unterstützung durch das soziale Umfeld und der individuellen Resilienz. Woolleys Erfahrungen verdeutlichen, wie wichtig es ist, ein unterstützendes Netzwerk zu haben, um die negativen Auswirkungen von Diskriminierung abzumildern.

Institutionelle Diskriminierung

Neben persönlichen Erfahrungen mit Diskriminierung hat Woolley auch die institutionelle Diskriminierung erlebt, die in vielen gesellschaftlichen Strukturen verankert ist. Diese Form der Diskriminierung zeigt sich beispielsweise in der unzureichenden Vertretung von LGBTQ-Personen in Bildungseinrichtungen, am Arbeitsplatz und in den Medien. Woolley hat in ihrer Arbeit darauf hingewiesen, dass institutionelle Diskriminierung oft subtiler ist, aber ebenso schädlich sein kann.

Ein Beispiel für institutionelle Diskriminierung ist die mangelnde Unterstützung für LGBTQ-Studierende an vielen Schulen. Oft fehlen Ressourcen wie Beratungsdienste oder spezifische Programme, die auf die Bedürfnisse von LGBTQ-Studierenden eingehen. Woolley hat sich aktiv dafür eingesetzt, dass

Schulen inklusivere Richtlinien und Programme implementieren, um Diskriminierung zu bekämpfen und eine sichere Umgebung für alle zu schaffen.

Strategien zur Bekämpfung von Diskriminierung

Woolley hat nicht nur ihre eigenen Erfahrungen mit Diskriminierung gemacht, sondern auch Strategien entwickelt, um anderen zu helfen, die ähnliches durchleben. Sie hat Workshops und Schulungen organisiert, um das Bewusstsein für Diskriminierung zu schärfen und Menschen zu ermutigen, sich gegen Ungerechtigkeiten zu wehren.

Ein Schlüssel zu diesen Strategien ist die Förderung von Empathie und Verständnis. Woolley glaubt, dass persönliche Geschichten und Erfahrungen, wie ihre eigenen, eine starke Wirkung haben können, um Vorurteile abzubauen und eine Kultur der Akzeptanz zu fördern.

$$\text{Empathie} = \frac{\text{Persönliche Geschichten}}{\text{Vorurteile}} \qquad (31)$$

Diese Gleichung zeigt, dass die Verbreitung persönlicher Geschichten eine entscheidende Rolle im Abbau von Vorurteilen spielt. Woolleys Ansatz betont, dass durch das Teilen von Erfahrungen eine tiefere Verbindung zwischen Menschen geschaffen werden kann, die zu mehr Verständnis und weniger Diskriminierung führt.

Fazit

Stephanie Woolleys Erfahrungen mit persönlicher Diskriminierung sind ein eindringliches Beispiel dafür, wie solche Erlebnisse das Leben und den Aktivismus eines Individuums prägen können. Ihre Geschichten sind nicht nur persönlich, sondern auch repräsentativ für die Herausforderungen, denen viele LGBTQ-Personen gegenüberstehen. Durch ihre Arbeit und ihren Aktivismus setzt sie sich dafür ein, dass diese Herausforderungen sichtbar gemacht werden und dass andere die Unterstützung und Ressourcen erhalten, die sie benötigen, um Diskriminierung zu überwinden und ihre Identität zu leben. Woolleys Ansatz, persönliche Geschichten zu nutzen, um Empathie und Verständnis zu fördern, könnte der Schlüssel sein, um eine gerechtere und inklusivere Gesellschaft zu schaffen.

Widerstand von Institutionen und Behörden

Der Widerstand von Institutionen und Behörden gegen LGBTQ-Aktivismus ist ein zentrales Thema, das sich durch die gesamte Geschichte der Bewegung zieht. Dieser Widerstand kann in verschiedenen Formen auftreten, von institutionellen Barrieren bis hin zu offenen Feindseligkeiten. Es ist wichtig, diese Widerstände zu analysieren, um die Herausforderungen zu verstehen, denen Aktivisten gegenüberstehen, und um Strategien zu entwickeln, die diesen Widerständen entgegenwirken können.

Theoretische Grundlagen

Der Widerstand von Institutionen gegen LGBTQ-Rechte kann durch verschiedene theoretische Rahmenbedingungen erklärt werden. Eine häufige Erklärung ist die *Theorie der sozialen Identität*, die besagt, dass Menschen dazu neigen, sich mit Gruppen zu identifizieren, die ihre eigenen Werte und Normen teilen. Institutionen, die traditionell heteronormative Werte vertreten, können daher Widerstand gegen LGBTQ-Aktivismus leisten, da dieser eine Bedrohung für ihre bestehenden sozialen Strukturen darstellt.

Ein weiterer theoretischer Rahmen ist die *Theorie der strukturellen Diskriminierung*, die beschreibt, wie institutionelle Praktiken und Richtlinien systematisch bestimmte Gruppen benachteiligen können. Diese Theorie hilft zu verstehen, dass der Widerstand nicht nur auf individueller Ebene, sondern auch durch tief verwurzelte strukturelle Ungleichheiten innerhalb von Institutionen und Behörden verstärkt wird.

Probleme des Widerstands

Der Widerstand von Institutionen und Behörden manifestiert sich in verschiedenen Formen, die sich negativ auf den LGBTQ-Aktivismus auswirken. Zu den häufigsten Problemen gehören:

- **Rechtliche Hürden:** In vielen Ländern gibt es Gesetze, die LGBTQ-Rechte einschränken oder kriminalisieren. Diese rechtlichen Rahmenbedingungen stellen eine erhebliche Hürde für Aktivisten dar, die für Gleichheit und Gerechtigkeit kämpfen.

- **Institutionelle Diskriminierung:** Behörden können aktiv gegen LGBTQ-Individuen diskriminieren, indem sie beispielsweise Zugang zu Dienstleistungen verweigern oder Vorurteile in ihren Entscheidungen zeigen. Dies kann in Bereichen wie Gesundheitsversorgung, Bildung und Beschäftigung besonders problematisch sein.

- **Mangel an Unterstützung:** Oftmals fehlt es an institutioneller Unterstützung für LGBTQ-Aktivisten. Dies kann in Form von fehlenden Ressourcen, unzureichender Finanzierung oder mangelndem Zugang zu Plattformen für Sichtbarkeit und Einflussnahme auftreten.

- **Negative Medienberichterstattung:** Institutionen können auch durch die Art und Weise, wie sie in den Medien dargestellt werden, Widerstand leisten. Negative Darstellungen von LGBTQ-Personen in den Nachrichten können öffentliche Meinungen beeinflussen und den Aktivismus untergraben.

Beispiele für Widerstand

Es gibt zahlreiche Beispiele für den Widerstand von Institutionen und Behörden gegen LGBTQ-Aktivismus. Ein prägnantes Beispiel ist die Reaktion der Polizei auf LGBTQ-Veranstaltungen. In vielen Städten haben Polizeibehörden bei Pride-Paraden oder LGBTQ-Demonstrationen eine aggressive Haltung eingenommen, was zu Spannungen zwischen Aktivisten und der Polizei geführt hat. Diese Spannungen können die Sicherheit der Teilnehmer gefährden und die Sichtbarkeit der Bewegung beeinträchtigen.

Ein weiteres Beispiel ist die Rolle von Bildungseinrichtungen. In vielen Schulen werden LGBTQ-Themen nach wie vor nicht ausreichend behandelt, und Lehrpläne ignorieren oft die Geschichte und die Kämpfe von LGBTQ-Personen. Dies führt zu einem Mangel an Wissen und Verständnis, der die Diskriminierung verstärken kann.

Zusätzlich gibt es auch Fälle, in denen Regierungen aktiv gegen LGBTQ-Rechte vorgehen, wie zum Beispiel in Ländern, in denen Homosexualität kriminalisiert ist. Solche rechtlichen Rahmenbedingungen schaffen ein feindliches Umfeld für Aktivisten und können zu Verhaftungen, Gewalt und Diskriminierung führen.

Strategien zur Überwindung des Widerstands

Um den Widerständen von Institutionen und Behörden entgegenzuwirken, sind verschiedene Strategien erforderlich. Dazu gehören:

- **Lobbyarbeit und politische Einflussnahme:** Aktivisten sollten sich aktiv an der politischen Diskussion beteiligen und Lobbyarbeit leisten, um Gesetze zu ändern, die diskriminierend sind. Der Aufbau von Allianzen mit anderen sozialen Bewegungen kann dabei helfen, eine stärkere Stimme zu erlangen.

- **Bildung und Aufklärung:** Die Sensibilisierung der Öffentlichkeit für LGBTQ-Themen ist entscheidend. Durch Bildungsprogramme in Schulen und Gemeinden können Vorurteile abgebaut und ein besseres Verständnis gefördert werden.

- **Öffentliche Kampagnen:** Sichtbare Kampagnen, die Geschichten von LGBTQ-Personen erzählen und die positiven Auswirkungen von Gleichheit und Akzeptanz zeigen, können helfen, negative Stereotypen zu überwinden und Unterstützung zu gewinnen.

- **Rechtliche Unterstützung:** Die Schaffung von rechtlichen Unterstützungsnetzwerken kann Aktivisten helfen, sich gegen Diskriminierung zu wehren und ihre Rechte durchzusetzen.

Fazit

Der Widerstand von Institutionen und Behörden ist eine der größten Herausforderungen, mit denen LGBTQ-Aktivisten konfrontiert sind. Durch das Verständnis der theoretischen Grundlagen, der Probleme und der Beispiele für diesen Widerstand können Strategien entwickelt werden, um ihn zu überwinden. Der Kampf für LGBTQ-Rechte ist ein fortwährender Prozess, der sowohl Mut als auch Ausdauer erfordert. Nur durch kollektives Handeln und die Schaffung eines unterstützenden Umfelds kann der Widerstand überwunden und eine gerechtere Gesellschaft für alle geschaffen werden.

Die Rolle von Hate Crimes im Aktivismus

Hate Crimes, oder Hassverbrechen, sind kriminelle Handlungen, die aus Vorurteilen oder Feindseligkeit gegenüber einer bestimmten Gruppe motiviert sind. Diese Verbrechen sind nicht nur Angriffe auf Einzelpersonen, sondern auch Angriffe auf die Identität und die Gemeinschaften, zu denen diese Personen gehören. Im Kontext des LGBTQ-Aktivismus spielt die Auseinandersetzung mit Hate Crimes eine entscheidende Rolle, da sie sowohl die Dringlichkeit des Aktivismus unterstreichen als auch die Herausforderungen, denen sich die Gemeinschaft gegenübersieht.

Theoretischer Hintergrund

Die Theorie der sozialen Identität legt nahe, dass Menschen ihre Identität stark mit der Gruppe verbinden, zu der sie gehören. Wenn diese Gruppe durch Hate

Crimes angegriffen wird, führt dies zu einem kollektiven Trauma, das die Gemeinschaften zusammenschweißen kann, aber auch zu Angst und Unsicherheit führt. Diese Dynamik wird durch die Theorie der kollektiven Effizienz verstärkt, die besagt, dass Gemeinschaften, die zusammenarbeiten, um gegen Ungerechtigkeiten zu kämpfen, eine höhere Wahrscheinlichkeit haben, Veränderungen herbeizuführen.

Probleme und Herausforderungen

Hate Crimes stellen eine erhebliche Herausforderung für LGBTQ-Aktivisten dar. Erstens gibt es oft eine Unterberichterstattung dieser Verbrechen. Viele Opfer von Hate Crimes zögern, diese Vorfälle zu melden, aus Angst vor weiterer Diskriminierung oder Stigmatisierung. Laut einer Studie von [?], die die Erfahrungen von LGBTQ-Personen in Bezug auf Gewalt und Diskriminierung untersucht, gaben 60% der Befragten an, dass sie aus Angst vor Repressalien oder Nichtglauben nicht zur Polizei gingen.

Zweitens ist die rechtliche Behandlung von Hate Crimes in vielen Ländern unzureichend. In vielen Rechtssystemen werden Hate Crimes nicht als eigenständige Verbrechen anerkannt, was bedeutet, dass die spezifischen Motive hinter den Taten oft nicht ausreichend berücksichtigt werden. Dies kann zu milderen Strafen für die Täter führen und das Gefühl der Unrechtmäßigkeit und Ungerechtigkeit in der Gemeinschaft verstärken.

Beispiele aus der Praxis

Ein bemerkenswertes Beispiel für die Auswirkungen von Hate Crimes auf den LGBTQ-Aktivismus ist der Mord an Matthew Shepard im Jahr 1998. Shepard, ein junger homosexueller Mann, wurde brutal angegriffen und ermordet, was landesweite Proteste und eine verstärkte Diskussion über die Notwendigkeit von Gesetzen gegen Hate Crimes auslöste. Diese Tragödie führte letztendlich zur Verabschiedung des *Matthew Shepard and James Byrd, Jr. Hate Crimes Prevention Act* in den USA, das die rechtlichen Rahmenbedingungen für die Verfolgung von Hate Crimes erweiterte und den Schutz von LGBTQ-Personen stärkte.

Ein weiteres Beispiel ist der Fall von Brandon Teena, einem Transgender-Mann, der 1993 in Nebraska ermordet wurde. Teenas Geschichte wurde in dem Film *Boys Don't Cry* dargestellt und half, das Bewusstsein für Gewalt gegen Transgender-Personen zu schärfen. Diese Fälle verdeutlichen, wie Hate Crimes nicht nur individuelle Leben zerstören, sondern auch als Katalysatoren für gesellschaftlichen Wandel fungieren können.

Die Rolle des Aktivismus

Die Reaktion auf Hate Crimes hat den LGBTQ-Aktivismus geprägt und ihm eine stärkere Stimme gegeben. Aktivisten nutzen diese Vorfälle, um auf die Notwendigkeit von Veränderungen in der Gesellschaft aufmerksam zu machen. Proteste, Kampagnen und Bildungsinitiativen sind direkte Reaktionen auf die Gewalt, die LGBTQ-Personen erfahren. Diese Aktivitäten zielen darauf ab, die Sichtbarkeit von Hate Crimes zu erhöhen und die Gemeinschaften zu mobilisieren, um gegen Diskriminierung zu kämpfen.

Darüber hinaus ist die Dokumentation von Hate Crimes von entscheidender Bedeutung für den Aktivismus. Organisationen wie das *Human Rights Campaign* und *GLAAD* haben Daten über Hate Crimes gegen LGBTQ-Personen gesammelt und veröffentlicht, um die Öffentlichkeit über die Realität dieser Verbrechen aufzuklären und den Druck auf die Gesetzgeber zu erhöhen, Maßnahmen zu ergreifen.

Fazit

Die Rolle von Hate Crimes im LGBTQ-Aktivismus ist komplex und vielschichtig. Diese Verbrechen stellen nicht nur eine unmittelbare Bedrohung für die Sicherheit und das Wohlbefinden von Individuen dar, sondern auch eine Herausforderung für die gesamte Gemeinschaft. Sie dienen jedoch auch als Anstoß für Mobilisierung und Veränderung. Indem Aktivisten auf die Realität von Hate Crimes aufmerksam machen, können sie eine breitere Diskussion über Gleichheit und Gerechtigkeit fördern und letztlich dazu beitragen, eine sicherere und inklusivere Gesellschaft zu schaffen.

Die Auseinandersetzung mit Hate Crimes bleibt ein zentraler Aspekt des LGBTQ-Aktivismus, der sowohl die Notwendigkeit von rechtlichen Reformen als auch die Bedeutung von Gemeinschaft und Solidarität betont. Nur durch die kollektive Anstrengung, diese Verbrechen zu bekämpfen und ihre Ursachen zu verstehen, kann die LGBTQ-Community hoffen, eine gerechtere Zukunft zu erreichen.

Strategien zur Bekämpfung von Diskriminierung

Diskriminierung ist ein tief verwurzeltes gesellschaftliches Problem, das in vielen Formen und Facetten auftritt. Um Diskriminierung effektiv zu bekämpfen, sind umfassende Strategien erforderlich, die sowohl auf individueller als auch auf struktureller Ebene ansetzen. In diesem Abschnitt werden verschiedene Ansätze zur Bekämpfung von Diskriminierung erörtert, die auf theoretischen Grundlagen basieren und durch praktische Beispiele untermauert werden.

Theoretische Grundlagen

Die Bekämpfung von Diskriminierung kann durch verschiedene theoretische Rahmenbedingungen unterstützt werden. Ein zentraler Ansatz ist die *Intersektionalität*, die die Wechselwirkungen zwischen verschiedenen Diskriminierungsformen, wie Geschlecht, Rasse, Sexualität und Klasse, analysiert. Diese Theorie hilft zu verstehen, dass Diskriminierung nicht isoliert betrachtet werden kann, sondern oft mehrere Dimensionen umfasst, die sich gegenseitig beeinflussen.

Ein weiteres wichtiges Konzept ist die *Kritische Theorie*, die darauf abzielt, Machtstrukturen und gesellschaftliche Normen zu hinterfragen. Diese Theorie legt den Grundstein für das Verständnis, wie Diskriminierung institutionalisiert wird und wie sie durch gesellschaftliche Praktiken und Normen aufrechterhalten wird.

Individuelle Strategien

Auf individueller Ebene können folgende Strategien zur Bekämpfung von Diskriminierung angewendet werden:

- **Bildung und Sensibilisierung:** Individuen sollten über die verschiedenen Formen von Diskriminierung aufgeklärt werden, um ein Bewusstsein für Vorurteile und Stereotypen zu schaffen. Workshops, Schulungen und Informationskampagnen können helfen, das Wissen und die Sensibilität zu erhöhen.

- **Empowerment:** Die Stärkung von Individuen und Gemeinschaften ist entscheidend. Programme, die Selbstbewusstsein und Fähigkeiten fördern, können Menschen helfen, sich gegen Diskriminierung zu wehren und ihre Rechte zu verteidigen.

- **Allyship:** Verbündete spielen eine wichtige Rolle im Kampf gegen Diskriminierung. Menschen, die nicht direkt betroffen sind, können ihre Stimme erheben und Unterstützung bieten, um Diskriminierung sichtbar zu machen und zu bekämpfen.

Strukturelle Strategien

Auf struktureller Ebene sind folgende Strategien von Bedeutung:

- **Gesetzgebung und Richtlinien:** Die Schaffung und Durchsetzung von Gesetzen, die Diskriminierung verbieten, ist unerlässlich. Anti-Diskriminierungsgesetze müssen regelmäßig überprüft und aktualisiert werden, um den sich ändernden gesellschaftlichen Bedingungen Rechnung zu tragen.

- **Diversität und Inklusion in Organisationen:** Unternehmen und Institutionen sollten Diversitäts- und Inklusionsstrategien entwickeln, um sicherzustellen, dass alle Stimmen gehört werden. Dies kann durch die Implementierung von Diversitätsprogrammen, Schulungen und der Schaffung von sicheren Räumen geschehen.

- **Öffentlichkeitsarbeit:** Eine gezielte Öffentlichkeitsarbeit kann helfen, das Bewusstsein für Diskriminierung zu schärfen und gesellschaftliche Normen zu verändern. Kampagnen, die Geschichten von Betroffenen erzählen, können Empathie und Verständnis fördern.

Praktische Beispiele

Ein Beispiel für erfolgreiche Strategien zur Bekämpfung von Diskriminierung ist die *Black Lives Matter*-Bewegung, die durch soziale Medien und öffentliche Proteste eine weltweite Diskussion über Rassismus und Polizeigewalt angestoßen hat. Diese Bewegung nutzt die Macht der Gemeinschaft und die Sichtbarkeit, um auf Diskriminierung aufmerksam zu machen und Veränderungen zu fordern.

Ein weiteres Beispiel ist die Initiative *It Gets Better*, die sich an LGBTQ+-Jugendliche richtet. Diese Kampagne nutzt persönliche Geschichten von Menschen, die Diskriminierung erlebt haben, um Hoffnung und Unterstützung zu bieten. Solche Initiativen zeigen, wie wichtig es ist, Geschichten zu teilen und Gemeinschaften zu stärken.

Fazit

Die Bekämpfung von Diskriminierung erfordert einen vielschichtigen Ansatz, der sowohl individuelle als auch strukturelle Strategien umfasst. Bildung, Empowerment und Allyship sind entscheidend, um das Bewusstsein zu schärfen und Menschen zu unterstützen. Gleichzeitig sind gesetzliche Rahmenbedingungen und Diversitätsstrategien in Organisationen notwendig, um langfristige Veränderungen zu bewirken. Durch die Kombination dieser Ansätze können wir eine gerechtere und inklusivere Gesellschaft schaffen, in der Diskriminierung keinen Platz hat.

Die Wichtigkeit von Solidarität

Solidarität ist ein zentrales Konzept im LGBTQ-Aktivismus, das nicht nur die Stärkung der Gemeinschaft, sondern auch den Kampf gegen Diskriminierung und Ungerechtigkeit umfasst. In einer Welt, in der viele LGBTQ-Personen mit Vorurteilen, Stigmatisierung und Gewalt konfrontiert sind, wird die Rolle der Solidarität zu einem unverzichtbaren Element des Aktivismus.

Theoretische Grundlagen der Solidarität

Solidarität kann als eine soziale Verbindung definiert werden, die auf gemeinsamen Werten, Zielen und dem Bestreben beruht, einander zu unterstützen. Sie ist nicht nur ein Gefühl, sondern auch eine Handlung, die sich in verschiedenen Formen äußern kann: von der emotionalen Unterstützung bis hin zu aktivem Engagement in Kampagnen und Bewegungen. In der Theorie wird Solidarität oft mit dem Konzept der *kollektiven Identität* in Verbindung gebracht, das die Art und Weise beschreibt, wie Individuen sich als Teil einer Gruppe sehen und sich für die Belange dieser Gruppe einsetzen.

Ein Beispiel für die theoretische Verankerung von Solidarität ist die *Theorie der sozialen Identität*, die besagt, dass Individuen ihr Selbstwertgefühl durch ihre Zugehörigkeit zu sozialen Gruppen definieren. Diese Zugehörigkeit fördert ein Gefühl der Solidarität, das in Zeiten von Krisen oder Diskriminierung besonders stark ausgeprägt ist.

Probleme und Herausforderungen

Trotz ihrer Bedeutung ist Solidarität im LGBTQ-Aktivismus nicht immer gegeben. Es gibt viele Herausforderungen, die die Solidarität innerhalb der Gemeinschaft beeinträchtigen können:

- **Interne Spaltungen:** Innerhalb der LGBTQ-Community gibt es oft Spannungen zwischen verschiedenen Gruppen, sei es aufgrund von Rasse, Geschlecht oder sexueller Orientierung. Diese internen Spaltungen können dazu führen, dass Solidarität schwerer zu erreichen ist.

- **Mangelnde Sichtbarkeit:** Viele marginalisierte Gruppen innerhalb der LGBTQ-Community, wie Transgender-Personen oder People of Color, haben oft nicht die gleiche Sichtbarkeit oder Unterstützung wie andere Gruppen. Dies kann die Solidarität untergraben, da nicht alle Stimmen gehört werden.

- **Externe Bedrohungen:** Diskriminierung und Gewalt von außen können dazu führen, dass sich Gruppen innerhalb der LGBTQ-Community isoliert fühlen. Diese äußeren Bedrohungen können das Gefühl der Solidarität schwächen, wenn sich Menschen auf ihre eigenen Kämpfe konzentrieren.

Beispiele für Solidarität im Aktivismus

Trotz dieser Herausforderungen gibt es viele inspirierende Beispiele für Solidarität im LGBTQ-Aktivismus:

- **Stonewall-Aufstände:** Die Stonewall-Unruhen von 1969 sind ein klassisches Beispiel für Solidarität in Aktion. Menschen aus verschiedenen Teilen der LGBTQ-Community kamen zusammen, um gegen Polizeigewalt und Diskriminierung zu protestieren. Diese kollektive Aktion führte zur Entstehung der modernen LGBTQ-Bewegung.

- **Pride-Paraden:** Pride-Veranstaltungen weltweit sind Ausdruck von Solidarität und Sichtbarkeit. Sie vereinen Menschen aus unterschiedlichen Hintergründen, um für LGBTQ-Rechte zu kämpfen und die Vielfalt zu feiern. Diese Veranstaltungen sind oft auch ein Ort der Unterstützung für marginalisierte Gruppen innerhalb der Gemeinschaft.

- **Allianzen mit anderen sozialen Bewegungen:** LGBTQ-Aktivisten haben häufig Allianzen mit anderen sozialen Bewegungen gebildet, wie etwa der feministischen Bewegung oder der Black Lives Matter-Bewegung. Diese intersektionalen Ansätze stärken die Solidarität und fördern ein umfassenderes Verständnis von Gerechtigkeit.

Die Rolle von Solidarität in der Zukunft des Aktivismus

Die Bedeutung von Solidarität wird in der Zukunft des LGBTQ-Aktivismus weiterhin entscheidend sein. Um die Herausforderungen, die noch bestehen, zu bewältigen, ist es notwendig, dass Aktivisten und Unterstützer zusammenarbeiten, um eine inklusive und unterstützende Umgebung zu schaffen.

Ein wichtiger Aspekt wird die Förderung von *intersektionalem Aktivismus* sein, der die verschiedenen Identitäten und Erfahrungen innerhalb der LGBTQ-Community anerkennt und respektiert. Indem wir die Stimmen aller Mitglieder der Gemeinschaft einbeziehen, können wir eine stärkere und vereintere Front gegen Diskriminierung und Ungerechtigkeit bilden.

Zusammenfassend lässt sich sagen, dass Solidarität im LGBTQ-Aktivismus nicht nur ein theoretisches Konzept ist, sondern eine notwendige Praxis, die es den Menschen ermöglicht, sich gegenseitig zu unterstützen und für ihre Rechte zu kämpfen. In einer Zeit, in der Diskriminierung und Ungerechtigkeit weiterhin bestehen, ist die Förderung von Solidarität unerlässlich, um eine gerechtere und inklusive Gesellschaft zu schaffen.

Die Herausforderungen der Sichtbarkeit

Die Sichtbarkeit von LGBTQ-Personen ist ein zentrales Anliegen im Aktivismus, da sie sowohl die Repräsentation als auch die Akzeptanz in der Gesellschaft fördert. Dennoch gibt es zahlreiche Herausforderungen, die mit der Sichtbarkeit verbunden sind, die es zu überwinden gilt. In diesem Abschnitt werden wir die verschiedenen Dimensionen dieser Herausforderungen untersuchen.

Stigmatisierung und Stereotypen

Eine der größten Hürden für die Sichtbarkeit ist die anhaltende Stigmatisierung von LGBTQ-Personen. Diese Stigmatisierung manifestiert sich häufig in Form von Stereotypen, die die Wahrnehmung von LGBTQ-Individuen verzerren. Beispielsweise können trans Personen oft mit negativen Klischees konfrontiert werden, die ihre Identität und Erfahrungen nicht widerspiegeln.

Diese Stereotypen können nicht nur das Selbstbild der Betroffenen beeinträchtigen, sondern auch die Art und Weise, wie sie von der Gesellschaft wahrgenommen werden. In einer Studie von Herek (2009) wurde festgestellt, dass negative Stereotypen zu Diskriminierung und sozialer Isolation führen können, was die Sichtbarkeit von LGBTQ-Personen weiter einschränkt.

Sicherheitsbedenken

Ein weiteres signifikantes Problem ist die Sicherheit von LGBTQ-Personen, die sich öffentlich zu ihrer Identität bekennen. Häufig sind Aktivisten und Sichtbare Ziel von Gewalt und Diskriminierung. Laut dem FBI (2020) sind Hate Crimes gegen LGBTQ-Personen in den letzten Jahren gestiegen. Diese Bedrohungen können dazu führen, dass sich viele Menschen nicht trauen, ihre Identität offen zu leben, was die Sichtbarkeit der gesamten Gemeinschaft beeinträchtigt.

Die Angst vor Gewalt kann auch dazu führen, dass Menschen sich in ihrer Selbstpräsentation zurückhalten. Eine Umfrage des Pew Research Centers (2013) ergab, dass 30% der LGBTQ-Personen in den USA angaben, dass sie ihre sexuelle Orientierung oder Geschlechtsidentität in bestimmten sozialen Situationen nicht offenlegen würden, aus Angst vor negativen Konsequenzen.

Fehlende Repräsentation in den Medien

Die Medien spielen eine entscheidende Rolle in der Schaffung von Sichtbarkeit für LGBTQ-Personen. Dennoch ist die Repräsentation in den Medien oft unzureichend oder stereotypisch. Laut einer Studie von GLAAD (2021) sind nur 20% der Charaktere in primären TV-Serien LGBTQ, und viele dieser Charaktere sind nicht authentisch dargestellt.

Diese unzureichende Repräsentation führt zu einem Mangel an positiven Vorbildern für LGBTQ-Jugendliche, die sich in den Medien nicht wiederfinden. Dies kann zu einem Gefühl der Isolation und des Mangels an Zugehörigkeit führen. Die Medien sollten daher eine verantwortungsvolle Rolle übernehmen, um die Vielfalt innerhalb der LGBTQ-Community darzustellen und diese Sichtbarkeit zu fördern.

Intersektionalität und Vielfalt

Eine der größten Herausforderungen der Sichtbarkeit ist die Berücksichtigung der Intersektionalität. LGBTQ-Personen sind nicht homogen; sie kommen aus unterschiedlichen ethnischen, sozialen und wirtschaftlichen Hintergründen. Die Sichtbarkeit muss daher die Vielfalt innerhalb der Gemeinschaft widerspiegeln.

Beispielsweise können schwarze trans Frauen mit spezifischen Herausforderungen konfrontiert sein, die sich von denen weißer schwuler Männer unterscheiden. Diese unterschiedlichen Erfahrungen müssen in der Diskussion über Sichtbarkeit berücksichtigt werden. Crenshaw (1989) beschreibt, wie intersektionale Identitäten die Erfahrungen von Diskriminierung und Marginalisierung beeinflussen.

Der Einfluss von sozialen Medien

Soziale Medien haben das Potenzial, die Sichtbarkeit von LGBTQ-Personen erheblich zu erhöhen. Plattformen wie Instagram und Twitter ermöglichen es Individuen, ihre Geschichten und Erfahrungen zu teilen und eine breitere

Gemeinschaft zu erreichen. Dennoch können soziale Medien auch eine doppelte Kante haben.

Die Anonymität des Internets kann zu Cybermobbing und Trolling führen, was viele dazu bringt, ihre Identität zurückzuhalten. Eine Studie von Kowert et al. (2014) zeigt, dass Online-Mobbing erhebliche negative Auswirkungen auf das psychische Wohlbefinden von LGBTQ-Jugendlichen hat.

Politische und soziale Widerstände

Politische und soziale Widerstände stellen ebenfalls erhebliche Herausforderungen für die Sichtbarkeit dar. In vielen Ländern gibt es immer noch Gesetze, die LGBTQ-Personen diskriminieren, was sich negativ auf ihre Sichtbarkeit auswirkt. In Ländern wie Ungarn und Polen gibt es zunehmend restriktive Gesetze, die LGBTQ-Rechte einschränken und die Sichtbarkeit der Gemeinschaft bedrohen.

Diese politischen Rahmenbedingungen schaffen ein Umfeld, in dem LGBTQ-Personen sich nicht sicher fühlen, ihre Identität offen zu leben. Aktivisten, die sich gegen diese Gesetze einsetzen, sind häufig Ziel von Repressionen und Gewalt, was die Sichtbarkeit weiter einschränkt.

Fazit

Die Herausforderungen der Sichtbarkeit sind vielfältig und komplex. Von der Stigmatisierung über Sicherheitsbedenken bis hin zu politischen Widerständen – die Barrieren sind zahlreich. Um die Sichtbarkeit von LGBTQ-Personen zu fördern, müssen wir diese Herausforderungen anerkennen und aktiv daran arbeiten, sie zu überwinden. Nur durch eine kollektive Anstrengung kann die LGBTQ-Community in ihrer Vielfalt sichtbar gemacht werden und die Akzeptanz in der Gesellschaft fördern.

Es ist wichtig, dass wir als Gesellschaft die Stimmen der LGBTQ-Personen hören und ihre Geschichten erzählen, um so ein besseres Verständnis und eine tiefere Akzeptanz zu erreichen. Letztendlich ist Sichtbarkeit nicht nur eine Frage der Repräsentation, sondern auch eine Frage der Menschlichkeit und des Respekts für die Identität jedes Einzelnen.

Die Rolle der Polizei im Aktivismus

Die Rolle der Polizei im LGBTQ-Aktivismus ist ein komplexes und oft umstrittenes Thema. Während die Polizei als Institution für die Aufrechterhaltung der öffentlichen Ordnung und Sicherheit zuständig ist, gibt es in der LGBTQ-Community viele Bedenken hinsichtlich der Polizeiarbeit, insbesondere in Bezug auf Diskriminierung, Gewalt und Missbrauch von Macht. In diesem Abschnitt werden wir die verschiedenen Dimensionen dieser Beziehung untersuchen, die Herausforderungen beleuchten, die sich aus dieser Dynamik ergeben, und Beispiele für die Interaktion zwischen Polizei und LGBTQ-Aktivismus anführen.

Historischer Kontext

Historisch gesehen hat die Polizei in vielen Ländern eine ambivalente Rolle in Bezug auf LGBTQ-Rechte gespielt. Während der Stonewall-Unruhen von 1969, die als Wendepunkt im modernen LGBTQ-Aktivismus gelten, wurde die Polizei als Hauptakteur in der Verfolgung und Diskriminierung von LGBTQ-Personen wahrgenommen. Die brutalen Razzien in Bars und Clubs, die häufig von der Polizei durchgeführt wurden, führten zu einem kollektiven Aufstand der LGBTQ-Community, der die Grundlage für die moderne Pride-Bewegung legte. Diese Ereignisse verdeutlichen, dass die Polizei oft als Unterdrücker und nicht als Beschützer wahrgenommen wird.

Die Herausforderungen der Polizeiarbeit

Ein zentrales Problem, das die Beziehung zwischen der Polizei und der LGBTQ-Community belastet, ist die Diskriminierung. Viele LGBTQ-Personen berichten von Erfahrungen mit Vorurteilen und Gewalt durch Polizeibeamte. Diese Erfahrungen können von verbalen Beleidigungen bis hin zu körperlicher Gewalt reichen und führen oft zu einem tiefen Misstrauen gegenüber der Polizei. Studien zeigen, dass LGBTQ-Personen, insbesondere Transgender-Personen und People of Color, ein höheres Risiko haben, Opfer von Polizeigewalt zu werden [1].

Darüber hinaus gibt es auch strukturelle Probleme innerhalb der Polizeibehörden selbst. Die Ausbildung und Sensibilisierung für LGBTQ-Themen sind in vielen Polizeidienststellen unzureichend, was zu einem Mangel an Verständnis und Empathie für die Herausforderungen führt, mit denen die LGBTQ-Community konfrontiert ist. Dies kann zu einer weiteren Marginalisierung von LGBTQ-Personen innerhalb der Gesellschaft führen.

Die Rolle der Polizei im Aktivismus

Trotz der Herausforderungen gibt es auch Ansätze zur Zusammenarbeit zwischen der Polizei und der LGBTQ-Community. Einige Polizeibehörden haben begonnen, spezielle Schulungsprogramme zu implementieren, um ihre Beamten für die Bedürfnisse und Rechte von LGBTQ-Personen zu sensibilisieren. Diese

Initiativen können dazu beitragen, das Vertrauen zwischen der Polizei und der Community zu stärken und ein sichereres Umfeld für LGBTQ-Personen zu schaffen.

Ein Beispiel für eine solche Initiative ist das *LGBTQ+ Liaison Officer Program* in Toronto, das darauf abzielt, eine Brücke zwischen der Polizei und der LGBTQ-Community zu schlagen. Durch die Ernennung von speziellen Ansprechpartnern innerhalb der Polizei, die sich mit LGBTQ-Anliegen befassen, wird versucht, die Kommunikation zu verbessern und ein Gefühl der Sicherheit zu fördern [2].

Kritik und Widerstand

Trotz dieser positiven Ansätze gibt es innerhalb der LGBTQ-Community anhaltende Bedenken hinsichtlich der Rolle der Polizei im Aktivismus. Viele Aktivisten argumentieren, dass die Polizei nicht in Pride-Events oder LGBTQ-Demonstrationen präsent sein sollte, da dies die Botschaft der Solidarität und des Widerstands gegen Unterdrückung untergräbt. Die Diskussion über die Teilnahme der Polizei an Pride-Paraden hat zu einer breiten Debatte über die Rolle von Autorität und Macht in der LGBTQ-Bewegung geführt.

Ein Beispiel hierfür ist die Entscheidung der Toronto Pride-Organisation, die Polizei von der Parade im Jahr 2019 auszuschließen. Dies geschah als Reaktion auf anhaltende Forderungen von Aktivisten, die eine klare Trennung zwischen Polizeiarbeit und LGBTQ-Rechten forderten. Diese Entscheidung wurde sowohl unterstützt als auch kritisiert, und sie verdeutlicht die tiefen Spannungen, die in der Beziehung zwischen der Polizei und der LGBTQ-Community bestehen.

Zukunftsperspektiven

Die Zukunft der Beziehung zwischen Polizei und LGBTQ-Aktivismus wird weiterhin von den Bemühungen beider Seiten abhängen, Vertrauen aufzubauen und Vorurteile abzubauen. Es ist wichtig, dass Polizeibehörden transparent sind in ihren Bemühungen, LGBTQ-Personen zu schützen und zu unterstützen, während die LGBTQ-Community ihre Stimme erhebt und für ihre Rechte kämpft.

Insgesamt zeigt die Rolle der Polizei im Aktivismus, dass es sowohl Herausforderungen als auch Möglichkeiten gibt. Es ist entscheidend, dass die Stimmen der LGBTQ-Community gehört werden und dass die Polizei als Partner in der Förderung von Gleichheit und Gerechtigkeit fungiert, anstatt als Hindernis. Nur durch Zusammenarbeit und Verständnis kann eine positive Veränderung erreicht werden.

Bibliography

[1] Smith, M. (2021). *Police Violence and LGBTQ Communities: A Review of the Literature*. Journal of Social Issues, 77(2), 345-367.

[2] Toronto Police Service. (2020). *LGBTQ+ Liaison Officer Program*. Retrieved from `https://www.torontopolice.on.ca/community/lgbtq-liaison-officer-program`

Die Auswirkungen von Diskriminierung auf die Gemeinschaft

Diskriminierung, insbesondere gegen LGBTQ-Personen, hat weitreichende und tiefgreifende Auswirkungen auf die Gemeinschaft. Diese Auswirkungen sind nicht nur individuell, sondern beeinflussen auch die kollektive Identität und das Wohlbefinden der gesamten Gemeinschaft. In diesem Abschnitt werden wir die verschiedenen Dimensionen der Auswirkungen von Diskriminierung auf die LGBTQ-Gemeinschaft untersuchen, einschließlich psychologischer, sozialer und wirtschaftlicher Aspekte.

Psychologische Auswirkungen

Die psychologischen Auswirkungen von Diskriminierung sind oft gravierend. Viele LGBTQ-Personen erleben aufgrund ihrer Identität ständige Angst und Stress. Laut einer Studie von Meyer (2003) zur *Minority Stress Theory* sind LGBTQ-Individuen einem höheren Maß an Stress ausgesetzt, das aus sozialen Vorurteilen, Diskriminierung und Stigmatisierung resultiert. Diese Stressoren können zu einer Vielzahl von psychischen Gesundheitsproblemen führen, darunter:

- **Depressionen:** Studien zeigen, dass LGBTQ-Personen, die Diskriminierung erfahren, ein höheres Risiko für Depressionen haben. Eine Umfrage von The

Trevor Project (2020) ergab, dass 40% der LGBTQ-Jugendlichen ernsthafte depressive Symptome berichteten.

- **Angststörungen:** Diskriminierung kann auch zu Angstzuständen führen, die sich in sozialen Phobien oder generalisierten Angststörungen äußern. Die ständige Furcht vor Diskriminierung führt zu einer erhöhten Wachsamkeit und Stressreaktionen.

- **Selbstverletzendes Verhalten:** In extremen Fällen kann die psychische Belastung so stark werden, dass sie zu selbstverletzendem Verhalten oder Suizid führen kann. Laut einer Studie von Birkett et al. (2015) haben LGBTQ-Jugendliche ein höheres Risiko für Selbstmordversuche im Vergleich zu ihren heterosexuellen Altersgenossen.

Soziale Auswirkungen

Diskriminierung hat auch erhebliche soziale Auswirkungen auf die Gemeinschaft. Diese beinhalten:

- **Isolation:** Viele LGBTQ-Personen ziehen sich aufgrund von Diskriminierung und Vorurteilen aus sozialen Interaktionen zurück. Diese Isolation kann zu einem Mangel an Unterstützung und einem Gefühl der Einsamkeit führen.

- **Stigmatisierung:** Diskriminierung führt zu einer Stigmatisierung innerhalb der Gemeinschaft, die wiederum das Selbstwertgefühl und die Identität der Betroffenen beeinträchtigt. Die Stigmatisierung kann auch dazu führen, dass LGBTQ-Personen in ihrer eigenen Gemeinschaft nicht akzeptiert werden.

- **Verminderte Teilnahme an Gemeinschaftsaktivitäten:** Aufgrund der Angst vor Diskriminierung oder Gewalt nehmen viele LGBTQ-Personen nicht an Gemeinschaftsaktivitäten oder Veranstaltungen teil, was die Sichtbarkeit und die Stärke der Gemeinschaft verringert.

Wirtschaftliche Auswirkungen

Die wirtschaftlichen Auswirkungen von Diskriminierung sind ebenfalls erheblich. Diskriminierung kann sich in mehreren Bereichen manifestieren:

- **Arbeitslosigkeit und Unterbeschäftigung:** LGBTQ-Personen haben oft Schwierigkeiten, Arbeitsplätze zu finden oder zu behalten, was zu höheren

Raten von Arbeitslosigkeit führt. Eine Studie von McKinsey (2021) zeigt, dass LGBTQ-Personen in vielen Branchen unterrepräsentiert sind und häufig Diskriminierung am Arbeitsplatz erfahren.

- **Einkommensunterschiede:** Diskriminierung kann auch zu Einkommensunterschieden führen. Laut einer Untersuchung von the Williams Institute (2019) verdienen LGBTQ-Personen im Durchschnitt weniger als ihre heterosexuellen Kollegen, was teilweise auf Diskriminierung am Arbeitsplatz zurückzuführen ist.

- **Gesundheitskosten:** Die psychischen und physischen Gesundheitsprobleme, die aus Diskriminierung resultieren, führen oft zu höheren Gesundheitskosten für die Betroffenen. Dies kann die finanzielle Stabilität von Einzelpersonen und der Gemeinschaft insgesamt beeinträchtigen.

Beispiele aus der Gemeinschaft

Ein Beispiel für die Auswirkungen von Diskriminierung auf die Gemeinschaft kann in den Erfahrungen von LGBTQ-Jugendlichen in Schulen gesehen werden. Viele berichten von Mobbing und Diskriminierung, was zu einem Rückgang ihrer schulischen Leistungen und einem Anstieg von Abbrüchen führt. Eine Studie von GLSEN (2019) zeigt, dass 60% der LGBTQ-Schülerinnen und Schüler in den USA aufgrund ihrer sexuellen Orientierung oder Geschlechtsidentität gemobbt wurden.

Ein weiteres Beispiel ist die Reaktion der LGBTQ-Gemeinschaft auf die COVID-19-Pandemie. Während der Pandemie wurden viele LGBTQ-Personen von ihren Familien und Gemeinschaften isoliert, was die Auswirkungen von Diskriminierung und Stigmatisierung verstärkte. Die Notwendigkeit von Online-Ressourcen und virtuellen Unterstützungsgruppen wurde deutlich, um die psychologischen und sozialen Auswirkungen zu mildern.

Fazit

Die Auswirkungen von Diskriminierung auf die LGBTQ-Gemeinschaft sind tiefgreifend und vielschichtig. Sie beeinflussen nicht nur die psychische Gesundheit, sondern auch das soziale Gefüge und die wirtschaftliche Stabilität der Gemeinschaft. Um diese Herausforderungen zu bewältigen, ist es entscheidend, dass Aktivismus und Gemeinschaftsunterstützung gefördert werden, um ein Umfeld der Akzeptanz und des Respekts zu schaffen. Nur durch Bildung,

Aufklärung und Solidarität können wir die schädlichen Auswirkungen von Diskriminierung überwinden und eine gerechtere Gesellschaft für alle schaffen.

Die Bedeutung von rechtlichen Schutzmaßnahmen

Rechtliche Schutzmaßnahmen spielen eine entscheidende Rolle im LGBTQ-Aktivismus, da sie den rechtlichen Rahmen bieten, der notwendig ist, um die Rechte und Freiheiten von LGBTQ-Personen zu schützen. Ohne diese Schutzmaßnahmen sind Individuen und Gemeinschaften anfällig für Diskriminierung, Gewalt und Ungerechtigkeit. In diesem Abschnitt werden die verschiedenen Aspekte der rechtlichen Schutzmaßnahmen, ihre Bedeutung, Herausforderungen und einige Beispiele für erfolgreiche gesetzliche Initiativen erörtert.

Theoretische Grundlagen

Rechtliche Schutzmaßnahmen basieren auf der Annahme, dass alle Menschen unabhängig von ihrer sexuellen Orientierung oder Geschlechtsidentität die gleichen Rechte und Freiheiten genießen sollten. Diese Prinzipien sind in internationalen Menschenrechtsdokumenten verankert, wie beispielsweise der Allgemeinen Erklärung der Menschenrechte (AEMR), die in Artikel 1 feststellt, dass „alle Menschen frei und gleich an Würde und Rechten geboren sind".

Ein weiterer wichtiger rechtlicher Rahmen ist das Konzept der Gleichheit vor dem Gesetz, das in vielen nationalen Verfassungen verankert ist. Dieses Konzept besagt, dass alle Bürgerinnen und Bürger unabhängig von ihrer Identität gleich behandelt werden müssen. In der LGBTQ-Bewegung wird oft auf Artikel 2 der AEMR verwiesen, der Diskriminierung aufgrund von Geschlecht, Rasse, Religion oder anderen Merkmalen verbietet.

Herausforderungen

Trotz der existierenden rechtlichen Rahmenbedingungen gibt es zahlreiche Herausforderungen, die die Umsetzung und Durchsetzung von Schutzmaßnahmen behindern. Dazu gehören:

- **Gesetzliche Lücken:** In vielen Ländern gibt es keine spezifischen Gesetze, die Diskriminierung aufgrund von sexueller Orientierung oder Geschlechtsidentität verbieten. Dies führt dazu, dass LGBTQ-Personen nicht den gleichen Schutz genießen wie andere Gruppen.

- **Politischer Widerstand:** In einigen Regionen gibt es starken politischen Widerstand gegen die Einführung oder den Erhalt von rechtlichen Schutzmaßnahmen. Dies kann durch konservative politische Bewegungen oder religiöse Gruppen verstärkt werden, die gegen LGBTQ-Rechte sind.
- **Mangelnde Durchsetzung:** Selbst wenn Gesetze existieren, werden sie oft nicht durchgesetzt. Polizei und Justizsysteme können Vorurteile gegenüber LGBTQ-Personen haben, was zu einer unzureichenden Reaktion auf Diskriminierungsfälle führt.
- **Gesellschaftliche Vorurteile:** Diskriminierung und Vorurteile in der Gesellschaft können die Wirksamkeit von rechtlichen Schutzmaßnahmen untergraben. Wenn die Gesellschaft nicht bereit ist, LGBTQ-Personen zu akzeptieren, können selbst die besten Gesetze bedeutungslos sein.

Beispiele erfolgreicher rechtlicher Schutzmaßnahmen

Einige Länder haben jedoch bedeutende Fortschritte bei der Schaffung von rechtlichen Schutzmaßnahmen für LGBTQ-Personen gemacht. Beispiele hierfür sind:

- **Ehe für alle:** In vielen Ländern, darunter Deutschland, Kanada und die USA, wurde die Ehe für gleichgeschlechtliche Paare legalisiert. Dies stellt nicht nur einen rechtlichen Schutz für Paare dar, sondern symbolisiert auch die gesellschaftliche Akzeptanz von LGBTQ-Personen.
- **Antidiskriminierungsgesetze:** Einige Länder haben spezifische Antidiskriminierungsgesetze eingeführt, die LGBTQ-Personen am Arbeitsplatz, im Wohnungswesen und im Zugang zu Dienstleistungen schützen. Ein Beispiel ist das Gesetz zur Gleichstellung in Kanada, das Diskriminierung aufgrund der sexuellen Orientierung verbietet.
- **Gesetzgebung gegen Hassverbrechen:** In vielen Ländern wurden Gesetze verabschiedet, die Hassverbrechen gegen LGBTQ-Personen als besondere Kategorie anerkennen und härtere Strafen für diese Verbrechen vorsehen. Diese Gesetze sind wichtig, um die Sicherheit und das Wohlbefinden von LGBTQ-Personen zu gewährleisten.

Schlussfolgerung

Zusammenfassend lässt sich sagen, dass rechtliche Schutzmaßnahmen von entscheidender Bedeutung für den Schutz der Rechte von LGBTQ-Personen sind.

Sie bieten nicht nur einen rechtlichen Rahmen, um Diskriminierung zu bekämpfen, sondern tragen auch dazu bei, gesellschaftliche Normen zu verändern und Akzeptanz zu fördern. Angesichts der bestehenden Herausforderungen ist es jedoch unerlässlich, dass Aktivisten und Unterstützer weiterhin für die Einführung und Durchsetzung solcher Maßnahmen kämpfen. Nur durch kontinuierliche Anstrengungen können wir sicherstellen, dass alle Menschen, unabhängig von ihrer sexuellen Orientierung oder Geschlechtsidentität, die gleichen Rechte und Freiheiten genießen.

Die Notwendigkeit von Bildung und Aufklärung

Bildung und Aufklärung sind zentrale Elemente im Kampf gegen Diskriminierung und Vorurteile innerhalb der LGBTQ-Community und darüber hinaus. Sie spielen eine entscheidende Rolle bei der Schaffung eines inklusiven Umfelds, in dem Menschen unabhängig von ihrer sexuellen Orientierung oder Geschlechtsidentität respektiert und akzeptiert werden. In dieser Sektion werden wir die verschiedenen Dimensionen der Bildung und Aufklärung im Kontext des LGBTQ-Aktivismus untersuchen und die Herausforderungen beleuchten, die es zu überwinden gilt.

Theoretische Grundlagen

Die Theorie der sozialen Gerechtigkeit, wie sie von Philosophen wie John Rawls und Martha Nussbaum entwickelt wurde, legt den Grundstein für das Verständnis der Notwendigkeit von Bildung im Aktivismus. Rawls' Konzept der „Gerechtigkeit als Fairness" postuliert, dass eine gerechte Gesellschaft die Gleichheit aller ihrer Mitglieder sicherstellen muss. Bildung ist ein Schlüssel, um diese Gleichheit zu erreichen, da sie Menschen befähigt, ihre Rechte zu verstehen und sich für diese einzusetzen.

Ein weiterer wichtiger theoretischer Ansatz ist die Kritische Theorie, die von Theoretikern wie Theodor W. Adorno und Max Horkheimer geprägt wurde. Diese Theorie betont die Notwendigkeit, bestehende Machtstrukturen zu hinterfragen und zu dekonstruieren. Bildung wird hier als Werkzeug gesehen, um kritisches Denken zu fördern und Menschen in die Lage zu versetzen, gegen Ungerechtigkeiten zu kämpfen.

Herausforderungen der Bildung

Trotz der offensichtlichen Vorteile von Bildung gibt es mehrere Herausforderungen, die es zu bewältigen gilt:

- **Zugang zu Bildung:** In vielen Regionen sind LGBTQ-Personen mit Diskriminierung in Bildungseinrichtungen konfrontiert. Diese Diskriminierung kann dazu führen, dass sie die Schule abbrechen oder sich nicht wohl fühlen, ihre Identität auszudrücken.
- **Inhalte der Bildung:** Oft fehlen in Lehrplänen Themen, die LGBTQ-Geschichte und -Kultur behandeln. Dies führt zu einem Mangel an Sichtbarkeit und Repräsentation, was wiederum die Vorurteile verstärken kann.
- **Fehlende Ressourcen:** Lehrer und Bildungseinrichtungen haben häufig nicht die notwendigen Ressourcen, um eine inklusive Umgebung zu schaffen. Fortbildungen und Materialien, die auf LGBTQ-Themen eingehen, sind oft nicht verfügbar.

Beispiele für erfolgreiche Bildungsinitiativen

Trotz dieser Herausforderungen gibt es zahlreiche erfolgreiche Bildungsinitiativen, die als Vorbilder dienen können:

- **Safe Space-Programme:** Viele Schulen und Universitäten haben „Safe Space"-Programme implementiert, die darauf abzielen, sichere Umgebungen für LGBTQ-Studierende zu schaffen. Diese Programme bieten Schulungen für Lehrkräfte und Schüler an, um Vorurteile abzubauen und ein unterstützendes Umfeld zu fördern.
- **LGBTQ-Geschichte im Lehrplan:** Einige Schulen haben begonnen, LGBTQ-Geschichte in ihren Lehrplan zu integrieren. Dies hilft, das Verständnis für die Kämpfe und Errungenschaften der LGBTQ-Community zu fördern und die Sichtbarkeit zu erhöhen.
- **Online-Bildungsressourcen:** Mit der Zunahme von Online-Lernplattformen gibt es eine Vielzahl von Ressourcen, die sich mit LGBTQ-Themen befassen. Diese Ressourcen sind für eine breitere Öffentlichkeit zugänglich und bieten wertvolle Informationen und Unterstützung.

Die Rolle von Aufklärung in der Gemeinschaft

Aufklärung ist nicht nur auf Bildungseinrichtungen beschränkt; sie spielt auch eine zentrale Rolle in der Gemeinschaft. Aufklärungskampagnen, die sich an die breite

Öffentlichkeit richten, sind entscheidend, um Vorurteile abzubauen und das Verständnis für LGBTQ-Anliegen zu fördern.

- **Öffentliche Veranstaltungen:** Pride-Paraden, Workshops und Diskussionsforen bieten Gelegenheiten, um über LGBTQ-Themen aufzuklären und das Bewusstsein zu schärfen. Diese Veranstaltungen fördern den Dialog zwischen verschiedenen Gemeinschaften und helfen, Vorurteile abzubauen.

- **Medienkampagnen:** Die Nutzung von sozialen Medien und traditionellen Medien zur Verbreitung von Informationen über LGBTQ-Rechte und -Kultur ist ein effektives Mittel, um das öffentliche Bewusstsein zu schärfen. Kampagnen, die persönliche Geschichten erzählen, können emotionale Verbindungen schaffen und das Verständnis fördern.

- **Zusammenarbeit mit anderen Organisationen:** Partnerschaften zwischen LGBTQ-Organisationen und anderen sozialen Bewegungen können dazu beitragen, eine breitere Basis für Aufklärung und Unterstützung zu schaffen. Diese Allianzen stärken die Stimme der LGBTQ-Community und erweitern den Einfluss auf gesellschaftliche Veränderungen.

Schlussfolgerung

Die Notwendigkeit von Bildung und Aufklärung im LGBTQ-Aktivismus kann nicht genug betont werden. Sie sind nicht nur entscheidend für die persönliche Entwicklung von Individuen, sondern auch für die Schaffung einer gerechteren und inklusiveren Gesellschaft. Indem wir Barrieren abbauen und den Zugang zu Bildung fördern, können wir eine Zukunft gestalten, in der alle Menschen, unabhängig von ihrer sexuellen Orientierung oder Geschlechtsidentität, in einer respektvollen und unterstützenden Umgebung leben können. Bildung ist der Schlüssel zur Veränderung, und jeder Einzelne hat die Verantwortung, sich für eine bessere Zukunft einzusetzen.

Psychische Gesundheit im Aktivismus

Die Belastungen des Aktivismus

Aktivismus ist eine kraftvolle und notwendige Antwort auf Ungerechtigkeiten in der Gesellschaft. Dennoch bringt er eine Vielzahl von Belastungen mit sich, die oft übersehen werden. Diese Belastungen können sowohl physischer als auch

PSYCHISCHE GESUNDHEIT IM AKTIVISMUS 253

psychischer Natur sein und beeinflussen nicht nur die Aktivisten selbst, sondern auch die Gemeinschaften, für die sie kämpfen.

Psychische Belastungen

Die psychischen Belastungen des Aktivismus sind erheblich. Aktivisten sind oft mit ständigen Herausforderungen konfrontiert, die ihre mentale Gesundheit beeinträchtigen können. Dazu gehören:

+ **Stress und Angst:** Die ständige Auseinandersetzung mit Diskriminierung, Ungerechtigkeit und Widerstand kann zu chronischem Stress und Angstzuständen führen. Laut einer Studie von [?] berichten 75% der LGBTQ-Aktivisten von erhöhten Angstzuständen aufgrund ihrer Arbeit.

+ **Burnout:** Aktivisten können sich überarbeiten und in einen Zustand des Burnouts geraten, der durch emotionale Erschöpfung, Zynismus und ein Gefühl der Ineffektivität gekennzeichnet ist. Die *World Health Organization* beschreibt Burnout als „ein Syndrom, das aus chronischem Stress resultiert, der nicht erfolgreich bewältigt werden kann" [?].

+ **Trauma:** Viele Aktivisten haben persönliche Erfahrungen mit Diskriminierung oder Gewalt gemacht, die zu posttraumatischen Belastungsstörungen (PTBS) führen können. Die ständige Konfrontation mit ähnlichen Geschichten von anderen kann diese Belastungen verstärken.

Physische Belastungen

Neben den psychischen Belastungen gibt es auch physische Herausforderungen, die Aktivisten betreffen können:

+ **Körperliche Gesundheit:** Der Stress des Aktivismus kann sich negativ auf die körperliche Gesundheit auswirken. Viele Aktivisten vernachlässigen ihre körperlichen Bedürfnisse, was zu Schlafmangel, ungesunder Ernährung und anderen gesundheitlichen Problemen führen kann.

+ **Sicherheit:** Aktivismus kann auch physische Risiken mit sich bringen. Insbesondere LGBTQ-Aktivisten sind häufig Bedrohungen oder Gewalt ausgesetzt. Eine Studie von [?] zeigt, dass 60% der befragten LGBTQ-Aktivisten in den letzten zwei Jahren Gewalt oder Bedrohungen erlebt haben.

Soziale Belastungen

Die sozialen Belastungen des Aktivismus sind nicht zu unterschätzen. Aktivisten können:

+ **Isolation erfahren:** Der Kampf für Gerechtigkeit kann isolierend sein. Viele Aktivisten fühlen sich von Freunden und Familienmitgliedern nicht verstanden oder unterstützen, was zu einem Gefühl der Einsamkeit führt.

+ **Konflikte in der Gemeinschaft:** Unterschiedliche Ansichten innerhalb der eigenen Gemeinschaft können zu Konflikten führen. Aktivisten müssen oft mit internen Spannungen umgehen, die ihre Bemühungen untergraben können.

Theoretische Perspektiven

Die Belastungen des Aktivismus können auch aus einer theoretischen Perspektive betrachtet werden. Die *Theorie des sozialen Wandels* legt nahe, dass der Druck, Veränderungen herbeizuführen, zu einem ständigen Gefühl der Unzulänglichkeit führen kann, insbesondere wenn Fortschritte langsam oder frustrierend sind [?]. Diese Theorie unterstützt die Behauptung, dass Aktivisten oft unter dem Druck stehen, sowohl für sich selbst als auch für die Gemeinschaft, in der sie tätig sind, erfolgreich zu sein.

Zusätzlich kann die *Theorie der sozialen Identität* erklären, warum Aktivisten sich so stark mit ihrer Arbeit identifizieren und warum Misserfolge so schmerzhaft sind. Wenn das Selbstwertgefühl stark mit der Aktivismusarbeit verbunden ist, können Rückschläge als persönliche Misserfolge wahrgenommen werden, was die psychische Belastung weiter erhöht [?].

Beispiele aus der Praxis

Ein Beispiel für die Belastungen des Aktivismus findet sich in der Arbeit von Stephanie Woolley, die oft über ihre eigenen Kämpfe mit Stress und Burnout spricht. In einem Interview erklärte sie: „Es ist schwer, für andere zu kämpfen, wenn du selbst am Ende bist" [?]. Ihre Erfahrungen verdeutlichen, wie wichtig es ist, Strategien zur Selbstfürsorge zu entwickeln, um diesen Belastungen entgegenzuwirken.

Zusammenfassend lässt sich sagen, dass die Belastungen des Aktivismus vielschichtig sind und ernsthafte Auswirkungen auf die Aktivisten und die Gemeinschaften, für die sie kämpfen, haben können. Es ist von entscheidender

Bedeutung, diese Herausforderungen anzuerkennen und Wege zu finden, um die psychische und physische Gesundheit der Aktivisten zu unterstützen, während sie sich für eine gerechtere Welt einsetzen.

Strategien zur Selbstfürsorge

Selbstfürsorge ist ein entscheidendes Element für Aktivisten, insbesondere im Kontext des LGBTQ-Aktivismus, wo der Druck und die Herausforderungen oft überwältigend sein können. Strategien zur Selbstfürsorge helfen nicht nur dabei, die eigene psychische Gesundheit zu bewahren, sondern stärken auch die Resilienz und die Fähigkeit, weiterhin für die Gemeinschaft zu kämpfen. In diesem Abschnitt werden verschiedene Strategien zur Selbstfürsorge vorgestellt, die Aktivisten in ihrem Alltag integrieren können.

Achtsamkeit und Meditation

Achtsamkeit und Meditation sind bewährte Methoden, um Stress abzubauen und das allgemeine Wohlbefinden zu fördern. Diese Praktiken helfen, den Geist zu beruhigen und einen klaren Kopf zu bewahren, was für Aktivisten von entscheidender Bedeutung ist. Studien haben gezeigt, dass regelmäßige Achtsamkeitsübungen die emotionale Resilienz erhöhen und die Fähigkeit verbessern, mit Stress umzugehen [1].

Ein einfaches Beispiel für eine Achtsamkeitsübung ist die *Atemmeditation*, bei der man sich für einige Minuten auf den eigenen Atem konzentriert und Gedanken, die auftauchen, einfach vorbeiziehen lässt. Diese Übung kann helfen, den Fokus zurückzugewinnen und innere Ruhe zu finden.

Physische Aktivität

Körperliche Aktivität ist nicht nur wichtig für die physische Gesundheit, sondern hat auch erhebliche Vorteile für die psychische Gesundheit. Regelmäßige Bewegung kann die Freisetzung von Endorphinen fördern, die als natürliche Stimmungsaufheller wirken. Laut der American Psychological Association (APA) kann bereits eine moderate körperliche Betätigung, wie z.B. ein täglicher Spaziergang, signifikante positive Effekte auf das psychische Wohlbefinden haben [2].

Aktivisten sollten versuchen, Bewegung in ihren Alltag zu integrieren, sei es durch Sport, Yoga oder einfaches Gehen. Eine gute Strategie könnte auch das Organisieren von Gruppenaktivitäten innerhalb der Gemeinschaft sein, um sowohl die körperliche Gesundheit zu fördern als auch soziale Bindungen zu stärken.

Soziale Unterstützung

Die Bedeutung von sozialen Netzwerken und Unterstützungssystemen kann nicht genug betont werden. Aktivisten sollten sich aktiv um den Aufbau und die Pflege von Beziehungen kümmern, die ihnen emotionale Unterstützung bieten. Dies kann durch regelmäßige Treffen mit Freunden, den Austausch mit Gleichgesinnten oder die Teilnahme an Unterstützungsgruppen geschehen.

Ein Beispiel hierfür ist die Gründung von *Peer-Support-Gruppen*, in denen Aktivisten ihre Erfahrungen teilen und sich gegenseitig ermutigen können. Solche Gruppen bieten einen sicheren Raum, um über Herausforderungen zu sprechen und Lösungen zu finden, was das Gefühl der Isolation verringert.

Grenzen setzen

Ein weiterer wichtiger Aspekt der Selbstfürsorge ist das Setzen von Grenzen. Aktivisten neigen oft dazu, sich übermäßig zu engagieren, was zu Burnout führen kann. Es ist wichtig, sich bewusst zu machen, dass man nicht alles alleine bewältigen kann und dass es in Ordnung ist, „Nein" zu sagen.

Die Festlegung von klaren Grenzen in Bezug auf Zeit und Energie kann helfen, die eigene Belastung zu steuern. Ein praktisches Beispiel könnte die Planung von festen Zeiten für Aktivismus und persönliche Erholung sein. Dies könnte in Form eines Kalenders geschehen, der sowohl Aktivismus- als auch Erholungszeiten beinhaltet.

Kreative Ausdrucksformen

Kreativität kann eine kraftvolle Methode zur Selbstfürsorge sein. Kunst, Schreiben, Musik und andere kreative Ausdrucksformen bieten nicht nur eine Möglichkeit, Emotionen zu verarbeiten, sondern fördern auch das Gefühl der Erfüllung. Aktivisten sollten ermutigt werden, kreative Hobbys zu verfolgen, die ihnen Freude bereiten und als Ventil für Stress dienen.

Ein Beispiel könnte das Führen eines Tagebuchs sein, in dem Gedanken und Gefühle festgehalten werden. Dies kann helfen, Emotionen zu verarbeiten und Klarheit über persönliche Herausforderungen zu gewinnen. Kunsttherapie ist ein weiterer Ansatz, der in vielen Gemeinschaften angeboten wird und den Teilnehmern hilft, durch kreative Aktivitäten zu heilen.

Professionelle Hilfe in Anspruch nehmen

Es ist wichtig, dass Aktivisten sich nicht scheuen, professionelle Hilfe in Anspruch zu nehmen, wenn sie das Gefühl haben, dass sie Unterstützung benötigen. Psychologen, Therapeuten und Berater können wertvolle Ressourcen sein, um mit den psychischen Belastungen des Aktivismus umzugehen.

Die Inanspruchnahme von Therapie kann helfen, tiefere emotionale Probleme anzugehen und Strategien zur Bewältigung von Stress und Angst zu entwickeln. Aktivisten sollten ermutigt werden, sich über verfügbare Ressourcen in ihrer Gemeinschaft zu informieren und die Unterstützung zu suchen, die sie benötigen.

Regelmäßige Reflexion

Regelmäßige Reflexion über die eigenen Erfahrungen und Gefühle kann eine wertvolle Strategie zur Selbstfürsorge sein. Das Führen eines Reflexionstagebuchs, in dem man regelmäßig Gedanken über Erfolge, Herausforderungen und persönliche Entwicklungen festhält, kann helfen, Klarheit zu gewinnen und den eigenen Fortschritt zu erkennen.

Reflexion kann auch in Form von Gruppendiskussionen erfolgen, in denen Aktivisten ihre Erfahrungen teilen und voneinander lernen können. Solche Reflexionsrunden fördern nicht nur das individuelle Wachstum, sondern stärken auch den Zusammenhalt in der Gemeinschaft.

Zusammenfassung

Selbstfürsorge ist für Aktivisten unerlässlich, um langfristig effektiv und gesund zu bleiben. Durch die Integration von Achtsamkeit, physischer Aktivität, sozialer Unterstützung, dem Setzen von Grenzen, kreativen Ausdrucksformen, professioneller Hilfe und regelmäßiger Reflexion können Aktivisten ihre Resilienz stärken und ihre Fähigkeit, für die Gemeinschaft zu kämpfen, aufrechterhalten. Es ist wichtig, dass jeder Aktivist sich bewusst Zeit für sich selbst nimmt, um die eigene Gesundheit und das Wohlbefinden zu priorisieren.

Bibliography

[1] Kabat-Zinn, J. (1990). *Full Catastrophe Living: Using the Wisdom of Your Body and Mind to Face Stress, Pain, and Illness.* Delta.

[2] American Psychological Association. (2020). *The Benefits of Exercise.* Retrieved from https://www.apa.org

Die Bedeutung von Gemeinschaft und Unterstützung

Die Bedeutung von Gemeinschaft und Unterstützung im LGBTQ-Aktivismus kann nicht hoch genug eingeschätzt werden. Gemeinschaft ist nicht nur ein Ort, an dem Menschen mit ähnlichen Erfahrungen und Herausforderungen zusammenkommen, sondern auch ein Raum, der Sicherheit, Akzeptanz und Zugehörigkeit bietet. In einer Welt, in der Diskriminierung und Vorurteile weit verbreitet sind, wird die Rolle der Gemeinschaft zu einem entscheidenden Faktor für das psychische Wohlbefinden und den Erfolg von Aktivisten.

Theoretische Grundlagen

Die soziale Identitätstheorie, entwickelt von Henri Tajfel und John Turner, legt nahe, dass Individuen ihr Selbstkonzept aus den Gruppen ableiten, denen sie angehören. Diese Theorie ist besonders relevant für LGBTQ-Personen, die oft mit Identitätsfragen und dem Streben nach Akzeptanz konfrontiert sind. Gemeinschaften bieten nicht nur Unterstützung, sondern auch eine Plattform, um die eigene Identität zu feiern und zu stärken.

Ein weiteres wichtiges Konzept ist das der sozialen Unterstützung, das sich auf die emotionalen, informativen und materiellen Ressourcen bezieht, die Individuen von ihrem sozialen Netzwerk erhalten. Studien zeigen, dass soziale Unterstützung signifikant mit einem besseren psychischen Gesundheitszustand korreliert ist, insbesondere bei marginalisierten Gruppen. Diese Unterstützung kann in verschiedenen Formen auftreten, darunter:

- **Emotionale Unterstützung:** Freundschaften und enge Beziehungen bieten Trost und Verständnis.

- **Informative Unterstützung:** Zugang zu Ressourcen, Informationen und Strategien, um Herausforderungen zu bewältigen.

- **Materielle Unterstützung:** Finanzielle Hilfe oder praktische Unterstützung in schwierigen Zeiten.

Herausforderungen im Aktivismus

Trotz der positiven Aspekte von Gemeinschaften gibt es auch Herausforderungen, die mit der Unterstützung innerhalb der LGBTQ-Community verbunden sind. Diskriminierung und Stigmatisierung können dazu führen, dass Menschen sich isoliert oder nicht akzeptiert fühlen, selbst innerhalb ihrer eigenen Gemeinschaft. Diese Herausforderungen können durch interne Konflikte, unterschiedliche Identitäten und Erfahrungen innerhalb der LGBTQ-Community verstärkt werden.

Ein Beispiel hierfür ist der intersektionale Aktivismus, der die Überschneidungen von verschiedenen Identitäten und Diskriminierungsformen betrachtet. Aktivisten, die sich für die Rechte von Transgender-Personen, People of Color oder anderen marginalisierten Gruppen einsetzen, können oft auf Widerstand innerhalb der eigenen Gemeinschaft stoßen. Diese Spannungen können die Gemeinschaft schwächen und die Effektivität des Aktivismus beeinträchtigen.

Beispiele für Gemeinschaftsunterstützung

Ein herausragendes Beispiel für die Bedeutung von Gemeinschaft ist die Gründung von Unterstützungsnetzwerken und Organisationen, die sich speziell auf LGBTQ-Personen konzentrieren. Organisationen wie „Trans Alliance Toronto" bieten nicht nur Ressourcen und Informationen, sondern auch einen Raum für persönliche Geschichten und den Austausch von Erfahrungen. Diese Gemeinschaften ermöglichen es den Mitgliedern, ihre Herausforderungen zu teilen und gemeinsam Lösungen zu finden.

Ein weiteres Beispiel ist die Rolle von Pride-Veranstaltungen, die nicht nur Sichtbarkeit schaffen, sondern auch als Plattform für Gemeinschaft und Unterstützung dienen. Diese Veranstaltungen bringen Menschen zusammen, um ihre Identität zu feiern und Solidarität zu zeigen. Sie bieten eine Gelegenheit, sich mit Gleichgesinnten zu verbinden und ein Gefühl der Zugehörigkeit zu erleben.

Fazit

Zusammenfassend lässt sich sagen, dass Gemeinschaft und Unterstützung im LGBTQ-Aktivismus von entscheidender Bedeutung sind. Sie bieten nicht nur emotionale und praktische Hilfe, sondern stärken auch das Gefühl der Identität und Zugehörigkeit. In Anbetracht der Herausforderungen, die viele LGBTQ-Personen erleben, ist es unerlässlich, dass Gemeinschaften weiterhin Raum für Unterstützung und Akzeptanz schaffen. Nur so kann der Aktivismus nachhaltig und effektiv sein, und nur so können wir eine gerechtere und inklusivere Gesellschaft für alle schaffen.

Persönliche Geschichten von Kämpfen

Im Herzen des LGBTQ-Aktivismus liegen die persönlichen Geschichten der Kämpfe, die Individuen durchlebt haben, um ihre Identität zu akzeptieren und für ihre Rechte zu kämpfen. Diese Geschichten sind nicht nur Zeugnisse des Überlebens, sondern auch kraftvolle Werkzeuge, um andere zu inspirieren und zu mobilisieren. In diesem Abschnitt werden wir einige dieser Geschichten beleuchten und die Herausforderungen, mit denen Aktivisten konfrontiert sind, sowie die Wege, auf denen sie diese überwunden haben.

Die Bedeutung von persönlichen Geschichten

Persönliche Geschichten sind ein zentrales Element des Aktivismus. Sie schaffen eine Verbindung zwischen den Menschen und helfen dabei, Empathie und Verständnis zu fördern. Laut der Sozialpsychologin Dr. Brené Brown ist Storytelling ein effektives Mittel, um Verletzlichkeit zu zeigen und eine tiefere Verbindung zu anderen herzustellen. Diese Geschichten sind oft emotional und authentisch, was sie besonders wirkungsvoll macht, wenn es darum geht, das Bewusstsein für LGBTQ-Anliegen zu schärfen.

Ein Beispiel für eine solche Geschichte ist die von Alex, einem Transgender-Mann, der in einer konservativen Stadt aufgewachsen ist. Alex beschreibt in seinem Blog, wie er bereits in der Schule mit Mobbing und Diskriminierung konfrontiert wurde. Diese Erfahrungen führten zu einer tiefen Krise seiner psychischen Gesundheit. Dennoch fand er Trost in der LGBTQ-Community, die ihm half, seine Identität zu akzeptieren und seine Stimme zu finden. Alex' Geschichte zeigt, wie wichtig Unterstützungssysteme sind und wie sie das Leben eines Einzelnen positiv beeinflussen können.

Herausforderungen im Aktivismus

Die Herausforderungen, die Aktivisten wie Alex erleben, sind vielfältig. Diskriminierung, Vorurteile und gesellschaftlicher Druck sind nur einige der Hürden, die es zu überwinden gilt. Laut einer Studie von The Trevor Project aus dem Jahr 2021 haben 40% der LGBTQ-Jugendlichen in den USA ernsthafte Überlegungen zum Suizid angestellt, was die Dringlichkeit der Problematik verdeutlicht. Diese Statistik zeigt, dass persönliche Kämpfe nicht nur individuelle Herausforderungen sind, sondern auch systemische Probleme widerspiegeln, die angegangen werden müssen.

Ein weiteres Beispiel ist die Geschichte von Maria, einer bisexuellen Frau, die in einer religiösen Gemeinschaft aufgewachsen ist. Maria kämpfte jahrelang mit ihrer Identität, da sie sich zwischen ihrer sexuellen Orientierung und den Erwartungen ihrer Familie hin- und hergerissen fühlte. Ihre persönliche Geschichte ist ein Beispiel dafür, wie kulturelle und religiöse Normen den Aktivismus beeinflussen können. Maria fand schließlich den Mut, ihre Geschichte öffentlich zu teilen, und wurde zu einer Stimme für viele, die ähnliche Kämpfe durchleben.

Die Rolle von Kunst und Kreativität

Kunst und Kreativität spielen eine entscheidende Rolle bei der Vermittlung persönlicher Geschichten. Viele Aktivisten nutzen kreative Ausdrucksformen, um ihre Erfahrungen zu teilen und das Bewusstsein zu schärfen. Die Theatergruppe „Queer Voices" beispielsweise bringt persönliche Geschichten von LGBTQ-Aktivisten auf die Bühne. Diese Aufführungen ermöglichen es dem Publikum, sich mit den Herausforderungen und Triumphen der Protagonisten zu identifizieren.

Ein bemerkenswertes Beispiel ist die Performance „Transcendence", in der verschiedene Transgender-Personen ihre Geschichten durch Tanz und Musik erzählen. Diese kreative Form des Aktivismus hat nicht nur das Publikum berührt, sondern auch Diskussionen über Transgender-Rechte angestoßen und zur Sichtbarkeit beigetragen.

Resilienz und Hoffnung

Trotz der Schwierigkeiten, mit denen viele Aktivisten konfrontiert sind, zeigen ihre Geschichten oft eine bemerkenswerte Resilienz. Die Fähigkeit, aus Misserfolgen zu lernen und sich von Rückschlägen zu erholen, ist ein gemeinsames Merkmal vieler persönlicher Erzählungen im Aktivismus. Laut der Psychologin

Dr. Angela Lee Duckworth ist Durchhaltevermögen eine der wichtigsten Eigenschaften für den langfristigen Erfolg, und dies gilt auch im Kontext des Aktivismus.

Ein inspirierendes Beispiel ist die Geschichte von David, einem HIV-positiven Aktivisten, der in den 1980er Jahren auf die Straße ging, um für die Rechte von Menschen mit HIV/AIDS zu kämpfen. Trotz der Stigmatisierung und Diskriminierung, die er erlebte, blieb David standhaft und wurde zu einer führenden Stimme in der Bewegung. Seine Geschichte ist ein Beispiel für die Kraft der Hoffnung und die Fähigkeit, auch in schwierigen Zeiten für das einzustehen, was richtig ist.

Fazit

Persönliche Geschichten von Kämpfen sind nicht nur Erzählungen von Herausforderungen, sondern auch von Hoffnung, Resilienz und Veränderung. Sie sind das Herzstück des LGBTQ-Aktivismus und spielen eine entscheidende Rolle dabei, das Bewusstsein zu schärfen und andere zu inspirieren. Indem wir diese Geschichten teilen, können wir eine tiefere Verbindung zu anderen herstellen und den notwendigen Raum für Dialog und Veränderung schaffen. Letztendlich erinnern uns diese Geschichten daran, dass jeder von uns die Fähigkeit hat, einen Unterschied zu machen, egal wie herausfordernd der Weg auch sein mag.

Die Rolle von Therapie und professioneller Hilfe

Im Kontext des LGBTQ-Aktivismus ist die Rolle von Therapie und professioneller Hilfe von entscheidender Bedeutung. Die Herausforderungen, mit denen LGBTQ-Personen konfrontiert sind, reichen von Diskriminierung und Stigmatisierung bis hin zu inneren Konflikten bezüglich der eigenen Identität. Diese Probleme können erhebliche Auswirkungen auf die psychische Gesundheit haben, weshalb eine professionelle Unterstützung oft unerlässlich ist.

Psychische Gesundheit und Aktivismus

Aktivismus kann eine Quelle der Erfüllung und des Engagements sein, bringt jedoch auch eine Vielzahl von Stressoren mit sich. Aktivisten sind häufig mit emotionalen Belastungen konfrontiert, die aus dem Kampf gegen Ungerechtigkeiten und der ständigen Konfrontation mit Diskriminierung resultieren. Diese Belastungen können zu Angstzuständen, Depressionen und anderen psychischen Gesundheitsproblemen führen. Eine Studie von Meyer (2003) über das Konzept der *minority stress* zeigt, dass LGBTQ-Personen aufgrund ihrer sexuellen Orientierung oder Geschlechtsidentität spezifische Stressoren erleben, die ihre psychische Gesundheit beeinträchtigen können.

Therapie als Unterstützung

Therapie bietet LGBTQ-Personen einen sicheren Raum, um ihre Erfahrungen zu verarbeiten und Strategien zur Bewältigung von Stress und Trauma zu entwickeln. Therapeutische Ansätze wie kognitive Verhaltenstherapie (KVT) und dialektisch-behaviorale Therapie (DBT) haben sich als effektiv erwiesen, um Menschen zu helfen, ihre Gedankenmuster zu ändern und gesunde Bewältigungsmechanismen zu entwickeln. Ein Beispiel für den Nutzen von Therapie ist die Arbeit von Dr. Jennifer Finney Boylan, einer bekannten Transgender-Aktivistin und Psychologin, die in ihrer Praxis LGBTQ-Personen hilft, ihre Identität zu akzeptieren und die Herausforderungen des Lebens zu bewältigen.

Gruppentherapie und Gemeinschaftsunterstützung

Gruppentherapie kann ebenfalls eine wertvolle Ressource sein. In solchen Settings können LGBTQ-Personen Erfahrungen austauschen, Unterstützung bieten und ein Gefühl der Zugehörigkeit entwickeln. Diese Art von Therapie fördert nicht nur das individuelle Wohlbefinden, sondern stärkt auch die Gemeinschaft. Eine Umfrage von The Trevor Project (2020) ergab, dass LGBTQ-Jugendliche, die Zugang zu unterstützenden Gemeinschaften haben, signifikant weniger an Selbstmordgedanken leiden.

Professionelle Hilfe und Stigma

Trotz der Vorteile von Therapie gibt es immer noch ein erhebliches Stigma, das mit dem Zugang zu psychologischer Hilfe verbunden ist, insbesondere innerhalb der LGBTQ-Community. Viele Menschen zögern, Hilfe in Anspruch zu nehmen, aus Angst vor Diskriminierung oder Missverständnissen durch Fachkräfte. Um diesem Problem entgegenzuwirken, ist es wichtig, dass Therapeuten sich fortlaufend in Bezug auf LGBTQ-Themen weiterbilden und eine inklusive Praxis entwickeln. Das *American Psychological Association (APA)* bietet Leitlinien an, um Fachleuten zu helfen, eine sensiblere und informierte Therapie für LGBTQ-Klienten anzubieten.

Fallstudien und Beispiele

Ein bemerkenswertes Beispiel für die positive Wirkung von Therapie ist die Geschichte von Alex, einem jungen Transgender-Mann, der nach Jahren des inneren Kampfes und der Diskriminierung beschloss, professionelle Hilfe in Anspruch zu nehmen. Durch die Therapie konnte er nicht nur seine Identität besser verstehen, sondern auch Strategien entwickeln, um mit der Diskriminierung am Arbeitsplatz umzugehen. Seine Erfahrung zeigt, dass Therapie nicht nur zur Bewältigung von Herausforderungen dient, sondern auch zur Stärkung des Selbstwertgefühls und der Resilienz.

Ein weiteres Beispiel ist die Initiative *Therapists for Trans People*, die LGBTQ-Personen mit Therapeuten verbindet, die Erfahrung in der Arbeit mit Transgender-Klienten haben. Diese Initiative hat es vielen Menschen ermöglicht, sich sicher und akzeptiert zu fühlen, während sie an ihren psychischen Gesundheitsproblemen arbeiten.

Fazit

Zusammenfassend lässt sich sagen, dass die Rolle von Therapie und professioneller Hilfe im LGBTQ-Aktivismus nicht zu unterschätzen ist. Sie bietet einen notwendigen Raum für Heilung, Wachstum und Unterstützung inmitten der Herausforderungen, die mit dem Aktivismus und dem Leben als LGBTQ-Person verbunden sind. Durch den Zugang zu professioneller Hilfe können Aktivisten nicht nur ihre eigene psychische Gesundheit fördern, sondern auch effektiver für die Rechte und das Wohlbefinden ihrer Gemeinschaft kämpfen. Die Integration von Therapie in den Aktivismus ist somit ein entscheidender Schritt auf dem Weg zu einer gesünderen und gerechteren Gesellschaft.

Bibliography

[1] Meyer, I. H. (2003). Prejudice, Social Stress, and Mental Health in Gay and Lesbian Populations: Conceptual Issues and Research Evidence. *Psychological Bulletin*, 129(5), 674-697.

[2] The Trevor Project. (2020). National Survey on LGBTQ Youth Mental Health 2020. Retrieved from https://www.thetrevorproject.org/

Die Bedeutung von Achtsamkeit und Meditation

Achtsamkeit und Meditation sind zentrale Praktiken, die nicht nur für das persönliche Wohlbefinden, sondern auch für die Resilienz von Aktivisten von entscheidender Bedeutung sind. In einer Welt, in der Aktivismus oft mit Stress, emotionaler Belastung und Herausforderungen verbunden ist, können diese Techniken dazu beitragen, das innere Gleichgewicht zu finden und die mentale Gesundheit zu fördern.

Theoretische Grundlagen

Achtsamkeit, oft definiert als die Fähigkeit, im gegenwärtigen Moment präsent zu sein und diesen ohne Urteil zu beobachten, hat ihre Wurzeln in verschiedenen spirituellen Traditionen, insbesondere im Buddhismus. Jon Kabat-Zinn, ein Pionier in der Integration von Achtsamkeit in die westliche Psychologie, beschreibt Achtsamkeit als „die Absicht, den gegenwärtigen Moment zu erleben, ohne ihn zu bewerten" [1]. Diese Praxis kann dazu beitragen, Stress abzubauen, die emotionale Intelligenz zu erhöhen und die Fähigkeit zur Selbstregulierung zu verbessern.

Meditation hingegen ist eine strukturierte Praxis, die oft Achtsamkeit beinhaltet, aber auch andere Techniken wie Konzentration, Visualisierung oder Mantra-Wiederholung umfasst. Laut einer Studie von Goyal et al. (2014) hat Meditation positive Auswirkungen auf die psychische Gesundheit, einschließlich der Reduzierung von Angstzuständen und Depressionen [?]. Die Kombination von Achtsamkeit und Meditation kann als ein Werkzeug betrachtet werden, um die Herausforderungen des Aktivismus zu bewältigen.

Herausforderungen im Aktivismus

Aktivisten sind oft mit intensiven emotionalen und psychologischen Herausforderungen konfrontiert. Diskriminierung, Widerstand und die ständige Notwendigkeit, für Veränderungen zu kämpfen, können zu emotionaler Erschöpfung führen. Diese Herausforderungen können sich negativ auf die psychische Gesundheit auswirken und das Risiko von Burnout erhöhen. Eine Umfrage unter LGBTQ-Aktivisten ergab, dass 68% der Befragten angaben, regelmäßig Stress und Angst zu empfinden, was die Notwendigkeit von Bewältigungsmechanismen unterstreicht [?].

Hier kommen Achtsamkeit und Meditation ins Spiel. Diese Praktiken bieten nicht nur kurzfristige Erleichterung, sondern auch langfristige Vorteile für die psychische Gesundheit. Sie ermöglichen es Aktivisten, ihre Emotionen besser zu regulieren, ihre Gedanken zu klären und sich auf ihre Ziele zu konzentrieren.

Praktische Anwendungen

Die Implementierung von Achtsamkeit und Meditation in den Alltag eines Aktivisten kann auf verschiedene Weisen erfolgen. Hier sind einige praktische Ansätze:

- **Tägliche Meditationspraxis:** Aktivisten können sich Zeit nehmen, um täglich zu meditieren, selbst wenn es nur für fünf bis zehn Minuten ist. Diese kurzen Sitzungen können helfen, den Geist zu beruhigen und Stress abzubauen.

- **Achtsamkeitsübungen:** Achtsamkeitsübungen, wie das bewusste Atmen oder das Fokussieren auf die Sinne, können in stressigen Situationen angewendet werden, um den Moment zu verankern und die emotionale Reaktion zu regulieren.

- **Gruppenmeditation:** Die Teilnahme an Gruppenmeditation oder Achtsamkeitsworkshops kann nicht nur die Praxis vertiefen, sondern auch ein Gefühl der Gemeinschaft schaffen, das für Aktivisten von Bedeutung ist.

- **Integration in den Aktivismus:** Achtsamkeit kann auch in den Aktivismus integriert werden, indem man sich bewusst Pausen gönnt, um den eigenen emotionalen Zustand zu reflektieren und sich neu zu zentrieren, bevor man sich wieder in die Arbeit stürzt.

Beispiele aus der Praxis

Ein Beispiel für die erfolgreiche Integration von Achtsamkeit in den Aktivismus ist die Organisation „Mindful Schools", die Programme zur Förderung von Achtsamkeit in Schulen und Gemeinschaften anbietet. Diese Programme haben gezeigt, dass Achtsamkeit nicht nur das individuelle Wohlbefinden verbessert, sondern auch die Gemeinschaft stärkt [?].

Ein weiteres Beispiel ist die „Trans Lifeline", die Achtsamkeitstraining für ihre Mitarbeiter und Freiwilligen implementiert hat, um deren emotionale Belastung zu verringern und die Resilienz zu fördern. Die Ergebnisse zeigen, dass die Mitarbeiter sich besser unterstützt fühlten und die Qualität ihrer Arbeit verbesserte [?].

Zusammenfassung

Die Bedeutung von Achtsamkeit und Meditation im Aktivismus kann nicht genug betont werden. Diese Praktiken bieten nicht nur Werkzeuge zur Stressbewältigung, sondern fördern auch die persönliche und gemeinschaftliche Resilienz. In einer Zeit, in der Aktivisten mit enormen Herausforderungen konfrontiert sind, können Achtsamkeit und Meditation helfen, das innere Gleichgewicht zu bewahren und die Leidenschaft für den Aktivismus aufrechtzuerhalten. Indem Aktivisten lernen, achtsam zu leben und zu arbeiten, können sie nicht nur ihre eigene Gesundheit schützen, sondern auch eine positive, nachhaltige Veränderung in der Gemeinschaft bewirken.

Die Herausforderungen des Burnouts

Burnout ist ein Zustand emotionaler, körperlicher und geistiger Erschöpfung, der durch anhaltenden Stress und Überforderung entsteht. Im Kontext des LGBTQ-Aktivismus, wo die Herausforderungen oft sowohl persönlich als auch gesellschaftlich sind, stellt Burnout ein ernstes Problem dar, das viele Aktivisten betrifft. In dieser Sektion werden wir die verschiedenen Facetten des Burnouts untersuchen, die spezifischen Herausforderungen, die Aktivisten in diesem Bereich erleben, und mögliche Strategien zur Bewältigung.

Definition und Ursachen von Burnout

Burnout wird häufig als das Ergebnis eines Ungleichgewichts zwischen den Anforderungen, die an eine Person gestellt werden, und den Ressourcen, die ihr zur Verfügung stehen. Laut Maslach und Leiter (2016) sind die drei Hauptdimensionen von Burnout:

- **Emotionale Erschöpfung:** Das Gefühl, emotional ausgelaugt und überfordert zu sein.

- **Depersonalisierung:** Eine distanzierte, oft negative Haltung gegenüber der Arbeit und den Menschen, mit denen man interagiert.

- **Verminderte persönliche Leistungsfähigkeit:** Das Gefühl, nicht mehr effektiv oder produktiv zu sein.

Im LGBTQ-Aktivismus können diese Dimensionen durch verschiedene Faktoren verstärkt werden, darunter:

- Hohe emotionale Investition in die Arbeit.

- Ständige Konfrontation mit Diskriminierung und Ungerechtigkeit.

- Mangel an Ressourcen und Unterstützung.

- Die Notwendigkeit, sich ständig für die Rechte und das Wohlbefinden anderer einzusetzen, oft auf Kosten der eigenen Gesundheit.

Die Auswirkungen von Burnout auf Aktivisten

Die Auswirkungen von Burnout sind weitreichend und können sowohl das persönliche Leben als auch die Effektivität im Aktivismus beeinträchtigen. Zu den häufigsten Folgen gehören:

- **Verminderte Motivation:** Aktivisten, die unter Burnout leiden, berichten oft von einem Rückgang der Motivation, sich weiterhin für ihre Sache einzusetzen. Dies kann dazu führen, dass wichtige Initiativen ins Stocken geraten.

- **Gesundheitliche Probleme:** Burnout kann zu ernsthaften gesundheitlichen Problemen führen, einschließlich Schlafstörungen, Angstzuständen und Depressionen. Die psychische Gesundheit ist ein zentrales Anliegen, das oft übersehen wird.

- **Konflikte in Beziehungen:** Die emotionale Erschöpfung kann auch persönliche Beziehungen belasten. Aktivisten könnten Schwierigkeiten haben, sich auf ihre Freunde und Familie zu konzentrieren, was zu Isolation und Einsamkeit führen kann.

Strategien zur Bewältigung von Burnout

Um Burnout zu bewältigen, ist es wichtig, sowohl präventive als auch reaktive Strategien zu entwickeln. Hier sind einige bewährte Methoden, die Aktivisten helfen können:

- **Selbstfürsorge:** Die Priorisierung von Selbstfürsorge ist entscheidend. Dazu gehört, sich regelmäßig Zeit für Erholung, Hobbys und Entspannung zu nehmen. Praktiken wie Meditation, Yoga oder einfach nur Spaziergänge in der Natur können helfen, Stress abzubauen.

- **Unterstützung suchen:** Der Aufbau eines starken Unterstützungsnetzwerks ist unerlässlich. Aktivisten sollten ermutigt werden, sich mit Gleichgesinnten auszutauschen, um Erfahrungen zu teilen und emotionale Unterstützung zu erhalten. Peer-Support-Gruppen können besonders hilfreich sein.

- **Grenzen setzen:** Es ist wichtig, persönliche Grenzen zu setzen, um Überforderung zu vermeiden. Aktivisten sollten lernen, „Nein" zu sagen und ihre Zeit und Energie klug einzuteilen.

- **Professionelle Hilfe in Anspruch nehmen:** In schweren Fällen kann es notwendig sein, professionelle Hilfe in Anspruch zu nehmen. Therapeuten und Berater können wertvolle Unterstützung bieten und helfen, mit den emotionalen Belastungen des Aktivismus umzugehen.

Beispiele aus der Praxis

Ein Beispiel für die Herausforderungen des Burnouts im Aktivismus ist die Geschichte von Lisa, einer LGBTQ-Aktivistin, die sich jahrelang für die Rechte von Transgender-Personen eingesetzt hat. Trotz ihrer Leidenschaft und Hingabe begann Lisa, sich zunehmend erschöpft zu fühlen. Die ständige Konfrontation mit Diskriminierung und die emotionalen Belastungen führten zu Schlaflosigkeit und Angstzuständen. Schließlich erkannte sie, dass sie Hilfe benötigte und begann, regelmäßig mit einem Therapeuten zu arbeiten. Durch Selbstfürsorge und den Austausch mit anderen Aktivisten konnte Lisa ihre Motivation wiederfinden und ihre Arbeit in der Gemeinschaft fortsetzen.

Fazit

Burnout ist eine ernsthafte Herausforderung für LGBTQ-Aktivisten, die oft an der Frontlinie des Kampfes für Gleichheit und Gerechtigkeit stehen. Es ist von entscheidender Bedeutung, die Anzeichen von Burnout frühzeitig zu erkennen und geeignete Strategien zur Bewältigung zu entwickeln. Durch Selbstfürsorge, den Aufbau von Unterstützungsnetzwerken und das Setzen von Grenzen können Aktivisten ihre Gesundheit und ihr Engagement für die Sache aufrechterhalten. Letztlich ist es wichtig, dass die Gemeinschaft zusammenarbeitet, um ein Umfeld zu schaffen, das nicht nur den Aktivismus fördert, sondern auch das Wohlbefinden derjenigen, die sich für die Rechte der LGBTQ-Community einsetzen.

Die Rolle von Peer-Support-Gruppen

Peer-Support-Gruppen spielen eine wesentliche Rolle im Aktivismus, insbesondere innerhalb der LGBTQ-Community. Diese Gruppen bieten nicht nur emotionale Unterstützung, sondern fungieren auch als Plattform für den Austausch von Erfahrungen und Ressourcen. In einer Welt, die oft von Diskriminierung und Vorurteilen geprägt ist, können Peer-Support-Gruppen für viele Menschen einen sicheren Raum schaffen, um ihre Identität zu erkunden und zu akzeptieren.

Theoretische Grundlagen

Die Theorie des sozialen Supports, wie sie von Cohen und Wills (1985) beschrieben wurde, legt nahe, dass soziale Unterstützung in verschiedenen Formen—emotional, informativ und materiell—verfügbar sein sollte, um das Wohlbefinden von Individuen zu fördern. Peer-Support-Gruppen bieten in erster Linie emotionale Unterstützung, indem sie den Mitgliedern helfen, sich weniger isoliert zu fühlen und ein Gefühl der Zugehörigkeit zu entwickeln. Diese Gruppen können auch als „Sichere Räume" fungieren, in denen Mitglieder offen über ihre Herausforderungen sprechen können, ohne Angst vor Stigmatisierung oder Verurteilung zu haben.

Probleme und Herausforderungen

Trotz ihrer Vorteile stehen Peer-Support-Gruppen vor mehreren Herausforderungen. Eine der größten Hürden ist die Stigmatisierung, die Mitglieder oft davon abhält, sich zu öffnen und ihre Erfahrungen zu teilen. Ein weiteres Problem ist die Diversität innerhalb der Gruppen selbst; unterschiedliche

Identitäten und Erfahrungen können zu Missverständnissen führen. Es ist wichtig, dass die Gruppenleiter geschult sind, um mit diesen Dynamiken umzugehen und eine inklusive Atmosphäre zu schaffen.

Ein weiteres Problem ist die Nachhaltigkeit der Gruppen. Viele Peer-Support-Gruppen sind auf Freiwillige angewiesen, die möglicherweise nicht über die Ressourcen oder die Zeit verfügen, um langfristig zu engagieren. Dies kann zu einer hohen Fluktuation der Mitglieder führen, was die Gruppenkohäsion und die Effektivität beeinträchtigen kann.

Beispiele aus der Praxis

Ein bemerkenswertes Beispiel für eine erfolgreiche Peer-Support-Gruppe ist die „Trans Lifeline", eine Hotline und Unterstützungsgruppe, die speziell für transgeschlechtliche Personen eingerichtet wurde. Diese Organisation bietet nicht nur emotionale Unterstützung, sondern auch praktische Hilfe, wie die Vermittlung von Ressourcen für medizinische und rechtliche Unterstützung. Die „Trans Lifeline" hat bewiesen, dass Peer-Support-Gruppen in der Lage sind, lebensrettende Hilfe zu leisten und eine wichtige Rolle in der psychischen Gesundheit von transgeschlechtlichen Personen zu spielen.

Ein weiteres Beispiel ist die „LGBTQ+ Youth Support Group", die in vielen Schulen und Gemeinden eingerichtet wurde. Diese Gruppen bieten Jugendlichen einen sicheren Raum, um über ihre Identität zu sprechen und sich mit Gleichaltrigen auszutauschen. Die positiven Auswirkungen dieser Gruppen sind gut dokumentiert; Studien zeigen, dass Jugendliche, die an solchen Gruppen teilnehmen, ein höheres Selbstwertgefühl und eine bessere psychische Gesundheit aufweisen.

Die Zukunft von Peer-Support-Gruppen

Die Zukunft von Peer-Support-Gruppen im LGBTQ-Aktivismus sieht vielversprechend aus, insbesondere mit dem Aufkommen digitaler Plattformen. Online-Communities bieten eine neue Möglichkeit für Menschen, Unterstützung zu finden, insbesondere für diejenigen, die in ländlichen oder isolierten Gebieten leben. Diese digitalen Räume können auch dazu beitragen, die Barrieren zu verringern, die viele Menschen daran hindern, physisch an Gruppen teilzunehmen.

Darüber hinaus ist es wichtig, dass Peer-Support-Gruppen weiterhin in die breitere Aktivismusbewegung integriert werden. Die Zusammenarbeit mit anderen Organisationen kann dazu beitragen, Ressourcen zu bündeln und die Sichtbarkeit zu erhöhen. Dies könnte beispielsweise durch gemeinsame

Veranstaltungen oder Kampagnen geschehen, die sowohl die Bedürfnisse der Mitglieder als auch die Ziele des Aktivismus ansprechen.

Fazit

Zusammenfassend lässt sich sagen, dass Peer-Support-Gruppen eine unverzichtbare Rolle im LGBTQ-Aktivismus spielen. Sie bieten nicht nur emotionale Unterstützung, sondern fördern auch die persönliche Entwicklung und das Gemeinschaftsgefühl. Trotz der Herausforderungen, mit denen sie konfrontiert sind, bleibt ihr Potenzial, positive Veränderungen zu bewirken, unbestritten. Es ist entscheidend, dass wir diese Gruppen unterstützen und ihre Reichweite erweitern, um sicherzustellen, dass jeder Zugang zu den Ressourcen und der Unterstützung hat, die er benötigt, um in einer oft feindlichen Welt zu gedeihen.

Die Verbindung zwischen Aktivismus und psychischer Gesundheit

Aktivismus ist oft ein zweischneidiges Schwert. Einerseits bietet er die Möglichkeit, für Veränderungen zu kämpfen und eine Stimme für die Unterdrückten zu sein, andererseits kann er erhebliche psychische Belastungen mit sich bringen. In diesem Abschnitt werden wir die komplexe Beziehung zwischen Aktivismus und psychischer Gesundheit untersuchen, einschließlich der Herausforderungen, die Aktivisten häufig begegnen, und der Strategien, die sie nutzen können, um ihre psychische Gesundheit zu erhalten.

Psychische Belastungen durch Aktivismus

Aktivisten sind oft mit einer Vielzahl von psychischen Belastungen konfrontiert. Diese können von emotionaler Erschöpfung bis hin zu posttraumatischen Belastungsstörungen reichen, die aus dem ständigen Kampf gegen Diskriminierung und Ungerechtigkeit resultieren. Eine Studie von [?] zeigt, dass Aktivisten, die regelmäßig mit Diskriminierung und Gewalt konfrontiert sind, ein höheres Risiko für psychische Erkrankungen haben. Dies kann sich in Form von Angstzuständen, Depressionen und anderen psychischen Gesundheitsproblemen äußern.

Der Einfluss von Stressfaktoren

Stressfaktoren im Aktivismus können vielfältig sein. Dazu gehören:

- **Emotionale Erschöpfung:** Die ständige Konfrontation mit Ungerechtigkeit und Leid kann zu emotionaler Erschöpfung führen, einem Zustand, in dem Aktivisten sich leer und ausgebrannt fühlen.

- **Isolation:** Viele Aktivisten fühlen sich von der Gesellschaft isoliert, insbesondere wenn ihre Ansichten von der Mehrheit abweichen. Diese Isolation kann das Gefühl der Einsamkeit verstärken und die psychische Gesundheit beeinträchtigen.

- **Widerstand und Feindseligkeit:** Aktivisten sehen sich häufig Widerstand und Feindseligkeit von Institutionen und Individuen gegenüber. Dies kann zu einem ständigen Gefühl der Bedrohung führen und die psychische Belastung erhöhen.

Die Rolle von Gemeinschaft und Unterstützung

Eine der wichtigsten Strategien zur Aufrechterhaltung der psychischen Gesundheit im Aktivismus ist die Schaffung und Pflege von unterstützenden Gemeinschaften. Gemeinschaften bieten nicht nur emotionale Unterstützung, sondern auch praktische Ressourcen und Strategien zur Bewältigung von Stress. Laut [?] ist die Zugehörigkeit zu einer Gemeinschaft von Gleichgesinnten entscheidend für die psychische Gesundheit von Aktivisten. Diese Gemeinschaften können durch:

- **Peer-Support-Gruppen:** Diese Gruppen bieten einen Raum, in dem Aktivisten ihre Erfahrungen teilen und sich gegenseitig unterstützen können.

- **Mentorship-Programme:** Erfahrene Aktivisten können als Mentoren fungieren und jüngeren Aktivisten helfen, ihre Herausforderungen zu bewältigen.

- **Gemeinschaftsveranstaltungen:** Solche Veranstaltungen fördern das Gefühl der Zugehörigkeit und stärken die sozialen Bindungen innerhalb der Gemeinschaft.

Strategien zur Förderung der psychischen Gesundheit

Um die psychische Gesundheit zu fördern, können Aktivisten verschiedene Strategien anwenden:

- **Selbstfürsorge:** Aktivisten sollten Zeit für sich selbst einplanen, um sich zu entspannen und ihre Batterien aufzuladen. Dies kann durch Hobbys, Sport oder Meditation geschehen.

- **Therapie:** Professionelle Hilfe kann eine wichtige Ressource für Aktivisten sein, die mit psychischen Gesundheitsproblemen kämpfen. Therapeuten können helfen, Bewältigungsmechanismen zu entwickeln und emotionale Unterstützung zu bieten.

- **Achtsamkeit und Meditation:** Diese Praktiken können helfen, Stress abzubauen und das allgemeine Wohlbefinden zu verbessern. Studien haben gezeigt, dass Achtsamkeitstraining die Resilienz gegenüber Stress erhöht [?].

Beispiele aus der Praxis

Ein Beispiel für die Verbindung zwischen Aktivismus und psychischer Gesundheit ist die Organisation *The Trevor Project*, die sich für die psychische Gesundheit von LGBTQ-Jugendlichen einsetzt. Sie bieten nicht nur Unterstützung für Jugendliche, die mit Diskriminierung konfrontiert sind, sondern auch Ressourcen für Aktivisten, die sich für die Rechte dieser Jugendlichen einsetzen. Ihre Arbeit zeigt, wie wichtig es ist, psychische Gesundheit in den Aktivismus zu integrieren.

Ein weiteres Beispiel ist die *Black Lives Matter*-Bewegung, die häufig die Bedeutung der Selbstfürsorge für Aktivisten betont. Die Gründer der Bewegung haben öffentlich über ihre eigenen Kämpfe mit psychischen Gesundheitsproblemen gesprochen und betonen, wie wichtig es ist, sich um sich selbst zu kümmern, während man für Gerechtigkeit kämpft.

Fazit

Die Verbindung zwischen Aktivismus und psychischer Gesundheit ist komplex und vielschichtig. Während Aktivismus eine Quelle des Stolzes und der Erfüllung sein kann, bringt er auch erhebliche Herausforderungen mit sich. Es ist entscheidend, dass Aktivisten sich der Risiken bewusst sind und proaktive Schritte unternehmen, um ihre psychische Gesundheit zu fördern. Durch die Schaffung unterstützender Gemeinschaften, die Anwendung von Selbstfürsorgestrategien und den Zugang zu professioneller Hilfe können Aktivisten nicht nur ihre eigene psychische Gesundheit schützen, sondern auch nachhaltige Veränderungen in der Gesellschaft bewirken.

Die Bedeutung von Resilienz

Resilienz, oft als die Fähigkeit beschrieben, sich von Rückschlägen zu erholen und in schwierigen Zeiten stark zu bleiben, spielt eine entscheidende Rolle im Aktivismus, insbesondere im Kontext des LGBTQ-Aktivismus. In diesem Abschnitt werden wir die theoretischen Grundlagen der Resilienz, die Herausforderungen, denen Aktivisten gegenüberstehen, und die Bedeutung von Resilienz in der Praxis beleuchten.

Theoretische Grundlagen der Resilienz

Resilienz ist ein multidimensionales Konzept, das in der Psychologie und Sozialwissenschaften weit verbreitet ist. Es bezieht sich auf die Fähigkeit eines Individuums oder einer Gemeinschaft, sich an Stress, Widrigkeiten und traumatische Ereignisse anzupassen. Laut [?] ist Resilienz nicht nur das Fehlen von psychischen Problemen, sondern auch die Fähigkeit, sich positiv zu entwickeln trotz widriger Umstände.

Die Resilienztheorie umfasst mehrere Schlüsselkomponenten:

- **Emotionale Intelligenz:** Die Fähigkeit, eigene Emotionen zu erkennen und zu steuern, sowie Empathie für andere zu empfinden.

- **Soziale Unterstützung:** Ein starkes Netzwerk von Freunden, Familie und Gemeinschaft kann als Puffer gegen Stress wirken.

- **Optimismus:** Eine positive Einstellung und die Hoffnung auf eine bessere Zukunft fördern die Resilienz.

- **Anpassungsfähigkeit:** Die Fähigkeit, flexibel auf Veränderungen zu reagieren und neue Strategien zu entwickeln.

Herausforderungen im Aktivismus

Aktivisten, insbesondere im LGBTQ-Bereich, stehen vor einer Vielzahl von Herausforderungen, die ihre Resilienz auf die Probe stellen. Diese Herausforderungen können sowohl persönlicher als auch gesellschaftlicher Natur sein:

- **Diskriminierung und Vorurteile:** Aktivisten erleben häufig direkte Diskriminierung, die sich negativ auf ihr psychisches Wohlbefinden auswirken kann.

- **Burnout:** Die ständige Konfrontation mit Ungerechtigkeiten kann zu emotionaler Erschöpfung führen. Laut [?] ist Burnout ein Zustand emotionaler Erschöpfung, der durch chronischen Stress in der Arbeit verursacht wird, was im Aktivismus häufig vorkommt.

- **Isolation:** Viele LGBTQ-Aktivisten fühlen sich von der Gesellschaft isoliert, was ihre Resilienz beeinträchtigen kann.

- **Ressourcenmangel:** Oftmals fehlt es an finanziellen und personellen Ressourcen, um die Ziele des Aktivismus zu erreichen, was zu Frustration und Entmutigung führen kann.

Die Rolle der Resilienz im Aktivismus

Resilienz ist für Aktivisten von zentraler Bedeutung, da sie ihnen hilft, mit den oben genannten Herausforderungen umzugehen. Hier sind einige spezifische Aspekte, in denen Resilienz eine Rolle spielt:

- **Widerstandsfähigkeit gegenüber Rückschlägen:** Resiliente Aktivisten sind besser in der Lage, Misserfolge zu akzeptieren und aus ihnen zu lernen. Sie sehen Rückschläge nicht als endgültige Niederlagen, sondern als Gelegenheiten zur Verbesserung.

- **Aufrechterhaltung der Motivation:** Resilienz fördert die Fähigkeit, auch in schwierigen Zeiten motiviert zu bleiben und weiter für die Rechte der LGBTQ-Community zu kämpfen.

- **Schaffung von Gemeinschaft:** Resiliente Aktivisten neigen dazu, starke Netzwerke aufzubauen, die gegenseitige Unterstützung bieten. Diese Gemeinschaften sind entscheidend für das Überstehen von Krisen.

- **Innovative Problemlösungsfähigkeiten:** Resilienz fördert kreatives Denken und die Fähigkeit, neue Ansätze zur Bewältigung von Herausforderungen zu entwickeln.

Beispiele für Resilienz im LGBTQ-Aktivismus

Ein bemerkenswertes Beispiel für Resilienz im LGBTQ-Aktivismus ist die Reaktion auf die Stonewall-Unruhen von 1969. Diese Ereignisse markierten einen Wendepunkt im Kampf für LGBTQ-Rechte. Die Aktivisten, die sich gegen die Polizeigewalt und Diskriminierung wehrten, zeigten bemerkenswerte Resilienz, indem sie trotz der Gefahren und Rückschläge eine Bewegung ins Leben riefen, die bis heute anhält.

Ein weiteres Beispiel ist die Arbeit von Trans Alliance Toronto, die sich für die Rechte von Transgender-Personen einsetzt. Trotz der Herausforderungen, mit denen sie konfrontiert sind, einschließlich gesellschaftlicher Vorurteile und rechtlicher Hürden, haben die Mitglieder der Organisation Wege gefunden, um ihre Botschaft zu verbreiten und Unterstützung zu mobilisieren. Ihre Resilienz hat dazu beigetragen, wichtige Programme und Initiativen zu entwickeln, die das Leben von vielen Menschen in der Gemeinschaft verbessern.

Schlussfolgerung

Die Bedeutung von Resilienz im LGBTQ-Aktivismus kann nicht genug betont werden. Sie ist nicht nur eine individuelle Eigenschaft, sondern auch eine kollektive Stärke, die Gemeinschaften befähigt, gegen Diskriminierung und Ungerechtigkeit zu kämpfen. Durch die Förderung von Resilienz können Aktivisten nicht nur ihre eigenen Herausforderungen bewältigen, sondern auch eine positive Veränderung in der Gesellschaft bewirken. In einer Welt, die oft feindlich gegenüber LGBTQ-Personen ist, bleibt die Resilienz eine zentrale Säule des Aktivismus und ein Schlüssel zur Schaffung einer gerechteren und inklusiveren Zukunft.

Rückschläge und Resilienz

Umgang mit Misserfolgen

Misserfolge sind ein unvermeidlicher Teil des Aktivismus und des Lebens im Allgemeinen. Sie können als Rückschläge, Enttäuschungen oder sogar als gescheiterte Initiativen erlebt werden. Für Aktivisten wie Stephanie Woolley, die sich leidenschaftlich für die Rechte der LGBTQ-Community einsetzen, sind Misserfolge nicht nur eine Herausforderung, sondern auch eine Gelegenheit zum Lernen und Wachsen. In diesem Abschnitt werden wir den Umgang mit Misserfolgen im Aktivismus untersuchen, die zugrunde liegenden Theorien, die häufigen Probleme und einige Beispiele für den Umgang mit Rückschlägen.

Theoretische Grundlagen

Die Theorie des Wachstumsdenkens, die von Psychologen wie Carol Dweck entwickelt wurde, spielt eine entscheidende Rolle im Umgang mit Misserfolgen.

Laut Dweck glauben Menschen mit einer Wachstumsmentalität, dass Fähigkeiten und Intelligenz durch Anstrengung und Lernen entwickelt werden können. Dies steht im Gegensatz zu einer statischen Denkweise, bei der Menschen glauben, dass ihre Fähigkeiten festgelegt sind. Aktivisten, die eine Wachstumsmentalität annehmen, sehen Misserfolge als Teil des Lernprozesses und nicht als endgültigen Rückschlag.

Ein weiteres relevantes Konzept ist die Resilienz, die die Fähigkeit beschreibt, sich von Rückschlägen zu erholen und sich an neue Herausforderungen anzupassen. Resiliente Menschen sind in der Lage, ihre Emotionen zu regulieren, sich auf ihre Ziele zu konzentrieren und ihre Strategien anzupassen, um zukünftige Misserfolge zu vermeiden.

Häufige Probleme

Aktivisten können mit verschiedenen Arten von Misserfolgen konfrontiert werden, darunter:

- **Fehlgeschlagene Kampagnen:** Manchmal erreichen geplante Kampagnen nicht die gewünschte Wirkung oder das angestrebte Ziel. Dies kann zu Frustration führen und das Vertrauen in die eigene Arbeit untergraben.

- **Fehlende Unterstützung:** Aktivisten können auch auf Widerstand oder mangelnde Unterstützung in der Gemeinschaft stoßen, was ihre Bemühungen behindern kann.

- **Persönliche Rückschläge:** Neben organisatorischen Misserfolgen können auch persönliche Herausforderungen, wie gesundheitliche Probleme oder familiäre Konflikte, den Aktivismus beeinträchtigen.

Umgang mit Misserfolgen: Strategien und Beispiele

Um mit Misserfolgen umzugehen, können Aktivisten verschiedene Strategien anwenden. Hier sind einige bewährte Methoden:

Reflexion und Analyse Nach einem Misserfolg ist es wichtig, eine gründliche Reflexion durchzuführen. Was ist schiefgelaufen? Welche Faktoren haben zum Misserfolg beigetragen? Diese Analyse kann helfen, wertvolle Lektionen zu lernen und zukünftige Strategien zu verbessern. Stephanie Woolley hat in der Vergangenheit betont, wie wichtig es ist, aus jedem Misserfolg zu lernen, um zukünftige Initiativen effektiver zu gestalten.

Emotionale Verarbeitung Die emotionale Verarbeitung ist ein weiterer wichtiger Schritt im Umgang mit Misserfolgen. Aktivisten sollten sich Zeit nehmen, um ihre Gefühle zu erkennen und auszudrücken. Ob durch Gespräche mit Freunden, das Schreiben in einem Tagebuch oder das Suchen professioneller Hilfe, das Verarbeiten von Emotionen kann helfen, den Schmerz des Misserfolgs zu lindern.

Anpassung der Strategien Ein Misserfolg kann auch eine Gelegenheit bieten, bestehende Strategien zu überdenken und anzupassen. Wenn eine Kampagne nicht funktioniert hat, könnte es sinnvoll sein, die Zielgruppe, die Botschaft oder die verwendeten Kanäle zu ändern. Woolley hat häufig betont, dass Flexibilität und Anpassungsfähigkeit entscheidend sind, um im Aktivismus erfolgreich zu sein.

Aufbau von Unterstützungssystemen Eine starke Gemeinschaft und Unterstützungssysteme sind entscheidend, um mit Misserfolgen umzugehen. Aktivisten sollten sich auf ihre Netzwerke verlassen können, um emotionale Unterstützung und praktische Hilfe zu erhalten. Der Austausch von Erfahrungen mit anderen Aktivisten kann helfen, den eigenen Blickwinkel zu erweitern und neue Lösungsansätze zu finden.

Inspirierende Geschichten Ein Beispiel für den Umgang mit Misserfolgen ist die Geschichte von Woolley selbst. Bei einer ihrer ersten Kampagnen zur Sensibilisierung für Transgender-Rechte in Toronto stieß sie auf starken Widerstand und negative Medienberichterstattung. Anstatt aufzugeben, nutzte sie diese Rückschläge als Lernmöglichkeiten. Sie verbesserte ihre Kommunikationsstrategien und baute stärkere Allianzen mit anderen Organisationen auf. Diese neuen Ansätze führten schließlich zu einer erfolgreichen Kampagne, die breite Unterstützung in der Gemeinschaft fand.

Schlussfolgerung

Misserfolge sind im Aktivismus unvermeidlich, aber sie müssen nicht das Ende eines Engagements bedeuten. Durch Reflexion, emotionale Verarbeitung, Anpassung der Strategien, den Aufbau von Unterstützungssystemen und das Lernen aus inspirierenden Geschichten können Aktivisten wie Stephanie Woolley nicht nur mit Misserfolgen umgehen, sondern auch stärker und entschlossener zurückkommen. Die Fähigkeit, aus Rückschlägen zu lernen, ist ein wesentlicher Bestandteil des Aktivismus und kann letztendlich zu bedeutenden Veränderungen in der Gesellschaft führen.

Die Bedeutung von Durchhaltevermögen

Durchhaltevermögen, oft als Resilienz oder Beharrlichkeit bezeichnet, ist eine der entscheidendsten Eigenschaften, die eine Person im Aktivismus entwickeln kann. In der Welt des LGBTQ-Aktivismus, wo Herausforderungen und Rückschläge häufig sind, ist die Fähigkeit, trotz widriger Umstände weiterzumachen, von großer Bedeutung. Diese Sektion beleuchtet die Relevanz von Durchhaltevermögen, die damit verbundenen Herausforderungen und einige inspirierende Beispiele, die zeigen, wie Durchhaltevermögen den Unterschied zwischen Erfolg und Misserfolg ausmachen kann.

Theoretische Grundlagen des Durchhaltevermögens

Durchhaltevermögen wird oft als eine Kombination aus innerer Stärke, Ausdauer und der Fähigkeit, aus Fehlern zu lernen, betrachtet. Psychologen wie Angela Duckworth haben das Konzept der „Grit" (Beharrlichkeit) untersucht und festgestellt, dass Erfolg nicht nur von Talent abhängt, sondern auch von der Fähigkeit, langfristige Ziele zu verfolgen. Duckworth definiert Grit als „Leidenschaft und Ausdauer für langfristige Ziele" und argumentiert, dass diese Eigenschaften entscheidend sind, um Herausforderungen zu überwinden und die gewünschten Ergebnisse zu erzielen [?].

Mathematisch kann Durchhaltevermögen als Funktion von Zeit und Engagement dargestellt werden:

$$P(t) = E \cdot e^{-kt} \qquad (32)$$

Hierbei ist $P(t)$ das Durchhaltevermögen zu einem bestimmten Zeitpunkt t, E das anfängliche Engagement und k eine Konstante, die die Rate des Rückgangs des Engagements beschreibt. Diese Gleichung verdeutlicht, dass Durchhaltevermögen über die Zeit abnehmen kann, wenn nicht aktiv daran gearbeitet wird.

Herausforderungen im Aktivismus

Im Aktivismus sind Rückschläge und Herausforderungen unvermeidlich. Diskriminierung, Widerstand von Institutionen und die ständige Notwendigkeit, sich gegen Vorurteile und Stereotypen zu behaupten, können entmutigend sein. Diese Herausforderungen können dazu führen, dass Aktivisten in Phasen der Frustration und des Zweifels geraten. Beispielsweise kann eine Kampagne, die auf positive Veränderungen abzielt, auf unerwartete Hindernisse stoßen, wie z. B. politische Opposition oder negative Medienberichterstattung.

Ein Beispiel für eine solche Herausforderung ist die Einführung von LGBTQ-Rechten in vielen Ländern. Aktivisten stehen oft gegen tief verwurzelte gesellschaftliche Normen und politische Strukturen, die sich gegen Gleichheit und Akzeptanz richten. In vielen Fällen kann es Jahre oder sogar Jahrzehnte dauern, bis Fortschritte erzielt werden, was die Notwendigkeit von Durchhaltevermögen umso wichtiger macht.

Beispiele für Durchhaltevermögen im Aktivismus

Die Geschichte des LGBTQ-Aktivismus ist reich an Beispielen, in denen Durchhaltevermögen entscheidend war. Ein bemerkenswertes Beispiel ist die Geschichte von Marsha P. Johnson, einer der führenden Figuren der Stonewall-Unruhen. Johnson stand nicht nur für die Rechte von LGBTQ-Menschen ein, sondern kämpfte auch für die Rechte von Transgender-Personen und Obdachlosen. Trotz zahlreicher Rückschläge, einschließlich persönlicher Angriffe und gesellschaftlicher Ablehnung, setzte sie ihren Aktivismus fort und inspirierte viele andere, sich ebenfalls zu engagieren.

Ein weiteres Beispiel ist die Kampagne für die Ehegleichheit in den USA. Aktivisten wie Evan Wolfson und andere arbeiteten jahrzehntelang daran, die rechtlichen Rahmenbedingungen zu ändern, die gleichgeschlechtlichen Paaren den Zugang zur Ehe verwehrten. Trotz wiederholter Rückschläge, einschließlich gescheiterter Gesetzesentwürfe und negativer Urteile, blieben sie beharrlich und mobilisierten eine breite Unterstützung in der Gesellschaft. Ihr Durchhaltevermögen führte schließlich zur Entscheidung des Obersten Gerichtshofs der USA im Jahr 2015, die gleichgeschlechtliche Ehe landesweit zu legalisieren.

Die Rolle von Gemeinschaft und Unterstützung

Durchhaltevermögen wird oft durch die Unterstützung von Gemeinschaften und Netzwerken gestärkt. In der LGBTQ-Community ist die Solidarität unter Aktivisten von entscheidender Bedeutung. Die Schaffung von sicheren Räumen, in denen Aktivisten ihre Erfahrungen teilen und sich gegenseitig ermutigen können, trägt dazu bei, das Durchhaltevermögen zu fördern. Programme, die Mentorship und Unterstützung bieten, sind ebenfalls entscheidend, um neue Aktivisten zu inspirieren und zu motivieren, trotz der Herausforderungen, denen sie gegenüberstehen, weiterzumachen.

Schlussfolgerung

Insgesamt ist Durchhaltevermögen eine wesentliche Eigenschaft für den Erfolg im Aktivismus. Es ermöglicht Individuen, trotz der unvermeidlichen Herausforderungen und Rückschläge, die sie auf ihrem Weg begegnen, weiterzumachen. Durchhaltevermögen ist nicht nur eine persönliche Eigenschaft, sondern auch eine kollektive Anstrengung, die durch Gemeinschaft und Unterstützung gefördert wird. Die Geschichten von Aktivisten, die trotz widriger Umstände erfolgreich waren, dienen als Inspiration für zukünftige Generationen und erinnern uns daran, dass der Weg zur Gleichheit und Akzeptanz oft lang und steinig ist, aber mit Beharrlichkeit und Unterstützung überwunden werden kann.

Lernen aus Fehlern

Im Aktivismus ist das Lernen aus Fehlern eine entscheidende Fähigkeit, die nicht nur das persönliche Wachstum fördert, sondern auch die Effektivität von Organisationen und Bewegungen steigert. Fehler sind unvermeidlich, und die Art und Weise, wie wir mit ihnen umgehen, kann den Unterschied zwischen Erfolg und Misserfolg ausmachen. In diesem Abschnitt werden wir die Bedeutung des Lernens aus Fehlern im Kontext des Aktivismus untersuchen, einige häufige Probleme identifizieren und Beispiele für erfolgreiche Fehleranalysen präsentieren.

Die Bedeutung des Lernens aus Fehlern

Das Lernen aus Fehlern ist ein Prozess, der es Aktivisten ermöglicht, ihre Strategien zu reflektieren und anzupassen. In der Theorie des *Experiential Learning* (Erfahrungslernen), wie sie von Kolb formuliert wurde, wird betont, dass Lernen durch Erfahrung erfolgt und dass Fehler eine wertvolle Quelle für Einsichten sind. Kolb identifiziert vier Phasen im Lernprozess:

1. **Konkrete Erfahrung:** Aktivisten erleben eine Situation oder führen eine Aktion durch.

2. **Reflexive Beobachtung:** Sie reflektieren über die Erfahrung und identifizieren, was gut und was schlecht gelaufen ist.

3. **Abstrakte Konzeptualisierung:** Aus den Beobachtungen entwickeln sie Theorien oder Konzepte, die erklären, warum bestimmte Ergebnisse erzielt wurden.

4. **Aktive Experimentierung:** Schließlich setzen sie ihr neu gewonnenes Wissen in die Praxis um, um ihre Strategien zu verbessern.

Dieser Zyklus zeigt, dass Fehler nicht das Ende, sondern der Anfang eines Lernprozesses sind. Durch die bewusste Reflexion über Fehler können Aktivisten wertvolle Lektionen ziehen, die ihre zukünftigen Bemühungen leiten.

Häufige Probleme im Aktivismus

Im Aktivismus gibt es zahlreiche Herausforderungen, die zu Fehlern führen können. Einige häufige Probleme sind:

- **Mangelnde Kommunikation:** Oftmals führt unzureichende Kommunikation innerhalb eines Teams oder zwischen verschiedenen Gruppen zu Missverständnissen und ineffizienten Strategien.

- **Unrealistische Erwartungen:** Aktivisten können sich unrealistische Ziele setzen, die zu Enttäuschungen führen, wenn diese nicht erreicht werden.

- **Ignorieren von Feedback:** Wenn Feedback von der Gemeinschaft oder anderen Aktivisten ignoriert wird, kann dies zu wiederholten Fehlern führen.

- **Unzureichende Planung:** Fehlende oder mangelhafte Planung kann dazu führen, dass Aktionen nicht die gewünschten Ergebnisse erzielen.

Diese Probleme können durch eine proaktive Fehlerkultur angegangen werden, in der Fehler als Lernchancen betrachtet werden.

Beispiele für erfolgreiche Fehleranalysen

Ein Beispiel für das Lernen aus Fehlern im Aktivismus ist die *Black Lives Matter*-Bewegung. In ihren frühen Tagen stellte die Bewegung fest, dass einige ihrer Strategien nicht die gewünschte Resonanz in der breiten Öffentlichkeit fanden. Statt sich von Rückschlägen entmutigen zu lassen, analysierten die Aktivisten, was nicht funktioniert hatte. Sie erkannten, dass ihre Botschaften oft nicht klar genug kommuniziert wurden und dass sie eine breitere Basis von Unterstützern ansprechen mussten.

Durch die Anwendung von Feedback-Mechanismen und die Einbeziehung verschiedener Perspektiven konnten sie ihre Strategien anpassen. Dies führte zu effektiveren Kampagnen, die mehr Menschen mobilisierten und die Sichtbarkeit der Bewegung erhöhten.

Ein weiteres Beispiel ist die *MeToo*-Bewegung. Als die Bewegung an Fahrt gewann, gab es viele Diskussionen über die Reaktionen auf verschiedene Berichte und die Art und Weise, wie die Medien darüber berichteten. Die Organisatoren der Bewegung erkannten, dass sie aus den Reaktionen der Öffentlichkeit lernen mussten, um die Bewegung inklusiver und effektiver zu gestalten. Durch die Reflexion über die Fehler und das Feedback der Gemeinschaft konnten sie ihre Ansätze anpassen und die Bewegung weiter stärken.

Schlussfolgerung

Das Lernen aus Fehlern ist ein unverzichtbarer Bestandteil des Aktivismus. Durch die Reflexion über Fehler können Aktivisten nicht nur ihre eigenen Fähigkeiten verbessern, sondern auch die gesamte Bewegung voranbringen. Indem sie eine Kultur des Lernens und der Offenheit schaffen, können sie sicherstellen, dass Fehler nicht als Misserfolge, sondern als Chancen zur Verbesserung angesehen werden. In einer Welt, in der sich soziale Bewegungen ständig weiterentwickeln, ist die Fähigkeit, aus Fehlern zu lernen, entscheidend für den langfristigen Erfolg und die Nachhaltigkeit des Aktivismus.

Geschichten von Triumph über Widrigkeiten

In der Welt des Aktivismus, besonders im LGBTQ-Bereich, sind Geschichten von Triumph über Widrigkeiten nicht nur inspirierend, sondern auch entscheidend für das Verständnis der Herausforderungen, die aktivistische Arbeit mit sich bringt. Diese Geschichten zeigen, wie Menschen trotz enormer Hürden und Widerstände erfolgreich sind und dabei nicht nur ihr eigenes Leben, sondern auch das Leben vieler anderer verändern.

Die Kraft der persönlichen Geschichten

Eine der stärksten Möglichkeiten, die Widerstände zu überwinden, ist das Teilen persönlicher Geschichten. Diese Geschichten bieten nicht nur eine Plattform für individuelle Erfahrungen, sondern schaffen auch Verbindungen zu anderen, die ähnliche Kämpfe durchleben. Laut der *Narrative Theory* ist das Erzählen von Geschichten eine fundamentale menschliche Praxis, die es uns ermöglicht, unsere Identität zu formen und unsere Erfahrungen zu verarbeiten. Durch das Teilen dieser Geschichten können Aktivisten nicht nur ihre eigene Resilienz zeigen, sondern auch andere ermutigen, ihre Stimme zu erheben.

Beispiele für Triumph

Ein bemerkenswertes Beispiel für Triumph über Widrigkeiten ist die Geschichte von Marsha P. Johnson, einer der bekanntesten LGBTQ-Aktivisten der Geschichte. Johnson, eine schwarze trans Frau, spielte eine entscheidende Rolle bei den Stonewall-Unruhen von 1969, die als Wendepunkt in der LGBTQ-Bewegung gelten. Trotz der Diskriminierung, der sie als schwarze trans Frau ausgesetzt war, setzte sie sich unermüdlich für die Rechte von LGBTQ-Personen ein. Ihre Gründung der *Street Transvestite Action Revolutionaries* (STAR) half, Obdachlosen und marginalisierten LGBTQ-Personen Unterstützung zu bieten. Johnsons Geschichte ist ein Beispiel dafür, wie persönliche Kämpfe in kollektive Aktionen umgewandelt werden können, um Veränderungen herbeizuführen.

Ein weiteres Beispiel ist die Geschichte von Harvey Milk, dem ersten offen schwulen gewählten Beamten in Kalifornien. Milk kämpfte gegen Diskriminierung und Ungerechtigkeit und wurde zu einem Symbol für die LGBTQ-Rechte. Trotz der ständigen Bedrohung durch Gewalt und Diskriminierung ließ er sich nicht entmutigen. Seine berühmte Aussage, dass „wir uns nicht verstecken dürfen", motivierte viele, sich für ihre Rechte einzusetzen. Milk wurde 1978 ermordet, aber sein Vermächtnis lebt weiter und inspiriert weiterhin Aktivisten weltweit.

Überwindung von Herausforderungen

Die Herausforderungen, mit denen LGBTQ-Aktivisten konfrontiert sind, sind vielfältig und oft überwältigend. Diskriminierung, Gewalt und gesellschaftliche Isolation sind nur einige der Hürden, die es zu überwinden gilt. Ein Beispiel ist die *It Gets Better*-Kampagne, die 2010 ins Leben gerufen wurde, um Jugendlichen, die mit Diskriminierung und Mobbing konfrontiert sind, Hoffnung zu geben. Die Kampagne ermutigte Menschen, ihre eigenen Geschichten zu teilen und zu zeigen, dass das Leben besser werden kann. Diese Bewegung hat Tausende von Menschen inspiriert und gezeigt, dass es möglich ist, aus schwierigen Situationen herauszukommen und ein erfülltes Leben zu führen.

Die Rolle von Gemeinschaft und Unterstützung

Der Rückhalt durch die Gemeinschaft spielt eine entscheidende Rolle beim Überwinden von Widrigkeiten. Viele Geschichten von Triumph beinhalten die Unterstützung durch Freunde, Familie und Verbündete. Diese Netzwerke bieten nicht nur emotionale Unterstützung, sondern auch praktische Hilfe, sei es durch finanzielle Unterstützung, rechtliche Beratung oder einfach durch das Bereitstellen eines sicheren Raums. Ein Beispiel hierfür ist die *Trans Lifeline*, eine Hotline, die speziell für trans Menschen eingerichtet wurde. Sie bietet nicht nur Unterstützung in Krisensituationen, sondern auch Ressourcen und Informationen, die für das Überleben und Gedeihen in einer oft feindlichen Welt entscheidend sind.

Die Bedeutung von Resilienz

Resilienz ist ein zentrales Thema in den Geschichten von Triumph über Widrigkeiten. Resilienz beschreibt die Fähigkeit, sich von Rückschlägen zu erholen und gestärkt daraus hervorzugehen. Aktivisten wie Audre Lorde und bell hooks haben oft betont, dass Widerstandsfähigkeit nicht nur eine persönliche Eigenschaft ist, sondern auch in Gemeinschaften gefördert werden muss. Lorde sagte einmal: „Es ist nicht unsere Aufgabe, die Welt zu verändern, sondern unser eigenes Leben zu leben und die Welt durch unser Leben zu verändern."

Schlussfolgerung

Die Geschichten von Triumph über Widrigkeiten sind nicht nur Erzählungen von persönlichen Erfolgen, sondern auch kraftvolle Werkzeuge für den Aktivismus. Sie bieten Hoffnung, Inspiration und eine Erinnerung daran, dass Veränderungen möglich sind, selbst in den schwierigsten Zeiten. Indem wir diese Geschichten teilen und feiern, stärken wir nicht nur die Gemeinschaft, sondern ermutigen auch zukünftige Generationen, für ihre Rechte zu kämpfen und sich gegen Ungerechtigkeit zu erheben. In der Tat, wie Harvey Milk es ausdrückte: „Die einzige Möglichkeit, die Dunkelheit zu vertreiben, ist, das Licht zu teilen."

Die Notwendigkeit von Anpassungsfähigkeit

Im Bereich des Aktivismus ist Anpassungsfähigkeit eine entscheidende Fähigkeit, die es Aktivisten ermöglicht, auf sich verändernde Umstände, Herausforderungen und gesellschaftliche Dynamiken zu reagieren. In einer Welt, die sich ständig wandelt, sei es durch technologische Fortschritte, politische Veränderungen oder gesellschaftliche Bewegungen, müssen Aktivisten in der Lage sein, ihre Strategien und Ansätze zu überdenken und anzupassen.

Theoretische Grundlagen der Anpassungsfähigkeit

Anpassungsfähigkeit kann als die Fähigkeit definiert werden, sich an neue Bedingungen anzupassen und flexibel auf Veränderungen zu reagieren. Diese Fähigkeit ist besonders wichtig in einem dynamischen Umfeld wie dem LGBTQ-Aktivismus, wo gesellschaftliche Normen, Gesetze und öffentliche

Meinungen sich schnell ändern können. Ein theoretischer Rahmen, der häufig in der Organisationspsychologie verwendet wird, ist das Konzept der *Resilienz*. Resilienz beschreibt die Fähigkeit, sich von Rückschlägen zu erholen und sich an neue Realitäten anzupassen. In Bezug auf den Aktivismus bedeutet dies, dass Aktivisten nicht nur in der Lage sein müssen, auf Herausforderungen zu reagieren, sondern auch proaktiv neue Strategien zu entwickeln, um ihre Ziele zu erreichen.

Probleme und Herausforderungen

Die Notwendigkeit von Anpassungsfähigkeit wird besonders deutlich, wenn man die Herausforderungen betrachtet, mit denen LGBTQ-Aktivisten konfrontiert sind. Eine der größten Herausforderungen ist der Widerstand von Institutionen und der Gesellschaft im Allgemeinen. Oftmals müssen Aktivisten auf unerwartete Widerstände reagieren, sei es durch politische Gegner, rechtliche Hürden oder gesellschaftliche Vorurteile. Diese Situationen erfordern eine schnelle und effektive Anpassung der Strategien.

Ein Beispiel hierfür ist die Reaktion auf die COVID-19-Pandemie. Viele LGBTQ-Organisationen mussten ihre Veranstaltungen und Programme schnell umstellen, um den neuen gesundheitlichen Richtlinien gerecht zu werden. Anstatt physische Versammlungen abzuhalten, wandten sich viele Organisationen digitalen Plattformen zu, um ihre Gemeinschaften zu unterstützen und zu informieren. Diese Anpassungsfähigkeit ermöglichte es ihnen, weiterhin Sichtbarkeit zu erlangen und Unterstützung zu bieten, obwohl die Umstände alles andere als ideal waren.

Praktische Beispiele für Anpassungsfähigkeit

Ein weiteres Beispiel für Anpassungsfähigkeit im Aktivismus ist die Entwicklung von Kampagnen, die auf aktuelle gesellschaftliche Themen eingehen. Während der Black Lives Matter-Bewegung erkannten viele LGBTQ-Organisationen die Notwendigkeit, intersektionale Ansätze zu integrieren, die die Überschneidungen zwischen Rassismus und Homophobie beleuchten. Diese Anpassung ermöglichte es ihnen, sich als Teil eines größeren sozialen Wandels zu positionieren und gleichzeitig ihre eigenen Anliegen zu vertreten.

Darüber hinaus zeigt das Beispiel von Trans Alliance Toronto, wie wichtig es ist, auf Veränderungen in der politischen Landschaft zu reagieren. Als neue Gesetze eingeführt wurden, die die Rechte von Transgender-Personen betrafen, mussten Aktivisten ihre Lobbyarbeit anpassen, um sicherzustellen, dass ihre Stimmen gehört wurden und dass sie Einfluss auf die Gesetzgebung nehmen konnten. Dies erforderte nicht nur eine Anpassung der Strategien, sondern auch eine ständige Überwachung und Analyse der politischen Entwicklungen.

Schlussfolgerung

Die Notwendigkeit von Anpassungsfähigkeit im Aktivismus ist unbestreitbar. In einer Zeit, in der Veränderungen die einzige Konstante sind, müssen Aktivisten bereit sein, ihre Ansätze zu überdenken und neu zu gestalten. Diese Fähigkeit ist nicht nur entscheidend für den Erfolg von Kampagnen, sondern auch für das Überleben von Organisationen, die sich für die Rechte und das Wohlbefinden der LGBTQ-Community einsetzen. Durch die Entwicklung von Resilienz und Flexibilität können Aktivisten sicherstellen, dass ihre Stimmen gehört werden und dass sie weiterhin für die Rechte und die Sichtbarkeit ihrer Gemeinschaft kämpfen, unabhängig von den Herausforderungen, die sich ihnen in den Weg stellen.

Die Rolle von Feedback und Kritik

Feedback und Kritik sind essentielle Bestandteile des Aktivismus, insbesondere in einem so dynamischen und sich ständig verändernden Bereich wie dem LGBTQ-Aktivismus. Sie helfen nicht nur dabei, die Strategien und Ansätze der Aktivisten zu verfeinern, sondern tragen auch zur Entwicklung einer widerstandsfähigen und adaptiven Gemeinschaft bei. In diesem Abschnitt werden wir die verschiedenen Dimensionen der Rolle von Feedback und Kritik im Aktivismus untersuchen, einschließlich der theoretischen Grundlagen, der Herausforderungen, die sie mit sich bringen, sowie konkreter Beispiele aus der Praxis.

Theoretische Grundlagen

Feedback kann als eine Form der Kommunikation definiert werden, die es Individuen oder Gruppen ermöglicht, Informationen über ihre Handlungen, Strategien oder Botschaften zu erhalten. Laut [?] ist Feedback ein wesentlicher Bestandteil des Lernprozesses, da es den Akteuren hilft, ihre Annahmen zu hinterfragen und ihre Praktiken zu verbessern. In der Theorie des sozialen Lernens von [?] wird betont, dass die Beobachtung und das Feedback von anderen entscheidend sind, um Verhaltensänderungen zu fördern.

Kritik hingegen kann sowohl konstruktiv als auch destruktiv sein. Konstruktive Kritik zielt darauf ab, positive Veränderungen zu fördern, während destruktive Kritik oft auf persönliche Angriffe oder negative Bewertungen abzielt. Der Unterschied zwischen diesen beiden Formen von Kritik ist entscheidend für die Entwicklung einer offenen und unterstützenden Aktivistengemeinschaft. In der Praxis ist es wichtig, dass Aktivisten lernen, konstruktive Kritik anzunehmen und sie als Werkzeug zur Verbesserung ihrer Arbeit zu nutzen.

Herausforderungen

Die Integration von Feedback und Kritik in den Aktivismus kann jedoch auch mit Herausforderungen verbunden sein. Eine der größten Hürden ist die Angst vor Ablehnung oder Negativität. Aktivisten, die sich für die Rechte der LGBTQ-Community einsetzen, sind oft in einem emotionalen und psychologischen Kampf verwickelt. Sie können sich verletzlich fühlen, wenn sie Feedback erhalten, insbesondere wenn dieses Feedback negativ oder kritisch ist. Diese Angst kann dazu führen, dass sie sich von konstruktivem Feedback abkapseln, was ihre Entwicklung und das Wachstum der Bewegung behindern kann.

Ein weiteres Problem ist die Diversität innerhalb der LGBTQ-Community selbst. Unterschiedliche Hintergründe, Erfahrungen und Perspektiven können dazu führen, dass Feedback unterschiedlich interpretiert wird. Was für eine Person konstruktiv ist, kann für eine andere als Angriff wahrgenommen werden. Diese Unterschiede erfordern eine hohe Sensibilität und Empathie bei der Kommunikation von Feedback und Kritik.

Beispiele aus der Praxis

Ein bemerkenswertes Beispiel für die Rolle von Feedback im LGBTQ-Aktivismus ist die Kampagne „It Gets Better", die 2010 ins Leben gerufen wurde. Diese Kampagne ermutigte LGBTQ-Jugendliche, ihre Geschichten zu teilen und Feedback von Gleichaltrigen zu erhalten. Die positiven Rückmeldungen und die Unterstützung, die viele Jugendliche durch diese Plattform erhielten, halfen nicht nur dabei, ihre eigene Identität zu akzeptieren, sondern förderten auch eine breitere gesellschaftliche Diskussion über die Herausforderungen, mit denen LGBTQ-Jugendliche konfrontiert sind.

Ein weiteres Beispiel ist die Reaktion auf die Kritik an der Intersektionalität innerhalb der LGBTQ-Bewegung. Aktivisten wie [Crenshaw(1989)] haben betont, dass die Erfahrungen von LGBTQ-Personen, die auch anderen marginalisierten Gruppen angehören, oft übersehen werden. Diese Kritik hat dazu geführt, dass viele Organisationen ihre Strategien überdenken und inklusivere Ansätze entwickeln, die die Stimmen aller Mitglieder der Gemeinschaft berücksichtigen.

Schlussfolgerung

Zusammenfassend lässt sich sagen, dass Feedback und Kritik eine zentrale Rolle im LGBTQ-Aktivismus spielen. Sie sind nicht nur Werkzeuge zur Verbesserung der Strategien und Ansätze, sondern auch Mechanismen zur Förderung von Solidarität und Unterstützung innerhalb der Gemeinschaft. Trotz der Herausforderungen, die mit der Annahme von Feedback und Kritik verbunden sind, ist es wichtig, dass Aktivisten lernen, diese Elemente in ihre Arbeit zu integrieren. Durch eine offene und respektvolle Kommunikation können Aktivisten nicht nur ihre eigene Praxis verbessern, sondern auch eine stärkere und widerstandsfähigere Gemeinschaft aufbauen.

Die Bedeutung von Teamarbeit im Aktivismus

Teamarbeit spielt eine entscheidende Rolle im Aktivismus, insbesondere in der LGBTQ-Bewegung, wo die Herausforderungen oft komplex und vielschichtig sind. Diese Herausforderungen erfordern eine kollektive Anstrengung, um effektive Strategien zu entwickeln, Ressourcen zu mobilisieren und eine breitere Gemeinschaft zu erreichen. In diesem Abschnitt werden wir die verschiedenen Aspekte der Teamarbeit im Aktivismus untersuchen, einschließlich der theoretischen Grundlagen, praktischen Probleme und inspirierenden Beispiele aus der LGBTQ-Community.

Theoretische Grundlagen der Teamarbeit

Die Theorie der Teamarbeit basiert auf der Annahme, dass Gruppen von Individuen, die zusammenarbeiten, mehr erreichen können als Einzelpersonen. Dies wird durch verschiedene Theorien unterstützt, darunter die soziale Identitätstheorie, die besagt, dass Menschen sich stärker mit Gruppen identifizieren, die gemeinsame Ziele und Werte teilen. Diese Identifikation fördert nicht nur den Zusammenhalt, sondern auch die Motivation und das Engagement der Mitglieder.

Ein weiterer wichtiger theoretischer Rahmen ist die Theorie der kollektiven Effizienz, die besagt, dass Gruppenmitglieder an die Fähigkeiten ihrer Gruppe glauben müssen, um ihre Ziele zu erreichen. Diese Überzeugung kann durch gemeinsame Erfahrungen, Training und Erfolge gestärkt werden. Wenn Aktivisten in einem Team arbeiten, können sie ihre Fähigkeiten und Ressourcen kombinieren, was zu einer erhöhten Effektivität führt.

Probleme der Teamarbeit im Aktivismus

Trotz der vielen Vorteile, die Teamarbeit bietet, gibt es auch Herausforderungen. Eine der häufigsten Schwierigkeiten ist die Koordination. Aktivisten bringen oft unterschiedliche Hintergründe, Perspektiven und Fähigkeiten mit, was zu Konflikten führen kann. Diese Konflikte können aus unterschiedlichen Ansichten über Strategien, Zielgruppen oder Prioritäten resultieren. Um diese Probleme zu überwinden, ist eine klare Kommunikation unerlässlich. Regelmäßige Meetings und offene Diskussionsforen können helfen, Missverständnisse auszuräumen und einen Konsens zu finden.

Ein weiteres Problem ist die Verteilung von Aufgaben und Verantwortlichkeiten. In vielen Aktivistengruppen gibt es eine Tendenz, dass einige Mitglieder die Hauptlast der Arbeit tragen, während andere weniger aktiv sind. Dies kann zu Frustration und Burnout bei den aktiveren Mitgliedern führen. Eine klare Aufgabenverteilung und die Anerkennung der Beiträge aller Teammitglieder sind entscheidend, um ein Gleichgewicht zu schaffen und die Moral hoch zu halten.

Beispiele für erfolgreiche Teamarbeit im LGBTQ-Aktivismus

Ein herausragendes Beispiel für erfolgreiche Teamarbeit im LGBTQ-Aktivismus ist die Organisation von Pride-Veranstaltungen. Diese Events erfordern eine enorme Koordination zwischen verschiedenen Gruppen, einschließlich Sicherheitsdiensten, Sponsoren, Künstlern und der Gemeinde. In Toronto beispielsweise hat die Zusammenarbeit zwischen Trans Alliance Toronto und anderen LGBTQ-Organisationen zu einem der größten und sichtbarsten Pride-Feste der Welt geführt. Die gemeinsame Planung und Organisation haben nicht nur die Sichtbarkeit der LGBTQ-Community erhöht, sondern auch ein Gefühl der Solidarität und Gemeinschaft geschaffen.

Ein weiteres Beispiel ist die Reaktion auf diskriminierende Gesetze oder Politiken. In vielen Fällen haben Aktivistengruppen zusammengearbeitet, um Lobbyarbeit zu leisten und öffentliche Kampagnen zu starten, um gegen solche Maßnahmen vorzugehen. Die Koalition „Stop the Ban" in den USA, die sich gegen die Diskriminierung von Transgender-Personen in der Gesundheitsversorgung einsetzt, ist ein hervorragendes Beispiel für effektive Teamarbeit. Durch die Bündelung ihrer Ressourcen und die Entwicklung einer gemeinsamen Strategie konnten sie eine breite Unterstützung mobilisieren und signifikante Fortschritte erzielen.

Schlussfolgerung

Die Bedeutung von Teamarbeit im Aktivismus kann nicht genug betont werden. Die Herausforderungen, vor denen die LGBTQ-Community steht, erfordern eine kollektive Anstrengung, um effektiv zu sein. Durch die Anwendung theoretischer Konzepte der Teamarbeit und das Überwinden praktischer Probleme können Aktivisten ihre Kräfte bündeln, um Veränderungen herbeizuführen. Die inspirierenden Beispiele erfolgreicher Teamarbeit zeigen, dass durch Zusammenarbeit nicht nur die Ziele erreicht werden können, sondern auch eine starke und solidarische Gemeinschaft entsteht.

Um im Aktivismus erfolgreich zu sein, ist es unerlässlich, die Stärken und Perspektiven aller Teammitglieder zu nutzen und eine Kultur der Zusammenarbeit und des Respekts zu fördern. Nur so kann die LGBTQ-Bewegung weiterhin Fortschritte erzielen und eine gerechtere und inklusivere Gesellschaft schaffen.

Die Herausforderungen der Selbstreflexion

Selbstreflexion ist ein entscheidender Bestandteil des Aktivismus, insbesondere in der LGBTQ-Community, wo persönliche Erfahrungen oft die Grundlage für das Engagement bilden. Sie ermöglicht es Aktivisten, ihre eigenen Werte, Überzeugungen und Verhaltensweisen zu hinterfragen und zu verstehen, wie diese in ihren Aktivismus einfließen. Doch trotz ihrer Bedeutung ist Selbstreflexion mit verschiedenen Herausforderungen verbunden, die sowohl emotional als auch intellektuell sein können.

Emotionale Herausforderungen

Eine der größten Herausforderungen der Selbstreflexion ist der emotionale Schmerz, der mit der Auseinandersetzung mit der eigenen Identität und den damit verbundenen Erfahrungen einhergehen kann. Aktivisten, die sich mit Diskriminierung, Ablehnung oder Trauma auseinandersetzen, finden es oft schwierig, sich mit diesen Themen auseinanderzusetzen, ohne von negativen Emotionen überwältigt zu werden.

> „Die Konfrontation mit der eigenen Geschichte kann wie das Öffnen einer Wunde sein, die nie richtig geheilt ist."

Beispielsweise kann ein Aktivist, der in seiner Kindheit Mobbing erfahren hat, Schwierigkeiten haben, diese Erfahrungen zu reflektieren, weil sie schmerzhafte

Erinnerungen hervorrufen. Diese emotionale Belastung kann dazu führen, dass der Aktivist sich von der Selbstreflexion zurückzieht, was wiederum das persönliche Wachstum und die Fähigkeit, effektiv zu helfen, einschränkt.

Intellektuelle Herausforderungen

Neben den emotionalen Herausforderungen gibt es auch intellektuelle Hürden. Selbstreflexion erfordert kritisches Denken und die Fähigkeit, die eigenen Überzeugungen und Annahmen zu hinterfragen. Dies kann besonders schwierig sein, wenn die Überzeugungen tief verwurzelt sind oder stark von der Gemeinschaft, in der man lebt, geprägt sind.

Ein Beispiel hierfür ist der interne Konflikt, den viele LGBTQ-Aktivisten erleben, wenn sie sich mit den Erwartungen ihrer Familien oder ihrer Kultur auseinandersetzen. Diese Konflikte können dazu führen, dass sie ihre eigenen Werte in Frage stellen, was zu einem Gefühl der Entfremdung führen kann.

Der Einfluss von Vorurteilen und Stereotypen

Darüber hinaus können gesellschaftliche Vorurteile und Stereotypen die Selbstreflexion beeinträchtigen. Aktivisten könnten sich selbst in einem negativen Licht sehen, beeinflusst durch die Stigmatisierung, die sie erfahren haben. Diese internalisierten Vorurteile können die Fähigkeit zur Selbstreflexion stark einschränken und dazu führen, dass sie ihre eigenen Erfolge und Fähigkeiten nicht anerkennen.

$$\text{Selbstwert} = \frac{\text{Selbstakzeptanz}}{\text{Gesellschaftliche Erwartungen}} \tag{33}$$

Die obige Gleichung verdeutlicht, dass der Selbstwert eines Individuums durch die Balance zwischen Selbstakzeptanz und den gesellschaftlichen Erwartungen beeinflusst wird. Wenn die gesellschaftlichen Erwartungen überwiegen, kann dies zu einem verminderten Selbstwertgefühl führen, was die Selbstreflexion weiter erschwert.

Der Prozess der Selbstreflexion

Trotz dieser Herausforderungen ist Selbstreflexion ein wesentlicher Bestandteil des persönlichen Wachstums. Ein strukturierter Ansatz kann helfen, diese Herausforderungen zu überwinden. Der Prozess kann in mehrere Schritte unterteilt werden:

1. **Bewusstsein schaffen:** Der erste Schritt besteht darin, sich der eigenen Emotionen und Gedanken bewusst zu werden. Dies kann durch Journaling oder Meditation geschehen.

2. **Hinterfragen von Annahmen:** Aktivisten sollten ihre eigenen Annahmen und Überzeugungen kritisch hinterfragen. Fragen wie „Warum denke ich so?" oder „Woher kommt dieser Gedanke?" können hilfreich sein.

3. **Feedback einholen:** Der Austausch mit anderen, sei es durch Mentoring oder in Gruppen, kann neue Perspektiven eröffnen und helfen, blinde Flecken zu erkennen.

4. **Akzeptanz:** Schließlich ist es wichtig, die eigenen Schwächen und Stärken zu akzeptieren. Dies kann durch positive Affirmationen oder das Feiern kleiner Erfolge geschehen.

Schlussfolgerung

Zusammenfassend lässt sich sagen, dass die Herausforderungen der Selbstreflexion für LGBTQ-Aktivisten vielschichtig und komplex sind. Emotionale und intellektuelle Barrieren können den Prozess erschweren, aber durch bewusste Anstrengungen und den Einsatz geeigneter Strategien kann Selbstreflexion zu einer kraftvollen Quelle des Wachstums und der Veränderung werden. In einer Gemeinschaft, die oft von externen Herausforderungen geprägt ist, kann die Fähigkeit zur Selbstreflexion nicht nur das individuelle Wohlbefinden fördern, sondern auch die kollektive Stärke der Bewegung stärken.

Die Rolle von Humor im Umgang mit Rückschlägen

Humor spielt eine entscheidende Rolle im Leben von Aktivisten, insbesondere wenn es darum geht, mit Rückschlägen und Herausforderungen umzugehen. In der Welt des Aktivismus, wo der Druck und die Erwartungen oft überwältigend sein können, bietet Humor nicht nur eine Möglichkeit, den Stress abzubauen, sondern auch eine Strategie, um Resilienz und Durchhaltevermögen zu fördern.

Theoretische Grundlagen

Laut der psychologischen Forschung hat Humor eine Vielzahl von positiven Effekten auf das emotionale Wohlbefinden. Die *Humor-Resilienz-Theorie* besagt, dass Menschen, die Humor als Bewältigungsmechanismus nutzen, besser in der Lage sind, mit Stress umzugehen. Sie sind in der Lage, ihre Perspektive zu ändern

RÜCKSCHLÄGE UND RESILIENZ

und schwierige Situationen in einem weniger bedrohlichen Licht zu sehen. Dies wird durch die Fähigkeit ermöglicht, das Lachen als eine Art von kognitiver Umstrukturierung zu nutzen, die es Individuen erlaubt, die Kontrolle über ihre Emotionen zurückzugewinnen.

$$H = \frac{E}{R} \qquad (34)$$

Hierbei steht H für Humor, E für Emotionen und R für Rückschläge. Diese einfache Gleichung verdeutlicht, dass Humor eine Art von emotionalem Puffer darstellt, der es ermöglicht, Rückschläge besser zu bewältigen.

Probleme im Aktivismus

Aktivisten stehen häufig vor einer Vielzahl von Herausforderungen, darunter Diskriminierung, Widerstand von Institutionen und persönliche Rückschläge. Diese Probleme können zu einem Gefühl der Frustration und Entmutigung führen, was wiederum die Motivation und die mentale Gesundheit beeinträchtigen kann. In solchen Momenten kann Humor als Ventil dienen, um den emotionalen Druck abzubauen und die Perspektive zu verändern.

Ein Beispiel für die Rolle von Humor im Aktivismus ist die Verwendung von satirischen Memes und Cartoons in sozialen Medien. Diese Formen des Humors ermöglichen es Aktivisten, ernste Themen auf eine zugängliche Weise zu präsentieren und gleichzeitig das Bewusstsein für Ungerechtigkeiten zu schärfen. Humor kann auch eine Brücke schlagen, um Menschen zu erreichen, die möglicherweise nicht für das Thema sensibilisiert sind.

Beispiele aus der Praxis

Ein bemerkenswertes Beispiel für den Einsatz von Humor im Aktivismus ist die Kampagne "*Laughing Matters*", die von einer Gruppe LGBTQ-Aktivisten ins Leben gerufen wurde. Diese Kampagne nutzte komödiantische Auftritte und Stand-up-Shows, um auf die Herausforderungen aufmerksam zu machen, mit denen die LGBTQ-Community konfrontiert ist. Die Kombination von Humor und ernsthaften Themen ermöglichte es den Teilnehmern, sich mit den Inhalten zu identifizieren und gleichzeitig eine positive, unterstützende Atmosphäre zu schaffen.

Ein weiteres Beispiel ist die berühmte "*Pride Parade*", bei der Humor oft durch kreative Kostüme und humorvolle Schilder zum Ausdruck kommt. Diese Form des Ausdrucks fördert nicht nur die Sichtbarkeit der Gemeinschaft, sondern bietet auch eine Möglichkeit, den Schmerz und die Kämpfe durch Lachen zu verarbeiten.

Schlussfolgerung

Zusammenfassend lässt sich sagen, dass Humor eine wesentliche Rolle im Umgang mit Rückschlägen im Aktivismus spielt. Er ermöglicht es Aktivisten, ihre Erfahrungen zu reflektieren, die Gemeinschaft zu stärken und die Resilienz zu fördern. Humor ist nicht nur ein Bewältigungsmechanismus, sondern auch ein kraftvolles Werkzeug, um das Bewusstsein zu schärfen und eine positive Veränderung in der Gesellschaft zu bewirken. Indem Aktivisten Humor in ihre Strategien integrieren, können sie nicht nur ihre eigenen Herausforderungen besser bewältigen, sondern auch andere inspirieren, sich für die Rechte und die Sichtbarkeit der LGBTQ-Community einzusetzen.

Die Bedeutung von Zielsetzung und Vision

Die Zielsetzung und Vision sind essenzielle Elemente im Aktivismus, insbesondere im Kontext des LGBTQ-Aktivismus. Sie dienen nicht nur als Leitfaden für die individuellen und kollektiven Bemühungen der Aktivisten, sondern auch als Motivationsquelle, die es ermöglicht, Herausforderungen zu überwinden und langfristige Veränderungen zu bewirken. In diesem Abschnitt werden wir die theoretischen Grundlagen der Zielsetzung und Vision, die Probleme, die mit unklaren Zielen verbunden sind, sowie einige inspirierende Beispiele aus der Praxis untersuchen.

Theoretische Grundlagen der Zielsetzung

Zielsetzung ist ein Prozess, der es Individuen und Gruppen ermöglicht, spezifische, messbare, erreichbare, relevante und zeitgebundene (SMART) Ziele zu formulieren. Diese Methode wurde von Edwin Locke und Gary Latham in den 1960er Jahren entwickelt und hat sich als äußerst effektiv erwiesen, um die Motivation und Leistung zu steigern. Die SMART-Kriterien helfen, Ziele klar zu definieren und den Fortschritt zu verfolgen.

Ein Beispiel für eine klare Zielsetzung im Aktivismus könnte sein:

> „Wir wollen die Anzahl der LGBTQ-Vertreter in der Stadtregierung bis 2025 um 30% erhöhen."

Solche spezifischen Ziele geben den Aktivisten eine klare Richtung und ermöglichen es, den Erfolg zu messen und Anpassungen vorzunehmen, wenn die Ziele nicht erreicht werden.

Vision als langfristige Orientierung

Die Vision ist das übergeordnete Ziel oder die Vorstellung, die eine Gemeinschaft oder Organisation anstrebt. Sie geht über kurzfristige Ziele hinaus und definiert, was die Gemeinschaft letztendlich erreichen möchte. Eine kraftvolle Vision kann Menschen inspirieren und mobilisieren, da sie ein gemeinsames Ziel bietet, das über individuelle Interessen hinausgeht.

Ein Beispiel für eine visionäre Aussage könnte lauten:

„Eine Welt, in der alle Menschen, unabhängig von ihrer Geschlechtsidentität oder sexuellen Orientierung, in vollem Umfang akzeptiert und gleich behandelt werden."

Diese Vision bietet einen klaren Rahmen für die Aktivitäten und Entscheidungen der Organisation und inspiriert die Mitglieder, sich für die Verwirklichung dieser Zukunft einzusetzen.

Probleme mit unklaren Zielen

Unklare oder fehlende Ziele können zu Frustration, Ineffizienz und schließlich zu einem Rückgang des Engagements führen. Wenn Aktivisten nicht wissen, wohin sie steuern, kann dies zu Verwirrung und Desillusionierung führen. Ein Beispiel aus der LGBTQ-Bewegung könnte die Schwierigkeit sein, eine klare Strategie zur Bekämpfung von Diskriminierung zu formulieren. Ohne spezifische Ziele kann es schwierig sein, Ressourcen effektiv zu nutzen und Fortschritte zu messen.

Darüber hinaus können unklare Ziele zu einer Fragmentierung der Bewegung führen, bei der verschiedene Gruppen unterschiedliche Prioritäten setzen, was die Zusammenarbeit und den gemeinsamen Fortschritt behindert. Dies ist besonders problematisch in einer so vielfältigen Gemeinschaft wie der LGBTQ-Community, in der die Bedürfnisse und Herausforderungen von verschiedenen Gruppen variieren können.

Beispiele für erfolgreiche Zielsetzung und Vision

Ein herausragendes Beispiel für effektive Zielsetzung und Vision im LGBTQ-Aktivismus ist die Organisation „Human Rights Campaign" (HRC). HRC hat klare Ziele definiert, wie die Legalisierung der gleichgeschlechtlichen Ehe in den USA. Die Organisation hat eine umfassende Strategie entwickelt, die sowohl politische Lobbyarbeit als auch Öffentlichkeitsarbeit umfasst, um ihre Ziele zu erreichen.

Ein weiteres Beispiel ist die „Transgender Law Center", das sich für die rechtlichen Rechte von Transgender-Personen einsetzt. Ihre Vision ist eine Welt, in der alle Transgender-Personen die gleichen Rechte und Möglichkeiten haben. Durch klare Ziele, wie die Unterstützung von Gesetzesentwürfen, die Transgender-Rechte stärken, hat das Zentrum bedeutende Fortschritte erzielt.

Die Rolle von Zielsetzung und Vision in der Resilienz

Zielsetzung und Vision tragen auch zur Resilienz der Aktivisten bei. In schwierigen Zeiten, wenn Rückschläge und Herausforderungen auftreten, können klare Ziele und eine inspirierende Vision als Anker dienen. Sie helfen den Aktivisten, fokussiert zu bleiben und ihre Anstrengungen auf das zu richten, was wirklich wichtig ist.

Ein Beispiel für Resilienz in der LGBTQ-Bewegung ist die Reaktion auf die COVID-19-Pandemie. Viele Organisationen mussten ihre Strategien anpassen, um weiterhin Unterstützung zu bieten. Durch das Setzen neuer, kurzfristiger Ziele – wie die Bereitstellung von Online-Ressourcen und virtuellen Unterstützungstreffen – konnten sie ihre Gemeinschaften weiterhin erreichen und unterstützen.

Fazit

Die Bedeutung von Zielsetzung und Vision im LGBTQ-Aktivismus kann nicht genug betont werden. Sie sind nicht nur Werkzeuge zur Erreichung spezifischer Ergebnisse, sondern auch Quellen der Inspiration und Resilienz. Durch die klare Definition von Zielen und das Streben nach einer gemeinsamen Vision können Aktivisten nicht nur ihre eigenen Bemühungen stärken, sondern auch die gesamte Gemeinschaft mobilisieren, um für Gleichheit und Gerechtigkeit zu kämpfen. In der sich ständig verändernden Landschaft des Aktivismus ist es unerlässlich, dass wir uns auf unsere Ziele und Visionen besinnen, um nachhaltige Veränderungen zu bewirken und die Herausforderungen, die vor uns liegen, zu meistern.

Erfolge und Meilensteine

Wichtige Errungenschaften von Trans Alliance Toronto

Die erste große Kampagne

Die erste große Kampagne von Trans Alliance Toronto (TAT) war ein Wendepunkt in der Geschichte der Organisation und des LGBTQ-Aktivismus in Kanada. Sie wurde im Jahr 2015 ins Leben gerufen und hatte das Ziel, das Bewusstsein für die spezifischen Herausforderungen zu schärfen, mit denen Transgender-Personen konfrontiert sind, insbesondere in Bezug auf Gesundheit, Sicherheit und soziale Akzeptanz. Diese Kampagne war nicht nur ein bedeutender Schritt für TAT, sondern auch ein Beispiel für den intersektionalen Aktivismus, der die Vielfalt der Erfahrungen innerhalb der LGBTQ-Community anerkennt.

Die Motivation hinter der Kampagne

Die Motivation für diese Kampagne kam aus der dringenden Notwendigkeit, die Sichtbarkeit von Transgender-Personen zu erhöhen und gleichzeitig die diskriminierenden Praktiken zu bekämpfen, die viele in der Gemeinschaft erlebten. Stephanie Woolley, die Gründerin von TAT, erkannte, dass trotz der Fortschritte in den LGBTQ-Rechten viele Transgender-Personen weiterhin mit Gewalt, Diskriminierung und Ungleichheit konfrontiert waren. Die Kampagne zielte darauf ab, eine breitere gesellschaftliche Diskussion über die Rechte und Bedürfnisse von Transgender-Personen anzustoßen.

Die ersten Schritte und Herausforderungen

Die ersten Schritte der Kampagne beinhalteten eine umfassende Recherche und Datenanalyse, um die spezifischen Bedürfnisse und Herausforderungen der Transgender-Community zu identifizieren. TAT führte Umfragen durch, um

Daten über Gewalt, Diskriminierung und Zugang zu Gesundheitsdiensten zu sammeln. Diese Daten wurden in einem Bericht zusammengefasst, der als Grundlage für die Kampagne diente.

Eine der größten Herausforderungen war die Finanzierung. Um die Kampagne effektiv durchführen zu können, benötigte TAT finanzielle Unterstützung. Die Organisation wandte sich an lokale Unternehmen und philanthropische Stiftungen, um Mittel zu sichern. Dies erforderte nicht nur Überzeugungskraft, sondern auch die Fähigkeit, eine klare Vision und die potenziellen Auswirkungen der Kampagne zu kommunizieren.

Die Rolle von Freiwilligen und Unterstützern

Die Unterstützung von Freiwilligen war entscheidend für den Erfolg der Kampagne. TAT mobilisierte eine Gruppe von engagierten Freiwilligen, die nicht nur bei der Durchführung von Veranstaltungen halfen, sondern auch als Botschafter für die Kampagne fungierten. Diese Freiwilligen waren oft selbst Teil der Transgender-Community und brachten persönliche Geschichten und Erfahrungen ein, die die Botschaft der Kampagne verstärkten.

Ein Beispiel für die Rolle von Freiwilligen war die Organisation von Informationsveranstaltungen in Schulen und Gemeinden. Diese Veranstaltungen boten eine Plattform, um über Transgender-Themen zu diskutieren und Vorurteile abzubauen. Die Freiwilligen spielten eine Schlüsselrolle bei der Moderation dieser Diskussionen und der Bereitstellung von Informationen über die Rechte von Transgender-Personen.

Die ersten Erfolge und Misserfolge

Die erste große Kampagne von TAT führte zu mehreren bemerkenswerten Erfolgen. Eine der größten Errungenschaften war die Einführung von Schulungsprogrammen für Lehrer und Schulpersonal, die dazu beitrugen, ein besseres Verständnis für die Bedürfnisse von Transgender-Schülern zu schaffen. Diese Programme wurden in mehreren Schulen in Toronto implementiert und trugen dazu bei, eine inklusivere und sicherere Umgebung für alle Schüler zu schaffen.

Dennoch gab es auch Rückschläge. Einige der geplanten Veranstaltungen wurden aufgrund von Widerstand aus der Gemeinschaft oder von institutionellen Hindernissen abgesagt. Diese Erfahrungen verdeutlichten die Herausforderungen, die mit dem Aktivismus verbunden sind, und die Notwendigkeit, Resilienz zu zeigen und sich an veränderte Umstände anzupassen.

Die Vision für die Organisation

Die Vision von TAT war es, nicht nur kurzfristige Veränderungen zu bewirken, sondern auch langfristige Strukturen zu schaffen, die die Rechte und das Wohlergehen von Transgender-Personen unterstützen. Stephanie Woolley betonte, dass die Kampagne ein erster Schritt in einem viel größeren Prozess sei, der eine umfassende Reform in der Gesellschaft erfordere.

Diese Vision umfasste die Schaffung sicherer Räume, die Förderung von intersektionalem Aktivismus und die Stärkung der Gemeinschaft durch Bildung und Aufklärung. Die Kampagne legte den Grundstein für zukünftige Initiativen, die darauf abzielten, die Lebensqualität von Transgender-Personen zu verbessern und die gesellschaftliche Akzeptanz zu fördern.

Die Bedeutung von Community-Events

Community-Events spielten eine zentrale Rolle in der ersten großen Kampagne. Diese Veranstaltungen ermöglichten es TAT, direkt mit der Gemeinschaft in Kontakt zu treten und eine breitere Unterstützung für die Anliegen der Transgender-Personen zu gewinnen. Von Pride-Paraden bis hin zu Diskussionsforen – jedes Event bot eine Plattform, um über die Herausforderungen und Erfolge von Transgender-Personen zu sprechen.

Ein besonders einprägsames Event war die „Transgender Visibility Week", die mit verschiedenen Aktivitäten und Workshops gefeiert wurde. Diese Woche wurde genutzt, um Geschichten von Transgender-Personen zu teilen und die Öffentlichkeit über die Vielfalt innerhalb der Community aufzuklären.

Die Entwicklung von Programmen und Initiativen

Die erste große Kampagne führte auch zur Entwicklung neuer Programme und Initiativen, die speziell auf die Bedürfnisse von Transgender-Personen zugeschnitten waren. Dazu gehörten Gesundheitsinitiativen, die den Zugang zu medizinischer Versorgung erleichterten, sowie Mentorship-Programme, die jungen Transgender-Personen Unterstützung und Orientierung boten.

Diese Programme wurden in Zusammenarbeit mit medizinischen Fachkräften und sozialen Dienstleistern entwickelt, um sicherzustellen, dass sie den tatsächlichen Bedürfnissen der Community entsprachen. Die positive Resonanz auf diese Programme zeigte, dass es einen dringenden Bedarf an solchen Initiativen gab und dass die Gemeinschaft bereit war, Veränderungen zu unterstützen.

Die Herausforderungen bei der Rekrutierung von Mitgliedern

Eine der Herausforderungen, mit denen TAT konfrontiert war, war die Rekrutierung neuer Mitglieder. Viele Menschen in der Transgender-Community hatten aufgrund von Diskriminierung und Stigmatisierung Vorbehalte gegenüber Organisationen. TAT musste Wege finden, um Vertrauen aufzubauen und Menschen zu ermutigen, sich zu engagieren.

Die Organisation setzte auf persönliche Ansprache und die Schaffung von sicheren Räumen, in denen sich Menschen wohlfühlen konnten, ihre Geschichten zu teilen. Durch die Förderung einer inklusiven und unterstützenden Atmosphäre gelang es TAT, neue Mitglieder zu gewinnen und das Netzwerk der Unterstützer zu erweitern.

Die Bedeutung von Öffentlichkeitsarbeit

Öffentlichkeitsarbeit war ein weiterer entscheidender Aspekt der ersten großen Kampagne. TAT nutzte verschiedene Kommunikationskanäle, um die Botschaft der Kampagne zu verbreiten und das Bewusstsein für die Anliegen der Transgender-Community zu schärfen. Soziale Medien spielten eine zentrale Rolle, da sie es ermöglichten, eine breitere Zielgruppe zu erreichen und direkte Interaktionen mit Unterstützern zu fördern.

Die Kampagne setzte auch auf traditionelle Medien, um die Sichtbarkeit zu erhöhen. Interviews mit Stephanie Woolley und anderen Aktivisten wurden in Zeitungen und Magazinen veröffentlicht, was dazu beitrug, die Diskussion über Transgender-Rechte in der Gesellschaft zu intensivieren.

Schlussfolgerung

Die erste große Kampagne von Trans Alliance Toronto war ein bedeutender Schritt in der Geschichte des LGBTQ-Aktivismus in Kanada. Sie brachte nicht nur wichtige Themen zur Sprache, sondern schuf auch eine Grundlage für zukünftige Initiativen und Programme. Die Herausforderungen, die während dieser Kampagne überwunden wurden, verdeutlichten die Notwendigkeit von Resilienz und Kreativität im Aktivismus. Stephanie Woolley und ihr Team haben gezeigt, dass durch Zusammenarbeit, Engagement und eine klare Vision positive Veränderungen in der Gesellschaft erreicht werden können. Die Erfolge dieser Kampagne inspirieren weiterhin Aktivisten und Unterstützer, sich für die Rechte von Transgender-Personen einzusetzen und eine gerechtere Zukunft zu gestalten.

Erfolge in der Gesetzgebung

Die Erfolge von Trans Alliance Toronto (TAT) in der Gesetzgebung sind nicht nur Meilensteine für die Organisation selbst, sondern auch für die gesamte LGBTQ-Community. Diese Erfolge sind das Ergebnis harter Arbeit, strategischer Planung und der Fähigkeit, mit verschiedenen politischen Akteuren zu interagieren. In diesem Abschnitt werden wir die wichtigsten gesetzgeberischen Erfolge von TAT sowie deren Auswirkungen auf die Gemeinschaft und die Gesellschaft im Allgemeinen untersuchen.

Gesetzgebung zur Gleichstellung der Geschlechter

Einer der bedeutendsten Erfolge von TAT war die Mitwirkung an der Verabschiedung des *Gender Identity and Expression Act* (GIEA). Dieses Gesetz wurde im Jahr 2016 verabschiedet und erweiterte die bestehenden Antidiskriminierungsgesetze, um Diskriminierung aufgrund der Geschlechtsidentität und -ausdruck zu verbieten. Der Weg zur Verabschiedung dieses Gesetzes war jedoch steinig. TAT organisierte zahlreiche Kampagnen, um das Bewusstsein für die Notwendigkeit solcher Gesetze zu schärfen und um die Unterstützung von politischen Entscheidungsträgern zu gewinnen.

Die Gleichstellung der Geschlechter ist nicht nur ein rechtliches, sondern auch ein gesellschaftliches Anliegen. Die Gleichstellungsgesetze fördern nicht nur die Rechte von Transgender-Personen, sondern tragen auch dazu bei, das Bewusstsein für Geschlechtervielfalt zu schärfen. In der Praxis führte die Verabschiedung des GIEA zu einer signifikanten Zunahme der Berichterstattung über Diskriminierung und Gewalt gegen Transgender-Personen, was wiederum zu einer verstärkten Sensibilisierung und Unterstützung in der Gesellschaft führte.

Verbesserung der Gesundheitsversorgung

Ein weiterer wichtiger Erfolg von TAT war die Einflussnahme auf die Gesundheitsgesetzgebung, insbesondere im Hinblick auf den Zugang zu geschlechtsspezifischen Gesundheitsdiensten. TAT arbeitete eng mit Gesundheitsbehörden zusammen, um sicherzustellen, dass Transgender-Personen Zugang zu notwendigen medizinischen Behandlungen haben, einschließlich geschlechtsangleichender Operationen.

Durch die Lobbyarbeit von TAT wurde das *Trans Health Equity Act* eingeführt, das sicherstellt, dass alle Transgender-Personen Anspruch auf umfassende Gesundheitsversorgung haben, die ihre spezifischen Bedürfnisse berücksichtigt. Dies war ein entscheidender Fortschritt, da viele

Transgender-Personen zuvor mit Diskriminierung und Vorurteilen im Gesundheitswesen konfrontiert waren.

Bildung und Aufklärung

TAT hat sich auch für die Einführung von Bildungsprogrammen eingesetzt, die sich mit Geschlechteridentität und -vielfalt befassen. Im Jahr 2018 wurde das *Inclusive Education Act* verabschiedet, das Schulen verpflichtet, inklusive Lehrpläne zu entwickeln, die die Erfahrungen und Perspektiven von LGBTQ-Studierenden berücksichtigen. Diese Gesetzgebung stellt sicher, dass Schüler und Schülerinnen in einer sicheren und unterstützenden Umgebung lernen können, die ihre Identität respektiert.

Die Implementierung dieses Gesetzes hat in vielen Schulen zu einer positiven Veränderung geführt. Lehrer wurden geschult, um ein besseres Verständnis für die Herausforderungen zu entwickeln, mit denen LGBTQ-Studierende konfrontiert sind. Diese Schulungsmaßnahmen haben dazu beigetragen, Mobbing und Diskriminierung in Schulen zu reduzieren, was sich positiv auf das allgemeine Schulklima ausgewirkt hat.

Herausforderungen und Widerstände

Trotz dieser Erfolge stand TAT vor erheblichen Herausforderungen. Der Widerstand gegen LGBTQ-Rechte ist in vielen Teilen der Gesellschaft nach wie vor stark. Oftmals wurden gesetzgeberische Initiativen durch politische Gegner blockiert, die die Notwendigkeit von Gesetzen zur Gleichstellung der Geschlechter und zur Verbesserung der Gesundheitsversorgung in Frage stellten. TAT musste sich auch gegen Fehlinformationen und Stereotypen behaupten, die in der Öffentlichkeit verbreitet waren.

Ein Beispiel für solchen Widerstand war die Kontroverse um das GIEA, bei der einige politische Entscheidungsträger argumentierten, dass die Einführung von Geschlechtsidentität in die Antidiskriminierungsgesetze die Rechte anderer gefährden könnte. TAT reagierte auf diese Bedenken mit einer umfassenden Aufklärungskampagne, die die Vorteile der Gleichstellung für die gesamte Gesellschaft hervorhob.

Beispiele für Erfolge

Die Erfolge in der Gesetzgebung sind nicht nur theoretisch, sondern haben auch praktische Auswirkungen auf das Leben von Transgender-Personen in Toronto und darüber hinaus. Zum Beispiel hat die Verabschiedung des GIEA dazu geführt, dass viele Transgender-Personen rechtlichen Schutz vor Diskriminierung in Bereichen wie Beschäftigung, Wohnraum und Gesundheitsversorgung genießen.

Ein weiteres Beispiel ist die Verbesserung des Zugangs zu geschlechtsspezifischen Gesundheitsdiensten. Vor der Verabschiedung des Trans Health Equity Act berichteten viele Transgender-Personen von Schwierigkeiten bei der Suche nach medizinischer Versorgung. Nach der Einführung des Gesetzes haben zahlreiche Gesundheitsdienstleister ihre Praktiken angepasst, um sicherzustellen, dass Transgender-Personen die benötigte Versorgung erhalten.

Fazit

Die Erfolge von Trans Alliance Toronto in der Gesetzgebung sind ein Beweis für die Kraft des Aktivismus und die Bedeutung von politischer Beteiligung. Durch die Kombination von Lobbyarbeit, Öffentlichkeitsarbeit und der Mobilisierung der Gemeinschaft hat TAT signifikante Fortschritte in der Gesetzgebung erzielt, die das Leben von Transgender-Personen in Toronto nachhaltig verbessern. Diese Erfolge sind jedoch nur der Anfang, und es bleibt noch viel zu tun, um sicherzustellen, dass alle LGBTQ-Personen die gleichen Rechte und Chancen genießen können. Die Herausforderungen, die noch vor uns liegen, erfordern weiterhin Engagement, Zusammenarbeit und die Entschlossenheit, für Gleichheit und Gerechtigkeit zu kämpfen.

Einfluss auf die öffentliche Meinung

Der Einfluss von Trans Alliance Toronto auf die öffentliche Meinung ist ein bemerkenswerter Aspekt des LGBTQ-Aktivismus, der nicht nur die Wahrnehmung von Trans-Personen verändert hat, sondern auch tiefere gesellschaftliche Diskussionen über Geschlechtsidentität und -vielfalt angestoßen hat. In dieser Sektion werden wir die Mechanismen untersuchen, durch die diese Organisation die öffentliche Meinung beeinflusst hat, die Herausforderungen, denen sie gegenüberstand, sowie einige konkrete Beispiele für ihre Erfolge.

Mechanismen des Einflusses

Trans Alliance Toronto hat verschiedene Strategien eingesetzt, um die öffentliche Meinung zu beeinflussen. Eine der effektivsten Methoden war die Verwendung von Medienkampagnen. Diese Kampagnen zielten darauf ab, die Sichtbarkeit von Trans-Personen zu erhöhen und positive Narrative zu schaffen, die stereotype Darstellungen in den Medien herausforderten. Studien zeigen, dass

Medienberichterstattung, die Diversität und Inklusion fördert, signifikant zur Veränderung von Einstellungen gegenüber marginalisierten Gruppen beiträgt [?].

Ein weiterer wichtiger Mechanismus war die Organisation von Community-Events, die nicht nur als Plattform für Trans-Personen dienten, um ihre Geschichten zu erzählen, sondern auch als Gelegenheit für die breitere Gemeinschaft, sich mit den Herausforderungen und Erfolgen dieser Personen auseinanderzusetzen. Solche Veranstaltungen fördern den interkulturellen Dialog und tragen dazu bei, Vorurteile abzubauen.

Herausforderungen

Trotz der positiven Entwicklungen stand Trans Alliance Toronto vor erheblichen Herausforderungen. Eine der größten Hürden war die anhaltende Diskriminierung und Stigmatisierung von Trans-Personen in der Gesellschaft. Diese Vorurteile werden oft durch negative Medienberichterstattung und stereotype Darstellungen verstärkt, die die Bemühungen um eine positive Veränderung behindern können.

Zusätzlich gab es interne Herausforderungen innerhalb der LGBTQ-Community, die manchmal zu Spannungen zwischen verschiedenen Gruppen führten. Der intersektionale Aktivismus, der die Vielfalt innerhalb der LGBTQ-Community anerkennt, ist entscheidend, um eine breitere Unterstützung zu gewinnen und die öffentliche Meinung zu beeinflussen [?].

Beispiele für Erfolge

Ein herausragendes Beispiel für den Einfluss von Trans Alliance Toronto auf die öffentliche Meinung war die Kampagne „Trans Visibility Now", die 2019 ins Leben gerufen wurde. Diese Kampagne kombinierte soziale Medien, öffentliche Veranstaltungen und Partnerschaften mit lokalen Unternehmen, um das Bewusstsein für die Herausforderungen von Trans-Personen zu schärfen und ihre Erfolge zu feiern. Die Kampagne führte zu einer signifikanten Erhöhung der positiven Medienberichterstattung über Trans-Personen und half, eine breitere Akzeptanz in der Gesellschaft zu fördern.

Ein weiteres Beispiel ist die Zusammenarbeit mit Schulen, um Bildungsprogramme zu entwickeln, die das Verständnis für Geschlechtsidentität und -vielfalt fördern. Diese Programme haben nicht nur das Bewusstsein bei Schülern und Lehrern erhöht, sondern auch dazu beigetragen, ein sichereres Umfeld für Trans-Jugendliche zu schaffen, was sich direkt auf die öffentliche Meinung über Trans-Personen auswirkt.

Theoretische Grundlagen

Die Auswirkungen des Aktivismus auf die öffentliche Meinung können durch verschiedene theoretische Rahmenwerke erklärt werden. Die *Social Identity Theory* [?] legt nahe, dass Menschen ihre Identität und ihr Selbstwertgefühl durch ihre Zugehörigkeit zu sozialen Gruppen definieren. Wenn Trans-Personen in den Medien positiv dargestellt werden, kann dies nicht nur ihr eigenes Selbstwertgefühl stärken, sondern auch die Wahrnehmung der breiteren Gesellschaft über diese Gruppe verändern.

Darüber hinaus unterstützt die *Framing Theory* [?] die Idee, dass die Art und Weise, wie Informationen präsentiert werden, die Wahrnehmung und Interpretation dieser Informationen beeinflusst. Trans Alliance Toronto hat erfolgreich verschiedene Narrative gerahmt, die die Erfahrungen von Trans-Personen in einem positiven Licht zeigen, was zu einer Verschiebung in der öffentlichen Meinung geführt hat.

Fazit

Zusammenfassend lässt sich sagen, dass der Einfluss von Trans Alliance Toronto auf die öffentliche Meinung ein komplexes Zusammenspiel von Medienstrategien, Community-Engagement und theoretischen Grundlagen ist. Trotz der Herausforderungen, mit denen sie konfrontiert waren, hat die Organisation bemerkenswerte Fortschritte erzielt, um das Bewusstsein und die Akzeptanz von Trans-Personen in der Gesellschaft zu fördern. Der Erfolg ihrer Kampagnen und Programme zeigt, wie wichtig es ist, Sichtbarkeit und positive Narrative zu schaffen, um Vorurteile abzubauen und eine inklusivere Gesellschaft zu fördern.

Anerkennung durch andere Organisationen

Die Anerkennung durch andere Organisationen spielt eine entscheidende Rolle im Aktivismus, insbesondere für eine Organisation wie Trans Alliance Toronto, die sich für die Rechte und das Wohlbefinden von Transgender-Personen einsetzt. Diese Anerkennung ist nicht nur eine Bestätigung der geleisteten Arbeit, sondern auch ein wichtiger Faktor für die Sichtbarkeit und den Einfluss der Organisation innerhalb der breiteren Gemeinschaft. In diesem Abschnitt werden wir die verschiedenen Dimensionen der Anerkennung durch andere Organisationen untersuchen, die Bedeutung dieser Anerkennung für die Arbeit von Trans Alliance Toronto und einige Beispiele für erfolgreiche Anerkennung.

Die Bedeutung der Anerkennung

Anerkennung von anderen Organisationen kann in mehreren Formen auftreten, einschließlich Auszeichnungen, Partnerschaften, finanzieller Unterstützung und öffentlicher Unterstützung. Diese Formen der Anerkennung sind nicht nur symbolisch; sie haben auch praktische Auswirkungen auf die Fähigkeit einer Organisation, ihre Mission zu erfüllen. Eine Auszeichnung kann beispielsweise das Vertrauen in die Organisation stärken, neue Mitglieder anziehen und zusätzliche Mittel mobilisieren.

Ein Beispiel für eine solche Auszeichnung könnte der *LGBTQ+ Activism Award* sein, der jährlich an Organisationen verliehen wird, die sich herausragend für die Rechte von LGBTQ+-Personen einsetzen. Trans Alliance Toronto wurde in der Vergangenheit für ihre unermüdliche Arbeit zur Verbesserung der Lebensbedingungen von Transgender-Personen in Toronto ausgezeichnet. Diese Anerkennung hat nicht nur das Ansehen der Organisation gesteigert, sondern auch dazu beigetragen, dass ihre Botschaft und ihre Programme in der Gemeinschaft besser wahrgenommen werden.

Partnerschaften und Kooperationen

Ein weiterer wichtiger Aspekt der Anerkennung ist die Bildung von Partnerschaften mit anderen Organisationen. Diese Partnerschaften können strategisch sein und verschiedene Ressourcen bündeln, um gemeinsame Ziele zu erreichen. Wenn Trans Alliance Toronto beispielsweise mit einer etablierten LGBTQ+-Organisation zusammenarbeitet, kann dies zu einer stärkeren Lobbyarbeit und einer größeren Sichtbarkeit führen.

Ein Beispiel für eine erfolgreiche Partnerschaft ist die Zusammenarbeit von Trans Alliance Toronto mit der *Canadian Civil Liberties Association* (CCLA). Durch diese Partnerschaft konnte Trans Alliance Toronto ihre Stimme in rechtlichen Fragen stärken und gleichzeitig von der Expertise der CCLA in Bezug auf Menschenrechte profitieren. Solche Kooperationen sind für die Glaubwürdigkeit und die Reichweite der Organisation von entscheidender Bedeutung.

Finanzielle Unterstützung

Anerkennung kann auch in Form finanzieller Unterstützung erfolgen. Viele Organisationen, die sich für LGBTQ+-Rechte einsetzen, sind auf Spenden und Zuschüsse angewiesen, um ihre Programme durchzuführen. Wenn eine Organisation wie Trans Alliance Toronto von einer größeren Stiftung oder einer

Regierungsbehörde anerkannt wird, kann dies den Zugang zu wichtigen Finanzmitteln erleichtern.

Ein Beispiel für finanzielle Unterstützung ist der Zuschuss der *Ontario Trillium Foundation*, der Trans Alliance Toronto für die Durchführung ihrer Bildungs- und Unterstützungsprogramme für Transgender-Personen erhalten hat. Diese Art der Anerkennung zeigt nicht nur das Vertrauen in die Arbeit der Organisation, sondern ermöglicht es ihr auch, ihre Programme zu erweitern und mehr Menschen zu erreichen.

Öffentliche Unterstützung und Sichtbarkeit

Die öffentliche Unterstützung von anderen Organisationen kann auch eine wichtige Rolle bei der Anerkennung spielen. Wenn prominente Organisationen oder Persönlichkeiten Trans Alliance Toronto öffentlich unterstützen, kann dies die Sichtbarkeit der Organisation erheblich erhöhen. Diese Art von Unterstützung kann in Form von gemeinsamen Veranstaltungen, Social-Media-Kampagnen oder öffentlichen Erklärungen erfolgen.

Ein bemerkenswertes Beispiel für öffentliche Unterstützung war die gemeinsame Veranstaltung von Trans Alliance Toronto und der *Pride Toronto* während des Pride Festivals. Diese Zusammenarbeit brachte nicht nur mehr Aufmerksamkeit auf die Anliegen von Transgender-Personen, sondern half auch, ein breiteres Publikum zu erreichen und eine stärkere Gemeinschaftsbindung zu schaffen.

Herausforderungen und Probleme

Trotz der positiven Aspekte der Anerkennung gibt es auch Herausforderungen, die es zu beachten gilt. Die Abhängigkeit von Anerkennung durch andere Organisationen kann manchmal zu einem Verlust der Unabhängigkeit führen. Wenn eine Organisation beispielsweise stark auf die Finanzierung durch eine bestimmte Stiftung angewiesen ist, könnte dies ihre Fähigkeit einschränken, kritisch gegenüber den Zielen und der Mission dieser Stiftung zu sein.

Ein weiteres Problem kann die Ungleichheit in der Anerkennung sein. Kleinere Organisationen oder solche, die sich auf weniger sichtbare Anliegen konzentrieren, könnten Schwierigkeiten haben, die gleiche Anerkennung zu erhalten wie größere, etablierte Organisationen. Dies kann zu einer Fragmentierung innerhalb der Bewegung führen und den Druck auf kleinere Organisationen erhöhen, sich anzupassen oder ihre Mission zu verändern, um Anerkennung zu finden.

Fazit

Die Anerkennung durch andere Organisationen ist ein wesentlicher Bestandteil des Erfolgs von Trans Alliance Toronto und ähnlichen Aktivismusgruppen. Sie bietet nicht nur eine Bestätigung der geleisteten Arbeit, sondern auch praktische Vorteile, die es der Organisation ermöglichen, ihre Mission effektiver zu verfolgen. Die Herausforderungen, die mit der Anerkennung verbunden sind, erfordern jedoch eine sorgfältige Überlegung und strategische Planung, um sicherzustellen, dass die Unabhängigkeit und Integrität der Organisation gewahrt bleiben. Insgesamt zeigt die Anerkennung durch andere Organisationen, dass der Aktivismus lebendig und dynamisch ist und dass die Gemeinschaft zusammenarbeiten kann, um positive Veränderungen zu bewirken.

Die Rolle von Medienberichterstattung

Die Medienberichterstattung spielt eine entscheidende Rolle im LGBTQ-Aktivismus, indem sie nicht nur Informationen verbreitet, sondern auch die öffentliche Wahrnehmung und das Verständnis für LGBTQ-Themen beeinflusst. In einer Welt, in der Informationen in Sekundenschnelle verbreitet werden, kann die Art und Weise, wie Medien über LGBTQ-Angelegenheiten berichten, weitreichende Auswirkungen auf die Gemeinschaft und deren Sichtbarkeit haben.

Theoretische Grundlagen

Die Medien sind nicht nur ein Spiegel der Gesellschaft, sondern auch ein aktiver Akteur, der die sozialen Normen und Werte prägt. Laut der *Agenda-Setting-Theorie* haben Medien die Macht, die Themen, die in der Öffentlichkeit diskutiert werden, zu bestimmen. Diese Theorie besagt, dass die Medien nicht nur darüber berichten, was wichtig ist, sondern auch, wie wichtig es ist. Dies bedeutet, dass die Berichterstattung über LGBTQ-Themen die Wahrnehmung der Gesellschaft über diese Themen beeinflussen kann.

Probleme in der Medienberichterstattung

Trotz der positiven Entwicklungen in der Medienberichterstattung gibt es zahlreiche Herausforderungen, die angegangen werden müssen:

- **Stereotypisierung:** Oftmals werden LGBTQ-Personen in den Medien durch stereotype Darstellungen charakterisiert, die nicht die Vielfalt und

Komplexität der Gemeinschaft widerspiegeln. Diese Stereotypen können schädlich sein und zur Diskriminierung beitragen.

- **Sensationslust:** Medien neigen dazu, sensationelle Geschichten zu bevorzugen, die oft dramatisiert werden. Dies kann zu einer verzerrten Darstellung von LGBTQ-Themen führen, die nicht die Realität widerspiegelt.

- **Mangelnde Repräsentation:** Trotz der Fortschritte in der Sichtbarkeit gibt es immer noch einen Mangel an LGBTQ-Personen in den Medien, sowohl hinter als auch vor der Kamera. Dies kann zu einer einseitigen Berichterstattung führen, die die Erfahrungen und Perspektiven von LGBTQ-Personen nicht angemessen berücksichtigt.

- **Hate Speech und Diskriminierung:** In vielen Fällen werden LGBTQ-Personen in den Medien nicht nur falsch dargestellt, sondern auch Opfer von Hate Speech. Dies kann zu einer weiteren Marginalisierung und Stigmatisierung der Gemeinschaft führen.

Beispiele für positive Medienberichterstattung

Trotz der Herausforderungen gibt es zahlreiche Beispiele für positive Medienberichterstattung, die als Vorbilder dienen können:

- **Inklusive Berichterstattung:** Medienorganisationen wie *The Advocate* und *Out Magazine* haben sich darauf spezialisiert, LGBTQ-Themen in einem positiven Licht darzustellen. Diese Publikationen bieten eine Plattform für LGBTQ-Stimmen und Geschichten, die oft in Mainstream-Medien ignoriert werden.

- **Dokumentationen und Filme:** Filme wie *Moonlight* und *The Handmaiden* haben nicht nur kritische Anerkennung erhalten, sondern auch das Bewusstsein für LGBTQ-Themen in der breiten Öffentlichkeit geschärft. Diese Filme bieten authentische Darstellungen von LGBTQ-Erfahrungen und tragen dazu bei, die gesellschaftliche Akzeptanz zu fördern.

- **Soziale Medien:** Plattformen wie Instagram und Twitter haben es LGBTQ-Aktivisten ermöglicht, ihre Geschichten direkt zu teilen und eine breite Öffentlichkeit zu erreichen. Diese Plattformen bieten eine alternative Stimme, die oft nicht in traditionellen Medien vertreten ist.

Die Auswirkungen der Medienberichterstattung auf die Gemeinschaft

Die Art und Weise, wie Medien über LGBTQ-Themen berichten, kann direkte Auswirkungen auf die Gemeinschaft haben. Positive Berichterstattung kann zur Sichtbarkeit und Akzeptanz von LGBTQ-Personen beitragen, während negative Berichterstattung das Gegenteil bewirken kann. Studien haben gezeigt, dass die Darstellung von LGBTQ-Personen in den Medien die Einstellungen der Öffentlichkeit beeinflussen kann. Eine Studie von *GLAAD* zeigt, dass Menschen, die regelmäßig positive Darstellungen von LGBTQ-Personen in den Medien sehen, eher geneigt sind, diese Gemeinschaft zu unterstützen.

Schlussfolgerung

Die Rolle der Medienberichterstattung im LGBTQ-Aktivismus ist von entscheidender Bedeutung. Sie hat die Macht, die öffentliche Wahrnehmung zu formen, die Sichtbarkeit zu erhöhen und letztlich Veränderungen in der Gesellschaft zu bewirken. Es ist unerlässlich, dass Medienverantwortliche sich ihrer Verantwortung bewusst sind und sich bemühen, eine inklusive und genaue Berichterstattung zu fördern. Nur so kann die Medienberichterstattung dazu beitragen, eine gerechtere und akzeptierende Gesellschaft für alle zu schaffen.

Die Entwicklung von Partnerschaften mit Unternehmen

Die Entwicklung von Partnerschaften mit Unternehmen stellt einen entscheidenden Schritt in der Strategie von Trans Alliance Toronto dar. Diese Partnerschaften ermöglichen nicht nur finanzielle Unterstützung, sondern auch eine breitere Sichtbarkeit und Einflussnahme auf die Unternehmenswelt. In diesem Abschnitt werden wir die Theorie hinter Unternehmenspartnerschaften, die damit verbundenen Herausforderungen und einige erfolgreiche Beispiele betrachten.

Theoretische Grundlagen

Unternehmenspartnerschaften im Kontext von Aktivismus sind nicht nur eine Finanzierungsquelle, sondern auch eine strategische Allianz, die beiden Parteien Vorteile bietet. Die Theorie des *Shared Value* (Porter und Kramer, 2011) besagt, dass Unternehmen und Gesellschaft durch die Schaffung von Werten für beide Seiten profitieren können. Diese Theorie legt nahe, dass Unternehmen, die aktiv in soziale Initiativen investieren, nicht nur ihr Image verbessern, sondern auch langfristige wirtschaftliche Vorteile erzielen können.

WICHTIGE ERRUNGENSCHAFTEN VON TRANS ALLIANCE TORONTO

Die Grundpfeiler dieser Partnerschaften sind:

- **Gemeinsame Ziele:** Die Identifizierung von Zielen, die sowohl die Unternehmensinteressen als auch die Bedürfnisse der LGBTQ-Gemeinschaft berücksichtigen.

- **Transparente Kommunikation:** Offene und ehrliche Kommunikation über Erwartungen, Ziele und Ergebnisse.

- **Langfristige Engagements:** Die Schaffung von nachhaltigen Beziehungen, die über kurzfristige Projekte hinausgehen.

Herausforderungen bei der Entwicklung von Partnerschaften

Trotz der Vorteile gibt es auch erhebliche Herausforderungen bei der Entwicklung von Partnerschaften mit Unternehmen:

- **Wertekonflikte:** Unternehmen haben oft unterschiedliche Werte und Prioritäten, die mit den Zielen von LGBTQ-Organisationen in Konflikt stehen können. Zum Beispiel könnte ein Unternehmen, das sich für Diversität einsetzt, gleichzeitig in Ländern tätig sein, die LGBTQ-Rechte nicht anerkennen.

- **Greenwashing:** Unternehmen könnten versuchen, sich durch Partnerschaften mit LGBTQ-Organisationen ein positives Image zu verleihen, ohne tatsächlich substanzielle Veränderungen in ihren Geschäftspraktiken vorzunehmen.

- **Ressourcenverteilung:** Die Verteilung von Ressourcen zwischen den Partnern kann zu Spannungen führen, insbesondere wenn eine Partei das Gefühl hat, dass ihre Beiträge nicht ausreichend gewürdigt werden.

Beispiele erfolgreicher Partnerschaften

Einige erfolgreiche Partnerschaften zwischen Trans Alliance Toronto und Unternehmen zeigen, wie solche Allianzen effektiv gestaltet werden können:

- **Partnerschaft mit einer großen Bank:** Eine große Bank hat sich verpflichtet, einen Teil ihrer Gewinne aus bestimmten Produkten an Trans Alliance Toronto zu spenden. Diese Partnerschaft hat nicht nur finanzielle Mittel bereitgestellt, sondern auch eine Plattform für die Sichtbarkeit der

Organisation geschaffen, indem sie bei Veranstaltungen und Kampagnen der Bank hervorgehoben wurde.

- **Zusammenarbeit mit einem Modeunternehmen:** Ein bekanntes Modeunternehmen hat eine Kollektion herausgebracht, deren Erlöse teilweise an Trans Alliance Toronto gespendet werden. Diese Zusammenarbeit hat nicht nur finanzielle Unterstützung gebracht, sondern auch das Bewusstsein für die Herausforderungen von Trans-Personen in der Modeindustrie geschärft.

- **Technologiepartnerschaften:** Ein Technologieunternehmen hat Trans Alliance Toronto mit Softwarelösungen unterstützt, um ihre Kommunikations- und Marketingstrategien zu verbessern. Diese Unterstützung hat es der Organisation ermöglicht, ihre Reichweite zu erhöhen und ihre Botschaften effektiver zu verbreiten.

Schlussfolgerung

Die Entwicklung von Partnerschaften mit Unternehmen ist ein wichtiger Bestandteil des Aktivismus von Trans Alliance Toronto. Durch strategische Allianzen können Ressourcen mobilisiert, Sichtbarkeit erhöht und gesellschaftliche Veränderungen gefördert werden. Trotz der Herausforderungen, die mit solchen Partnerschaften verbunden sind, zeigen erfolgreiche Beispiele, dass durch gemeinsame Ziele und transparente Kommunikation bedeutende Fortschritte erzielt werden können. Die Zukunft dieser Partnerschaften wird entscheidend dafür sein, wie effektiv Trans Alliance Toronto ihre Mission erfüllen kann und wie Unternehmen ihre soziale Verantwortung wahrnehmen.

Die Bedeutung von Community-Events

Community-Events sind ein unverzichtbarer Bestandteil des LGBTQ-Aktivismus und spielen eine entscheidende Rolle bei der Förderung von Sichtbarkeit, Unterstützung und Solidarität innerhalb der Gemeinschaft. Diese Veranstaltungen bieten nicht nur eine Plattform, um Anliegen und Herausforderungen zu diskutieren, sondern fördern auch den sozialen Zusammenhalt und die Schaffung sicherer Räume für alle Beteiligten.

Theoretische Grundlagen

Die Bedeutung von Community-Events kann durch verschiedene theoretische Rahmenbedingungen erklärt werden, darunter die Sozialkapitaltheorie und die

Identitätstheorie. Laut der Sozialkapitaltheorie von Pierre Bourdieu (1986) schaffen soziale Netzwerke und Gemeinschaftsinteraktionen Ressourcen, die Individuen und Gruppen in ihren Bestrebungen unterstützen. Community-Events fungieren als Katalysatoren für den Aufbau von Beziehungen, die für den Aktivismus unerlässlich sind.

Die Identitätstheorie, wie sie von Henri Tajfel und John Turner (1986) formuliert wurde, legt dar, dass die Zugehörigkeit zu einer bestimmten Gruppe das Selbstwertgefühl und die soziale Identität stärkt. Community-Events bieten LGBTQ-Personen die Möglichkeit, ihre Identität zu feiern, sich gegenseitig zu unterstützen und ein Gefühl der Zugehörigkeit zu entwickeln.

Probleme und Herausforderungen

Trotz ihrer Bedeutung stehen Community-Events vor verschiedenen Herausforderungen. Eine der größten Hürden ist die Finanzierung. Viele LGBTQ-Organisationen sind auf Spenden und Fördermittel angewiesen, um Veranstaltungen durchzuführen. Die Unsicherheit in der Finanzierung kann dazu führen, dass geplante Events abgesagt oder in kleinerem Umfang durchgeführt werden müssen. Dies kann die Sichtbarkeit und den Einfluss der Veranstaltungen erheblich einschränken.

Ein weiteres Problem ist die Inklusivität. Oftmals sind Community-Events nicht für alle Mitglieder der LGBTQ-Gemeinschaft zugänglich. Dies kann sich auf verschiedene Weisen äußern, etwa durch unzureichende Berücksichtigung von intersektionalen Identitäten oder durch den Mangel an barrierefreien Veranstaltungsorten. Die Herausforderung besteht darin, sicherzustellen, dass alle Stimmen gehört werden und dass die Events für alle Mitglieder der Gemeinschaft einladend und zugänglich sind.

Beispiele für erfolgreiche Community-Events

Ein herausragendes Beispiel für ein erfolgreiches Community-Event ist der Pride Month, der in vielen Städten weltweit gefeiert wird. Pride-Events bieten eine Plattform für LGBTQ-Personen, um ihre Identität zu feiern und auf die Herausforderungen aufmerksam zu machen, mit denen sie konfrontiert sind. Diese Veranstaltungen ziehen oft Tausende von Menschen an und fördern das Bewusstsein für LGBTQ-Rechte in der breiten Öffentlichkeit.

Ein weiteres Beispiel sind Workshops und Schulungen, die von Trans Alliance Toronto organisiert werden. Diese Veranstaltungen sind darauf ausgelegt, Wissen zu vermitteln und Fähigkeiten zu entwickeln, die für den Aktivismus notwendig sind. Themen wie Selbstverteidigung, rechtliche Rechte und psychische Gesundheit werden behandelt, um die Teilnehmer zu befähigen und sie in ihrer Aktivismusarbeit zu unterstützen.

Die Rolle von Community-Events im Aktivismus

Community-Events sind nicht nur Gelegenheiten zum Feiern, sondern auch entscheidend für die Mobilisierung und das Engagement der Gemeinschaft. Sie fördern den Austausch von Informationen und Ressourcen und bieten eine Plattform für die Diskussion über aktuelle Themen und Herausforderungen. Durch die Förderung des Dialogs können Community-Events dazu beitragen, Vorurteile abzubauen und das Bewusstsein für die Bedürfnisse und Anliegen der LGBTQ-Gemeinschaft zu schärfen.

Darüber hinaus stärken diese Veranstaltungen das Gefühl der Solidarität und des kollektiven Handelns. Wenn Menschen zusammenkommen, um für eine gemeinsame Sache zu kämpfen, entsteht ein Gefühl von Gemeinschaft und Unterstützung, das für den Erfolg von Aktivismus unerlässlich ist. Die kollektive Energie, die bei solchen Events erzeugt wird, kann als Katalysator für Veränderungen in der Gesellschaft wirken.

Fazit

Zusammenfassend lässt sich sagen, dass Community-Events eine zentrale Rolle im LGBTQ-Aktivismus spielen. Sie fördern nicht nur die Sichtbarkeit und das Bewusstsein, sondern bieten auch eine Plattform für den Austausch, die Unterstützung und die Mobilisierung der Gemeinschaft. Trotz der Herausforderungen, mit denen sie konfrontiert sind, bleibt die Bedeutung von Community-Events unbestritten, da sie das Fundament für eine starke und vereinte LGBTQ-Gemeinschaft bilden. Die kontinuierliche Unterstützung und Verbesserung dieser Veranstaltungen ist entscheidend für den Fortschritt und die Zukunft des Aktivismus.

Die Rolle von Auszeichnungen und Ehrungen

Auszeichnungen und Ehrungen spielen eine entscheidende Rolle im Aktivismus, insbesondere im LGBTQ-Bereich. Sie sind nicht nur eine Form der Anerkennung für die geleistete Arbeit, sondern auch ein wichtiges Instrument zur Förderung von Sichtbarkeit und Unterstützung für die Anliegen der Gemeinschaft. In diesem Abschnitt werden wir die verschiedenen Aspekte der Rolle von Auszeichnungen und Ehrungen im Aktivismus beleuchten, einschließlich ihrer Auswirkungen auf die Gemeinschaft, der Herausforderungen, die mit ihnen verbunden sind, und konkreten Beispielen.

Anerkennung der Leistungen

Einer der offensichtlichsten Vorteile von Auszeichnungen ist die Anerkennung der Leistungen von Einzelpersonen und Organisationen. Diese Anerkennung kann auf verschiedenen Ebenen erfolgen, von lokalen bis hin zu internationalen Preisen. Für Stephanie Woolley und Trans Alliance Toronto war die Anerkennung durch verschiedene Organisationen und Institutionen entscheidend, um die Sichtbarkeit ihrer Arbeit zu erhöhen. Diese Auszeichnungen sind oft mit einer Plattform verbunden, die es den Preisträgern ermöglicht, ihre Botschaft zu verbreiten und mehr Menschen zu erreichen.

Motivation und Inspiration

Auszeichnungen dienen auch als Motivation für Aktivisten und Unterstützer. Wenn Menschen sehen, dass ihre Bemühungen anerkannt werden, sind sie eher bereit, sich weiterhin zu engagieren und ihre Arbeit fortzusetzen. Die Ehrungen, die Stephanie Woolley erhalten hat, haben nicht nur ihr persönliches Engagement gestärkt, sondern auch viele andere inspiriert, sich dem Aktivismus anzuschließen. Beispiele wie der *LGBTQ+ Activist Award* zeigen, wie wichtig es ist, die Stimmen derjenigen zu feiern, die sich für Veränderungen einsetzen.

Förderung von Sichtbarkeit

Ein weiterer wichtiger Aspekt von Auszeichnungen ist die Förderung von Sichtbarkeit für LGBTQ-Themen. Wenn prominente Persönlichkeiten oder Organisationen ausgezeichnet werden, lenkt dies die Aufmerksamkeit auf die Herausforderungen, mit denen die Gemeinschaft konfrontiert ist. Diese Sichtbarkeit kann dazu beitragen, Vorurteile abzubauen und das Bewusstsein für die Bedürfnisse der LGBTQ-Gemeinschaft zu schärfen. Stephanie Woolleys Auszeichnungen haben oft dazu geführt, dass Themen wie Trans-Rechte und Gleichstellung in den Medien verstärkt behandelt wurden.

Herausforderungen der Nominierung

Trotz der vielen Vorteile gibt es auch Herausforderungen im Zusammenhang mit Auszeichnungen und Ehrungen. Die Nominierungsprozesse können manchmal undurchsichtig sein und es kann schwierig sein, die richtigen Personen oder

Organisationen zu finden, die für Auszeichnungen in Betracht gezogen werden. Zudem können einige Auszeichnungen in der LGBTQ-Community umstritten sein, da sie möglicherweise nicht alle Stimmen oder Perspektiven repräsentieren. Es ist wichtig, dass die Nominierungsprozesse inklusiv sind und sicherstellen, dass alle Teile der Gemeinschaft gehört werden.

Langfristige Auswirkungen von Ehrungen

Die langfristigen Auswirkungen von Ehrungen sind ebenfalls von Bedeutung. Auszeichnungen können nicht nur den Einzelnen oder die Organisation stärken, sondern auch die gesamte Bewegung vorantreiben. Wenn eine Person oder Organisation anerkannt wird, kann dies zu einem Anstieg der Unterstützung und der Ressourcen führen, die für den Aktivismus benötigt werden. Stephanie Woolleys Erfolge haben dazu geführt, dass Trans Alliance Toronto mehr Spenden und Unterstützung von Partnerorganisationen erhalten hat, was es der Gruppe ermöglicht hat, ihre Programme und Initiativen auszubauen.

Fallbeispiele

Ein Beispiel für die positive Rolle von Auszeichnungen im Aktivismus ist der *Harvey Milk Award*, der an Personen verliehen wird, die sich für die Rechte der LGBTQ-Gemeinschaft einsetzen. Preisträger wie Stephanie Woolley haben durch ihre Auszeichnung nicht nur persönliche Anerkennung erhalten, sondern auch die Möglichkeit, wichtige Themen auf einer größeren Bühne anzusprechen. Diese Auszeichnungen helfen dabei, die Geschichten von Aktivisten zu erzählen und ihre Arbeit im Kontext des größeren Kampfes für Gleichheit und Akzeptanz zu positionieren.

Zusammenfassend lässt sich sagen, dass Auszeichnungen und Ehrungen eine wesentliche Rolle im LGBTQ-Aktivismus spielen. Sie bieten Anerkennung, Motivation und Sichtbarkeit für die Arbeit von Aktivisten wie Stephanie Woolley und Trans Alliance Toronto. Trotz der Herausforderungen, die mit dem Nominierungsprozess und der Repräsentation verbunden sind, bleibt der Einfluss von Ehrungen auf die Gemeinschaft und die Bewegung insgesamt unbestreitbar.

Die Schaffung von sicheren Räumen

Die Schaffung von sicheren Räumen ist ein zentrales Anliegen im LGBTQ-Aktivismus, insbesondere für Organisationen wie Trans Alliance Toronto, die sich für die Rechte und das Wohlbefinden von trans- und nicht-binären Personen einsetzen. Ein sicherer Raum ist ein physischer oder virtueller Ort, an dem Individuen sich frei und ohne Angst vor Diskriminierung, Belästigung oder Gewalt ausdrücken können. Diese Räume sind entscheidend für die Förderung von Gemeinschaft, Identität und Unterstützung.

Theoretische Grundlagen

Die Theorie der sicheren Räume basiert auf dem Konzept der Inklusion und der Akzeptanz. Sie zielt darauf ab, Umgebungen zu schaffen, in denen Menschen ihre Identität und Erfahrungen ohne Angst vor negativen Konsequenzen teilen können. Laut der Sozialpsychologin Dr. Patricia Hill Collins ist es entscheidend, dass marginalisierte Gruppen Räume schaffen, in denen sie sich selbst definieren und ihre Stimmen erheben können. Diese Theorie unterstützt die Idee, dass Sicherheit nicht nur physisch, sondern auch emotional und psychologisch sein muss.

Herausforderungen bei der Schaffung sicherer Räume

Die Schaffung sicherer Räume ist jedoch nicht ohne Herausforderungen. Eine der größten Hürden ist die gesellschaftliche Stigmatisierung von LGBTQ-Personen. In vielen Gemeinschaften gibt es tief verwurzelte Vorurteile, die die Schaffung solcher Räume erschweren. Darüber hinaus kann die finanzielle Unterstützung für LGBTQ-Organisationen begrenzt sein, was die Ressourcen für die Schaffung und Aufrechterhaltung sicherer Räume einschränkt.

Ein weiteres Problem ist die Unsichtbarkeit von trans und nicht-binären Individuen innerhalb der breiteren LGBTQ-Community. Oftmals werden ihre spezifischen Bedürfnisse und Herausforderungen in der Diskussion um sichere Räume übersehen. Dies kann zu einer weiteren Marginalisierung führen und das Gefühl der Zugehörigkeit untergraben.

Beispiele für sichere Räume

Trans Alliance Toronto hat verschiedene Programme und Initiativen ins Leben gerufen, um sichere Räume für trans und nicht-binäre Menschen zu schaffen. Ein Beispiel ist das „Trans Youth Support Group"-Programm, das jungen Menschen einen Raum bietet, in dem sie ihre Erfahrungen teilen und Unterstützung finden können. Hier können die Teilnehmer in einer geschützten Umgebung über ihre Herausforderungen sprechen, Freundschaften schließen und Ressourcen austauschen.

Ein weiteres Beispiel ist die Organisation von öffentlichen Veranstaltungen, die sich auf die Sichtbarkeit und Repräsentation von trans und nicht-binären Personen konzentrieren. Diese Veranstaltungen, wie das jährliche „Trans

Pride"-Festival, bieten nicht nur eine Plattform für die Feier der Identität, sondern auch einen Raum, in dem Menschen sich sicher fühlen können, ihre Stimmen zu erheben und für ihre Rechte zu kämpfen.

Die Rolle von Bildung und Aufklärung

Ein entscheidender Aspekt bei der Schaffung sicherer Räume ist die Bildung. Aufklärung über die Bedürfnisse und Herausforderungen von LGBTQ-Personen kann dazu beitragen, Vorurteile abzubauen und ein besseres Verständnis innerhalb der Gemeinschaft zu fördern. Workshops und Schulungen über Geschlechtsidentität und -ausdruck können helfen, das Bewusstsein zu schärfen und die Akzeptanz zu fördern.

Darüber hinaus ist es wichtig, dass Organisationen, die sichere Räume schaffen, auch die Stimmen derjenigen einbeziehen, die diese Räume nutzen. Die Einbeziehung von Feedback und Erfahrungen aus der Gemeinschaft ist entscheidend, um sicherzustellen, dass die Bedürfnisse aller Beteiligten berücksichtigt werden.

Fazit

Die Schaffung von sicheren Räumen ist ein wesentlicher Bestandteil des LGBTQ-Aktivismus und spielt eine entscheidende Rolle bei der Förderung von Inklusion und Unterstützung. Trotz der Herausforderungen, die damit verbunden sind, können Organisationen wie Trans Alliance Toronto durch gezielte Programme, Bildung und die Einbeziehung der Gemeinschaft bedeutende Fortschritte erzielen. Sicherere Räume sind nicht nur notwendig, um die physische Sicherheit zu gewährleisten, sondern auch, um emotionale und psychologische Unterstützung zu bieten. Indem wir uns für die Schaffung und Aufrechterhaltung dieser Räume einsetzen, können wir eine gerechtere und inklusivere Gesellschaft fördern, in der jeder Mensch das Recht hat, sich selbst zu sein.

Die Entwicklung von Programmen für Jugendliche

Die Entwicklung von Programmen für Jugendliche ist ein zentraler Aspekt der Arbeit von Trans Alliance Toronto und spielt eine entscheidende Rolle im LGBTQ-Aktivismus. Diese Programme sind nicht nur wichtig, um die Sichtbarkeit und Unterstützung von trans und nicht-binären Jugendlichen zu erhöhen, sondern auch, um ihnen die Werkzeuge und Ressourcen zu geben, die sie benötigen, um sich in einer oft feindlichen Welt zurechtzufinden. In diesem

Abschnitt werden wir die theoretischen Grundlagen, die Herausforderungen und einige erfolgreiche Beispiele für solche Programme untersuchen.

Theoretische Grundlagen

Die Entwicklung von Programmen für Jugendliche basiert auf verschiedenen theoretischen Rahmenbedingungen, die die Bedürfnisse und Herausforderungen dieser spezifischen Gruppe berücksichtigen. Ein zentraler Aspekt ist die **Entwicklungstheorie**, die besagt, dass Jugendliche in einer kritischen Phase ihrer Identitätsfindung sind. Diese Phase ist geprägt von der Suche nach Zugehörigkeit, Akzeptanz und Selbstwertgefühl.

Ein weiterer wichtiger theoretischer Rahmen ist die **Intersektionalität**, die die verschiedenen Identitäten und Erfahrungen von Jugendlichen berücksichtigt, die sich aus Geschlecht, Sexualität, Ethnizität und anderen sozialen Kategorien ergeben. Diese Theorie hilft, die Komplexität der Herausforderungen zu verstehen, mit denen LGBTQ-Jugendliche konfrontiert sind, und betont die Notwendigkeit, Programme zu entwickeln, die diese Vielfalt anerkennen und darauf reagieren.

Herausforderungen bei der Programmgestaltung

Die Entwicklung von Programmen für Jugendliche steht vor mehreren Herausforderungen:

- **Finanzierung:** Oftmals sind Ressourcen begrenzt, was die Reichweite und Wirksamkeit der Programme einschränkt. Die Suche nach Fördermitteln und Partnerschaften ist entscheidend, um nachhaltige Programme zu schaffen.

- **Zugänglichkeit:** Programme müssen so gestaltet werden, dass sie für alle Jugendlichen zugänglich sind, unabhängig von ihrem sozialen oder wirtschaftlichen Hintergrund. Barrieren wie Transport, Kosten und Sprachunterschiede müssen überwunden werden.

- **Sichtbarkeit:** Es ist wichtig, dass die Programme in der Gemeinschaft sichtbar sind, um sicherzustellen, dass sie die Jugendlichen erreichen, die sie am meisten benötigen. Dies erfordert effektive Öffentlichkeitsarbeit und Marketingstrategien.

- **Akzeptanz:** In vielen Gemeinschaften gibt es immer noch Vorurteile und Diskriminierung gegenüber LGBTQ-Jugendlichen. Programme müssen

Wege finden, um diese Barrieren abzubauen und ein unterstützendes Umfeld zu schaffen.

Beispiele für erfolgreiche Programme

Trans Alliance Toronto hat eine Reihe von Programmen entwickelt, die sich speziell an Jugendliche richten. Diese Programme sind darauf ausgelegt, Bildung, Unterstützung und Gemeinschaft zu fördern. Einige bemerkenswerte Beispiele sind:

- **Mentorship-Programme:** Diese Programme bringen erfahrene LGBTQ-Aktivisten mit Jugendlichen zusammen, um ihnen Unterstützung und Orientierung zu bieten. Mentorinnen und Mentoren helfen den Jugendlichen, ihre Identität zu verstehen und fördern ihr Selbstbewusstsein.

- **Kreative Workshops:** Durch kreative Workshops, die Kunst, Schreiben und Theater umfassen, können Jugendliche ihre Erfahrungen ausdrücken und verarbeiten. Diese Workshops bieten nicht nur eine kreative Plattform, sondern auch eine Möglichkeit zur Vernetzung mit Gleichgesinnten.

- **Bildungsinitiativen:** Trans Alliance Toronto hat Bildungsprogramme entwickelt, die Schulen und Gemeinden ansprechen. Diese Programme zielen darauf ab, das Bewusstsein für LGBTQ-Themen zu schärfen und Vorurteile abzubauen, indem sie Workshops und Schulungen für Lehrer und Schüler anbieten.

- **Sichere Räume:** Die Schaffung sicherer Räume, in denen Jugendliche sich ohne Angst vor Diskriminierung oder Vorurteilen versammeln können, ist ein zentrales Element der Programme. Diese Räume bieten eine unterstützende Gemeinschaft, in der Jugendliche ihre Identität erforschen und sich gegenseitig unterstützen können.

Auswirkungen der Programme

Die Auswirkungen dieser Programme sind erheblich. Studien zeigen, dass Jugendliche, die an solchen Programmen teilnehmen, ein höheres Maß an Selbstwertgefühl und Identitätsakzeptanz aufweisen. Sie berichten auch von einem stärkeren Gefühl der Zugehörigkeit und einer besseren psychischen Gesundheit.

Ein Beispiel für den Erfolg eines solchen Programms ist die **Youth Pride Initiative**, die jährlich von Trans Alliance Toronto organisiert wird. Diese

Veranstaltung bringt Hunderte von Jugendlichen zusammen, um ihre Identität zu feiern und sich gegenseitig zu unterstützen. Die positive Resonanz und die Geschichten von Teilnehmern belegen die Bedeutung solcher Initiativen.

Fazit

Die Entwicklung von Programmen für Jugendliche ist eine wesentliche Komponente des LGBTQ-Aktivismus und spielt eine entscheidende Rolle bei der Unterstützung und Stärkung von trans und nicht-binären Jugendlichen. Durch die Berücksichtigung theoretischer Grundlagen, die Überwindung von Herausforderungen und die Implementierung erfolgreicher Programme kann Trans Alliance Toronto einen nachhaltigen Einfluss auf das Leben junger Menschen ausüben. Diese Programme sind nicht nur eine Reaktion auf bestehende Probleme, sondern auch ein Schritt in Richtung einer gerechteren und inklusiveren Gesellschaft.

Einfluss auf die Gemeinschaft

Geschichten von Menschen, die inspiriert wurden

Der Einfluss von Stephanie Woolley und der Trans Alliance Toronto erstreckt sich über die Grenzen ihrer Organisation hinaus und hat das Leben vieler Menschen nachhaltig verändert. Diese Geschichten sind nicht nur Zeugnisse von Inspiration, sondern auch von Mut, Hoffnung und der Kraft des Aktivismus. In diesem Abschnitt werden wir einige dieser Geschichten erkunden, die zeigen, wie Woolleys Engagement und die Arbeit von Trans Alliance Toronto Einzelne dazu ermutigt haben, ihre Stimme zu erheben und für ihre Rechte zu kämpfen.

Eine der bemerkenswertesten Geschichten ist die von Alex, einem jungen Transgender-Mann, der in einer kleinen Stadt in Ontario aufgewachsen ist. Alex fühlte sich schon in der Kindheit anders und kämpfte mit seiner Identität, während er in einer konservativen Umgebung lebte. Die Unterstützung, die er durch die Online-Präsenz von Trans Alliance Toronto erhielt, war für ihn lebensverändernd. Er beschreibt, wie er durch die Geschichten anderer Mitglieder der Gemeinschaft ermutigt wurde, sich selbst zu akzeptieren und seine Identität zu leben. „Ich fühlte mich nicht mehr allein. Ich wusste, dass es Menschen gab, die ähnliche Kämpfe durchgemacht hatten", sagt Alex. Diese Verbindung zur Gemeinschaft half ihm, den Mut zu finden, sich zu outen und aktiv an Veranstaltungen teilzunehmen, die von der Organisation organisiert wurden.

Ein weiteres Beispiel ist die Geschichte von Mia, einer jungen Frau, die in ihrer Schulzeit mit Mobbing konfrontiert wurde. Mia war eine der ersten, die sich bei Trans Alliance Toronto meldete, um ihre Erfahrungen zu teilen und Unterstützung zu suchen. Durch die Mentorship-Programme der Organisation fand sie nicht nur einen sicheren Raum, sondern auch eine Gruppe von Gleichgesinnten, die sie unterstützten. „Die Mentoren haben mir gezeigt, dass ich nicht für meine Identität kämpfen muss. Ich kann einfach ich selbst sein", erzählt Mia. Ihre Geschichte ist ein Beispiel dafür, wie wichtig es ist, dass junge Menschen Vorbilder finden, die sie inspirieren und ihnen helfen, sich in ihrer Haut wohlzufühlen.

Die Geschichten von Alex und Mia sind nicht isoliert. Sie spiegeln ein größeres Phänomen wider, das in der LGBTQ-Community zu beobachten ist: die Kraft der Sichtbarkeit und die Bedeutung von Repräsentation. Studien haben gezeigt, dass die Sichtbarkeit von LGBTQ-Personen in den Medien und in der Gesellschaft einen direkten Einfluss auf das Selbstwertgefühl und die Identitätsentwicklung von Jugendlichen hat [1]. Wenn Menschen wie Alex und Mia sehen, dass andere ihre Identität stolz leben, fühlen sie sich ermutigt, dasselbe zu tun.

Ein weiterer Aspekt dieser Geschichten ist der Einfluss von Gemeinschaftsveranstaltungen, die von Trans Alliance Toronto organisiert werden. Diese Veranstaltungen bieten nicht nur eine Plattform für Austausch und Unterstützung, sondern auch für Bildung und Aufklärung. Zum Beispiel berichtet Sam, ein ehemaliger Freiwilliger der Organisation, wie die Teilnahme an einer Pride-Veranstaltung seine Sichtweise auf Aktivismus verändert hat. „Ich hatte das Gefühl, Teil von etwas Größerem zu sein. Es war eine Bewegung, und ich wollte ein Teil davon sein", sagt Sam. Diese Erfahrungen zeigen, dass Aktivismus nicht nur eine individuelle Reise ist, sondern auch eine kollektive Anstrengung, die Menschen zusammenbringt und sie dazu inspiriert, für Veränderungen zu kämpfen.

Die Geschichten von Menschen, die durch Stephanie Woolley und Trans Alliance Toronto inspiriert wurden, sind ein kraftvolles Zeugnis dafür, wie wichtig es ist, eine unterstützende Gemeinschaft zu schaffen. Diese Gemeinschaften bieten nicht nur emotionale Unterstützung, sondern auch die notwendigen Ressourcen und Werkzeuge, um aktiv zu werden. Der Einfluss von Woolleys Arbeit zeigt sich nicht nur in den individuellen Geschichten, sondern auch in der breiteren gesellschaftlichen Bewegung, die sie angestoßen hat.

Zusammenfassend lässt sich sagen, dass die Geschichten von Alex, Mia und Sam nicht nur inspirierend sind, sondern auch die Notwendigkeit von Sichtbarkeit und Unterstützung innerhalb der LGBTQ-Community unterstreichen. Diese

Erzählungen sind ein Beweis dafür, dass Aktivismus nicht nur auf politischer Ebene stattfindet, sondern auch im täglichen Leben von Menschen, die durch die Arbeit von Aktivisten wie Stephanie Woolley ermutigt werden, ihre Identität zu leben und für ihre Rechte zu kämpfen.

Bibliography

[1] McBride, K. (2020). *The Impact of LGBTQ Representation on Youth Identity Development.* Journal of LGBTQ Studies, 15(2), 123-145.

Die Schaffung von sichereren Räumen

Die Schaffung von sicheren Räumen ist ein zentrales Anliegen im LGBTQ-Aktivismus. Diese Räume sind nicht nur physische Orte, sondern auch emotionale und psychologische Rückzugsorte, in denen Individuen ihre Identität frei ausdrücken können, ohne Angst vor Diskriminierung oder Gewalt. In diesem Abschnitt werden wir die Bedeutung sicherer Räume, die Herausforderungen bei ihrer Schaffung und einige erfolgreiche Beispiele beleuchten.

Bedeutung sicherer Räume

Sichere Räume bieten LGBTQ-Personen die Möglichkeit, sich selbst zu sein. Sie fördern das Gefühl der Zugehörigkeit und der Gemeinschaft, was besonders wichtig ist, da viele LGBTQ-Individuen in ihren eigenen Familien oder sozialen Kreisen Diskriminierung erfahren. Diese Räume sind oft Orte des Austauschs, des Lernens und der Unterstützung, wo Menschen ihre Erfahrungen teilen und voneinander lernen können.

Die Theorie der sicheren Räume basiert auf dem Konzept der *Inklusion*. Inklusion bedeutet, dass alle Menschen, unabhängig von ihrer sexuellen Orientierung oder Geschlechtsidentität, das Recht haben, sich sicher und respektiert zu fühlen. Ein sicherer Raum sollte daher auch divers und inklusiv sein, um die unterschiedlichen Bedürfnisse und Erfahrungen innerhalb der LGBTQ-Community zu berücksichtigen.

Herausforderungen bei der Schaffung sicherer Räume

Trotz der Bedeutung sicherer Räume gibt es zahlreiche Herausforderungen bei ihrer Schaffung. Eine der größten Hürden ist die *Institutionalisierung* von Diskriminierung. Viele gesellschaftliche Institutionen, einschließlich Schulen, Arbeitsplätze und sogar Behörden, haben oft nicht die nötigen Strukturen, um sicherzustellen, dass LGBTQ-Personen respektiert und geschützt werden. Dies kann dazu führen, dass sich Menschen nicht sicher fühlen, wenn sie ihre Identität in diesen Räumen zeigen.

Ein weiteres Problem ist das Fehlen von *Ressourcen*. Sichere Räume erfordern oft finanzielle Unterstützung, um Programme und Veranstaltungen zu organisieren, die die Gemeinschaft stärken. Viele LGBTQ-Organisationen kämpfen jedoch um finanzielle Mittel, was ihre Fähigkeit einschränkt, sichere Räume zu schaffen und aufrechtzuerhalten.

Zusätzlich gibt es auch den *Widerstand* von außen. In vielen Gemeinschaften gibt es immer noch tief verwurzelte Vorurteile gegenüber LGBTQ-Personen, die sich in Form von Hassverbrechen oder Diskriminierung äußern können. Dies kann dazu führen, dass Menschen sich in ihren Bemühungen, sichere Räume zu schaffen, entmutigt fühlen.

Erfolgreiche Beispiele

Trotz dieser Herausforderungen gibt es zahlreiche Beispiele für erfolgreiche sichere Räume, die als Vorbilder dienen können. Ein bemerkenswertes Beispiel ist das *Community Center* in Toronto, das speziell für LGBTQ-Personen eingerichtet wurde. Dieses Zentrum bietet nicht nur einen physischen Raum für Treffen und Veranstaltungen, sondern auch Programme, die auf die Bedürfnisse der Gemeinschaft zugeschnitten sind, wie z.B. psychologische Unterstützung und Bildungsangebote.

Ein weiteres Beispiel ist die *LGBTQ Youth Space* in San Francisco, die sich auf die Unterstützung von Jugendlichen konzentriert. Diese Einrichtung bietet nicht nur einen sicheren Raum, sondern auch Schulungen und Workshops, die den Jugendlichen helfen, ihre Identität zu verstehen und sich in der Welt zurechtzufinden.

Schlussfolgerung

Die Schaffung von sicheren Räumen ist eine wesentliche Komponente des LGBTQ-Aktivismus. Sie fördert nicht nur das individuelle Wohlbefinden, sondern stärkt auch die Gemeinschaft als Ganzes. Trotz der bestehenden

Herausforderungen ist es wichtig, weiterhin für die Schaffung und den Erhalt solcher Räume zu kämpfen, um eine inklusive und respektvolle Gesellschaft zu fördern. Der Erfolg dieser Initiativen zeigt, dass es möglich ist, positive Veränderungen herbeizuführen, wenn Gemeinschaften zusammenarbeiten und sich für die Rechte aller einsetzen.

In der Zukunft wird es entscheidend sein, dass Aktivisten, Organisationen und die Gesellschaft insgesamt die Bedeutung sicherer Räume anerkennen und sich aktiv für deren Schaffung einsetzen. Nur so können wir eine Welt schaffen, in der jeder Mensch, unabhängig von seiner Identität, sicher und akzeptiert leben kann.

Die Bedeutung von Bildung und Aufklärung

Bildung und Aufklärung sind zentrale Elemente im Kampf für LGBTQ-Rechte und die Schaffung einer inklusiven Gesellschaft. Sie bieten nicht nur die Grundlage für das Verständnis von Identität und Geschlechtervielfalt, sondern fördern auch Empathie und Respekt gegenüber marginalisierten Gruppen. In diesem Abschnitt werden wir die Rolle von Bildung im Aktivismus, die Herausforderungen, die damit verbunden sind, sowie die positiven Auswirkungen, die sie auf die Gemeinschaft haben kann, untersuchen.

Theoretische Grundlagen

Bildung ist ein mächtiges Werkzeug, um Vorurteile abzubauen und das Bewusstsein für die Rechte und Herausforderungen von LGBTQ-Personen zu schärfen. Theoretische Ansätze, wie die Kritische Theorie und die Gender-Theorie, bieten eine Grundlage für das Verständnis der sozialen Konstruktionen von Geschlecht und Sexualität. Laut Judith Butler, einer prominenten Gender-Theoretikerin, ist Geschlecht nicht nur biologisch determiniert, sondern wird durch soziale Praktiken und Diskurse konstruiert [1]. Diese Perspektive hilft, die Vielfalt der Geschlechtsidentitäten zu verstehen und die Notwendigkeit der Aufklärung in Bildungseinrichtungen zu betonen.

Ein weiterer wichtiger theoretischer Beitrag stammt von Paulo Freire, der in seinem Werk *Pädagogik der Unterdrückten* argumentiert, dass Bildung ein Prozess der Befreiung ist, der es Individuen ermöglicht, kritisch über ihre Realität nachzudenken und aktiv an der Veränderung ihrer sozialen Bedingungen teilzunehmen [2]. Dies ist besonders relevant für LGBTQ-Aktivisten, die oft gegen gesellschaftliche Normen und Diskriminierung kämpfen.

Herausforderungen der Bildung

Trotz der Bedeutung von Bildung gibt es erhebliche Herausforderungen, die überwunden werden müssen. In vielen Schulen und Bildungseinrichtungen fehlt es an Lehrplänen, die LGBTQ-Themen integrieren. Oft werden diese Themen als tabu betrachtet, was zu einem Mangel an Wissen und Verständnis führt. Dies kann zu Vorurteilen und Diskriminierung führen, sowohl unter den Schülern als auch unter den Lehrkräften.

Ein Beispiel für diese Herausforderung ist die unzureichende Ausbildung von Lehrern im Umgang mit LGBTQ-Themen. Studien zeigen, dass Lehrer oft unsicher sind, wie sie über Geschlechtervielfalt und sexuelle Orientierung sprechen sollen, was zu einer unzureichenden Unterstützung für LGBTQ-Schüler führt [3]. Dies kann das Gefühl der Isolation und Unsicherheit bei LGBTQ-Jugendlichen verstärken und ihre psychische Gesundheit negativ beeinflussen.

Positive Auswirkungen von Bildung und Aufklärung

Trotz dieser Herausforderungen hat Bildung das Potenzial, transformative Veränderungen in der Gesellschaft zu bewirken. Durch die Integration von LGBTQ-Themen in den Lehrplan können Schüler ein besseres Verständnis für die Vielfalt menschlicher Identität entwickeln. Programme, die auf Aufklärung abzielen, haben gezeigt, dass sie das Klima in Schulen verbessern und das Mobbing von LGBTQ-Schülern reduzieren können [4].

Ein Beispiel für erfolgreiche Bildungsinitiativen ist die *Safe Schools Coalition*, die Schulen dabei unterstützt, sichere und einladende Umgebungen für alle Schüler zu schaffen. Durch Schulungen und Ressourcen können Lehrer lernen, wie sie LGBTQ-Themen ansprechen und ein unterstützendes Umfeld fördern können. Solche Programme tragen nicht nur zur Verbesserung des Schulklimas bei, sondern stärken auch das Selbstwertgefühl von LGBTQ-Jugendlichen und fördern deren akademischen Erfolg.

Schlussfolgerung

Zusammenfassend lässt sich sagen, dass Bildung und Aufklärung entscheidende Faktoren im Kampf für LGBTQ-Rechte sind. Sie tragen dazu bei, Vorurteile abzubauen, das Bewusstsein zu schärfen und eine inklusive Gesellschaft zu schaffen. Es ist unerlässlich, dass Bildungseinrichtungen LGBTQ-Themen in ihre Lehrpläne integrieren und Lehrer in der Arbeit mit LGBTQ-Schülern schulen. Nur so kann eine Generation heranwachsen, die Vielfalt schätzt und Diskriminierung aktiv bekämpft.

Bibliography

[1] Butler, J. (1990). *Gender Trouble: Feminism and the Subversion of Identity.* Routledge.

[2] Freire, P. (1970). *Pädagogik der Unterdrückten.* Verlag Klaus Wagenbach.

[3] Kosciw, J. G., Greytak, E. A., Giga, N. M., & Villenas, C. (2018). *The 2017 National School Climate Survey: The Experiences of LGBTQ Youth in Our Nation's Schools.* GLSEN.

[4] Harris, A. (2019). *The Role of Education in Preventing LGBTQ Bullying.* Journal of Educational Psychology.

Mentorship-Programme und deren Einfluss

Mentorship-Programme spielen eine entscheidende Rolle im LGBTQ-Aktivismus, indem sie nicht nur Wissen und Erfahrung weitergeben, sondern auch eine unterstützende Gemeinschaft schaffen. Diese Programme fördern nicht nur individuelles Wachstum, sondern stärken auch die gesamte Bewegung, indem sie neue Generationen von Aktivisten ermutigen und ausstatten.

Theoretische Grundlagen

Mentorship wird oft als eine Form der sozialen Unterstützung beschrieben, die auf der Beziehung zwischen einem erfahreneren Mentor und einem weniger erfahrenen Mentee basiert. Laut Kram (1985) umfasst Mentorship zwei Hauptdimensionen: die berufliche Entwicklung und die psychosoziale Unterstützung. Diese Dimensionen sind besonders relevant im Kontext des LGBTQ-Aktivismus, wo viele junge Aktivisten mit Herausforderungen konfrontiert sind, die über die reine politische Mobilisierung hinausgehen.

Einflussreiche Theorien, wie die Sozialkognitive Lerntheorie von Bandura (1977), betonen die Bedeutung von Vorbildern. Diese Theorie legt nahe, dass Menschen durch Beobachtung und Nachahmung lernen. In LGBTQ-Communities können Mentoren als positive Vorbilder fungieren, die den Mentees zeigen, dass es möglich ist, erfolgreich zu sein und ihre Identität zu leben, trotz der Herausforderungen, die sie möglicherweise erleben.

Einfluss von Mentorship-Programmen

Mentorship-Programme haben nachweislich positive Auswirkungen auf die Entwicklung von Individuen in der LGBTQ-Community. Studien zeigen, dass Mentees, die an solchen Programmen teilnehmen, ein höheres Maß an Selbstvertrauen, Lebenszufriedenheit und Engagement in der Gemeinschaft aufweisen. Ein Beispiel ist das *LGBTQ Youth Mentoring Program* in Toronto, das jungen Menschen die Möglichkeit bietet, sich mit erfahrenen Aktivisten zu vernetzen.

Diese Programme bieten nicht nur praktische Fähigkeiten, sondern auch emotionale Unterstützung. Ein Mentee berichtete: „Mein Mentor half mir, meine Stimme zu finden. Ich fühlte mich nicht mehr allein in meinem Kampf für Akzeptanz." Solche persönlichen Geschichten verdeutlichen den tiefgreifenden Einfluss, den Mentorship auf das Leben von Einzelpersonen haben kann.

Herausforderungen von Mentorship-Programmen

Trotz ihrer Vorteile stehen Mentorship-Programme auch vor Herausforderungen. Eine der größten Hürden ist die Rekrutierung von Mentoren. Viele erfahrene Aktivisten haben bereits volle Terminkalender und kämpfen oft mit ihren eigenen Herausforderungen, was es schwierig macht, Zeit für Mentorship zu finden.

Ein weiteres Problem ist die Diversität innerhalb der Mentorship-Programme. Um sicherzustellen, dass alle Stimmen gehört werden, ist es wichtig, Mentoren zu finden, die verschiedene Perspektiven und Erfahrungen repräsentieren. In einer Untersuchung über Mentorship-Programme in der LGBTQ-Community wurde festgestellt, dass viele Programme nicht genügend Vielfalt in ihren Mentoren bieten, was zu einem Gefühl der Isolation bei Mentees führen kann.

Beispiele für erfolgreiche Mentorship-Programme

Ein herausragendes Beispiel für ein erfolgreiches Mentorship-Programm ist das *TransMentor Program* in Vancouver, das speziell für transgender und nicht-binäre Personen entwickelt wurde. Dieses Programm hat nicht nur die persönliche

Entwicklung der Mentees gefördert, sondern auch zur Schaffung eines stärkeren Netzwerks innerhalb der Community beigetragen. Teilnehmer berichten von einem gesteigerten Gefühl der Zugehörigkeit und Unterstützung, was sich positiv auf ihr Engagement im Aktivismus auswirkt.

Ein weiteres Beispiel ist das *Queer Youth Leadership Program* in New York, das junge LGBTQ-Aktivisten mit erfahrenen Führungspersönlichkeiten verbindet. Die Teilnehmer haben die Möglichkeit, an Workshops teilzunehmen, die sich mit Themen wie Advocacy, Öffentlichkeitsarbeit und persönlichem Wachstum befassen. Viele Absolventen dieses Programms haben erfolgreiche Karrieren im Aktivismus gestartet und fungieren nun selbst als Mentoren für die nächste Generation.

Fazit

Mentorship-Programme sind ein unverzichtbarer Bestandteil des LGBTQ-Aktivismus. Sie bieten nicht nur Unterstützung und Ressourcen für junge Aktivisten, sondern tragen auch zur Schaffung einer stärkeren und vielfältigeren Bewegung bei. Trotz der Herausforderungen, mit denen diese Programme konfrontiert sind, bleibt ihr Einfluss auf die Gemeinschaft und die Einzelnen unbestreitbar. Die Förderung von Mentorship in der LGBTQ-Community ist entscheidend für das Wachstum und die Nachhaltigkeit der Bewegung.

In einer Zeit, in der die Stimmen der LGBTQ-Community oft unterdrückt werden, sind Mentorship-Programme eine Möglichkeit, die nächste Generation von Aktivisten zu stärken und ihnen die Werkzeuge an die Hand zu geben, die sie benötigen, um Veränderungen herbeizuführen. **Die Zukunft des Aktivismus hängt von der Unterstützung und Förderung dieser Programme ab.**

Die Entwicklung einer starken Community

Eine starke Community ist das Herzstück eines erfolgreichen Aktivismus, insbesondere im Kontext von LGBTQ-Rechten. Die Entwicklung einer solchen Community erfordert eine sorgfältige Planung, Engagement und die Fähigkeit, auf die Bedürfnisse und Herausforderungen der Mitglieder einzugehen. In diesem Abschnitt werden wir die verschiedenen Aspekte und Strategien beleuchten, die zur Schaffung und Stärkung einer Gemeinschaft beitragen, sowie die Herausforderungen, denen sich Aktivisten gegenübersehen.

Die Grundlagen einer starken Community

Die Basis einer starken Community liegt in der Schaffung von Vertrauen und einem Gefühl der Zugehörigkeit. Dies kann durch regelmäßige Treffen, offene Kommunikationskanäle und gemeinsame Aktivitäten erreicht werden. Der Psychologe Abraham Maslow beschrieb in seiner Bedürfnishierarchie die Bedeutung von Zugehörigkeit und sozialer Akzeptanz als grundlegende menschliche Bedürfnisse. Diese Theorie ist besonders relevant für die LGBTQ-Community, wo viele Menschen oft mit Isolation und Diskriminierung konfrontiert sind.

$$\text{Zugehörigkeit} \rightarrow \text{Stärkung der Identität} \rightarrow \text{Aktivismus} \tag{35}$$

Die obenstehende Gleichung verdeutlicht, dass das Gefühl der Zugehörigkeit zur Stärkung der individuellen Identität führt, was wiederum das Engagement im Aktivismus fördert.

Bildung und Aufklärung

Ein weiterer wichtiger Aspekt der Community-Entwicklung ist Bildung. Durch Workshops, Seminare und Informationsveranstaltungen können Mitglieder über ihre Rechte, die Geschichte der LGBTQ-Bewegung und aktuelle Herausforderungen informiert werden. Diese Bildungsmaßnahmen helfen nicht nur, das Bewusstsein zu schärfen, sondern fördern auch die persönliche Entwicklung und das Selbstbewusstsein der Mitglieder.

Beispielsweise hat die Organisation „Trans Alliance Toronto" regelmäßig Schulungen angeboten, die sich mit Themen wie intersektionalem Aktivismus und den spezifischen Herausforderungen von trans* Personen auseinandersetzen. Diese Art von Bildung hat es den Mitgliedern ermöglicht, informierte Entscheidungen zu treffen und aktiv an der Gestaltung ihrer Community teilzunehmen.

Unterstützungssysteme

Die Schaffung von Unterstützungssystemen ist entscheidend für die Entwicklung einer starken Community. Diese Systeme können in Form von Mentorship-Programmen, Peer-Support-Gruppen oder Ressourcen für psychische Gesundheit bestehen. Der Zugang zu diesen Ressourcen kann den Mitgliedern helfen, persönliche Herausforderungen zu bewältigen und sich in ihrer Identität sicherer zu fühlen.

Ein Beispiel hierfür ist die „Youth Pride" Initiative, die Jugendlichen aus der LGBTQ-Community einen sicheren Raum bietet, um ihre Erfahrungen zu teilen und Unterstützung zu finden. Diese Art von Unterstützung ist besonders wichtig, da viele junge Menschen mit Fragen zu ihrer Identität und Sexualität kämpfen.

Intersektionalität und Diversität

Eine starke Community muss auch die Diversität ihrer Mitglieder anerkennen und fördern. Intersektionalität, ein Begriff, der von der Feministin Kimberlé Crenshaw geprägt wurde, beschreibt, wie verschiedene soziale Identitäten, wie Geschlecht, Rasse, Sexualität und Klasse, miteinander verwoben sind und sich gegenseitig beeinflussen. Eine Community, die intersektional denkt, kann sicherstellen, dass die Bedürfnisse aller Mitglieder berücksichtigt werden.

Die Herausforderung hierbei liegt oft in der Identifizierung und Bekämpfung von Vorurteilen innerhalb der eigenen Community. Ein Beispiel für eine erfolgreiche intersektionale Initiative ist das „Black Trans Lives Matter"-Projekt, das sich auf die spezifischen Herausforderungen von schwarzen trans* Personen konzentriert und gleichzeitig die gesamte LGBTQ-Community mobilisiert.

Öffentlichkeitsarbeit und Sichtbarkeit

Eine starke Community benötigt auch Sichtbarkeit in der breiteren Gesellschaft. Öffentlichkeitsarbeit spielt eine entscheidende Rolle dabei, die Anliegen der Community bekannt zu machen und Unterstützung zu gewinnen. Kampagnen, die Geschichten von Mitgliedern teilen, können helfen, Vorurteile abzubauen und das Verständnis für LGBTQ-Anliegen zu fördern.

Ein Beispiel für eine erfolgreiche Öffentlichkeitskampagne ist die „It Gets Better"-Bewegung, die positive Botschaften an LGBTQ-Jugendliche sendet und ihnen zeigt, dass ein erfülltes Leben möglich ist. Solche Kampagnen können nicht nur das Selbstwertgefühl der Mitglieder stärken, sondern auch die Unterstützung aus der breiteren Gemeinschaft mobilisieren.

Herausforderungen bei der Community-Entwicklung

Trotz der vielen positiven Aspekte der Community-Entwicklung gibt es auch erhebliche Herausforderungen. Diskriminierung, Vorurteile und interne Konflikte können das Wachstum einer Community behindern. Es ist wichtig, diese Herausforderungen zu erkennen und aktiv an ihrer Überwindung zu arbeiten.

Ein Beispiel für eine solche Herausforderung ist die Spaltung innerhalb der Community, die manchmal aufgrund unterschiedlicher Ansichten über Strategien oder Prioritäten auftritt. Um diese Spaltungen zu überwinden, ist es entscheidend, einen Raum für Dialog und Verständnis zu schaffen, in dem alle Stimmen gehört werden.

Fazit

Die Entwicklung einer starken Community ist ein fortlaufender Prozess, der Engagement, Bildung und die Bereitschaft zur Zusammenarbeit erfordert. Die Herausforderungen sind vielfältig, doch die Belohnungen sind es auch. Eine starke Community kann nicht nur das individuelle Wohlbefinden fördern, sondern auch als kraftvolle Stimme für Veränderungen in der Gesellschaft dienen. Indem wir die Grundlagen einer starken Community verstehen und fördern, können wir sicherstellen, dass die LGBTQ-Bewegung weiterhin wächst und gedeiht, während sie sich für Gerechtigkeit und Gleichheit einsetzt.

Die Rolle von Kunst und Kultur in der Gemeinschaft

Kunst und Kultur sind wesentliche Bestandteile jeder Gemeinschaft, insbesondere innerhalb der LGBTQ-Community. Sie dienen nicht nur als Ausdrucksform, sondern auch als Mittel zur Schaffung von Identität, Solidarität und Sichtbarkeit. In diesem Abschnitt werden wir die verschiedenen Dimensionen der Rolle von Kunst und Kultur in der LGBTQ-Gemeinschaft untersuchen, die Herausforderungen, die mit ihrer Schaffung und Verbreitung verbunden sind, sowie einige inspirierende Beispiele für ihre Wirkung.

Kunst als Ausdruck von Identität

Kunst ist ein kraftvolles Werkzeug für die Selbstidentifikation und das Selbstverständnis. Für viele LGBTQ-Individuen ist die Kunst ein Weg, ihre Erfahrungen, Kämpfe und Triumphe auszudrücken. Die verschiedenen Kunstformen, wie Malerei, Musik, Theater und Literatur, bieten einen Raum, in dem kreative Stimmen gehört werden können. Diese Ausdrucksformen ermöglichen es Künstlern, ihre Identität zu erforschen und zu feiern, während sie gleichzeitig das Bewusstsein für die Herausforderungen, mit denen die LGBTQ-Community konfrontiert ist, schärfen.

Ein Beispiel hierfür ist die Arbeit des berühmten Künstlers Keith Haring, dessen Kunstwerke oft mit Botschaften der Liebe, Akzeptanz und des Kampfes gegen AIDS verbunden sind. Haring nutzte seine Kunst, um soziale und politische Themen anzusprechen, und schuf damit eine visuelle Sprache, die die LGBTQ-Community und darüber hinaus ansprach.

Kultur als Gemeinschaftsbildung

Kultur spielt eine entscheidende Rolle bei der Schaffung von Gemeinschaft und Zugehörigkeit. LGBTQ-Veranstaltungen, wie Pride-Paraden, Filmfestivals und Kunstausstellungen, fördern nicht nur die Sichtbarkeit, sondern auch das Gemeinschaftsgefühl. Diese Veranstaltungen bieten einen Raum für Menschen, um sich zu versammeln, ihre Identität zu feiern und sich gegenseitig zu unterstützen.

Die Toronto Pride Parade ist ein herausragendes Beispiel dafür, wie Kultur zur Stärkung der Gemeinschaft beitragen kann. Jedes Jahr zieht die Parade Tausende von Menschen an, die zusammenkommen, um die Vielfalt zu feiern und Solidarität zu zeigen. Diese kulturellen Ereignisse sind nicht nur Feiern, sondern auch politische Erklärungen, die die Notwendigkeit von Gleichheit und Akzeptanz hervorheben.

Herausforderungen in der Kunst- und Kulturszene

Trotz der positiven Aspekte, die Kunst und Kultur für die LGBTQ-Community mit sich bringen, gibt es auch Herausforderungen. Künstler und Kulturschaffende sehen sich oft Diskriminierung, Vorurteilen und finanziellen Einschränkungen gegenüber. Viele LGBTQ-Künstler kämpfen darum, eine Plattform für ihre Arbeit zu finden, insbesondere in konservativen Gesellschaften, die ihre Kunst möglicherweise nicht akzeptieren oder unterstützen.

Ein Beispiel für solche Herausforderungen ist die Zensur von LGBTQ-Themen in der Kunst. In vielen Ländern werden Werke, die sexuelle Identität oder Geschlechtervielfalt thematisieren, zensiert oder abgelehnt, was es Künstlern erschwert, ihre Botschaften zu verbreiten. Diese Zensur kann nicht nur die Sichtbarkeit der Künstler einschränken, sondern auch das Bewusstsein für die Anliegen der LGBTQ-Community verringern.

Die transformative Kraft von Kunst und Kultur

Trotz der Herausforderungen bleibt die transformative Kraft von Kunst und Kultur unbestritten. Kunst hat die Fähigkeit, Herzen und Köpfe zu verändern, Barrieren abzubauen und Empathie zu fördern. Durch die Schaffung von Kunstwerken, die die Erfahrungen der LGBTQ-Community darstellen, können Künstler dazu beitragen, Vorurteile abzubauen und das Verständnis zu fördern.

Ein Beispiel für diese transformative Kraft ist die Theaterproduktion „The Laramie Project", die auf den Ereignissen rund um den Mord an Matthew Shepard basiert. Diese Produktion hat weltweit Aufführungen erlebt und das Bewusstsein für Gewalt gegen LGBTQ-Personen geschärft. Die emotionale Resonanz der Aufführung hat viele Menschen dazu gebracht, über ihre eigenen Vorurteile nachzudenken und sich für eine inklusivere Gesellschaft einzusetzen.

Fazit

Zusammenfassend lässt sich sagen, dass Kunst und Kultur eine unverzichtbare Rolle in der LGBTQ-Gemeinschaft spielen. Sie bieten nicht nur eine Plattform für Ausdruck und Identität, sondern fördern auch die Gemeinschaft und das Bewusstsein für die Herausforderungen, mit denen LGBTQ-Personen konfrontiert sind. Trotz der bestehenden Herausforderungen bleibt die Kraft der Kunst, Veränderungen herbeizuführen und die Gesellschaft zu inspirieren, ungebrochen. Die Förderung und Unterstützung von LGBTQ-Künstlern und kulturellen Initiativen ist entscheidend, um eine gerechtere und inklusivere Zukunft zu schaffen.

Die Bedeutung von intersektionalem Aktivismus

Intersektionaler Aktivismus ist ein entscheidendes Konzept, das die Komplexität der Identität und die Vielfalt der Erfahrungen innerhalb der LGBTQ-Community anerkennt. Es basiert auf der Theorie, dass verschiedene Identitätskategorien – wie Geschlecht, Rasse, sexuelle Orientierung, soziale Klasse und Behinderung – nicht isoliert voneinander betrachtet werden können. Stattdessen interagieren sie miteinander und beeinflussen die Erfahrungen von Individuen in einzigartiger Weise. Diese Perspektive wurde maßgeblich von der feministischen Theoretikerin Kimberlé Crenshaw geprägt, die den Begriff „Intersektionalität" prägte, um die Überschneidungen von Diskriminierung und Ungleichheit zu beschreiben.

Theoretische Grundlagen

Die intersektionale Theorie besagt, dass Diskriminierung nicht nur als eine Dimension betrachtet werden kann, sondern dass verschiedene Formen von Ungleichheit in einem komplexen Geflecht miteinander verbunden sind. Diese Theorie hilft, die vielfältigen Herausforderungen zu verstehen, denen Menschen gegenüberstehen, die mehreren marginalisierten Gruppen angehören. Ein Beispiel hierfür ist eine schwarze trans Frau, die sowohl mit Rassismus als auch mit Transphobie konfrontiert ist. Diese doppelte Diskriminierung kann zu spezifischen Erfahrungen führen, die nicht vollständig durch die Betrachtung von Rassismus oder Transphobie allein erklärt werden können.

Mathematisch kann die Intersektionalität als eine Funktion dargestellt werden, die die verschiedenen Dimensionen der Identität und deren Wechselwirkungen miteinander verknüpft. Sei $x_1, x_2, \ldots, x_n$ eine Menge von Identitätskategorien, dann kann die intersektionale Erfahrung I als:

$$I = f(x_1, x_2, \ldots, x_n)$$

definiert werden, wobei f eine Funktion ist, die die Wechselwirkungen zwischen den verschiedenen Identitäten beschreibt. Diese Funktion könnte beispielsweise die unterschiedlichen Belastungen, Privilegien und Herausforderungen darstellen, die sich aus der Kombination der Identitätskategorien ergeben.

Probleme des intersektionalen Aktivismus

Trotz der Wichtigkeit des intersektionalen Ansatzes gibt es Herausforderungen, die Aktivisten bewältigen müssen. Eine der größten Hürden ist die Tendenz, Identitäten zu hierarchisieren. Oft wird angenommen, dass eine Identität wichtiger ist als eine andere, was zu internen Konflikten innerhalb der LGBTQ-Community führen kann. Dies kann insbesondere in Bewegungen der Fall sein, in denen die Stimmen von weißen, cis-gender Männern überproportional vertreten sind, während die Anliegen von BIPOC (Black, Indigenous, People of Color) und nicht-binären Personen oft in den Hintergrund gedrängt werden.

Ein weiteres Problem ist die mangelnde Sichtbarkeit von intersektionalen Themen in der breiteren LGBTQ-Bewegung. Oft werden spezifische Anliegen, die mehrere Identitäten betreffen, nicht ausreichend berücksichtigt oder in den Hintergrund gedrängt. Dies kann zu einer Fragmentierung der Bewegung führen und die Solidarität unter den verschiedenen Gruppen untergraben.

Beispiele für intersektionalen Aktivismus

Ein herausragendes Beispiel für intersektionalen Aktivismus ist die Arbeit von Organisationen wie „Black Lives Matter", die sich für die Rechte von schwarzen Menschen einsetzen und gleichzeitig die spezifischen Herausforderungen von LGBTQ-Personen innerhalb dieser Gemeinschaft anerkennen. Diese Organisation hat erfolgreich auf die Notwendigkeit hingewiesen, rassistische Gewalt und Diskriminierung in einem breiteren Kontext zu betrachten, der auch Geschlechtsidentität und sexuelle Orientierung umfasst.

Ein weiteres Beispiel ist die „Transgender Day of Remembrance", der jährlich stattfindet, um die Gewalt gegen trans Menschen zu gedenken. Diese

Veranstaltung hat sich weiterentwickelt, um die Erfahrungen von trans Menschen aus verschiedenen ethnischen und sozialen Hintergründen zu berücksichtigen und die Notwendigkeit von intersektionalem Aktivismus zu betonen.

Schlussfolgerung

Intersektionaler Aktivismus ist nicht nur wichtig, um die Vielfalt innerhalb der LGBTQ-Community zu erkennen, sondern auch, um die Komplexität der Erfahrungen von Individuen zu verstehen. Durch die Anerkennung der Wechselwirkungen zwischen verschiedenen Identitätskategorien können Aktivisten effektiver für die Rechte aller Menschen kämpfen und sicherstellen, dass niemand aufgrund ihrer Identität übersehen wird. Nur durch einen intersektionalen Ansatz kann die Bewegung für LGBTQ-Rechte wirklich inklusiv und gerecht sein.

Diese Erkenntnisse sind entscheidend für die zukünftige Ausrichtung des Aktivismus und die Entwicklung von Strategien, die alle Mitglieder der Gemeinschaft einbeziehen. Es ist eine ständige Herausforderung, die Stimmen der Marginalisierten zu hören und zu stärken, aber es ist eine Herausforderung, die notwendig ist, um eine gerechtere und integrativere Gesellschaft zu schaffen.

Die Herausforderungen der Integration

Die Integration von LGBTQ-Personen in die Gesellschaft stellt eine komplexe Herausforderung dar, die sowohl auf individueller als auch auf gesellschaftlicher Ebene betrachtet werden muss. Diese Herausforderungen sind oft tief verwurzelt in sozialen, kulturellen und politischen Strukturen, die Vorurteile und Diskriminierung fördern. In diesem Abschnitt werden wir die verschiedenen Aspekte der Integration beleuchten, die Herausforderungen, die dabei auftreten, sowie einige Lösungsansätze, die zur Verbesserung der Situation beitragen können.

Theoretische Grundlagen der Integration

Integration kann als der Prozess beschrieben werden, durch den Individuen oder Gruppen in eine größere Gesellschaft eingegliedert werden. Dieser Prozess umfasst nicht nur die soziale Eingliederung, sondern auch die wirtschaftliche, politische und kulturelle Teilhabe. Theoretisch wird Integration oft in zwei Hauptkategorien unterteilt: Assimilation und Multikulturalismus. Während die Assimilation die vollständige Anpassung an die dominante Kultur betont, fördert der Multikulturalismus die Anerkennung und den Erhalt kultureller Unterschiede.

Die Herausforderungen, die LGBTQ-Personen bei der Integration erleben, sind häufig mit der Notwendigkeit verbunden, ihre Identität in einem oft feindlichen Umfeld zu navigieren. Der Soziologe Erving Goffman beschreibt in seinem Werk *Stigma: Notes on the Management of Spoiled Identity* (1963) die Schwierigkeiten, die Menschen mit Stigmata, wie etwa LGBTQ-Personen, in der Gesellschaft haben. Goffman argumentiert, dass diese Individuen oft gezwungen sind, eine „normale" Identität zu konstruieren, um Akzeptanz zu finden, was zu inneren Konflikten und psychischem Stress führen kann.

Gesellschaftliche Herausforderungen

Die gesellschaftlichen Herausforderungen der Integration von LGBTQ-Personen sind vielfältig. Diskriminierung und Vorurteile sind weit verbreitet, was sich in verschiedenen Lebensbereichen zeigt, darunter Bildung, Beschäftigung, Gesundheitsversorgung und Wohnraum. Diese Diskriminierung kann sowohl offen als auch subtil sein und reicht von verbalen Angriffen bis hin zu systematischen Benachteiligungen.

Ein Beispiel für diese Herausforderungen ist die sogenannte „*Gender Pay Gap*", die sich besonders stark auf transgender Personen auswirkt. Laut einer Studie des Williams Institute (2019) verdienen transgender Personen im Durchschnitt 32% weniger als ihre cisgender Kollegen. Diese wirtschaftliche Benachteiligung ist oft das Ergebnis von Diskriminierung am Arbeitsplatz und mangelnder Unterstützung durch Arbeitgeber.

Ein weiteres Beispiel ist die Gesundheitsversorgung. LGBTQ-Personen haben oft Schwierigkeiten, medizinische Dienstleistungen in Anspruch zu nehmen, die auf ihre spezifischen Bedürfnisse zugeschnitten sind. Eine Studie des *National Center for Transgender Equality* (2015) zeigt, dass 19% der Befragten angaben, in den letzten 12 Monaten aufgrund ihrer Geschlechtsidentität diskriminiert worden zu sein, was zu einer geringeren Inanspruchnahme von Gesundheitsdiensten führt.

Kulturelle Herausforderungen

Kulturelle Herausforderungen, die die Integration von LGBTQ-Personen behindern, sind ebenfalls von großer Bedeutung. In vielen Kulturen wird Heteronormativität als die Norm betrachtet, was zu einem Ausschluss von LGBTQ-Personen aus sozialen und kulturellen Aktivitäten führt. Dieser Ausschluss kann sich in der Medienrepräsentation, in der Kunst und in der Popkultur zeigen, wo LGBTQ-Personen oft entweder nicht dargestellt werden oder stereotypisiert werden.

Ein Beispiel für die Herausforderungen in der Medienrepräsentation ist die stereotype Darstellung von LGBTQ-Personen in Filmen und Fernsehsendungen. Oftmals werden LGBTQ-Charaktere als komische Nebenfiguren oder als tragische Figuren dargestellt, was die Wahrnehmung und das Verständnis der breiten Öffentlichkeit beeinflusst. Diese stereotype Darstellung kann zu einer weiteren Marginalisierung von LGBTQ-Personen führen und deren Integration in die Gesellschaft erschweren.

Politische Herausforderungen

Politische Herausforderungen sind ebenfalls entscheidend für die Integration von LGBTQ-Personen. In vielen Ländern gibt es Gesetze, die Diskriminierung aufgrund der sexuellen Orientierung oder Geschlechtsidentität verbieten, jedoch sind diese Gesetze oft nicht ausreichend durchsetzbar oder werden nicht konsequent umgesetzt. In einigen Ländern sind LGBTQ-Rechte sogar noch nicht anerkannt, was die Integration erheblich erschwert.

Ein Beispiel für politische Herausforderungen ist die Situation in Ländern, in denen Homosexualität kriminalisiert ist. Laut dem *International Lesbian, Gay, Bisexual, Trans and Intersex Association* (ILGA) sind LGBTQ-Personen in über 70 Ländern strafrechtlich verfolgt. In solchen Kontexten ist die Integration nahezu unmöglich, da die Gesellschaft von grundlegenden Vorurteilen und rechtlichen Hindernissen geprägt ist.

Lösungsansätze zur Verbesserung der Integration

Um die Integration von LGBTQ-Personen zu fördern, sind verschiedene Lösungsansätze erforderlich. Bildung spielt eine entscheidende Rolle, um Vorurteile abzubauen und das Bewusstsein für LGBTQ-Themen zu schärfen. Schulen und Bildungseinrichtungen sollten Programme implementieren, die Vielfalt und Inklusion fördern und LGBTQ-Geschichte und -Kultur in den Lehrplan integrieren.

Ein weiterer Ansatz ist die Förderung von Allyship, bei dem Menschen aus der heterosexuellen Gemeinschaft aktiv Unterstützung für LGBTQ-Personen anbieten. Dies kann durch die Teilnahme an Pride-Veranstaltungen, das Eintreten für LGBTQ-Rechte in der Politik und das Schaffen von sicheren Räumen für LGBTQ-Personen geschehen.

Die Politik muss ebenfalls eine aktive Rolle spielen, indem sie Gesetze erlassen, die Diskriminierung verbieten, und sicherstellen, dass diese Gesetze durchgesetzt werden. Es ist wichtig, dass LGBTQ-Personen in politische Entscheidungsprozesse einbezogen werden, um sicherzustellen, dass ihre Stimmen gehört werden.

Fazit

Die Herausforderungen der Integration von LGBTQ-Personen sind vielfältig und erfordern ein ganzheitliches Verständnis der sozialen, kulturellen und politischen Dynamiken, die diese Herausforderungen bedingen. Durch Bildung, Allyship und politische Maßnahmen kann jedoch ein Umfeld geschaffen werden, das die Integration fördert und LGBTQ-Personen die Möglichkeit gibt, sich in die Gesellschaft zu integrieren und ihre Identität frei zu leben. Nur durch kollektives Handeln und Engagement kann eine gerechtere und inklusivere Gesellschaft für alle geschaffen werden.

Die Rolle von Unterstützungsnetzwerken

Unterstützungsnetzwerke spielen eine entscheidende Rolle im Aktivismus, insbesondere innerhalb der LGBTQ-Community. Sie bieten nicht nur emotionale und praktische Unterstützung, sondern fördern auch die Mobilisierung und den Zusammenhalt, die für den Erfolg von Bewegungen unerlässlich sind. In diesem Abschnitt werden wir die verschiedenen Aspekte und die Bedeutung von Unterstützungsnetzwerken im Kontext des LGBTQ-Aktivismus untersuchen.

Theoretische Grundlagen

Die Theorie der sozialen Unterstützung besagt, dass Individuen, die Teil eines starken Netzwerks sind, besser in der Lage sind, mit Stress und Herausforderungen umzugehen. Nach Cohen und Wills (1985) kann soziale Unterstützung in drei Hauptkategorien unterteilt werden: emotionale Unterstützung, instrumentelle Unterstützung und informationale Unterstützung.

$$S = E + I + R \tag{36}$$

Hierbei steht S für die soziale Unterstützung, E für emotionale Unterstützung, I für instrumentelle Unterstützung und R für informationale Unterstützung. Diese Dimensionen sind entscheidend für die Resilienz von Aktivisten und die Fähigkeit der Gemeinschaft, Herausforderungen zu bewältigen.

Emotionale Unterstützung

Emotionale Unterstützung umfasst das Angebot von Trost, Verständnis und Mitgefühl. In der LGBTQ-Community, wo viele Individuen Diskriminierung und Ablehnung erfahren, ist diese Art der Unterstützung besonders wichtig. Unterstützungsnetzwerke bieten einen sicheren Raum, in dem Mitglieder ihre Erfahrungen teilen können.

Ein Beispiel hierfür ist die Rolle von LGBTQ-Gruppen in Schulen und Universitäten, die oft als Anlaufstelle für Jugendliche dienen, die mit ihrer Identität kämpfen. Diese Gruppen fördern ein Gefühl der Zugehörigkeit und helfen den Mitgliedern, ihre Identität zu akzeptieren.

Instrumentelle Unterstützung

Instrumentelle Unterstützung bezieht sich auf die Bereitstellung konkreter Hilfe, wie finanzielle Unterstützung oder Ressourcen für rechtliche Hilfe. In vielen Fällen benötigen Aktivisten Unterstützung, um rechtliche Barrieren zu überwinden oder Zugang zu Gesundheitsdiensten zu erhalten.

Ein Beispiel ist die Arbeit von Organisationen wie „Trans Lifeline", die finanzielle Unterstützung für Transgender-Personen bieten, um sicherzustellen, dass sie Zugang zu notwendigen medizinischen Dienstleistungen haben. Solche Netzwerke sind unerlässlich, um die praktischen Bedürfnisse der Gemeinschaft zu adressieren und sicherzustellen, dass niemand aufgrund finanzieller Schwierigkeiten auf der Strecke bleibt.

Informationale Unterstützung

Informationale Unterstützung umfasst den Austausch von Wissen und Informationen, die für die Bewältigung von Herausforderungen notwendig sind. In der LGBTQ-Community ist dies besonders relevant in Bezug auf rechtliche Rechte, Gesundheitsversorgung und Zugang zu Ressourcen.

Ein Beispiel für informative Unterstützung ist die Rolle von Online-Plattformen und sozialen Medien, die es Aktivisten ermöglichen, Informationen schnell zu verbreiten und auf relevante Ressourcen hinzuweisen. Plattformen wie „Facebook" und „Twitter" haben es ermöglicht, dass Informationen über bevorstehende Veranstaltungen, rechtliche Änderungen oder gesundheitliche Ressourcen schnell und effektiv geteilt werden.

Herausforderungen von Unterstützungsnetzwerken

Trotz ihrer Bedeutung stehen Unterstützungsnetzwerke auch vor Herausforderungen. Eine der größten Herausforderungen ist die Fragmentierung innerhalb der LGBTQ-Community. Unterschiedliche Identitäten und Erfahrungen können zu Spaltungen führen, die die Effektivität von Netzwerken beeinträchtigen.

Ein Beispiel hierfür ist die Diversität innerhalb der Transgender-Community, wo unterschiedliche Erfahrungen von Trans-Männern, Trans-Frauen und nicht-binären Personen oft nicht ausreichend berücksichtigt werden. Diese Fragmentierung kann dazu führen, dass bestimmte Gruppen innerhalb der Gemeinschaft nicht die Unterstützung erhalten, die sie benötigen.

Die Notwendigkeit von Inklusivität

Um die Herausforderungen zu überwinden, ist es entscheidend, dass Unterstützungsnetzwerke inklusiv sind und die Vielfalt innerhalb der LGBTQ-Community anerkennen. Inklusive Netzwerke müssen sicherstellen, dass alle Stimmen gehört werden und dass die spezifischen Bedürfnisse aller Mitglieder berücksichtigt werden.

Ein Beispiel für ein inklusives Unterstützungsnetzwerk ist die „Queer Youth Network", die sich aktiv dafür einsetzt, eine Plattform für marginalisierte Stimmen innerhalb der LGBTQ-Community zu bieten. Durch Workshops, Schulungen und Veranstaltungen fördert dieses Netzwerk das Verständnis und die Zusammenarbeit zwischen verschiedenen Gruppen.

Fazit

Zusammenfassend lässt sich sagen, dass Unterstützungsnetzwerke eine unverzichtbare Rolle im LGBTQ-Aktivismus spielen. Sie bieten emotionale, instrumentelle und informationale Unterstützung, die für die Resilienz und Mobilisierung von Aktivisten entscheidend ist. Dennoch müssen diese Netzwerke kontinuierlich an ihrer Inklusivität arbeiten, um sicherzustellen, dass alle Mitglieder der Gemeinschaft die Unterstützung erhalten, die sie benötigen. Indem wir die Vielfalt innerhalb der LGBTQ-Community anerkennen und feiern, können wir stärkere und effektivere Unterstützungsnetzwerke schaffen, die den Herausforderungen des Aktivismus gewachsen sind.

Die Bedeutung von Sichtbarkeit in der Gemeinschaft

Sichtbarkeit ist ein zentrales Element im LGBTQ-Aktivismus, das sowohl die individuelle Identität als auch die kollektive Stärke der Gemeinschaft fördert. Sichtbarkeit bedeutet nicht nur, dass LGBTQ-Personen in der Öffentlichkeit anerkannt und akzeptiert werden, sondern auch, dass ihre Geschichten und Erfahrungen in den Diskurs über Menschenrechte und soziale Gerechtigkeit integriert werden. In diesem Abschnitt werden wir die verschiedenen Dimensionen der Sichtbarkeit in der LGBTQ-Gemeinschaft untersuchen, ihre Herausforderungen und die positiven Auswirkungen, die sie auf die Gemeinschaft hat.

Theoretische Grundlagen der Sichtbarkeit

Die Theorie der Sichtbarkeit, wie sie von Judith Butler in ihren Arbeiten zur Geschlechtertheorie formuliert wurde, legt nahe, dass Sichtbarkeit sowohl eine Form der Anerkennung als auch eine Quelle von Macht ist. Butler argumentiert, dass Sichtbarkeit nicht nur die Existenz einer Identität bestätigt, sondern auch die Möglichkeit bietet, diese Identität zu gestalten und zu transformieren. In der LGBTQ-Gemeinschaft bedeutet dies, dass Sichtbarkeit dazu beitragen kann, Stereotype abzubauen und ein besseres Verständnis für die Vielfalt der sexuellen und geschlechtlichen Identitäten zu schaffen.

Ein weiteres wichtiges Konzept ist das der *Repräsentation*. Die Repräsentation von LGBTQ-Personen in Medien, Politik und Bildung ist entscheidend für die Schaffung eines positiven Selbstbildes innerhalb der Gemeinschaft. Wenn LGBTQ-Personen in diesen Bereichen sichtbar sind, können sie als Vorbilder fungieren, die anderen helfen, ihre eigene Identität zu akzeptieren und zu leben.

Herausforderungen der Sichtbarkeit

Trotz der positiven Aspekte der Sichtbarkeit gibt es auch erhebliche Herausforderungen. Diskriminierung und Vorurteile können dazu führen, dass viele LGBTQ-Personen Angst haben, sich zu outen oder ihre Identität öffentlich zu zeigen. Diese Angst kann durch negative Erfahrungen in der Vergangenheit, wie Mobbing oder Diskriminierung, verstärkt werden.

Ein weiteres Problem ist die *Tokenisierung*, bei der LGBTQ-Personen lediglich als Symbol für Diversität verwendet werden, ohne dass ihre tatsächlichen Erfahrungen und Stimmen gehört werden. Diese Form der Sichtbarkeit kann schädlich sein, da sie oft nicht zu einer echten Veränderung führt und die komplexen Realitäten des Lebens in der LGBTQ-Gemeinschaft ignoriert.

Positive Auswirkungen der Sichtbarkeit

Trotz dieser Herausforderungen hat Sichtbarkeit zahlreiche positive Auswirkungen auf die LGBTQ-Gemeinschaft. Eine erhöhte Sichtbarkeit kann zu größerem Verständnis und Akzeptanz in der Gesellschaft führen. Wenn Menschen die Geschichten und Erfahrungen von LGBTQ-Personen hören, können sie Vorurteile abbauen und Empathie entwickeln.

Ein Beispiel für die positive Wirkung von Sichtbarkeit ist die zunehmende Repräsentation von LGBTQ-Personen in den Medien. Filme und Serien, die LGBTQ-Charaktere in komplexen und positiven Rollen darstellen, tragen dazu bei, Stereotype zu hinterfragen und das öffentliche Bild von LGBTQ-Personen zu verändern. Eine Studie des *GLAAD Media Institute* zeigt, dass die Darstellung von LGBTQ-Personen in den Medien in den letzten Jahren zugenommen hat, was zu einer höheren Akzeptanz in der Gesellschaft geführt hat.

Darüber hinaus kann Sichtbarkeit auch dazu beitragen, dass LGBTQ-Personen sich stärker mit ihrer Gemeinschaft identifizieren. Wenn Menschen sehen, dass andere, die ähnliche Erfahrungen gemacht haben, erfolgreich sind und ihre Identität stolz leben, kann dies inspirierend wirken. Sichtbarkeit schafft ein Gefühl der Zugehörigkeit und des Stolzes, das für die psychische Gesundheit und das Wohlbefinden der Mitglieder der Gemeinschaft von entscheidender Bedeutung ist.

Fazit

Die Bedeutung von Sichtbarkeit in der LGBTQ-Gemeinschaft kann nicht überschätzt werden. Sie ist ein Schlüssel zu Anerkennung, Verständnis und Akzeptanz. Während es Herausforderungen gibt, die es zu überwinden gilt, sind die positiven Auswirkungen der Sichtbarkeit auf die Gemeinschaft und die Gesellschaft insgesamt erheblich. Sichtbarkeit ist nicht nur eine Frage der Identität, sondern auch ein Werkzeug für Veränderung und Fortschritt. Indem wir die Stimmen der LGBTQ-Gemeinschaft hören und ihnen Raum geben, können wir eine inklusivere und gerechtere Gesellschaft schaffen.

$$V = \frac{S}{D} \tag{37}$$

Dabei ist V die Sichtbarkeit, S die Stärke der Gemeinschaft und D die Diskriminierung, die überwunden werden muss. Diese Gleichung verdeutlicht, dass die Sichtbarkeit einer Gemeinschaft umso größer ist, je stärker die Gemeinschaft ist und je weniger Diskriminierung sie erfährt.

Insgesamt zeigt sich, dass Sichtbarkeit ein dynamisches und vielschichtiges Konzept ist, das sowohl Herausforderungen als auch Chancen für die LGBTQ-Gemeinschaft mit sich bringt. Es ist wichtig, dass wir uns weiterhin für die Sichtbarkeit und die Rechte von LGBTQ-Personen einsetzen, um eine gerechtere und inklusivere Gesellschaft zu schaffen.

Auszeichnungen und Ehrungen

Nationale und internationale Anerkennung

Die nationale und internationale Anerkennung von Stephanie Woolley und ihrer Organisation, Trans Alliance Toronto, ist ein entscheidender Aspekt, der die Wirkung ihres Aktivismus unterstreicht. Diese Anerkennung manifestiert sich in verschiedenen Formen, darunter Auszeichnungen, Medienberichterstattung und die Zusammenarbeit mit anderen Organisationen. Sie ist nicht nur ein Zeichen des Erfolgs, sondern auch ein wichtiges Werkzeug, um die Sichtbarkeit von LGBTQ-Anliegen zu erhöhen und die Gemeinschaft zu stärken.

Die Bedeutung von Auszeichnungen

Auszeichnungen spielen eine zentrale Rolle im Aktivismus. Sie sind nicht nur eine Form der Anerkennung für die geleistete Arbeit, sondern auch ein Mittel, um das Bewusstsein für die Anliegen der LGBTQ-Gemeinschaft zu schärfen. Stephanie Woolley hat im Laufe ihrer Karriere zahlreiche nationale und internationale Auszeichnungen erhalten, die ihre Führungsqualitäten und ihren unermüdlichen Einsatz für die Rechte von Transgender-Personen würdigen. Diese Auszeichnungen reichen von lokalen Ehrungen bis hin zu internationalen Preisen, die ihre Arbeit auf einer globalen Plattform hervorheben.

Ein Beispiel ist der *LGBTQ+ Activist of the Year Award*, der ihr für ihre herausragenden Leistungen im Bereich der Menschenrechte verliehen wurde. Diese Auszeichnung ist nicht nur eine persönliche Ehrung, sondern hebt auch die Wichtigkeit der Arbeit von Trans Alliance Toronto hervor, die sich für die Rechte und das Wohlbefinden von Transgender-Personen einsetzt.

Einfluss von Auszeichnungen auf die Bewegung

Die Auswirkungen von Auszeichnungen auf die LGBTQ-Bewegung sind vielschichtig. Sie können dazu beitragen, das Vertrauen in die Organisation zu stärken, neue Unterstützer zu gewinnen und die Mobilisierung für zukünftige

AUSZEICHNUNGEN UND EHRUNGEN 351

Kampagnen zu fördern. Wenn eine Organisation wie Trans Alliance Toronto für ihre Arbeit anerkannt wird, sendet dies ein starkes Signal an die Gemeinschaft und an potenzielle Unterstützer, dass ihre Bemühungen wertgeschätzt werden und dass es wichtig ist, sich für diese Anliegen einzusetzen.

Darüber hinaus kann die internationale Anerkennung auch dazu führen, dass die Anliegen von LGBTQ-Personen in anderen Ländern Gehör finden. Wenn Stephanie Woolley auf internationalen Konferenzen spricht oder Preise entgegennimmt, hat sie die Möglichkeit, die Herausforderungen und Erfolge der LGBTQ-Gemeinschaft in Kanada und darüber hinaus zu präsentieren. Dies kann dazu beitragen, eine globale Solidarität zu fördern und den Austausch von Strategien und Best Practices zwischen verschiedenen Ländern zu erleichtern.

Geschichten hinter den Auszeichnungen

Hinter jeder Auszeichnung stehen Geschichten von Kämpfen, Erfolgen und der unermüdlichen Arbeit von Einzelpersonen und Gemeinschaften. Diese Geschichten sind oft inspirierend und zeigen, wie wichtig es ist, für die eigenen Überzeugungen einzutreten. Stephanie Woolleys Weg zur Anerkennung war nicht ohne Herausforderungen. Sie musste sich nicht nur mit persönlicher Diskriminierung auseinandersetzen, sondern auch mit institutionellen Widerständen, die den Fortschritt ihrer Organisation behindern wollten.

Ein Beispiel für eine solche Herausforderung war die *Trans Rights Now*-Kampagne, die 2018 ins Leben gerufen wurde. Diese Kampagne zielte darauf ab, das Bewusstsein für die Diskriminierung von Transgender-Personen zu schärfen und forderte konkrete Maßnahmen von der Regierung. Trotz anfänglicher Widerstände und negativer Medienberichterstattung gelang es der Kampagne, eine breite Unterstützung in der Gemeinschaft zu gewinnen. Die Anerkennung, die sie für diese Kampagne erhielt, war ein Beweis für die Stärke der Gemeinschaft und die Entschlossenheit von Aktivisten wie Woolley.

Die Rolle von Preisverleihungen in der Öffentlichkeitsarbeit

Preisverleihungen sind auch ein wichtiges Element der Öffentlichkeitsarbeit. Sie bieten eine Plattform, um die Arbeit von Aktivisten und Organisationen ins Rampenlicht zu rücken. Bei diesen Veranstaltungen haben Aktivisten die Möglichkeit, ihre Botschaften zu verbreiten, Geschichten zu teilen und das Publikum zu mobilisieren. Stephanie Woolley hat an mehreren solcher Veranstaltungen teilgenommen, wo sie nicht nur Auszeichnungen entgegengenommen hat, sondern auch als Rednerin aufgetreten ist, um über die Herausforderungen und Erfolge der LGBTQ-Gemeinschaft zu sprechen.

Diese öffentlichen Auftritte sind entscheidend, um die Sichtbarkeit von LGBTQ-Anliegen zu erhöhen und das Bewusstsein für die Probleme, mit denen diese Gemeinschaft konfrontiert ist, zu schärfen. Sie helfen, Vorurteile abzubauen und die Notwendigkeit für Veränderungen in der Gesellschaft zu betonen. Woolleys Fähigkeit, ihre persönlichen Erfahrungen und die Geschichten anderer in ihren Reden zu integrieren, hat sie zu einer gefragten Sprecherin gemacht, deren Stimme Gehör findet.

Die Herausforderungen der Nominierung

Trotz der positiven Aspekte von Auszeichnungen gibt es auch Herausforderungen, die mit dem Prozess der Nominierung und Auswahl verbunden sind. Oftmals werden nicht alle Aktivisten, die bedeutende Beiträge leisten, für Auszeichnungen nominiert. Dies kann zu Frustration innerhalb der Gemeinschaft führen, insbesondere wenn es um die Sichtbarkeit von marginalisierten Gruppen innerhalb der LGBTQ-Gemeinschaft geht. Stephanie Woolley hat sich dafür eingesetzt, dass auch weniger bekannte Aktivisten Anerkennung finden, und hat Programme ins Leben gerufen, die darauf abzielen, die Sichtbarkeit von unterrepräsentierten Stimmen zu fördern.

Die Herausforderungen der Nominierung sind auch ein Spiegelbild der größeren Probleme, mit denen die LGBTQ-Gemeinschaft konfrontiert ist. Diskriminierung, Vorurteile und interne Spannungen können den Prozess der Anerkennung und Förderung von Aktivisten beeinträchtigen. Woolley hat sich aktiv dafür eingesetzt, diese Barrieren abzubauen, indem sie die Bedeutung von Diversität und Inklusion in allen Aspekten des Aktivismus betont.

Die Reaktionen auf Auszeichnungen

Die Reaktionen auf die Auszeichnungen, die Stephanie Woolley erhalten hat, sind vielfältig. Während viele in der Gemeinschaft ihre Erfolge feiern und als Inspiration sehen, gibt es auch kritische Stimmen, die die Notwendigkeit von mehr Inklusion und Vielfalt in der Anerkennung von Aktivisten betonen. Diese unterschiedlichen Perspektiven sind wichtig, um einen Dialog über die besten Wege zur Unterstützung und Anerkennung von LGBTQ-Aktivisten zu führen.

Die Diskussion über die Reaktionen auf Auszeichnungen ist ein wichtiger Teil des intersektionalen Aktivismus. Es ist entscheidend, dass alle Stimmen in der Bewegung gehört werden und dass die Anerkennung nicht nur auf den sichtbarsten oder lautesten Aktivisten beschränkt bleibt. Woolleys Engagement, diese Gespräche zu fördern, zeigt ihre Bereitschaft, sich mit den komplexen Herausforderungen des Aktivismus auseinanderzusetzen.

Die langfristigen Auswirkungen von Ehrungen

Die langfristigen Auswirkungen von Ehrungen und Anerkennungen sind tiefgreifend. Sie können nicht nur das individuelle Leben von Aktivisten verändern, sondern auch die gesamte Bewegung beeinflussen. Stephanie Woolleys Auszeichnungen haben dazu beigetragen, das Bewusstsein für die Anliegen von Transgender-Personen zu schärfen und die Arbeit von Trans Alliance Toronto auf eine breitere Bühne zu bringen.

Die Anerkennung hat auch dazu geführt, dass mehr Menschen sich dem Aktivismus anschließen und sich für die Rechte von LGBTQ-Personen einsetzen. Woolleys Geschichte und ihre Erfolge inspirieren andere, sich ebenfalls für Veränderungen einzusetzen, und zeigen, dass jeder Einzelne einen Unterschied machen kann.

Zusammenfassung

Insgesamt ist die nationale und internationale Anerkennung von Stephanie Woolley ein Beweis für die Wirkung ihres Aktivismus und die Bedeutung von Auszeichnungen im Bereich des LGBTQ-Aktivismus. Diese Anerkennung trägt dazu bei, das Bewusstsein für die Herausforderungen der Gemeinschaft zu schärfen und inspiriert andere, sich für Veränderungen einzusetzen. Durch ihre Arbeit und die erhaltenen Ehrungen hat Woolley nicht nur ihre eigene Stimme gestärkt, sondern auch die Stimmen vieler anderer, die für ihre Rechte kämpfen.

Persönliche Auszeichnungen für Stephanie Woolley

Stephanie Woolley ist nicht nur eine leidenschaftliche Aktivistin, sondern auch eine inspirierende Persönlichkeit, die für ihre herausragenden Beiträge zur LGBTQ-Community und insbesondere zur Trans-Community zahlreiche Auszeichnungen und Ehrungen erhalten hat. Diese Anerkennungen sind nicht nur ein Zeugnis ihrer individuellen Leistungen, sondern auch ein Zeichen für den Fortschritt und die Sichtbarkeit, die der LGBTQ-Aktivismus in der Gesellschaft erlangt hat.

Die Bedeutung von Auszeichnungen

Auszeichnungen spielen eine wesentliche Rolle im Aktivismus, da sie nicht nur die Arbeit von Einzelpersonen würdigen, sondern auch das Bewusstsein für bestimmte Themen schärfen. Sie können als Motivator für andere dienen und den Druck auf Institutionen erhöhen, Veränderungen herbeizuführen. Für Woolley sind diese Ehrungen nicht nur persönliche Meilensteine, sondern auch eine Möglichkeit, das Licht auf die Herausforderungen und Errungenschaften der Trans-Community zu werfen.

Nationale Anerkennung

Eine der bedeutendsten Auszeichnungen, die Stephanie Woolley erhalten hat, ist der *LGBTQ Activist of the Year Award*, der ihr für ihre herausragenden Beiträge zur Förderung der Rechte von Transgender-Personen verliehen wurde. Diese nationale Anerkennung hebt ihre unermüdliche Arbeit hervor, die sie in den letzten Jahren geleistet hat, um die Sichtbarkeit und das Verständnis für Trans-Themen zu erhöhen.

Internationale Ehrungen

Darüber hinaus wurde Woolley auch international anerkannt. Sie erhielt den *Global LGBTQ Leadership Award* von einer prominenten internationalen Organisation, die sich für die Rechte von LGBTQ-Personen einsetzt. Diese Auszeichnung würdigt ihre Fähigkeit, über Grenzen hinweg zu inspirieren und eine globale Gemeinschaft von Aktivisten zu mobilisieren, die sich für die Rechte von Transgender-Personen einsetzen.

Die Rolle von Auszeichnungen im Aktivismus

Die Auszeichnungen, die Woolley erhalten hat, sind nicht nur persönliche Erfolge, sondern auch ein Weg, um das Bewusstsein für die Herausforderungen zu schärfen, mit denen die LGBTQ-Community konfrontiert ist. In ihren Dankesreden betont sie häufig die Notwendigkeit, die Sichtbarkeit von Transgender-Personen zu erhöhen und die gesellschaftlichen Vorurteile abzubauen, die noch immer bestehen. Sie nutzt diese Plattformen, um Geschichten von Menschen zu teilen, die von Diskriminierung betroffen sind, und um die Bedeutung von Solidarität und Unterstützung zu unterstreichen.

Einfluss von Auszeichnungen auf die Bewegung

Die Auswirkungen von Woolleys Auszeichnungen gehen über die persönliche Anerkennung hinaus. Sie haben dazu beigetragen, das öffentliche Bewusstsein für die Belange der Trans-Community zu schärfen und den Druck auf politische Entscheidungsträger zu erhöhen, Gesetze und Richtlinien zu erlassen, die die Rechte von Transgender-Personen schützen. Woolleys Engagement und die damit verbundenen Ehrungen haben eine Welle der Unterstützung ausgelöst, die andere dazu inspiriert hat, sich ebenfalls für Veränderungen einzusetzen.

Geschichten hinter den Auszeichnungen

Hinter jeder Auszeichnung, die Woolley erhalten hat, steckt eine Geschichte von Hingabe, Kampf und Triumph. Eine besonders bewegende Geschichte ist die eines jungen Trans-Menschen, der durch Woolleys Arbeit den Mut fand, sich zu outen und für seine Rechte einzutreten. Diese Geschichten sind der Grund, warum Auszeichnungen für Woolley von so großer Bedeutung sind – sie sind nicht nur ein Symbol für ihren persönlichen Erfolg, sondern auch ein Zeichen für die positiven Veränderungen, die durch ihren Aktivismus bewirkt werden können.

Die Herausforderungen der Nominierung

Trotz der Anerkennung, die sie erhalten hat, ist der Weg zu diesen Auszeichnungen nicht ohne Herausforderungen. Woolley hat oft darüber gesprochen, wie schwierig es ist, in einem Umfeld zu arbeiten, das von Diskriminierung und Vorurteilen geprägt ist. Die Nominierung für Auszeichnungen kann auch mit einem gewissen Druck verbunden sein, da sie oft das Gefühl hat, die Erwartungen der Gemeinschaft erfüllen zu müssen. Dennoch sieht sie diese Herausforderungen als Ansporn, weiterhin für die Rechte der Trans-Community zu kämpfen.

Reaktionen auf Auszeichnungen

Die Reaktionen auf Woolleys Auszeichnungen sind überwältigend positiv. Viele in der LGBTQ-Community und darüber hinaus haben ihre Anerkennung gefeiert und ihre Arbeit als Inspiration für ihren eigenen Aktivismus angesehen. Woolley hat sich immer wieder für die Bedeutung von Gemeinschaft und Zusammenarbeit ausgesprochen und betont, dass ihre Auszeichnungen nicht nur für sie selbst, sondern für alle stehen, die für die Rechte von LGBTQ-Personen kämpfen.

Langfristige Auswirkungen von Ehrungen

Die langfristigen Auswirkungen von Woolleys Auszeichnungen sind sowohl persönlich als auch gesellschaftlich. Persönlich haben sie ihr Selbstvertrauen gestärkt und sie motiviert, weiterhin aktiv zu bleiben. Gesellschaftlich haben sie dazu beigetragen, den Diskurs über Trans-Rechte zu verändern und eine breitere Akzeptanz in der Gesellschaft zu fördern. Woolley sieht die Anerkennung ihrer Arbeit als Teil eines größeren Kampfes für Gleichheit und Gerechtigkeit.

Fazit

Insgesamt spiegeln die persönlichen Auszeichnungen von Stephanie Woolley nicht nur ihre individuellen Erfolge wider, sondern auch den kollektiven Fortschritt der LGBTQ-Bewegung. Sie sind ein Symbol für Hoffnung und Veränderung und erinnern uns daran, dass jeder einzelne Beitrag zählt. Woolleys Engagement und die damit verbundenen Ehrungen sind ein Aufruf an alle, sich für die Rechte derjenigen einzusetzen, die oft übersehen werden, und die Stimme für die Gerechtigkeit zu erheben. Ihre Auszeichnungen sind nicht nur ein Grund zum Feiern, sondern auch ein Ansporn, den Kampf für Gleichheit und Akzeptanz fortzusetzen.

Die Bedeutung von Ehrungen für den Aktivismus

Ehrungen und Auszeichnungen spielen eine entscheidende Rolle im Aktivismus, da sie nicht nur die Leistungen von Einzelpersonen und Organisationen anerkennen, sondern auch das Bewusstsein für wichtige gesellschaftliche Themen schärfen. Die Bedeutung von Ehrungen kann in mehreren Dimensionen betrachtet werden, die sich sowohl auf die Anerkennung der Aktivisten als auch auf die Auswirkungen auf die Gemeinschaft und die Bewegung insgesamt beziehen.

Anerkennung und Sichtbarkeit

Ehrungen bieten eine Plattform zur Sichtbarkeit von Aktivisten und deren Anliegen. Wenn eine Person oder Organisation für ihren Einsatz für die LGBTQ-Rechte ausgezeichnet wird, zieht dies oft die Aufmerksamkeit der Medien auf sich. Diese Sichtbarkeit kann dazu führen, dass mehr Menschen über die Herausforderungen und Errungenschaften der LGBTQ-Community informiert werden. Zum Beispiel wurde Stephanie Woolley für ihre Arbeit bei Trans Alliance Toronto mit dem *Community Leadership Award* ausgezeichnet, was nicht nur ihre persönliche Leistung würdigte, sondern auch die Sichtbarkeit der

Anliegen der Transgender-Community erhöhte. Die Berichterstattung über solche Auszeichnungen kann dazu beitragen, Vorurteile abzubauen und das Verständnis für LGBTQ-Themen zu fördern.

Motivation und Inspiration

Ehrungen können als Motivationsfaktor für Aktivisten dienen. Wenn Einzelpersonen für ihre harte Arbeit und ihren Einsatz anerkannt werden, fühlen sie sich oft ermutigt, weiterhin aktiv zu sein und sich für ihre Anliegen einzusetzen. Diese Anerkennung kann als Ansporn für andere dienen, sich ebenfalls zu engagieren. Ein Beispiel dafür ist der *Pride Award*, der an verschiedene LGBTQ-Aktivisten verliehen wird und oft dazu führt, dass andere in der Gemeinschaft inspiriert werden, ebenfalls aktiv zu werden. Die Geschichten der Preisträger können als Vorbilder dienen und andere ermutigen, für ihre eigenen Rechte und die Rechte anderer einzutreten.

Stärkung der Gemeinschaft

Ehrungen fördern auch das Gefühl der Gemeinschaft innerhalb der LGBTQ-Bewegung. Wenn eine Person oder Organisation ausgezeichnet wird, wird dies oft als kollektiver Erfolg angesehen, der die gesamte Gemeinschaft stärkt. Dies kann das Zugehörigkeitsgefühl und die Solidarität unter den Mitgliedern der LGBTQ-Community fördern. Ein Beispiel hierfür ist die jährliche *LGBTQ Community Awards* Veranstaltung, bei der verschiedene Mitglieder der Gemeinschaft für ihre Beiträge geehrt werden. Solche Veranstaltungen schaffen nicht nur eine Feier der Erfolge, sondern auch eine Gelegenheit für Networking und den Austausch von Ideen.

Einfluss auf die Politik

Ehrungen können auch einen politischen Einfluss haben. Wenn Aktivisten für ihre Arbeit anerkannt werden, kann dies dazu führen, dass ihre Anliegen auf politischer Ebene ernst genommen werden. Politische Entscheidungsträger sind oft empfänglicher für die Anliegen von Personen, die öffentliche Anerkennung erhalten haben. Ein Beispiel ist die Auszeichnung von LGBTQ-Aktivisten mit dem *Human Rights Campaign Award*, die oft dazu führt, dass Politiker die Anliegen der LGBTQ-Community in ihren politischen Programmen berücksichtigen.

Herausforderungen und Kritik

Trotz der positiven Aspekte von Ehrungen gibt es auch Herausforderungen und Kritik. Einige Aktivisten argumentieren, dass Ehrungen manchmal zu einer Kommerzialisierung des Aktivismus führen können, bei der die ursprünglichen Anliegen in den Hintergrund gedrängt werden. Zudem kann die Fokussierung auf Einzelpersonen anstelle von kollektiven Bemühungen die Diversität und Inklusivität der Bewegung gefährden. Es ist wichtig, dass Ehrungen nicht nur auf Einzelpersonen ausgerichtet sind, sondern auch die kollektiven Anstrengungen der Gemeinschaft würdigen.

Fazit

Zusammenfassend lässt sich sagen, dass Ehrungen eine wesentliche Rolle im Aktivismus spielen, indem sie Sichtbarkeit und Anerkennung schaffen, die Motivation der Aktivisten stärken, die Gemeinschaft fördern und politischen Einfluss ausüben können. Dennoch sollten sie mit Bedacht eingesetzt werden, um sicherzustellen, dass die ursprünglichen Anliegen des Aktivismus nicht in den Hintergrund gedrängt werden. Ehrungen sollten als Teil eines größeren Rahmens betrachtet werden, der die Vielfalt und die kollektiven Anstrengungen innerhalb der LGBTQ-Bewegung würdigt.

$$E = \frac{A + V + M + C + P}{H} \qquad (38)$$

Hierbei steht E für den Einfluss der Ehrungen, A für die Anerkennung, V für die Sichtbarkeit, M für die Motivation, C für die Gemeinschaftsbildung, P für den politischen Einfluss und H für die Herausforderungen, die es zu bewältigen gilt. Diese Gleichung verdeutlicht, dass der Einfluss von Ehrungen von verschiedenen Faktoren abhängt, die sowohl positive als auch negative Auswirkungen auf den Aktivismus haben können.

Einfluss von Auszeichnungen auf die Bewegung

Auszeichnungen und Ehrungen spielen eine entscheidende Rolle im LGBTQ-Aktivismus, indem sie nicht nur individuelle Leistungen anerkennen, sondern auch das Bewusstsein für die Anliegen der Bewegung schärfen. Diese Ehrungen können als Katalysatoren für Veränderungen innerhalb der Gemeinschaft fungieren und die Sichtbarkeit der LGBTQ-Rechte in der breiteren Gesellschaft erhöhen. In diesem Abschnitt werden wir den Einfluss von Auszeichnungen auf die Bewegung untersuchen, einschließlich ihrer theoretischen

Grundlagen, der Herausforderungen, die sie mit sich bringen, und konkreter Beispiele, die die Bedeutung dieser Auszeichnungen verdeutlichen.

Theoretische Grundlagen

Die Theorie der sozialen Bewegungen legt nahe, dass Anerkennung und Legitimität für die Mobilisierung von Ressourcen und die Gewinnung von Unterstützern von entscheidender Bedeutung sind. [1] argumentiert, dass soziale Bewegungen durch die Schaffung von Identität und Solidarität gestärkt werden, was durch öffentliche Anerkennung gefördert werden kann. Auszeichnungen bieten eine Plattform, um die Geschichten von Aktivisten zu erzählen und deren Beiträge zur Bewegung zu würdigen. Sie können als ein Mittel zur Stärkung der Gemeinschaftsidentität dienen und das Gefühl der Zugehörigkeit unter den Mitgliedern fördern.

Ein weiterer theoretischer Rahmen ist die *Symbolische Interaktionismus*, der auf die Bedeutung von Symbolen und deren Interpretation in sozialen Kontexten hinweist. Auszeichnungen fungieren als Symbole des Erfolgs und der Anerkennung, die sowohl innerhalb der Gemeinschaft als auch in der breiteren Gesellschaft Bedeutung haben. Diese Symbole können helfen, die Narrative der Bewegung zu formen und die Wahrnehmung von LGBTQ-Anliegen zu beeinflussen.

Herausforderungen und Probleme

Trotz ihrer positiven Auswirkungen bringen Auszeichnungen auch Herausforderungen mit sich. Eine der größten Herausforderungen ist die *Exklusivität* von Auszeichnungen. Oftmals werden nur bestimmte Stimmen und Perspektiven anerkannt, während andere, insbesondere marginalisierte Gruppen innerhalb der LGBTQ-Community, übersehen werden. Dies kann zu einem Gefühl der Entfremdung und Ungerechtigkeit führen. [2] betont die Notwendigkeit, intersektionale Perspektiven in den Aktivismus einzubeziehen, um sicherzustellen, dass alle Stimmen gehört werden.

Darüber hinaus kann der Druck, Auszeichnungen zu gewinnen, auch zu einer *Kommodifizierung* des Aktivismus führen, bei der der Fokus von der eigentlichen Sache auf die persönlichen Erfolge und Anerkennungen verschoben wird. Dies kann dazu führen, dass Aktivisten ihre Prioritäten neu bewerten und möglicherweise von den ursprünglichen Zielen der Bewegung abweichen.

Beispiele und Auswirkungen

Ein bemerkenswertes Beispiel für den Einfluss von Auszeichnungen auf die LGBTQ-Bewegung ist der *Harvey Milk Award*, der jährlich an Personen verliehen wird, die sich außergewöhnlich für die Rechte der LGBTQ-Community einsetzen. Die Verleihung dieses Preises hat nicht nur die Karrieren der Preisträger gefördert, sondern auch das Bewusstsein für LGBTQ-Themen in der Öffentlichkeit erhöht. Die Geschichten der Preisträger werden oft in den Medien verbreitet, was zu einer breiteren Diskussion über die Herausforderungen und Erfolge der LGBTQ-Bewegung führt.

Ein weiteres Beispiel ist der *GLAAD Media Award*, der die Medien für ihre positive Darstellung von LGBTQ-Personen und -Geschichten anerkennt. Diese Auszeichnung hat dazu beigetragen, die Repräsentation von LGBTQ-Themen in Film und Fernsehen zu verbessern und das Bewusstsein für Diskriminierung und Ungerechtigkeiten zu schärfen. Durch die Anerkennung positiver Darstellungen können Medienunternehmen ermutigt werden, weiterhin Geschichten zu erzählen, die die Vielfalt innerhalb der LGBTQ-Community widerspiegeln.

Schlussfolgerung

Insgesamt zeigt der Einfluss von Auszeichnungen auf die LGBTQ-Bewegung, wie wichtig Anerkennung und Sichtbarkeit für den Fortschritt sind. Während sie Herausforderungen mit sich bringen können, bieten sie auch die Möglichkeit, die Stimmen von Aktivisten zu stärken und die Anliegen der Bewegung in den Vordergrund zu rücken. Um die Wirksamkeit von Auszeichnungen zu maximieren, ist es entscheidend, sicherzustellen, dass sie inklusiv sind und die Vielfalt der Stimmen innerhalb der LGBTQ-Community widerspiegeln. Nur so kann die Bewegung weiterhin wachsen und sich weiterentwickeln, um die Bedürfnisse aller ihrer Mitglieder zu erfüllen.

Geschichten hinter den Auszeichnungen

Die Auszeichnungen, die Stephanie Woolley im Laufe ihrer Karriere erhalten hat, sind nicht nur einfache Trophäen, sondern sie sind auch Träger von Geschichten, die die Herausforderungen und Triumphe ihres Aktivismus widerspiegeln. Jede Auszeichnung erzählt eine Geschichte von Widerstandsfähigkeit, Entschlossenheit und dem unermüdlichen Streben nach Gerechtigkeit. In diesem Abschnitt werden wir einige dieser Geschichten beleuchten, die hinter den Auszeichnungen stehen, und die tiefere Bedeutung, die sie für die LGBTQ-Community und darüber hinaus haben.

Die erste Auszeichnung: Der Mutpreis

Die erste bedeutende Auszeichnung, die Woolley erhielt, war der *Mutpreis* der LGBTQ-Organisation „Pride in Action". Diese Auszeichnung wurde ihr für ihren unerschütterlichen Einsatz für die Rechte von Transgender-Personen verliehen. Die Zeremonie fand während des jährlichen Pride-Festivals in Toronto statt, und Woolley nutzte die Gelegenheit, um eine bewegende Rede zu halten. Sie sprach über die Herausforderungen, denen sie und viele andere Transgender-Personen gegenüberstanden, und betonte die Wichtigkeit von Sichtbarkeit und Unterstützung.

$$V = \frac{1}{n} \sum_{i=1}^{n} v_i \qquad (39)$$

Hierbei steht V für die Sichtbarkeit, n für die Anzahl der Stimmen in der Gemeinschaft und v_i für die individuelle Stimme. Diese Gleichung verdeutlicht, dass die Sichtbarkeit in der Gemeinschaft von der Anzahl der Stimmen abhängt, die gehört werden. Woolleys Auszeichnung war ein Schritt in Richtung einer stärkeren Stimme für die Transgender-Community und inspirierte viele, sich ebenfalls für ihre Rechte einzusetzen.

Einflussreiche Geschichten: Der Preis für soziale Gerechtigkeit

Ein weiterer bedeutender Moment in Woolleys Karriere war der Erhalt des *Preises für soziale Gerechtigkeit* von einer internationalen Menschenrechtsorganisation. Diese Auszeichnung wurde ihr für ihre Arbeit zur Bekämpfung von Diskriminierung und Gewalt gegen Transgender-Personen verliehen. Woolley erzählte die Geschichte von „Alex", einem jungen Transgender-Mann, der aufgrund seiner Identität Opfer von Gewalt wurde. Diese Geschichte berührte viele und zeigte die Realität, mit der viele Transgender-Personen konfrontiert sind.

Die Auszeichnung ermöglichte es Woolley, Alex' Geschichte auf einer größeren Plattform zu teilen und das Bewusstsein für die Notwendigkeit von rechtlichen Schutzmaßnahmen zu schärfen. Sie rief die Anwesenden dazu auf, sich aktiv gegen Diskriminierung einzusetzen und Solidarität mit der Transgender-Community zu zeigen. Diese Geschichten sind nicht nur Erzählungen, sondern sie sind Aufrufe zur Aktion, die die Zuhörer dazu ermutigen, sich für Veränderungen einzusetzen.

Mentorship und die nächste Generation

Ein weiterer Aspekt, der in den Geschichten hinter den Auszeichnungen von Woolley deutlich wird, ist die Rolle des Mentorings. Woolley hat nicht nur selbst Auszeichnungen erhalten, sondern auch zahlreiche junge Aktivisten inspiriert und gefördert. Der *Mentorship-Preis*, den sie von einer Jugendorganisation erhielt, ist ein Beispiel für die Anerkennung ihrer Bemühungen, eine neue Generation von Aktivisten zu unterstützen.

In ihrer Dankesrede sprach Woolley über die Bedeutung von Mentoring und wie es ihr geholfen hat, ihre eigene Stimme zu finden. Sie erzählte die Geschichte von „Jordan", einem jungen Aktivisten, der durch Woolleys Unterstützung und Anleitung den Mut fand, sich öffentlich für seine Identität einzusetzen. Diese Geschichten zeigen, dass Auszeichnungen auch eine Verantwortung mit sich bringen, die nächste Generation zu inspirieren und zu unterstützen.

Die Wirkung auf die Gemeinschaft

Die Geschichten hinter Woolleys Auszeichnungen haben nicht nur persönliche Bedeutung, sondern auch eine tiefgreifende Wirkung auf die Gemeinschaft. Jede Auszeichnung ist ein Symbol für den Fortschritt, der in der LGBTQ-Bewegung erzielt wurde, und eine Erinnerung daran, dass der Kampf für Gleichheit und Gerechtigkeit noch lange nicht vorbei ist.

Woolley nutzt ihre Plattform, um die Geschichten anderer zu erzählen und die Stimmen derjenigen zu stärken, die oft übersehen werden. Diese Geschichten sind nicht nur inspirierend, sondern sie schaffen auch ein Gefühl der Gemeinschaft und Solidarität. Wenn Menschen sehen, dass ihre Erfahrungen anerkannt und gefeiert werden, fühlen sie sich ermutigt, ihre eigenen Geschichten zu teilen und aktiv zu werden.

Fazit

Die Auszeichnungen, die Stephanie Woolley erhalten hat, sind mehr als nur persönliche Erfolge; sie sind Teil eines größeren Narrativs über den Kampf für die Rechte von Transgender-Personen und die LGBTQ-Community im Allgemeinen. Die Geschichten hinter diesen Auszeichnungen sind Zeugnisse von Mut, Widerstandsfähigkeit und der Kraft der Gemeinschaft. Sie erinnern uns daran, dass jeder Schritt in Richtung Gerechtigkeit zählt und dass die Stimmen derjenigen, die für ihre Rechte kämpfen, gehört werden müssen. Woolleys Engagement und die Geschichten, die sie teilt, sind ein Aufruf zur Aktion für alle, die an einer gerechteren und inklusiveren Gesellschaft arbeiten möchten.

AUSZEICHNUNGEN UND EHRUNGEN 363

Die Rolle von Preisverleihungen in der Öffentlichkeitsarbeit

Preisverleihungen spielen eine entscheidende Rolle in der Öffentlichkeitsarbeit von Organisationen und Individuen, insbesondere im Kontext des LGBTQ-Aktivismus. Sie bieten nicht nur eine Plattform zur Anerkennung von Leistungen, sondern auch eine Möglichkeit, die Sichtbarkeit und Relevanz von Themen, die für die Gemeinschaft von Bedeutung sind, zu erhöhen. In diesem Abschnitt werden wir die verschiedenen Aspekte der Rolle von Preisverleihungen in der Öffentlichkeitsarbeit untersuchen, einschließlich ihrer theoretischen Grundlagen, der damit verbundenen Herausforderungen und konkreter Beispiele.

Theoretische Grundlagen

Preisverleihungen können als ein Mittel zur Legitimation und Sichtbarkeit in der Öffentlichkeit betrachtet werden. Die Theorie der sozialen Anerkennung, wie sie von [?] formuliert wurde, besagt, dass Anerkennung eine grundlegende menschliche Notwendigkeit ist, die zur Selbstwertschätzung und Identitätsbildung beiträgt. In der LGBTQ-Community ist die Sichtbarkeit oft mit dem Kampf um Gleichheit und Akzeptanz verbunden. Durch die Teilnahme an Preisverleihungen und die Anerkennung von Leistungen können Aktivisten und Organisationen ihre Anliegen effektiver kommunizieren und die Unterstützung der breiten Öffentlichkeit gewinnen.

Ein weiterer theoretischer Rahmen ist die *Agenda-Setting-Theorie*, die beschreibt, wie Medienberichterstattung die öffentliche Wahrnehmung von Themen beeinflusst. Preisverleihungen können als ein strategisches Instrument genutzt werden, um bestimmte Themen auf die Agenda zu setzen und das Bewusstsein für die Herausforderungen und Erfolge der LGBTQ-Community zu fördern. Wenn eine Organisation einen Preis gewinnt, wird dies oft von den Medien aufgegriffen, was zu einer erhöhten Sichtbarkeit führt.

Herausforderungen

Trotz ihrer Vorteile sind Preisverleihungen nicht ohne Herausforderungen. Eine der größten Herausforderungen ist die *Transparenz* und *Glaubwürdigkeit* des Auswahlprozesses. Wenn die Kriterien für die Vergabe von Preisen nicht klar definiert sind oder wenn es den Anschein hat, dass die Auswahl willkürlich oder parteiisch ist, kann dies zu Misstrauen innerhalb der Gemeinschaft führen. Dies ist besonders problematisch in der LGBTQ-Community, die oft mit internen Spannungen und unterschiedlichen Prioritäten konfrontiert ist.

Ein weiteres Problem ist die *Kommerzialisierung* von Preisverleihungen. In einigen Fällen können Sponsoren und kommerzielle Interessen die Integrität des Preises und die damit verbundenen Werte untergraben. Es ist wichtig, dass Organisationen, die Preisverleihungen veranstalten, sicherstellen, dass ihre Werte und Ziele im Einklang mit denen der Gemeinschaft stehen, um die Glaubwürdigkeit zu wahren.

Beispiele

Ein bemerkenswertes Beispiel für die Rolle von Preisverleihungen in der Öffentlichkeitsarbeit ist der *GLAAD Media Awards*. Diese Auszeichnungen zielen darauf ab, die Medienberichterstattung über LGBTQ-Themen zu fördern und zu würdigen. Durch die Anerkennung von herausragenden Leistungen in Film, Fernsehen und Journalismus hat GLAAD nicht nur die Sichtbarkeit von LGBTQ-Geschichten erhöht, sondern auch eine Plattform geschaffen, auf der wichtige gesellschaftliche Themen diskutiert werden können.

Ein weiteres Beispiel ist der *Stonewall Award*, der an Personen und Organisationen verliehen wird, die einen bedeutenden Beitrag zur Förderung der LGBTQ-Rechte geleistet haben. Diese Auszeichnung hat nicht nur dazu beigetragen, die Arbeit von Aktivisten wie Stephanie Woolley zu würdigen, sondern auch die Aufmerksamkeit der Öffentlichkeit auf wichtige Themen wie Diskriminierung und Gleichstellung zu lenken.

Zusammenfassung

Zusammenfassend lässt sich sagen, dass Preisverleihungen eine wesentliche Rolle in der Öffentlichkeitsarbeit von LGBTQ-Organisationen spielen. Sie bieten eine Plattform zur Anerkennung von Leistungen und zur Förderung von Sichtbarkeit und Bewusstsein für wichtige gesellschaftliche Themen. Trotz der Herausforderungen, die mit der Vergabe von Preisen verbunden sind, können sie effektiv genutzt werden, um die Stimmen der LGBTQ-Community zu stärken und positive Veränderungen in der Gesellschaft zu bewirken. Die strategische Nutzung von Preisverleihungen kann nicht nur die Glaubwürdigkeit und Sichtbarkeit einer Organisation erhöhen, sondern auch dazu beitragen, die gesellschaftliche Akzeptanz und Unterstützung für LGBTQ-Rechte zu fördern.

Die Bedeutung von Anerkennung für die Gemeinschaft

Die Anerkennung von Individuen und Organisationen innerhalb der LGBTQ-Community spielt eine entscheidende Rolle für das Wachstum, die

Sichtbarkeit und die Fortdauer des Aktivismus. Diese Anerkennung kann in verschiedenen Formen auftreten, sei es durch Auszeichnungen, öffentliche Anerkennung in den Medien oder durch die einfache Wertschätzung der Arbeit, die von Aktivisten geleistet wird. In diesem Abschnitt werden wir die Bedeutung dieser Anerkennung untersuchen und beleuchten, wie sie das Gemeinschaftsgefühl stärken und zur Förderung von Veränderungen beitragen kann.

Theoretische Grundlagen

Die Theorie der sozialen Identität, die von Henri Tajfel und John Turner in den 1970er Jahren entwickelt wurde, legt nahe, dass das Zugehörigkeitsgefühl zu einer bestimmten Gruppe (in diesem Fall der LGBTQ-Community) einen wesentlichen Einfluss auf das Selbstwertgefühl und die soziale Integration hat. Wenn Mitglieder dieser Gemeinschaft anerkannt und gefeiert werden, stärkt dies nicht nur ihr individuelles Selbstwertgefühl, sondern auch das kollektive Identitätsgefühl der Gemeinschaft. Diese Anerkennung kann als eine Form der sozialen Bestätigung angesehen werden, die die Mitglieder ermutigt, weiterhin aktiv zu sein und sich für ihre Rechte einzusetzen.

Herausforderungen der Anerkennung

Trotz der positiven Auswirkungen von Anerkennung gibt es auch Herausforderungen, die es zu bewältigen gilt. Die LGBTQ-Community sieht sich oft mit institutioneller Diskriminierung, Stigmatisierung und Vorurteilen konfrontiert, die die Sichtbarkeit und die Anerkennung ihrer Mitglieder beeinträchtigen können. Diese Herausforderungen können zu einem Gefühl der Isolation führen und die Motivation der Aktivisten verringern.

Ein Beispiel hierfür ist die ungleiche Berichterstattung über LGBTQ-Themen in den Medien. Oft werden nur bestimmte Aspekte des Aktivismus hervorgehoben, während andere, weniger sichtbare Kämpfe ignoriert werden. Dies kann dazu führen, dass wichtige Stimmen innerhalb der Community nicht gehört werden und die Vielfalt der Erfahrungen und Perspektiven nicht ausreichend gewürdigt wird.

Beispiele für Anerkennung

Ein herausragendes Beispiel für die Bedeutung von Anerkennung ist die jährliche Verleihung des *LGBTQ+ Community Awards*. Diese Auszeichnungen ehren Einzelpersonen und Organisationen, die sich durch ihren Einsatz für die Rechte von LGBTQ-Personen hervorgetan haben. Solche Veranstaltungen schaffen nicht nur eine Plattform zur Feier von Erfolgen, sondern fördern auch ein Gefühl der Zusammengehörigkeit und des Stolzes innerhalb der Gemeinschaft.

Darüber hinaus können lokale Initiativen, wie Pride-Events oder Workshops, die Anerkennung und Wertschätzung für die Arbeit von Aktivisten zum Ausdruck bringen, dazu beitragen, das Bewusstsein für LGBTQ-Themen zu schärfen. Diese Veranstaltungen bieten Gelegenheiten, Geschichten zu teilen, Erfahrungen auszutauschen und die Vielfalt der Gemeinschaft zu feiern.

Die Rolle von Medien und Öffentlichkeitsarbeit

Die Medien spielen eine zentrale Rolle bei der Anerkennung von LGBTQ-Aktivisten und deren Arbeit. Positive Berichterstattung kann dazu beitragen, die Sichtbarkeit der Gemeinschaft zu erhöhen und die gesellschaftliche Akzeptanz zu fördern. Wenn Medienberichte die Erfolge von Aktivisten hervorheben, tragen sie dazu bei, das öffentliche Bewusstsein zu schärfen und Vorurteile abzubauen.

Ein Beispiel für erfolgreiche Medienberichterstattung ist die Dokumentation *The Death and Life of Marsha P. Johnson*, die das Leben und die Kämpfe einer der bekanntesten Aktivistinnen der LGBTQ-Bewegung beleuchtet. Solche Filme und Berichte tragen dazu bei, das Erbe von Aktivisten zu bewahren und ihre Geschichten für zukünftige Generationen zugänglich zu machen.

Schlussfolgerung

Zusammenfassend lässt sich sagen, dass die Anerkennung von Individuen und Organisationen innerhalb der LGBTQ-Community von entscheidender Bedeutung ist. Sie stärkt nicht nur das Gemeinschaftsgefühl, sondern trägt auch dazu bei, die Sichtbarkeit und das Verständnis für die Herausforderungen, mit denen die Community konfrontiert ist, zu erhöhen. Trotz der Herausforderungen, die es zu überwinden gilt, bleibt die Anerkennung eine kraftvolle und transformative Kraft, die den Aktivismus vorantreibt und die Gemeinschaft zusammenbringt.

Die Förderung von Anerkennung sollte daher als ein zentrales Ziel innerhalb der LGBTQ-Bewegung betrachtet werden, um eine gerechtere und inklusivere Gesellschaft zu schaffen, in der alle Stimmen gehört und geschätzt werden.

Die Herausforderungen der Nominierung

Die Nominierung für Auszeichnungen im Bereich des LGBTQ-Aktivismus stellt eine bedeutende Herausforderung dar, die sowohl individuelle als auch strukturelle

Aspekte umfasst. In diesem Abschnitt werden die verschiedenen Facetten dieser Herausforderungen beleuchtet, einschließlich der Kriterien für Nominierungen, der Sichtbarkeit von Kandidaten und der Dynamiken innerhalb der Gemeinschaft.

Kriterien für Nominierungen

Die Kriterien für Nominierungen können oft unklar und variabel sein. Viele Organisationen setzen spezifische Anforderungen, die nicht immer transparent kommuniziert werden. Diese Anforderungen können beinhalten:

- **Nachweisbare Erfolge:** Die Nominierenden müssen oft nachweisen, dass sie signifikante Beiträge geleistet haben, was zu einer subjektiven Bewertung führen kann.

- **Einfluss auf die Gemeinschaft:** Oft wird erwartet, dass die Nominierten einen nachweislichen Einfluss auf die LGBTQ-Gemeinschaft haben, was die Definition von "Einfluss" problematisch macht.

- **Intersektionalität:** In den letzten Jahren hat die Bedeutung der intersektionalen Perspektive zugenommen, was bedeutet, dass die Nominierenden auch die Herausforderungen berücksichtigen müssen, die sich aus Rasse, Geschlecht und anderen Identitäten ergeben.

Diese Kriterien können dazu führen, dass potenzielle Nominierten ausgeschlossen werden, insbesondere wenn sie aus marginalisierten Gruppen stammen, die möglicherweise nicht die gleichen Ressourcen oder Netzwerke haben.

Sichtbarkeit und Anerkennung

Ein weiteres zentrales Problem ist die Sichtbarkeit der Nominierten. In der LGBTQ-Community gibt es oft eine Diskrepanz zwischen denjenigen, die in der Öffentlichkeit stehen, und den weniger sichtbaren Aktivisten. Diese Sichtbarkeit beeinflusst direkt die Chancen auf Nominierungen. Ein Beispiel hierfür ist die unterschiedliche Anerkennung von Aktivisten, die in städtischen versus ländlichen Gebieten arbeiten. Während Aktivisten in städtischen Zentren oft mehr Medienaufmerksamkeit erhalten, können ihre ländlichen Kollegen, die möglicherweise ebenso bedeutende Arbeit leisten, in der Öffentlichkeit weitgehend ignoriert werden.

Dynamiken innerhalb der Gemeinschaft

Die Dynamiken innerhalb der LGBTQ-Community selbst können ebenfalls eine Herausforderung darstellen. Oft gibt es Konkurrenz zwischen verschiedenen Aktivisten und Organisationen, was zu Spannungen führen kann. Diese Konkurrenz kann sich in Form von Rivalitäten oder dem Gefühl äußern, dass es nicht genug Platz für alle gibt. In einigen Fällen kann dies dazu führen, dass wichtige Stimmen übersehen oder nicht nominiert werden, weil sie nicht in die vorherrschende Erzählung passen.

Ein Beispiel ist die Diskussion über die Sichtbarkeit von trans und nicht-binären Aktivisten innerhalb der LGBTQ-Community. Oft werden cisgender Stimmen in den Vordergrund gerückt, während die Herausforderungen und Erfolge von trans und nicht-binären Personen weniger Beachtung finden. Dies kann dazu führen, dass die Nominierungsprozesse nicht die Vielfalt der Erfahrungen und Stimmen widerspiegeln, die für den Aktivismus entscheidend sind.

Mangel an Ressourcen

Ein weiterer kritischer Punkt sind die Ressourcen, die für die Nominierung erforderlich sind. Viele Aktivisten haben möglicherweise nicht die Zeit oder die Mittel, um sich aktiv um Nominierungen zu bemühen. Dies kann insbesondere für diejenigen gelten, die in ihren Gemeinschaften arbeiten und oft mit finanziellen und zeitlichen Einschränkungen kämpfen. Die Notwendigkeit, umfangreiche Unterlagen vorzubereiten und Netzwerke zu mobilisieren, kann für viele eine erhebliche Hürde darstellen.

Psychologische Barrieren

Schließlich gibt es auch psychologische Barrieren, die die Nominierung beeinflussen können. Viele Aktivisten haben möglicherweise das Gefühl, dass ihre Arbeit nicht anerkannt wird oder dass sie nicht „würdig" sind, nominiert zu werden. Diese inneren Zweifel können dazu führen, dass sie sich nicht aktiv um Nominierungen bemühen, selbst wenn ihre Leistungen es wert wären.

Fazit

Insgesamt sind die Herausforderungen der Nominierung für LGBTQ-Aktivisten vielschichtig und erfordern ein tiefes Verständnis der Dynamiken innerhalb der Gemeinschaft sowie der strukturellen Barrieren, die den Zugang zu Anerkennung und Sichtbarkeit beeinflussen. Es ist entscheidend, dass Organisationen, die Nominierungen vornehmen, sich dieser Herausforderungen bewusst sind und aktiv daran arbeiten, eine inklusivere und gerechtere Nominierungslandschaft zu schaffen. Nur so kann sichergestellt werden, dass alle Stimmen und Beiträge innerhalb der LGBTQ-Community gewürdigt werden, unabhängig von ihrer Sichtbarkeit oder ihrem sozialen Status.

Die Reaktionen auf Auszeichnungen

Die Reaktionen auf Auszeichnungen im Bereich des LGBTQ-Aktivismus sind vielschichtig und können sowohl positive als auch negative Aspekte umfassen. Diese Auszeichnungen, sei es auf lokaler, nationaler oder internationaler Ebene, haben nicht nur Auswirkungen auf die Preisträger, sondern auch auf die Gemeinschaft, die sie repräsentieren. In diesem Abschnitt werden wir die verschiedenen Reaktionen auf Auszeichnungen untersuchen, die Herausforderungen, die damit verbunden sind, und die Bedeutung dieser Anerkennungen im Kontext des Aktivismus.

Positive Reaktionen und Anerkennung

Eine der offensichtlichsten Reaktionen auf Auszeichnungen ist die positive Anerkennung, die sie den Preisträgern zuteilwerden lässt. Auszeichnungen können dazu beitragen, die Sichtbarkeit von LGBTQ-Aktivisten und ihren Anliegen zu erhöhen. Wenn Stephanie Woolley beispielsweise einen bedeutenden Preis erhält, wird ihre Arbeit nicht nur gewürdigt, sondern auch der Fokus auf die Herausforderungen der LGBTQ-Community gelenkt. Diese Art der Anerkennung kann als Katalysator für weitere Initiativen und Projekte dienen.

$$A = \frac{N_{positive}}{N_{total}} \times 100 \qquad (40)$$

Hierbei steht A für den Anteil der positiven Reaktionen, $N_{positive}$ für die Anzahl der positiven Rückmeldungen und N_{total} für die Gesamtanzahl der Reaktionen. Ein hoher Wert von A zeigt, dass die Auszeichnung gut aufgenommen wird und die Arbeit des Preisträgers als wertvoll erachtet wird.

Einfluss auf die Gemeinschaft

Die Reaktionen auf Auszeichnungen können auch die Gemeinschaft beeinflussen. Oftmals inspirieren die Erfolge von Individuen andere Mitglieder der LGBTQ-Community, sich ebenfalls für ihre Rechte und Anliegen einzusetzen.

Wenn beispielsweise eine Organisation wie Trans Alliance Toronto für ihre Arbeit ausgezeichnet wird, kann dies ein Gefühl des Stolzes und der Zugehörigkeit innerhalb der Gemeinschaft fördern. Die Mitglieder fühlen sich ermutigt, aktiv zu werden und ihre Stimmen zu erheben.

Ein Beispiel hierfür ist die Auszeichnung von Trans Alliance Toronto bei den *LGBTQ Excellence Awards*. Die Reaktionen innerhalb der Gemeinschaft waren überwältigend positiv, was sich in einer erhöhten Teilnahme an Veranstaltungen und einer stärkeren Mobilisierung für LGBTQ-Rechte zeigte. Diese Art von Engagement kann als Indikator für den Erfolg von Auszeichnungen im Aktivismus betrachtet werden.

Kritik und Widerstand

Trotz der positiven Reaktionen gibt es auch kritische Stimmen, die Auszeichnungen hinterfragen. Einige Aktivisten argumentieren, dass Auszeichnungen oft elitär sind und nicht die Vielfalt der Stimmen innerhalb der LGBTQ-Community repräsentieren. Diese Sichtweise kann zu einer Spaltung innerhalb der Gemeinschaft führen, da nicht alle Stimmen gleichwertig gehört werden.

Ein Beispiel für diese Kritik ist die Diskussion um die *Rainbow Awards*, bei denen einige Kritiker anmerken, dass die Auswahlkriterien nicht transparent genug sind und oft nur bestimmte Gruppen von Aktivisten belohnt werden. Diese Wahrnehmung kann dazu führen, dass sich andere Aktivisten ausgeschlossen oder nicht ausreichend gewürdigt fühlen.

$$C = \frac{N_{critics}}{N_{total}} \times 100 \qquad (41)$$

Hierbei steht C für den Anteil der kritischen Reaktionen. Ein hoher Wert von C kann auf eine weit verbreitete Unzufriedenheit mit dem Auswahlprozess hinweisen und sollte von Organisationen, die Auszeichnungen vergeben, ernst genommen werden.

Die Rolle der Medien

Die Medien spielen eine entscheidende Rolle bei der Rezeption von Auszeichnungen. Berichterstattung über die Auszeichnungen kann die öffentliche Wahrnehmung von LGBTQ-Aktivisten und ihren Anliegen stark beeinflussen. Positive Berichterstattung kann dazu beitragen, das Ansehen der Preisträger zu steigern, während negative Berichterstattung die Glaubwürdigkeit und das

Vertrauen in die Organisationen, die die Auszeichnungen vergeben, untergraben kann.

Ein Beispiel ist die Berichterstattung über die *Pride Awards*, bei denen die Medien sowohl die positiven Aspekte der Auszeichnungen als auch die kritischen Stimmen hervorheben. Diese duale Berichterstattung kann dazu führen, dass die Öffentlichkeit ein differenziertes Bild von den Auszeichnungen und deren Bedeutung erhält.

Langfristige Auswirkungen

Die langfristigen Auswirkungen von Auszeichnungen auf die Preisträger und die Gemeinschaft sind ebenfalls von Bedeutung. Während kurzfristige Anerkennung und Sichtbarkeit wichtig sind, können Auszeichnungen auch langfristige Veränderungen in der Politik und der gesellschaftlichen Wahrnehmung bewirken. Wenn ein Aktivist wie Stephanie Woolley eine Auszeichnung erhält, kann dies dazu führen, dass ihre Anliegen in politischen Diskussionen stärker berücksichtigt werden.

Die folgende Gleichung kann verwendet werden, um die langfristige Wirkung von Auszeichnungen zu quantifizieren:

$$L = \frac{I_{impact}}{T_{time}} \times 100 \qquad (42)$$

Hier steht L für die langfristige Wirkung, I_{impact} für den Einfluss der Auszeichnung auf politische oder gesellschaftliche Veränderungen und T_{time} für den Zeitraum, über den diese Auswirkungen gemessen werden. Ein hoher Wert von L zeigt, dass die Auszeichnung nachhaltige Veränderungen bewirken kann.

Fazit

Zusammenfassend lässt sich sagen, dass die Reaktionen auf Auszeichnungen im LGBTQ-Aktivismus ein komplexes Zusammenspiel von Anerkennung, Kritik und Medienberichterstattung darstellen. Während Auszeichnungen wichtige Meilensteine im Aktivismus markieren und positive Reaktionen hervorrufen können, ist es ebenso wichtig, die kritischen Stimmen zu hören und sicherzustellen, dass alle Mitglieder der Gemeinschaft eine Stimme haben. Die Herausforderungen, die mit Auszeichnungen verbunden sind, sollten nicht ignoriert werden, da sie die Integrität und die Ziele des Aktivismus gefährden können.

Insgesamt sind Auszeichnungen ein zweischneidiges Schwert, das sowohl Chancen als auch Herausforderungen mit sich bringt. Die LGBTQ-Community muss weiterhin daran arbeiten, sicherzustellen, dass Anerkennung gerecht und inklusiv ist, um die Vielfalt der Stimmen und Erfahrungen innerhalb der Bewegung zu reflektieren. Es ist entscheidend, dass die Gemeinschaft zusammenarbeitet, um eine Kultur der Anerkennung zu schaffen, die alle Mitglieder einbezieht und die Arbeit von Aktivisten in ihrer Gesamtheit würdigt.

Die langfristigen Auswirkungen von Ehrungen

Ehrungen und Auszeichnungen spielen eine entscheidende Rolle im Aktivismus, insbesondere im Kontext von LGBTQ-Rechten. Sie sind nicht nur ein Zeichen der Anerkennung für die geleistete Arbeit, sondern haben auch tiefgreifende langfristige Auswirkungen auf die Gemeinschaft, die Aktivisten und die Bewegung als Ganzes.

Sichtbarkeit und Anerkennung

Ehrungen erhöhen die Sichtbarkeit der LGBTQ-Community und ihrer Anliegen. Wenn prominente Persönlichkeiten oder Organisationen für ihre Arbeit ausgezeichnet werden, zieht dies oft die Aufmerksamkeit der Medien auf sich. Dies führt dazu, dass die Themen, für die sie kämpfen, in den öffentlichen Diskurs gelangen. Ein Beispiel dafür ist die Auszeichnung von Stephanie Woolley, die nicht nur ihre Arbeit bei Trans Alliance Toronto würdigte, sondern auch die Herausforderungen und Erfolge der gesamten Gemeinschaft beleuchtete.

Die Sichtbarkeit kann auch dazu beitragen, Vorurteile abzubauen und das Bewusstsein in der breiten Öffentlichkeit zu schärfen. Studien zeigen, dass Medienberichterstattung über LGBTQ-Themen, insbesondere in Verbindung mit positiven Darstellungen, die Akzeptanz in der Gesellschaft erhöhen kann [1].

Motivation und Inspiration

Ehrungen wirken auch als Motivator für Aktivisten. Wenn Einzelpersonen für ihre Bemühungen anerkannt werden, fühlen sie sich ermutigt, weiterhin für ihre Überzeugungen zu kämpfen. Diese Anerkennung kann als Bestätigung ihrer Arbeit dienen und sie dazu anregen, neue Projekte zu starten oder bestehende Initiativen zu erweitern.

Ein Beispiel hierfür ist die Auszeichnung von LGBTQ-Aktivisten, die zur Gründung neuer Initiativen und Programme geführt hat, die sich speziell auf die Bedürfnisse von marginalisierten Gruppen innerhalb der Gemeinschaft konzentrieren. Die Motivation, die aus solchen Ehrungen resultiert, kann die gesamte Bewegung stärken und dazu beitragen, dass mehr Menschen aktiv werden.

Finanzielle Unterstützung

Die Vergabe von Auszeichnungen ist oft mit finanziellen Anreizen verbunden. Stipendien, Preisgelder oder Fördermittel, die mit Ehrungen einhergehen, können es Organisationen ermöglichen, ihre Programme auszubauen oder neue Projekte zu initiieren. Dies ist besonders wichtig für LGBTQ-Organisationen, die häufig auf Spenden angewiesen sind und in ihrer Arbeit mit finanziellen Einschränkungen konfrontiert sind.

Ein Beispiel ist die Auszeichnung, die Trans Alliance Toronto für ihre Programme zur Unterstützung von Transgender-Personen erhielt. Die damit verbundenen Mittel ermöglichten es der Organisation, wichtige Ressourcen zu entwickeln, die direkt den Mitgliedern der Gemeinschaft zugutekamen.

Netzwerkbildung und Allianzen

Ehrungen fördern die Netzwerkbildung innerhalb der LGBTQ-Community und darüber hinaus. Wenn Aktivisten und Organisationen ausgezeichnet werden, haben sie die Möglichkeit, sich mit anderen Führungspersönlichkeiten und Unterstützern zu vernetzen. Diese Verbindungen können zu neuen Partnerschaften und Allianzen führen, die den Aktivismus stärken und die Reichweite der Botschaft erhöhen.

Ein Beispiel ist die Zusammenarbeit zwischen verschiedenen LGBTQ-Organisationen, die durch gemeinsame Ehrungen und Veranstaltungen gefördert wurde. Solche Allianzen können Ressourcen bündeln und eine stärkere Stimme in der Gesellschaft schaffen.

Langfristige Auswirkungen auf die Gesellschaft

Die langfristigen Auswirkungen von Ehrungen erstrecken sich über die unmittelbare Anerkennung hinaus. Sie können dazu beitragen, gesellschaftliche Normen zu verändern und das Verständnis für LGBTQ-Anliegen zu fördern. Wenn die Gesellschaft sieht, dass Aktivisten für ihre Arbeit geehrt werden, kann dies dazu führen, dass mehr Menschen sich mit diesen Themen auseinandersetzen und sich für Veränderungen einsetzen.

Ein Beispiel ist die erhöhte Sichtbarkeit von LGBTQ-Personen in den Medien, die durch die Anerkennung ihrer Arbeit gefördert wurde. Diese Veränderungen in der Darstellung können dazu beitragen, Vorurteile abzubauen und eine inklusivere Gesellschaft zu schaffen.

Herausforderungen und Kritik

Trotz der positiven Auswirkungen von Ehrungen gibt es auch Herausforderungen und Kritik. Einige Aktivisten argumentieren, dass Auszeichnungen oft nicht alle Stimmen innerhalb der Gemeinschaft repräsentieren und dass bestimmte Gruppen übersehen werden. Dies kann zu Spannungen innerhalb der Bewegung führen und das Gefühl der Exklusivität verstärken.

Darüber hinaus besteht die Gefahr, dass die Fokussierung auf Einzelpersonen anstelle von kollektiven Anstrengungen die Gemeinschaft spaltet. Es ist wichtig, dass Ehrungen so gestaltet werden, dass sie die Vielfalt und die unterschiedlichen Erfahrungen innerhalb der LGBTQ-Community widerspiegeln.

Fazit

Zusammenfassend lässt sich sagen, dass die langfristigen Auswirkungen von Ehrungen im LGBTQ-Aktivismus sowohl positiv als auch herausfordernd sind. Sie bieten Sichtbarkeit, Motivation und finanzielle Unterstützung, fördern die Netzwerkbildung und können langfristig zu gesellschaftlichen Veränderungen führen. Gleichzeitig ist es entscheidend, dass die Vergabe von Auszeichnungen inklusiv gestaltet wird, um sicherzustellen, dass alle Stimmen innerhalb der Gemeinschaft gehört und gewürdigt werden.

Bibliography

[1] Smith, J. (2018). *The Impact of Media Representation on LGBTQ Acceptance.* Journal of Social Issues, 74(3), 455-470.

Die Zukunft des Aktivismus

Stephanie Woolleys Vision für die Zukunft

Langfristige Ziele für Trans Alliance Toronto

Die langfristigen Ziele von Trans Alliance Toronto (TAT) sind ein entscheidender Bestandteil der strategischen Planung der Organisation und spiegeln die Vision wider, eine inklusive und gerechte Gesellschaft für alle Transgender-Personen und Geschlechtsnonkonforme Menschen zu schaffen. Diese Ziele sind nicht nur ambitioniert, sondern auch notwendig, um den vielfältigen Herausforderungen zu begegnen, denen die LGBTQ-Community gegenübersteht. In diesem Abschnitt werden die langfristigen Ziele von TAT detailliert beschrieben, einschließlich der theoretischen Grundlagen, der bestehenden Probleme und konkreter Beispiele, die die Relevanz dieser Ziele verdeutlichen.

Förderung der Sichtbarkeit und Repräsentation

Ein zentrales Ziel von TAT ist die Förderung der Sichtbarkeit und Repräsentation von Transgender-Personen in allen Lebensbereichen. Sichtbarkeit ist ein grundlegendes Konzept in der LGBTQ-Theorie, das besagt, dass die Anerkennung und Repräsentation von marginalisierten Gruppen in der Gesellschaft entscheidend für deren Akzeptanz und Gleichstellung ist. Studien haben gezeigt, dass eine erhöhte Sichtbarkeit zu einer Verringerung von Diskriminierung und Vorurteilen führt, indem sie das Bewusstsein für die Herausforderungen und Erfolge von Transgender-Personen schärfen.

Ein Beispiel für diese Zielsetzung ist die jährliche „Trans Pride"-Veranstaltung in Toronto, die Tausende von Menschen anzieht und eine Plattform für transidente Künstler:innen, Aktivist:innen und Redner:innen bietet. Diese Veranstaltung fördert nicht nur die Sichtbarkeit, sondern bietet auch eine Gelegenheit für die Gemeinschaft, sich zu versammeln und Solidarität zu zeigen.

Zugang zu Gesundheitsdiensten

Ein weiteres langfristiges Ziel von TAT ist die Verbesserung des Zugangs zu Gesundheitsdiensten für Transgender-Personen. Der Zugang zu geschlechtssensiblen Gesundheitsdiensten ist ein kritischer Punkt, da viele Transgender-Personen mit Diskriminierung und Vorurteilen in traditionellen Gesundheitseinrichtungen konfrontiert sind. Laut einer Studie des „Canadian Community Health Survey" berichten 70% der Transgender-Personen von Schwierigkeiten beim Zugang zu angemessener medizinischer Versorgung.

Um dieses Ziel zu erreichen, arbeitet TAT eng mit Gesundheitsdienstleistern zusammen, um Schulungsprogramme zu entwickeln, die darauf abzielen, das Verständnis und die Sensibilität für die Bedürfnisse von Transgender-Personen zu erhöhen. Ein Beispiel für eine erfolgreiche Initiative ist die Partnerschaft mit lokalen Kliniken, um geschlechtsspezifische Gesundheitsdienste anzubieten, die auf die spezifischen Bedürfnisse der Trans-Community zugeschnitten sind.

Bildung und Aufklärung

Die Förderung von Bildung und Aufklärung über Transgender-Themen ist ein weiteres langfristiges Ziel von TAT. Bildung spielt eine entscheidende Rolle bei der Bekämpfung von Vorurteilen und der Förderung von Akzeptanz in der Gesellschaft. TAT setzt sich dafür ein, Bildungsressourcen und Workshops anzubieten, die sich an Schulen, Unternehmen und der breiten Öffentlichkeit richten.

Ein Beispiel für diese Bildungsbemühungen ist das „Trans Awareness Program", das in Schulen implementiert wurde, um Schüler:innen und Lehrkräfte über Geschlechtsidentität und -ausdruck aufzuklären. Die Ergebnisse dieser Programme zeigen, dass Schulen, die solche Initiativen implementieren, signifikante Verbesserungen im Klima der Akzeptanz und Unterstützung für LGBTQ-Studierende verzeichnen.

Politische Lobbyarbeit und Advocacy

Ein weiteres wichtiges Ziel von TAT ist die politische Lobbyarbeit, um Gesetze und Richtlinien zu fördern, die die Rechte von Transgender-Personen schützen. Die politische Landschaft kann oft herausfordernd sein, insbesondere wenn es darum geht, Gesetze zu erlassen, die Diskriminierung verbieten und Gleichheit fördern. TAT engagiert sich aktiv in Lobbyarbeit und arbeitet mit politischen Entscheidungsträgern zusammen, um sicherzustellen, dass die Stimmen von Transgender-Personen gehört werden.

Ein Beispiel für erfolgreiche Lobbyarbeit ist die Unterstützung des „Bill C-16", der Geschlechtsidentität und -ausdruck als geschützte Merkmale im kanadischen Menschenrechtsgesetz anerkannte. TAT spielte eine entscheidende Rolle bei der Mobilisierung der Gemeinschaft und der Sensibilisierung der Öffentlichkeit für die Bedeutung dieser Gesetzgebung.

Unterstützung von Transgender-Personen in Krisensituationen

Ein weiteres langfristiges Ziel von TAT ist die Bereitstellung von Unterstützung für Transgender-Personen, die in Krisensituationen sind. Viele Transgender-Personen erleben aufgrund ihrer Identität Gewalt, Obdachlosigkeit oder psychische Probleme. TAT setzt sich dafür ein, Ressourcen und Unterstützungssysteme zu schaffen, die diesen Personen helfen, ihre Herausforderungen zu bewältigen.

Ein Beispiel für diese Unterstützung ist die Einrichtung einer Hotline für Transgender-Personen in Not, die rund um die Uhr verfügbar ist. Diese Hotline bietet nicht nur emotionale Unterstützung, sondern auch Informationen über verfügbare Ressourcen und Dienstleistungen in der Region.

Intersektionalität im Aktivismus

Ein weiteres langfristiges Ziel von TAT ist die Integration intersektionaler Ansätze in den Aktivismus. Intersektionalität, ein Konzept, das von Kimberlé Crenshaw geprägt wurde, beschreibt, wie verschiedene Identitäten und Diskriminierungsformen miteinander interagieren. TAT erkennt an, dass Transgender-Personen nicht nur aufgrund ihrer Geschlechtsidentität, sondern auch aufgrund anderer Faktoren wie Rasse, Klasse, Behinderung und Sexualität Diskriminierung erfahren.

Um dieses Ziel zu erreichen, arbeitet TAT daran, eine vielfältige und inklusive Gemeinschaft zu fördern, die die Stimmen aller Transgender-Personen, insbesondere der am stärksten marginalisierten, berücksichtigt. Programme und Initiativen, die speziell auf die Bedürfnisse von BIPOC-Transgender-Personen (Black, Indigenous, People of Color) ausgerichtet sind, sind ein Beispiel für diesen intersektionalen Ansatz.

Zusammenfassung

Die langfristigen Ziele von Trans Alliance Toronto sind darauf ausgelegt, eine gerechtere und inklusivere Gesellschaft für Transgender-Personen zu schaffen. Durch die Förderung von Sichtbarkeit, den Zugang zu Gesundheitsdiensten,

Bildung und Aufklärung, politische Lobbyarbeit, Krisenunterstützung und intersektionalen Aktivismus strebt TAT an, die Lebensqualität von Transgender-Personen zu verbessern und die Gesellschaft als Ganzes zu transformieren. Diese Ziele sind nicht nur notwendig, sondern auch erreichbar, wenn die Gemeinschaft zusammenarbeitet und sich für die Rechte und das Wohlbefinden aller Transgender-Personen einsetzt.

Die Rolle von neuen Generationen im Aktivismus

Die Rolle neuer Generationen im Aktivismus ist von entscheidender Bedeutung, insbesondere im Kontext der LGBTQ-Bewegung. Jüngere Aktivisten bringen frische Perspektiven, innovative Ansätze und eine tiefere Vertrautheit mit digitalen Technologien mit, die die Art und Weise, wie Aktivismus betrieben wird, revolutionieren. In diesem Abschnitt werden wir die verschiedenen Dimensionen der Rolle junger Menschen im Aktivismus untersuchen, einschließlich der Herausforderungen, denen sie gegenüberstehen, und der Erfolge, die sie erzielt haben.

Die Jugend als Treiber des Wandels

Neue Generationen sind oft die ersten, die soziale Normen in Frage stellen und Veränderungen fordern. Sie sind in einer Welt aufgewachsen, die zunehmend von sozialen Medien und digitalen Plattformen geprägt ist, die es ihnen ermöglichen, sich schnell zu vernetzen und ihre Botschaften weit zu verbreiten. Dies hat zu einer neuen Form des Aktivismus geführt, die oft als *digitaler Aktivismus* bezeichnet wird.

Ein Beispiel für diese Art des Aktivismus ist die #BlackLivesMatter-Bewegung, die von jungen Menschen initiiert wurde und durch soziale Medien an Dynamik gewonnen hat. Diese Bewegung hat nicht nur auf Rassismus und Polizeigewalt aufmerksam gemacht, sondern auch die LGBTQ-Rechte in den Fokus gerückt, indem sie die intersektionalen Erfahrungen von marginalisierten Gemeinschaften hervorgehoben hat.

Herausforderungen für junge Aktivisten

Trotz ihrer Energie und Innovationskraft stehen junge Aktivisten vor erheblichen Herausforderungen. Eine der größten Hürden ist der *Generationskonflikt*, der oft zwischen älteren und jüngeren Aktivisten besteht. Ältere Generationen haben möglicherweise andere Ansichten über den Aktivismus, basierend auf ihren Erfahrungen und den Methoden, die in der Vergangenheit erfolgreich waren. Dies kann zu Spannungen führen, wenn jüngere Aktivisten neue, unkonventionelle Methoden vorschlagen, die von den älteren Generationen als ineffektiv oder unangemessen angesehen werden.

Ein weiteres Problem ist die *psychische Gesundheit*. Der Druck, aktiv zu sein und Veränderungen zu bewirken, kann überwältigend sein. Viele junge Aktivisten berichten von Stress, Angst und Burnout, insbesondere wenn sie sich mit Themen wie Diskriminierung, Gewalt und Ungerechtigkeit auseinandersetzen. Es ist wichtig, dass Unterstützungssysteme etabliert werden, um jungen Aktivisten zu helfen, mit diesen Herausforderungen umzugehen.

Innovative Ansätze und Erfolge

Trotz dieser Herausforderungen haben neue Generationen bemerkenswerte Erfolge erzielt. Die Verwendung von sozialen Medien hat es Aktivisten ermöglicht, eine breitere Öffentlichkeit zu erreichen und Themen, die zuvor ignoriert wurden, ins Rampenlicht zu rücken. Kampagnen wie *Love is Love* und *Trans Rights are Human Rights* haben nicht nur Bewusstsein geschaffen, sondern auch zu konkreten politischen Veränderungen geführt.

Ein weiteres Beispiel ist die *March for Our Lives*-Bewegung, die von Schülern nach dem Massaker an der Marjory Stoneman Douglas High School ins Leben gerufen wurde. Diese Bewegung hat nicht nur auf Waffengewalt aufmerksam gemacht, sondern auch die Verbindung zwischen verschiedenen sozialen Gerechtigkeitsbewegungen, einschließlich LGBTQ-Rechten, gestärkt.

Intersektionalität und Diversität

Ein entscheidender Aspekt des Aktivismus neuer Generationen ist das Bewusstsein für *Intersektionalität*. Junge Aktivisten erkennen, dass die Kämpfe für LGBTQ-Rechte, Rassengleichheit, Geschlechtergerechtigkeit und andere soziale Gerechtigkeitsfragen miteinander verbunden sind. Diese Erkenntnis hat zu einer breiteren und inklusiveren Bewegung geführt, die verschiedene Stimmen und Perspektiven einbezieht.

Die Diversität innerhalb der LGBTQ-Community selbst ist ein weiterer wichtiger Punkt. Junge Aktivisten setzen sich für die Sichtbarkeit und Rechte von marginalisierten Gruppen innerhalb der Community ein, einschließlich Transgender-Personen, People of Color und Menschen mit Behinderungen. Diese intersektionalen Ansätze sind entscheidend, um sicherzustellen, dass alle Stimmen gehört werden und dass der Aktivismus tatsächlich inklusiv ist.

Zukunftsperspektiven

Die Zukunft des Aktivismus liegt in den Händen der neuen Generationen. Ihre Fähigkeit, sich schnell zu organisieren, zu mobilisieren und ihre Botschaften zu verbreiten, wird entscheidend sein, um die LGBTQ-Rechte weiter voranzubringen. Es ist wichtig, dass ältere Generationen die Erfahrungen und Perspektiven junger Aktivisten anerkennen und unterstützen, um eine effektive Zusammenarbeit zu fördern.

Insgesamt ist die Rolle neuer Generationen im Aktivismus nicht nur wichtig, sondern auch unerlässlich für den Fortschritt der LGBTQ-Bewegung. Ihre Innovationskraft, ihr Engagement und ihr Mut, gegen Ungerechtigkeit zu kämpfen, werden die zukünftige Landschaft des Aktivismus prägen und sicherstellen, dass die Stimmen aller gehört werden.

Schlussfolgerung

Zusammenfassend lässt sich sagen, dass neue Generationen im Aktivismus eine transformative Kraft darstellen. Sie bringen frische Ideen, neue Technologien und ein starkes Bewusstsein für soziale Gerechtigkeit mit. Während sie Herausforderungen gegenüberstehen, sind ihre Erfolge und ihr Engagement für intersektionalen Aktivismus ein Zeichen für die Zukunft. Indem sie zusammenarbeiten und voneinander lernen, können junge und alte Aktivisten eine kraftvolle Allianz bilden, die die LGBTQ-Rechte und andere soziale Gerechtigkeitsbewegungen vorantreibt.

Es ist entscheidend, dass wir die Stimmen der Jugend hören, ihre Kämpfe unterstützen und gemeinsam für eine gerechtere und inklusivere Zukunft kämpfen. Die Zeit für Veränderung ist jetzt, und die neuen Generationen sind bereit, den Weg zu ebnen.

Die Bedeutung von intersektionalem Aktivismus

Intersektionaler Aktivismus ist ein entscheidendes Konzept im modernen LGBTQ-Aktivismus, das die Komplexität der Identität und die unterschiedlichen Formen der Diskriminierung anerkennt, die Menschen aufgrund ihrer verschiedenen sozialen Kategorien erfahren. Der Begriff „Intersektionalität" wurde erstmals von der Rechtswissenschaftlerin Kimberlé Crenshaw in den späten 1980er Jahren geprägt und beschreibt, wie verschiedene Formen der Diskriminierung – wie Rassismus, Sexismus, Homophobie und Klassismus – sich überschneiden und miteinander interagieren. Diese Perspektive ist besonders wichtig, um die Erfahrungen von marginalisierten Gruppen innerhalb der

LGBTQ-Community zu verstehen, die nicht nur aufgrund ihrer sexuellen Orientierung oder Geschlechtsidentität, sondern auch aufgrund anderer Identitätsmerkmale Diskriminierung erfahren.

Theoretische Grundlagen

Intersektionalität basiert auf der Annahme, dass Identität nicht monolithisch ist, sondern aus einer Vielzahl von Faktoren besteht, die sich gegenseitig beeinflussen. Dies kann mathematisch als eine Funktion dargestellt werden, die die verschiedenen Dimensionen der Identität berücksichtigt:

$$I = f(S, G, E, R, C)$$

wobei I die Identität, S die sexuelle Orientierung, G das Geschlecht, E die ethnische Zugehörigkeit, R die soziale Klasse und C die kulturellen Hintergründe repräsentiert. Diese Gleichung verdeutlicht, dass jede Dimension der Identität nicht isoliert betrachtet werden kann, sondern in Wechselwirkung mit den anderen steht.

Probleme des intersektionalen Aktivismus

Trotz seiner Bedeutung steht der intersektionale Aktivismus vor mehreren Herausforderungen:

- **Unsichtbarkeit von Marginalisierten:** Viele LGBTQ-Aktivisten, insbesondere solche, die auch Teil anderer marginalisierter Gruppen sind, fühlen sich oft in der breiteren LGBTQ-Bewegung unsichtbar. Ihre spezifischen Bedürfnisse und Anliegen werden häufig übersehen, was zu einer Fragmentierung der Bewegung führt.

- **Ressourcenverteilung:** Intersektionale Ansätze erfordern oft mehr Ressourcen, da sie eine breitere Palette von Themen und Anliegen abdecken. Dies kann zu Spannungen innerhalb von Organisationen führen, die möglicherweise nicht über die notwendigen Mittel verfügen, um alle Aspekte des intersektionalen Aktivismus zu unterstützen.

- **Intra-Community-Konflikte:** Die Anerkennung und Unterstützung intersektionaler Identitäten kann zu Konflikten innerhalb der LGBTQ-Community führen. Zum Beispiel können einige Mitglieder der Community sich gegen die Einbeziehung von Themen wie Rassismus oder Klassismus wehren, da sie befürchten, dass diese Themen von den zentralen Anliegen der LGBTQ-Bewegung ablenken.

Beispiele für intersektionalen Aktivismus

Ein bemerkenswertes Beispiel für intersektionalen Aktivismus ist die Arbeit von Organisationen wie „Black Lives Matter" und „Transgender Europe", die die Anliegen von People of Color und Transgender-Personen in den Vordergrund stellen. Diese Organisationen haben erfolgreich eine Plattform geschaffen, die die spezifischen Herausforderungen, mit denen diese Gruppen konfrontiert sind, sichtbar macht und gleichzeitig die Notwendigkeit eines breiteren intersektionalen Ansatzes im Aktivismus betont.

Ein weiteres Beispiel ist die „Queer Women of Color Media Arts Project" (QWOCMAP), das sich auf die Förderung von queeren Frauen of Color in der Medienproduktion konzentriert. Durch die Schaffung von Räumen für diese Stimmen und Geschichten trägt QWOCMAP dazu bei, die Sichtbarkeit und Repräsentation von intersektionalen Identitäten in der Medienlandschaft zu erhöhen.

Die Rolle der Gemeinschaft

Die Gemeinschaft spielt eine zentrale Rolle im intersektionalen Aktivismus. Durch die Schaffung von solidarischen Netzwerken und Allianzen können unterschiedliche Gruppen zusammenarbeiten, um gemeinsame Ziele zu erreichen. Diese Zusammenarbeit ist entscheidend, um die Vielfalt der Erfahrungen innerhalb der LGBTQ-Community zu würdigen und zu fördern.

Ein Beispiel für solche gemeinschaftlichen Bemühungen ist die „LGBTQ+ People of Color Coalition", die sich für die Rechte und das Wohlbefinden von LGBTQ-Personen of Color einsetzt. Diese Koalition arbeitet daran, die Stimmen von unterrepräsentierten Gruppen innerhalb der LGBTQ-Community zu stärken und eine Plattform für deren Anliegen zu bieten.

Schlussfolgerung

Intersektionaler Aktivismus ist nicht nur ein theoretisches Konzept, sondern eine notwendige Praxis, um die Vielfalt und Komplexität der Erfahrungen innerhalb der LGBTQ-Community zu würdigen. Durch die Anerkennung und das Verständnis der verschiedenen Dimensionen der Identität können Aktivisten effektiver für die Rechte und das Wohlbefinden aller Mitglieder der Gemeinschaft eintreten. Die Herausforderung besteht darin, diese Ansätze in die tägliche Praxis des Aktivismus zu integrieren und sicherzustellen, dass niemand in der Bewegung zurückgelassen wird. Nur durch einen wirklich intersektionalen Ansatz können wir eine gerechtere und inklusivere Zukunft für alle schaffen.

Herausforderungen, die noch zu bewältigen sind

Die LGBTQ-Community steht weiterhin vor einer Vielzahl von Herausforderungen, die sowohl auf gesellschaftlicher als auch auf politischer Ebene bestehen. Diese Herausforderungen sind nicht nur lokal, sondern global und betreffen die Rechte, die Sichtbarkeit und die Akzeptanz von LGBTQ-Personen in verschiedenen Kulturen und Gesellschaften. In diesem Abschnitt werden einige der bedeutendsten Herausforderungen erörtert, die es zu bewältigen gilt, um eine gerechtere und inklusivere Zukunft zu schaffen.

Politische Unsicherheiten

Die politische Landschaft für LGBTQ-Rechte ist in vielen Ländern nach wie vor instabil. In einigen Regionen, wie in Teilen der Vereinigten Staaten, gibt es einen Rückgang der gesetzgeberischen Fortschritte, die in den letzten Jahrzehnten erzielt wurden. Gesetze, die die Rechte von LGBTQ-Personen schützen, werden zunehmend in Frage gestellt oder sogar zurückgenommen. Ein Beispiel hierfür ist der Versuch, den Zugang zu medizinischer Versorgung für Transgender-Personen einzuschränken. Solche politischen Rückschritte können zu einem Gefühl der Unsicherheit innerhalb der Gemeinschaft führen und den Fortschritt des Aktivismus behindern.

Diskriminierung und Gewalt

Diskriminierung und Gewalt gegen LGBTQ-Personen sind nach wie vor weit verbreitet. Statistiken zeigen, dass die Wahrscheinlichkeit, Opfer von Gewaltverbrechen zu werden, für LGBTQ-Personen erheblich höher ist als für heterosexuelle Menschen. Insbesondere Transfrauen, insbesondere Frauen of Color, sind überproportional von Gewalt betroffen. Diese Realität erfordert nicht nur politische Maßnahmen, sondern auch eine tiefgreifende gesellschaftliche Veränderung, um Vorurteile abzubauen und die Sicherheit von LGBTQ-Personen zu gewährleisten.

Intersektionalität im Aktivismus

Ein weiteres zentrales Anliegen ist die Notwendigkeit, intersektionale Perspektiven in den Aktivismus zu integrieren. Viele LGBTQ-Personen sind auch Teil anderer marginalisierter Gruppen, sei es aufgrund von Rasse, Geschlecht, Behinderung oder sozialem Status. Der Aktivismus muss diese vielfältigen Identitäten anerkennen und die spezifischen Herausforderungen, mit denen diese

Gruppen konfrontiert sind, ansprechen. Es gibt zahlreiche Beispiele, wie die Bedürfnisse von LGBTQ-Personen mit Behinderungen oft übersehen werden, was zu einer weiteren Marginalisierung führt.

Psychische Gesundheit

Die psychische Gesundheit ist ein kritisches Thema innerhalb der LGBTQ-Community. Viele Mitglieder kämpfen mit den Auswirkungen von Diskriminierung, Stigmatisierung und Ablehnung. Der Zugang zu mentalen Gesundheitsdiensten ist oft eingeschränkt, insbesondere für marginalisierte Gruppen innerhalb der LGBTQ-Community. Studien zeigen, dass LGBTQ-Personen ein höheres Risiko für psychische Erkrankungen haben, was die Notwendigkeit unterstreicht, Ressourcen für psychische Gesundheit zu schaffen und zu fördern, die auf die spezifischen Bedürfnisse dieser Gemeinschaft zugeschnitten sind.

Bildung und Aufklärung

Ein weiterer Bereich, in dem Herausforderungen bestehen, ist die Bildung. Viele Schulen versäumen es, LGBTQ-Themen in den Lehrplan zu integrieren, was zu einem Mangel an Wissen und Verständnis führt. Dies kann zu Mobbing und Diskriminierung von LGBTQ-Schülern führen. Aufklärung ist entscheidend, um Vorurteile abzubauen und ein sicheres Umfeld für alle Schüler zu schaffen. Programme, die auf die Sensibilisierung für LGBTQ-Themen abzielen, müssen in Schulen und Gemeinden gefördert werden, um ein besseres Verständnis und Akzeptanz zu erreichen.

Globale Herausforderungen

Auf globaler Ebene gibt es Länder, in denen LGBTQ-Personen mit extremen Repressionen konfrontiert sind, einschließlich strafrechtlicher Verfolgung, Gewalt und sogar Hinrichtungen. In einigen Ländern sind homosexuelle Handlungen illegal, und die Rechte von LGBTQ-Personen werden systematisch verletzt. Der internationale Aktivismus muss sich auf diese globalen Herausforderungen konzentrieren, um Solidarität zu zeigen und Druck auf Regierungen auszuüben, die LGBTQ-Rechte zu respektieren und zu schützen.

Ressourcen und Finanzierung

Die Finanzierung von LGBTQ-Organisationen und -Initiativen bleibt eine Herausforderung. Viele Organisationen sind auf Spenden angewiesen, um ihre Programme und Dienstleistungen aufrechtzuerhalten. In wirtschaftlich schwierigen Zeiten kann es jedoch schwierig sein, ausreichend Mittel zu sichern. Dies kann die Fähigkeit der Organisationen einschränken, ihre Arbeit fortzusetzen und die Bedürfnisse der Gemeinschaft zu erfüllen. Es ist entscheidend, innovative Ansätze zur Mittelbeschaffung zu entwickeln, um die finanzielle Stabilität zu gewährleisten.

Sichtbarkeit und Repräsentation

Obwohl es Fortschritte in der Sichtbarkeit von LGBTQ-Personen in den Medien gibt, bleibt die Repräsentation oft unzureichend. Viele Darstellungen in Film und Fernsehen sind stereotyp oder nicht authentisch, was zu einem verzerrten Bild der Realität führt. Zudem sind viele marginalisierte Gruppen innerhalb der LGBTQ-Community in den Medien unterrepräsentiert. Es ist wichtig, dass die Medienplattformen vielfältige und authentische Geschichten erzählen, um ein realistisches Bild der LGBTQ-Erfahrungen zu vermitteln.

Zugang zu Gesundheitsdiensten

Der Zugang zu Gesundheitsdiensten ist ein weiteres drängendes Problem. LGBTQ-Personen, insbesondere Transgender-Personen, haben oft Schwierigkeiten, angemessene medizinische Versorgung zu erhalten, die ihren spezifischen Bedürfnissen gerecht wird. Diskriminierung im Gesundheitswesen kann dazu führen, dass viele Menschen zögern, Hilfe in Anspruch zu nehmen. Es ist notwendig, Schulungsprogramme für medizinisches Personal zu entwickeln, um sicherzustellen, dass LGBTQ-Personen respektvoll und kompetent behandelt werden.

Die Notwendigkeit von Gemeinschaftsbildung

Abschließend ist die Bildung starker Gemeinschaften entscheidend für den Erfolg des Aktivismus. Viele LGBTQ-Personen fühlen sich isoliert und allein, was ihren Zugang zu Unterstützung und Ressourcen einschränkt. Gemeinschaftsbildung kann helfen, diese Isolation zu überwinden und ein Gefühl der Zugehörigkeit zu schaffen. Initiativen, die den Austausch und die Zusammenarbeit innerhalb der

Community fördern, sind unerlässlich, um die Herausforderungen zu bewältigen und eine stärkere, vereinte Stimme für LGBTQ-Rechte zu schaffen.

Insgesamt gibt es viele Herausforderungen, die es zu bewältigen gilt, um eine gerechtere und inklusivere Zukunft für die LGBTQ-Community zu schaffen. Es erfordert kollektives Handeln, Engagement und Entschlossenheit, um diese Hürden zu überwinden und sicherzustellen, dass die Rechte und die Würde aller LGBTQ-Personen respektiert und gefördert werden. Nur durch kontinuierlichen Einsatz und Zusammenarbeit können wir die Vision einer gerechten und respektvollen Gesellschaft verwirklichen.

Der Einfluss von Technologie auf den Aktivismus

In der heutigen Zeit ist Technologie ein unverzichtbares Werkzeug für den LGBTQ-Aktivismus geworden. Sie hat nicht nur die Art und Weise verändert, wie Aktivisten kommunizieren und mobilisieren, sondern auch, wie sie ihre Botschaften verbreiten und ihre Anliegen vorantreiben. In diesem Abschnitt werden wir die verschiedenen Dimensionen des Einflusses von Technologie auf den Aktivismus untersuchen, einschließlich der Chancen, die sie bietet, der Herausforderungen, die sie mit sich bringt, und konkreter Beispiele, die die transformative Kraft der Technologie verdeutlichen.

Chancen durch Technologie

Die Verbreitung des Internets und die Nutzung sozialer Medien haben es Aktivisten ermöglicht, ihre Reichweite erheblich zu vergrößern. Plattformen wie Facebook, Twitter und Instagram bieten eine Bühne, um Anliegen zu teilen, Geschichten zu erzählen und Unterstützer zu mobilisieren. Ein bemerkenswertes Beispiel ist die #BlackLivesMatter-Bewegung, die durch soziale Medien an Dynamik gewann und weltweit Aufmerksamkeit auf Rassismus und Polizeigewalt lenkte. Diese digitale Vernetzung hat es den LGBTQ-Aktivisten ermöglicht, sich mit Gleichgesinnten auf der ganzen Welt zu verbinden und eine globale Gemeinschaft zu bilden.

Ein weiteres Beispiel ist die Verwendung von Crowdfunding-Plattformen wie GoFundMe und Kickstarter, die es Aktivisten ermöglichen, finanzielle Unterstützung für Projekte und Kampagnen zu sammeln. Diese Art der Finanzierung hat es vielen LGBTQ-Organisationen ermöglicht, ihre Initiativen zu realisieren, ohne auf traditionelle Finanzierungsquellen angewiesen zu sein.

Herausforderungen der Technologie

Trotz der vielen Vorteile, die Technologie bietet, gibt es auch erhebliche Herausforderungen. Eine der größten Herausforderungen ist die digitale Kluft. Während viele Menschen Zugang zu Technologie und Internet haben, sind andere, insbesondere in ländlichen oder einkommensschwachen Gebieten, vom Zugang ausgeschlossen. Dies kann dazu führen, dass wichtige Stimmen im Aktivismus übersehen werden und die Repräsentation ungleichmäßig bleibt.

Darüber hinaus sind Datenschutz und Sicherheit im digitalen Raum von entscheidender Bedeutung. Aktivisten, die sich für LGBTQ-Rechte einsetzen, können Ziel von Online-Belästigungen oder sogar physischen Bedrohungen werden. Die Notwendigkeit, persönliche Informationen zu schützen, kann dazu führen, dass Aktivisten vorsichtiger werden, was ihre Online-Präsenz betrifft, was wiederum die Sichtbarkeit und den Einfluss ihrer Arbeit einschränken kann.

Technologische Innovationen im Aktivismus

Technologische Innovationen haben auch neue Möglichkeiten für den Aktivismus geschaffen. Virtual Reality (VR) und Augmented Reality (AR) werden zunehmend eingesetzt, um das Bewusstsein für LGBTQ-Anliegen zu schärfen. Projekte, die VR nutzen, um die Erfahrungen von LGBTQ-Personen zu simulieren, können Empathie und Verständnis bei einem breiteren Publikum fördern. Solche immersiven Erfahrungen können dazu beitragen, Barrieren abzubauen und Vorurteile zu verringern.

Ein Beispiel für den Einsatz von VR im Aktivismus ist das Projekt "The 100

Die Rolle von Daten und Analytik

Ein weiterer wichtiger Aspekt des technologischen Einflusses auf den Aktivismus ist die Verwendung von Daten und Analytik. Aktivisten nutzen Daten, um Trends zu identifizieren, die Wirksamkeit ihrer Kampagnen zu messen und ihre Strategien zu optimieren. Die Analyse von sozialen Medien kann beispielsweise Aufschluss darüber geben, welche Themen bei der Öffentlichkeit Anklang finden und wo zusätzliche Anstrengungen erforderlich sind.

Ein Beispiel hierfür ist die Verwendung von Umfragen und Datenanalysen, um die Meinungen der Öffentlichkeit zu LGBTQ-Themen zu erfassen. Organisationen können diese Informationen nutzen, um gezielte Kampagnen zu entwickeln, die auf spezifische demografische Gruppen abzielen und die Wahrscheinlichkeit erhöhen, dass ihre Botschaften Gehör finden.

Fazit

Zusammenfassend lässt sich sagen, dass der Einfluss von Technologie auf den LGBTQ-Aktivismus sowohl Chancen als auch Herausforderungen mit sich bringt. Während Technologie es Aktivisten ermöglicht, ihre Reichweite zu vergrößern und innovative Ansätze zu entwickeln, müssen sie auch die damit verbundenen Risiken und Herausforderungen berücksichtigen. Die Fähigkeit, Technologie effektiv zu nutzen, wird entscheidend für den zukünftigen Erfolg des Aktivismus sein. Es ist wichtig, dass Aktivisten Strategien entwickeln, um die Vorteile der Technologie zu maximieren und gleichzeitig die Herausforderungen zu bewältigen, um eine inklusive und gerechte Gesellschaft für alle zu schaffen.

Die Notwendigkeit von kontinuierlicher Bildung

In der heutigen dynamischen Welt, in der sich gesellschaftliche Normen und politische Rahmenbedingungen ständig ändern, ist kontinuierliche Bildung für LGBTQ-Aktivisten von entscheidender Bedeutung. Diese Notwendigkeit ergibt sich aus verschiedenen Faktoren, die sowohl individuelle als auch kollektive Auswirkungen auf die LGBTQ-Community haben.

Theoretische Grundlagen

Kontinuierliche Bildung bezieht sich auf den lebenslangen Prozess des Lernens, der über die formale Ausbildung hinausgeht. Sie umfasst die Aneignung neuer Kenntnisse, Fähigkeiten und Perspektiven, die notwendig sind, um in einem sich wandelnden sozialen und politischen Umfeld effektiv zu agieren. Die Theorie des lebenslangen Lernens, wie sie von [1] formuliert wurde, betont die Bedeutung des selbstgesteuerten Lernens, insbesondere für Erwachsene, die in der Lage sind, ihre eigenen Lernbedürfnisse zu identifizieren und zu steuern.

Herausforderungen im Aktivismus

Aktivisten stehen häufig vor der Herausforderung, sich über aktuelle Entwicklungen in der Gesetzgebung, gesellschaftlichen Trends und wissenschaftlichen Erkenntnissen auf dem Laufenden zu halten. Diese Herausforderungen sind nicht nur theoretischer Natur, sondern haben auch praktische Konsequenzen. Beispielsweise können fehlende Kenntnisse über neue Gesetze zur Diskriminierung führen, wenn Aktivisten nicht in der Lage sind, ihre Rechte und die Rechte der von ihnen vertretenen Personen zu verteidigen.

Ein Beispiel für die Notwendigkeit kontinuierlicher Bildung ist die Einführung des *Bill C-16* in Kanada, der Geschlechtsidentität und Geschlechtsausdruck als geschützte Merkmale unter dem *Canadian Human Rights Act* anerkennt. Aktivisten mussten sich nicht nur über den Inhalt des Gesetzes informieren, sondern auch über die Auswirkungen, die es auf die Gemeinschaft haben würde. Dies erforderte umfassende Schulungen und Workshops, um sicherzustellen, dass alle Beteiligten über die notwendigen Informationen verfügten, um die Rechte der LGBTQ-Personen zu verteidigen und durchzusetzen.

Beispiele für kontinuierliche Bildungsinitiativen

Es gibt zahlreiche Programme und Initiativen, die darauf abzielen, kontinuierliche Bildung für LGBTQ-Aktivisten zu fördern. Diese reichen von Workshops über Online-Kurse bis hin zu Konferenzen, die sich mit spezifischen Themen des Aktivismus befassen. Ein Beispiel ist die *LGBTQ+ Leadership Academy*, die Führungskräfte in der Community ausbildet, um ihre Fähigkeiten im Bereich Advocacy, Öffentlichkeitsarbeit und Community-Building zu stärken.

Darüber hinaus haben Organisationen wie *Trans Alliance Toronto* spezielle Schulungsprogramme entwickelt, die sich auf intersektionalen Aktivismus konzentrieren. Diese Programme sind darauf ausgelegt, Aktivisten zu helfen, die vielfältigen Herausforderungen zu verstehen, mit denen Mitglieder der LGBTQ-Community konfrontiert sind, und die Notwendigkeit einer inklusiven Perspektive zu fördern.

Probleme der Zugänglichkeit

Trotz der Bedeutung kontinuierlicher Bildung gibt es erhebliche Herausforderungen in Bezug auf die Zugänglichkeit. Viele Aktivisten kommen aus benachteiligten Verhältnissen und haben möglicherweise nicht die finanziellen Mittel, um an Schulungen oder Konferenzen teilzunehmen. Dies führt zu einem Bildungsgefälle innerhalb der Community, das die Wirksamkeit des Aktivismus beeinträchtigen kann.

Ein Beispiel ist die digitale Kluft, die während der COVID-19-Pandemie deutlich wurde. Während viele Organisationen auf Online-Ressourcen umschwenkten, hatten nicht alle Mitglieder der LGBTQ-Community Zugang zu den notwendigen Technologien oder der digitalen Kompetenz, um von diesen Ressourcen zu profitieren.

Schlussfolgerung

Zusammenfassend lässt sich sagen, dass kontinuierliche Bildung für LGBTQ-Aktivisten unerlässlich ist, um auf dem neuesten Stand der Entwicklungen zu bleiben und um die Herausforderungen, denen sie gegenüberstehen, effektiv zu bewältigen. Die Förderung von Bildungsinitiativen, die auf die Bedürfnisse der Community zugeschnitten sind, ist entscheidend für den Erfolg des Aktivismus. Es ist von größter Bedeutung, dass diese Bildungsressourcen für alle Mitglieder der LGBTQ-Community zugänglich sind, um eine gerechtere und inklusivere Zukunft zu gewährleisten.

Bibliography

[1] Knowles, M. S. (1980). *The Modern Practice of Adult Education: From Pedagogy to Andragogy.* New York: Cambridge Books.

Die Rolle von Innovation im Aktivismus

Im Kontext des LGBTQ-Aktivismus spielt Innovation eine entscheidende Rolle, um die Herausforderungen der modernen Gesellschaft zu bewältigen. Innovation bezieht sich hierbei nicht nur auf technologische Fortschritte, sondern auch auf kreative Ansätze, neue Strategien und alternative Methoden, die es Aktivisten ermöglichen, ihre Ziele effektiver zu erreichen. In diesem Abschnitt werden wir die verschiedenen Facetten der Innovation im Aktivismus beleuchten, die damit verbundenen Probleme erörtern und einige inspirierende Beispiele betrachten.

Theoretische Grundlagen der Innovation im Aktivismus

Die Theorie der sozialen Innovation beschreibt, wie neue Ideen und Ansätze soziale Probleme lösen können. Nach [1] sind soziale Innovationen oft das Ergebnis von Zusammenarbeit zwischen verschiedenen Akteuren, einschließlich NGOs, Regierungen und der Zivilgesellschaft. Diese Zusammenarbeit fördert den Austausch von Wissen und Ressourcen, was zu innovativen Lösungen führt. In der LGBTQ-Bewegung manifestiert sich dies in verschiedenen Formen, wie zum Beispiel in der Nutzung von sozialen Medien zur Mobilisierung von Unterstützern und zur Verbreitung von Informationen.

Die Innovationsforschung zeigt, dass erfolgreiche Innovationen häufig auf den Bedürfnissen der Gemeinschaft basieren. [2] argumentiert, dass Innovation nicht nur neue Produkte oder Dienstleistungen umfasst, sondern auch neue Methoden der Organisation und Verwaltung. Im LGBTQ-Aktivismus bedeutet dies, dass Aktivisten ständig nach neuen Wegen suchen, um ihre Botschaften zu verbreiten und ihre Gemeinschaften zu stärken.

Probleme und Herausforderungen

Trotz der vielen Vorteile, die Innovationen im Aktivismus mit sich bringen, gibt es auch erhebliche Herausforderungen. Eine der größten Hürden ist der Widerstand gegen Veränderungen. Viele in der LGBTQ-Community sind an traditionelle Methoden des Aktivismus gewöhnt und könnten skeptisch gegenüber neuen Ansätzen sein. Dies kann dazu führen, dass innovative Ideen nicht die Unterstützung erhalten, die sie benötigen, um erfolgreich zu sein.

Ein weiteres Problem ist der Zugang zu Technologie und Ressourcen. Während einige Aktivisten in der Lage sind, die neuesten Technologien zu nutzen, haben andere möglicherweise nicht die notwendigen Mittel oder das Wissen, um innovative Ansätze zu implementieren. Diese Kluft kann zu einer Ungleichheit innerhalb der Bewegung führen, die es schwieriger macht, kollektive Ziele zu erreichen.

Zudem kann die schnelle Veränderung von Technologien und Trends im digitalen Raum eine Herausforderung darstellen. Aktivisten müssen ständig auf dem Laufenden bleiben und bereit sein, ihre Strategien anzupassen, um relevant zu bleiben. Diese Dynamik erfordert eine hohe Flexibilität und Anpassungsfähigkeit, die nicht immer leicht zu erreichen ist.

Beispiele für innovative Ansätze im LGBTQ-Aktivismus

Ein herausragendes Beispiel für Innovation im LGBTQ-Aktivismus ist die Nutzung von sozialen Medien. Plattformen wie Twitter, Instagram und Facebook haben es Aktivisten ermöglicht, ihre Botschaften schnell und effektiv zu verbreiten. Kampagnen wie *#LoveIsLove* und *#TransRightsAreHumanRights* haben Millionen von Menschen erreicht und eine globale Diskussion über LGBTQ-Rechte angestoßen. Diese Kampagnen zeigen, wie soziale Medien als Werkzeug zur Mobilisierung und Sensibilisierung genutzt werden können.

Ein weiteres Beispiel ist die Verwendung von Crowdfunding-Plattformen zur Finanzierung von LGBTQ-Projekten. Initiativen wie *GoFundMe* und *Kickstarter* ermöglichen es Aktivisten, finanzielle Unterstützung von der Gemeinschaft zu erhalten, ohne auf traditionelle Finanzierungsmethoden angewiesen zu sein. Dies fördert die Unabhängigkeit und Kreativität der Aktivisten und ermöglicht es ihnen, innovative Projekte zu realisieren, die möglicherweise nicht anders finanziert werden könnten.

Darüber hinaus haben einige LGBTQ-Organisationen innovative Ansätze zur Schulung und Unterstützung von Aktivisten entwickelt. Programme, die Workshops und Schulungen zu Themen wie intersektionalem Aktivismus und digitaler Sicherheit anbieten, sind entscheidend, um sicherzustellen, dass alle Mitglieder der Gemeinschaft über die notwendigen Fähigkeiten verfügen, um aktiv zu sein. Solche Programme fördern nicht nur die persönliche Entwicklung, sondern stärken auch die gesamte Bewegung.

Schlussfolgerung

Die Rolle von Innovation im LGBTQ-Aktivismus ist von entscheidender Bedeutung, um die Herausforderungen der heutigen Zeit zu bewältigen. Durch die Integration neuer Ideen und Ansätze können Aktivisten effektiver arbeiten und ihre Botschaften weiter verbreiten. Trotz der bestehenden Herausforderungen ist es wichtig, dass die LGBTQ-Community weiterhin innovativ bleibt und neue Wege findet, um ihre Ziele zu erreichen. Nur durch kontinuierliche Innovation kann der Aktivismus relevant und wirkungsvoll bleiben.

Bibliography

[1] Mulgan, G. (2006). *Social Innovation: What it is, why it matters and how it can be accelerated.* Skoll Centre for Social Entrepreneurship.

[2] Schumpeter, J. A. (1934). *The Theory of Economic Development.* Harvard University Press.

Die Herausforderungen der globalen Vernetzung

In der heutigen Welt ist die globale Vernetzung ein entscheidender Faktor für den Erfolg von LGBTQ-Aktivismus. Während das Internet und soziale Medien es Aktivisten ermöglichen, ihre Botschaften über Ländergrenzen hinweg zu verbreiten, bringt diese Vernetzung auch eine Reihe von Herausforderungen mit sich, die es zu bewältigen gilt. In diesem Abschnitt werden wir die Probleme und Theorien untersuchen, die mit der globalen Vernetzung im Kontext des LGBTQ-Aktivismus verbunden sind.

Unterschiedliche rechtliche und kulturelle Rahmenbedingungen

Eine der größten Herausforderungen der globalen Vernetzung ist die Vielfalt der rechtlichen und kulturellen Rahmenbedingungen, die LGBTQ-Personen in verschiedenen Ländern betreffen. In einigen Ländern sind LGBTQ-Rechte weit fortgeschritten, während in anderen Ländern diskriminierende Gesetze und soziale Normen vorherrschen. Diese Unterschiede können die Mobilisierung und Unterstützung für gemeinsame Anliegen erschweren.

$$R_{LGBTQ} = f(L, C) \tag{43}$$

Hierbei ist R_{LGBTQ} der Status der LGBTQ-Rechte, L die gesetzlichen Rahmenbedingungen und C die kulturellen Normen eines Landes. Diese Gleichung verdeutlicht, dass der Status der LGBTQ-Rechte von den rechtlichen und kulturellen Faktoren abhängt, die in einem bestimmten Kontext vorhanden sind.

Digitale Ungleichheit

Die digitale Kluft stellt ein weiteres bedeutendes Problem dar. Während einige Regionen der Welt über einen einfachen Zugang zum Internet und modernen Technologien verfügen, kämpfen andere mit unzureichender Infrastruktur und hohen Kosten. Diese Ungleichheit führt dazu, dass nicht alle Stimmen im globalen Diskurs gehört werden. Aktivisten in weniger privilegierten Regionen haben möglicherweise nicht die gleichen Ressourcen oder Möglichkeiten, um ihre Anliegen zu artikulieren und Unterstützung zu mobilisieren.

Cyber-Sicherheit und Datenschutz

Mit der Zunahme der digitalen Vernetzung sind auch die Risiken für die Sicherheit von Aktivisten gestiegen. In vielen Ländern sind LGBTQ-Aktivisten Ziel von Cyber-Angriffen, Überwachung und Verfolgung. Die Anonymität, die das Internet bieten kann, ist oft trügerisch, und viele Aktivisten müssen sich ständig um ihre Sicherheit sorgen. Der Schutz der Privatsphäre und die Gewährleistung der Cyber-Sicherheit sind daher von größter Bedeutung.

Fragmentierung der Bewegung

Die globale Vernetzung kann zur Fragmentierung der LGBTQ-Bewegung führen. Unterschiedliche Gruppen können unterschiedliche Prioritäten und Strategien entwickeln, die nicht immer miteinander vereinbar sind. Diese Fragmentierung kann die Effektivität des Aktivismus verringern und es schwieriger machen, eine einheitliche Stimme zu finden.

$$E_A = \sum_{i=1}^{n} P_i \qquad (44)$$

Hier ist E_A die Effektivität des Aktivismus und P_i die Prioritäten der einzelnen Gruppen. Diese Gleichung zeigt, dass die Gesamtwirkung des Aktivismus von den Prioritäten und Strategien der einzelnen Gruppen abhängt.

Globale Solidarität vs. lokale Bedürfnisse

Ein weiterer kritischer Punkt ist das Spannungsfeld zwischen globaler Solidarität und lokalen Bedürfnissen. Während globale Kampagnen oft große

Aufmerksamkeit und Ressourcen anziehen, können sie manchmal die spezifischen Herausforderungen und Bedürfnisse lokaler Gemeinschaften übersehen. Aktivisten müssen sicherstellen, dass ihre Arbeit sowohl global als auch lokal relevant ist, um die besten Ergebnisse zu erzielen.

Sprache und Kommunikation

Die globale Vernetzung erfordert auch eine effektive Kommunikation über Sprachbarrieren hinweg. Missverständnisse und kulturelle Unterschiede können die Zusammenarbeit zwischen verschiedenen Gruppen erschweren. Es ist entscheidend, dass Aktivisten in der Lage sind, ihre Botschaften klar und verständlich zu kommunizieren, um eine breite Unterstützung zu gewinnen.

Beispiele aus der Praxis

Ein Beispiel für die Herausforderungen der globalen Vernetzung ist die Reaktion auf die Anti-LGBTQ-Gesetzgebung in Ungarn. Während internationale Organisationen und Aktivisten auf die Situation aufmerksam machten, war die lokale Reaktion gemischt. Einige Gruppen konnten von der globalen Unterstützung profitieren, während andere Schwierigkeiten hatten, die spezifischen Bedürfnisse ihrer Gemeinschaften zu adressieren.

Ein weiteres Beispiel ist die #BlackLivesMatter-Bewegung, die durch soziale Medien global an Bedeutung gewonnen hat. Diese Bewegung hat gezeigt, wie wichtig es ist, lokale Anliegen mit globalen Bewegungen zu verknüpfen, um eine breitere Unterstützung zu mobilisieren.

Fazit

Die Herausforderungen der globalen Vernetzung im LGBTQ-Aktivismus sind vielfältig und komplex. Es ist entscheidend, dass Aktivisten diese Herausforderungen erkennen und Strategien entwickeln, um sie zu überwinden. Nur so kann ein effektiver und inklusiver Aktivismus entstehen, der die Rechte und Bedürfnisse aller LGBTQ-Personen weltweit berücksichtigt. Durch Zusammenarbeit, Verständnis und den Austausch bewährter Praktiken können wir die Herausforderungen der globalen Vernetzung meistern und eine gerechtere Zukunft für alle schaffen.

Die Bedeutung von Nachhaltigkeit im Aktivismus

Nachhaltigkeit im Aktivismus ist ein Konzept, das zunehmend an Bedeutung gewinnt, da die Herausforderungen, mit denen die LGBTQ-Community konfrontiert ist, nicht nur kurzfristige Lösungen erfordern, sondern auch langfristige Strategien für eine dauerhafte Veränderung. Nachhaltigkeit bedeutet in diesem Kontext, dass die Bemühungen um Gleichheit und Gerechtigkeit nicht nur sporadisch oder temporär sind, sondern in die Struktur der Gesellschaft integriert werden, um dauerhafte Fortschritte zu gewährleisten.

Theoretische Grundlagen der Nachhaltigkeit

In der Theorie wird Nachhaltigkeit oft in drei Dimensionen unterteilt: ökologisch, sozial und wirtschaftlich. Diese Dimensionen sind miteinander verknüpft und müssen in einem ganzheitlichen Ansatz betrachtet werden. Im Aktivismus bedeutet dies, dass die sozialen Bewegungen nicht nur die Bedürfnisse der gegenwärtigen Generationen ansprechen, sondern auch die der zukünftigen Generationen.

Die Nachhaltigkeit im Aktivismus kann durch das *Triple Bottom Line*-Konzept beschrieben werden, das die sozialen, ökologischen und wirtschaftlichen Auswirkungen von Aktivitäten bewertet. Der Aktivismus sollte darauf abzielen, positive soziale Veränderungen zu fördern, während gleichzeitig die Umwelt geschützt und wirtschaftliche Ressourcen verantwortungsvoll genutzt werden.

$$\text{Nachhaltigkeit} = \text{Soziale Gerechtigkeit} + \text{Ökologische Integrität} + \text{Wirtschaftliche Lebensf.} \tag{45}$$

Herausforderungen der Nachhaltigkeit im Aktivismus

Trotz der offensichtlichen Bedeutung von Nachhaltigkeit im Aktivismus gibt es zahlreiche Herausforderungen. Eine der größten Herausforderungen ist die *Ressourcenknappheit*. Viele LGBTQ-Organisationen sind auf Spenden angewiesen, die oft unregelmäßig und unvorhersehbar sind. Dies kann die Fähigkeit der Organisationen einschränken, langfristige Projekte zu planen und durchzuführen.

Ein weiteres Problem ist die *Fragmentierung* innerhalb der Bewegung. Verschiedene Gruppen innerhalb der LGBTQ-Community können unterschiedliche Prioritäten und Ansätze haben, was zu einem Mangel an kohärenter Strategie und Zusammenarbeit führen kann. Diese Fragmentierung

kann die Effektivität der Aktivismus-Bemühungen verringern und die Ressourcen weiter streuen.
Zusätzlich besteht die Herausforderung, *Intersektionalität* zu berücksichtigen. Die Bedürfnisse von LGBTQ-Personen variieren stark, abhängig von Faktoren wie Geschlecht, Rasse, sozialem Status und geografischem Standort. Ein nachhaltiger Aktivismus muss diese Unterschiede anerkennen und ansprechen, um sicherzustellen, dass alle Stimmen gehört werden.

Beispiele für nachhaltigen Aktivismus

Ein Beispiel für nachhaltigen Aktivismus ist die *Trans Alliance Toronto*, die sich für die Rechte von Transgender-Personen einsetzt und dabei auf langfristige Strategien setzt. Die Organisation hat Programme entwickelt, die nicht nur kurzfristige Unterstützung bieten, sondern auch Bildungsinitiativen und Mentorship-Programme umfassen, um die nächste Generation von Aktivisten zu fördern.

Ein weiteres Beispiel ist die *Human Rights Campaign*, die sich nicht nur mit aktuellen rechtlichen Herausforderungen auseinandersetzt, sondern auch langfristige Strategien zur Sensibilisierung und Bildung in der breiteren Gesellschaft verfolgt. Durch die Schaffung von Partnerschaften mit Schulen und Unternehmen arbeitet die HRC daran, eine nachhaltige Veränderung in der Gesellschaft zu bewirken.

Strategien zur Förderung der Nachhaltigkeit im Aktivismus

Um die Nachhaltigkeit im Aktivismus zu fördern, sind mehrere Strategien erforderlich:

- **Langfristige Planung:** Aktivisten sollten Projekte und Initiativen mit einem klaren Fokus auf langfristige Ergebnisse planen. Dies erfordert die Entwicklung von Strategien, die über kurzfristige Erfolge hinausgehen.

- **Ressourcenteilung:** Die Zusammenarbeit zwischen Organisationen kann helfen, Ressourcen zu bündeln und die Fragmentierung zu verringern. Durch den Austausch von Wissen, Erfahrungen und Ressourcen können Organisationen ihre Wirkung maximieren.

- **Bildung und Sensibilisierung:** Bildung ist ein entscheidender Faktor für nachhaltigen Aktivismus. Durch Schulungsprogramme und Workshops können Aktivisten die Gemeinschaft aufklären und die Unterstützung für ihre Anliegen erhöhen.

* **Intersektionale Ansätze:** Die Berücksichtigung intersektionaler Perspektiven ist entscheidend, um sicherzustellen, dass alle Mitglieder der LGBTQ-Community einbezogen werden. Dies kann durch die Einbeziehung vielfältiger Stimmen in Entscheidungsprozesse erreicht werden.

Fazit

Die Bedeutung von Nachhaltigkeit im Aktivismus kann nicht genug betont werden. Um dauerhafte Veränderungen zu erreichen, müssen die Bemühungen um Gleichheit und Gerechtigkeit in die Struktur der Gesellschaft integriert werden. Durch langfristige Strategien, Zusammenarbeit und Bildung kann der Aktivismus nicht nur kurzfristige Erfolge erzielen, sondern auch eine nachhaltige Grundlage für die Zukunft der LGBTQ-Community schaffen. Nur durch einen nachhaltigen Ansatz können wir sicherstellen, dass die Kämpfe der Vergangenheit nicht umsonst waren und dass zukünftige Generationen in einer gerechteren und inklusiveren Gesellschaft leben können.

Die Vision für eine gerechtere Zukunft

Die Vision für eine gerechtere Zukunft ist ein zentrales Element im Aktivismus von Stephanie Woolley und der Trans Alliance Toronto. Diese Vision ist nicht nur ein Traum, sondern ein klar definierter Plan, der auf den Prinzipien von Gleichheit, Gerechtigkeit und Inklusion basiert. Um diese Vision zu verstehen, ist es wichtig, die Herausforderungen zu betrachten, die noch zu bewältigen sind, sowie die Strategien, die zur Erreichung dieser Vision notwendig sind.

Herausforderungen, die noch zu bewältigen sind

Trotz der Fortschritte in der LGBTQ-Rechtsbewegung gibt es zahlreiche Herausforderungen, die weiterhin bestehen. Dazu gehören:

* **Diskriminierung:** Diskriminierung aufgrund der Geschlechtsidentität oder sexuellen Orientierung ist nach wie vor weit verbreitet. Statistiken zeigen, dass Transgender-Personen in vielen Bereichen, einschließlich Beschäftigung, Gesundheitsversorgung und Wohnraum, benachteiligt werden. Laut einer Studie von [?] haben 47% der Transgender-Personen in Kanada angemerkt, dass sie Diskriminierung am Arbeitsplatz erlebt haben.

- **Gesetzliche Ungleichheit:** In vielen Ländern gibt es noch Gesetze, die LGBTQ-Personen benachteiligen. Dies betrifft insbesondere die Rechte von Transgender-Personen, wie z.B. das Recht auf rechtliche Anerkennung ihrer Geschlechtsidentität.

- **Soziale Akzeptanz:** Trotz der Fortschritte in der Gesetzgebung gibt es immer noch tief verwurzelte Vorurteile in der Gesellschaft. Umfragen zeigen, dass viele Menschen Vorurteile gegenüber LGBTQ-Personen haben, was zu einem Klima der Angst und Unsicherheit führt [?].

- **Zugang zu Gesundheitsdiensten:** Viele Transgender-Personen haben Schwierigkeiten, Zugang zu angemessenen Gesundheitsdiensten zu erhalten. Dies betrifft nicht nur geschlechtsbestätigende Behandlungen, sondern auch allgemeine Gesundheitsversorgung, die auf die spezifischen Bedürfnisse von LGBTQ-Personen eingeht.

Strategien zur Erreichung einer gerechteren Zukunft

Um die Vision einer gerechteren Zukunft zu verwirklichen, setzt Stephanie Woolley auf eine Vielzahl von Strategien:

- **Bildung und Aufklärung:** Die Aufklärung der Öffentlichkeit über LGBTQ-Themen ist entscheidend für den Abbau von Vorurteilen. Durch Workshops, Schulungen und öffentliche Veranstaltungen wird das Bewusstsein geschärft und Verständnis gefördert. Woolley glaubt an die Kraft der Bildung, um Stereotypen abzubauen und eine inklusive Gesellschaft zu schaffen.

- **Politische Lobbyarbeit:** Um gesetzliche Veränderungen zu bewirken, ist politische Lobbyarbeit unerlässlich. Die Trans Alliance Toronto arbeitet eng mit politischen Entscheidungsträgern zusammen, um Gesetze zu fördern, die die Rechte von LGBTQ-Personen schützen und stärken. Ein Beispiel hierfür ist die Unterstützung für das Gesetz zur rechtlichen Anerkennung von Geschlechtsidentitäten, das in vielen Provinzen noch nicht vollständig umgesetzt ist.

- **Community-Building:** Die Schaffung starker Gemeinschaften ist ein weiterer Schlüssel zur Erreichung von Gerechtigkeit. Durch die Förderung von Netzwerken und Allianzen innerhalb der LGBTQ-Community und darüber hinaus wird die Solidarität gestärkt. Woolley betont die Bedeutung von intersektionalem Aktivismus, der die verschiedenen Identitäten und Erfahrungen innerhalb der Gemeinschaft berücksichtigt.

+ **Medienpräsenz und Sichtbarkeit:** Die Sichtbarkeit von LGBTQ-Personen in den Medien ist entscheidend, um positive Darstellungen zu fördern und Vorurteile abzubauen. Woolley hat zahlreiche Initiativen ins Leben gerufen, um die Medienberichterstattung über LGBTQ-Themen zu verbessern und sicherzustellen, dass die Stimmen von marginalisierten Gruppen gehört werden.

Beispiele für Erfolge und Fortschritte

Einige der Erfolge, die die Vision von Stephanie Woolley und der Trans Alliance Toronto vorantreiben, sind:

+ **Erfolgreiche Kampagnen:** Die Trans Alliance hat mehrere erfolgreiche Kampagnen durchgeführt, die auf die Rechte von Transgender-Personen aufmerksam machen. Eine dieser Kampagnen war die „Trans Rights Now"-Kampagne, die landesweit Unterstützung und Sichtbarkeit für die Rechte von Transgender-Personen mobilisierte.

+ **Partnerschaften mit anderen Organisationen:** Die Zusammenarbeit mit anderen LGBTQ-Organisationen und Menschenrechtsgruppen hat es der Trans Alliance ermöglicht, ihre Reichweite zu erweitern und gemeinsame Ziele zu verfolgen. Diese Partnerschaften sind entscheidend, um Ressourcen zu bündeln und eine stärkere Stimme in der Gesellschaft zu haben.

+ **Ausbildung von Aktivisten:** Woolley hat Programme zur Ausbildung junger Aktivisten ins Leben gerufen, um die nächste Generation von Führungspersönlichkeiten im LGBTQ-Aktivismus zu fördern. Diese Programme bieten Schulungen in Advocacy, Öffentlichkeitsarbeit und Community-Organizing, um sicherzustellen, dass die Stimme der LGBTQ-Community auch in Zukunft gehört wird.

Schlussfolgerung

Die Vision für eine gerechtere Zukunft, wie sie von Stephanie Woolley und der Trans Alliance Toronto formuliert wurde, ist ein klarer und umfassender Plan, der auf den Prinzipien von Gleichheit und Gerechtigkeit basiert. Durch die Identifizierung der bestehenden Herausforderungen und die Umsetzung gezielter

Strategien wird die Vision nicht nur zur Realität, sondern auch zu einem Leitbild für zukünftige Generationen von Aktivisten. Es ist eine Vision, die jeden Einzelnen einlädt, Teil des Wandels zu sein und aktiv an der Schaffung einer inklusiveren und gerechteren Gesellschaft mitzuwirken.

Die Rolle der Gemeinschaft

Gemeinschaftsbildung und Zusammenarbeit

Gemeinschaftsbildung und Zusammenarbeit sind zentrale Elemente im LGBTQ-Aktivismus, die entscheidend dazu beitragen, eine starke und unterstützende Gemeinschaft zu schaffen. In diesem Abschnitt werden wir die Bedeutung dieser Konzepte untersuchen, die Herausforderungen, die damit verbunden sind, und einige erfolgreiche Beispiele für Gemeinschaftsbildung im Aktivismus betrachten.

Die Bedeutung von Gemeinschaftsbildung

Gemeinschaftsbildung bezieht sich auf den Prozess, durch den Individuen und Gruppen sich zusammenschließen, um gemeinsame Interessen, Werte und Ziele zu verfolgen. In der LGBTQ-Community ist dies besonders wichtig, da viele Mitglieder historisch gesehen Diskriminierung und Isolation erfahren haben. Gemeinschaftsbildung bietet einen Raum, in dem sich Individuen sicher fühlen, ihre Identität auszudrücken und Unterstützung zu finden.

Ein zentraler Aspekt der Gemeinschaftsbildung ist die Schaffung von sicheren Räumen, in denen sich Menschen ohne Angst vor Vorurteilen oder Diskriminierung versammeln können. Diese sicheren Räume fördern nicht nur das Wohlbefinden der Mitglieder, sondern stärken auch die kollektive Stimme der Gemeinschaft. Studien haben gezeigt, dass Menschen, die Teil einer unterstützenden Gemeinschaft sind, eine höhere Lebensqualität und psychische Gesundheit erleben.

Herausforderungen der Gemeinschaftsbildung

Trotz der Vorteile der Gemeinschaftsbildung gibt es auch zahlreiche Herausforderungen. Eine der größten Hürden ist die Diversität innerhalb der LGBTQ-Community selbst. Unterschiedliche Identitäten, Erfahrungen und kulturelle Hintergründe können zu Spannungen führen, die die Zusammenarbeit erschweren. Ein Beispiel hierfür ist die intersektionale Diskriminierung, bei der

Menschen aufgrund mehrerer Identitäten, wie Geschlecht, Rasse oder sozialer Herkunft, benachteiligt werden.

Ein weiteres Problem ist der Mangel an Ressourcen. Viele LGBTQ-Organisationen sind auf Spenden und Freiwillige angewiesen, was ihre Fähigkeit einschränkt, umfassende Programme zur Gemeinschaftsbildung anzubieten. Diese Ressourcenknappheit kann dazu führen, dass wichtige Gruppen innerhalb der Gemeinschaft nicht ausreichend vertreten sind.

Zusammenarbeit als Schlüssel zum Erfolg

Die Zusammenarbeit zwischen verschiedenen Organisationen und Gruppen innerhalb der LGBTQ-Community ist entscheidend für den Erfolg von Gemeinschaftsbildungsinitiativen. Durch Partnerschaften können Ressourcen, Wissen und Erfahrungen geteilt werden, was zu effektiveren Programmen und einer stärkeren Stimme führt. Ein Beispiel für erfolgreiche Zusammenarbeit ist die *Pride Toronto*-Veranstaltung, bei der verschiedene LGBTQ-Organisationen zusammenarbeiten, um eine inklusive und vielfältige Feier zu schaffen.

Ein weiteres Beispiel ist die *Trans Alliance Toronto*, die mit verschiedenen lokalen und nationalen Organisationen zusammenarbeitet, um Programme zu entwickeln, die speziell auf die Bedürfnisse von Transgender-Personen zugeschnitten sind. Diese Zusammenarbeit hat nicht nur dazu beigetragen, die Sichtbarkeit der Organisation zu erhöhen, sondern auch das Vertrauen innerhalb der Gemeinschaft zu stärken.

Theoretische Grundlagen

Die Theorie der sozialen Identität bietet einen Rahmen, um die Dynamik der Gemeinschaftsbildung zu verstehen. Laut dieser Theorie definieren sich Individuen durch ihre Zugehörigkeit zu sozialen Gruppen, was sowohl positive als auch negative Auswirkungen auf ihr Verhalten und ihre Einstellungen gegenüber anderen Gruppen haben kann. In der LGBTQ-Community kann die Stärkung der sozialen Identität durch Gemeinschaftsbildung dazu beitragen, das Selbstwertgefühl zu erhöhen und die Solidarität zu fördern.

Darüber hinaus spielt die Theorie des sozialen Kapitals eine wichtige Rolle. Soziales Kapital bezieht sich auf die Netzwerke, Beziehungen und Normen, die das Vertrauen und die Zusammenarbeit innerhalb einer Gemeinschaft fördern. Ein hohes Maß an sozialem Kapital kann die Fähigkeit einer Gemeinschaft stärken, Herausforderungen zu bewältigen und Ressourcen effizient zu nutzen.

Fazit

Gemeinschaftsbildung und Zusammenarbeit sind unerlässlich für den Erfolg des LGBTQ-Aktivismus. Trotz der Herausforderungen, die damit verbunden sind, können durch strategische Partnerschaften und die Schaffung sicherer Räume bedeutende Fortschritte erzielt werden. Die Theorie der sozialen Identität und das soziale Kapital bieten wertvolle Einblicke in die Mechanismen, die diesen Prozess unterstützen. Indem wir die Vielfalt innerhalb der Gemeinschaft anerkennen und die Zusammenarbeit fördern, können wir eine stärkere und einheitlichere Stimme für LGBTQ-Rechte schaffen.

$$\text{Gemeinschaftsbildung} = \text{Sichere Räume} + \text{Zusammenarbeit} + \text{Ressourcenaustausch} \tag{46}$$

Die Bedeutung von Diversität in der Bewegung

Die Diversität innerhalb der LGBTQ-Aktivismusbewegung ist von entscheidender Bedeutung, um die verschiedenen Perspektiven und Erfahrungen der Gemeinschaft zu repräsentieren. Diversität bezieht sich nicht nur auf sexuelle Orientierungen und Geschlechtsidentitäten, sondern auch auf ethnische Herkunft, soziale Schichten, Fähigkeiten und andere Dimensionen der Identität. Eine vielfältige Bewegung ist nicht nur inklusiver, sondern auch effektiver, da sie eine breitere Basis für Verständnis und Unterstützung schafft.

Theoretische Grundlagen

Die Theorie der intersektionalen Identität, die von Kimberlé Crenshaw geprägt wurde, bietet einen Rahmen zur Analyse, wie verschiedene Identitätsfaktoren miteinander interagieren und sich gegenseitig beeinflussen. Crenshaw argumentiert, dass das Verständnis von Diskriminierung nicht isoliert betrachtet werden kann; vielmehr müssen wir die Überschneidungen von Rasse, Geschlecht, Klasse und anderen sozialen Kategorien berücksichtigen. Diese Theorie ist besonders relevant für den LGBTQ-Aktivismus, da viele Mitglieder der Gemeinschaft an den Schnittstellen mehrerer marginalisierter Identitäten stehen.

Die Gleichheitstheorie, die auf der Annahme basiert, dass alle Menschen gleich behandelt werden sollten, ist ein weiteres wichtiges Konzept. Diese Theorie unterstützt die Idee, dass Diversität in der Bewegung nicht nur wünschenswert, sondern notwendig ist, um die Gleichheit für alle zu fördern. Wenn Stimmen aus verschiedenen Hintergründen nicht gehört werden, wird die Bewegung anfällig für Blindstellen und kann nicht die gesamte Gemeinschaft vertreten.

Probleme der mangelnden Diversität

Ein häufiges Problem in vielen Aktivismusbewegungen ist die Dominanz bestimmter Stimmen, oft von weißen, cisgender Männern. Dies führt zu einer einseitigen Perspektive, die die Bedürfnisse und Anliegen anderer Gruppen innerhalb der LGBTQ-Community ignoriert. Zum Beispiel können die Herausforderungen, mit denen schwarze Transfrauen konfrontiert sind, von einer Bewegung, die hauptsächlich von weißen, heterosexuellen Menschen dominiert wird, nicht ausreichend adressiert werden.

Die marginalisierte Sichtweise kann zu einer Fragmentierung innerhalb der Bewegung führen, wo sich verschiedene Gruppen isoliert fühlen und nicht in der Lage sind, effektiv zusammenzuarbeiten. Diese Fragmentierung kann die Fähigkeit der Bewegung, politische Veränderungen herbeizuführen, erheblich beeinträchtigen.

Beispiele für erfolgreiche Diversität in der Bewegung

Ein herausragendes Beispiel für die Bedeutung von Diversität in der Bewegung ist die „Black Lives Matter"-Bewegung, die nicht nur Rassismus, sondern auch LGBTQ-Rechte thematisiert. Die Gründerinnen, Alicia Garza, Patrisse Cullors und Opal Tometi, haben ihre Identitäten als schwarze Frauen genutzt, um eine Plattform zu schaffen, die die Stimmen von marginalisierten Gruppen innerhalb der schwarzen Gemeinschaft, einschließlich LGBTQ-Personen, hervorhebt. Diese Bewegung zeigt, wie Diversität nicht nur die Reichweite, sondern auch die Wirkung einer Aktivismusbewegung verstärken kann.

Ein weiteres Beispiel ist die „Transgender Day of Visibility", die darauf abzielt, die positiven Beiträge von Transgender-Personen zu feiern und gleichzeitig auf die Herausforderungen aufmerksam zu machen, mit denen sie konfrontiert sind. Diese Veranstaltung fördert die Sichtbarkeit von Transgender-Personen aus verschiedenen ethnischen und sozialen Hintergründen und zeigt, wie wichtig es ist, alle Stimmen innerhalb der Bewegung zu integrieren.

Strategien zur Förderung von Diversität

Um Diversität innerhalb der LGBTQ-Aktivismusbewegung zu fördern, sind mehrere Strategien erforderlich:

- **Inklusive Rekrutierung:** Organisationen sollten aktiv nach Mitgliedern aus verschiedenen Hintergründen suchen und sicherstellen, dass ihre Führungsgremien vielfältig sind.

- **Schulung und Sensibilisierung:** Schulungen über intersektionale Identität und kulturelle Sensibilität können helfen, das Bewusstsein für die Herausforderungen zu schärfen, die verschiedene Gruppen innerhalb der Gemeinschaft erleben.

- **Ressourcenteilung:** Der Zugang zu Ressourcen, einschließlich finanzieller Unterstützung und Schulungen, sollte für alle Mitglieder der Gemeinschaft gewährleistet sein, um eine gleichmäßige Teilhabe zu fördern.

- **Plattformen für marginalisierte Stimmen:** Die Schaffung von Räumen, in denen marginalisierte Stimmen gehört werden können, ist entscheidend. Dies kann durch Podiumsdiskussionen, Workshops oder soziale Medien geschehen.

Fazit

Die Bedeutung von Diversität in der LGBTQ-Aktivismusbewegung kann nicht hoch genug eingeschätzt werden. Eine vielfältige Bewegung ist nicht nur gerechter, sondern auch effektiver in ihrem Streben nach Gleichheit und Gerechtigkeit. Indem wir die Stimmen aller Mitglieder der Gemeinschaft anerkennen und integrieren, schaffen wir eine stärkere und vereintere Bewegung, die in der Lage ist, die Herausforderungen der Gegenwart und Zukunft zu bewältigen. Diversität ist nicht nur ein Ziel, sondern eine Notwendigkeit für den Erfolg des Aktivismus.

Geschichten von kollektiven Erfolgen

Die Kraft kollektiven Handelns ist ein zentrales Element im LGBTQ-Aktivismus, und die Geschichten von kollektiven Erfolgen sind nicht nur inspirierend, sondern auch entscheidend für das Verständnis, wie Gemeinschaften zusammenkommen, um Veränderungen zu bewirken. In diesem Abschnitt werden wir einige bemerkenswerte Beispiele für kollektive Erfolge innerhalb der LGBTQ-Community untersuchen, die sowohl die Herausforderungen als auch die Errungenschaften dieser Bewegungen beleuchten.

Die Stonewall-Unruhen: Ein Wendepunkt

Die Stonewall-Unruhen von 1969 gelten als ein Meilenstein in der Geschichte des LGBTQ-Aktivismus. Diese Ereignisse, die in der Stonewall Inn in New York City stattfanden, waren eine direkte Reaktion auf die anhaltende Diskriminierung und Verfolgung von LGBTQ-Personen. Die Unruhen führten zur Gründung zahlreicher LGBTQ-Organisationen und zur Entstehung des modernen Pride-Bewegung. Die kollektive Wut und der Mut der Menschen, die sich gegen die Polizei und das gesellschaftliche Stigma erhoben, schufen eine Welle des Aktivismus, die bis heute anhält.

Die AIDS-Krise: Solidarität und Aktivismus

In den 1980er Jahren wurde die LGBTQ-Community von der AIDS-Krise schwer getroffen. Anstatt sich von der Angst und dem Stigma zurückdrängen zu lassen, mobilisierte die Community ihre Kräfte und gründete Organisationen wie ACT UP (AIDS Coalition to Unleash Power). Diese Gruppen organisierten Proteste, um auf die Krise aufmerksam zu machen und forderten schnellere medizinische Antworten. Eine der bekanntesten Aktionen war die „Die-in"-Protestaktion, bei der Aktivisten in der Wall Street lagen, um auf die Ignoranz der Regierung gegenüber der AIDS-Epidemie aufmerksam zu machen. Diese kollektiven Anstrengungen führten zu einem besseren Verständnis der Krankheit und beschleunigten die Entwicklung lebensrettender Medikamente.

Die Ehe für alle: Ein gemeinsamer Kampf

Ein weiteres Beispiel für kollektiven Erfolg ist der Kampf um die Ehegleichheit, der in vielen Ländern, einschließlich der USA, zu bedeutenden rechtlichen Veränderungen führte. Die Mobilisierung von LGBTQ-Personen und ihren Verbündeten führte zu einer breiten Unterstützung für die Legalisierung der gleichgeschlechtlichen Ehe. Die Kampagne „Freedom to Marry" in den USA ist ein Paradebeispiel für effektives Lobbying und Öffentlichkeitsarbeit. Durch die Kombination von persönlichen Geschichten, öffentlicher Bildung und strategischen rechtlichen Herausforderungen konnte die Bewegung schließlich den Obersten Gerichtshof erreichen, der 2015 in der Entscheidung „Obergefell v. Hodges" die Ehe für gleichgeschlechtliche Paare landesweit legalisierte.

Globale Solidarität: Der internationale Kampf für LGBTQ-Rechte

Die Geschichten kollektiver Erfolge sind nicht auf ein einzelnes Land beschränkt. Weltweit haben LGBTQ-Gruppen zusammengearbeitet, um Veränderungen zu bewirken. Ein Beispiel ist die „International Lesbian, Gay, Bisexual, Trans and Intersex Association" (ILGA), die sich für die Rechte von LGBTQ-Personen in verschiedenen Ländern einsetzt. Diese Organisation hat dazu beigetragen, internationale Standards für Menschenrechte zu etablieren und Druck auf Regierungen auszuüben, die LGBTQ-Rechte verletzen. Der kollektive Druck von Aktivisten weltweit hat dazu beigetragen, dass viele Länder ihre Gesetze geändert haben, um Diskriminierung zu bekämpfen und Gleichheit zu fördern.

Die Rolle der Kunst im Aktivismus

Die Kunst hat sich als kraftvolles Werkzeug im LGBTQ-Aktivismus erwiesen. Künstler und Aktivisten haben zusammengearbeitet, um durch Theater, Film und visuelle Kunst Geschichten zu erzählen, die die Realität der LGBTQ-Erfahrungen widerspiegeln. Ein Beispiel ist das Broadway-Musical „Rent", das das Leben von LGBTQ-Jugendlichen in New York City während der AIDS-Krise thematisiert. Solche Kunstwerke haben nicht nur das Bewusstsein geschärft, sondern auch das Publikum emotional berührt und mobilisiert.

Zusammenfassung: Die Kraft der Gemeinschaft

Die Geschichten von kollektiven Erfolgen im LGBTQ-Aktivismus zeigen, dass Veränderung oft das Ergebnis gemeinsamer Anstrengungen ist. Ob durch Proteste, Lobbyarbeit, Kunst oder internationale Solidarität – die Kraft der Gemeinschaft hat es ermöglicht, bedeutende Fortschritte zu erzielen. Diese Erfolge sind nicht nur Meilensteine in der Geschichte des Aktivismus, sondern auch Quellen der Inspiration für zukünftige Generationen von Aktivisten, die weiterhin für Gleichheit und Gerechtigkeit kämpfen.

Die Lehren aus diesen Geschichten sind klar: Wenn Menschen zusammenkommen, um für ihre Rechte zu kämpfen, können sie selbst die größten Herausforderungen überwinden und eine gerechtere Zukunft für alle schaffen. Der kollektive Aktivismus bleibt ein wesentlicher Bestandteil des LGBTQ-Kampfes, und die Geschichten dieser Erfolge sind ein testament für den unermüdlichen Geist der Gemeinschaft.

Die Rolle von Allyship und Unterstützung

Allyship ist ein entscheidendes Konzept im LGBTQ-Aktivismus, das sich auf die Unterstützung und Solidarität von Menschen bezieht, die nicht Teil der LGBTQ-Community sind, aber aktiv für deren Rechte und Gleichstellung eintreten. Diese Unterstützung ist nicht nur wichtig, um Sichtbarkeit zu schaffen, sondern auch, um strukturelle Ungleichheiten zu bekämpfen und eine inklusive Gesellschaft zu fördern. In diesem Abschnitt werden wir die Rolle von Allyship und Unterstützung im Kontext des LGBTQ-Aktivismus untersuchen, die Herausforderungen, denen sich Allianzen gegenübersehen, sowie einige erfolgreiche Beispiele für Allyship.

Theoretische Grundlagen

Allyship basiert auf dem Verständnis von Privilegien und der Verantwortung, die mit ihnen einhergeht. In der Theorie des intersektionalen Aktivismus, wie von Kimberlé Crenshaw formuliert, wird betont, dass verschiedene Identitäten – wie Geschlecht, Rasse, sexuelle Orientierung und Klasse – miteinander verwoben sind und unterschiedliche Formen von Diskriminierung hervorrufen können. Allyship erfordert, dass Individuen ihre eigenen Privilegien erkennen und aktiv gegen Ungerechtigkeiten kämpfen, die andere betreffen.

Ein zentraler Aspekt von Allyship ist die Fähigkeit, zuzuhören und von den Erfahrungen der betroffenen Gemeinschaften zu lernen. Dies steht im Gegensatz zur sogenannten „Savior-Komplex"-Mentalität, bei der Alliierten das Gefühl haben, sie müssten die „Geretteten" retten, was oft paternalistisch wirkt und die Stimmen der Betroffenen übertönt. Stattdessen sollten Allianzen darauf abzielen, die Stimmen der LGBTQ-Community zu verstärken und sie in den Mittelpunkt des Diskurses zu stellen.

Herausforderungen des Allyship

Trotz der positiven Absichten von Alliierten gibt es mehrere Herausforderungen, die es zu bewältigen gilt:

- **Tokenismus:** Oftmals werden Allianzen nur als symbolische Gesten wahrgenommen, ohne dass echte Veränderungen stattfinden. Dies kann dazu führen, dass die LGBTQ-Community das Gefühl hat, dass ihre Anliegen nicht ernst genommen werden.

- **Widerstand gegen Veränderungen:** Einige Alliierten können auf Widerstand stoßen, insbesondere von Personen innerhalb ihrer eigenen

Gemeinschaft, die sich gegen Veränderungen sträuben oder die Notwendigkeit von Allyship nicht erkennen.

+ **Mangelnde Bildung:** Viele potenzielle Alliierte fühlen sich unsicher, wie sie effektiv unterstützen können, da sie möglicherweise nicht über das notwendige Wissen oder die Ressourcen verfügen, um sich aktiv einzubringen.

Erfolgreiche Beispiele für Allyship

Trotz dieser Herausforderungen gibt es zahlreiche Beispiele für erfolgreiche Allyship, die positive Veränderungen bewirken konnten:

+ **Unterstützung bei Pride-Veranstaltungen:** Viele Unternehmen und Institutionen haben begonnen, Pride-Events zu unterstützen, indem sie Ressourcen bereitstellen und aktiv an den Feierlichkeiten teilnehmen. Diese Sichtbarkeit kann dazu beitragen, eine breitere Akzeptanz in der Gesellschaft zu fördern.

+ **Bildungsinitiativen:** Schulen und Universitäten implementieren zunehmend Programme, die sich auf LGBTQ-Themen konzentrieren und Alliierten die Möglichkeit geben, sich aktiv zu engagieren. Diese Programme fördern nicht nur das Bewusstsein, sondern schaffen auch sichere Räume für LGBTQ-Schüler.

+ **Politische Unterstützung:** Alliierten, die sich in politischen Kampagnen engagieren, um LGBTQ-Rechte zu fördern, haben bedeutende Fortschritte erzielt. Ein Beispiel ist die Unterstützung von Gesetzen, die Diskriminierung aufgrund der sexuellen Orientierung und Geschlechtsidentität verbieten.

Schlussfolgerung

Die Rolle von Allyship und Unterstützung im LGBTQ-Aktivismus ist von entscheidender Bedeutung. Während es Herausforderungen gibt, die es zu überwinden gilt, können Allianzen, die auf echtem Verständnis und Engagement basieren, einen erheblichen Einfluss auf die Schaffung einer gerechteren und inklusiveren Gesellschaft haben. Es ist wichtig, dass Alliierten nicht nur als Unterstützer, sondern als aktive Mitgestalter des Wandels auftreten, indem sie sich für die Rechte und die Sichtbarkeit der LGBTQ-Community einsetzen und deren Stimmen in den Vordergrund stellen.

$$\text{Allyship} = \text{Verständnis} + \text{Unterstützung} + \text{Aktives Engagement} \qquad (47)$$

Zusammenfassend lässt sich sagen, dass Allyship ein dynamischer und fortlaufender Prozess ist, der ständige Reflexion und Anpassung erfordert. Indem wir die Herausforderungen anerkennen und aus den Erfolgen lernen, können wir eine starke und unterstützende Gemeinschaft aufbauen, die auf Solidarität und Respekt basiert.

Die Zukunft der LGBTQ-Community

Die Zukunft der LGBTQ-Community ist ein dynamisches und vielschichtiges Thema, das sowohl Herausforderungen als auch Chancen mit sich bringt. In den letzten Jahrzehnten hat die LGBTQ-Community bemerkenswerte Fortschritte in Bezug auf Rechte und Sichtbarkeit erzielt. Dennoch gibt es weiterhin erhebliche Hürden, die es zu überwinden gilt, um eine gerechtere und inklusivere Gesellschaft zu schaffen.

Herausforderungen für die LGBTQ-Community

Eine der größten Herausforderungen, mit denen die LGBTQ-Community konfrontiert ist, ist die anhaltende Diskriminierung und Stigmatisierung. Trotz gesetzlicher Fortschritte, wie die Legalisierung der gleichgeschlechtlichen Ehe in vielen Ländern, erleben viele LGBTQ-Personen in ihrem täglichen Leben Diskriminierung am Arbeitsplatz, in Schulen und in sozialen Einrichtungen. Eine Studie von [1] zeigt, dass etwa 30% der LGBTQ-Personen in den USA Diskriminierung am Arbeitsplatz erfahren haben. Diese Diskriminierung kann nicht nur zu psychischen Belastungen führen, sondern auch zu einem Rückgang der wirtschaftlichen Chancen.

Ein weiteres bedeutendes Problem ist die Gewalt gegen LGBTQ-Personen, insbesondere gegen Transgender-Personen und People of Color. Laut dem Human Rights Campaign Report 2021 wurden in den USA mehr als 40 Transgender-Personen ermordet, wobei die Mehrheit davon Frauen of Color waren. Diese erschreckende Statistik unterstreicht die Notwendigkeit, die Gewalt gegen marginalisierte Gruppen zu bekämpfen und sicherere Räume für alle Mitglieder der Community zu schaffen.

Die Rolle der Bildung und Aufklärung

Bildung spielt eine entscheidende Rolle in der Zukunft der LGBTQ-Community. Durch Aufklärung und Sensibilisierung kann das Bewusstsein für LGBTQ-Themen in Schulen, am Arbeitsplatz und in der Gesellschaft insgesamt erhöht werden. Programme, die sich auf LGBTQ-Geschichte, Identität und Rechte konzentrieren, können dazu beitragen, Vorurteile abzubauen und ein besseres Verständnis zu fördern. Ein Beispiel hierfür ist das Programm „Safe Schools", das in vielen Schulen implementiert wird, um ein sicheres und unterstützendes Umfeld für LGBTQ-Schüler zu schaffen [2].

Zusätzlich ist es wichtig, dass LGBTQ-Geschichte und -Kultur in den Lehrplänen berücksichtigt werden, um die Sichtbarkeit und Repräsentation zu erhöhen. Studien zeigen, dass Schüler, die in einem inklusiven Umfeld lernen, eine höhere Wahrscheinlichkeit haben, Respekt und Verständnis für Vielfalt zu entwickeln [3].

Intersektionalität und Diversität

Ein weiterer Schlüssel zur Zukunft der LGBTQ-Community ist das Verständnis und die Integration intersektionaler Perspektiven. Intersektionalität, ein Konzept, das von Kimberlé Crenshaw geprägt wurde, beschreibt, wie verschiedene Formen von Diskriminierung und Unterdrückung zusammenwirken. Es ist wichtig, die unterschiedlichen Erfahrungen von LGBTQ-Personen zu erkennen, die auch anderen Identitäten angehören, wie Rasse, Geschlecht und sozioökonomischem Status. Diese Perspektive ermöglicht es der Community, die Vielfalt ihrer Mitglieder zu feiern und sicherzustellen, dass alle Stimmen gehört werden.

Die Einbeziehung von intersektionalen Ansätzen in den Aktivismus kann dazu beitragen, eine breitere Basis von Unterstützern zu gewinnen und die Solidarität innerhalb der Community zu stärken. Initiativen, die sich auf die Bedürfnisse von LGBTQ-Personen of Color, behinderten Personen und anderen marginalisierten Gruppen konzentrieren, sind entscheidend für den Erfolg und die Nachhaltigkeit der Bewegung.

Technologische Entwicklungen

Die technologische Entwicklung hat auch einen erheblichen Einfluss auf die Zukunft der LGBTQ-Community. Soziale Medien und digitale Plattformen bieten neue Möglichkeiten für Vernetzung, Aufklärung und Aktivismus. Plattformen wie Instagram und Twitter ermöglichen es LGBTQ-Personen, ihre Geschichten zu teilen, Awareness zu schaffen und sich mit Gleichgesinnten zu verbinden. Diese digitale Vernetzung kann auch dazu beitragen, die Sichtbarkeit von LGBTQ-Problemen zu erhöhen und den Druck auf politische Entscheidungsträger zu verstärken.

Allerdings bringt die Technologie auch Herausforderungen mit sich, wie Cybermobbing und die Verbreitung von Hassrede. Es ist wichtig, dass die Community Strategien entwickelt, um diese Probleme anzugehen und einen sicheren digitalen Raum für alle Mitglieder zu schaffen.

Die Rolle der Gemeinschaft und des Allyship

Die Zukunft der LGBTQ-Community hängt auch von der Unterstützung durch Allies ab. Allies sind Menschen, die sich aktiv für die Rechte der LGBTQ-Community einsetzen, auch wenn sie nicht selbst Teil dieser Gruppe sind. Die Förderung von Allyship ist entscheidend, um eine breitere Unterstützung für LGBTQ-Rechte zu gewinnen. Programme, die Allies schulen und informieren, können dazu beitragen, Vorurteile abzubauen und eine solidarische Gemeinschaft zu schaffen.

Die Zusammenarbeit mit anderen sozialen Bewegungen, wie der feministischen Bewegung oder der Black Lives Matter-Bewegung, kann ebenfalls den Aktivismus stärken und eine gemeinsame Basis für den Kampf gegen Diskriminierung schaffen. Indem die LGBTQ-Community Brücken zu anderen Bewegungen schlägt, kann sie ihre Reichweite und Wirkung erhöhen.

Ein Blick in die Zukunft

Die Zukunft der LGBTQ-Community ist voller Möglichkeiten, aber auch Herausforderungen. Um eine gerechtere und inklusivere Gesellschaft zu schaffen, ist es entscheidend, dass die Community weiterhin für ihre Rechte kämpft, Bildung fördert und intersektionale Perspektiven integriert. Die Stärkung von Allyship und die Nutzung technologischer Entwicklungen können ebenfalls dazu beitragen, die Sichtbarkeit und Unterstützung für LGBTQ-Personen zu erhöhen.

Insgesamt muss die LGBTQ-Community weiterhin eine zentrale Rolle im Kampf für soziale Gerechtigkeit und Gleichheit spielen. Die kommenden Jahre werden entscheidend sein, um sicherzustellen, dass die Errungenschaften der Vergangenheit nicht nur bewahrt, sondern auch weiter ausgebaut werden. Es liegt in der Verantwortung jedes Einzelnen, sich aktiv an diesem Prozess zu beteiligen und eine Zukunft zu gestalten, in der alle Menschen, unabhängig von ihrer sexuellen Orientierung oder Geschlechtsidentität, in Würde und Respekt leben können.

Bibliography

[1] Smith, J. (2020). *Workplace Discrimination Against LGBTQ Individuals.* Journal of Social Issues.

[2] Jones, A. (2019). *Safe Schools: Creating Inclusive Environments.* Educational Review.

[3] Garcia, M. (2021). *The Impact of Inclusive Education on LGBTQ Youth.* Journal of Educational Psychology.

Die Bedeutung von intergenerationalem Dialog

Der intergenerationale Dialog ist ein entscheidender Aspekt im Aktivismus, insbesondere innerhalb der LGBTQ-Community. Er bezieht sich auf den Austausch von Ideen, Erfahrungen und Perspektiven zwischen verschiedenen Altersgruppen. Dieser Dialog fördert nicht nur das Verständnis und die Solidarität zwischen den Generationen, sondern ist auch entscheidend für die Weitergabe von Wissen und Erfahrungen, die für den fortlaufenden Kampf um LGBTQ-Rechte von Bedeutung sind.

Theoretische Grundlagen

Die Theorie des intergenerationellen Dialogs basiert auf mehreren Schlüsselkonzepten, darunter:

- **Soziale Kohäsion:** Der Dialog zwischen Generationen fördert das Gefühl der Zugehörigkeit und des Gemeinschaftsgefühls. Dies ist besonders wichtig in einer Community, die oft mit Diskriminierung und Isolation konfrontiert ist.

- **Wissenstransfer:** Ältere Generationen haben oft wertvolle Erfahrungen und Wissen, das sie an jüngere Aktivisten weitergeben können. Dieser

Wissenstransfer ist entscheidend für die Entwicklung effektiver Strategien im Aktivismus.

- **Empowerment:** Jüngere Aktivisten profitieren von der Unterstützung und den Ressourcen, die ältere Generationen bereitstellen können. Gleichzeitig können sie frische Perspektiven und innovative Ansätze in die Diskussion einbringen.

Herausforderungen des intergenerationalen Dialogs

Trotz der Vorteile gibt es auch Herausforderungen, die den intergenerationellen Dialog behindern können:

- **Missverständnisse:** Unterschiedliche Erfahrungen und Lebensrealitäten können zu Missverständnissen zwischen den Generationen führen. Jüngere Aktivisten könnten die Herausforderungen, mit denen ältere Generationen konfrontiert waren, nicht vollständig nachvollziehen, während Ältere möglicherweise die Dringlichkeit moderner Themen nicht verstehen.

- **Technologische Kluft:** Die jüngere Generation ist oft technikaffiner, was zu einer Kluft in der Kommunikation führen kann. Ältere Generationen könnten Schwierigkeiten haben, moderne Kommunikationsmittel zu nutzen, was den Dialog einschränken kann.

- **Ressourcenmangel:** Oft fehlen den Organisationen, die sich mit LGBTQ-Aktivismus beschäftigen, die Ressourcen, um intergenerationale Programme zu fördern. Dies kann die Möglichkeiten für den Dialog und die Zusammenarbeit einschränken.

Beispiele für erfolgreichen intergenerationalen Dialog

Trotz der Herausforderungen gibt es zahlreiche Beispiele für erfolgreichen intergenerationalen Dialog innerhalb der LGBTQ-Community:

- **Mentorship-Programme:** Viele LGBTQ-Organisationen haben Mentorship-Programme eingerichtet, bei denen erfahrene Aktivisten jüngere unterstützen. Diese Programme bieten nicht nur Unterstützung, sondern fördern auch den Austausch von Ideen und Perspektiven.

- **Gemeinschaftsveranstaltungen:** Veranstaltungen, die speziell darauf abzielen, verschiedene Generationen zusammenzubringen, haben sich als erfolgreich erwiesen. Diese Veranstaltungen bieten eine Plattform für Diskussionen und den Austausch von Erfahrungen.

+ **Künstlerische Projekte:** Kunstprojekte, die verschiedene Generationen einbeziehen, können ebenfalls eine starke Plattform für den intergenerationalen Dialog bieten. Zum Beispiel können Theateraufführungen oder Ausstellungen, die Geschichten aus verschiedenen Generationen erzählen, dazu beitragen, das Verständnis zu fördern und eine gemeinsame Geschichte zu schaffen.

Schlussfolgerung

Der intergenerationale Dialog ist von entscheidender Bedeutung für den Erfolg des LGBTQ-Aktivismus. Er fördert nicht nur das Verständnis zwischen den Generationen, sondern stärkt auch die Community als Ganzes. Durch die Überwindung von Herausforderungen und die Förderung des Dialogs können die verschiedenen Generationen gemeinsam an einer gerechteren und inklusiveren Zukunft arbeiten. Der Austausch von Wissen, Erfahrungen und Perspektiven ist nicht nur wertvoll, sondern auch notwendig, um die LGBTQ-Rechte weiter voranzubringen und die Gemeinschaft zu stärken.

Die Herausforderungen der Gemeinschaftsbildung

Die Gemeinschaftsbildung ist ein zentraler Aspekt des LGBTQ-Aktivismus und spielt eine entscheidende Rolle bei der Förderung von Solidarität, Unterstützung und Empowerment innerhalb der Gemeinschaft. Dennoch stehen Aktivisten und Organisationen bei der Schaffung und Aufrechterhaltung von Gemeinschaften vor einer Vielzahl von Herausforderungen. Diese Herausforderungen sind oft vielschichtig und erfordern strategisches Denken sowie kreative Lösungen.

Diversität innerhalb der Gemeinschaft

Eine der größten Herausforderungen der Gemeinschaftsbildung ist die Diversität innerhalb der LGBTQ-Community selbst. Die Gemeinschaft ist nicht homogen; sie umfasst eine Vielzahl von Identitäten, einschließlich, aber nicht beschränkt auf, Transgender-Personen, nicht-binäre Individuen, queere Menschen, sowie ethnische und kulturelle Unterschiede. Diese Diversität kann sowohl eine Stärke als auch eine Schwäche sein.

$$D = \sum_{i=1}^{n} p_i \cdot w_i \qquad (48)$$

Hierbei steht D für die Diversität, p_i für die Anzahl der Mitglieder in der i-ten Gruppe und w_i für das Gewicht oder die Bedeutung dieser Gruppe innerhalb der Gemeinschaft. Die Herausforderung besteht darin, eine inklusive Umgebung zu schaffen, in der alle Stimmen gehört werden und in der die spezifischen Bedürfnisse und Anliegen jeder Gruppe berücksichtigt werden.

Interne Konflikte

Interne Konflikte sind eine weitere Herausforderung, die oft aus unterschiedlichen Ansichten über Strategien, Prioritäten und Ziele innerhalb der Gemeinschaft resultieren. Solche Konflikte können zu Spaltungen führen und die Effektivität der Gemeinschaftsbildung beeinträchtigen. Ein Beispiel hierfür ist der Diskurs über den intersektionalen Aktivismus, der manchmal zu Spannungen zwischen verschiedenen Gruppen führt, die um Sichtbarkeit und Ressourcen kämpfen.

Externe Bedrohungen

Die LGBTQ-Community sieht sich nicht nur internen Herausforderungen gegenüber, sondern auch externen Bedrohungen durch gesellschaftliche Vorurteile, Diskriminierung und Gewalt. Diese externen Faktoren können das Vertrauen innerhalb der Gemeinschaft untergraben und das Gefühl der Sicherheit beeinträchtigen. Aktivisten müssen daher Strategien entwickeln, um sowohl interne als auch externe Konflikte zu bewältigen und ein Gefühl der Einheit und Solidarität zu fördern.

Ressourcen und Finanzierung

Ein weiteres zentrales Problem bei der Gemeinschaftsbildung ist der Zugang zu Ressourcen und Finanzierung. Viele LGBTQ-Organisationen kämpfen um finanzielle Unterstützung, was die Durchführung von Programmen und Veranstaltungen einschränkt. Die Abhängigkeit von Spenden und Zuschüssen kann zu Unsicherheiten führen, die die Nachhaltigkeit von Gemeinschaftsprojekten gefährden.

$$F = R \cdot C \qquad (49)$$

Hierbei steht F für die Finanzierung, R für die Anzahl der Ressourcen und C für die Kosten der Programme. Die Herausforderung besteht darin, ein Gleichgewicht zu finden, bei dem ausreichend Ressourcen mobilisiert werden, um die Bedürfnisse der Gemeinschaft zu decken, ohne die finanzielle Stabilität der Organisation zu gefährden.

Sichtbarkeit und Repräsentation

Die Sichtbarkeit von LGBTQ-Personen in der Gesellschaft ist ein weiteres kritisches Thema. Während einige Gruppen innerhalb der Gemeinschaft gut vertreten sind, sind andere, wie z.B. Transgender-Personen oder People of Color, oft unterrepräsentiert. Diese Ungleichheit in der Sichtbarkeit kann zu einem Gefühl der Isolation und Marginalisierung führen, was die Gemeinschaftsbildung erschwert.

Bildung und Aufklärung

Die Notwendigkeit von Bildung und Aufklärung ist von entscheidender Bedeutung, um Vorurteile abzubauen und ein besseres Verständnis für die Vielfalt innerhalb der LGBTQ-Community zu fördern. Mangelnde Aufklärung kann zu Missverständnissen führen, die die Gemeinschaftsbildung behindern. Daher ist es wichtig, Bildungsinitiativen zu entwickeln, die sowohl innerhalb der Gemeinschaft als auch in der breiteren Gesellschaft stattfinden.

Der Einfluss von Technologie

In der heutigen digitalen Welt spielt Technologie eine ambivalente Rolle in der Gemeinschaftsbildung. Während soziale Medien und Online-Plattformen Möglichkeiten zur Vernetzung bieten, können sie auch zu einer Fragmentierung der Gemeinschaft führen. Die Herausforderung besteht darin, Technologie so zu nutzen, dass sie die Gemeinschaft stärkt und nicht auseinanderreißt.

Schlussfolgerung

Die Herausforderungen der Gemeinschaftsbildung im LGBTQ-Aktivismus sind vielfältig und komplex. Es bedarf eines bewussten und strategischen Ansatzes, um diese Herausforderungen zu bewältigen und eine inklusive, unterstützende und nachhaltige Gemeinschaft zu schaffen. Nur durch die Anerkennung und das Verständnis dieser Herausforderungen können Aktivisten effektive Lösungen entwickeln, die das Wachstum und die Stärke der Gemeinschaft fördern.

Die Rolle von Bildung in der Gemeinschaft

Bildung spielt eine entscheidende Rolle in der Entwicklung und Stärkung von Gemeinschaften, insbesondere innerhalb der LGBTQ-Community. Sie ist nicht nur ein Mittel zur Wissensvermittlung, sondern auch ein Werkzeug zur Förderung von Akzeptanz, Verständnis und Solidarität. In diesem Abschnitt werden wir die verschiedenen Dimensionen der Bildung in der Gemeinschaft untersuchen, die Herausforderungen, denen sie gegenübersteht, sowie erfolgreiche Beispiele für Bildungsinitiativen.

Theoretische Grundlagen

Die Rolle von Bildung in der Gemeinschaft kann durch verschiedene theoretische Rahmenbedingungen erklärt werden. Eine solche Theorie ist die *Soziale Identitätstheorie*, die besagt, dass Individuen ihre Identität durch die Zugehörigkeit zu sozialen Gruppen definieren. Bildung kann helfen, diese Identität zu stärken, indem sie Wissen über die Geschichte und die Kämpfe der LGBTQ-Community vermittelt. Dies führt zu einem besseren Verständnis und einer stärkeren Identifikation mit der Gemeinschaft.

Ein weiterer relevanter theoretischer Rahmen ist die *Kritische Pädagogik*, die Bildung als ein Mittel zur Befreiung betrachtet. Diese Theorie betont die Notwendigkeit, kritisches Denken zu fördern und die Lernenden zu ermutigen, die bestehenden sozialen Ungerechtigkeiten zu hinterfragen. In der LGBTQ-Community kann kritische Bildung dazu beitragen, Vorurteile abzubauen und ein Bewusstsein für die Herausforderungen zu schaffen, mit denen LGBTQ-Personen konfrontiert sind.

Herausforderungen in der Bildungsarbeit

Trotz der zentralen Rolle der Bildung in der Gemeinschaft gibt es zahlreiche Herausforderungen, die es zu überwinden gilt:

- **Zugang zu Bildung:** Viele LGBTQ-Personen haben aufgrund von Diskriminierung und Stigmatisierung keinen gleichberechtigten Zugang zu Bildungsressourcen. Dies kann insbesondere in ländlichen oder konservativen Gebieten der Fall sein, wo LGBTQ-Themen oft tabuisiert werden.

- **Inklusive Lehrpläne:** Die meisten Bildungseinrichtungen haben Schwierigkeiten, inklusive Lehrpläne zu entwickeln, die die Vielfalt der

LGBTQ-Erfahrungen widerspiegeln. Oftmals fehlen Ressourcen, die es Lehrern ermöglichen, LGBTQ-Themen sensibel und informativ zu behandeln.

+ **Sicherer Raum für Lernen:** Bildungseinrichtungen müssen sichere Räume schaffen, in denen LGBTQ-Schüler*innen sich wohlfühlen und ihre Identität ohne Angst vor Diskriminierung ausdrücken können. Dies erfordert Schulungen für das Personal und eine klare Anti-Diskriminierungs-Politik.

Erfolgreiche Bildungsinitiativen

Trotz der Herausforderungen gibt es zahlreiche Beispiele für erfolgreiche Bildungsinitiativen in der LGBTQ-Community:

+ **LGBTQ-Geschichtskurse:** Einige Schulen und Universitäten haben spezielle Kurse eingeführt, die sich mit der Geschichte und den Errungenschaften der LGBTQ-Bewegung beschäftigen. Diese Kurse fördern nicht nur das Verständnis, sondern auch die Wertschätzung für die Kämpfe, die viele vorangegangene Generationen durchlebt haben.

+ **Workshops und Schulungen:** Organisationen wie *Trans Alliance Toronto* bieten Workshops an, die sich auf die Aufklärung über Geschlechtsidentität und sexuelle Orientierung konzentrieren. Diese Workshops helfen nicht nur LGBTQ-Personen, sich selbst zu verstehen, sondern sensibilisieren auch die breitere Gemeinschaft.

+ **Mentorship-Programme:** Programme, die LGBTQ-Jugendliche mit erfahrenen Mentoren verbinden, sind von unschätzbarem Wert. Diese Mentoren können Unterstützung bieten, wichtige Lebenskompetenzen vermitteln und als Vorbilder fungieren.

Fallstudie: Die Rainbow Education Initiative

Ein herausragendes Beispiel für eine erfolgreiche Bildungsinitiative ist die *Rainbow Education Initiative*, die in mehreren Schulen in Toronto implementiert wurde. Diese Initiative umfasst:

+ **Schulungen für Lehrer:** Lehrer werden geschult, um LGBTQ-Themen in ihren Unterricht zu integrieren und eine inklusive Lernumgebung zu schaffen.

- **Entwicklung von Lehrmaterialien:** Die Initiative hat Lehrmaterialien entwickelt, die LGBTQ-Geschichte und -Kultur thematisieren, um sicherzustellen, dass alle Schüler*innen sich repräsentiert fühlen.

- **Community-Engagement:** Die Initiative fördert das Engagement der Gemeinschaft durch Veranstaltungen, die das Bewusstsein für LGBTQ-Themen schärfen und die Unterstützung für LGBTQ-Schüler*innen stärken.

Die Rainbow Education Initiative hat signifikante positive Veränderungen in den Schulen bewirkt, indem sie das Verständnis und die Akzeptanz für LGBTQ-Personen erhöht hat. Eine Umfrage unter den Teilnehmer*innen ergab, dass 85% der Schüler*innen sich sicherer fühlten, ihre Identität auszudrücken, nachdem sie an der Initiative teilgenommen hatten.

Schlussfolgerung

Bildung ist ein kraftvolles Werkzeug, das die LGBTQ-Community stärken kann. Sie fördert nicht nur das Verständnis und die Akzeptanz, sondern hilft auch, Vorurteile abzubauen und eine solidarische Gemeinschaft aufzubauen. Trotz der Herausforderungen, die bestehen, zeigen erfolgreiche Initiativen, dass es möglich ist, durch Bildung positive Veränderungen zu bewirken. Es ist von entscheidender Bedeutung, dass Bildung weiterhin im Mittelpunkt der LGBTQ-Bewegung steht, um eine inklusive und gerechte Gesellschaft für alle zu schaffen.

Die Bedeutung von lokalen Initiativen

Lokale Initiativen spielen eine entscheidende Rolle im LGBTQ-Aktivismus, da sie die Bedürfnisse und Anliegen der Gemeinschaften direkt ansprechen. Diese Initiativen sind oft die ersten Anlaufstellen für Menschen, die Unterstützung suchen, und sie bieten einen Raum für Dialog, Bildung und Mobilisierung. In diesem Abschnitt werden wir die theoretischen Grundlagen, Herausforderungen und einige Beispiele für erfolgreiche lokale Initiativen im LGBTQ-Aktivismus untersuchen.

Theoretische Grundlagen

Die Theorie des sozialen Wandels legt nahe, dass Veränderungen in der Gesellschaft oft von der Basis ausgehen, anstatt von der Spitze. In diesem Zusammenhang sind lokale Initiativen ein Ausdruck des *Bottom-Up*-Ansatzes, bei dem die Stimmen der Gemeinschaft gehört und in die Gestaltung von Programmen und Politiken einbezogen werden. Diese Initiativen fördern nicht nur das Bewusstsein für LGBTQ-Rechte, sondern auch die aktive Teilnahme der Gemeinschaft an der Lösung ihrer eigenen Probleme.

Ein zentraler Aspekt lokaler Initiativen ist die *Community Empowerment*-Theorie, die darauf abzielt, Gemeinschaften die Werkzeuge und Ressourcen zu geben, die sie benötigen, um ihre eigenen Bedürfnisse zu identifizieren und zu adressieren. Dies geschieht häufig durch Bildung, Ressourcenbereitstellung und den Aufbau von Netzwerken, die den Austausch von Informationen und Unterstützung ermöglichen.

Herausforderungen lokaler Initiativen

Trotz ihrer Bedeutung stehen lokale Initiativen vor einer Vielzahl von Herausforderungen:

- **Finanzierung:** Viele lokale Initiativen sind auf Spenden und Fördermittel angewiesen, was ihre Nachhaltigkeit gefährden kann. Die Unsicherheit in der Finanzierung kann dazu führen, dass Programme eingestellt oder reduziert werden, was negative Auswirkungen auf die Gemeinschaft hat.

- **Sichtbarkeit:** Lokale Initiativen kämpfen oft um Sichtbarkeit in einer von großen Organisationen dominierten Landschaft. Ohne die nötige Aufmerksamkeit können sie Schwierigkeiten haben, neue Mitglieder zu gewinnen oder Unterstützer zu finden.

- **Ressourcenmangel:** Viele Initiativen arbeiten mit begrenzten Ressourcen, was ihre Fähigkeit einschränkt, umfassende Programme anzubieten oder ihre Reichweite zu erweitern.

- **Gesetzliche und gesellschaftliche Barrieren:** In einigen Regionen können diskriminierende Gesetze und gesellschaftliche Vorurteile die Arbeit lokaler Initiativen behindern und die Sicherheit von Aktivisten gefährden.

Erfolgreiche Beispiele lokaler Initiativen

Um die Wichtigkeit lokaler Initiativen zu veranschaulichen, betrachten wir einige erfolgreiche Beispiele aus verschiedenen Teilen der Welt.

Beispiel 1: Die Rainbow Community Center in Utah, USA Das Rainbow Community Center in Utah bietet eine Vielzahl von Programmen für LGBTQ-Personen, einschließlich Unterstützung für Jugendliche, Bildungsangebote und soziale Veranstaltungen. Durch die Schaffung eines sicheren Raums hat das Zentrum eine Gemeinschaft aufgebaut, in der sich Menschen akzeptiert und unterstützt fühlen. Ihre jährlichen Pride-Feiern und Workshops zur Sensibilisierung haben dazu beigetragen, das Bewusstsein für LGBTQ-Anliegen in der breiteren Gemeinschaft zu schärfen.

Beispiel 2: The Queer Youth Project in Toronto, Kanada Das Queer Youth Project ist eine lokale Initiative, die sich auf die Unterstützung von LGBTQ-Jugendlichen konzentriert. Durch Mentoring-Programme, Workshops und Freizeitaktivitäten bietet das Projekt Jugendlichen die Möglichkeit, sich zu vernetzen und ihre Identität in einem sicheren Umfeld zu erkunden. Die Initiative hat nicht nur das Selbstbewusstsein der Teilnehmer gestärkt, sondern auch die Sichtbarkeit von LGBTQ-Jugendlichen in der Stadt erhöht.

Beispiel 3: Lesbians Who Tech Lesbians Who Tech ist eine globale Gemeinschaft, die sich auf die Förderung von LGBTQ-Frauen in der Technologiebranche konzentriert. Durch lokale Gruppen und Veranstaltungen in verschiedenen Städten bietet die Initiative Networking-Möglichkeiten, Schulungen und Unterstützung für Frauen in der Tech-Industrie. Dies hat nicht nur zur Sichtbarkeit von LGBTQ-Frauen in einem traditionell männerdominierten Bereich beigetragen, sondern auch zu einer stärkeren Gemeinschaft und Unterstützung unter den Teilnehmerinnen.

Fazit

Die Bedeutung lokaler Initiativen im LGBTQ-Aktivismus kann nicht genug betont werden. Sie sind nicht nur ein Rückgrat der Bewegung, sondern auch ein entscheidender Faktor für den sozialen Wandel. Durch die direkte Ansprache der Bedürfnisse und Herausforderungen der Gemeinschaften tragen lokale Initiativen dazu bei, eine inklusivere und gerechtere Gesellschaft zu schaffen. Die Herausforderungen, mit denen sie konfrontiert sind, erfordern jedoch kontinuierliche Unterstützung und Engagement von sowohl der Gemeinschaft als auch von größeren Organisationen, um sicherzustellen, dass ihre wertvolle Arbeit fortgesetzt werden kann.

Die Herausforderungen der globalen Zusammenarbeit

Die globale Zusammenarbeit im LGBTQ-Aktivismus ist von entscheidender Bedeutung, um die Rechte und die Sichtbarkeit von LGBTQ-Personen weltweit zu fördern. Doch diese Zusammenarbeit bringt eine Vielzahl von Herausforderungen mit sich, die es zu bewältigen gilt. In diesem Abschnitt werden wir die wichtigsten Probleme und Theorien untersuchen, die die globale Zusammenarbeit im LGBTQ-Aktivismus beeinflussen.

Kulturelle Unterschiede

Eine der größten Herausforderungen bei der globalen Zusammenarbeit ist die Vielfalt der kulturellen Kontexte, in denen LGBTQ-Aktivismus stattfindet. Unterschiedliche Länder und Regionen haben unterschiedliche gesellschaftliche Normen, Werte und Gesetze, die sich auf die Akzeptanz und die Rechte von LGBTQ-Personen auswirken. In einigen Kulturen wird Homosexualität und Transidentität weiterhin stark tabuisiert, während in anderen Ländern Fortschritte in der Gleichstellung erzielt wurden. Diese kulturellen Unterschiede können zu Missverständnissen und Spannungen innerhalb internationaler LGBTQ-Bewegungen führen.

$$\text{Kulturelle Unterschiede} = \text{Normen} + \text{Werte} + \text{Gesetze} \tag{50}$$

Politische Barrieren

Politische Barrieren sind ein weiteres bedeutendes Hindernis für die globale Zusammenarbeit im LGBTQ-Aktivismus. In vielen Ländern gibt es restriktive Gesetze, die LGBTQ-Personen diskriminieren oder kriminalisieren. Diese politischen Rahmenbedingungen können die Fähigkeit von Aktivisten einschränken, ihre Arbeit effektiv zu leisten und internationale Partnerschaften zu bilden. Beispielsweise können Aktivisten in Ländern mit strengen Anti-LGBTQ-Gesetzen Gefahr laufen, verfolgt oder inhaftiert zu werden, was ihre Möglichkeiten zur Zusammenarbeit mit internationalen Organisationen stark einschränkt.

$$\text{Politische Barrieren} = \text{Gesetze} + \text{Verfolgung} + \text{Diskriminierung} \tag{51}$$

Ressourcenungleichheit

Die ungleiche Verteilung von Ressourcen ist eine weitere Herausforderung, die die globale Zusammenarbeit im LGBTQ-Aktivismus erschwert. Viele LGBTQ-Organisationen in wohlhabenden Ländern haben Zugang zu erheblichen finanziellen Mitteln, während Organisationen in Entwicklungsländern oft mit begrenzten Ressourcen arbeiten müssen. Diese Ungleichheit kann dazu führen, dass die Stimmen und Bedürfnisse von LGBTQ-Personen in ärmeren Regionen übersehen werden, was die Effektivität der globalen Bewegung beeinträchtigt.

$$\text{Ressourcenungleichheit} = \frac{\text{Ressourcen (reich)}}{\text{Ressourcen (arm)}} \qquad (52)$$

Fehlende Kommunikation

Eine effektive Kommunikation ist entscheidend für die Zusammenarbeit, doch oft gibt es Sprachbarrieren und unterschiedliche Kommunikationsstile, die die Interaktion zwischen internationalen Aktivisten erschweren. Missverständnisse können leicht entstehen, wenn Informationen nicht klar oder in einer für alle Beteiligten verständlichen Weise vermittelt werden. Dies kann zu Frustration und einem Mangel an Vertrauen zwischen den Partnern führen.

$$\text{Kommunikationsschwierigkeiten} = \text{Sprache} + \text{Stil} + \text{Missverständnisse} \qquad (53)$$

Intersektionalität

Die Berücksichtigung der Intersektionalität ist eine weitere Herausforderung, die bei der globalen Zusammenarbeit im LGBTQ-Aktivismus beachtet werden muss. Aktivisten müssen die verschiedenen Identitäten und Erfahrungen von LGBTQ-Personen berücksichtigen, die durch Rasse, Geschlecht, Klasse und andere Faktoren beeinflusst werden. Eine einheitliche Strategie kann die Vielfalt der Bedürfnisse innerhalb der Gemeinschaft nicht angemessen widerspiegeln und könnte dazu führen, dass bestimmte Gruppen marginalisiert werden.

$$\text{Intersektionalität} = \text{Identitäten} + \text{Erfahrungen} + \text{Kontexte} \qquad (54)$$

Technologische Barrieren

Obwohl Technologie die globale Vernetzung erleichtert, können technologische Barrieren auch eine Herausforderung darstellen. In einigen Regionen haben

LGBTQ-Aktivisten möglicherweise keinen Zugang zu den notwendigen Technologien oder Internetressourcen, um effektiv zu kommunizieren und Informationen auszutauschen. Diese digitale Kluft kann die Zusammenarbeit behindern und die Fähigkeit der Aktivisten einschränken, sich über Grenzen hinweg zu vernetzen.

$$\text{Technologische Barrieren} = \text{Zugang} + \text{Ressourcen} + \text{Kompetenz} \qquad (55)$$

Mangelnde Unterstützung von Regierungen

Die Unterstützung von Regierungen ist oft entscheidend für den Erfolg von LGBTQ-Aktivismus. In vielen Ländern fehlt es jedoch an politischer Unterstützung für LGBTQ-Rechte, was die Bemühungen um globale Zusammenarbeit erschwert. Regierungen, die LGBTQ-Rechte nicht anerkennen oder aktiv unterdrücken, können die Arbeit von Aktivisten behindern und internationale Partnerschaften gefährden.

$$\text{Regierungsunterstützung} = \text{Anerkennung} + \text{Ressourcenzuteilung} + \text{Schutz} \quad (56)$$

Strategien zur Überwindung der Herausforderungen

Um diese Herausforderungen zu überwinden, müssen LGBTQ-Aktivisten innovative Strategien entwickeln. Dazu gehören die Förderung von interkulturellem Dialog, die Schaffung von Netzwerken zur Ressourcenverteilung und die Entwicklung von Programmen zur Schulung in intersektionalem Aktivismus. Es ist auch wichtig, die Sichtbarkeit von LGBTQ-Anliegen in der internationalen Politik zu erhöhen und die Unterstützung von Regierungen zu gewinnen.

$$\text{Strategien} = \text{Dialog} + \text{Netzwerke} + \text{Schulung} \qquad (57)$$

Zusammenfassend lässt sich sagen, dass die Herausforderungen der globalen Zusammenarbeit im LGBTQ-Aktivismus vielfältig und komplex sind. Die Berücksichtigung kultureller Unterschiede, politischer Barrieren, Ressourcenungleichheiten und anderer Faktoren ist entscheidend, um eine effektive und inklusive Bewegung zu fördern. Nur durch die Entwicklung gemeinsamer Strategien und die Förderung des Dialogs können Aktivisten weltweit zusammenarbeiten, um die Rechte von LGBTQ-Personen zu stärken und eine gerechtere Zukunft zu schaffen.

Ein Aufruf zum Handeln

Die Verantwortung jedes Einzelnen

Der LGBTQ-Aktivismus ist nicht nur eine Aufgabe für einige wenige, sondern eine Verantwortung, die jeder Einzelne in der Gemeinschaft übernehmen kann. Diese Verantwortung manifestiert sich in verschiedenen Formen, von der Unterstützung lokaler Initiativen bis hin zur aktiven Teilnahme an politischen Bewegungen. In diesem Abschnitt werden wir die unterschiedlichen Dimensionen dieser Verantwortung untersuchen und aufzeigen, wie individuelle Handlungen einen kollektiven Einfluss auf den Aktivismus haben können.

Die Bedeutung individueller Beiträge

Jede Person hat die Möglichkeit, einen Unterschied zu machen. Dies kann durch einfache alltägliche Handlungen geschehen, wie das Teilen von Informationen über LGBTQ-Rechte in sozialen Medien oder das Unterstützen von LGBTQ-freundlichen Unternehmen. Ein Beispiel dafür ist die Initiative „#BlackAndTransLivesMatter", die auf die spezifischen Herausforderungen aufmerksam macht, mit denen schwarze Transgender-Personen konfrontiert sind. Diese Kampagne zeigt, wie individuelle Stimmen und Handlungen in einer größeren Bewegung zusammenfließen können, um Bewusstsein zu schaffen und Veränderungen zu bewirken.

Bildung und Aufklärung

Eine der zentralen Verantwortlichkeiten jedes Einzelnen ist die kontinuierliche Bildung über LGBTQ-Themen. Dies umfasst das Lesen von Literatur, das Ansehen von Dokumentationen und das Teilnehmen an Workshops oder Schulungen. Durch Bildung können Missverständnisse und Vorurteile abgebaut werden. Beispielsweise hat die Organisation „Human Rights Campaign" (HRC) zahlreiche Ressourcen bereitgestellt, um das Wissen über LGBTQ-Rechte und -Herausforderungen zu fördern. Individuen, die sich aktiv weiterbilden, können informierte Gespräche führen und als Botschafter für die Gemeinschaft fungieren.

Allyship und Unterstützung

Die Rolle von Allies, also Unterstützern, die nicht selbst Teil der LGBTQ-Community sind, ist entscheidend. Allies können durch ihre Stimme und ihr Handeln einen enormen Einfluss ausüben. Ein Beispiel hierfür ist die

Teilnahme an Pride-Veranstaltungen oder das Einbringen von LGBTQ-Themen in Diskussionen am Arbeitsplatz. Wenn Allies sich aktiv für die Rechte von LGBTQ-Personen einsetzen, tragen sie dazu bei, eine inklusivere Gesellschaft zu schaffen. Es ist wichtig, dass Allies nicht nur passiv unterstützen, sondern aktiv gegen Diskriminierung und Ungerechtigkeit eintreten.

Politische Verantwortung

Politisches Engagement ist ein weiterer zentraler Aspekt der Verantwortung jedes Einzelnen. Wählen zu gehen, sich für LGBTQ-Rechte einzusetzen und sich an politischen Kampagnen zu beteiligen, sind Möglichkeiten, wie Individuen einen Unterschied machen können. Eine Studie des „Williams Institute" hat gezeigt, dass die Wahlbeteiligung unter LGBTQ-Personen in den letzten Jahren gestiegen ist, was zu einer stärkeren Vertretung in politischen Ämtern geführt hat. Individuen sollten sich auch in lokalen politischen Bewegungen engagieren, um sicherzustellen, dass LGBTQ-Stimmen gehört werden.

Verantwortung in sozialen Medien

In der heutigen digitalen Welt spielt die Nutzung von sozialen Medien eine entscheidende Rolle im Aktivismus. Individuen haben die Verantwortung, ihre Plattformen zu nutzen, um positive Botschaften zu verbreiten und gegen Diskriminierung Stellung zu beziehen. Ein Beispiel hierfür ist die Kampagne „It Gets Better", die durch persönliche Geschichten von LGBTQ-Personen Hoffnung und Unterstützung bietet. Indem Einzelpersonen ihre Geschichten teilen oder sich gegen Hassrede aussprechen, können sie einen positiven Einfluss auf ihre Online-Community ausüben.

Unterstützung von Organisationen

Ein weiterer Weg, wie Einzelne Verantwortung übernehmen können, ist die Unterstützung von LGBTQ-Organisationen durch Spenden oder Freiwilligenarbeit. Organisationen wie „The Trevor Project" und „Trans Lifeline" bieten essentielle Dienste für LGBTQ-Jugendliche und Transgender-Personen an. Durch finanzielle Unterstützung oder durch das Einbringen von Zeit und Fähigkeiten können Einzelne dazu beitragen, dass diese Organisationen ihre wichtige Arbeit fortsetzen können.

Selbstreflexion und persönliches Wachstum

Die Verantwortung jedes Einzelnen umfasst auch die Selbstreflexion über die eigenen Privilegien und Vorurteile. Indem Individuen sich ihrer eigenen Position innerhalb der Gesellschaft bewusst werden, können sie effektiver für Veränderungen eintreten. Dies kann durch das Führen eines Journals oder das Teilnehmen an Gruppen für persönliche Entwicklung geschehen, in denen Themen wie Vorurteile und Diskriminierung behandelt werden. Persönliches Wachstum ist ein kontinuierlicher Prozess, der es Individuen ermöglicht, empathischer und informierter zu handeln.

Gemeinschaftsbildung

Die Verantwortung jedes Einzelnen erstreckt sich auch auf den Aufbau und die Unterstützung von Gemeinschaften. Indem Individuen lokale Gruppen oder Netzwerke gründen oder sich diesen anschließen, fördern sie den Zusammenhalt und die Solidarität innerhalb der LGBTQ-Community. Ein Beispiel dafür ist die Gründung von LGBTQ-Supportgruppen an Schulen oder in Gemeinden, die einen sicheren Raum für Austausch und Unterstützung bieten. Gemeinschaftsbildung stärkt die Stimme der Gemeinschaft und fördert kollektive Aktionen.

Vorbildfunktion

Schließlich trägt jeder Einzelne die Verantwortung, als Vorbild zu agieren. Dies bedeutet, dass man in seinem Verhalten und seinen Entscheidungen die Werte von Respekt, Gleichheit und Gerechtigkeit verkörpert. Menschen, die sich für LGBTQ-Rechte einsetzen und ihre Überzeugungen offen leben, inspirieren andere, dasselbe zu tun. Vorbilder können in verschiedenen Bereichen gefunden werden, sei es in der Schule, am Arbeitsplatz oder in der Öffentlichkeit. Diese Vorbilder helfen, eine Kultur der Akzeptanz und des Respekts zu fördern.

Fazit

Die Verantwortung jedes Einzelnen im LGBTQ-Aktivismus ist vielfältig und umfasst Bildung, Unterstützung, politisches Engagement und persönliche Reflexion. Durch individuelle Handlungen können wir gemeinsam eine stärkere und gerechtere Gemeinschaft aufbauen. Jeder von uns hat die Fähigkeit, einen Unterschied zu machen, und es liegt an uns, diese Verantwortung ernst zu nehmen und aktiv zu handeln. Indem wir uns zusammenschließen und unsere Stimmen erheben, können wir die Welt für alle Menschen, unabhängig von ihrer sexuellen Orientierung oder Geschlechtsidentität, zu einem besseren Ort machen.

Strategien zur Unterstützung des Aktivismus

Aktivismus ist ein dynamischer und oft herausfordernder Prozess, der sowohl individuelle als auch kollektive Anstrengungen erfordert. Um den LGBTQ-Aktivismus effektiv zu unterstützen, sind verschiedene Strategien notwendig, die auf den spezifischen Kontext und die Bedürfnisse der Gemeinschaft abgestimmt sind. In diesem Abschnitt werden wir einige bewährte Strategien zur Unterstützung des Aktivismus untersuchen, die sowohl theoretische als auch praktische Aspekte berücksichtigen.

Bildung und Aufklärung

Bildung ist eine der grundlegendsten Strategien zur Unterstützung des Aktivismus. Die Vermittlung von Wissen über LGBTQ-Rechte, Geschichte und aktuelle Herausforderungen hilft, Vorurteile abzubauen und das Verständnis in der breiten Öffentlichkeit zu fördern. Workshops, Seminare und Informationsveranstaltungen können dazu beitragen, Wissen zu verbreiten und Menschen zu ermutigen, sich aktiv zu engagieren.

$$\text{Wissen} = \text{Bildung} + \text{Erfahrung} \tag{58}$$

Hierbei ist es wichtig, dass die Inhalte sowohl theoretische als auch praktische Aspekte des Aktivismus abdecken. Zum Beispiel kann die Diskussion über die Geschichte der LGBTQ-Bewegung in Verbindung mit aktuellen politischen Herausforderungen das Bewusstsein für die Notwendigkeit von aktivem Engagement schärfen.

Aufbau von Netzwerken

Ein starkes Netzwerk ist entscheidend für den Erfolg von Aktivismus. Die Bildung von Allianzen zwischen verschiedenen Organisationen und Gemeinschaften kann Ressourcen bündeln und die Reichweite von Kampagnen erhöhen. Netzwerke ermöglichen den Austausch von Informationen, Strategien und Unterstützung.

$$\text{Netzwerkstärke} = \text{Anzahl der Verbindungen} \times \text{Qualität der Beziehungen} \tag{59}$$

Beispielsweise können LGBTQ-Organisationen mit feministischen Gruppen, antirassistischen Bewegungen und anderen sozialen Bewegungen zusammenarbeiten, um gemeinsame Ziele zu verfolgen und eine breitere Basis für Unterstützung zu schaffen.

Nutzung von Social Media

In der heutigen digitalen Welt ist die Nutzung von Social Media eine unverzichtbare Strategie für den Aktivismus. Plattformen wie Twitter, Facebook und Instagram ermöglichen es Aktivisten, ihre Botschaften schnell und effektiv zu verbreiten und ein größeres Publikum zu erreichen.

$$\text{Reichweite} = \text{Follower} \times \text{Engagement-Rate} \tag{60}$$

Durch das Teilen von persönlichen Geschichten, Nachrichten und Informationen können Aktivisten eine emotionale Verbindung zu ihrer Zielgruppe herstellen und das Bewusstsein für wichtige Themen schärfen. Ein Beispiel hierfür ist die #MeToo-Bewegung, die durch Social Media eine weltweite Diskussion über sexuelle Belästigung und Gewalt angestoßen hat.

Fundraising und Ressourcenmobilisierung

Die finanzielle Unterstützung ist ein weiterer wichtiger Aspekt des Aktivismus. Fundraising-Strategien, wie Crowdfunding-Kampagnen, Spendenaktionen und Veranstaltungen, können helfen, die notwendigen Mittel für Projekte und Initiativen zu beschaffen.

$$\text{Finanzielle Unterstützung} = \text{Spenden} + \text{Einnahmen aus Veranstaltungen} \tag{61}$$

Ein Beispiel für erfolgreiche Fundraising-Strategien ist die Verwendung von Online-Plattformen, die es Aktivisten ermöglichen, ihre Projekte zu präsentieren und Unterstützer zu gewinnen. Die Organisation „Trans Lifeline" hat durch Crowdfunding erhebliche Mittel gesammelt, um ihre Unterstützungsdienste für die Trans-Community auszubauen.

Politische Mobilisierung

Die Mobilisierung der Gemeinschaft zur politischen Beteiligung ist entscheidend für den Erfolg des Aktivismus. Dies umfasst die Registrierung von Wählern, die

Organisation von Demonstrationen und die Lobbyarbeit für gesetzliche Änderungen.

$$\text{Politische Einflussnahme} = \text{Wählerregistrierung} + \text{Öffentliche Mobilisierung} \tag{62}$$

Ein Beispiel für erfolgreiche politische Mobilisierung ist die „Marriage Equality"-Bewegung, die in vielen Ländern zur Legalisierung gleichgeschlechtlicher Ehen geführt hat. Aktivisten haben durch Lobbyarbeit, öffentliche Kampagnen und rechtliche Herausforderungen bedeutende Fortschritte erzielt.

Mentoring und Unterstützung neuer Aktivisten

Mentoring ist eine effektive Strategie, um neue Aktivisten zu unterstützen und ihre Fähigkeiten zu entwickeln. Erfahrene Aktivisten können ihr Wissen und ihre Erfahrungen teilen, um jüngeren Aktivisten zu helfen, sich in der Bewegung zurechtzufinden.

$$\text{Mentoring-Effektivität} = \text{Erfahrung des Mentors} + \text{Engagement des Mentees} \tag{63}$$

Programme, die auf Mentoring abzielen, können dazu beitragen, eine neue Generation von Aktivisten zu fördern, die bereit sind, die Herausforderungen des Aktivismus anzugehen. Ein Beispiel hierfür ist das „Youth Activism Program" der „Human Rights Campaign", das jungen LGBTQ-Personen die Möglichkeit bietet, sich aktiv zu engagieren und von erfahrenen Aktivisten zu lernen.

Förderung von Sichtbarkeit und Repräsentation

Die Sichtbarkeit von LGBTQ-Personen in verschiedenen Bereichen, wie Medien, Kunst und Politik, ist entscheidend für den Erfolg des Aktivismus. Die Förderung von Repräsentation kann helfen, Stereotypen abzubauen und das Bewusstsein für die Vielfalt innerhalb der LGBTQ-Community zu schärfen.

$$\text{Sichtbarkeit} = \text{Medienpräsenz} + \text{Repräsentation in der Gesellschaft} \tag{64}$$

Beispiele für erfolgreiche Initiativen zur Förderung von Sichtbarkeit sind die „It Gets Better"-Kampagne, die Geschichten von LGBTQ-Personen teilt, um Hoffnung und Unterstützung zu bieten, sowie die Verwendung von LGBTQ-Charakteren in Film und Fernsehen, um ein breiteres Publikum zu erreichen.

Förderung von Solidarität und Unterstützung

Solidarität ist ein zentrales Element des Aktivismus. Die Unterstützung von anderen Gemeinschaften und Bewegungen kann die Stärke und Reichweite des LGBTQ-Aktivismus erhöhen.

$$\text{Solidarität} = \text{Gemeinsame Ziele} + \text{Unterstützung von Verbündeten} \quad (65)$$

Ein Beispiel für Solidarität ist die Unterstützung der Black Lives Matter-Bewegung durch LGBTQ-Aktivisten, die sich für die Rechte von People of Color einsetzen. Solche Allianzen können helfen, eine breitere Basis für Unterstützung zu schaffen und gemeinsame Kämpfe zu fördern.

Kreative Ausdrucksformen nutzen

Kunst und kreative Ausdrucksformen sind mächtige Werkzeuge im Aktivismus. Sie können helfen, Botschaften zu vermitteln, Emotionen auszudrücken und Gemeinschaften zu mobilisieren.

$$\text{Kreativer Ausdruck} = \text{Kunst} + \text{Aktivismus} \quad (66)$$

Beispiele für kreative Ansätze im Aktivismus sind Theaterstücke, Filme und visuelle Kunst, die die Erfahrungen von LGBTQ-Personen darstellen und das Bewusstsein für soziale Themen schärfen. Veranstaltungen wie Pride-Paraden nutzen kreative Ausdrucksformen, um die Vielfalt der Community zu feiern und Sichtbarkeit zu schaffen.

Langfristige Strategien entwickeln

Schließlich ist es wichtig, langfristige Strategien für den Aktivismus zu entwickeln. Dies umfasst die Planung und Umsetzung von Projekten, die über kurzfristige Erfolge hinausgehen und nachhaltige Veränderungen anstreben.

$$\text{Langfristiger Erfolg} = \text{Strategische Planung} + \text{Nachhaltigkeit} \quad (67)$$

Ein Beispiel für langfristige Strategien ist die Entwicklung von Bildungsprogrammen, die auf Schulen und Gemeinschaften abzielen, um das Verständnis und die Akzeptanz von LGBTQ-Personen zu fördern. Solche Initiativen können dazu beitragen, eine kulturelle Veränderung herbeizuführen und zukünftige Generationen zu unterstützen.

Fazit

Die Unterstützung des LGBTQ-Aktivismus erfordert eine Vielzahl von Strategien, die auf Bildung, Vernetzung, politische Mobilisierung und kreative Ausdrucksformen abzielen. Durch die Implementierung dieser Strategien können Aktivisten nicht nur ihre eigenen Bemühungen stärken, sondern auch eine breitere Gemeinschaft mobilisieren, um für Gleichheit und Gerechtigkeit zu kämpfen. Es ist wichtig, dass jeder Einzelne seinen Teil dazu beiträgt, um eine gerechtere und inklusivere Gesellschaft zu schaffen.

Die Bedeutung von Bildung und Aufklärung

Bildung und Aufklärung sind grundlegend für den Fortschritt der LGBTQ-Bewegung und den Kampf für Gleichheit und Akzeptanz. In einer Welt, in der Vorurteile und Diskriminierung oft auf Unkenntnis basieren, ist es entscheidend, dass wir die Bedeutung von Bildung und Aufklärung sowohl innerhalb als auch außerhalb der LGBTQ-Community verstehen.

Theoretische Grundlagen

Die Theorie der sozialen Identität, die von Henri Tajfel und John Turner entwickelt wurde, legt nahe, dass das Zugehörigkeitsgefühl zu einer bestimmten Gruppe – in diesem Fall der LGBTQ-Community – einen erheblichen Einfluss auf das Selbstwertgefühl und die Wahrnehmung von Individuen hat. Bildung kann dazu beitragen, das Bewusstsein für die Vielfalt innerhalb dieser Identität zu schärfen und Vorurteile abzubauen. Dies geschieht durch die Förderung von Empathie und das Verständnis für die Erfahrungen anderer.

Ein weiterer relevanter theoretischer Rahmen ist die Kritische Theorie, die besagt, dass Bildung nicht nur der Wissensvermittlung dient, sondern auch ein Werkzeug zur Befreiung von Unterdrückung ist. Diese Perspektive betont die Notwendigkeit, die Strukturen von Macht und Ungleichheit zu hinterfragen, um eine gerechtere Gesellschaft zu schaffen.

Probleme in der Bildung

Trotz der Bedeutung von Bildung gibt es zahlreiche Probleme, die den Zugang zu qualitativ hochwertiger Bildung für LGBTQ-Personen und ihre Verbündeten einschränken. In vielen Schulen und Bildungseinrichtungen wird LGBTQ-Themen oft nicht behandelt oder sogar aktiv gemieden. Dies kann zu einem Gefühl der Isolation und des Mangels an Unterstützung führen.

Darüber hinaus sind Lehrerinnen und Lehrer oft nicht ausreichend geschult, um LGBTQ-Themen sensibel und informativ zu behandeln. Dies führt zu einem Mangel an Sichtbarkeit und Repräsentation in Lehrplänen, was wiederum die Wahrnehmung von LGBTQ-Personen in der Gesellschaft beeinflusst.

Beispiele für erfolgreiche Bildungsinitiativen

Es gibt jedoch zahlreiche Beispiele für erfolgreiche Bildungsinitiativen, die auf die Bedürfnisse von LGBTQ-Personen eingehen und Aufklärung fördern. Programme wie „Safe Schools" in Kanada zielen darauf ab, Schulen sicherer und inklusiver für LGBTQ-Schüler zu machen. Diese Programme bieten Schulungen für Lehrkräfte an, um das Bewusstsein für LGBTQ-Anliegen zu schärfen und Strategien zur Bekämpfung von Mobbing und Diskriminierung zu entwickeln.

Ein weiteres bemerkenswertes Beispiel ist die „TeachOUT"-Initiative, die darauf abzielt, LGBTQ-Geschichte und -Kultur in den Lehrplan zu integrieren. Durch die Einbeziehung von LGBTQ-Stimmen und -Erfahrungen in den Unterricht können Schüler ein besseres Verständnis für die Herausforderungen und Errungenschaften der Community entwickeln.

Die Rolle von Aufklärung in der Gemeinschaft

Aufklärung geht über die schulische Bildung hinaus. In der Gemeinschaft spielt sie eine entscheidende Rolle bei der Schaffung eines unterstützenden Umfelds für LGBTQ-Personen. Aufklärungskampagnen, die sich an breitere Bevölkerungsgruppen richten, können dazu beitragen, Vorurteile abzubauen und das Verständnis für LGBTQ-Anliegen zu fördern.

Ein Beispiel hierfür ist die „It Gets Better"-Kampagne, die von Dan Savage und Terry Miller ins Leben gerufen wurde. Diese Initiative nutzt soziale Medien, um positive Botschaften an LGBTQ-Jugendliche zu verbreiten und ihnen zu zeigen, dass es Hoffnung und Unterstützung gibt. Solche Kampagnen sind entscheidend, um die Sichtbarkeit und Akzeptanz von LGBTQ-Personen in der Gesellschaft zu erhöhen.

Die Notwendigkeit von kontinuierlicher Bildung

Die Bedeutung von Bildung und Aufklärung kann nicht genug betont werden. Es ist wichtig, dass Bildung nicht als einmalige Veranstaltung betrachtet wird, sondern als ein fortlaufender Prozess. Die Gesellschaft verändert sich ständig, und mit ihr auch die Herausforderungen, denen LGBTQ-Personen gegenüberstehen. Daher ist es entscheidend, dass Bildungseinrichtungen, Gemeinschaftsorganisationen und Einzelpersonen sich kontinuierlich weiterbilden und anpassen.

Zusammenfassend lässt sich sagen, dass Bildung und Aufklärung von zentraler Bedeutung für den Fortschritt der LGBTQ-Bewegung sind. Sie bieten die Möglichkeit, Vorurteile abzubauen, das Verständnis zu fördern und eine inklusivere Gesellschaft zu schaffen. Indem wir Bildung als Werkzeug für Veränderung nutzen, können wir die Lebensqualität von LGBTQ-Personen erheblich verbessern und eine gerechtere Zukunft für alle anstreben.

Möglichkeiten zur Beteiligung

In der heutigen Zeit gibt es zahlreiche Möglichkeiten, sich aktiv am LGBTQ-Aktivismus zu beteiligen. Diese Beteiligung kann auf individueller, gemeinschaftlicher oder institutioneller Ebene erfolgen. In diesem Abschnitt werden wir verschiedene Ansätze beleuchten, die es Einzelpersonen und Gruppen ermöglichen, einen positiven Einfluss auf die LGBTQ-Gemeinschaft auszuüben.

Freiwilligenarbeit

Eine der direktesten Möglichkeiten, sich zu engagieren, ist die Freiwilligenarbeit. Organisationen wie Trans Alliance Toronto bieten regelmäßig Möglichkeiten für Freiwillige an, sei es bei Veranstaltungen, in der Öffentlichkeitsarbeit oder in der Unterstützung von Programmen. Freiwillige können nicht nur ihre Zeit und Fähigkeiten einbringen, sondern auch wertvolle Erfahrungen sammeln und Netzwerke innerhalb der Gemeinschaft aufbauen.

Teilnahme an Veranstaltungen

Die Teilnahme an LGBTQ-Veranstaltungen, wie Paraden, Pride-Festivals oder Workshops, ist eine hervorragende Möglichkeit, sich sichtbar zu engagieren. Diese Veranstaltungen fördern nicht nur die Gemeinschaft, sondern bieten auch Plattformen, um wichtige Themen zu diskutieren und Bewusstsein zu schaffen. Zum Beispiel zieht die Toronto Pride Parade jährlich Hunderttausende von Menschen an und bietet eine Bühne für Aktivisten, Künstler und Unternehmen, die sich für LGBTQ-Rechte einsetzen.

Bildung und Aufklärung

Bildung ist ein entscheidender Faktor im Aktivismus. Individuen können sich engagieren, indem sie Workshops und Schulungen zu LGBTQ-Themen organisieren oder daran teilnehmen. Diese Bildungsangebote können sowohl für die LGBTQ-Gemeinschaft selbst als auch für die breite Öffentlichkeit von Bedeutung sein. Der Austausch von Wissen und Erfahrungen trägt zur Sensibilisierung und zur Bekämpfung von Vorurteilen bei. Ein Beispiel hierfür ist das „Safe Space Training", das darauf abzielt, Menschen in Schulen und Unternehmen zu sensibilisieren und zu schulen, um eine inklusive Umgebung zu schaffen.

Nutzung von sozialen Medien

Soziale Medien sind ein mächtiges Werkzeug im modernen Aktivismus. Plattformen wie Twitter, Instagram und Facebook ermöglichen es Einzelpersonen, ihre Stimmen zu erheben, Geschichten zu teilen und Mobilisierungskampagnen zu starten. Aktivisten können Hashtags nutzen, um auf wichtige Themen aufmerksam zu machen, und Online-Petitionen erstellen, um Unterstützung zu mobilisieren. Ein bemerkenswertes Beispiel ist die #BlackTransLivesMatter-Bewegung, die durch soziale Medien an Sichtbarkeit und Unterstützung gewonnen hat.

Unterstützung von LGBTQ-Organisationen

Finanzielle Unterstützung ist eine weitere Möglichkeit, sich zu engagieren. Durch Spenden an LGBTQ-Organisationen können Einzelpersonen dazu beitragen, wichtige Programme und Initiativen zu finanzieren. Diese Organisationen sind oft auf Spenden angewiesen, um ihre Arbeit fortzusetzen, sei es durch Bildungsangebote, rechtliche Unterstützung oder Community-Events. Ein Beispiel ist die Trevor Project, die sich für die Suizidprävention unter LGBTQ-Jugendlichen einsetzt und auf Spenden angewiesen ist, um ihre Hotline und Programme aufrechtzuerhalten.

Politische Beteiligung

Politische Beteiligung ist ein weiterer wichtiger Aspekt des Aktivismus. Einzelpersonen können sich engagieren, indem sie an Wahlen teilnehmen, sich bei politischen Kampagnen engagieren oder sich für LGBTQ-Rechte einsetzen. Dies kann durch das Schreiben an Abgeordnete, die Teilnahme an öffentlichen Anhörungen oder die Unterstützung von Gesetzesentwürfen geschehen, die die Rechte von LGBTQ-Personen fördern. Ein Beispiel ist die Unterstützung von Gesetzen zur Gleichstellung der Ehe oder zur Bekämpfung von Diskriminierung am Arbeitsplatz.

Mentoring und Unterstützung

Die Rolle von Mentoren in der LGBTQ-Gemeinschaft kann nicht genug betont werden. Erfahrene Aktivisten können jüngeren Mitgliedern der Gemeinschaft helfen, sich zu orientieren und ihre eigenen Stimmen zu finden. Mentoring-Programme bieten eine Plattform für den Austausch von Wissen und Erfahrungen und stärken die Gemeinschaft insgesamt. Ein Beispiel ist das „LGBTQ Mentorship Program" an vielen Universitäten, das Studierenden hilft, sich in ihren Karrieren und im Aktivismus zu orientieren.

Kunst und Kultur als Aktivismus

Kunst und Kultur spielen eine entscheidende Rolle im Aktivismus. Künstler können ihre Plattform nutzen, um auf soziale Probleme aufmerksam zu machen und die Stimmen der LGBTQ-Gemeinschaft zu stärken. Theaterstücke, Filme, Musik und visuelle Kunst können Geschichten erzählen, die das Bewusstsein schärfen und Empathie fördern. Ein Beispiel ist das Broadway-Musical „Rent", das die Herausforderungen des Lebens von LGBTQ-Personen thematisiert und eine breite Öffentlichkeit erreicht hat.

Bildung von Allianzen

Die Bildung von Allianzen mit anderen sozialen Bewegungen ist entscheidend für den Erfolg des LGBTQ-Aktivismus. Indem man sich mit anderen Gruppen zusammenschließt, die ähnliche Ziele verfolgen, kann man die Reichweite und den Einfluss des Aktivismus erhöhen. Zum Beispiel haben LGBTQ-Organisationen erfolgreich mit feministischen, rassistischen und umweltpolitischen Bewegungen zusammengearbeitet, um gemeinsame Anliegen zu unterstützen und eine breitere Basis für Veränderungen zu schaffen.

Lokale Initiativen unterstützen

Schließlich ist die Unterstützung lokaler Initiativen eine wirksame Möglichkeit, sich zu engagieren. Diese Initiativen können lokale LGBTQ-Community-Zentren, Unterstützungsgruppen oder Bildungsprogramme umfassen. Durch die Unterstützung solcher Initiativen können Einzelpersonen direkt zu Veränderungen in ihrer eigenen Gemeinschaft beitragen. Ein Beispiel ist die Unterstützung von lokalen LGBTQ-Büchereien, die Ressourcen und Informationen für die Gemeinschaft bereitstellen.

Zusammenfassend lässt sich sagen, dass es viele Möglichkeiten gibt, sich am LGBTQ-Aktivismus zu beteiligen. Ob durch Freiwilligenarbeit, Bildung, politische Beteiligung oder Unterstützung von Organisationen – jeder Einzelne kann einen Beitrag leisten. Der Schlüssel liegt darin, aktiv zu werden und die eigenen Fähigkeiten und Ressourcen zu nutzen, um die Gemeinschaft zu unterstützen und für Gleichheit und Gerechtigkeit einzutreten. Der Aktivismus ist ein kollektiver Prozess, und jeder Beitrag zählt, um eine gerechtere und inklusivere Zukunft zu gestalten.

Ein inspirierendes Schlusswort

In der heutigen Welt, in der die Stimmen der LGBTQ-Community oft überhört oder unterdrückt werden, ist es von entscheidender Bedeutung, dass wir uns gemeinsam erheben und für die Rechte und die Sichtbarkeit aller kämpfen. Der Aktivismus ist nicht nur eine Pflicht, sondern auch ein Privileg. Er bietet uns die Möglichkeit, nicht nur für uns selbst, sondern auch für die zukünftigen Generationen zu kämpfen, die das Recht auf ein Leben in Freiheit und Gleichheit haben.

Die Kraft der Gemeinschaft

Eine starke Gemeinschaft ist das Rückgrat jeder erfolgreichen Bewegung. Der Aktivismus kann nicht isoliert stattfinden; er erfordert die Zusammenarbeit von Individuen, die sich für eine gemeinsame Sache einsetzen. Die Geschichten von Menschen, die sich zusammengeschlossen haben, um für ihre Rechte zu kämpfen, sind inspirierend und zeigen, dass wir gemeinsam stärker sind.

Ein Beispiel hierfür ist die Gründung der Trans Alliance Toronto, die aus der Erkenntnis heraus entstand, dass die Stimmen der transidenten Menschen in der Gesellschaft nicht ausreichend gehört wurden. Stephanie Woolley und ihr Team haben es geschafft, eine Plattform zu schaffen, die nicht nur die Anliegen der trans Community anspricht, sondern auch eine Vielzahl von Unterstützern mobilisiert hat. Diese Zusammenarbeit hat nicht nur zur Sichtbarkeit der Anliegen beigetragen, sondern auch zur Schaffung sicherer Räume, in denen sich Menschen entfalten können.

Herausforderungen als Chancen

Jeder Aktivist wird mit Herausforderungen konfrontiert, sei es in Form von Diskriminierung, politischem Widerstand oder persönlichen Rückschlägen. Es ist wichtig, diese Herausforderungen nicht als Hindernisse, sondern als Chancen zu betrachten. Sie bieten uns die Möglichkeit, zu wachsen, zu lernen und uns weiterzuentwickeln.

Ein Beispiel hierfür ist die Reaktion der Gesellschaft auf die ersten LGBTQ-Paraden. Anfangs wurden diese Veranstaltungen oft mit Widerstand und Gewalt beantwortet. Doch mit der Zeit hat sich die öffentliche Meinung gewandelt, und solche Paraden sind heute Zeichen der Feier und der Solidarität. Dies zeigt, dass Ausdauer und Hingabe letztendlich zu Veränderungen führen können.

Der Einfluss der nächsten Generation

Die nächste Generation von Aktivisten spielt eine entscheidende Rolle in der Zukunft des LGBTQ-Aktivismus. Sie bringen frische Perspektiven, neue Ideen und eine unerschütterliche Entschlossenheit mit. Es ist unsere Verantwortung, sie zu unterstützen und zu fördern, indem wir ihnen die Werkzeuge und Ressourcen zur Verfügung stellen, die sie benötigen, um ihre Stimmen zu erheben.

Mentorship-Programme, wie sie von Trans Alliance Toronto angeboten werden, sind ein hervorragendes Beispiel dafür, wie erfahrene Aktivisten ihr Wissen und ihre Erfahrungen weitergeben können. Durch solche Initiativen können wir sicherstellen, dass die Flamme des Aktivismus weiter brennt und dass die nächsten Generationen in der Lage sind, die Herausforderungen, die vor ihnen liegen, mit Mut und Entschlossenheit anzugehen.

Ein Aufruf zum Handeln

Letztendlich ist es an der Zeit, dass wir alle aktiv werden. Jeder von uns hat die Fähigkeit, einen Unterschied zu machen, sei es durch Freiwilligenarbeit, Spenden oder einfach durch das Teilen von Informationen und Geschichten. Es ist wichtig, dass wir unsere Stimmen erheben und die Anliegen der LGBTQ-Community unterstützen, damit wir gemeinsam für Gleichheit und Gerechtigkeit kämpfen können.

Die Worte von Stephanie Woolley, die oft betont, dass „Aktivismus nicht nur ein Job, sondern eine Lebensweise ist", sollten uns alle inspirieren. Wir müssen uns daran erinnern, dass jeder Schritt, den wir unternehmen, um die Sichtbarkeit und Rechte der LGBTQ-Community zu fördern, einen positiven Einfluss auf die Gesellschaft hat.

Schlussfolgerung

In dieser aufregenden und herausfordernden Zeit ist es entscheidend, dass wir die Hoffnung nie verlieren. Der Weg zum Wandel ist oft lang und steinig, aber gemeinsam können wir eine gerechtere Zukunft gestalten. Lassen Sie uns inspiriert von den Geschichten derer, die vor uns gekämpft haben, und den Träumen derer, die nach uns kommen, weiterhin für eine Welt arbeiten, in der Liebe, Akzeptanz und Gleichheit für alle Menschen vorherrschen.

$$\text{Aktivismus} = \text{Gemeinschaft} + \text{Herausforderungen} + \text{Zukunft} \qquad (68)$$

Jeder von uns kann ein Teil dieser Gleichung sein. Lassen Sie uns gemeinsam für eine Welt kämpfen, in der niemand aufgrund seiner Identität oder Sexualität diskriminiert wird. Der Aktivismus lebt in jedem von uns. Lassen Sie uns diesen Funken weitertragen und die Flamme des Wandels entzünden.

Die Rolle von Freiwilligen im Aktivismus

Freiwillige spielen eine entscheidende Rolle im LGBTQ-Aktivismus, da sie nicht nur die Ressourcen und Kapazitäten der Organisationen erweitern, sondern auch eine lebendige Verbindung zur Gemeinschaft herstellen. Ihr Engagement und ihre Leidenschaft sind oft der Motor, der viele Initiativen vorantreibt und die Sichtbarkeit von LGBTQ-Themen in der Gesellschaft erhöht.

Theoretische Grundlagen

Die Rolle von Freiwilligen im Aktivismus kann durch verschiedene theoretische Rahmenbedingungen erklärt werden. Eine der zentralen Theorien ist die *Soziale Identitätstheorie*, die besagt, dass Individuen ihr Selbstwertgefühl aus der Zugehörigkeit zu sozialen Gruppen ableiten. Freiwillige, die sich für LGBTQ-Rechte engagieren, finden oft einen Sinn in ihrer Identität und ihrem Handeln, was ihre Motivation und ihren Einsatz verstärkt.

Darüber hinaus kann die *Theorie des sozialen Kapitals* herangezogen werden. Nach dieser Theorie sind soziale Netzwerke und die Normen des gegenseitigen Vertrauens entscheidend für die Mobilisierung von Gemeinschaften. Freiwillige bringen nicht nur ihre Fähigkeiten und Zeit ein, sondern auch ihre Netzwerke, die für die Verbreitung von Informationen und die Mobilisierung von Unterstützung entscheidend sind.

Herausforderungen im Freiwilligenengagement

Trotz der positiven Aspekte des Freiwilligenengagements gibt es auch Herausforderungen. Eine der häufigsten Schwierigkeiten ist die *Ressourcenknappheit*. Viele LGBTQ-Organisationen sind auf Freiwillige angewiesen, um ihre Programme durchzuführen, haben jedoch oft nicht die finanziellen Mittel, um angemessene Schulungen oder Anreize zu bieten. Dies kann zu einer hohen Fluktuation unter den Freiwilligen führen, was die Kontinuität und die Qualität der Arbeit beeinträchtigt.

Ein weiteres Problem ist die *Überlastung der Freiwilligen*. Viele Freiwillige sind gleichzeitig in mehreren Projekten aktiv, was zu Burnout führen kann. Studien zeigen, dass das Engagement in sozialen Bewegungen oft mit emotionalen Belastungen verbunden ist, insbesondere wenn die Freiwilligen direkt mit Diskriminierung oder Gewalt konfrontiert werden.

Beispiele für erfolgreiche Freiwilligenarbeit

Ein herausragendes Beispiel für die Rolle von Freiwilligen im Aktivismus ist die *Pride-Bewegung*. In vielen Städten weltweit organisieren Freiwillige Pride-Paraden, die nicht nur Sichtbarkeit für die LGBTQ-Community schaffen, sondern auch ein Gefühl der Zugehörigkeit und des Stolzes fördern. Diese Veranstaltungen wären ohne das Engagement von Freiwilligen, die alles von der Planung bis zur Durchführung übernehmen, nicht möglich.

Ein weiteres Beispiel ist die Arbeit von *Trans Alliance Toronto*, wo Freiwillige nicht nur bei Veranstaltungen helfen, sondern auch in der Aufklärungsarbeit und der Unterstützung von Trans-Personen aktiv sind. Durch Workshops und Schulungen tragen sie dazu bei, Vorurteile abzubauen und ein besseres Verständnis für die Herausforderungen zu schaffen, mit denen Trans-Personen konfrontiert sind.

Strategien zur Förderung des Freiwilligenengagements

Um die Rolle von Freiwilligen im Aktivismus zu stärken, sollten Organisationen verschiedene Strategien in Betracht ziehen:

- **Schulung und Unterstützung:** Freiwillige sollten Zugang zu Schulungen und Ressourcen haben, um ihre Fähigkeiten zu entwickeln und sich sicherer in ihrer Rolle zu fühlen. Dies kann auch Mentorship-Programme umfassen, bei denen erfahrene Aktivisten neue Freiwillige unterstützen.

- **Anerkennung und Wertschätzung:** Die Wertschätzung der Arbeit von Freiwilligen ist entscheidend. Organisationen sollten regelmäßig die Beiträge ihrer Freiwilligen anerkennen, sei es durch Dankesveranstaltungen, Auszeichnungen oder einfach durch persönliche Dankesbotschaften.

- **Flexibilität und Vielfalt:** Freiwillige sollten die Möglichkeit haben, sich auf verschiedene Arten zu engagieren, sei es durch einmalige Veranstaltungen oder langfristige Projekte. Dies kann helfen, ein breiteres Spektrum von Personen anzusprechen und unterschiedliche Fähigkeiten und Interessen zu nutzen.

- **Aufbau von Gemeinschaft:** Die Schaffung eines Gemeinschaftsgefühls unter Freiwilligen kann die Bindung an die Organisation stärken. Regelmäßige Treffen, soziale Veranstaltungen und Team-Building-Aktivitäten können dazu beitragen, dass Freiwillige sich als Teil einer größeren Bewegung fühlen.

Fazit

Die Rolle von Freiwilligen im LGBTQ-Aktivismus ist unverzichtbar. Sie bringen nicht nur eine Fülle von Fähigkeiten und Perspektiven in die Bewegung ein, sondern sind auch oft die Gesichter und Stimmen, die Veränderungen in der Gesellschaft vorantreiben. Es ist entscheidend, dass Organisationen die Herausforderungen anerkennen, mit denen Freiwillige konfrontiert sind, und proaktive Maßnahmen ergreifen, um deren Engagement zu fördern und zu unterstützen. Nur so kann der Aktivismus weiterhin wachsen und sich weiterentwickeln, um die Rechte und das Wohlbefinden der LGBTQ-Community zu fördern.

Die Bedeutung von Fundraising und Spenden

Fundraising und Spenden sind essenzielle Bestandteile des LGBTQ-Aktivismus, insbesondere für Organisationen wie Trans Alliance Toronto, die auf finanzielle Unterstützung angewiesen sind, um ihre Programme und Initiativen durchzuführen. Der Erfolg eines Aktivismusprojekts hängt oft direkt von der Fähigkeit ab, ausreichende Mittel zu beschaffen. In diesem Abschnitt werden wir die theoretischen Grundlagen des Fundraising, die Herausforderungen, die damit verbunden sind, und die verschiedenen Strategien, die Organisationen nutzen können, um Spenden zu akquirieren, beleuchten.

Theoretische Grundlagen des Fundraising

Fundraising kann als der Prozess definiert werden, durch den Organisationen Geld und andere Ressourcen für spezifische Projekte oder allgemeine Betriebskosten sammeln. Es basiert auf der Annahme, dass Menschen bereit sind, für Anliegen zu spenden, die ihnen am Herzen liegen. Die Psychologie des Gebens ist komplex, aber einige der Schlüsselfaktoren, die Spendenverhalten beeinflussen, sind:

- **Emotionale Bindung:** Menschen neigen dazu, für Anliegen zu spenden, die sie emotional berühren. Geschichten von Betroffenen, die die Herausforderungen und Erfolge der LGBTQ-Community illustrieren, können starke emotionale Reaktionen hervorrufen.

- **Sichtbarkeit:** Die Sichtbarkeit der Organisation und ihrer Projekte spielt eine entscheidende Rolle. Je bekannter die Organisation ist, desto eher sind Menschen bereit zu spenden.

- **Vertrauen:** Spender müssen Vertrauen in die Organisation haben. Transparenz in der Mittelverwendung und regelmäßige Berichterstattung über die Fortschritte sind entscheidend, um dieses Vertrauen zu gewinnen.

Herausforderungen im Fundraising

Trotz der Bedeutung von Fundraising stehen LGBTQ-Organisationen vor mehreren Herausforderungen:

- **Wettbewerb um Mittel:** Viele Organisationen kämpfen um die gleichen Spendenquellen, was den Wettbewerb um Fördermittel intensiviert.

- **Vorurteile:** Diskriminierung und Vorurteile gegenüber LGBTQ-Anliegen können dazu führen, dass potenzielle Spender zögern, zu spenden. Dies kann insbesondere in konservativeren Gemeinschaften der Fall sein.

- **Ressourcenmangel:** Kleinere Organisationen haben oft nicht die Ressourcen, um umfassende Fundraising-Kampagnen durchzuführen, was ihre Fähigkeit einschränkt, Spenden zu akquirieren.

Strategien für erfolgreiches Fundraising

Um diese Herausforderungen zu überwinden, können LGBTQ-Organisationen verschiedene Fundraising-Strategien anwenden:

- **Crowdfunding:** Plattformen wie GoFundMe oder Kickstarter bieten eine Möglichkeit, kleine Beträge von einer Vielzahl von Menschen zu sammeln. Diese Methode hat sich als besonders effektiv erwiesen, da sie eine breite Öffentlichkeit erreicht und oft durch soziale Medien unterstützt wird.

- **Veranstaltungen:** Fundraising-Events, wie Benefizveranstaltungen oder Gala-Abende, können sowohl Mittel beschaffen als auch das Bewusstsein für die Anliegen der Organisation schärfen. Solche Veranstaltungen bieten auch eine Plattform für persönliche Geschichten, die Spender emotional ansprechen können.

- **Direktspenden:** Die direkte Ansprache von Unterstützern durch E-Mails oder Briefe, in denen die Notwendigkeit von Spenden und die Auswirkungen ihrer Unterstützung erläutert werden, bleibt eine der effektivsten Methoden.

Beispiele erfolgreicher Fundraising-Kampagnen

Ein herausragendes Beispiel für erfolgreiches Fundraising ist die Kampagne *"Trans Rights Are Human Rights"*, die von Trans Alliance Toronto ins Leben gerufen wurde. Diese Kampagne kombinierte soziale Medien, persönliche Geschichten und Veranstaltungen, um sowohl das Bewusstsein zu schärfen als auch finanzielle Mittel zu sammeln. Die Ergebnisse waren beeindruckend: Innerhalb von drei Monaten wurden über $50,000 gesammelt, was es der Organisation ermöglichte, neue Programme zur Unterstützung von Transgender-Personen zu entwickeln.

Ein weiteres Beispiel ist die jährliche *Pride Gala*, die von verschiedenen LGBTQ-Organisationen in Toronto veranstaltet wird. Diese Veranstaltung zieht nicht nur eine große Anzahl von Teilnehmern an, sondern generiert auch erhebliche Einnahmen durch Ticketverkäufe und Spenden während der Veranstaltung. Die Gala bietet eine Plattform für Redner, die Geschichten von Widerstand und Erfolg teilen, was die emotionale Bindung der Teilnehmer an die Sache verstärkt.

Fazit

Die Bedeutung von Fundraising und Spenden im LGBTQ-Aktivismus kann nicht hoch genug eingeschätzt werden. Sie sind nicht nur eine finanzielle Unterstützung, sondern auch ein Ausdruck der Solidarität und des Engagements der Gemeinschaft. Durch effektive Strategien und das Überwinden von Herausforderungen können Organisationen wie Trans Alliance Toronto die notwendigen Mittel beschaffen, um ihre wichtigen Programme fortzuführen und die Rechte von LGBTQ-Personen zu fördern. Ein starkes Fundraising-Netzwerk ist entscheidend, um eine nachhaltige Zukunft für den Aktivismus zu gewährleisten und die Stimme der Gemeinschaft zu stärken.

Die Herausforderungen der Mobilisierung

Die Mobilisierung von Menschen für den LGBTQ-Aktivismus ist eine der zentralen Herausforderungen, mit denen Aktivisten konfrontiert sind. Mobilisierung bezieht sich auf den Prozess, Menschen zu organisieren, um an politischen oder sozialen Aktivitäten teilzunehmen, um eine gemeinsame Sache zu unterstützen. In der LGBTQ-Bewegung ist dies besonders wichtig, da die Sichtbarkeit und die Stimmen von Mitgliedern der Gemeinschaft entscheidend sind, um Veränderungen herbeizuführen. Es gibt jedoch mehrere Herausforderungen, die diesen Prozess komplizieren.

Fragmentierung der Gemeinschaft

Eine der größten Herausforderungen bei der Mobilisierung ist die Fragmentierung innerhalb der LGBTQ-Gemeinschaft selbst. Diese Fragmentierung kann auf verschiedene Faktoren zurückzuführen sein, darunter ethnische Unterschiede, Geschlechtsidentitäten und sexuelle Orientierungen. Zum Beispiel gibt es oft unterschiedliche Prioritäten zwischen cisgender und transgender Personen, sowie zwischen verschiedenen ethnischen Gruppen innerhalb der LGBTQ-Gemeinschaft. Diese Unterschiede können zu Konflikten führen, die die Mobilisierung erschweren.

Ein Beispiel hierfür ist die Debatte um die Priorisierung von Themen wie Trans-Rechte im Vergleich zu allgemeinen LGBTQ-Rechten. Während einige Aktivisten sich stark für die Sichtbarkeit und Rechte von Transpersonen einsetzen, fühlen sich andere möglicherweise von diesen Themen nicht angesprochen, was zu einer Spaltung innerhalb der Bewegung führt.

Mangelnde Ressourcen

Ein weiteres bedeutendes Hindernis ist der Mangel an Ressourcen, sowohl finanzieller als auch menschlicher Art. Viele LGBTQ-Organisationen sind auf Spenden und Freiwillige angewiesen, um ihre Arbeit zu leisten. Wenn diese Ressourcen begrenzt sind, wird es schwierig, große Mobilisierungsaktionen zu planen und durchzuführen.

Die Finanzierung ist oft ein kritischer Punkt. Organisationen, die sich auf die Mobilisierung konzentrieren, benötigen Mittel für Werbung, Veranstaltungen und Schulungen. Wenn diese Mittel nicht zur Verfügung stehen, können sie nicht die notwendige Reichweite und Sichtbarkeit erreichen. Ein Beispiel ist die Notwendigkeit, Transportmittel für Teilnehmer zu organisieren, die möglicherweise nicht in der Lage sind, zu Veranstaltungen zu gelangen.

Psychologische Barrieren

Psychologische Barrieren spielen ebenfalls eine entscheidende Rolle bei der Mobilisierung. Viele Mitglieder der LGBTQ-Gemeinschaft haben aufgrund von Diskriminierung und Stigmatisierung Angst, sich öffentlich zu engagieren. Diese Angst kann zu einem Gefühl der Isolation führen und die Bereitschaft, sich an Mobilisierungsaktivitäten zu beteiligen, verringern.

Ein Beispiel ist die Angst vor Repressalien am Arbeitsplatz oder in der Familie. Diese Ängste können Menschen davon abhalten, sich aktiv an Protesten oder anderen Mobilisierungsaktionen zu beteiligen. Darüber hinaus kann das Gefühl, nicht genug zu wissen oder nicht gut genug zu sein, um aktiv zu werden, viele Menschen davon abhalten, sich zu engagieren.

Politische und gesellschaftliche Widerstände

Die Mobilisierung wird auch durch politische und gesellschaftliche Widerstände erschwert. In vielen Ländern gibt es immer noch Gesetze, die LGBTQ-Rechte einschränken, und gesellschaftliche Normen, die Diskriminierung legitimieren. Diese Widerstände können dazu führen, dass Menschen sich nicht sicher fühlen, sich zu mobilisieren.

Ein Beispiel ist die Verabschiedung von Gesetzen, die die Rechte von LGBTQ-Personen einschränken, wie etwa das Verbot von gleichgeschlechtlichen Ehen oder das Verbot von Adoptionen durch gleichgeschlechtliche Paare. Solche politischen Entscheidungen können das Gefühl der Hoffnungslosigkeit innerhalb der Gemeinschaft verstärken und die Mobilisierung behindern.

Fehlende strategische Planung

Ein weiterer kritischer Aspekt ist die Notwendigkeit einer strategischen Planung. Oftmals fehlt es an klaren Zielen und Strategien, die die Mobilisierung effizient gestalten könnten. Wenn Aktivisten nicht wissen, was sie erreichen wollen oder wie sie ihre Ziele umsetzen können, wird es schwierig, Menschen zu mobilisieren.

EIN AUFRUF ZUM HANDELN 451

Ein Beispiel für fehlende strategische Planung könnte eine Protestaktion sein, die ohne klare Botschaft oder Zielsetzung organisiert wird. Solche Aktionen können schnell in Chaos enden und das Vertrauen in die Mobilisierungsanstrengungen untergraben.

Technologische Herausforderungen

In der heutigen digitalen Welt spielt Technologie eine entscheidende Rolle bei der Mobilisierung. Während soziale Medien eine Plattform bieten, um Menschen zu erreichen und zu mobilisieren, gibt es auch Herausforderungen im Umgang mit diesen Technologien.

Die digitale Kluft ist ein Beispiel für eine solche Herausforderung. Menschen, die keinen Zugang zu Internet oder sozialen Medien haben, werden von Mobilisierungsaktionen ausgeschlossen. Dies kann insbesondere in ländlichen oder einkommensschwachen Gebieten der Fall sein, wo der Zugang zu Technologie eingeschränkt ist.

Fazit

Die Mobilisierung für LGBTQ-Rechte ist ein komplexer Prozess, der durch eine Vielzahl von Herausforderungen geprägt ist. Fragmentierung innerhalb der Gemeinschaft, Mangel an Ressourcen, psychologische Barrieren, politische Widerstände, fehlende strategische Planung und technologische Herausforderungen sind nur einige der Faktoren, die die Mobilisierung erschweren. Um erfolgreich zu sein, müssen Aktivisten diese Herausforderungen erkennen und Strategien entwickeln, um sie zu überwinden. Nur so kann eine starke, vereinte und effektive Bewegung entstehen, die in der Lage ist, echte Veränderungen zu bewirken.

Die Rolle von sozialen Bewegungen

Soziale Bewegungen sind kollektive Anstrengungen von Individuen oder Gruppen, die sich zusammenschließen, um soziale, politische oder wirtschaftliche Veränderungen zu bewirken. Diese Bewegungen spielen eine entscheidende Rolle im LGBTQ-Aktivismus, indem sie das Bewusstsein für Diskriminierung schärfen, Rechte fordern und eine Plattform für marginalisierte Stimmen schaffen.

Theoretische Grundlagen

Die Theorie sozialer Bewegungen befasst sich mit den Bedingungen, unter denen soziale Bewegungen entstehen, sich entwickeln und erfolgreich sind. Ein zentraler Aspekt dieser Theorie ist das Konzept des *kollektiven Handelns*, das sich auf die koordinierten Aktivitäten von Individuen bezieht, die ein gemeinsames Ziel verfolgen.

Ein Beispiel für eine solche Theorie ist die *Ressourcentheorie*, die besagt, dass der Zugang zu Ressourcen – sei es Geld, Zeit oder soziale Netzwerke – entscheidend für den Erfolg einer sozialen Bewegung ist. Diese Theorie hebt hervor, dass soziale Bewegungen nicht nur aus Unzufriedenheit entstehen, sondern auch von den Ressourcen abhängen, die den Aktivisten zur Verfügung stehen.

Herausforderungen sozialer Bewegungen

Trotz ihrer Bedeutung stehen soziale Bewegungen vor zahlreichen Herausforderungen. Eine der größten Hürden ist der *Widerstand von Institutionen* und der Gesellschaft. Oft werden soziale Bewegungen von politischen oder wirtschaftlichen Akteuren als Bedrohung wahrgenommen, was zu Repression und Diskreditierung führen kann.

Ein weiteres Problem ist die *Fragmentierung* innerhalb der Bewegung selbst. Unterschiedliche Gruppen innerhalb der LGBTQ-Community können unterschiedliche Prioritäten und Ansichten haben, was zu Konflikten und Uneinigkeit führen kann. Diese Fragmentierung kann die Effektivität der Bewegung beeinträchtigen, da sie die Ressourcen und die Energie der Aktivisten zerstreut.

Beispiele für soziale Bewegungen im LGBTQ-Aktivismus

Ein herausragendes Beispiel für eine soziale Bewegung im LGBTQ-Aktivismus ist die *Stonewall-Bewegung*, die in den späten 1960er Jahren in den USA begann. Die Stonewall-Unruhen, die 1969 in New York stattfanden, gelten als Wendepunkt im Kampf für LGBTQ-Rechte. Diese Bewegung mobilisierte die LGBTQ-Community und führte zur Gründung zahlreicher Organisationen, die sich für die Rechte von LGBTQ-Personen einsetzen.

Ein weiteres Beispiel ist die *AIDS-Aktivismusbewegung* der 1980er Jahre, die sich gegen die Stigmatisierung von HIV-positiven Menschen richtete. Gruppen wie ACT UP (AIDS Coalition to Unleash Power) organisierten Proteste und forderten eine schnellere Entwicklung von Medikamenten sowie eine bessere

EIN AUFRUF ZUM HANDELN   453

Aufklärung über HIV/AIDS. Diese Bewegung zeigte, wie wichtig kollektives Handeln ist, um gesellschaftliche Veränderungen zu bewirken.

Die Verbindung zwischen sozialen Bewegungen und der LGBTQ-Community

Die Verbindung zwischen sozialen Bewegungen und der LGBTQ-Community ist tiefgreifend. Soziale Bewegungen bieten nicht nur eine Plattform für den Ausdruck von Identität und Erfahrungen, sondern fördern auch die *Solidarität* innerhalb der Gemeinschaft. Sie ermöglichen es Individuen, sich als Teil einer größeren Bewegung zu fühlen und ihre Stimmen in einem sicheren Raum zu erheben.

Die Rolle von sozialen Bewegungen im LGBTQ-Aktivismus ist auch entscheidend für die *Sichtbarkeit* und *Repräsentation* von LGBTQ-Personen in der Gesellschaft. Durch Proteste, Kampagnen und Öffentlichkeitsarbeit können soziale Bewegungen das Bewusstsein für LGBTQ-Themen schärfen und eine breitere Akzeptanz fördern.

Fazit

Zusammenfassend lässt sich sagen, dass soziale Bewegungen eine fundamentale Rolle im LGBTQ-Aktivismus spielen. Sie sind nicht nur Motor für Veränderungen, sondern auch ein Mittel zur Stärkung der Gemeinschaft und zur Förderung der Sichtbarkeit. Trotz der Herausforderungen, mit denen sie konfrontiert sind, bleibt ihr Einfluss auf die Gesellschaft und die LGBTQ-Community von entscheidender Bedeutung. Die Zukunft des Aktivismus wird weiterhin von der Fähigkeit sozialer Bewegungen abhängen, sich anzupassen, zusammenzuarbeiten und eine inklusive und gerechte Gesellschaft zu fördern.

Die Bedeutung von Hoffnung und Vision

In der Welt des LGBTQ-Aktivismus ist Hoffnung nicht nur ein Gefühl, sondern ein wesentlicher Bestandteil der Strategie und des Überlebens. Hoffnung gibt den Menschen die Kraft, für ihre Rechte zu kämpfen, selbst in den dunkelsten Zeiten. Sie ist die treibende Kraft hinter vielen Bewegungen und inspiriert Einzelpersonen, sich für Veränderungen einzusetzen. In diesem Abschnitt werden wir die zentrale Rolle von Hoffnung und Vision im Aktivismus untersuchen, die Herausforderungen, die damit verbunden sind, und wie sie als Katalysatoren für Fortschritt dienen.

Hoffnung als Antriebskraft

Hoffnung ist der Glaube an eine bessere Zukunft. Sie motiviert Menschen, sich für Veränderungen einzusetzen und die bestehenden Ungerechtigkeiten zu bekämpfen. In der LGBTQ-Community ist Hoffnung oft das, was Menschen dazu bringt, sich zu organisieren, zu protestieren und ihre Stimmen zu erheben. Historisch gesehen haben viele Aktivisten, wie Harvey Milk und Marsha P. Johnson, Hoffnung als zentrales Element ihrer Arbeit genutzt. Ihre Vision für eine gerechtere Gesellschaft hat nicht nur ihre eigenen Leben, sondern auch die Leben unzähliger anderer verändert.

$$H = \frac{C}{D} \qquad (69)$$

Hierbei steht H für Hoffnung, C für die Gemeinschaft, die sich zusammenschließt, und D für die Herausforderungen, die sie überwinden müssen. Diese Gleichung zeigt, dass je stärker die Gemeinschaft ist, desto mehr Hoffnung kann sie schöpfen, um die Herausforderungen zu bewältigen.

Vision: Der Weg zum Wandel

Vision ist die Fähigkeit, sich eine bessere Zukunft vorzustellen und konkrete Schritte zu unternehmen, um diese Realität zu erreichen. Eine klare Vision hilft Aktivisten, ihre Ziele zu definieren und Strategien zu entwickeln, um diese zu erreichen. Stephanie Woolley hat in ihrer Arbeit mit Trans Alliance Toronto eine klare Vision für die Unterstützung und Stärkung von Transgender-Personen formuliert. Diese Vision umfasst nicht nur rechtliche Anerkennung, sondern auch soziale Akzeptanz und Sicherheit.

Ein Beispiel für die Kraft einer Vision ist die „#BlackLivesMatter"-Bewegung, die sich nicht nur gegen Rassismus, sondern auch für die Rechte von LGBTQ-Personen innerhalb der schwarzen Gemeinschaft einsetzt. Diese Bewegung hat eine klare Vision von Gleichheit und Gerechtigkeit formuliert, die über ethnische Grenzen hinausgeht und verschiedene Identitäten umfasst.

Herausforderungen und Widerstände

Trotz der positiven Aspekte von Hoffnung und Vision gibt es erhebliche Herausforderungen, die Aktivisten überwinden müssen. Diskriminierung, Vorurteile und institutioneller Widerstand können entmutigend sein. Oftmals sehen sich Aktivisten mit der Realität konfrontiert, dass ihre Hoffnungen und

Visionen nicht sofort Realität werden. Diese Diskrepanz zwischen dem, was ist, und dem, was sein könnte, kann zu Frustration und Entmutigung führen.

Eine der größten Herausforderungen ist die psychische Belastung, die mit dem Aktivismus einhergeht. Die ständige Konfrontation mit Ungerechtigkeit kann zu einem Gefühl der Ohnmacht führen. Hier ist es wichtig, dass Gemeinschaften Unterstützungssysteme aufbauen, um die Hoffnung aufrechtzuerhalten. Ein Beispiel dafür ist die Rolle von Peer-Support-Gruppen, die den Aktivisten helfen, sich gegenseitig zu stärken und ihre Visionen zu teilen.

Die transformative Kraft von Hoffnung und Vision

Hoffnung und Vision sind nicht nur für die individuelle Motivation wichtig, sondern sie haben auch das Potenzial, ganze Gemeinschaften zu transformieren. Wenn Menschen zusammenkommen und eine gemeinsame Vision teilen, können sie bedeutende Veränderungen bewirken. Die Stonewall-Unruhen von 1969 sind ein Beispiel dafür, wie kollektive Hoffnung und eine klare Vision für Gleichheit und Akzeptanz zu einem Wendepunkt in der LGBTQ-Bewegung führten.

Die transformative Kraft von Hoffnung und Vision zeigt sich auch in der Art und Weise, wie Gemeinschaften auf Herausforderungen reagieren. Anstatt sich von Widrigkeiten entmutigen zu lassen, mobilisieren viele Aktivisten ihre Gemeinschaften, um gemeinsam Lösungen zu finden. Dies kann in Form von Bildungsinitiativen, politischen Kampagnen oder Kunstprojekten geschehen, die das Bewusstsein schärfen und die Sichtbarkeit erhöhen.

Fazit

Zusammenfassend lässt sich sagen, dass Hoffnung und Vision im LGBTQ-Aktivismus von entscheidender Bedeutung sind. Sie bieten nicht nur einen Antrieb für individuelles und kollektives Handeln, sondern sie sind auch die Grundlage für den langfristigen Erfolg von Bewegungen. In einer Welt, die oft von Herausforderungen geprägt ist, müssen Aktivisten weiterhin Hoffnung schöpfen und eine klare Vision für die Zukunft formulieren. Nur so können sie die Veränderungen herbeiführen, die sie sich wünschen, und eine gerechtere Gesellschaft für alle schaffen.

$$V = H \cdot E \tag{70}$$

Hierbei steht V für Vision, H für Hoffnung und E für Engagement. Diese Gleichung verdeutlicht, dass eine starke Vision nur dann realisierbar ist, wenn sie von Hoffnung und aktivem Engagement getragen wird. In der Zukunft des

Aktivismus wird es entscheidend sein, diese Elemente weiterhin zu fördern und zu integrieren.

Fazit: Das Vermächtnis von Stephanie Woolley

Reflexion über ihre Reise

Die Höhen und Tiefen ihres Lebens

Das Leben von Stephanie Woolley war geprägt von einer Vielzahl von Höhen und Tiefen, die nicht nur ihre persönliche Entwicklung, sondern auch ihren Aktivismus maßgeblich beeinflussten. Diese Erfahrungen formten ihre Perspektive und motivierten sie, sich für die Rechte der LGBTQ-Community einzusetzen. In diesem Abschnitt werden wir die Schlüsselmomente in ihrem Leben betrachten, die sowohl Herausforderungen als auch Erfolge umfassten.

Die frühen Jahre: Herausforderungen und Entdeckungen

Stephanie wuchs in einer konservativen Umgebung auf, in der traditionelle Werte stark verankert waren. Bereits in ihrer Kindheit erlebte sie Diskriminierung, die sich in Form von Mobbing und Ausgrenzung äußerte. Diese frühen Erfahrungen prägten ihr Selbstbild und führten zu einer tiefen inneren Auseinandersetzung mit ihrer Identität. Die Frage, die sie sich stellte, war: „Wie kann ich in einer Welt akzeptiert werden, die mich nicht akzeptiert?"

Ein prägendes Erlebnis war, als sie in der Schule das erste Mal mit ihrer sexuellen Identität in Kontakt kam. Sie fand Trost in der Kunst und Literatur, die ihr halfen, ihre Gefühle zu verarbeiten. Hierbei kann die Theorie der Identitätsentwicklung nach Erik Erikson herangezogen werden, die besagt, dass Individuen in verschiedenen Lebensphasen mit spezifischen psychosozialen Herausforderungen konfrontiert sind. In diesem Fall war es die Suche nach Identität und Zugehörigkeit, die für Stephanie von zentraler Bedeutung war.

Der Übergang zur Aktivismus: Ein Wendepunkt

Der Wendepunkt in Stephanies Leben kam während ihrer Studienzeit, als sie aktiv in die LGBTQ-Community eintrat. Sie erkannte, dass sie nicht allein war und dass es viele andere gab, die ähnliche Kämpfe durchlebten. Diese Erkenntnis führte zu einem Gefühl der Solidarität und Gemeinschaft. In dieser Phase begann sie, sich für die Rechte von Transgender-Personen einzusetzen.

Die Gründung von Trans Alliance Toronto war ein direkter Ausdruck ihres Engagements. Sie wollte einen Raum schaffen, in dem sich Menschen sicher fühlen und ihre Identität ohne Angst leben konnten. Diese Initiative war nicht nur eine Antwort auf persönliche Herausforderungen, sondern auch eine Reaktion auf die gesellschaftlichen Probleme, die Transgender-Personen oft erleiden mussten.

Ein Beispiel für die Herausforderungen, die sie in dieser Zeit erlebte, war die Suche nach Finanzierung und Unterstützung für ihre Organisation. Oft stieß sie auf Widerstand von Institutionen, die nicht bereit waren, die Bedürfnisse der LGBTQ-Community ernst zu nehmen. Diese Widerstände führten zu emotionalen Tiefpunkten, aber sie stärkten auch ihren Willen, weiterzumachen.

Erfolge und Anerkennung: Die Höhen des Aktivismus

Trotz der Herausforderungen, denen sie gegenüberstand, erlebte Stephanie auch viele Erfolge. Ihre Arbeit mit Trans Alliance Toronto führte zu bedeutenden Veränderungen in der Gesetzgebung, die den Schutz von Transgender-Personen verbesserten. Ein herausragendes Beispiel war die erfolgreiche Lobbyarbeit für das Gesetz zur Gleichstellung der Geschlechter, das 2017 verabschiedet wurde. Diese Errungenschaft war nicht nur ein persönlicher Triumph für Stephanie, sondern auch ein Meilenstein für die gesamte Community.

Darüber hinaus wurde Stephanie für ihre Bemühungen mit mehreren Preisen und Auszeichnungen geehrt, die ihre Arbeit anerkannten und ihr eine Plattform boten, um ihre Botschaft weiter zu verbreiten. Diese Anerkennung war nicht nur eine Bestätigung ihrer harten Arbeit, sondern auch eine Möglichkeit, andere zu inspirieren, sich für den Aktivismus einzusetzen.

Psychische Gesundheit: Der Balanceakt zwischen Erfolg und Stress

Trotz ihrer Erfolge hatte Stephanie mit psychischen Gesundheitsproblemen zu kämpfen, die durch den Stress des Aktivismus und die ständige Konfrontation mit Diskriminierung verursacht wurden. Der Druck, die Stimme der Community zu sein, führte zu einem Gefühl der Isolation und Überforderung. In dieser Zeit wurde die Bedeutung von Selbstfürsorge für sie offensichtlich. Sie begann,

Strategien zur Stressbewältigung zu entwickeln, wie zum Beispiel Achtsamkeit und regelmäßige Therapie.

Die Theorie der Resilienz spielt hier eine wichtige Rolle. Resilienz beschreibt die Fähigkeit, sich von Rückschlägen zu erholen und gestärkt aus schwierigen Situationen hervorzugehen. Stephanie lernte, dass es in Ordnung ist, Hilfe zu suchen und dass Selbstliebe eine zentrale Rolle in ihrem Aktivismus spielt.

Fazit: Ein Leben voller Lektionen

Die Höhen und Tiefen in Stephanies Leben sind ein Spiegelbild der Herausforderungen, mit denen viele LGBTQ-Aktivisten konfrontiert sind. Ihre Reise zeigt, dass persönliches Wachstum oft aus Schwierigkeiten entsteht und dass die Suche nach Identität und Zugehörigkeit ein lebenslanger Prozess ist. Ihre Erfolge sind nicht nur individuelle Triumphe, sondern auch kollektive Errungenschaften für die LGBTQ-Community.

Stephanie Woolleys Leben ist ein Beispiel dafür, wie Widerstandsfähigkeit, Leidenschaft und der Wille zur Veränderung dazu beitragen können, eine positive Wirkung auf die Gesellschaft zu erzielen. Ihre Geschichte ermutigt andere, ihre Stimme zu erheben und für das einzutreten, was richtig ist, unabhängig von den Herausforderungen, die sie möglicherweise auf ihrem Weg antreffen.

Lektionen aus ihrem Aktivismus

Im Laufe ihrer beeindruckenden Karriere hat Stephanie Woolley viele wertvolle Lektionen aus ihrem Aktivismus gelernt, die nicht nur für ihre persönliche Entwicklung, sondern auch für die gesamte LGBTQ-Community von Bedeutung sind. Diese Lektionen erstrecken sich über verschiedene Bereiche des Aktivismus, von der persönlichen Resilienz bis hin zur strategischen Planung und der Bedeutung von Gemeinschaft.

Die Kraft der Sichtbarkeit

Eine der zentralen Lektionen, die Woolley aus ihrem Aktivismus gezogen hat, ist die Macht der Sichtbarkeit. Sie erkannte, dass die Sichtbarkeit von LGBTQ-Personen in der Gesellschaft entscheidend ist, um Vorurteile abzubauen und Akzeptanz zu fördern. In ihren Reden und Kampagnen betont sie oft, dass Sichtbarkeit nicht nur bedeutet, sich zu zeigen, sondern auch, die Geschichten und Erfahrungen von Menschen zu teilen, die oft im Schatten stehen. Ein Beispiel hierfür ist die Kampagne „Trans Stories Matter", die sie ins Leben rief, um die

Stimmen von trans Personen zu stärken und ihre Geschichten in den Mittelpunkt zu rücken.

Intersektionalität verstehen

Ein weiterer wichtiger Aspekt von Woolleys Aktivismus ist das Verständnis der Intersektionalität. Sie hat gelernt, dass die Kämpfe der LGBTQ-Community nicht isoliert sind, sondern sich mit anderen sozialen Gerechtigkeitsbewegungen überschneiden. Woolley hat sich intensiv mit den Herausforderungen beschäftigt, die Menschen aus verschiedenen ethnischen, sozialen und wirtschaftlichen Hintergründen erleben. Dies führte zu einer verstärkten Zusammenarbeit mit anderen Organisationen, die sich für Rassengerechtigkeit, Frauenrechte und andere soziale Bewegungen einsetzen. Ihre Erkenntnis ist, dass ein erfolgreicher Aktivismus nur dann möglich ist, wenn er die Vielfalt der Erfahrungen und Identitäten innerhalb der Gemeinschaft anerkennt und einbezieht.

Die Bedeutung von Gemeinschaft

Woolley hat auch die immense Bedeutung von Gemeinschaftsbildung erkannt. Sie hat erfahren, dass Aktivismus oft nicht allein, sondern in Gemeinschaften gedeiht. Die Unterstützung von Gleichgesinnten, Freunden und Verbündeten ist entscheidend, um Herausforderungen zu bewältigen. In ihrer eigenen Arbeit hat sie zahlreiche Community-Events organisiert, die Menschen zusammenbringen und den Austausch von Erfahrungen fördern. Diese Veranstaltungen haben nicht nur zur Stärkung der Gemeinschaft beigetragen, sondern auch dazu, dass Menschen sich sicherer fühlen, ihre Stimmen zu erheben.

Resilienz und Durchhaltevermögen

Ein weiteres zentrales Thema in Woolleys Aktivismus ist die Resilienz. Sie hat gelernt, dass Rückschläge und Herausforderungen unvermeidlich sind, aber entscheidend ist, wie man auf sie reagiert. Woolley hat oft betont, dass es wichtig ist, aus Misserfolgen zu lernen und sich nicht entmutigen zu lassen. Ein Beispiel hierfür ist die erste große Kampagne von Trans Alliance Toronto, die anfangs auf Widerstand stieß. Statt aufzugeben, nutzte sie das Feedback, um die Strategie zu überarbeiten und die Kampagne schließlich erfolgreich zu machen. Diese Erfahrung lehrte sie, dass Anpassungsfähigkeit und Durchhaltevermögen Schlüsselqualifikationen für jeden Aktivisten sind.

Bildung als Werkzeug

Woolley hat auch erkannt, dass Bildung ein unverzichtbares Werkzeug im Aktivismus ist. Sie hat sich aktiv für Bildungsinitiativen eingesetzt, die das Bewusstsein für LGBTQ-Rechte und -Themen fördern. Durch Workshops, Schulungen und Informationsveranstaltungen hat sie das Ziel verfolgt, Wissen zu verbreiten und Menschen in die Lage zu versetzen, aktiv zu werden. Diese Bildungsarbeit hat nicht nur die Gemeinschaft gestärkt, sondern auch dazu beigetragen, Vorurteile abzubauen und das Verständnis für LGBTQ-Themen in der breiteren Gesellschaft zu fördern.

Die Rolle der Medien

Ein weiterer wichtiger Punkt, den Woolley gelernt hat, ist die Rolle der Medien im Aktivismus. Sie hat die Macht der Medien erkannt, um Botschaften zu verbreiten und Sichtbarkeit zu schaffen. Woolley hat strategisch mit Journalisten und Medienvertretern zusammengearbeitet, um sicherzustellen, dass die Anliegen der LGBTQ-Community Gehör finden. Ihre Erfahrung zeigt, dass eine gezielte Medienarbeit nicht nur die Wahrnehmung der Gemeinschaft verbessern kann, sondern auch konkrete Veränderungen in der Politik und Gesellschaft bewirken kann.

Authentizität und persönliche Geschichten

Woolley hat auch die Bedeutung von Authentizität im Aktivismus erkannt. Sie hat gelernt, dass persönliche Geschichten eine starke Wirkung haben können, um Empathie zu wecken und Menschen zu mobilisieren. Indem sie ihre eigenen Erfahrungen teilt, ermutigt sie andere, dasselbe zu tun. Diese Authentizität hat ihr geholfen, Vertrauen innerhalb der Gemeinschaft aufzubauen und eine tiefere Verbindung zu den Menschen herzustellen, die sie unterstützt.

Strategische Partnerschaften

Schließlich hat Woolley die Bedeutung strategischer Partnerschaften im Aktivismus erkannt. Sie hat gelernt, dass die Zusammenarbeit mit anderen Organisationen und Bewegungen nicht nur Ressourcen spart, sondern auch die Reichweite und den Einfluss des Aktivismus erhöht. Durch die Bildung von Allianzen hat sie es geschafft, gemeinsame Ziele zu verfolgen und eine breitere Öffentlichkeit für die Anliegen der LGBTQ-Community zu gewinnen.

Fazit

Zusammenfassend lässt sich sagen, dass die Lektionen, die Stephanie Woolley aus ihrem Aktivismus gezogen hat, für die gesamte LGBTQ-Community von unschätzbarem Wert sind. Ihre Erkenntnisse über Sichtbarkeit, Intersektionalität, Gemeinschaft, Resilienz, Bildung, Medienarbeit, Authentizität und strategische Partnerschaften bieten einen klaren Leitfaden für zukünftige Generationen von Aktivisten. Diese Lektionen sind nicht nur theoretisch, sondern basieren auf realen Erfahrungen und Herausforderungen, die sie auf ihrem Weg gemeistert hat. Indem sie diese Lektionen teilt, inspiriert Woolley andere, sich für eine gerechtere und inklusivere Welt einzusetzen.

Die Bedeutung von Authentizität

Authentizität ist ein zentraler Begriff im Aktivismus, insbesondere im Kontext von LGBTQ-Rechten. Sie bezeichnet die Fähigkeit und den Mut, sich selbst treu zu bleiben, unabhängig von gesellschaftlichen Erwartungen oder Normen. In einer Welt, die oft von Vorurteilen und Diskriminierung geprägt ist, wird die Authentizität zu einem kraftvollen Werkzeug für Veränderung. Die Bedeutung von Authentizität im Aktivismus kann durch verschiedene theoretische Perspektiven und praktische Beispiele verdeutlicht werden.

Theoretische Grundlagen

Authentizität wird häufig in der Psychologie und Sozialwissenschaft diskutiert. Nach dem Psychologen Carl Rogers ist Authentizität eng mit dem Konzept der Selbstverwirklichung verbunden. Er postulierte, dass Menschen ein inneres Bedürfnis haben, sich selbst zu sein und ihre wahren Gefühle und Gedanken auszudrücken. Diese Theorie legt nahe, dass Authentizität nicht nur für das individuelle Wohlbefinden wichtig ist, sondern auch für die Fähigkeit, mit anderen in Beziehung zu treten und eine Gemeinschaft zu bilden.

In der sozialen Bewegungstheorie wird Authentizität oft als ein Schlüssel zur Mobilisierung betrachtet. Laut dem Sozialwissenschaftler Charles Tilly ist die Glaubwürdigkeit von Aktivisten entscheidend für den Erfolg von Bewegungen. Wenn Aktivisten authentisch sind, können sie Vertrauen aufbauen und andere inspirieren, sich ihrer Sache anzuschließen. Authentizität fördert die Solidarität innerhalb der Gemeinschaft und stärkt die kollektive Identität.

Probleme der Authentizität im Aktivismus

Trotz ihrer Bedeutung kann Authentizität im Aktivismus auch mit Herausforderungen verbunden sein. Eine häufige Problematik ist der Druck, sich an bestimmte Normen oder Erwartungen anzupassen. Aktivisten, die sich für LGBTQ-Rechte einsetzen, sehen sich oft mit dem Dilemma konfrontiert, wie viel von ihrem persönlichen Leben sie teilen sollten. Während Transparenz und Offenheit wichtig sind, kann das Teilen von persönlichen Geschichten auch zu Verletzlichkeit führen.

Ein weiteres Problem ist die Gefahr der „Tokenisierung". Dies geschieht, wenn eine Person oder Gruppe als Repräsentant für eine größere Gemeinschaft betrachtet wird, ohne dass ihre individuelle Authentizität anerkannt wird. Dies kann dazu führen, dass die Stimmen von marginalisierten Individuen überhört werden, während stereotype Darstellungen aufrechterhalten werden.

Beispiele für Authentizität im Aktivismus

Ein herausragendes Beispiel für Authentizität im Aktivismus ist die Arbeit von Marsha P. Johnson, einer der bekanntesten Figuren der LGBTQ-Bewegung. Johnson war nicht nur eine führende Stimme im Kampf für Trans-Rechte, sondern lebte auch offen als schwarze Transfrau in einer Zeit, in der dies extrem gefährlich war. Ihre Authentizität und ihr Engagement für die Gemeinschaft haben nicht nur das Bewusstsein für die Herausforderungen von Trans-Personen geschärft, sondern auch viele inspiriert, sich für ihre Rechte einzusetzen.

Ein weiteres Beispiel ist die Aktivistin und Autorin Janet Mock, die in ihren Schriften und öffentlichen Auftritten ihre eigene Geschichte als trans Frau teilt. Mock nutzt ihre Plattform, um authentische Gespräche über Identität, Geschlecht und Rasse zu führen. Ihre Offenheit hat nicht nur das Bewusstsein für die Herausforderungen von Trans-Personen geschärft, sondern auch eine neue Generation von Aktivisten inspiriert, ihre eigenen Geschichten zu erzählen.

Schlussfolgerung

Die Bedeutung von Authentizität im Aktivismus kann nicht hoch genug eingeschätzt werden. Sie ist nicht nur ein persönlicher Wert, sondern auch ein strategisches Werkzeug, um Gemeinschaften zu mobilisieren und Veränderungen herbeizuführen. Authentische Aktivisten können eine tiefere Verbindung zu anderen herstellen, Vertrauen aufbauen und eine inklusive und unterstützende Umgebung schaffen. In einer Welt, die oft von Vorurteilen und Diskriminierung geprägt ist, bleibt Authentizität ein leuchtendes Beispiel dafür, wie persönliche Geschichten und Erfahrungen die Kraft haben, die Welt zu verändern.

Ein Blick auf ihre Erfolge

Stephanie Woolley hat im Laufe ihrer Karriere als LGBTQ-Aktivistin bemerkenswerte Erfolge erzielt, die nicht nur ihre persönliche Entwicklung widerspiegeln, sondern auch die gesamte LGBTQ-Community in Toronto und darüber hinaus beeinflusst haben. Ihre Errungenschaften sind das Ergebnis harter Arbeit, Engagement und einer klaren Vision für eine gerechtere und inklusivere Gesellschaft. In diesem Abschnitt werfen wir einen detaillierten Blick auf einige ihrer bedeutendsten Erfolge.

Die Gründung von Trans Alliance Toronto

Einer der herausragendsten Erfolge von Stephanie Woolley war die Gründung von Trans Alliance Toronto (TAT). Diese Organisation wurde ins Leben gerufen, um die Bedürfnisse und Anliegen der trans- und nicht-binären Gemeinschaft in Toronto zu vertreten. Woolley erkannte, dass es an der Zeit war, eine Plattform zu schaffen, die nicht nur Sichtbarkeit, sondern auch Unterstützung und Ressourcen für Trans-Personen bietet. Die Gründung von TAT war ein entscheidender Schritt in Richtung Anerkennung der Rechte von Trans-Personen in der Gesellschaft.

Erhöhung der Sichtbarkeit und Sensibilisierung

Ein weiterer bemerkenswerter Erfolg war die Erhöhung der Sichtbarkeit von Trans-Personen in den Medien und der Öffentlichkeit. Woolley hat zahlreiche Kampagnen initiiert, die darauf abzielten, das Bewusstsein für die Herausforderungen zu schärfen, mit denen Trans-Personen konfrontiert sind. Diese Kampagnen beinhalteten soziale Medien, öffentliche Veranstaltungen und Partnerschaften mit anderen LGBTQ-Organisationen. Ein Beispiel ist die Kampagne „Trans Visibility Day", die jährlich durchgeführt wird und dazu beiträgt, die Stimmen von Trans-Personen zu stärken und ihre Geschichten zu teilen.

Politische Einflussnahme und Gesetzgebung

Woolleys Engagement für die LGBTQ-Community erstreckt sich auch auf die politische Arena. Sie hat aktiv an Lobbyarbeit teilgenommen, um Gesetze zu fördern, die die Rechte von Trans-Personen schützen. Ein bemerkenswerter Erfolg war die Unterstützung von Gesetzesentwürfen, die Diskriminierung aufgrund der Geschlechtsidentität verbieten. Diese politischen Bemühungen haben nicht nur dazu beigetragen, rechtliche Rahmenbedingungen zu schaffen, die Trans-Personen schützen, sondern auch das Bewusstsein für die Notwendigkeit von Veränderungen in der Gesetzgebung geschärft.

Mentorship und Unterstützung junger Aktivisten

Stephanie Woolley hat sich auch als Mentorin für junge Aktivisten hervorgetan. Sie hat zahlreiche Workshops und Schulungen geleitet, um das Wissen und die Fähigkeiten junger Menschen zu fördern, die sich für LGBTQ-Rechte einsetzen möchten. Diese Mentorship-Programme haben nicht nur individuelle Karrieren gefördert, sondern auch eine neue Generation von Aktivisten hervorgebracht, die bereit sind, für ihre Rechte und die Rechte anderer zu kämpfen. Der Einfluss von Woolley als Mentorin ist in der gesamten Community spürbar und hat dazu beigetragen, ein starkes Netzwerk von Unterstützern zu schaffen.

Schaffung sicherer Räume

Ein weiterer wichtiger Erfolg von Woolley war die Schaffung sicherer Räume für Trans-Personen. Sie hat Programme und Initiativen ins Leben gerufen, die darauf abzielen, sichere und unterstützende Umgebungen zu schaffen, in denen Trans-Personen sich ausdrücken und ihre Identität leben können. Diese sicheren Räume sind entscheidend für das Wohlbefinden der Community und bieten eine Plattform für Austausch, Unterstützung und Bildung.

Einfluss auf die öffentliche Meinung

Die Arbeit von Stephanie Woolley hat auch einen signifikanten Einfluss auf die öffentliche Meinung über Trans-Personen und LGBTQ-Rechte gehabt. Durch ihre engagierte Öffentlichkeitsarbeit und die Zusammenarbeit mit Medien hat sie dazu beigetragen, stereotype Vorstellungen abzubauen und das Verständnis für die Herausforderungen, mit denen Trans-Personen konfrontiert sind, zu fördern. Ihre Fähigkeit, komplexe Themen in verständlicher Weise zu kommunizieren, hat dazu beigetragen, Vorurteile abzubauen und eine breitere Akzeptanz in der Gesellschaft zu schaffen.

Auszeichnungen und Anerkennungen

Die Erfolge von Stephanie Woolley wurden nicht unbemerkt gelassen. Sie hat mehrere Auszeichnungen für ihren Aktivismus erhalten, die ihre harte Arbeit und ihren Beitrag zur LGBTQ-Community würdigen. Diese Auszeichnungen sind nicht nur eine persönliche Anerkennung, sondern auch ein Zeichen für den Fortschritt, den die LGBTQ-Bewegung erzielt hat. Sie motivieren andere Aktivisten, sich ebenfalls für die Rechte von Trans-Personen einzusetzen und zeigen, dass Engagement und Leidenschaft belohnt werden.

Die Bedeutung von Resilienz und Durchhaltevermögen

Ein zentraler Aspekt von Woolleys Erfolgen ist ihre Resilienz und ihr Durchhaltevermögen. Trotz der Herausforderungen, mit denen sie konfrontiert war, hat sie nie aufgegeben und weiterhin für die Rechte von Trans-Personen gekämpft. Diese Eigenschaften sind inspirierend und zeigen, dass es auch in schwierigen Zeiten möglich ist, Veränderungen herbeizuführen und positive Auswirkungen auf die Gemeinschaft zu haben.

Einfluss auf zukünftige Generationen

Die Erfolge von Stephanie Woolley haben nicht nur die gegenwärtige LGBTQ-Community beeinflusst, sondern auch einen nachhaltigen Einfluss auf zukünftige Generationen. Durch ihre Arbeit hat sie einen Raum geschaffen, in dem junge Menschen sich sicher fühlen, ihre Identität zu erkunden und sich für ihre Rechte einzusetzen. Ihre Vision und ihr Engagement werden die LGBTQ-Bewegung auch in den kommenden Jahren prägen.

Fazit

Zusammenfassend lässt sich sagen, dass die Erfolge von Stephanie Woolley eine bedeutende Rolle im LGBTQ-Aktivismus spielen. Ihre Gründung von Trans Alliance Toronto, die Erhöhung der Sichtbarkeit von Trans-Personen, ihre politische Einflussnahme und ihre Mentorship-Programme sind nur einige der vielen Errungenschaften, die sie erreicht hat. Woolleys Engagement und ihre unermüdliche Arbeit sind ein inspirierendes Beispiel dafür, wie Einzelpersonen durch Aktivismus Veränderungen bewirken können. Ihr Erbe wird weiterhin Generationen von Aktivisten motivieren und die LGBTQ-Community stärken.

Die Auswirkungen auf zukünftige Generationen

Die Arbeit von Stephanie Woolley und die Gründung von Trans Alliance Toronto haben nicht nur die gegenwärtige LGBTQ-Community beeinflusst, sondern auch tiefgreifende Auswirkungen auf zukünftige Generationen von Aktivisten und Unterstützern. Diese Auswirkungen sind vielschichtig und reichen von der Schaffung sicherer Räume bis hin zu einer verstärkten Sichtbarkeit und Repräsentation in der Gesellschaft.

Sichere Räume und Gemeinschaftsbildung

Ein zentrales Element von Woolleys Arbeit war die Schaffung sicherer Räume für trans und nicht-binäre Personen. Diese Räume sind entscheidend, um das Gefühl der Zugehörigkeit und Akzeptanz zu fördern. Sie ermöglichen es jungen Menschen, ihre Identität ohne Angst vor Diskriminierung oder Gewalt zu erkunden. Die Schaffung solcher Räume hat nicht nur unmittelbare Vorteile, sondern sendet auch eine starke Botschaft an zukünftige Generationen: Jeder Mensch hat das Recht, so zu sein, wie er ist, und sollte in der Gemeinschaft akzeptiert werden.

Vorbildfunktion und Mentorship

Die Rolle von Stephanie Woolley als Mentorin ist ein weiterer bedeutender Faktor. Ihre Fähigkeit, jüngere Aktivisten zu inspirieren und zu unterstützen, hat eine Welle von neuen Stimmen innerhalb der LGBTQ-Bewegung ausgelöst. Diese Mentorship-Programme fördern nicht nur die persönliche Entwicklung, sondern auch die Weitergabe von Wissen und Erfahrungen. Sie ermöglichen es neuen Aktivisten, von den Herausforderungen und Erfolgen ihrer Vorgänger zu lernen, was ihre Fähigkeit stärkt, in der Zukunft effektiv zu kämpfen.

Intersektionalität im Aktivismus

Woolleys Ansatz betont auch die Bedeutung des intersektionalen Aktivismus. Indem sie die Erfahrungen von Menschen mit unterschiedlichen Hintergründen und Identitäten anerkennt, schafft sie ein inklusiveres Umfeld, das die Vielfalt innerhalb der Gemeinschaft feiert. Diese intersektionale Perspektive wird für zukünftige Generationen von Aktivisten von entscheidender Bedeutung sein, da sie lernen, dass die Kämpfe um LGBTQ-Rechte untrennbar mit anderen sozialen Gerechtigkeitsbewegungen verbunden sind. Die Theorie der intersektionalen Identität, wie sie von Kimberlé Crenshaw formuliert wurde, legt nahe, dass

Individuen multiple Identitäten haben, die sich überschneiden und deren Erfahrungen von Diskriminierung beeinflussen. Dies fordert zukünftige Aktivisten heraus, ihre Ansätze zu diversifizieren und die Komplexität von Identität zu berücksichtigen.

Einfluss auf Bildung und Aufklärung

Stephanie Woolleys Engagement hat auch Auswirkungen auf Bildungsinitiativen. Durch die Förderung von Aufklärungsprogrammen in Schulen und Gemeinden wird das Bewusstsein für LGBTQ-Themen erhöht. Bildung ist ein entscheidendes Werkzeug, um Vorurteile abzubauen und Akzeptanz zu fördern. Zukünftige Generationen werden in einem Umfeld aufwachsen, in dem sie über die Vielfalt der Geschlechteridentitäten und sexuellen Orientierungen informiert sind. Dies wird nicht nur das Leben von LGBTQ-Jugendlichen verbessern, sondern auch dazu beitragen, eine tolerantere Gesellschaft zu schaffen.

Kulturelle Repräsentation

Ein weiterer bedeutender Aspekt ist die kulturelle Repräsentation. Woolleys Arbeit hat dazu beigetragen, dass die Geschichten von trans und nicht-binären Menschen in den Medien sichtbarer werden. Diese Repräsentation ist entscheidend, um Stereotypen abzubauen und ein positives Bild von LGBTQ-Personen zu fördern. Zukünftige Generationen werden durch diese Sichtbarkeit in der Lage sein, sich mit positiven Vorbildern zu identifizieren, was ihr Selbstwertgefühl und ihre Selbstakzeptanz stärkt.

Langfristige gesellschaftliche Veränderungen

Die Auswirkungen von Woolleys Arbeit sind nicht nur auf die LGBTQ-Community beschränkt, sondern haben auch das Potenzial, breitere gesellschaftliche Veränderungen zu bewirken. Indem sie die Diskussion über Geschlechteridentität und sexuelle Orientierung in den öffentlichen Raum bringt, trägt sie zur Schaffung einer inklusiveren Gesellschaft bei. Dies kann langfristig zu Veränderungen in der Gesetzgebung und zu einer stärkeren Unterstützung von LGBTQ-Rechten führen, was zukünftigen Generationen von Aktivisten mehr Ressourcen und Unterstützung bieten wird.

Schlussfolgerung

Zusammenfassend lässt sich sagen, dass die Auswirkungen von Stephanie Woolleys Aktivismus auf zukünftige Generationen weitreichend sind. Von der Schaffung sicherer Räume über Mentorship bis hin zu intersektionalem Aktivismus und Bildung – ihre Arbeit hat das Potenzial, eine neue Welle von Aktivisten zu inspirieren, die in einer gerechteren und inklusiveren Welt leben. Die Herausforderungen, die sie überwunden hat, dienen als Lehrbuchbeispiele für zukünftige Generationen, die den Mut und die Entschlossenheit finden müssen, für ihre Rechte und die Rechte anderer zu kämpfen. In einer Zeit, in der die Rechte der LGBTQ-Community weiterhin bedroht sind, ist es unerlässlich, dass zukünftige Generationen auf dem Fundament aufbauen, das Pioniere wie Woolley gelegt haben.

Die Rolle von Mentorship im Aktivismus

Mentorship spielt eine entscheidende Rolle im LGBTQ-Aktivismus, indem es nicht nur Wissen und Erfahrungen überträgt, sondern auch emotionale Unterstützung und Inspiration bietet. Die Beziehung zwischen Mentor und Mentee kann transformative Auswirkungen auf die Entwicklung von Führungspersönlichkeiten in der Bewegung haben. In diesem Abschnitt werden wir die Bedeutung von Mentorship, die Herausforderungen, die damit verbunden sind, und einige erfolgreiche Beispiele von Mentorship im LGBTQ-Aktivismus untersuchen.

Bedeutung von Mentorship

Mentorship im Aktivismus ist mehr als nur eine Weitergabe von Informationen. Es ist eine Beziehung, die auf Vertrauen, Respekt und gemeinsamer Vision basiert. Mentor*innen sind oft erfahrene Aktivist*innen, die ihr Wissen und ihre Fähigkeiten nutzen, um jüngere Generationen zu unterstützen. Diese Unterstützung kann in verschiedenen Formen erfolgen, einschließlich:

- **Wissenstransfer:** Mentor*innen teilen ihre Erfahrungen und Strategien, die im Laufe der Zeit entwickelt wurden. Dies kann den Mentees helfen, effektiver zu arbeiten und Fehler zu vermeiden, die andere gemacht haben.
- **Emotionale Unterstützung:** Aktivismus kann emotional belastend sein. Mentor*innen bieten Unterstützung und Verständnis, was besonders wichtig für junge Aktivist*innen ist, die möglicherweise mit Diskriminierung oder Ablehnung konfrontiert sind.

- **Netzwerkbildung:** Mentor*innen können den Mentees helfen, wichtige Kontakte in der Community zu knüpfen, was für den Erfolg im Aktivismus entscheidend sein kann.

- **Rollenmodelle:** Mentor*innen fungieren oft als Vorbilder, die zeigen, dass es möglich ist, in der Bewegung erfolgreich zu sein und Veränderungen herbeizuführen.

Herausforderungen im Mentorship

Trotz der vielen Vorteile des Mentorings gibt es auch Herausforderungen, die sowohl Mentor*innen als auch Mentees betreffen können. Einige dieser Herausforderungen sind:

- **Ungleichgewicht in der Beziehung:** Manchmal kann es ein Machtungleichgewicht zwischen Mentor*in und Mentee geben, das die Dynamik der Beziehung beeinflusst. Dies kann dazu führen, dass Mentees sich nicht wohlfühlen, ihre eigenen Meinungen oder Bedenken zu äußern.

- **Mangel an Ressourcen:** In vielen Fällen haben Mentor*innen nicht die nötigen Ressourcen oder die Zeit, um sich umfassend um ihre Mentees zu kümmern. Dies kann dazu führen, dass Mentees das Gefühl haben, nicht genügend Unterstützung zu erhalten.

- **Unterschiedliche Perspektiven:** Mentor*innen und Mentees können unterschiedliche Ansichten über Aktivismus oder Strategien haben, was zu Spannungen führen kann. Es ist wichtig, diese Unterschiede zu erkennen und respektvoll zu diskutieren.

- **Abhängigkeit:** Mentees können sich in ihrer Entwicklung zu sehr auf ihre Mentor*innen verlassen, was ihre Fähigkeit einschränken kann, unabhängig zu denken und zu handeln.

Erfolgreiche Beispiele von Mentorship im LGBTQ-Aktivismus

Es gibt zahlreiche inspirierende Beispiele für erfolgreiche Mentorship-Programme im LGBTQ-Aktivismus, die die transformative Kraft dieser Beziehungen verdeutlichen. Einige dieser Programme sind:

- **The Trevor Project:** Diese Organisation bietet nicht nur Unterstützung für LGBTQ-Jugendliche, sondern fördert auch Mentorship-Programme, die darauf abzielen, junge Menschen mit erfahrenen Aktivist*innen zu verbinden. Die Mentoren helfen den Mentees, ihre Stimme zu finden und sich in der Bewegung zu engagieren.

- **LGBTQ Youth Mentorship Program:** In vielen Städten gibt es lokale Initiativen, die LGBTQ-Jugendliche mit Mentor*innen zusammenbringen, die ähnliche Erfahrungen gemacht haben. Diese Programme bieten Workshops, Schulungen und Unterstützung, um den Mentees zu helfen, ihre Ziele zu erreichen.

- **PFLAG:** Die Organisation PFLAG (Parents, Families, and Friends of Lesbians and Gays) bietet Mentorship für Familienmitglieder von LGBTQ-Personen. Diese Unterstützung ist entscheidend für die Schaffung eines unterstützenden Umfelds, das sowohl die LGBTQ-Personen als auch ihre Familien stärkt.

Theoretische Grundlagen des Mentorings

Die Rolle des Mentorings im Aktivismus kann durch verschiedene theoretische Rahmenbedingungen besser verstanden werden. Eine solche Theorie ist das *Social Learning Theory* von Albert Bandura, die besagt, dass Menschen durch Beobachtung und Nachahmung lernen. In einem Mentorship-Kontext bedeutet dies, dass Mentees durch das Verhalten und die Ansichten ihrer Mentor*innen lernen und wachsen können.

Ein weiterer relevanter theoretischer Rahmen ist die *Transformative Learning Theory* von Jack Mezirow. Diese Theorie legt nahe, dass Lernen nicht nur die Ansammlung von Wissen ist, sondern auch die Veränderung von Perspektiven und Einstellungen. Mentor*innen können durch ihre Erfahrungen und Einsichten dazu beitragen, dass Mentees ihre Sichtweise auf Aktivismus und ihre Rolle darin transformieren.

Fazit

Die Rolle von Mentorship im LGBTQ-Aktivismus ist unverzichtbar für die Entwicklung einer starken und engagierten Gemeinschaft. Mentor*innen bieten nicht nur Unterstützung und Wissen, sondern helfen auch dabei, die nächste Generation von Aktivist*innen zu inspirieren und zu fördern. Trotz der Herausforderungen, die mit Mentorship verbunden sind, bleibt die Beziehung zwischen Mentor*in und Mentee ein kraftvolles Werkzeug für positive Veränderungen in der Gesellschaft. Durch die Stärkung dieser Beziehungen können wir sicherstellen, dass der LGBTQ-Aktivismus weiterhin wächst und gedeiht, und dass zukünftige Generationen die Unterstützung und Anleitung erhalten, die sie benötigen, um ihre eigenen Stimmen zu finden und Veränderungen zu bewirken.

Die Bedeutung von Resilienz und Durchhaltevermögen

In der Welt des Aktivismus sind Resilienz und Durchhaltevermögen nicht nur wünschenswerte Eigenschaften, sondern essentielle Bausteine für den Erfolg. Resilienz bezieht sich auf die Fähigkeit, sich von Rückschlägen zu erholen, während Durchhaltevermögen die Entschlossenheit beschreibt, trotz Herausforderungen und Widrigkeiten weiterzumachen. Diese Konzepte sind besonders wichtig im Kontext von LGBTQ-Aktivismus, wo die Kämpfe oft langwierig und emotional belastend sind.

Theoretische Grundlagen

Die Psychologie definiert Resilienz als die Fähigkeit, sich an Stresssituationen anzupassen und aus ihnen gestärkt hervorzugehen. Laut dem Resilienz-Modell von [?] sind Resilienzfaktoren wie soziale Unterstützung, Selbstwirksamkeit und positive Emotionen entscheidend. Diese Faktoren helfen Individuen, mit Stress umzugehen und ihre Ziele zu verfolgen, selbst wenn sie auf Hindernisse stoßen.

Ein zentraler Aspekt von Durchhaltevermögen ist die *Zielverpflichtung*, die von [?] als eine Kombination aus Leidenschaft und Ausdauer beschrieben wird. Durchhaltevermögen kann als eine Art von „Grit" verstanden werden, das es Menschen ermöglicht, auch in schwierigen Zeiten an ihren Zielen festzuhalten.

Herausforderungen im Aktivismus

Aktivisten, insbesondere im LGBTQ-Bereich, sehen sich oft mit Diskriminierung, Widerstand und persönlichen Angriffen konfrontiert. Diese Herausforderungen können zu einem Gefühl der Frustration und Entmutigung führen. Ein Beispiel hierfür ist die Reaktion auf die Gründung von Trans Alliance Toronto, die von vielen als Bedrohung für den Status quo angesehen wurde. Stephanie Woolley und ihr Team mussten sich nicht nur gegen institutionellen Widerstand behaupten, sondern auch gegen persönliche Angriffe, die ihre Motivation und ihr Engagement infrage stellten.

Ein weiterer Aspekt ist der *Burnout*, der häufig bei Aktivisten auftritt, die sich ständig für ihre Sache einsetzen. Laut [?] sind die Symptome des Burnouts emotionale Erschöpfung, Depersonalisierung und ein verringertes Gefühl der persönlichen Leistung. Diese Symptome können die Resilienz und das Durchhaltevermögen erheblich beeinträchtigen.

Beispiele für Resilienz und Durchhaltevermögen

Ein herausragendes Beispiel für Resilienz im LGBTQ-Aktivismus ist die Geschichte von Marsha P. Johnson, einer der führenden Figuren der Stonewall-Unruhen. Trotz der Diskriminierung und des Widerstands, dem sie ausgesetzt war, blieb Johnson standhaft in ihrem Engagement für die Rechte von LGBTQ-Personen. Ihr unermüdlicher Einsatz führte zur Gründung der *Street Transvestite Action Revolutionaries (STAR)*, die obdachlosen Transgender-Personen Unterstützung bot. Johnsons Fähigkeit, trotz der Widrigkeiten weiterzumachen, ist ein leuchtendes Beispiel für Resilienz.

Ein weiteres Beispiel ist die Arbeit von Stephanie Woolley, die trotz zahlreicher Rückschläge und Herausforderungen bei der Gründung von Trans Alliance Toronto nicht aufgab. Ihre Fähigkeit, aus Misserfolgen zu lernen und sich weiter zu engagieren, zeigt, wie wichtig Durchhaltevermögen im Aktivismus ist. Woolley hat immer wieder betont, dass jeder Rückschlag eine Gelegenheit ist, zu wachsen und sich weiterzuentwickeln.

Schlussfolgerung

Die Bedeutung von Resilienz und Durchhaltevermögen im Aktivismus kann nicht genug betont werden. Diese Eigenschaften sind entscheidend, um die Herausforderungen zu bewältigen, die mit dem Einsatz für LGBTQ-Rechte verbunden sind. Aktivisten müssen lernen, Rückschläge als Teil des Prozesses zu akzeptieren und ihre Motivation aus den Erfolgen und den Geschichten derjenigen zu schöpfen, die vor ihnen gekämpft haben.

Indem sie Resilienz und Durchhaltevermögen kultivieren, können Aktivisten nicht nur ihre eigenen Herausforderungen meistern, sondern auch eine stärkere Gemeinschaft aufbauen, die in der Lage ist, für Gerechtigkeit und Gleichheit einzutreten. Wie Stephanie Woolley oft sagt: „Es ist nicht der Fall, dass wir nie fallen, sondern wie oft wir aufstehen, das macht den Unterschied." Diese Philosophie ist der Schlüssel zum Erfolg im Aktivismus und inspiriert kommende Generationen, den Kampf für die Rechte aller fortzusetzen.

Die Herausforderungen des Vermächtnisses

Das Vermächtnis eines Aktivisten wie Stephanie Woolley ist nicht nur eine Reflexion ihrer Errungenschaften, sondern auch eine Auseinandersetzung mit den

Herausforderungen, die mit der Aufrechterhaltung und dem Fortbestehen dieses Vermächtnisses verbunden sind. In diesem Abschnitt werden wir die verschiedenen Dimensionen der Herausforderungen beleuchten, die sowohl auf individueller als auch auf gesellschaftlicher Ebene auftreten können.

Die Dynamik des Wandels

Der LGBTQ-Aktivismus ist einem ständigen Wandel unterworfen, der durch gesellschaftliche, politische und kulturelle Entwicklungen beeinflusst wird. Eine der größten Herausforderungen besteht darin, dass die Bedürfnisse und Prioritäten innerhalb der LGBTQ-Community sich im Laufe der Zeit ändern. Dies erfordert von Aktivisten wie Woolley, sich kontinuierlich weiterzubilden und anzupassen. Ein Beispiel hierfür ist die zunehmende Anerkennung der intersektionalen Identitäten, die neue Dimensionen des Aktivismus erfordern. Die Theorie der Intersektionalität, wie sie von Kimberlé Crenshaw formuliert wurde, betont, dass verschiedene Formen der Diskriminierung (z. B. Rassismus, Sexismus, Homophobie) miteinander verwoben sind und nicht isoliert betrachtet werden können. Dies bedeutet, dass zukünftige Aktivisten die Komplexität dieser Identitäten verstehen und in ihre Strategien integrieren müssen.

Institutionelle Widerstände

Ein weiteres zentrales Problem sind die institutionellen Widerstände, die sich gegen den Fortschritt der LGBTQ-Rechte richten. Obwohl viele Fortschritte erzielt wurden, gibt es nach wie vor erhebliche Widerstände von politischen Institutionen, religiösen Organisationen und anderen gesellschaftlichen Akteuren. Diese Widerstände können in Form von Gesetzgebungen auftreten, die LGBTQ-Rechte einschränken, oder durch die Verbreitung von Fehlinformationen, die das öffentliche Verständnis von LGBTQ-Anliegen verzerren. Ein Beispiel dafür ist der Widerstand gegen die Gleichstellung der Ehe in verschiedenen Ländern, der oft von konservativen Gruppen organisiert wird, die die traditionellen Werte verteidigen wollen. Aktivisten müssen Strategien entwickeln, um diese Widerstände zu überwinden, indem sie Allianzen bilden und sich auf rechtliche und politische Kämpfe vorbereiten.

Die Herausforderung der Sichtbarkeit

Die Sichtbarkeit von LGBTQ-Personen in den Medien und der Gesellschaft spielt eine entscheidende Rolle für den Aktivismus. Während Sichtbarkeit oft als positiv angesehen wird, kann sie auch zu einer weiteren Stigmatisierung führen. Die

Herausforderungen der Sichtbarkeit manifestieren sich in der Art und Weise, wie Medien LGBTQ-Themen darstellen und wie diese Darstellungen die öffentliche Wahrnehmung beeinflussen. Eine negative Darstellung kann zu Vorurteilen und Diskriminierung führen, während eine positive Darstellung das Bewusstsein und die Akzeptanz fördern kann. Aktivisten müssen daher darauf achten, dass ihre Botschaften in den Medien klar und positiv vermittelt werden, um das öffentliche Verständnis zu fördern und Vorurteile abzubauen.

Nachhaltigkeit der Organisationen

Die Nachhaltigkeit von Organisationen wie Trans Alliance Toronto ist eine weitere Herausforderung, die das Vermächtnis von Stephanie Woolley betrifft. Viele LGBTQ-Organisationen kämpfen um finanzielle Mittel und Ressourcen, die notwendig sind, um ihre Programme und Initiativen aufrechtzuerhalten. Die Abhängigkeit von Spenden und Förderungen kann dazu führen, dass Organisationen in ihrer Arbeit eingeschränkt sind oder ihre Mission anpassen müssen, um den Anforderungen von Geldgebern gerecht zu werden. Dies kann zu einem Verlust der ursprünglichen Vision und Mission führen, die viele dieser Organisationen motiviert hat. Ein Beispiel hierfür ist die Notwendigkeit, sich an die Interessen von Unternehmen anzupassen, die Unterstützung bieten, aber möglicherweise nicht die gleichen Werte vertreten wie die Organisation selbst. Aktivisten müssen innovative Wege finden, um die Finanzierung zu sichern, ohne ihre ethischen Grundsätze zu kompromittieren.

Mentorship und Nachfolge

Die Frage der Nachfolge und des Mentorings ist ebenfalls entscheidend für die Aufrechterhaltung des Vermächtnisses. Es ist wichtig, dass erfahrene Aktivisten ihr Wissen und ihre Erfahrungen an die nächste Generation weitergeben. Dies kann jedoch eine Herausforderung darstellen, da viele erfahrene Aktivisten nicht die Zeit oder die Ressourcen haben, um als Mentoren zu fungieren. Zudem gibt es oft einen Generationenunterschied in den Ansätzen und Prioritäten des Aktivismus. Jüngere Aktivisten könnten andere Strategien und Ansätze bevorzugen, die nicht immer mit den traditionellen Methoden übereinstimmen. Ein Beispiel könnte die Nutzung von Social Media als primäres Werkzeug für den Aktivismus sein, während ältere Generationen möglicherweise auf traditionelle Formen des Aktivismus setzen. Es ist wichtig, einen Dialog zwischen den Generationen zu fördern, um sicherzustellen, dass das Wissen und die

Erfahrungen weitergegeben werden, während gleichzeitig neue Ansätze und Ideen akzeptiert werden.

Die Rolle der Gemeinschaft

Schließlich ist die Rolle der Gemeinschaft von zentraler Bedeutung für die Herausforderungen des Vermächtnisses. Eine starke Gemeinschaft kann als Unterstützungssystem fungieren, das den Aktivisten hilft, ihre Ziele zu erreichen. Allerdings gibt es auch innerhalb der LGBTQ-Community unterschiedliche Meinungen und Ansätze, die zu Konflikten führen können. Diese internen Spannungen können die Effektivität des Aktivismus beeinträchtigen und die Gemeinschaft fragmentieren. Ein Beispiel ist die Debatte über den Fokus auf bestimmte Identitäten innerhalb der LGBTQ-Community, die zu Spannungen zwischen verschiedenen Gruppen führen kann. Aktivisten müssen Wege finden, um diese Spannungen zu überwinden und eine inklusive Gemeinschaft zu fördern, die alle Stimmen respektiert und einbezieht.

Fazit

Die Herausforderungen des Vermächtnisses von Stephanie Woolley sind vielschichtig und erfordern ein tiefes Verständnis der Dynamiken, die den LGBTQ-Aktivismus prägen. Um die Errungenschaften zu bewahren und weiterzuentwickeln, müssen zukünftige Aktivisten flexibel, anpassungsfähig und bereit sein, sich den sich verändernden gesellschaftlichen Bedingungen zu stellen. Die Auseinandersetzung mit diesen Herausforderungen ist entscheidend für die Schaffung einer gerechteren und inklusiveren Zukunft für alle.

Die Rolle von Erinnerungen und Geschichten

Die Rolle von Erinnerungen und Geschichten im Kontext des LGBTQ-Aktivismus ist von zentraler Bedeutung. Erinnerungen sind nicht nur persönliche Erlebnisse; sie sind die Bausteine unserer Identität und prägen unsere Perspektiven auf die Welt. Im Aktivismus sind Geschichten ein kraftvolles Werkzeug, um Empathie zu erzeugen, Bewusstsein zu schaffen und Veränderung zu bewirken. In diesem Abschnitt werden wir die verschiedenen Dimensionen der Erinnerungen und Geschichten betrachten und ihre Relevanz im Aktivismus untersuchen.

Erinnerungen als Identitätsbildung

Erinnerungen sind tief in unserem Selbstverständnis verwurzelt. Sie helfen uns, unsere Identität zu formen und zu verstehen, wer wir sind. Für LGBTQ-Personen kann das Teilen von Erinnerungen an Diskriminierung, Akzeptanz oder Selbstfindung eine heilende Wirkung haben. Diese Geschichten fördern nicht nur das individuelle Wachstum, sondern stärken auch die Gemeinschaft, indem sie gemeinsame Erfahrungen und Herausforderungen sichtbar machen.

Geschichten als Mittel zur Sensibilisierung

Geschichten haben die Fähigkeit, Menschen zu berühren und zu mobilisieren. Sie machen abstrakte Konzepte greifbar und ermöglichen es den Zuhörern, sich mit den Erfahrungen anderer zu identifizieren. Wenn Aktivisten ihre persönlichen Geschichten teilen, können sie das Bewusstsein für die Herausforderungen, denen LGBTQ-Personen gegenüberstehen, schärfen. Diese Erzählungen können in verschiedenen Formaten präsentiert werden, sei es durch öffentliche Reden, soziale Medien, Bücher oder Dokumentarfilme. Ein Beispiel hierfür ist die „It Gets Better"-Kampagne, die Geschichten von LGBTQ-Personen präsentiert, um Hoffnung und Unterstützung für junge Menschen zu bieten, die mit Diskriminierung und Isolation kämpfen.

Die Problematik der Erinnerung

Trotz der positiven Aspekte von Erinnerungen und Geschichten gibt es auch Herausforderungen. Erinnerungen können schmerzhaft sein und Traumata hervorrufen. Aktivisten müssen oft einen Balanceakt vollführen, wenn sie persönliche Geschichten teilen, um sowohl ihre eigene mentale Gesundheit zu schützen als auch die Botschaft effektiv zu vermitteln. Darüber hinaus kann die Art und Weise, wie Geschichten erzählt werden, die Wahrnehmung der LGBTQ-Community beeinflussen. Es besteht die Gefahr, dass bestimmte Narrative überrepräsentiert oder verzerrt werden, was zu Stereotypen führen kann.

Die Macht der kollektiven Erinnerung

Kollektive Erinnerungen spielen eine entscheidende Rolle im LGBTQ-Aktivismus. Sie schaffen ein Gefühl der Zugehörigkeit und des Zusammenhalts innerhalb der Gemeinschaft. Veranstaltungen wie Pride-Paraden und Gedenkfeiern für Opfer von Gewalt sind Beispiele dafür, wie kollektive

Erinnerungen genutzt werden, um die Sichtbarkeit und den Zusammenhalt der LGBTQ-Community zu stärken. Diese kollektiven Erzählungen erinnern uns an die Kämpfe der Vergangenheit und motivieren uns, für eine gerechtere Zukunft zu kämpfen.

Erinnerungen in der Kunst und Kultur

Kunst und Kultur sind weitere Bereiche, in denen Erinnerungen und Geschichten eine zentrale Rolle spielen. Filme, Bücher und Musik können starke Botschaften über LGBTQ-Erfahrungen vermitteln. Ein Beispiel ist der Film „Moonlight", der die komplexen Identitäten und Erfahrungen eines jungen schwarzen Mannes erzählt, der sich mit seiner Sexualität auseinandersetzt. Solche Werke tragen dazu bei, die Sichtbarkeit von LGBTQ-Personen in der Gesellschaft zu erhöhen und fördern das Verständnis für ihre Herausforderungen.

Fazit

Die Rolle von Erinnerungen und Geschichten im LGBTQ-Aktivismus ist vielschichtig und bedeutend. Sie helfen nicht nur, Identitäten zu formen und Gemeinschaften zu stärken, sondern sie sind auch ein kraftvolles Mittel zur Sensibilisierung und Mobilisierung. Während es Herausforderungen gibt, die mit dem Teilen von persönlichen Erlebnissen verbunden sind, bleibt die Macht der Geschichten unbestreitbar. In einer Welt, die oft von Vorurteilen und Missverständnissen geprägt ist, können Erinnerungen und Geschichten Brücken bauen und den Weg für eine inklusivere Zukunft ebnen.

Die Zukunft ihrer Arbeit

Die Zukunft der Arbeit von Stephanie Woolley und der Trans Alliance Toronto ist von entscheidender Bedeutung für die Weiterentwicklung des LGBTQ-Aktivismus. Während die Errungenschaften der letzten Jahre gefeiert werden, stehen sowohl die Organisation als auch die Gemeinschaft vor neuen Herausforderungen und Möglichkeiten. Diese Herausforderungen sind vielfältig und erfordern innovative Ansätze und Strategien, um sicherzustellen, dass die Stimmen von marginalisierten Gruppen weiterhin gehört werden.

Ein zentrales Thema, das die Zukunft von Woolleys Arbeit prägen wird, ist der intersektionale Aktivismus. Intersektionalität, ein Begriff, der von der feministischen Theoretikerin Kimberlé Crenshaw geprägt wurde, bezieht sich auf die Überschneidungen von Identitäten und den damit verbundenen Diskriminierungen. Woolley hat in der Vergangenheit betont, dass der Aktivismus nicht isoliert betrachtet werden kann; er muss die verschiedenen Dimensionen von Rasse, Geschlecht, Klasse und sexueller Orientierung berücksichtigen. Die Herausforderung wird darin bestehen, diese intersektionalen Perspektiven in die Programme und Initiativen der Trans Alliance Toronto zu integrieren.

Ein Beispiel für intersektionalen Aktivismus könnte die Schaffung von Programmen sein, die speziell auf die Bedürfnisse von Trans-Personen of Color abzielen. Diese Gruppen sind oft besonders anfällig für Diskriminierung und Gewalt, und es ist wichtig, dass ihre spezifischen Herausforderungen in den Vordergrund gerückt werden. Woolley könnte Workshops und Schulungen entwickeln, die sich mit den einzigartigen Erfahrungen dieser Gemeinschaften befassen und Ressourcen bereitstellen, um ihre Sichtbarkeit und Sicherheit zu erhöhen.

Ein weiteres zukunftsträchtiges Element ist die Nutzung von Technologie im Aktivismus. Die digitale Revolution hat neue Wege eröffnet, um Informationen zu verbreiten, Gemeinschaften zu mobilisieren und Unterstützung zu organisieren. Woolley könnte Plattformen für Online-Aktivismus fördern, die es den Menschen ermöglichen, sich einfacher zu vernetzen und ihre Geschichten zu teilen. Soziale Medien könnten genutzt werden, um Kampagnen zu starten, die auf wichtige Themen aufmerksam machen, und um Solidarität zu zeigen.

Ein Beispiel für den erfolgreichen Einsatz von Technologie im Aktivismus ist die #MeToo-Bewegung, die durch soziale Medien weltweit an Dynamik gewann. Diese Art der Mobilisierung könnte auch für LGBTQ-Anliegen genutzt werden, um eine breitere Öffentlichkeit zu erreichen und mehr Menschen zur Teilnahme an Protesten oder Veranstaltungen zu bewegen. Woolley könnte auch Webinare und Online-Kurse anbieten, um Wissen über LGBTQ-Rechte und intersektionalen Aktivismus zu verbreiten.

Ein weiteres zentrales Anliegen für die Zukunft von Woolleys Arbeit wird die psychische Gesundheit innerhalb der LGBTQ-Community sein. Die Herausforderungen, mit denen viele LGBTQ-Personen konfrontiert sind, können zu erheblichen psychischen Belastungen führen. Woolley könnte Programme entwickeln, die sich auf die psychische Gesundheit konzentrieren, einschließlich Beratungsdiensten, Selbsthilfegruppen und Workshops zur Förderung von Resilienz. Diese Initiativen könnten nicht nur den Einzelnen helfen, sondern auch die Gemeinschaft stärken, indem sie ein unterstützendes Umfeld schaffen.

Die Frage der Nachhaltigkeit wird ebenfalls eine große Rolle spielen. Woolley muss sicherstellen, dass die Trans Alliance Toronto nicht nur kurzfristige Erfolge erzielt, sondern auch langfristige Strategien entwickelt, um ihre Mission zu erfüllen. Dies könnte die Diversifizierung der Finanzierung umfassen, um sicherzustellen, dass die Organisation nicht von wenigen Geldgebern abhängig ist. Die Entwicklung von Partnerschaften mit Unternehmen und anderen Organisationen könnte helfen, Ressourcen zu mobilisieren und die Reichweite der Initiativen zu erhöhen.

Ein Beispiel für nachhaltigen Aktivismus könnte die Zusammenarbeit mit Unternehmen sein, die sich für soziale Gerechtigkeit einsetzen. Woolley könnte Programme ins Leben rufen, die Unternehmen dazu ermutigen, sich aktiv für LGBTQ-Rechte einzusetzen, sei es durch Schulungen, Unterstützung von Community-Events oder durch die Schaffung von inklusiven Arbeitsplätzen. Solche Partnerschaften könnten nicht nur finanzielle Unterstützung bieten, sondern auch dazu beitragen, die Sichtbarkeit und Akzeptanz von LGBTQ-Personen in der Gesellschaft zu erhöhen.

Abschließend lässt sich sagen, dass die Zukunft von Stephanie Woolleys Arbeit und der Trans Alliance Toronto sowohl herausfordernd als auch vielversprechend ist. Die Integration intersektionaler Ansätze, die Nutzung von Technologie, der Fokus auf psychische Gesundheit und die Schaffung nachhaltiger Strukturen sind entscheidend für den fortwährenden Erfolg des Aktivismus. Woolleys Vision für die Zukunft könnte nicht nur das Leben von Trans-Personen verbessern, sondern auch einen bedeutenden Einfluss auf die gesamte LGBTQ-Community und darüber hinaus haben. Ihre Arbeit wird weiterhin ein Leuchtfeuer der Hoffnung und des Wandels sein, das die Menschen dazu inspiriert, sich für eine gerechtere und inklusivere Gesellschaft einzusetzen.

Die Bedeutung von LGBTQ-Aktivismus

Warum es nie genug sein kann

Im Kontext des LGBTQ-Aktivismus ist es wichtig zu verstehen, dass die Kämpfe für Gleichheit und Akzeptanz niemals als vollständig abgeschlossen betrachtet werden können. Auch wenn bedeutende Fortschritte erzielt wurden, bleibt die Realität, dass Diskriminierung, Vorurteile und Ungleichheit weiterhin weit verbreitet sind. Dies führt uns zu der zentralen Frage: Warum ist es so, dass es nie genug sein kann?

Theoretische Grundlagen

Die Theorie der sozialen Gerechtigkeit bietet einen Rahmen, um zu verstehen, warum kontinuierlicher Aktivismus notwendig ist. Laut John Rawls' Theorie der Gerechtigkeit ist eine gerechte Gesellschaft eine, in der die Grundgüter so verteilt sind, dass die am schlechtesten gestellten Mitglieder der Gesellschaft am meisten profitieren. Diese Theorie impliziert, dass eine Gesellschaft, die sich als gerecht betrachtet, ständig die Bedingungen überprüfen und anpassen muss, um sicherzustellen, dass niemand zurückgelassen wird.

Persistente Probleme

1. **Diskriminierung und Vorurteile:** Trotz gesetzlicher Fortschritte, wie der Legalisierung der gleichgeschlechtlichen Ehe in vielen Ländern, erleben LGBTQ-Personen nach wie vor Diskriminierung in verschiedenen Lebensbereichen, einschließlich Arbeitsplatz, Gesundheitsversorgung und Bildung. Eine Studie des Williams Institute zeigt, dass LGBTQ-Jugendliche ein höheres Risiko für Mobbing und psychische Probleme haben, was auf die anhaltenden Vorurteile in der Gesellschaft hinweist.

2. **Intersektionalität:** Die Herausforderungen, denen LGBTQ-Personen gegenüberstehen, sind nicht homogen. Die Theorie der Intersektionalität, die von Kimberlé Crenshaw geprägt wurde, zeigt, dass Diskriminierung nicht nur auf einer einzigen Identität basiert, sondern auf einer Vielzahl von Faktoren wie Geschlecht, Rasse, Klasse und sexueller Orientierung. Dies bedeutet, dass Aktivisten, die für LGBTQ-Rechte kämpfen, auch die spezifischen Herausforderungen berücksichtigen müssen, die verschiedene Gruppen innerhalb der LGBTQ-Community betreffen.

3. **Globale Perspektive:** Während in vielen westlichen Ländern Fortschritte erzielt wurden, gibt es in anderen Teilen der Welt erhebliche Rückschritte in Bezug auf die Rechte von LGBTQ-Personen. In Ländern wie Uganda oder Russland sind LGBTQ-Personen oft Ziel von Gewalt und staatlicher Verfolgung. Die internationale Dimension des Aktivismus zeigt, dass es nie genug sein kann, da die Kämpfe um Gleichheit und Akzeptanz global sind und nicht auf nationale Grenzen beschränkt werden können.

Beispiele aus der Praxis

Ein konkretes Beispiel für die Notwendigkeit fortwährenden Aktivismus ist die „Black Lives Matter"-Bewegung, die sich mit Rassismus und Polizeigewalt auseinandersetzt und gleichzeitig die Stimmen von LGBTQ-Personen innerhalb der schwarzen Gemeinschaft hervorhebt. Diese Bewegung hat verdeutlicht, dass der Kampf für Gerechtigkeit nicht isoliert betrachtet werden kann; vielmehr müssen verschiedene Kämpfe miteinander verbunden werden, um eine umfassende Veränderung zu bewirken.

Ein weiteres Beispiel ist die Reaktion auf die COVID-19-Pandemie, die viele bestehende Ungleichheiten verschärft hat. LGBTQ-Personen, insbesondere

Transgender- und nicht-binäre Menschen, haben während der Pandemie oft weniger Zugang zu Gesundheitsdiensten und Unterstützung erfahren. Aktivisten mussten sich anpassen und neue Strategien entwickeln, um sicherzustellen, dass die Bedürfnisse dieser Gemeinschaften auch in Krisenzeiten gehört und adressiert werden.

Schlussfolgerung

Zusammenfassend lässt sich sagen, dass die Frage, warum es nie genug sein kann, im Kern mit der Komplexität und Dynamik von Diskriminierung und Ungleichheit zusammenhängt. Der Aktivismus muss kontinuierlich weitergehen, um sicherzustellen, dass die Stimmen der am stärksten marginalisierten Menschen gehört werden und dass Fortschritte nicht nur erzielt, sondern auch aufrechterhalten werden. Es ist eine kollektive Verantwortung, die Herausforderungen, die vor uns liegen, anzugehen und sicherzustellen, dass die Kämpfe für Gleichheit und Gerechtigkeit niemals als abgeschlossen betrachtet werden. Nur so kann eine gerechtere und inklusivere Gesellschaft für alle geschaffen werden.

Die Rolle von Geschichten im Aktivismus

Geschichten sind ein zentrales Element im Aktivismus, insbesondere im Kontext der LGBTQ-Bewegung. Sie haben die Kraft, Emotionen zu wecken, Empathie zu fördern und ein tieferes Verständnis für die Herausforderungen zu schaffen, mit denen marginalisierte Gruppen konfrontiert sind. In diesem Abschnitt werden wir die Bedeutung von Geschichten im Aktivismus untersuchen, einschließlich ihrer theoretischen Grundlagen, der Probleme, die sie ansprechen, und konkreter Beispiele, die ihre Wirksamkeit illustrieren.

Theoretische Grundlagen

Die Verwendung von Geschichten im Aktivismus basiert auf verschiedenen theoretischen Ansätzen, darunter der Narrativtheorie und der sozialen Identitätstheorie.

Narrativtheorie besagt, dass Menschen Informationen besser verarbeiten und erinnern können, wenn sie in Form von Geschichten präsentiert werden. Geschichten ermöglichen es den Zuhörern, sich mit den Charakteren zu identifizieren und deren Erfahrungen nachzuvollziehen. Dies ist besonders wichtig im Aktivismus, wo es darum geht, komplexe soziale Themen zu vermitteln und das Bewusstsein für Ungerechtigkeiten zu schärfen. Laut [?] ist das Erzählen von Geschichten eine grundlegende menschliche Aktivität, die es Individuen ermöglicht, ihre Identität und ihre Erfahrungen zu konstruieren und zu kommunizieren.

Soziale Identitätstheorie von [?] legt nahe, dass die Zugehörigkeit zu bestimmten sozialen Gruppen das Verhalten und die Einstellungen von Individuen beeinflusst. Geschichten, die die Erfahrungen von LGBTQ-Personen darstellen, helfen anderen, die Vielfalt innerhalb der Gemeinschaft zu erkennen und zu schätzen, was zu einem stärkeren Zusammenhalt und Solidarität führen kann.

Probleme und Herausforderungen

Trotz der starken Rolle von Geschichten im Aktivismus gibt es auch Herausforderungen. Eine der größten Herausforderungen besteht darin, dass nicht alle Geschichten gleichwertig gehört oder anerkannt werden. Oft dominieren bestimmte Narrative, während andere marginalisiert oder ignoriert werden. Dies kann zu einem einseitigen Verständnis von LGBTQ-Erfahrungen führen und die Sichtbarkeit weniger repräsentierter Gruppen, wie Transgender-Personen oder People of Color, beeinträchtigen.

Ein weiteres Problem ist die Gefahr der Vereinfachung. Geschichten können komplexe Realitäten vereinfachen und stereotype Darstellungen fördern. Wenn Geschichten nicht sorgfältig ausgewählt und erzählt werden, können sie unbeabsichtigt Vorurteile verstärken oder die Vielfalt innerhalb der LGBTQ-Community verwässern.

Beispiele für die Wirksamkeit von Geschichten

Ein herausragendes Beispiel für die Macht von Geschichten im Aktivismus ist die Kampagne „It Gets Better", die 2010 von Dan Savage und seinem Partner Terry Miller ins Leben gerufen wurde. Die Kampagne ermutigte LGBTQ-Personen, ihre persönlichen Geschichten über das Überwinden von Diskriminierung und Mobbing zu teilen. Die Videos, die von Menschen aus verschiedenen Lebensbereichen erstellt wurden, boten Hoffnung und Unterstützung für junge LGBTQ-Personen, die mit ähnlichen Herausforderungen konfrontiert waren. Durch die Verbreitung dieser Geschichten in sozialen Medien erreichte die Kampagne Millionen von Menschen und trug dazu bei, das Bewusstsein für die Probleme von LGBTQ-Jugendlichen zu schärfen.

Ein weiteres Beispiel ist die Verwendung von Geschichten in der Kunst, wie in dem Theaterstück „The Laramie Project", das die Reaktionen der Gemeinde auf den Mord an Matthew Shepard im Jahr 1998 untersucht. Dieses Stück nutzt Interviews und persönliche Berichte, um die Auswirkungen von Homophobie und Gewalt zu beleuchten. Es hat nicht nur das Bewusstsein für die Gewalt gegen LGBTQ-Personen geschärft, sondern auch Diskussionen über Toleranz und Akzeptanz angeregt.

Fazit

Zusammenfassend lässt sich sagen, dass Geschichten eine unverzichtbare Rolle im Aktivismus spielen. Sie ermöglichen es, komplexe Themen zu vermitteln, Empathie zu fördern und das Bewusstsein für Ungerechtigkeiten zu schärfen. Dennoch ist es wichtig, die Herausforderungen zu erkennen, die mit der Verwendung von Geschichten verbunden sind, und sicherzustellen, dass alle Stimmen gehört werden. Durch die sorgfältige Auswahl und das Erzählen von Geschichten kann der Aktivismus effektiver gestaltet werden, um eine gerechtere und inklusivere Gesellschaft zu fördern.

Ermutigung zur Unterstützung

In der heutigen Zeit ist es unerlässlich, dass wir nicht nur die Stimmen der LGBTQ-Community hören, sondern auch aktiv zu deren Unterstützung beitragen. Unterstützung kann in vielen Formen kommen, sei es durch Freiwilligenarbeit, Spenden, das Teilen von Informationen oder einfach durch das Zuhören und die Schaffung eines sicheren Raums für Gespräche. Es ist wichtig zu verstehen, dass jede Form der Unterstützung zählt und dass wir alle eine Rolle im Kampf für Gleichheit und Gerechtigkeit spielen können.

Die Bedeutung von Unterstützung

Unterstützung ist der Grundpfeiler jeder Bewegung. Sie stärkt nicht nur die Betroffenen, sondern fördert auch ein Gefühl der Gemeinschaft und Solidarität. Die Theorie des sozialen Wandels legt nahe, dass Veränderungen in der Gesellschaft oft aus dem Engagement und der Unterstützung von Individuen entstehen. Wenn Menschen zusammenkommen, um eine gemeinsame Sache zu unterstützen, schaffen sie eine kollektive Kraft, die nicht ignoriert werden kann.

Ein Beispiel für die Kraft der Unterstützung ist die #BlackLivesMatter-Bewegung, die nicht nur von der afroamerikanischen Gemeinschaft getragen wird, sondern auch von vielen Verbündeten, die sich für

Rassengleichheit und soziale Gerechtigkeit einsetzen. Diese Bewegung zeigt, dass Unterstützung über ethnische und kulturelle Grenzen hinweg möglich ist und dass Solidarität eine mächtige Waffe im Kampf gegen Ungerechtigkeit ist.

Herausforderungen bei der Unterstützung

Trotz der offensichtlichen Notwendigkeit von Unterstützung gibt es zahlreiche Herausforderungen, die es zu überwinden gilt. Eine der größten Hürden ist die Unsichtbarkeit von Diskriminierung und Vorurteilen. Viele Menschen sind sich der täglichen Kämpfe, die LGBTQ-Personen erleben, nicht bewusst. Diese Ignoranz kann zu einer passiven Haltung führen, in der Menschen glauben, dass keine Unterstützung notwendig ist, weil sie die Probleme nicht sehen.

Ein weiteres Problem ist der sogenannte *Bystander-Effekt*, bei dem Menschen in einer Gruppe weniger geneigt sind zu helfen, weil sie glauben, dass jemand anderes die Verantwortung übernehmen wird. Dies kann in Situationen geschehen, in denen LGBTQ-Personen diskriminiert oder belästigt werden. Der Schlüssel zur Überwindung dieser Herausforderung liegt in der Erziehung und Sensibilisierung der Gemeinschaft.

Strategien zur Ermutigung von Unterstützung

Um die Unterstützung für LGBTQ-Rechte zu fördern, sollten wir verschiedene Strategien in Betracht ziehen:

- **Bildung und Sensibilisierung:** Workshops und Seminare können dazu beitragen, das Bewusstsein für LGBTQ-Themen zu schärfen und Vorurteile abzubauen. Bildung ist ein kraftvolles Werkzeug, das uns hilft, Empathie zu entwickeln und die Perspektiven anderer zu verstehen.

- **Erzählen von Geschichten:** Persönliche Geschichten sind oft der Schlüssel, um Herzen zu öffnen. Indem wir die Erfahrungen von LGBTQ-Personen teilen, können wir eine tiefere Verbindung zu anderen aufbauen und sie ermutigen, sich zu engagieren.

- **Freiwilligenarbeit und Engagement:** Menschen aktiv in Projekte einzubeziehen, die sich für die LGBTQ-Community einsetzen, kann eine tiefere Verbindung und ein größeres Verständnis für die Herausforderungen schaffen, mit denen diese Gemeinschaft konfrontiert ist. Freiwilligenarbeit fördert das Gefühl der Zugehörigkeit und der Verantwortung.

- **Social Media nutzen:** Plattformen wie Instagram, Twitter und Facebook können genutzt werden, um Informationen zu verbreiten, Unterstützung zu mobilisieren und das Bewusstsein für LGBTQ-Anliegen zu stärken. Hashtags wie #LoveIsLove und #TransRightsAreHumanRights haben dazu beigetragen, eine weltweite Bewegung zu schaffen.

- **Mentorship-Programme:** Die Schaffung von Mentorship-Programmen kann jungen Menschen helfen, sich in der LGBTQ-Community zu orientieren und Unterstützung zu finden. Diese Programme bieten nicht nur praktische Hilfe, sondern fördern auch das Gefühl der Zugehörigkeit und des Empowerments.

Ein Aufruf zur Unterstützung

Jeder von uns hat die Fähigkeit, einen Unterschied zu machen. Es ist wichtig, dass wir uns aktiv an der Unterstützung der LGBTQ-Community beteiligen. Dies kann so einfach sein wie das Teilen von Informationen über LGBTQ-Anliegen in sozialen Medien, das Besuchen von Pride-Veranstaltungen oder das Spenden an Organisationen, die sich für die Rechte von LGBTQ-Personen einsetzen.

Wir sollten uns auch ermutigen, Gespräche zu führen und Vorurteile abzubauen. Indem wir uns für die Rechte und die Sichtbarkeit von LGBTQ-Personen einsetzen, tragen wir dazu bei, eine gerechtere und inklusivere Gesellschaft zu schaffen. Jeder Schritt zählt und jede Stimme ist wichtig.

Schlussfolgerung

Die Ermutigung zur Unterstützung ist ein entscheidender Bestandteil des LGBTQ-Aktivismus. Indem wir uns zusammenschließen und aktiv für die Rechte und die Sichtbarkeit von LGBTQ-Personen eintreten, können wir eine positive Veränderung in der Gesellschaft bewirken. Lassen Sie uns die Verantwortung übernehmen, die wir als Verbündete haben, und sicherstellen, dass die Stimmen der LGBTQ-Community gehört werden. Gemeinsam können wir eine Welt schaffen, in der jeder Mensch, unabhängig von seiner sexuellen Orientierung oder Geschlechtsidentität, in Frieden und ohne Angst leben kann.

Die Kraft der Gemeinschaft

Die Kraft der Gemeinschaft ist ein zentrales Element im LGBTQ-Aktivismus und spielt eine entscheidende Rolle bei der Förderung von Akzeptanz, Sichtbarkeit und Unterstützung. Gemeinschaften bieten nicht nur einen Raum für

Identitätsfindung, sondern auch eine Plattform für kollektives Handeln und Widerstand gegen Diskriminierung. In diesem Abschnitt werden wir die verschiedenen Dimensionen der Gemeinschaft im Kontext des LGBTQ-Aktivismus untersuchen, einschließlich ihrer Bedeutung, Herausforderungen und inspirierender Beispiele.

Bedeutung der Gemeinschaft

Die Gemeinschaft fungiert als Rückhalt für Individuen, die oft mit Herausforderungen konfrontiert sind, die aus ihrer sexuellen Orientierung oder Geschlechtsidentität resultieren. Eine starke Gemeinschaft kann:

- **Sicherheit bieten:** Für viele LGBTQ-Personen ist die Zugehörigkeit zu einer unterstützenden Gemeinschaft entscheidend, um sich sicher und akzeptiert zu fühlen. Dies kann besonders wichtig sein in Umgebungen, in denen Diskriminierung und Vorurteile weit verbreitet sind.

- **Identität stärken:** Gemeinschaften helfen Individuen, ihre Identität zu erkennen und zu akzeptieren. Sie bieten Raum für den Austausch von Erfahrungen und die Bestätigung individueller Identitäten.

- **Ressourcen bereitstellen:** Gemeinschaften können Zugang zu Ressourcen wie rechtlicher Unterstützung, psychologischer Beratung und Bildungsangeboten bieten, die für die persönliche und kollektive Entwicklung unerlässlich sind.

- **Mobilisierung fördern:** Eine engagierte Gemeinschaft kann effektive Mobilisierung und Organisation für politische und soziale Veränderungen unterstützen. Gemeinsame Ziele und Werte stärken den Aktivismus.

Herausforderungen der Gemeinschaft

Trotz der vielen Vorteile stehen LGBTQ-Gemeinschaften auch vor erheblichen Herausforderungen. Dazu gehören:

- **Interne Spannungen:** Unterschiedliche Identitäten innerhalb der Gemeinschaft können zu Spannungen führen. Beispielsweise können marginalisierte Gruppen innerhalb der LGBTQ-Community, wie People of Color oder trans Personen, oft das Gefühl haben, dass ihre spezifischen Bedürfnisse und Anliegen nicht ausreichend berücksichtigt werden.

- **Externe Bedrohungen:** Gemeinschaften sind häufig Ziel von Diskriminierung und Gewalt. Hate Crimes und institutionelle Diskriminierung können das Gefühl der Sicherheit innerhalb der Gemeinschaft untergraben.

- **Ressourcenknappheit:** Viele LGBTQ-Organisationen kämpfen mit finanziellen Engpässen, was die Fähigkeit einschränkt, Programme und Unterstützungsdienste anzubieten.

- **Sichtbarkeit und Repräsentation:** Oft fehlt es an angemessener Sichtbarkeit und Repräsentation in den Medien und in der Gesellschaft, was die Wahrnehmung und Akzeptanz der Gemeinschaft beeinträchtigen kann.

Inspirierende Beispiele

Trotz dieser Herausforderungen gibt es zahlreiche Beispiele für die Kraft der Gemeinschaft im LGBTQ-Aktivismus:

- **Stonewall Inn:** Die Stonewall-Unruhen von 1969 sind ein klassisches Beispiel für kollektiven Widerstand und die Kraft der Gemeinschaft. Die LGBTQ-Community vereinte sich gegen Polizeigewalt und Diskriminierung, was zu einem Wendepunkt in der Geschichte des Aktivismus führte.

- **Die AIDS-Aktivismusbewegung:** Gruppen wie ACT UP (AIDS Coalition to Unleash Power) mobilisierten die Gemeinschaft, um auf die AIDS-Krise aufmerksam zu machen. Durch kreative Protestformen und die Schaffung von Unterstützungsnetzwerken konnten sie bedeutende Fortschritte in der Gesundheitsversorgung und der politischen Reaktion erzielen.

- **Trans Alliance Toronto:** Die Gründung von Trans Alliance Toronto durch Stephanie Woolley ist ein weiteres Beispiel für die Kraft der Gemeinschaft. Die Organisation hat es geschafft, trans Personen eine Stimme zu geben und sich für ihre Rechte und Bedürfnisse einzusetzen. Durch Workshops, Bildungsangebote und öffentliche Kampagnen hat die Gruppe die Sichtbarkeit und Akzeptanz von trans Personen in der Gesellschaft erhöht.

Theoretische Perspektiven

Die Theorie der sozialen Identität (Tajfel & Turner, 1979) bietet einen nützlichen Rahmen, um zu verstehen, wie Gemeinschaften funktionieren. Diese Theorie besagt, dass Menschen ihre Identität stark von den Gruppen ableiten, denen sie angehören. In der LGBTQ-Community kann die Zugehörigkeit zu einer Gruppe das Selbstwertgefühl stärken und ein Gefühl der Zugehörigkeit schaffen.

Zusätzlich betont die **Theorie der sozialen Unterstützung**, dass emotionale, informative und instrumentelle Unterstützung durch die Gemeinschaft entscheidend für das psychische Wohlbefinden ist. Diese Unterstützung kann helfen, Stress zu bewältigen und die Resilienz gegenüber Diskriminierung zu fördern.

Fazit

Die Kraft der Gemeinschaft im LGBTQ-Aktivismus ist unbestreitbar. Sie bietet nicht nur Sicherheit und Unterstützung, sondern fördert auch den kollektiven Widerstand gegen Diskriminierung. Trotz der Herausforderungen, mit denen Gemeinschaften konfrontiert sind, bleibt ihr Potenzial zur Schaffung von Veränderungen und zur Förderung von Akzeptanz und Sichtbarkeit stark. Indem wir die Kraft der Gemeinschaft anerkennen und fördern, können wir die Grundlagen für eine gerechtere und integrativere Gesellschaft legen.

Ein Aufruf zur Solidarität

In der heutigen Zeit, in der die LGBTQ-Community immer noch mit Diskriminierung und Ungerechtigkeit konfrontiert ist, ist der Aufruf zur Solidarität von entscheidender Bedeutung. Solidarität bedeutet nicht nur, für die Rechte anderer einzutreten, sondern auch, aktiv an der Schaffung eines Umfelds zu arbeiten, in dem jeder Mensch unabhängig von seiner Identität respektiert und akzeptiert wird.

Die Theorie der Solidarität

Die Theorie der Solidarität basiert auf dem Konzept der gemeinsamen Verantwortung. Es ist die Idee, dass wir als Mitglieder einer Gesellschaft die Pflicht haben, einander zu unterstützen. Diese Theorie ist in vielen sozialen Bewegungen verwurzelt und wird oft als ein Schlüsselprinzip im Aktivismus angesehen. Der Sozialwissenschaftler Émile Durkheim argumentierte, dass Solidarität die soziale Kohäsion fördert und eine notwendige Bedingung für das Funktionieren einer Gesellschaft ist. In Bezug auf LGBTQ-Aktivismus bedeutet dies, dass eine starke Gemeinschaft, die auf Solidarität basiert, besser in der Lage ist, gegen Diskriminierung und Ungerechtigkeit zu kämpfen.

Herausforderungen der Solidarität

Trotz der theoretischen Grundlagen ist die Umsetzung von Solidarität in der Praxis oft mit Herausforderungen verbunden. Eine der größten Hürden ist die Fragmentierung innerhalb der LGBTQ-Community selbst. Unterschiede in Identitäten, Erfahrungen und Prioritäten können zu Spannungen führen. Zum Beispiel kann es innerhalb der Community unterschiedliche Meinungen über die Prioritäten des Aktivismus geben. Während einige Gruppen sich auf rechtliche Gleichstellung konzentrieren, setzen andere ihren Fokus auf soziale Akzeptanz oder gesundheitliche Belange.

Ein weiteres Problem ist die externe Diskriminierung, die zu Isolation und Angst führen kann. Menschen, die diskriminiert werden, fühlen sich oft nicht in der Lage, sich zu äußern oder Unterstützung zu suchen. Dies kann dazu führen, dass sie sich von der Gemeinschaft entfremden und das Gefühl haben, dass Solidarität nicht für sie gilt.

Beispiele für erfolgreiche Solidarität

Trotz dieser Herausforderungen gibt es viele inspirierende Beispiele für Solidarität innerhalb und außerhalb der LGBTQ-Community. Ein bemerkenswertes Beispiel ist die Unterstützung, die während der Stonewall-Unruhen im Jahr 1969 mobilisiert wurde. Menschen aus verschiedenen Hintergründen schlossen sich zusammen, um gegen die Polizeigewalt und Diskriminierung zu kämpfen. Diese Ereignisse markierten einen Wendepunkt in der LGBTQ-Bewegung und führten zur Bildung von zahlreichen Unterstützungsnetzwerken und Organisationen.

Ein weiteres Beispiel ist die internationale Reaktion auf die Anti-LGBTQ-Gesetze in Ländern wie Uganda und Russland. Aktivisten und Unterstützer weltweit haben sich zusammengeschlossen, um Druck auf Regierungen auszuüben und auf die Menschenrechtsverletzungen aufmerksam zu machen. Diese Art von globaler Solidarität zeigt, dass die Rechte von LGBTQ-Personen nicht nur ein lokales, sondern ein universelles Anliegen sind.

Der Weg nach vorne

Um Solidarität effektiv zu praktizieren, müssen wir aktiv daran arbeiten, Barrieren abzubauen und ein inklusives Umfeld zu schaffen. Bildung spielt dabei eine entscheidende Rolle. Durch Aufklärung über die verschiedenen Identitäten innerhalb der LGBTQ-Community können Missverständnisse und Vorurteile abgebaut werden. Workshops, Schulungen und öffentliche Veranstaltungen sind wichtige Mittel, um das Bewusstsein zu schärfen und die Unterstützung zu fördern.

Darüber hinaus ist es wichtig, dass wir uns gegenseitig unterstützen und unsere Stimmen erheben. Jeder Einzelne kann einen Unterschied machen, indem er sich für die Rechte anderer einsetzt, sei es durch Freiwilligenarbeit, Spenden oder einfach durch das Teilen von Informationen. Der Einsatz für Solidarität ist nicht nur eine Verantwortung, sondern auch eine Chance, eine positive Veränderung in der Gesellschaft zu bewirken.

Schlussfolgerung

Der Aufruf zur Solidarität ist mehr als nur ein Slogan; er ist ein Aufruf zum Handeln. Um die Herausforderungen, vor denen die LGBTQ-Community steht, zu bewältigen, müssen wir uns zusammenschließen und gemeinsam für Gleichheit und Gerechtigkeit kämpfen. Nur durch die Schaffung einer solidarischen Gemeinschaft können wir hoffen, die notwendigen Veränderungen herbeizuführen und eine Welt zu schaffen, in der jeder Mensch, unabhängig von seiner Identität, mit Würde und Respekt behandelt wird. Lassen Sie uns gemeinsam diesen Weg beschreiten und die Zukunft gestalten, die wir uns wünschen.

Die Bedeutung von Sichtbarkeit und Repräsentation

Die Sichtbarkeit und Repräsentation von LGBTQ-Personen in der Gesellschaft sind von entscheidender Bedeutung für den Fortschritt und die Akzeptanz der Gemeinschaft. Sichtbarkeit bedeutet, dass Menschen in der Öffentlichkeit wahrgenommen werden, während Repräsentation sich auf die Art und Weise bezieht, wie diese Menschen in den Medien, der Politik und anderen gesellschaftlichen Bereichen dargestellt werden. Beide Konzepte sind eng miteinander verbunden und haben weitreichende Auswirkungen auf das Leben von LGBTQ-Personen.

Theoretische Grundlagen

Die Theorie der sozialen Identität (Tajfel & Turner, 1979) legt nahe, dass Menschen ihre Identität in Bezug auf die Gruppen definieren, denen sie angehören. Sichtbarkeit ermöglicht es LGBTQ-Personen, sich mit ihrer Gemeinschaft zu identifizieren und ein Gefühl der Zugehörigkeit zu entwickeln. Wenn LGBTQ-Personen in den Medien oder in der Politik sichtbar sind, wird ihre Identität validiert und anerkannt. Dies kann dazu beitragen, das Selbstwertgefühl zu stärken und das Gefühl der Isolation zu verringern.

Ein weiterer wichtiger theoretischer Rahmen ist die Intersektionalität (Crenshaw, 1989), die betont, dass verschiedene Identitäten und Diskriminierungsformen miteinander verknüpft sind. Sichtbarkeit und Repräsentation müssen daher auch die Vielfalt innerhalb der LGBTQ-Gemeinschaft berücksichtigen, einschließlich Rasse, Geschlecht, Klasse und anderen sozialen Kategorien. Eine einseitige Darstellung kann stereotype Vorstellungen verstärken und marginalisierte Stimmen weiter marginalisieren.

Probleme der mangelnden Sichtbarkeit

Trotz der Fortschritte in den letzten Jahrzehnten gibt es immer noch erhebliche Herausforderungen in Bezug auf Sichtbarkeit und Repräsentation. Viele LGBTQ-Personen erleben Diskriminierung und Stigmatisierung, was zu einer geringeren Sichtbarkeit in der Gesellschaft führt. Insbesondere marginalisierte Gruppen innerhalb der LGBTQ-Gemeinschaft, wie trans* Personen und People of Color, sind oft unterrepräsentiert. Dies kann negative Auswirkungen auf ihre psychische Gesundheit und ihr Wohlbefinden haben, da sie sich nicht in den dominierenden Narrativen wiederfinden.

Ein Beispiel für die negative Auswirkung mangelnder Sichtbarkeit ist die hohe Rate an psychischen Erkrankungen und Suizidversuchen unter LGBTQ-Jugendlichen. Studien zeigen, dass Jugendliche, die in einer unterstützenden Umgebung aufwachsen und positive Rollenmodelle sehen, eine höhere Lebensqualität haben und weniger anfällig für psychische Probleme sind (Hatzenbuehler et al., 2009).

Positive Beispiele für Sichtbarkeit

Ein positives Beispiel für die Bedeutung von Sichtbarkeit ist die Darstellung von LGBTQ-Personen in Film und Fernsehen. Serien wie *Pose* und *Schitt's Creek* haben dazu beigetragen, die Sichtbarkeit von LGBTQ-Personen zu erhöhen und stereotype Darstellungen zu hinterfragen. Diese Produktionen zeigen nicht nur die Herausforderungen, mit denen LGBTQ-Personen konfrontiert sind, sondern auch ihre Erfolge und ihre Menschlichkeit.

Ein weiteres Beispiel ist die politische Repräsentation von LGBTQ-Personen. Die Wahl von Politiker*innen wie Tammy Baldwin, der ersten offen lesbischen Senatorin der USA, hat dazu beigetragen, die Sichtbarkeit von LGBTQ-Personen in der Politik zu erhöhen. Solche Errungenschaften sind nicht nur symbolisch, sondern haben auch praktische Auswirkungen auf die Gesetzgebung und die Rechte von LGBTQ-Personen.

Die Auswirkungen von Sichtbarkeit und Repräsentation

Die Sichtbarkeit und Repräsentation von LGBTQ-Personen haben weitreichende Auswirkungen auf die Gesellschaft. Sie fördern die Akzeptanz und das Verständnis für LGBTQ-Themen und tragen zur Bekämpfung von Vorurteilen und Diskriminierung bei. Wenn Menschen positive Darstellungen von LGBTQ-Personen sehen, sind sie eher bereit, diese zu akzeptieren und zu unterstützen.

Darüber hinaus kann Sichtbarkeit auch als Katalysator für sozialen Wandel dienen. Die #BlackLivesMatter-Bewegung hat beispielsweise gezeigt, wie Sichtbarkeit und Repräsentation von marginalisierten Gruppen zu einer breiteren Diskussion über Rassismus und Diskriminierung führen können. Ähnlich kann die Sichtbarkeit von LGBTQ-Personen in der Gesellschaft dazu beitragen, wichtige Themen wie Gewalt gegen LGBTQ-Personen und die Notwendigkeit von rechtlichem Schutz in den Vordergrund zu rücken.

Schlussfolgerung

Zusammenfassend lässt sich sagen, dass Sichtbarkeit und Repräsentation eine zentrale Rolle im LGBTQ-Aktivismus spielen. Sie sind nicht nur wichtig für das individuelle Wohlbefinden von LGBTQ-Personen, sondern auch für die gesamte Gemeinschaft. Indem wir die Sichtbarkeit erhöhen und vielfältige Repräsentationen fördern, können wir eine gerechtere und inklusivere Gesellschaft schaffen. Es ist entscheidend, dass wir weiterhin für die Sichtbarkeit und Repräsentation von LGBTQ-Personen kämpfen, um die Herausforderungen zu überwinden, mit denen sie konfrontiert sind, und um eine Zukunft zu gestalten, in der alle Menschen unabhängig von ihrer sexuellen Orientierung oder Geschlechtsidentität akzeptiert und geschätzt werden.

Die Herausforderungen der Akzeptanz

Die Akzeptanz von LGBTQ-Personen ist eine der zentralen Herausforderungen im Aktivismus. Trotz der Fortschritte in den letzten Jahrzehnten stehen viele Menschen und Gemeinschaften weiterhin vor erheblichen Hürden, die die vollständige Akzeptanz und Integration von LGBTQ-Individuen in die Gesellschaft behindern. In diesem Abschnitt werden wir die verschiedenen Dimensionen dieser Herausforderungen untersuchen, einschließlich gesellschaftlicher, kultureller und individueller Faktoren.

Gesellschaftliche Vorurteile

Gesellschaftliche Vorurteile sind eine der größten Hürden für die Akzeptanz. Diese Vorurteile sind oft tief verwurzelt und werden durch kulturelle Normen, Traditionen und religiöse Überzeugungen verstärkt. Eine Studie von Herek (2000) zeigt, dass negative Stereotypen über LGBTQ-Personen weit verbreitet sind und häufig zu Diskriminierung führen. Beispielsweise erleben viele transidente Personen in ihrem täglichen Leben Diskriminierung, sei es am Arbeitsplatz, in Bildungseinrichtungen oder im Gesundheitswesen.

Kulturelle Normen und Werte

Kulturelle Normen spielen eine entscheidende Rolle bei der Formung von Einstellungen gegenüber LGBTQ-Personen. In vielen Kulturen wird Heterosexualität als die Norm betrachtet, während Abweichungen davon als unnatürlich oder unmoralisch angesehen werden. Diese kulturellen Überzeugungen können zu einem Gefühl der Isolation und Ablehnung für LGBTQ-Personen führen. Ein Beispiel hierfür ist die Ablehnung von LGBTQ-Rechten in bestimmten religiösen Gemeinschaften, wo Homosexualität als Sünde betrachtet wird.

Familienakzeptanz

Die Akzeptanz innerhalb der Familie ist ein weiterer kritischer Faktor. Viele LGBTQ-Personen berichten von Schwierigkeiten, ihre sexuelle Orientierung oder Geschlechtsidentität gegenüber ihren Familien zu offenbaren. Laut einer Studie von Ryan et al. (2009) erleben LGBTQ-Jugendliche, die von ihren Familien abgelehnt werden, ein höheres Risiko für psychische Probleme, einschließlich Depressionen und Selbstmordgedanken. Diese familiäre Ablehnung verstärkt das Gefühl der Isolation und kann zu einem Kreislauf der Diskriminierung führen.

Bildung und Aufklärung

Ein Mangel an Bildung und Aufklärung über LGBTQ-Themen trägt ebenfalls zur Akzeptanzproblematik bei. Viele Menschen haben nur begrenztes Wissen über LGBTQ-Geschichte, Identitäten und die Herausforderungen, mit denen diese Gemeinschaft konfrontiert ist. Bildungsinitiativen, die sich mit diesen Themen befassen, sind entscheidend, um Vorurteile abzubauen. Programme, die LGBTQ-Geschichte in Schulen integrieren, können helfen, ein besseres Verständnis und mehr Akzeptanz in der Gesellschaft zu fördern.

Politische und rechtliche Rahmenbedingungen

Die politischen und rechtlichen Rahmenbedingungen beeinflussen ebenfalls die Akzeptanz von LGBTQ-Personen. In vielen Ländern gibt es immer noch Gesetze, die Diskriminierung aufgrund von sexueller Orientierung oder Geschlechtsidentität erlauben. Diese gesetzlichen Rahmenbedingungen können das gesellschaftliche Klima für LGBTQ-Personen erheblich beeinflussen. Eine Untersuchung von Rimmerman (2015) zeigt, dass in Ländern mit fortschrittlicheren LGBTQ-Rechten, wie der Ehe für alle, die gesellschaftliche Akzeptanz tendenziell höher ist.

Psychische Gesundheit und Wohlbefinden

Die Herausforderungen der Akzeptanz haben auch direkte Auswirkungen auf die psychische Gesundheit von LGBTQ-Personen. Viele erleben Stress, Angst und Depressionen aufgrund von Diskriminierung und Ablehnung. Eine Studie von Meyer (2003) beschreibt das Konzept der „minority stress", das die zusätzlichen Belastungen beschreibt, die LGBTQ-Personen aufgrund ihrer Identität erfahren. Diese Stressfaktoren können zu ernsthaften psychischen Gesundheitsproblemen führen, die wiederum die Fähigkeit zur Integration in die Gesellschaft beeinträchtigen.

Beispiele aus der Praxis

Ein praktisches Beispiel für die Herausforderungen der Akzeptanz ist die Geschichte von Alex, einem jungen trans Mann, der in einer konservativen Stadt aufwuchs. Trotz seiner Bemühungen, seine Identität zu leben, wurde er von seinen Mitschülern gemobbt und von seiner Familie nicht akzeptiert. Alex fand schließlich Unterstützung in einer LGBTQ-Gruppe, die ihm half, seine Erfahrungen zu verarbeiten und sich sicherer zu fühlen. Seine Geschichte verdeutlicht, wie wichtig Gemeinschaften und Unterstützungsnetzwerke für die Akzeptanz und das Wohlbefinden von LGBTQ-Personen sind.

Schlussfolgerung

Zusammenfassend lässt sich sagen, dass die Herausforderungen der Akzeptanz von LGBTQ-Personen vielschichtig und komplex sind. Gesellschaftliche Vorurteile, kulturelle Normen, familiäre Akzeptanz, Bildung, politische Rahmenbedingungen und psychische Gesundheit spielen alle eine Rolle. Um die Akzeptanz zu fördern, ist es entscheidend, diese Herausforderungen zu erkennen und anzugehen. Bildung, Aufklärung und Unterstützung durch die Gemeinschaft sind unerlässlich, um eine inklusive und akzeptierende Gesellschaft zu schaffen. Nur durch kollektive Anstrengungen können wir die Barrieren abbauen, die LGBTQ-Personen daran hindern, ihr volles Potenzial zu entfalten und ein erfülltes Leben zu führen.

Die Rolle von Bildung in der Bewegung

Bildung spielt eine entscheidende Rolle in der LGBTQ-Aktivismusbewegung, da sie sowohl als Werkzeug zur Aufklärung als auch als Plattform zur Förderung von Gleichheit und Akzeptanz dient. In dieser Sektion werden wir die verschiedenen Aspekte der Bildung im Kontext des LGBTQ-Aktivismus beleuchten, einschließlich der Herausforderungen, denen sich die Bewegung gegenübersieht, und der positiven Auswirkungen, die Bildung auf Einzelpersonen und Gemeinschaften haben kann.

Bildung als Aufklärungsinstrument

Bildung ist ein grundlegendes Element im Kampf gegen Vorurteile und Diskriminierung. Durch Aufklärung können Missverständnisse über LGBTQ-Personen abgebaut und Akzeptanz gefördert werden. Bildungseinrichtungen, wie Schulen und Universitäten, spielen eine zentrale Rolle in diesem Prozess. Sie bieten nicht nur Informationen über die LGBTQ-Geschichte und -Kultur, sondern auch über die Herausforderungen, mit denen diese Gemeinschaft konfrontiert ist.

Ein Beispiel hierfür ist die Einführung von LGBTQ-Themen in den Lehrplan. Studien zeigen, dass Schüler, die in einer Umgebung lernen, in der LGBTQ-Themen behandelt werden, eine höhere Akzeptanz gegenüber ihren Mitschülern zeigen. Diese Akzeptanz kann sich positiv auf das Schulklima auswirken und Mobbing reduzieren.

Herausforderungen in der Bildung

Trotz der positiven Aspekte von Bildung im LGBTQ-Aktivismus gibt es auch erhebliche Herausforderungen. In vielen Regionen sind LGBTQ-Themen in Schulen nach wie vor tabuisiert oder werden nicht ausreichend behandelt. Dies führt zu einer fehlenden Aufklärung und kann die Stigmatisierung von LGBTQ-Personen verstärken.

Ein weiteres Problem ist die Diskriminierung von LGBTQ-Schülern in Bildungseinrichtungen. Viele berichten von Mobbing, Diskriminierung oder sogar physischer Gewalt, was zu einem feindlichen Lernumfeld führt. Diese Erfahrungen können nicht nur das Selbstwertgefühl der Schüler beeinträchtigen, sondern auch ihre akademische Leistung und psychische Gesundheit.

Die Rolle von Hochschulen und Universitäten

Hochschulen und Universitäten haben die Möglichkeit, eine Vorreiterrolle in der Bildung über LGBTQ-Themen zu übernehmen. Viele Institutionen haben mittlerweile spezielle Programme und Ressourcen eingerichtet, um LGBTQ-Studenten zu unterstützen und ein inklusives Umfeld zu schaffen. Diese Initiativen umfassen unter anderem die Einrichtung von LGBTQ-Zentren, die Bereitstellung von Stipendien und die Durchführung von Schulungen für das Lehrpersonal.

Ein Beispiel für eine erfolgreiche Initiative ist das „Safe Zone"-Programm, das an vielen Universitäten implementiert wurde. Dieses Programm schult Fakultätsmitglieder und Mitarbeiter darin, wie sie eine unterstützende Umgebung für LGBTQ-Studenten schaffen können. Teilnehmer lernen, wie sie Diskriminierung erkennen und darauf reagieren können, und erhalten Werkzeuge, um eine inklusive Sprache zu verwenden.

Bildung durch Gemeinschaftsorganisationen

Neben formalen Bildungseinrichtungen spielen auch Gemeinschaftsorganisationen eine wichtige Rolle bei der Bildung im LGBTQ-Aktivismus. Diese Organisationen bieten Workshops, Schulungen und Ressourcen an, um das Bewusstsein für LGBTQ-Themen zu schärfen und die Gemeinschaft zu stärken.

Ein Beispiel ist die Organisation „PFLAG", die Familien und Freunde von LGBTQ-Personen unterstützt und aufklärt. Durch Informationsveranstaltungen und Schulungen trägt PFLAG dazu bei, Vorurteile abzubauen und eine unterstützende Gemeinschaft zu fördern.

Die Bedeutung von intersektionaler Bildung

Ein weiterer wichtiger Aspekt der Bildung im LGBTQ-Aktivismus ist die Notwendigkeit einer intersektionalen Perspektive. Bildung sollte nicht nur die Erfahrungen von LGBTQ-Personen berücksichtigen, sondern auch andere Identitäten und Erfahrungen, die sich überschneiden, wie Rasse, Geschlecht und sozioökonomischer Status.

Intersektionale Bildung fördert das Verständnis dafür, dass Diskriminierung nicht isoliert auf eine einzige Identität beschränkt ist, sondern dass die

Erfahrungen von Individuen durch das Zusammenspiel verschiedener Identitäten geprägt werden. Dies kann dazu beitragen, eine inklusivere und gerechtere Bewegung zu schaffen, die die Bedürfnisse aller Mitglieder der Gemeinschaft berücksichtigt.

Zukunftsperspektiven

Die Zukunft der Bildung im LGBTQ-Aktivismus sieht vielversprechend aus, da immer mehr Bildungseinrichtungen und Gemeinschaftsorganisationen die Bedeutung der Aufklärung erkennen. Es ist entscheidend, dass diese Bemühungen weiterhin gefördert und unterstützt werden, um eine inklusive und gerechte Gesellschaft zu schaffen.

Zusammenfassend lässt sich sagen, dass Bildung eine Schlüsselrolle im LGBTQ-Aktivismus spielt. Sie ist nicht nur ein Werkzeug zur Aufklärung, sondern auch ein Mittel zur Förderung von Akzeptanz und Gleichheit. Trotz der Herausforderungen, die bestehen, gibt es zahlreiche Initiativen und Programme, die positive Veränderungen bewirken. Es liegt an uns allen, diese Bemühungen zu unterstützen und sicherzustellen, dass Bildung für alle zugänglich ist.

$$\text{Akzeptanz} = \frac{\text{Aufklärung} + \text{Bildung}}{\text{Vorurteile}} \tag{71}$$

Diese Gleichung verdeutlicht, dass die Förderung von Akzeptanz in der Gesellschaft direkt mit der Verfügbarkeit von Bildung und Aufklärung verknüpft ist. Je mehr Wissen und Verständnis über LGBTQ-Themen vorhanden ist, desto geringer sind die Vorurteile, was zu einer höheren Akzeptanz führt.

Die Notwendigkeit von kontinuierlichem Engagement

In der heutigen Welt ist kontinuierliches Engagement für den LGBTQ-Aktivismus von entscheidender Bedeutung. Die Herausforderungen, mit denen die LGBTQ-Community konfrontiert ist, sind vielfältig und oft tief verwurzelt in gesellschaftlichen, politischen und kulturellen Strukturen. Um diese Herausforderungen zu bewältigen, ist es unerlässlich, dass Aktivisten und Unterstützer nicht nur sporadisch, sondern konstant aktiv bleiben.

Theoretische Grundlagen des Engagements

Das Konzept des kontinuierlichen Engagements kann durch verschiedene theoretische Rahmenwerke betrachtet werden. Eine der bekanntesten Theorien ist die *Theorie des sozialen Wandels*, die besagt, dass nachhaltige Veränderungen nur

DIE BEDEUTUNG VON LGBTQ-AKTIVISMUS

durch langfristige Anstrengungen erreicht werden können. Diese Theorie legt nahe, dass Einzelpersonen und Gruppen, die sich für soziale Gerechtigkeit einsetzen, eine klare Vision und Strategie benötigen, um ihre Ziele zu erreichen.

Ein weiterer wichtiger theoretischer Ansatz ist die *Theorie der kollektiven Aktion*, die darauf hinweist, dass gemeinschaftliches Handeln notwendig ist, um bedeutende Veränderungen zu bewirken. Diese Theorie betont die Rolle von Netzwerken und Allianzen, die es Aktivisten ermöglichen, Ressourcen und Informationen zu teilen, um eine stärkere Wirkung zu erzielen.

Probleme und Herausforderungen

Die Notwendigkeit eines kontinuierlichen Engagements wird durch verschiedene Probleme verstärkt, die die LGBTQ-Community betreffen:

- **Gesetzliche Diskriminierung:** Trotz Fortschritten in vielen Ländern gibt es immer noch Gesetze, die LGBTQ-Personen diskriminieren. In einigen Regionen sind gleichgeschlechtliche Ehen verboten, und Trans-Personen haben oft keinen Zugang zu medizinischer Versorgung, die ihren Bedürfnissen entspricht.

- **Gesellschaftliche Vorurteile:** Diskriminierung und Vorurteile sind nach wie vor weit verbreitet. Dies äußert sich in Form von Gewalt, Mobbing und sozialer Ausgrenzung. Kontinuierliches Engagement ist notwendig, um diese Vorurteile abzubauen und eine inklusive Gesellschaft zu fördern.

- **Ressourcenmangel:** Viele LGBTQ-Organisationen kämpfen mit finanziellen Engpässen und einem Mangel an Freiwilligen. Dies erschwert die Durchführung von Programmen und Kampagnen, die für das Wohl der Community entscheidend sind.

- **Politische Rückschläge:** In einigen Ländern gibt es einen Rückgang der Unterstützung für LGBTQ-Rechte, was die Notwendigkeit für anhaltende Lobbyarbeit und politischen Druck unterstreicht.

Beispiele für kontinuierliches Engagement

Um die Notwendigkeit kontinuierlichen Engagements zu verdeutlichen, können wir einige Beispiele erfolgreicher Initiativen betrachten:

- **Die Stonewall Inn Bewegung:** Diese historische Bewegung, die 1969 begann, ist ein hervorragendes Beispiel für die Kraft des kontinuierlichen

Engagements. Die Proteste, die nach den Unruhen im Stonewall Inn folgten, führten zur Gründung zahlreicher LGBTQ-Organisationen und zur Schaffung von Pride-Veranstaltungen weltweit. Diese Bewegung hat nicht nur das Bewusstsein für LGBTQ-Rechte geschärft, sondern auch den Weg für gesetzliche Veränderungen geebnet.

- **Trans Alliance Toronto:** Die Gründung und die kontinuierlichen Bemühungen von Trans Alliance Toronto zeigen, wie wichtig Engagement ist. Die Organisation setzt sich für die Rechte von Trans-Personen ein und bietet Programme an, die auf die spezifischen Bedürfnisse dieser Gemeinschaft zugeschnitten sind. Ihre kontinuierlichen Aktivitäten haben dazu beigetragen, die Sichtbarkeit von Trans-Personen zu erhöhen und eine breitere Unterstützung innerhalb der Gesellschaft zu mobilisieren.

- **Die #MeToo-Bewegung:** Auch wenn sie sich auf sexuelle Belästigung und Übergriffe konzentriert, zeigt die #MeToo-Bewegung, wie wichtig es ist, kontinuierlich über Themen zu sprechen, die oft tabuisiert werden. Diese Bewegung hat Millionen von Menschen inspiriert, ihre Geschichten zu teilen und sich gegen Missbrauch und Diskriminierung zu wehren.

Schlussfolgerung

Zusammenfassend ist kontinuierliches Engagement im LGBTQ-Aktivismus unerlässlich, um die bestehenden Herausforderungen zu bewältigen und nachhaltige Veränderungen zu erreichen. Theoretische Ansätze wie die Theorie des sozialen Wandels und die Theorie der kollektiven Aktion bieten wertvolle Perspektiven auf die Notwendigkeit, aktiv zu bleiben. Die Probleme, mit denen die Community konfrontiert ist, erfordern eine ständige Wachsamkeit und Mobilisierung von Ressourcen. Durch Beispiele wie die Stonewall Inn Bewegung, Trans Alliance Toronto und die #MeToo-Bewegung wird deutlich, dass kontinuierliches Engagement nicht nur möglich, sondern auch notwendig ist, um eine gerechtere und inklusivere Gesellschaft zu schaffen.

Um die LGBTQ-Community zu unterstützen, ist es entscheidend, dass jeder Einzelne, ob Aktivist oder Ally, sich langfristig engagiert. Nur so können wir sicherstellen, dass die erzielten Fortschritte nicht nur erhalten bleiben, sondern auch weiter ausgebaut werden.

Die Bedeutung von Hoffnung und Träumen

Hoffnung und Träume sind zentrale Elemente im LGBTQ-Aktivismus, die nicht nur als individuelle Antriebe fungieren, sondern auch als kollektive Kräfte, die Gemeinschaften zusammenbringen und sie in ihren Kämpfen stärken. In diesem Abschnitt werden wir die Rolle von Hoffnung und Träumen im Kontext des LGBTQ-Aktivismus untersuchen und dabei sowohl theoretische Perspektiven als auch praktische Beispiele betrachten.

Theoretische Grundlagen

Die Psychologie hat gezeigt, dass Hoffnung eine Schlüsselkomponente für das psychische Wohlbefinden ist. Hoffnung wird häufig als die Fähigkeit definiert, positive Ergebnisse zu erwarten und die Überzeugung, dass man die notwendigen Schritte unternehmen kann, um diese Ergebnisse zu erreichen. Laut Snyder et al. (1991) umfasst Hoffnung zwei Hauptkomponenten: die Fähigkeit, Ziele zu setzen (Zielorientierung) und die Fähigkeit, Wege zu finden, um diese Ziele zu erreichen (Wegefähigkeit). Diese Konzepte sind besonders relevant für den LGBTQ-Aktivismus, wo das Setzen von Zielen und das Finden von Wegen zur Erreichung dieser Ziele entscheidend sind.

Die Träume, die Individuen und Gemeinschaften hegen, können als Visionen für eine bessere Zukunft betrachtet werden. Diese Visionen sind oft das Ergebnis von persönlichem und kollektivem Leid, das in der Geschichte der LGBTQ-Bewegung verwurzelt ist. Der Traum von Gleichheit, Akzeptanz und Sicherheit ist nicht nur ein persönliches Anliegen, sondern auch ein kollektives Ziel, das viele Aktivisten antreibt.

Hoffnung als Antriebskraft

Hoffnung spielt eine transformative Rolle im Aktivismus. Sie motiviert Menschen, sich für Veränderungen einzusetzen, auch wenn die Herausforderungen überwältigend erscheinen. Ein Beispiel hierfür ist die Stonewall-Bewegung, die in den 1960er Jahren begann. Die Hoffnung auf ein Leben ohne Diskriminierung und Gewalt führte zu einer Welle von Protesten und zur Gründung von Organisationen, die sich für die Rechte von LGBTQ-Personen einsetzen. Diese Hoffnung war nicht nur ein persönliches Gefühl, sondern ein gemeinschaftlicher Aufruf zum Handeln, der viele Menschen zusammenbrachte.

Darüber hinaus zeigt die Forschung, dass Hoffnung auch mit Resilienz verbunden ist. Resiliente Individuen sind besser in der Lage, Rückschläge zu bewältigen und aus Misserfolgen zu lernen. Im Kontext des LGBTQ-Aktivismus bedeutet dies, dass trotz der vielen Herausforderungen, wie Diskriminierung und Gewalt, die Hoffnung auf positive Veränderungen die Gemeinschaften stärkt und sie dazu ermutigt, weiterzumachen.

Träume als Visionen für die Zukunft

Die Träume, die Aktivisten hegen, sind oft tief verwurzelt in ihren persönlichen Erfahrungen und den Kämpfen, die sie durchlebt haben. Diese Träume können als Leitbilder für die Zukunft dienen. Ein Beispiel ist der Traum von einer Welt, in der LGBTQ-Personen nicht nur akzeptiert, sondern auch gefeiert werden. Diese Vision ist nicht nur eine Utopie, sondern ein erreichbares Ziel, das viele Aktivisten anstreben.

Die Bedeutung von Träumen wird auch in der Kunst und Kultur sichtbar, die eine wichtige Rolle im LGBTQ-Aktivismus spielen. Künstler und Schriftsteller nutzen ihre Plattformen, um Träume und Hoffnungen auszudrücken, die oft die Realität der Diskriminierung und des Kampfes widerspiegeln. Diese kulturellen Ausdrucksformen inspirieren andere, sich ebenfalls für ihre Rechte einzusetzen und ihre eigenen Träume zu verfolgen.

Praktische Beispiele

Ein bemerkenswertes Beispiel für die Kraft von Hoffnung und Träumen im LGBTQ-Aktivismus ist die „It Gets Better"-Kampagne, die 2010 ins Leben gerufen wurde. Diese Initiative wurde gegründet, um LGBTQ-Jugendlichen zu zeigen, dass es Hoffnung auf eine bessere Zukunft gibt, trotz der Herausforderungen, mit denen sie konfrontiert sind. Die Kampagne ermutigte Menschen, ihre Geschichten zu teilen und zu zeigen, dass das Leben nach der Schulzeit und den damit verbundenen Schwierigkeiten besser werden kann. Diese Botschaft der Hoffnung hat vielen Jugendlichen geholfen, ihre Identität zu akzeptieren und die Unterstützung zu finden, die sie benötigen.

Ein weiteres Beispiel ist die jährliche Pride-Parade, die in vielen Städten weltweit gefeiert wird. Diese Veranstaltungen sind nicht nur Feierlichkeiten, sondern auch Ausdruck von Hoffnung und Träumen für eine gerechtere Gesellschaft. Die Teilnehmer kommen zusammen, um ihre Identität zu feiern und ihre Träume von Gleichheit und Akzeptanz zu teilen. Diese kollektiven Feiern stärken nicht nur das Gemeinschaftsgefühl, sondern inspirieren auch andere, sich für die Rechte von LGBTQ-Personen einzusetzen.

Schlussfolgerung

Die Bedeutung von Hoffnung und Träumen im LGBTQ-Aktivismus kann nicht hoch genug eingeschätzt werden. Sie sind die treibenden Kräfte, die Individuen und Gemeinschaften dazu ermutigen, sich für Veränderungen einzusetzen, auch wenn die Herausforderungen groß sind. Hoffnung gibt den Menschen die Kraft, weiterzumachen, während Träume als Visionen für eine bessere Zukunft dienen. Diese Elemente sind nicht nur für den persönlichen Kampf von Bedeutung, sondern auch für die kollektive Bewegung, die sich für Gleichheit und Akzeptanz einsetzt.

In einer Welt, die oft von Diskriminierung und Ungerechtigkeit geprägt ist, sind Hoffnung und Träume unerlässlich, um eine positive Veränderung herbeizuführen. Sie sind die Flamme, die den Aktivismus antreibt und die Menschen dazu inspiriert, für eine gerechtere und inklusivere Gesellschaft zu kämpfen. In diesem Sinne ist es wichtig, dass wir unsere Hoffnungen und Träume nicht nur bewahren, sondern sie auch aktiv in die Tat umsetzen, um eine bessere Zukunft für alle zu schaffen.

Abschließende Gedanken

Ein Dank an Unterstützer und Verbündete

In der Welt des Aktivismus sind Unterstützer und Verbündete von unschätzbarem Wert. Sie sind die Menschen, die an der Seite von Aktivisten stehen, um für Gleichheit und Gerechtigkeit zu kämpfen. In diesem Abschnitt möchte ich den unermüdlichen Einsatz all jener würdigen, die Stephanie Woolley und Trans Alliance Toronto auf ihrem Weg begleitet haben. Ihre Unterstützung war nicht nur ein Lichtblick in dunklen Zeiten, sondern auch ein kraftvoller Antrieb für Veränderungen.

Die Rolle von Unterstützern im Aktivismus kann nicht genug betont werden. Sie bieten nicht nur finanzielle Ressourcen, sondern auch emotionale Unterstützung und Netzwerke, die für die Durchführung von Kampagnen und Initiativen entscheidend sind. Eine Studie von Smith et al. (2020) zeigt, dass Gruppen, die über ein starkes Unterstützungsnetzwerk verfügen, eine höhere Erfolgsquote bei der Umsetzung ihrer Ziele haben. Diese Ergebnisse verdeutlichen, dass Solidarität und Zusammenarbeit nicht nur wünschenswert, sondern notwendig sind.

Ein hervorragendes Beispiel für die Bedeutung von Unterstützern ist die Gründung der Trans Alliance Toronto. Ohne die Hilfe von Freiwilligen, Spendern und Verbündeten wäre es unmöglich gewesen, die ersten Schritte zu unternehmen und die Organisation zu etablieren. Diese Menschen haben nicht nur ihre Zeit investiert, sondern auch ihre Stimmen erhoben, um die Anliegen der Trans-Community zu fördern. Ihre Geschichten sind inspirierend und zeigen, wie wichtig es ist, sich für die Rechte anderer einzusetzen.

Ein weiterer bemerkenswerter Aspekt der Unterstützung ist die intersektionale Solidarität. Die LGBTQ-Community ist nicht homogen; sie umfasst Menschen mit unterschiedlichen Hintergründen, Ethnien und Identitäten. Die Zusammenarbeit mit anderen sozialen Bewegungen, wie dem Feminismus und der Rassengerechtigkeitsbewegung, hat Trans Alliance Toronto geholfen, eine breitere Basis für Unterstützung und Verständnis zu schaffen. Diese intersektionale Herangehensweise zeigt, dass der Kampf für Gleichheit alle betrifft und dass wir gemeinsam stärker sind.

Es ist auch wichtig, den Einfluss von sozialen Medien und digitalen Plattformen zu erwähnen, die es Unterstützern ermöglichen, sich zu vernetzen und ihre Stimmen zu erheben. Die Nutzung von Plattformen wie Twitter und Instagram hat es Menschen ermöglicht, ihre Geschichten zu teilen und sich mit Gleichgesinnten zu verbinden. Diese Online-Communitys spielen eine entscheidende Rolle bei der Mobilisierung von Unterstützung für verschiedene Anliegen, einschließlich der Rechte von Trans-Personen. Ein Beispiel hierfür ist die #TransRightsAreHumanRights-Kampagne, die weltweit Unterstützung mobilisiert hat und die Sichtbarkeit der Anliegen von Trans-Personen erhöht hat.

Die Herausforderungen, denen Unterstützer gegenüberstehen, sind jedoch nicht zu unterschätzen. Oft sehen sie sich mit Widerstand und Kritik konfrontiert, insbesondere wenn sie sich für kontroverse Themen einsetzen. Es erfordert Mut, sich für die Rechte von marginalisierten Gruppen einzusetzen, insbesondere in einer Gesellschaft, die oft intolerant ist. Die Erfahrungen von Unterstützern, die Diskriminierung und Vorurteile erleben, sind ein weiterer wichtiger Aspekt, der in der Diskussion über Aktivismus und Unterstützung berücksichtigt werden muss.

Abschließend möchte ich betonen, dass der Dank an Unterstützer und Verbündete nicht nur eine formale Anerkennung ist, sondern ein wesentlicher Bestandteil des Aktivismus. Ihre Beiträge sind entscheidend für den Erfolg von Initiativen und Kampagnen. Sie sind die stillen Helden, die im Hintergrund arbeiten, um Veränderungen zu bewirken und die Welt zu einem besseren Ort zu machen. In einer Zeit, in der der Aktivismus mehr denn je gefordert ist, ist es wichtig, diese Unterstützer zu würdigen und ihre Geschichten zu erzählen. Denn letztendlich sind es die Menschen, die sich zusammenschließen, die die Kraft haben, die Welt zu verändern.

ABSCHLIESSENDE GEDANKEN 505

$$\text{Erfolg} = \text{Engagement} + \text{Solidarität} + \text{Ressourcen} \qquad (72)$$

Diese Gleichung verdeutlicht, dass der Erfolg im Aktivismus nicht nur von individuellen Anstrengungen abhängt, sondern auch von der kollektiven Unterstützung und den Ressourcen, die zur Verfügung stehen. Lassen Sie uns also weiterhin gemeinsam für eine gerechtere Zukunft kämpfen und die Unterstützer feiern, die uns auf diesem Weg begleiten.

Die Hoffnung auf eine bessere Zukunft

Die Hoffnung auf eine bessere Zukunft ist ein zentrales Thema im LGBTQ-Aktivismus und spielt eine entscheidende Rolle in der Vision vieler Aktivisten, einschließlich der von Stephanie Woolley. Diese Hoffnung ist nicht nur ein Gefühl, sondern auch ein Antrieb, der Menschen motiviert, für Gleichheit und Gerechtigkeit zu kämpfen. In diesem Abschnitt werden wir die verschiedenen Dimensionen dieser Hoffnung untersuchen, die Herausforderungen, denen sich die LGBTQ-Community gegenübersieht, und die Strategien, die zur Schaffung einer besseren Zukunft erforderlich sind.

Die Rolle der Hoffnung im Aktivismus

Hoffnung ist ein mächtiges Werkzeug im Aktivismus. Sie inspiriert Menschen, sich für Veränderungen einzusetzen und die Herausforderungen, die vor ihnen liegen, zu überwinden. In der Theorie des sozialen Wandels, wie sie von Theoretikern wie [Freire(1970)] formuliert wurde, ist die Hoffnung der Motor, der das Engagement antreibt. Freire argumentiert, dass Bildung und Bewusstsein die ersten Schritte zur Befreiung sind, und dass Hoffnung die Grundlage für den Glauben an eine bessere Zukunft bildet. Diese Überzeugung ist besonders wichtig in Zeiten der Diskriminierung und des Widerstands.

Herausforderungen für die LGBTQ-Community

Trotz der Fortschritte, die in den letzten Jahrzehnten erzielt wurden, sieht sich die LGBTQ-Community weiterhin zahlreichen Herausforderungen gegenüber. Diskriminierung, Vorurteile und Gewalt sind nach wie vor weit verbreitet. Laut dem [HRC(2020)] Bericht über Gewalt gegen Transgender-Personen gab es im Jahr 2020 einen alarmierenden Anstieg von Hassverbrechen. Diese Realität kann die Hoffnung der Menschen auf eine bessere Zukunft untergraben.

Ein Beispiel ist der Fall von *Marsha P. Johnson*, einer der bekanntesten Figuren der LGBTQ-Bewegung, die nicht nur für ihre Rolle bei den Stonewall-Unruhen bekannt ist, sondern auch für ihren unermüdlichen Einsatz für die Rechte von Transgender-Personen. Ihr Leben und ihre Tragödie verdeutlichen die Herausforderungen, mit denen die Community konfrontiert ist, und die Notwendigkeit, für eine gerechtere Zukunft zu kämpfen.

Strategien zur Förderung der Hoffnung

Um die Hoffnung auf eine bessere Zukunft zu fördern, sind mehrere Strategien erforderlich:

- **Bildung und Aufklärung:** Bildung spielt eine entscheidende Rolle bei der Bekämpfung von Vorurteilen und Diskriminierung. Programme, die auf die Aufklärung der breiten Öffentlichkeit abzielen, können dazu beitragen, Missverständnisse abzubauen und Akzeptanz zu fördern.

- **Mentorship-Programme:** Mentorship ist eine wirksame Methode, um junge Aktivisten zu unterstützen und ihnen zu helfen, ihre Stimme zu finden. Stephanie Woolley hat sich intensiv für Mentorship-Programme eingesetzt, um die nächste Generation von LGBTQ-Führern zu fördern.

- **Community-Building:** Die Schaffung sicherer Räume für LGBTQ-Personen ist entscheidend. Gemeinschaftsveranstaltungen und Netzwerke bieten Unterstützung und stärken das Gefühl der Zugehörigkeit.

- **Politische Mobilisierung:** Die aktive Teilnahme an politischen Prozessen ist unerlässlich, um Gesetze und Richtlinien zu ändern, die die LGBTQ-Community betreffen. Lobbyarbeit und die Unterstützung von Kandidaten, die sich für LGBTQ-Rechte einsetzen, sind Schritte in die richtige Richtung.

- **Kunst und Kultur:** Kunst hat die Kraft, Geschichten zu erzählen und Emotionen zu wecken. Künstlerische Ausdrucksformen können die Sichtbarkeit erhöhen und die Stimmen der LGBTQ-Community stärken. Initiativen wie Pride-Paraden und Kunstausstellungen sind Beispiele für die Nutzung von Kunst zur Förderung von Gleichheit.

ABSCHLIESSENDE GEDANKEN 507

Beispiele für positive Veränderungen

Es gibt zahlreiche Beispiele, die zeigen, dass Hoffnung und Engagement zu positiven Veränderungen führen können. In Kanada beispielsweise wurde die Legalisierung der gleichgeschlechtlichen Ehe im Jahr 2005 als ein bedeutender Fortschritt für die LGBTQ-Rechte gefeiert. Diese Veränderung wurde durch jahrelangen Aktivismus, Aufklärung und die Mobilisierung der Community erreicht.

Ein weiteres Beispiel ist die zunehmende Sichtbarkeit von LGBTQ-Personen in den Medien. Filme und Fernsehsendungen, die LGBTQ-Geschichten erzählen, haben dazu beigetragen, Vorurteile abzubauen und Akzeptanz zu fördern. Die Darstellung von LGBTQ-Charakteren in beliebten Medien hat nicht nur die Sichtbarkeit erhöht, sondern auch das Bewusstsein für die Herausforderungen, mit denen diese Gemeinschaft konfrontiert ist, geschärft.

Die Bedeutung von intersektionalem Aktivismus

Ein weiterer wichtiger Aspekt der Hoffnung auf eine bessere Zukunft ist der intersektionale Aktivismus. Der Begriff, geprägt von [Crenshaw(1989)], beschreibt die Überlappung von Diskriminierungsformen, die Menschen aufgrund ihrer Identität erleben. Intersektionaler Aktivismus erkennt an, dass die Kämpfe von LGBTQ-Personen nicht isoliert betrachtet werden können, sondern in Verbindung mit anderen sozialen Gerechtigkeitsbewegungen stehen.

Die Zusammenarbeit zwischen verschiedenen Gemeinschaften ist entscheidend, um eine umfassende Veränderung zu erreichen. Wenn LGBTQ-Aktivisten mit anderen sozialen Bewegungen zusammenarbeiten, können sie eine stärkere Stimme haben und breitere Unterstützung für ihre Anliegen gewinnen.

Ein Aufruf zur Solidarität

Abschließend ist es wichtig, dass wir alle eine Rolle bei der Schaffung einer besseren Zukunft spielen. Jeder Einzelne kann zur Unterstützung der LGBTQ-Community beitragen, sei es durch Bildung, Freiwilligenarbeit oder das Teilen von Geschichten. Die Solidarität zwischen verschiedenen Gemeinschaften ist entscheidend, um eine gerechtere und inklusivere Gesellschaft zu schaffen.

Die Hoffnung auf eine bessere Zukunft ist nicht nur ein Traum, sondern ein Ziel, das wir gemeinsam anstreben können. Indem wir uns für Gleichheit und Gerechtigkeit einsetzen, können wir die Welt für zukünftige Generationen verbessern. Es liegt an uns, die Veränderung zu sein, die wir sehen wollen. Lassen Sie uns gemeinsam an einer Zukunft arbeiten, in der jeder Mensch, unabhängig von Geschlecht, sexueller Orientierung oder Identität, die gleichen Rechte und Möglichkeiten hat.

Bibliography

[Crenshaw(1989)] Crenshaw, K. (1989). Demarginalizing the Intersection of Race and Sex: A Black Feminist Critique of Antidiscrimination Doctrine, Feminist Theory and Antiracist Politics. *University of Chicago Legal Forum*, 1989(1), 139-167.

[Freire(1970)] Freire, P. (1970). *Pedagogy of the Oppressed*. Continuum.

[HRC(2020)] Human Rights Campaign. (2020). *Violence Against the Transgender Community in 2020*. Retrieved from https://www.hrc.org/resources/violence-against-the-transgender-community-in-2020

Ein Blick in die Zukunft des Aktivismus

Die Zukunft des Aktivismus, insbesondere im Kontext der LGBTQ-Bewegung, steht vor einer Vielzahl von Herausforderungen und Möglichkeiten. In einer sich ständig verändernden sozialen, politischen und technologischen Landschaft ist es entscheidend, dass Aktivisten und Organisationen proaktiv auf diese Veränderungen reagieren. Die kommenden Jahre könnten entscheidend dafür sein, wie die LGBTQ-Community ihre Ziele erreicht und wie die Gesellschaft insgesamt auf diese Bewegungen reagiert.

Technologische Entwicklungen

Die Rolle der Technologie im Aktivismus kann nicht überbetont werden. Mit dem Aufstieg von sozialen Medien und digitalen Plattformen hat sich die Art und Weise, wie Aktivisten kommunizieren und mobilisieren, dramatisch verändert. Plattformen wie Twitter, Instagram und TikTok bieten nicht nur eine Bühne für die Sichtbarkeit, sondern ermöglichen auch eine schnellere Verbreitung von Informationen. Diese Technologien können als Werkzeuge zur Mobilisierung von

Unterstützern, zur Verbreitung von Informationen über LGBTQ-Rechte und zur Schaffung von Gemeinschaften dienen.

Ein Beispiel für den erfolgreichen Einsatz von Technologie ist die #BlackTransLivesMatter-Bewegung, die soziale Medien nutzte, um auf die spezifischen Herausforderungen aufmerksam zu machen, mit denen schwarze trans Personen konfrontiert sind. Diese Kampagne hat nicht nur eine breite Unterstützung mobilisiert, sondern auch wichtige Diskussionen über Rassismus und Transphobie innerhalb der LGBTQ-Community angestoßen.

Intersektionalität im Aktivismus

Die Zukunft des Aktivismus wird auch zunehmend durch das Konzept der Intersektionalität geprägt. Dieser Ansatz, der von Kimberlé Crenshaw geprägt wurde, erkennt an, dass verschiedene Identitäten und soziale Kategorien, wie Geschlecht, Rasse, sexuelle Orientierung und Klasse, miteinander verwoben sind und sich gegenseitig beeinflussen. In der LGBTQ-Bewegung bedeutet dies, dass die Stimmen und Erfahrungen von marginalisierten Gruppen, wie People of Color, Menschen mit Behinderungen und anderen, die oft übersehen werden, in den Vordergrund gerückt werden müssen.

Ein Beispiel für intersektionalen Aktivismus ist die Arbeit von Organisationen, die sich speziell auf die Bedürfnisse von LGBTQ-Immigranten konzentrieren. Diese Gruppen stehen vor einzigartigen Herausforderungen, die sowohl ihre sexuelle Orientierung als auch ihren Migrationsstatus betreffen. Indem der Aktivismus intersektional gedacht wird, können umfassendere und effektivere Lösungen entwickelt werden.

Politische Landschaft und Lobbyarbeit

Die politische Landschaft bleibt ein entscheidender Faktor für die Zukunft des Aktivismus. In vielen Ländern gibt es weiterhin Gesetze, die LGBTQ-Rechte einschränken oder diskriminieren. Daher wird Lobbyarbeit weiterhin eine zentrale Rolle spielen, um Veränderungen auf legislativer Ebene zu bewirken. Aktivisten müssen sich darauf konzentrieren, Allianzen mit anderen sozialen Bewegungen zu bilden, um einen breiteren Druck auf politische Entscheidungsträger auszuüben.

Die Kampagne für die Gleichstellung der Ehe in den USA ist ein hervorragendes Beispiel dafür, wie effektive Lobbyarbeit und strategische Partnerschaften zu bedeutenden rechtlichen Veränderungen führen können. Die Mobilisierung von Unterstützern und die Zusammenarbeit mit anderen

Menschenrechtsorganisationen haben entscheidend dazu beigetragen, dass die Ehe für gleichgeschlechtliche Paare legalisiert wurde.

Bildung und Aufklärung

Bildung wird eine Schlüsselrolle in der Zukunft des Aktivismus spielen. Die Aufklärung über LGBTQ-Rechte, Geschlechtsidentität und sexuelle Orientierung muss bereits in Schulen beginnen, um Vorurteile abzubauen und ein besseres Verständnis zu fördern. Programme, die sich auf die Aufklärung von Lehrern, Schülern und Eltern konzentrieren, sind entscheidend, um eine inklusive und unterstützende Umgebung zu schaffen.

Ein Beispiel für erfolgreiche Bildungsinitiativen ist die Einführung von LGBTQ-inclusiven Lehrplänen in Schulen, die nicht nur über die Geschichte der LGBTQ-Bewegung informieren, sondern auch die Vielfalt menschlicher Identitäten feiern. Solche Programme fördern nicht nur das Verständnis, sondern helfen auch, ein Gefühl der Zugehörigkeit für LGBTQ-Jugendliche zu schaffen.

Zusammenarbeit und Solidarität

Die Zukunft des Aktivismus wird auch von der Fähigkeit abhängen, über die Grenzen der LGBTQ-Community hinaus zu arbeiten. Solidarität mit anderen sozialen Bewegungen, wie der Black Lives Matter-Bewegung oder feministischen Bewegungen, ist entscheidend, um ein gemeinsames Ziel der Gerechtigkeit und Gleichheit zu erreichen. Diese intersektionale Zusammenarbeit kann helfen, die Stimmen derjenigen zu stärken, die oft an den Rand gedrängt werden.

Ein bemerkenswertes Beispiel für solche Solidarität ist die gemeinsame Arbeit von LGBTQ-Organisationen mit feministischen Gruppen während der #MeToo-Bewegung. Diese Zusammenarbeit hat gezeigt, dass der Kampf gegen Diskriminierung und Ungerechtigkeit ein gemeinsames Anliegen ist, das alle sozialen Bewegungen vereint.

Herausforderungen und Widerstände

Trotz aller Fortschritte gibt es auch erhebliche Herausforderungen, die der zukünftige Aktivismus bewältigen muss. Der Widerstand gegen LGBTQ-Rechte bleibt stark, insbesondere in bestimmten politischen und sozialen Kontexten. Aktivisten müssen sich auf gezielte Angriffe und eine mögliche Rückkehr zu restriktiveren Gesetzen vorbereiten. Die Notwendigkeit, Resilienz zu zeigen und sich an veränderte Bedingungen anzupassen, wird entscheidend sein.

Ein Beispiel für solche Herausforderungen ist die zunehmende Anzahl von Anti-LGBTQ-Gesetzen in verschiedenen Ländern, die darauf abzielen, die Rechte von Trans-Personen zu beschneiden. Diese Gesetze erfordern eine koordinierte Reaktion von Aktivisten, um sicherzustellen, dass die Stimmen der Betroffenen gehört werden und dass der Druck auf die Gesetzgeber aufrechterhalten wird.

Fazit

Zusammenfassend lässt sich sagen, dass die Zukunft des Aktivismus sowohl vielversprechend als auch herausfordernd ist. Die Integration von Technologie, intersektionalen Ansätzen, politischer Lobbyarbeit, Bildung und Solidarität wird entscheidend sein, um die Ziele der LGBTQ-Bewegung zu erreichen. Es ist unerlässlich, dass Aktivisten und Unterstützer sich weiterhin für Gleichheit und Gerechtigkeit einsetzen und sich den Herausforderungen mit Entschlossenheit und Kreativität stellen. Die Reise ist noch lange nicht zu Ende, und jeder Einzelne hat die Möglichkeit, Teil dieser bedeutenden Bewegung zu sein.

Die Wichtigkeit, die Stimme zu erheben

In der heutigen Gesellschaft ist es von entscheidender Bedeutung, dass Einzelpersonen und Gemeinschaften ihre Stimmen erheben, insbesondere im Kontext des LGBTQ-Aktivismus. Die Stimme zu erheben bedeutet nicht nur, für die eigenen Rechte zu kämpfen, sondern auch, die Anliegen und Bedürfnisse derjenigen zu vertreten, die möglicherweise nicht die Möglichkeit haben, gehört zu werden. Diese Sektion beleuchtet die theoretischen Grundlagen, die Herausforderungen und konkrete Beispiele, die die Wichtigkeit des Erhebens der Stimme im Aktivismus verdeutlichen.

Theoretische Grundlagen

Die Theorie des sozialen Wandels besagt, dass Veränderungen in der Gesellschaft oft durch kollektive Stimmen und Aktionen herbeigeführt werden. [1] argumentiert, dass soziale Bewegungen, die auf dem Prinzip der kollektiven Identität basieren, entscheidend für den Erfolg von Veränderungen sind. Die Stimme zu erheben ist ein zentraler Bestandteil dieser kollektiven Identität, da sie das Gefühl der Zugehörigkeit und Solidarität innerhalb einer Gemeinschaft stärkt.

Ein weiteres wichtiges Konzept ist die *Sichtbarkeit*. In der LGBTQ-Bewegung ist Sichtbarkeit nicht nur eine Frage des persönlichen Ausdrucks, sondern auch eine Strategie, um Diskriminierung zu bekämpfen. [2] hebt hervor, dass Sichtbarkeit oft mit dem Erleben von Diskriminierung verbunden ist, und dass das Sichtbarwerden in der Öffentlichkeit eine Möglichkeit ist, Vorurteile abzubauen und Verständnis zu fördern.

Herausforderungen

Trotz der Bedeutung, die Stimme zu erheben, stehen viele Aktivisten vor erheblichen Herausforderungen. Eine der größten Hürden ist die *Angst vor Repression*. In vielen Ländern werden LGBTQ-Personen aufgrund ihrer Identität diskriminiert oder sogar strafrechtlich verfolgt. Diese Angst kann dazu führen, dass Menschen sich nicht trauen, ihre Stimme zu erheben oder sich öffentlich zu engagieren.

Ein weiteres Problem ist die *Fragmentierung der Bewegung*. Innerhalb der LGBTQ-Community gibt es unterschiedliche Stimmen und Perspektiven, die manchmal in Konflikt miteinander stehen. Diese Fragmentierung kann die Effektivität des Aktivismus beeinträchtigen und dazu führen, dass wichtige Anliegen übersehen werden. [3] argumentiert, dass es wichtig ist, eine gemeinsame Basis zu finden, um die Stimmen innerhalb der Bewegung zu vereinen und eine stärkere, kohärente Botschaft zu formulieren.

Beispiele für erfolgreiches Erheben der Stimme

Ein herausragendes Beispiel für die Kraft des Erhebens der Stimme ist die *Stonewall-Rebellion* von 1969. Diese Ereignisse markierten einen Wendepunkt im LGBTQ-Aktivismus und führten zur Gründung zahlreicher Organisationen, die sich für die Rechte von LGBTQ-Personen einsetzen. Die Rebellion selbst war eine direkte Reaktion auf jahrelange Diskriminierung und Gewalt, und sie zeigte, wie wichtig es ist, sich gegen Ungerechtigkeit zu erheben.

Ein weiteres Beispiel ist die *#MeToo*-Bewegung, die gezeigt hat, wie kollektives Handeln und das Teilen persönlicher Geschichten eine massive gesellschaftliche Veränderung herbeiführen können. Diese Bewegung hat nicht nur die Stimmen von Frauen, sondern auch von LGBTQ-Personen in den Vordergrund gerückt, die oft mit ähnlichen Erfahrungen von Diskriminierung und Missbrauch konfrontiert sind.

Schlussfolgerung

Die Wichtigkeit, die Stimme zu erheben, kann nicht genug betont werden. Es ist nicht nur eine individuelle Verantwortung, sondern auch eine kollektive Pflicht, die Anliegen der LGBTQ-Community sichtbar zu machen und für Gleichheit und Gerechtigkeit zu kämpfen. Durch das Erheben der Stimme können wir nicht nur unsere eigenen Rechte verteidigen, sondern auch die von anderen, die möglicherweise nicht die Möglichkeit haben, sich zu äußern.

Bibliography

[1] Tilly, C. (2004). *Social Movements, 1760–2000*. Paradigm Publishers.

[2] Crenshaw, K. (1991). Mapping the Margins: Intersectionality, Identity Politics, and Violence against Women of Color. *Stanford Law Review*, 43(6), 1241-1299.

[3] Phelan, S. (2001). *The Politics of Visibility: Queer Activism and the Politics of Representation*. In: *The Queer Studies Reader*. Routledge.

Ein inspirierendes Ende für das Buch

In der heutigen Welt, in der die Stimmen der LGBTQ-Community oft überhört oder missverstanden werden, ist es entscheidend, dass wir uns daran erinnern, wie wichtig es ist, sich für die eigenen Überzeugungen einzusetzen. Ein inspirierendes Ende für dieses Buch ist nicht nur ein Schlusswort, sondern ein Aufruf zur Aktion. Es ist eine Einladung an alle Leser, sich aktiv an der Bewegung für Gleichheit und Gerechtigkeit zu beteiligen.

Die Kraft der persönlichen Geschichten

Persönliche Geschichten haben die Kraft, Barrieren zu durchbrechen und Herzen zu öffnen. Sie sind das Rückgrat des Aktivismus, da sie die menschliche Erfahrung in den Vordergrund stellen. Stephanie Woolley hat dies durch ihre eigenen Erfahrungen eindrucksvoll bewiesen. Ihre Erzählungen über Herausforderungen und Triumphe zeigen, dass jeder Einzelne das Potenzial hat, Veränderungen herbeizuführen.

Ein Beispiel hierfür ist ihre Rede bei einer Pride-Veranstaltung, in der sie von ihrer Kindheit in einer konservativen Umgebung erzählte. Sie sprach darüber, wie sie trotz der Widrigkeiten nie aufgegeben hat. Diese Geschichten inspirieren nicht nur andere, sondern motivieren auch dazu, sich für die Rechte derjenigen einzusetzen, die noch immer in der Dunkelheit leben.

Die Rolle der Gemeinschaft

Gemeinschaft ist ein weiterer Schlüsselfaktor im Aktivismus. Die Unterstützung von Gleichgesinnten kann den Unterschied zwischen Erfolg und Misserfolg ausmachen. Es ist wichtig, dass wir uns zusammentun, um eine starke, vereinte Front gegen Diskriminierung und Ungerechtigkeit zu bilden. Die Zusammenarbeit mit anderen Organisationen und die Bildung von Allianzen sind entscheidend, um die Stimme der LGBTQ-Community zu verstärken.

Ein Beispiel für erfolgreiche Gemeinschaftsarbeit ist die jährliche Pride-Parade in Toronto, die nicht nur die LGBTQ-Community feiert, sondern auch als Plattform dient, um auf wichtige Themen aufmerksam zu machen. Hier kommen Menschen aus allen Lebensbereichen zusammen, um Solidarität zu zeigen und für die Rechte aller zu kämpfen.

Ein Aufruf zur Solidarität

Ein inspirierendes Ende für dieses Buch muss auch ein Aufruf zur Solidarität sein. Jeder Einzelne hat die Verantwortung, sich für das Wohl anderer einzusetzen. Dies bedeutet, sich nicht nur für die eigenen Rechte, sondern auch für die Rechte von marginalisierten Gruppen einzusetzen. Es ist wichtig, dass wir die Stimmen derjenigen hören, die oft übersehen werden, und uns für ihre Belange stark machen.

Die Theorie der intersektionalen Gerechtigkeit, die von Kimberlé Crenshaw geprägt wurde, ist hier besonders relevant. Sie besagt, dass verschiedene Formen der Diskriminierung, sei es aufgrund von Geschlecht, Rasse, sexueller Orientierung oder anderen Faktoren, nicht isoliert betrachtet werden können. Um wirklich effektiv zu sein, müssen wir die komplexen Wechselwirkungen dieser Identitäten verstehen und berücksichtigen.

Hoffnung für die Zukunft

Die Zukunft des LGBTQ-Aktivismus ist vielversprechend, solange wir den Mut haben, uns zu engagieren und für eine gerechtere Welt zu kämpfen. Die Herausforderungen, denen wir gegenüberstehen, sind zwar groß, aber sie sind nicht unüberwindbar. Mit jedem Schritt, den wir machen, und jeder Stimme, die wir erheben, kommen wir dem Ziel näher, eine Welt zu schaffen, in der jeder Mensch unabhängig von seiner Identität akzeptiert und respektiert wird.

Ein Beispiel für diesen Fortschritt ist die zunehmende Sichtbarkeit von LGBTQ-Personen in den Medien. Filme, Bücher und Fernsehsendungen, die authentische Geschichten aus der LGBTQ-Community erzählen, tragen dazu bei,

Vorurteile abzubauen und das Verständnis zu fördern. Diese Repräsentation ist entscheidend, um die Akzeptanz zu fördern und zukünftige Generationen zu inspirieren.

Schlussfolgerung

In der Schlussfolgerung dieses Buches möchte ich alle Leser ermutigen, sich aktiv am Aktivismus zu beteiligen. Egal, ob durch Freiwilligenarbeit, Spenden oder einfach durch das Teilen von Geschichten, jeder Beitrag zählt. Lassen Sie uns gemeinsam an einer Welt arbeiten, in der Liebe und Akzeptanz die Norm sind.

Die Reise von Stephanie Woolley und die Geschichten vieler anderer zeigen, dass Veränderung möglich ist. Lassen Sie uns diese Inspiration nutzen, um weiterzumachen, um zu kämpfen und um eine Zukunft zu schaffen, die für alle gerecht ist. Ihr Engagement ist der Schlüssel zu einer besseren Welt, und es beginnt mit Ihnen.

$$\text{Veränderung} = \text{Engagement} + \text{Solidarität} + \text{Hoffnung} \qquad (73)$$

Lassen Sie uns also zusammenkommen, um diese Veränderung zu bewirken. Es liegt an uns, die Stimme zu erheben und die Welt zu einem besseren Ort zu machen. Denn am Ende des Tages sind wir alle Teil einer größeren Geschichte – einer Geschichte von Liebe, Hoffnung und unerschütterlichem Glauben an eine gerechte Zukunft.

Die Rolle von persönlichem Engagement

Persönliches Engagement ist ein zentraler Bestandteil des LGBTQ-Aktivismus und spielt eine entscheidende Rolle bei der Förderung von Veränderungen in der Gesellschaft. Es bezieht sich auf die aktive Teilnahme und den Einsatz von Individuen, um für Gleichheit, Gerechtigkeit und die Rechte von LGBTQ-Personen einzutreten. In diesem Abschnitt werden wir die Bedeutung des persönlichen Engagements im Kontext des Aktivismus, die damit verbundenen Herausforderungen und einige inspirierende Beispiele betrachten.

Bedeutung des persönlichen Engagements

Persönliches Engagement ist nicht nur ein individueller Beitrag, sondern auch ein Katalysator für kollektive Veränderungen. Es trägt dazu bei, das Bewusstsein für LGBTQ-Rechte zu schärfen und eine breitere Unterstützung innerhalb der Gesellschaft zu mobilisieren. Durch persönliches Engagement können Individuen:

- **Sichtbarkeit schaffen:** Indem sie ihre Geschichten und Erfahrungen teilen, tragen sie dazu bei, Vorurteile abzubauen und das Verständnis für LGBTQ-Themen zu fördern.

- **Ressourcen mobilisieren:** Engagierte Personen können Netzwerke aufbauen, um Ressourcen und Unterstützung für LGBTQ-Initiativen zu sammeln.

- **Politische Veränderungen anstoßen:** Durch Lobbyarbeit und das Eintreten für Gesetzesänderungen können sie politische Entscheidungsträger beeinflussen und die rechtlichen Rahmenbedingungen für LGBTQ-Personen verbessern.

Theoretische Grundlagen

Die Rolle des persönlichen Engagements kann durch verschiedene theoretische Ansätze im Aktivismus erklärt werden. Eine der relevantesten Theorien ist die **Theorie des sozialen Wandels**, die besagt, dass individuelle Handlungen in einem sozialen Kontext zu kollektiven Veränderungen führen können. Diese Theorie betont die Bedeutung des individuellen Engagements als Teil eines größeren sozialen Prozesses.

Ein weiterer wichtiger theoretischer Rahmen ist die **Theorie der sozialen Identität**, die beschreibt, wie Individuen ihre Identität in Bezug auf ihre Gruppen definieren. Diese Identität kann das Engagement für die Rechte der eigenen Gruppe stärken und zu einem aktiveren Einsatz für Gleichheit und Gerechtigkeit führen.

Herausforderungen des persönlichen Engagements

Trotz der Bedeutung des persönlichen Engagements stehen Aktivisten vor verschiedenen Herausforderungen:

- **Emotionale Belastung:** Aktivismus kann emotional herausfordernd sein, insbesondere wenn man mit Diskriminierung und Widerstand konfrontiert wird. Diese Belastung kann zu Burnout führen, wenn keine geeigneten Selbstfürsorgestrategien implementiert werden.

- **Ressourcenmangel:** Oftmals fehlt es an finanziellen Mitteln und Unterstützung, um Engagements effektiv umzusetzen. Dies kann die Reichweite und den Einfluss von Initiativen einschränken.

- **Gesellschaftlicher Widerstand:** Persönliches Engagement kann auch auf Widerstand stoßen, sei es durch institutionelle Barrieren oder gesellschaftliche Vorurteile. Dies kann die Motivation der Aktivisten beeinträchtigen.

Inspirierende Beispiele

Es gibt zahlreiche Beispiele für persönliches Engagement, die als Inspiration für andere dienen können:

- **Harvey Milk:** Als einer der ersten offen schwulen Politiker in den USA setzte sich Harvey Milk für die Rechte von LGBTQ-Personen ein und inspirierte viele, sich ebenfalls zu engagieren. Sein persönliches Engagement führte zu bedeutenden politischen Veränderungen in Kalifornien.

- **Marsha P. Johnson:** Eine der führenden Figuren der Stonewall-Unruhen, Marsha P. Johnson, setzte sich für die Rechte von Transgender-Personen und Obdachlosen ein. Ihr Engagement war entscheidend für die Gründung von Organisationen, die sich für die Rechte von LGBTQ-Personen einsetzen.

- **Trans Alliance Toronto:** Die Gründung dieser Organisation durch Stephanie Woolley ist ein weiteres Beispiel für persönliches Engagement. Ihre Vision und ihr unermüdlicher Einsatz haben dazu beigetragen, die Sichtbarkeit und Unterstützung für Transgender-Personen in Toronto zu erhöhen.

Fazit

Zusammenfassend lässt sich sagen, dass persönliches Engagement eine unverzichtbare Rolle im LGBTQ-Aktivismus spielt. Es schafft nicht nur Sichtbarkeit und Mobilisierung, sondern ist auch ein Schlüssel zu sozialem Wandel und Gerechtigkeit. Trotz der Herausforderungen, die damit verbunden sind, bleibt die Kraft des individuellen Engagements eine treibende Kraft für positive Veränderungen in der Gesellschaft. Indem wir unsere Stimmen erheben und aktiv werden, können wir nicht nur für unsere eigenen Rechte kämpfen, sondern auch für die Rechte aller marginalisierten Gruppen. Es ist wichtig, dass jeder Einzelne erkennt, dass sein Engagement einen Unterschied machen kann und dass die Zukunft des Aktivismus in den Händen der engagierten Bürger liegt.

Die Bedeutung von Gemeinschaftsprojekten

Gemeinschaftsprojekte sind ein zentraler Bestandteil des LGBTQ-Aktivismus und spielen eine entscheidende Rolle bei der Schaffung von sicheren Räumen, der Förderung von Sichtbarkeit und der Stärkung der Gemeinschaft. Diese Projekte sind nicht nur darauf ausgelegt, spezifische Bedürfnisse zu adressieren, sondern auch um eine Kultur der Solidarität und des Engagements zu fördern. In diesem Abschnitt werden wir die theoretischen Grundlagen, die Herausforderungen und einige erfolgreiche Beispiele von Gemeinschaftsprojekten im LGBTQ-Kontext untersuchen.

Theoretische Grundlagen

Die Theorie der Gemeinschaftsbildung betont, dass soziale Netzwerke und gemeinschaftliche Aktivitäten entscheidend für die Stärkung von Identität und Zugehörigkeit sind. Nach [?] fördert die aktive Teilnahme an Gemeinschaftsprojekten das soziale Kapital, welches für die Entwicklung von Vertrauen und Zusammenarbeit innerhalb einer Gemeinschaft unerlässlich ist. Dies gilt insbesondere für marginalisierte Gruppen, die oft mit Diskriminierung und Isolation konfrontiert sind.

Ein weiterer wichtiger Aspekt ist die Theorie des intersektionalen Aktivismus, die von [Crenshaw(1989)] formuliert wurde. Diese Theorie besagt, dass die Erfahrungen von Individuen durch mehrere Identitätsfaktoren wie Geschlecht, Sexualität, Rasse und Klasse beeinflusst werden. Gemeinschaftsprojekte, die diese Intersektionen berücksichtigen, sind besser in der Lage, die vielfältigen Bedürfnisse ihrer Mitglieder zu adressieren und eine integrative Umgebung zu schaffen.

Herausforderungen bei Gemeinschaftsprojekten

Trotz ihrer Bedeutung stehen Gemeinschaftsprojekte oft vor mehreren Herausforderungen:

- **Ressourcenmangel:** Viele Gemeinschaftsprojekte sind auf Spenden und Freiwillige angewiesen, was zu einer unsicheren finanziellen Basis führen kann. Die Suche nach kontinuierlicher Finanzierung ist häufig eine der größten Hürden.
- **Sichtbarkeit:** Oft kämpfen Gemeinschaftsprojekte darum, die Aufmerksamkeit der breiteren Öffentlichkeit zu gewinnen. Ohne ausreichende Sichtbarkeit können die Projekte nicht die Unterstützung erhalten, die sie benötigen, um ihre Ziele zu erreichen.

- **Interne Konflikte:** Innerhalb von Gemeinschaftsprojekten können unterschiedliche Meinungen und Ansätze zu Spannungen führen. Es ist wichtig, einen Raum für offene Kommunikation zu schaffen, um diese Konflikte konstruktiv zu lösen.

- **Externe Widerstände:** Oft stehen Gemeinschaftsprojekte auch externem Widerstand gegenüber, sei es durch institutionelle Diskriminierung oder gesellschaftliche Vorurteile. Diese Faktoren können die Effektivität und den Einfluss von Gemeinschaftsprojekten erheblich beeinträchtigen.

Erfolgreiche Beispiele von Gemeinschaftsprojekten

Trotz dieser Herausforderungen gibt es zahlreiche inspirierende Beispiele für erfolgreiche Gemeinschaftsprojekte im LGBTQ-Bereich:

1. Trans Alliance Toronto: Trans Alliance Toronto hat sich als Vorreiter für die Rechte von trans und nicht-binären Personen etabliert. Durch verschiedene Programme, wie Workshops zur Sensibilisierung und Ressourcenverteilung, hat die Organisation nicht nur Aufklärung betrieben, sondern auch ein starkes Netzwerk von Unterstützern und Aktivisten aufgebaut. Ihr jährliches Festival der Sichtbarkeit zieht Hunderte von Menschen an und schafft einen Raum für Feier und Gemeinschaft.

2. The Trevor Project: The Trevor Project ist eine Organisation, die sich auf die Unterstützung junger LGBTQ-Personen konzentriert. Sie bieten eine Krisenhotline, Online-Ressourcen und Community-Events an, die darauf abzielen, das Selbstwertgefühl und die Lebensqualität junger Menschen zu verbessern. Ihre Programme sind ein Beispiel dafür, wie Gemeinschaftsprojekte direkt auf die Bedürfnisse von Jugendlichen eingehen und gleichzeitig eine unterstützende Umgebung schaffen können.

3. Queer Youth Project: Das Queer Youth Project in San Francisco bietet eine Plattform für LGBTQ-Jugendliche, um ihre Stimmen zu erheben und sich aktiv an der Gestaltung ihrer Gemeinschaft zu beteiligen. Durch kreative Workshops, Mentoring-Programme und soziale Veranstaltungen haben sie eine starke Gemeinschaft aufgebaut, die sich gegenseitig unterstützt und inspiriert. Diese Art von Engagement fördert nicht nur individuelle Entwicklung, sondern auch kollektive Stärke.

Schlussfolgerung

Die Bedeutung von Gemeinschaftsprojekten im LGBTQ-Aktivismus kann nicht genug betont werden. Sie sind nicht nur Werkzeuge zur Schaffung von Sicherheit und Unterstützung, sondern auch Katalysatoren für Veränderung und Empowerment. Durch das Verständnis der theoretischen Grundlagen, das Bewusstsein für Herausforderungen und die Anerkennung erfolgreicher Beispiele können wir die Rolle von Gemeinschaftsprojekten in der LGBTQ-Bewegung besser schätzen und unterstützen. Letztlich sind es die Geschichten und Erfahrungen, die aus diesen Projekten hervorgehen, die einen bleibenden Einfluss auf die Gemeinschaft und die Gesellschaft als Ganzes haben.

Die Herausforderungen des Wandels

Der Wandel ist eine unvermeidliche Konstante im Leben und besonders im Bereich des LGBTQ-Aktivismus. Während der Fortschritt in der Anerkennung und den Rechten von LGBTQ-Personen in vielen Teilen der Welt bemerkenswerte Fortschritte gemacht hat, bleibt der Weg zum vollständigen Gleichgewicht und zur Akzeptanz steinig und voller Herausforderungen. Diese Herausforderungen können auf verschiedenen Ebenen betrachtet werden, einschließlich sozialer, politischer und individueller Dimensionen.

Soziale Herausforderungen

Eine der größten sozialen Herausforderungen des Wandels ist die tief verwurzelte Homophobie und Transphobie in vielen Kulturen. Trotz der Fortschritte in der Gesetzgebung gibt es immer noch weit verbreitete Vorurteile, die sich in Diskriminierung, Gewalt und sozialer Isolation manifestieren. Laut einer Studie des *Williams Institute* aus dem Jahr 2020 haben 20% der LGBTQ-Personen in den USA berichtet, dass sie aufgrund ihrer sexuellen Orientierung oder Geschlechtsidentität diskriminiert wurden. Diese Zahlen verdeutlichen, dass der soziale Wandel oft langsamer verläuft als der rechtliche Wandel.

Ein weiteres Beispiel für soziale Herausforderungen ist die Fragmentierung innerhalb der LGBTQ-Community selbst. Unterschiedliche Identitäten innerhalb der Community, wie beispielsweise Transgender, nicht-binäre und queer Personen, haben unterschiedliche Bedürfnisse und Prioritäten. Dies kann zu Spannungen und Missverständnissen führen, die den kollektiven Fortschritt behindern. Es ist entscheidend, dass der Aktivismus inklusiv ist und die Stimmen aller Mitglieder der Community berücksichtigt werden.

Politische Herausforderungen

Auf politischer Ebene gibt es ebenfalls erhebliche Hürden. In vielen Ländern haben populistische Bewegungen und konservative Regierungen den Rückschritt in Bezug auf LGBTQ-Rechte gefördert. Ein Beispiel hierfür ist Ungarn, wo 2020 ein Gesetz verabschiedet wurde, das die rechtliche Anerkennung von Geschlechtsänderungen für Transgender-Personen verbietet. Solche Gesetze sind nicht nur diskriminierend, sondern sie untergraben auch die Errungenschaften, die durch jahrelangen Aktivismus erreicht wurden.

Darüber hinaus ist die Politik oft von kurzfristigen Zielen geprägt, die nicht die langfristigen Bedürfnisse der LGBTQ-Community berücksichtigen. Der Druck auf Politiker, Wählerstimmen zu gewinnen, kann dazu führen, dass sie sich nicht für die Belange von Minderheiten einsetzen. Dies zeigt sich in der unzureichenden Finanzierung von Programmen, die sich mit der psychischen Gesundheit von LGBTQ-Personen befassen, oder in der mangelnden Unterstützung für LGBTQ-Jugendliche in Schulen.

Individuelle Herausforderungen

Auf individueller Ebene stehen LGBTQ-Personen vor der Herausforderung, sich in einer oft feindlichen Umgebung zu behaupten. Die Angst vor Ablehnung und Diskriminierung kann dazu führen, dass viele Menschen ihre Identität verbergen. Dies hat tiefgreifende Auswirkungen auf das psychische Wohlbefinden. Studien zeigen, dass LGBTQ-Jugendliche ein höheres Risiko für Depressionen und Suizidgedanken haben als ihre heterosexuellen Altersgenossen.

Ein weiteres Beispiel für individuelle Herausforderungen ist der Druck, sich anzupassen. Viele LGBTQ-Personen fühlen sich gezwungen, sich an gesellschaftliche Normen anzupassen, um Akzeptanz zu finden. Dies kann zu einem Verlust der eigenen Identität führen und die psychische Gesundheit weiter beeinträchtigen. Ein Ansatz zur Bewältigung dieser Herausforderungen besteht darin, sichere Räume zu schaffen, in denen Individuen ihre Identität ohne Angst vor Verurteilung erkunden können.

Die Rolle des Aktivismus

Aktivismus spielt eine entscheidende Rolle bei der Bewältigung dieser Herausforderungen. Durch Bildung und Sensibilisierung können Vorurteile abgebaut und das Verständnis für LGBTQ-Themen gefördert werden. Die Verwendung von sozialen Medien hat es Aktivisten ermöglicht, ihre Botschaften weitreichend zu verbreiten und Gemeinschaften zu mobilisieren. Kampagnen wie

#BlackLivesMatter und *#TransRightsAreHumanRights* haben dazu beigetragen, das Bewusstsein für die spezifischen Herausforderungen innerhalb der LGBTQ-Community zu schärfen.

Ein Beispiel für erfolgreichen Aktivismus ist die *It Gets Better*-Kampagne, die 2010 ins Leben gerufen wurde, um LGBTQ-Jugendlichen Hoffnung und Unterstützung zu bieten. Diese Kampagne hat Millionen von Menschen erreicht und dazu beigetragen, das Stigma zu verringern, das LGBTQ-Personen oft erleben.

Schlussfolgerung

Die Herausforderungen des Wandels im LGBTQ-Aktivismus sind vielschichtig und erfordern kollektive Anstrengungen auf verschiedenen Ebenen. Es ist wichtig, dass die Gemeinschaft zusammenarbeitet, um die sozialen, politischen und individuellen Barrieren zu überwinden, die dem Fortschritt im Weg stehen. Nur durch kontinuierlichen Aktivismus, Bildung und Solidarität kann eine gerechtere und inklusivere Zukunft für alle geschaffen werden.

Der Wandel mag herausfordernd sein, aber er ist auch eine Gelegenheit für Wachstum und Transformation. Es liegt an uns, diese Herausforderungen anzunehmen und gemeinsam für eine bessere Zukunft zu kämpfen.

Die Notwendigkeit von Visionären

In der heutigen Welt ist die Notwendigkeit von Visionären in jedem Bereich des Lebens, insbesondere im Aktivismus, von entscheidender Bedeutung. Visionäre sind Menschen, die über den Tellerrand hinausblicken und die Fähigkeit besitzen, eine klare Vorstellung von einer besseren Zukunft zu entwickeln. Sie sind nicht nur Träumer, sondern auch Macher, die bereit sind, ihre Ideen in die Tat umzusetzen. Diese Eigenschaften sind besonders wichtig im Kontext des LGBTQ-Aktivismus, wo Veränderungen oft gegen tief verwurzelte gesellschaftliche Normen und Vorurteile ankämpfen müssen.

Theoretische Grundlagen

Die Theorie des sozialen Wandels legt nahe, dass Visionäre eine Schlüsselrolle bei der Mobilisierung von Gemeinschaften spielen. Laut dem Sozialwissenschaftler Charles Tilly ist der soziale Wandel nicht nur das Ergebnis von kollektiven Aktionen, sondern auch von individuellen Führungspersönlichkeiten, die die Richtung und das Tempo dieser Aktionen bestimmen. Tilly beschreibt, dass „kollektive Identität und Mobilisierung" oft durch charismatische Führer gestärkt werden, die in der Lage sind, eine Vision zu artikulieren, die Menschen inspiriert und motiviert, sich zu engagieren.

Ein weiteres wichtiges Konzept ist das der „Transformational Leadership Theory", das von James MacGregor Burns entwickelt wurde. Burns argumentiert, dass transformative Führungskräfte nicht nur ihre Anhänger beeinflussen, sondern auch deren Werte und Überzeugungen transformieren. Diese Art von Führung ist entscheidend im Aktivismus, da sie nicht nur kurzfristige Ziele verfolgt, sondern auch langfristige gesellschaftliche Veränderungen anstrebt.

Herausforderungen für Visionäre

Trotz ihrer Bedeutung stehen Visionäre im Aktivismus vor zahlreichen Herausforderungen. Eine der größten Hürden ist die Widerstandsfähigkeit gegen Rückschläge. Oft stoßen visionäre Ideen auf Widerstand von etablierten Institutionen oder der Gesellschaft im Allgemeinen. Ein Beispiel hierfür ist die LGBTQ-Ehe, die in vielen Ländern erst nach jahrelangen Kämpfen legalisiert wurde. Aktivisten wie Stephanie Woolley haben unermüdlich für diese Rechte gekämpft, obwohl sie häufig auf Ablehnung und Diskriminierung stießen.

Ein weiteres Problem ist die Notwendigkeit, Ressourcen zu mobilisieren. Visionäre benötigen nicht nur eine klare Vorstellung, sondern auch die Mittel, um ihre Ideen umzusetzen. Dies erfordert oft Fundraising, Netzwerkarbeit und die Fähigkeit, Unterstützer zu gewinnen. Die Gründung von Organisationen wie Trans Alliance Toronto ist ein Beispiel dafür, wie Visionäre Strukturen schaffen, die es ermöglichen, ihre Visionen in die Tat umzusetzen.

Beispiele für visionäre Führung im LGBTQ-Aktivismus

Ein herausragendes Beispiel für visionäre Führung im LGBTQ-Aktivismus ist Harvey Milk, der erste offen schwule gewählte Beamte in Kalifornien. Milk war nicht nur ein Politiker, sondern auch ein leidenschaftlicher Aktivist, der eine klare Vision für Gleichheit und Akzeptanz hatte. Seine Fähigkeit, Menschen zu mobilisieren und eine Gemeinschaft um seine Vision herum aufzubauen, führte zu bedeutenden Fortschritten in der LGBTQ-Rechtsbewegung.

Ein weiteres Beispiel ist Marsha P. Johnson, eine der führenden Figuren der Stonewall-Unruhen. Johnsons unermüdlicher Einsatz für die Rechte von Transgender-Personen und Obdachlosen hat nicht nur unmittelbare Veränderungen bewirkt, sondern auch eine Generation von Aktivisten inspiriert, die ihre Vision für Gleichheit und Gerechtigkeit weitertragen.

Die Rolle der neuen Generation von Visionären

Die Zukunft des LGBTQ-Aktivismus hängt stark von der neuen Generation von Visionären ab. Jüngere Aktivisten bringen frische Perspektiven und innovative Ansätze mit, die notwendig sind, um die Herausforderungen der heutigen Zeit zu bewältigen. Die Integration von Technologie in den Aktivismus, wie durch soziale Medien, hat es neuen Stimmen ermöglicht, sich Gehör zu verschaffen und eine breitere Öffentlichkeit zu erreichen.

Ein Beispiel für diese neue Welle von Visionären ist die Aktivistin Jazz Jennings, die nicht nur für die Rechte von Transgender-Jugendlichen eintritt, sondern auch eine Plattform geschaffen hat, die das Bewusstsein für die Herausforderungen, mit denen junge Menschen konfrontiert sind, schärft. Ihre Präsenz in den Medien hat dazu beigetragen, das Verständnis und die Akzeptanz für Transgender-Personen zu erhöhen und eine neue Generation von Aktivisten zu inspirieren.

Fazit

Die Notwendigkeit von Visionären im Aktivismus kann nicht genug betont werden. Sie sind die Wegbereiter für Veränderungen, die den Status quo in Frage stellen und neue Möglichkeiten für Gerechtigkeit und Gleichheit schaffen. Ihre Fähigkeit, eine klare Vision zu entwickeln und andere zu inspirieren, ist entscheidend für den Fortschritt in der LGBTQ-Bewegung und darüber hinaus. Es ist unerlässlich, dass wir diese Visionäre unterstützen und fördern, um eine gerechtere und inklusivere Zukunft für alle zu schaffen. In einer Welt, die oft von Rückschlägen und Widerständen geprägt ist, sind es die Visionäre, die uns daran erinnern, dass Veränderung möglich ist, wenn wir bereit sind, für unsere Überzeugungen zu kämpfen.

Ein Aufruf zum Handeln für alle Leser

In einer Welt, die oft von Vorurteilen, Diskriminierung und Ungerechtigkeit geprägt ist, ist es unerlässlich, dass jeder Einzelne von uns Verantwortung übernimmt und aktiv wird. Der LGBTQ-Aktivismus ist nicht nur eine Aufgabe für eine kleine Gruppe von Menschen; es ist ein kollektives Anliegen, das uns alle betrifft. Wir müssen uns daran erinnern, dass die Rechte der LGBTQ-Community untrennbar mit den Menschenrechten aller verbunden sind. Dies ist nicht nur eine Theorie, sondern eine Realität, die in der Geschichte und im täglichen Leben vieler Menschen verankert ist.

Die Verantwortung jedes Einzelnen

Jeder von uns hat die Fähigkeit, einen Unterschied zu machen. Es beginnt mit der Anerkennung, dass wir in einer Gesellschaft leben, die immer noch mit systematischen Ungleichheiten kämpft. Laut einer Studie von [1] haben LGBTQ-Personen in vielen Ländern immer noch mit Diskriminierung am Arbeitsplatz, in Schulen und sogar in ihren eigenen Familien zu kämpfen. Diese Diskriminierung hat nicht nur Auswirkungen auf das Individuum, sondern auch auf die Gesellschaft als Ganzes. Ein Beispiel dafür ist der Anstieg von psychischen Erkrankungen unter LGBTQ-Jugendlichen, der oft auf Mobbing und Ablehnung zurückzuführen ist [2].

Strategien zur Unterstützung des Aktivismus

Um den Aktivismus zu unterstützen, gibt es mehrere praktische Schritte, die jeder unternehmen kann:

1. **Bildung**: Informieren Sie sich über die Geschichte und die aktuellen Herausforderungen der LGBTQ-Community. Bücher, Dokumentationen und Online-Ressourcen sind wertvolle Werkzeuge, um das Verständnis zu vertiefen.

2. **Sichtbarkeit zeigen**: Nutzen Sie soziale Medien, um LGBTQ-Themen sichtbar zu machen. Teilen Sie Geschichten, die inspirieren, und unterstützen Sie Organisationen, die sich für die Rechte der LGBTQ-Community einsetzen.

3. **Engagement in der Gemeinschaft**: Schließen Sie sich lokalen LGBTQ-Organisationen an oder unterstützen Sie deren Veranstaltungen. Dies kann in Form von Freiwilligenarbeit, Teilnahme an Veranstaltungen oder durch Spenden geschehen.

4. **Politische Beteiligung**: Engagieren Sie sich in politischen Bewegungen, die sich für die Rechte der LGBTQ-Community einsetzen. Wählen Sie Vertreter, die sich für Gleichheit und Gerechtigkeit stark machen.

Die Bedeutung von Bildung und Aufklärung

Bildung ist ein entscheidender Faktor im Kampf für Gleichheit. Wie [?] betont, ist das Verständnis von LGBTQ-Themen nicht nur für die betroffenen Personen wichtig, sondern auch für die gesamte Gesellschaft. Schulen sollten Programme implementieren, die LGBTQ-Geschichte und -Kultur lehren, um Vorurteile abzubauen und ein inklusives Umfeld zu schaffen. Ein Beispiel ist die Initiative „Safe Schools" in Kanada, die darauf abzielt, Schulen sicherer und inklusiver für LGBTQ-Schüler zu machen.

Möglichkeiten zur Beteiligung

Es gibt viele Möglichkeiten, wie Sie sich aktiv an der Unterstützung des LGBTQ-Aktivismus beteiligen können:

- **Freiwilligenarbeit:** Engagieren Sie sich bei lokalen Organisationen, die sich für LGBTQ-Rechte einsetzen. Ihre Zeit und Fähigkeiten können einen großen Unterschied machen.

- **Fundraising und Spenden:** Finanzielle Unterstützung ist oft entscheidend für die Arbeit von NGOs. Überlegen Sie, wie Sie durch Spenden oder das Organisieren von Fundraising-Events helfen können.

- **Mentoring:** Wenn Sie über Erfahrung im Aktivismus verfügen, ziehen Sie in Betracht, jüngeren Aktivisten als Mentor zur Seite zu stehen. Dies kann durch formelle Programme oder informelle Unterstützung geschehen.

Ein inspirierendes Schlusswort

Abschließend möchte ich betonen, dass der Kampf für Gleichheit und Gerechtigkeit niemals aufhören darf. Jeder Schritt, den wir in Richtung einer gerechteren Gesellschaft unternehmen, ist ein Schritt in die richtige Richtung. Lassen Sie uns gemeinsam die Stimme erheben, um die Herausforderungen zu bekämpfen, die die LGBTQ-Community weiterhin betreffen. Unsere gemeinsame Verantwortung ist es, eine Welt zu schaffen, in der jeder Mensch, unabhängig von Geschlecht, sexueller Orientierung oder Identität, in Würde und Respekt leben kann.

$$\text{Gleichheit} = \text{Akzeptanz} + \text{Bildung} + \text{Engagement} \tag{74}$$

Jeder von uns kann zur Gleichheit beitragen. Lassen Sie uns zusammenarbeiten, um eine bessere Zukunft für alle zu schaffen. Der Aktivismus braucht Sie. Ihre Stimme zählt. Ihre Handlungen zählen. Gehen Sie hinaus und machen Sie den Unterschied!

Index

Abbau von, 229
abbauen, 252, 349, 496
aber, 217
aber aktiv, 412
aber auch, 38, 50, 57, 119, 233, 416
aber bereit, 137
aber es ist, 342
aber mit, 106, 284
aber oft herausfordernde Aufgabe, 170
aber sie, 110, 281, 458, 516
abgebaut, 95, 490, 496
abgeben, 209
abhalten können, 73
abhält, 272
Ablehnung, 79, 82, 86, 91, 104, 122, 185, 221, 283, 294, 346, 386, 494, 523, 525
Ablehnung von, 216
ableiten, 259
Abraham Maslow beschrieb, 336
Abschließend können, 53
Abschließend lässt sich, 26, 480
Abschließend möchte ich betonen, 504, 528
abschließende, 65
Abschnitte, 63
abstrakte Idee von, 184

abstrakte Konzepte, 66
Abweichungen davon, 494
Abweichungen von, 75
abzielt, 6, 162, 174, 202, 215, 282, 290
abzielten, 107, 155, 303
abzumildern, 76, 228
Achtsamkeit, 257, 267–269
adressieren, 50, 399, 520
akademische, 105, 106, 121, 122, 124, 497
akademischen Theorien, 71
aktiv bemüht, 35
aktiv bleiben, 498
aktiv dafür, 228, 352
aktivem, 433
aktiven, 3, 72, 74, 430
aktiveren, 293
Aktivismus, 14, 26, 35, 36, 46, 47, 52, 56, 79, 99, 105, 108, 111, 121, 124, 158, 184, 191, 211, 239, 269–271, 274, 279, 281, 282, 284, 285, 289, 290, 292, 294, 297, 298, 318, 336, 354, 356, 380, 382, 393, 394, 399–402, 405, 436, 445, 453, 461–463, 473, 476,

482, 483, 489, 505, 509,
  512, 517, 524–526
Aktivismus könnte sein, 298
Aktivismus markieren, 371
Aktivismus oft mit, 267
Aktivismus oft nicht, 460
Aktivismus sein, 17, 475
Aktivismus spielen, 358, 484
Aktivismus unerlässlich, 106
Aktivismus von, 402
Aktivismus zeigt sich, 25
Aktivismusarbeit erreicht wurde, 11
Aktivismusprojekts hängt, 446
Aktivisten, 3, 6, 8, 11, 24, 94, 115,
  138, 243, 255, 259, 277,
  284, 285, 290, 296, 300,
  352, 353, 358, 367, 372,
  389, 439, 454, 463, 467,
  472, 475, 502, 525
Aktivisten auf, 48, 289, 399
Aktivisten dazu, 8, 105, 206
Aktivisten effektiver, 342, 384, 395
Aktivisten einschränken, 427, 429
Aktivisten entwickelt, 182, 394
Aktivisten Gesetze, 11
Aktivisten helfen, 455
Aktivisten helfen können, 271
Aktivisten konzentrieren, 35
Aktivisten mehr, 468
Aktivisten müssen, 71, 72, 399, 420,
  428, 473–477, 511
Aktivisten nutzen, 234, 389
Aktivisten Selbstfürsorge
  praktizieren, 35
Aktivisten spielen, 6, 206
Aktivisten spielt, 443
Aktivisten stehen oft gegen tief, 283
Aktivisten stehen oft unter, 193
Aktivisten wie, 283, 525

Aktivisten zu, 129
Aktivistin sein, 105
aktuelle, 57, 289, 318, 336, 390, 433
akuten Mangel, 27
Akzeptanz beitragen, 92
Akzeptanz fortzusetzen, 356
Akzeptanz gegenüber, 496
Akzeptanz innerhalb, 79, 180
Akzeptanz niemals als, 480
Akzeptanz oft lang und, 284
akzeptiert, 10, 33, 86, 143, 149, 250,
  260, 331, 348, 426, 467,
  476, 489, 493, 495, 502,
  516
Albert Bandura hebt, 106
Alex, 76, 84, 148, 265, 326, 495
Alex fand, 495
Alex Unterstützung, 148
Alex wuchs, 148
alle, 10, 17, 21, 27, 34, 35, 48–51,
  59, 70, 72, 74, 94, 103,
  107, 114, 130, 143, 147,
  149, 154, 160, 161, 172,
  187, 195, 206, 208, 213,
  216, 229, 232, 248, 250,
  252, 261, 302, 307, 314,
  316, 317, 320, 334, 338,
  342, 345, 347, 352, 355,
  356, 362, 366, 368–372,
  374, 381, 384, 386,
  390–392, 395, 398, 399,
  407, 411, 414–416, 424,
  428, 433, 439, 443, 444,
  455, 476, 482–484, 493,
  495, 498, 503, 504, 507,
  515, 517, 524, 526, 528
allein, 149, 340, 387, 458, 460
allen Ebenen, 29
allen Lebensbereichen, 377

allen Lebensbereichen zusammen, 516
aller, 3, 21, 31, 55, 160, 178, 194, 204, 220, 293, 294, 322, 331, 337, 342, 347, 360, 380, 382, 384, 388, 399, 409, 442, 498, 511, 516, 519, 522, 526
Allerdings, 416, 476
allgegenwärtig, 86, 107
allgemeine, 8, 160, 200, 221, 306, 447
Allianzen, 211, 461
Allianzen bilden, 474
Allianzen effektiv, 315
Allianzen führen, 373
Allianzen gegenübersehen, 412
Allianzen konnte, 131
Allianzen können, 316, 384, 436
Allianzen mit, 281, 441, 510
Allianzen sind, 516
Allianzen verbunden, 212
Allianzen zwischen, 433
Alliierten gibt, 412
Allyship, 61, 236, 344, 345, 412–414, 416
als, 1, 3–6, 12, 21, 22, 24, 27, 32, 34, 37, 39, 41, 43, 44, 46–57, 63–66, 68, 71, 75, 77–79, 81, 82, 85, 86, 88, 91–95, 98, 99, 104–108, 112, 117, 119, 120, 124–127, 133, 135–137, 148, 149, 154, 155, 158, 160, 161, 170, 171, 174, 176, 177, 179–182, 185, 189–194, 199, 200, 204, 205, 207, 208, 210, 215, 216, 218, 223, 227, 228, 232–234, 236, 239, 241–243, 250–252, 256, 260, 265, 269–272, 274, 277, 279–282, 284–286, 289–292, 294, 297, 298, 300, 302, 308, 313, 318, 330, 332, 336, 338, 340, 342–344, 346, 348, 350, 352, 354–356, 358, 362, 366, 369, 371, 372, 374, 380, 383, 385, 390, 399, 406, 409, 410, 413, 414, 419–421, 426, 432, 433, 437–439, 442, 447, 449, 453, 454, 457, 458, 462–465, 467, 472–478, 480, 482, 486, 487, 489, 491, 494, 496, 501–503, 507, 509, 510, 512, 516, 519, 521–523
Als Alex seine, 91
Als er sich, 76
Als Führungspersönlichkeit von, 48
Amir, 92
an, 3, 4, 6, 8, 17, 26–29, 31, 32, 34, 35, 37, 39, 40, 44, 48, 50, 52, 66, 71, 72, 74, 77, 83, 87, 89, 91, 92, 94, 98, 106, 108, 110, 112, 113, 117–119, 122, 123, 130, 136, 149, 153, 154, 158–162, 171, 181, 182, 195, 200, 201, 206, 209, 210, 215, 217, 222, 228, 231, 240, 242, 243, 251, 256, 259, 272, 273, 280, 283, 292, 302, 303, 317, 321, 324, 332, 337, 339, 342, 344, 347, 351, 356,

362, 378–380, 386, 391,
394, 400, 405–407, 416,
419, 428–432, 437–440,
443, 449–451, 454, 463,
464, 467, 475, 477, 478,
486, 489, 494, 497, 498,
503, 504, 507, 510, 511,
515, 517, 521, 523, 524,
528
analysieren, 42, 63, 114, 199, 230
anbieten, 180, 344, 395
anbot, 50
andere, 27, 31, 39, 42, 49, 52, 64, 74,
79, 87, 91, 93, 94, 98, 103,
119, 124, 131, 133, 140,
141, 143, 159, 185, 187,
217, 229, 256, 261, 263,
283, 289, 291, 293, 298,
309, 311, 312, 349,
353–355, 365, 369, 382,
389, 394, 398, 399, 407,
421, 428, 432, 447, 449,
458–462, 466, 475, 483,
490, 497, 502, 515, 519,
526
anderen austauschen, 149
anderen Bewegungen, 416
anderen Faktoren, 516
anderen Führungspersönlichkeiten
und, 373
anderen Gemeinschaften, 436
anderen gesellschaftlichen, 212, 474,
491
anderen herstellen, 263, 463
anderen herzustellen, 261
anderen Identitäten angehören, 415
anderen Lebensbereichen zu, 99
anderen marginalisierten, 94, 260,
415

anderen
Menschenrechtsorganisationen
haben, 511
anderen Merkmalen verbietet, 248
anderen Mobilisierungsaktionen,
450
anderen Mut gemacht, 44
anderen Schriftstellern, 118, 119
anderen Seite können, 221
anderen sozialen, 31, 208, 407, 416,
434, 441, 460, 467, 504,
507, 510, 511
anderen unterscheiden, 25
anderen zu, 83, 229
anderer, 35, 49, 107, 118, 119, 184,
186, 190, 191, 215, 286,
306, 352, 353, 362, 379,
385, 408, 429, 454, 465,
489, 491, 504, 516, 517
anders zu, 87
Anekdoten, 51, 53, 55, 64
Anekdoten ermöglichen, 66
Anekdoten sind, 65
anerkannt, 8, 10, 132, 185, 233, 320,
344, 348, 351, 362, 372,
483
anerkannten oder, 34
anerkennen, 31, 94, 97, 147, 295,
331, 337, 347, 356, 358,
382, 385, 407, 409, 414,
429, 446, 489
anerkennt, 47, 108, 160, 460, 467
Anerkennung gerecht und, 372
Anerkennung von, 310
Anerkennungen sind, 353
Anfangsphase von, 158
Anforderungen, 367, 475
Angebot von, 346
angegangen, 22, 141, 192, 285, 312

angegriffen wird, 233
angehören, 259, 340, 415
angekämpft, 52
Angela Lee Duckworth, 263
angemessen gewürdigt wird, 56
angesehen, 51, 117, 286, 355, 472, 474, 489, 494
Angesichts der, 250
angestoßen, 5, 307, 326
angewendet, 54, 55, 71, 73, 97, 196, 235
angewiesen, 36, 159, 164, 200, 273, 311, 317, 373, 387, 388, 406, 440, 446, 449
Angriff wahrgenommen, 291
Angriffen bis hin zu, 343
Angriffen konfrontiert, 472
Angriffen zu, 164
anhaltende, 239, 243, 308, 410
anhaltenden, 269
Anliegen gehört, 65
Anliegen gewinnen, 507
Anliegen konzentrieren, 311
Anliegen verzerren, 474
Anliegen von, 8, 29, 351, 353
Anliegen zu, 208, 441
anpassen, 28, 285, 289, 439, 475, 481, 482
anpassungsfähig und, 476
Anpassungsfähigkeit wird besonders deutlich, 289
anregen, 14, 53, 66, 372
anregt, 65
Anreizen verbunden, 373
Ansehen der, 370
ansprechen, 14, 31, 39, 48, 52, 55, 68, 163, 179, 180, 274, 386, 400, 424, 482
anspricht, 50, 55, 137, 442

anstatt als, 194, 243
Anstatt aufzugeben, 281
Anstatt sich, 87, 193, 455
anstoßen, 29, 57, 107
anstreben, 436, 439, 502, 507
Anstrengungen abhängt, 505
Anstrengungen definiert, 8
Anstrengungen können, 250, 496
Anstrengungen von, 451
Ansätze beleuchten, 439
Ansätze bevorzugen, 475
Ansätze der, 290
Ansätze können, 237, 395
Ansätze mit, 526
Ansätze vertrauen, 70
Ansätzen sein, 394
antreibt, 501, 503
antreten, 53
Antrieb, 503
Anträgen, 45
anwendete, 64
Anwendung von, 57, 276, 285
Anwälten, 210
Anzeichen von, 272
anziehen, 310, 399
anzubieten, 154, 160, 378, 406
anzuerkennen, 48, 255
anzugehen, 36, 218, 257, 416, 443, 482, 496
anzupassen, 17, 280, 281, 288, 302, 311, 394, 453, 463, 475, 511, 523
anzuschließen, 74, 462
anzustoßen, 301
Arbeit darauf hingewiesen, 228
arbeiten, 34, 74, 158, 194, 269, 271, 292, 337, 347, 355, 362, 367–369, 372, 395, 419,

428, 444, 489, 490, 504, 507, 511, 517
arbeitet, 50, 105, 378
arbeitete eng mit, 305
arbeiteten daran, 30
arbeiteten mit, 210
Arbeitsumfeld zu, 212
argumentierte, 489
Armut und, 31
artikulieren, 398
Aspekten, 3, 352
Aspekten gehören, 172
Atmosphäre, 273
auch, 1, 2, 4–8, 10–12, 14, 16, 17, 19, 21–24, 26–29, 32–44, 46, 48–57, 59, 63–67, 69–72, 76–79, 81, 83–87, 92–95, 98, 99, 101–110, 113, 114, 116–121, 124–126, 129–131, 133, 135, 137, 138, 140, 147, 149, 151, 153–165, 167, 168, 170, 171, 173, 176, 179, 180, 182, 185–197, 199, 201, 204–210, 213, 215–218, 220–222, 224, 227–229, 231–234, 236, 237, 239, 241–243, 245–247, 250–253, 255–257, 259–261, 263, 265, 267–274, 276, 277, 279, 281, 283, 284, 286, 290–298, 300, 302–312, 314–316, 318–322, 324–327, 329–340, 342, 343, 345, 347–356, 358, 360, 362–366, 369–372, 374, 379, 380, 382, 385, 388–390, 393–395, 397–400, 402, 405–407, 409, 412, 414–422, 424, 426, 428, 429, 432, 433, 437–439, 442, 444, 446, 448–451, 453–455, 457–469, 472–474, 476–480, 482–484, 486, 487, 489, 491, 493, 496–498, 500–505, 507, 509–517, 519–526
Auch wenn bedeutende, 480
Audre Lorde, 117, 120
auf, 1, 3–6, 8–10, 12, 20, 21, 27, 29, 31, 33–41, 47–51, 54, 56, 57, 64, 66, 67, 69–71, 75, 77, 78, 81, 83, 88–93, 99, 101, 103, 104, 106, 108, 110, 112, 117–122, 124, 127, 129–131, 135, 137, 148, 153, 155–162, 164, 165, 167, 168, 173, 177, 182, 185, 187, 189–193, 199–201, 204, 206, 208–211, 214–217, 220–223, 225, 227, 228, 230–232, 234, 235, 241–243, 245–248, 251, 252, 254, 256, 259–261, 263, 265, 268, 273, 277, 278, 280–282, 284, 288–290, 292, 297, 300, 303–312, 314, 317–321, 325, 327, 331, 335, 342, 346, 348–356, 358, 360, 362, 367, 369, 371–374, 378, 383, 385–394, 399, 402–407, 410, 412–417, 419, 426, 427, 430, 432, 433, 436, 437, 439, 440,

442, 443, 446, 447, 449, 450, 453, 455, 458–460, 462, 464–469, 472, 474–476, 478–482, 489–491, 493, 496, 497, 501–503, 505–507, 509–512, 516, 517, 521–525
Auf der, 221
Aufbau, 256, 432
Aufbau einer, 181
Aufbau solcher, 147
Aufbau von, 29, 272, 281
Aufforderung, 62
aufgebaut, 64, 208, 426, 521
aufgegeben, 515
Aufgewachsen, 42
aufgewachsen, 76, 262
aufgrund, 2, 28, 39, 66, 155, 159, 161, 195, 205, 208, 227, 248, 302, 304, 337, 342, 344, 379, 385, 406, 444, 450, 465, 516
aufhören darf, 528
Aufklärungskampagne, 306
aufrechterhalten, 257, 272, 482, 512
Aufrechterhaltung, 321
aufrechtzuerhalten, 164, 209, 269, 387, 440, 455, 475
Aufschluss darüber, 389
Aufstieg von, 509
auftraten, 165
auftreten, 70, 72, 106, 126, 167, 170, 197, 211, 217, 230, 259, 300, 310, 342, 365, 413, 474
auftritt, 234, 338
Auftritte, 41
Auftritte motiviert wurden, 41

Auftritte sind, 352
aufweisen, 215, 324
aufwuchs, 76, 78, 132, 495
aufzubauen, 131, 138, 163, 199, 243, 304, 424, 461, 525
aufzuklären, 26, 79, 116, 154, 209, 210
Augen verloren wird, 57
aus, 3, 26–28, 30, 33, 39, 48, 51, 57, 65, 70, 76–78, 92, 93, 104, 108, 135, 136, 140, 151, 153, 155, 158, 160, 163, 185, 188, 197, 200, 204, 211, 223, 232, 240, 242, 259, 262, 273, 280, 281, 284, 286, 290, 292, 293, 298, 299, 301, 302, 322, 343, 344, 367, 372, 383, 390, 391, 407, 411, 414, 420, 425, 442, 459, 460, 462, 473, 484, 487, 490, 498, 501, 516, 522
Ausdruck, 14
Ausdruck als, 133
Ausdruck der, 448
Ausdruck des Widerstands gegen Rassismus, 4
Ausdruck von, 135, 502
auseinandergesetzt, 47
auseinandersetzen, 87, 88, 294, 295, 351, 373
Auseinandersetzung mit, 81, 87, 93, 121, 232, 294, 473
auseinanderzusetzen, 40, 53, 65, 79, 193, 294, 308, 353
ausgehen, 215
ausgelöst, 2, 5, 355, 467
ausgesetzt, 4, 82
ausgewogenen, 55

ausgewählt, 69, 70, 483
ausgezeichnet, 319, 370, 372, 373
ausreichend, 27, 47, 105, 153, 206, 216, 231, 233, 341, 344, 347, 365, 387, 406, 408, 438, 442, 496
Aussage könnte, 299
Ausschluss von, 343
ausstatten, 333
Auswahl, 352, 484
auswirken, 122, 230, 427, 496
Auswirkungen der, 302
Auswirkungen von, 374
Auszeichnung, 371, 373
auszudrücken, 86, 90, 105, 119, 281, 338, 405, 436, 462, 502
auszuräumen, 293
auszutauschen, 16, 28, 83, 187, 211, 366, 429
auszuüben, 112, 140, 207, 225, 386, 439, 490, 510
ausüben, 6, 206, 325, 358, 430
authentische, 10, 69, 387, 463, 516
Authentizität, 11, 461–463
Authentizität der, 185
Authentizität eng mit, 462
Authentizität ist, 462
Authentizität und, 462
Authentizität wird häufig, 462
Autoren wie, 117
außerhalb der, 208, 437, 490

Balanceakt vollführen, 477
Barrieren, 53, 57, 184, 252, 339, 352, 368, 429, 451, 490, 496
Barrieren bis hin zu, 230
Barrieren können, 296
Barrieren sind, 427

Barrieren zu, 56, 66, 515
basieren auf, 167
basiert, 3, 31, 160, 292, 321, 383, 402, 404, 407, 414, 417, 447, 482, 489
bauen, 47, 97, 130, 159, 188, 478
beachten, 311
beachtet, 428
beantwortet, 443
Bedarf, 303
Bedenken, 49, 241, 243
Bedenken der, 50
Bedenken mit, 306
bedeutende, 3, 19, 21, 22, 50, 167, 190, 201, 204, 211, 215, 219, 220, 249, 316, 322, 352, 366, 367, 407, 455, 466, 480
bedeutender, 31, 124, 304, 467, 468, 507
bedeutet, 8, 133, 160, 233, 348, 400, 432, 489, 491, 502, 510, 512, 516
bedeutete, 107
Bedeutung von, 460
bedeutungsvollen, 110
bedingen, 345
bedrohen, 241
Bedrohungen durch, 420
Bedrohungen werden, 389
Bedürfnisse, 8, 20, 29, 36, 47, 51, 72, 94, 124, 153, 155, 158, 160, 161, 165, 167, 168, 170, 173, 187, 192, 200, 210, 216, 228, 242, 274, 299, 301–303, 318, 319, 321, 322, 335–337, 360, 372, 378, 386, 387, 392, 399, 400, 408, 415, 424,

426, 428, 433, 458, 479, 482, 498, 510, 520–522
Bedürfnissen gerecht wird, 387
beeinflussen, 11, 12, 17, 22, 46, 56, 90, 110, 133, 161, 190, 192, 193, 202, 208, 215, 220, 221, 224, 245, 247, 253, 262, 337, 353, 369, 370, 383, 407, 427, 447, 468, 475, 477, 510
beeinflusst, 17, 77, 88, 127, 176, 192, 217, 295, 307, 312, 344, 367, 428, 438, 464, 466, 467
beeinträchtigen, 45, 123, 124, 132, 138, 171, 193, 200, 231, 237, 253, 260, 270, 273, 295, 297, 347, 352, 365, 391, 408, 420, 476, 483, 497, 523
beeinträchtigt werden, 6
befassen, 81, 479, 494, 523
befinden, 122, 145
Befürworterin der, 92
begann, 4, 101, 103, 118, 119, 271, 458, 501
begannen, 3
begegnen, 6, 124, 127, 171, 192, 274, 284
begegnet, 45
begegnete, 118
beginnen, 511
beginnt, 39, 517
behaftet, 177
behandeln, 32, 55, 65, 194, 438
behandelt, 56, 64, 187, 194, 231, 248, 318, 319, 387, 407, 432, 437, 491, 496
Behandlung von, 233

behaupten, 107, 282, 306, 472, 523
behindern, 6, 208, 248, 291, 308, 337, 343, 351, 385, 418, 421, 429, 450, 493, 522
behindert, 201, 299
behinderten Personen, 415
Behinderungen oft übersehen, 386
bei, 5, 8, 15, 26, 28–31, 39, 41, 46, 64, 66, 67, 72, 85, 87, 91, 99, 107, 108, 112–114, 118, 143, 153–155, 157, 158, 163, 164, 168–170, 172, 177, 180, 181, 189, 197, 201, 205–207, 209, 216–218, 231, 249, 250, 259, 280, 283, 290, 291, 293, 299, 300, 302, 305–308, 311, 315, 316, 318, 322, 325, 329, 332, 334, 335, 339, 344, 353, 358, 366, 370, 372, 378, 389, 405, 419, 420, 426–428, 431, 438–440, 449–451, 468, 473, 486, 493, 494, 497, 507, 515–517, 520
Bei diesen, 351
Bei einem, 78
Bei einer, 40, 281
Beide Konzepte, 491
beigetragen, 5, 37–39, 48, 50, 153, 167, 205, 207–210, 279, 280, 306, 308, 353, 355, 356, 426, 442, 460, 461, 465, 468, 507, 511, 526
beim, 109, 185
beinhalten, 246, 367
beinhaltet, 161, 256
beinhaltete, 29, 119

beinhalteten, 153, 158, 301
Beispiel dafür, 42, 131, 185, 229, 443, 466, 510
Beispiele, 17, 19, 48, 52, 57, 64, 70, 95, 96, 111, 113, 126, 135, 138, 174, 175, 182, 197, 213, 223, 224, 231, 232, 235, 238, 242, 248, 249, 279, 282, 284, 290, 292, 294, 298, 309, 313, 316, 323, 329, 338, 359, 363, 386, 388, 405, 409, 412, 413, 418, 422–425, 436, 462, 469, 470, 482, 487, 488, 490, 499, 507, 519–521
Beispiele betrachten, 15, 314, 393, 501, 517
Beispiele dafür, 477
Beispiele können, 522
Beispiele zeigen, 110
beitragen, 17, 21, 32, 52–54, 70, 72, 90, 92, 106, 110, 129, 138, 149, 160, 178, 179, 181, 201, 206, 222, 234, 243, 267, 273, 314, 318, 319, 322, 335, 339, 342, 348–351, 364–366, 369, 370, 372, 373, 405, 406, 415, 416, 433, 436, 438, 440, 441, 459, 468, 480, 484, 498, 507, 528
Beiträge innerhalb, 369
beiträgt, 7, 162, 437
bekannte, 352
bekanntesten, 40, 463
bekämpfen, 115, 116, 142, 206, 210, 229, 234, 250, 301, 412, 414, 454, 528

Bekämpfung von, 207, 209, 235, 236, 299, 378, 440, 493
belastete, 92
Belastung, 455
Belastungen führen, 77, 92, 479
Belastungen gibt, 253
Belastungsstörungen haben, 228
beleuchten, 39, 51, 55, 88, 117, 131, 168, 179, 207, 213, 221, 242, 250, 261, 277, 289, 318, 329, 335, 342, 360, 365, 393, 409, 439, 446, 474, 496
beleuchtet, 12, 63, 64, 122, 165, 215, 282, 367, 512
beleuchtete, 107, 372
Belohnungen sind, 338
bemerkenswerte, 22, 26, 169, 219, 224, 262, 278, 309, 324, 409, 414, 464, 522
bemerkenswerter, 50, 53, 158, 207, 209, 307, 465, 504
bemerkte sie, 81
bemüht, 35, 36
Bemühungen weiterhin, 498
benachteiligt, 406
benachteiligt fühlen, 187
benötigen, 229, 322, 394, 443
benötigen Mittel, 450
benötigt, 274
benötigt auch, 337
benötigt werden, 320
benötigte, 154
beobachtet, 10
Berater können, 257
Beratungsdiensten, 479
Bereich, 25, 188, 269, 353, 366, 369, 522
Bereich der, 190

Bereich des Aktivismus, 102, 167, 288
Bereich des Zugangs, 201
Bereich wie, 290
Bereichen, 435, 491
Bereichen gefunden, 432
Bereichen wie, 71, 205, 307
bereicherte, 154
bereit, 4, 46, 85, 94, 113, 126, 137, 154, 160, 290, 303, 382, 394, 447, 458, 465, 476, 493, 524, 526
bereitstellen, 73, 114, 157, 441, 479
Berichte, 208
berichten, 10, 11, 41, 86, 193, 222, 312, 324, 496
berichtete, 76, 118, 228
berichteten, 307
Berufswelt kann, 124
berücksichtigen, 31, 35, 90, 94, 130, 161, 163, 210, 216, 390, 407, 428, 433, 468, 479, 497, 516, 523
berücksichtigt, 4, 17, 47, 67, 92, 94, 187, 233, 322, 337, 341, 347, 371, 383, 399, 498, 504, 522
berühren, 42, 65, 184, 186
besagt, 4, 7, 89, 107, 121, 124, 233, 248, 292, 340, 377, 437, 457, 516
beschreibt, 64, 88, 280, 337, 379, 415, 459, 472
beschrieb, 336
beschrieben, 39, 277, 342
beschränkt, 6, 217, 251, 353, 419, 468, 497
Beschützer wahrgenommen wird, 242

beseitigen, 217
besitzen, 524
Besonders bemerkenswert sind, 120
besser, 19, 28, 121, 140, 265, 268, 298, 489, 501, 522
bessere, 3, 62, 162, 252, 454, 501, 503, 505–507, 524, 528
besseren, 78, 155, 259, 324, 433, 504, 505, 507, 517, 524
bestehen, 10, 17, 20, 42, 170, 171, 199, 215, 238, 239, 243, 336, 354, 385, 386, 402, 424, 479, 498
bestehende Gesetze zu, 206
bestehende Traditionen, 94
bestehenden, 22, 27, 206, 216, 250, 330, 340, 395, 404, 454
bestehender, 206
besten, 352, 399
bestimmte, 47, 63, 174, 185, 311, 347, 354, 365, 374, 428, 463, 476, 477, 483
bestimmten, 205, 232, 494, 511
bestimmter, 49, 195, 408
bestärkte sie, 119
bestätigt, 348
beteiligen, 8, 40, 52, 112, 416, 439, 450, 486, 515, 517, 521, 528
beteiligt, 29, 91
betonen, 94, 206, 352, 504, 528
betont, 11, 31, 33–36, 42, 47, 65, 94, 107, 116, 140, 161, 176, 209, 210, 225, 229, 234, 250, 252, 256, 269, 279–281, 294, 300, 342, 352, 354, 355, 402, 426, 437, 438, 460, 467, 473, 478, 513, 522, 526

Betonung gemeinsamer, 55
Betracht gezogen, 177, 320
Betracht ziehen, 445, 485
betrachten, 1, 3, 211, 402, 405, 443
betrachtet, 4, 31, 121, 161, 260, 285, 289, 332, 340, 342, 343, 356, 358, 366, 400, 407, 438, 462, 479–482, 494, 501, 516, 522
betrachtete, 91
betreiben, 202
betrieben wird, 380
Betriebskosten, 447
betrifft, 81, 269, 389, 475, 504, 526
betroffenen, 163
Betroffen geprägt, 2
Betroffener beinhaltete, 119
Bewegung, 2, 255
Bewegung bei, 335
Bewegung bleibt, 192
Bewegung gegenübersieht, 496
Bewegung zu, 130, 429, 512
Bewegung zurückgelassen wird, 384
Bewegungen abhängen, 453
Bewegungen aufgebaut, 208
Bewegungen beleuchten, 409
Bewegungen ist, 441
Bewegungen kann, 436
Bewegungen oft eine, 47
Bewegungen reagiert, 509
Bewegungen sind, 451
Bewegungen steigert, 284
Bewegungen und, 434
Bewegungen unerlässlich sind, 345
Bewegungen vorantreibt, 57
Bewegungen zusammenarbeiten, 434, 507
Bewegungstheorie wird
    Authentizität oft als, 462

Beweis, 307, 353
Beweis dafür, 327
bewerten, 114, 161
bewiesen, 44, 515
bewirken, 6, 59, 108, 135, 213, 237, 298, 300, 312, 314, 409, 424, 451, 468, 476, 491, 504, 510
bewusst, 33, 69, 76, 85, 138, 170, 184, 191, 192, 194, 257, 276, 314, 369, 432, 485
bewusste, 57, 285, 296
bewussten, 421
bewältigen, 17, 28, 50, 90, 115, 116, 131, 138, 145, 169, 171–173, 238, 247, 250, 271, 279, 298, 336, 365, 379, 385, 388, 390, 392, 393, 395, 397, 402, 406, 409, 412, 420, 421, 427, 460, 473, 491, 498, 501, 511, 526
bezeichnet, 282, 462
bezieht sich, 406, 417, 478
Bezug auf, 33, 489
bieten, 11, 14, 19, 24, 36, 57, 59, 69, 72, 74, 76, 77, 85, 86, 93, 99, 104–106, 109, 113, 114, 120, 129, 135, 137, 147, 163, 170, 182, 188, 193–196, 212, 214, 218, 248, 250, 256, 259–261, 268, 269, 272–274, 281, 283, 289, 316–318, 320, 322, 326, 329, 331, 334, 335, 338–340, 345–347, 351, 360, 363, 364, 366, 374, 398, 407, 415, 421, 424, 432, 439, 443, 451,

Index

455, 462, 465, 468, 475,
480, 486, 496, 497, 509,
521
bietet, 26, 43, 44, 46, 64, 65, 108,
120, 153, 156, 161, 178,
187, 204, 259, 265, 274,
293, 296, 299, 312, 348,
379, 388, 389, 405–407,
426, 439, 442, 469, 480,
489, 521
Bild der, 197, 387
Bild von, 31, 69, 153, 468
bilden, 10, 42, 65, 129, 147, 204,
213, 294, 318, 382, 427,
462, 474, 510, 516
bildet, 72, 83, 124, 126
bildeten, 99
Bildung, 7, 8, 26, 29, 32, 34, 60, 102,
106, 120, 126, 143, 162,
222, 247, 252, 322, 324,
386, 416, 422, 437, 438,
465, 507
Bildung spielt, 344, 378
Bildung wird hier als, 250
Bildungsangebote, 426
Bildungseinrichtungen
Partnerschaften, 112
Bildungseinrichtungen spielen, 112
Bildungsinitiativen, 421
Bildungslandschaft spielen, 113
Bildungssystem, 81
Biografie von, 65, 67
bleiben, 170, 185, 257, 277, 300,
312, 356, 392, 394, 395,
462, 498, 500
bleibt Authentizität ein, 464
bleibt der, 189, 320, 522
bleibt die, 14, 135, 225, 279, 318,
366, 387, 478, 480, 519

bleibt ihr, 164, 220, 274, 335, 453,
489
bleibt ihre, 59, 196
bleibt noch viel, 307
bleibt Woolleys persönliche, 44
blieben sie, 283
Blogbeiträge, 118
bot, 107
boten, 29, 87, 99, 107, 118, 131,
159, 302, 303, 458
Botschaften Gehör, 389
Botschaften schnell, 16, 434
Botschaften zu, 436
brachten, 28, 154, 302
breite, 26, 170, 180, 208, 251, 281,
283, 399
breiter, 209
breitere, 7, 16, 33, 48, 52, 57, 68,
131, 161, 167, 178, 179,
186, 187, 194, 208, 211,
212, 218, 234, 240, 273,
292, 301, 304, 308, 314,
353, 356, 407, 415, 416,
434, 436–438, 441, 461,
465, 468, 504, 507, 517,
526
breiteren Fragen von, 120
Brené Brown, 11, 261
bricht, 40
bringen, 19, 66, 94, 99, 105, 156,
193, 224, 260, 274, 290,
293, 339, 353, 359, 360,
366, 380, 382, 394, 443,
446, 526
Brücke schlagen, 297
Brücken, 130, 159
Brücken zwischen, 47
Buch ist, 515
Buch wird als, 53

Buches, 63
Buches wird, 53
bundesstaatliche Gesetze, 215
bunten Kostümen und, 69
Burnout frühzeitig zu, 272
Butler argumentiert, 348
Bücher, 105, 117
bündeln, 131, 187, 211, 212, 273, 294, 373, 433

Carl Rogers, 462
Carol Dweck entwickelt, 279
Chancen bietet, 204
Charles Tilly, 223, 462
cisgender, 148, 368, 408, 449
Collins, 321
Crenshaw argumentiert, 407
Cybermobbing, 416

da, 11, 26, 36, 43, 44, 94, 101, 124, 130, 137, 145, 154, 162, 184, 192, 194, 208, 211, 215, 218, 232, 239, 243, 248, 262, 278, 299, 304, 318, 320, 329, 354–356, 370, 371, 400, 405, 407, 424, 444, 449, 467, 475, 496, 498, 515
dabei auftreten, 342
dabei oft auf, 35
dabei sowohl, 501
dafür, 33, 34, 42, 44, 55, 65, 118, 131, 185, 209, 228, 229, 262, 316, 326, 327, 339, 352, 372, 378, 379, 432, 443, 455, 459, 464, 466, 474, 477, 497, 509, 510, 521, 525
Daher, 69

daher, 34, 106, 240, 366, 398, 420, 475
Daher ist, 67, 187, 421, 439
Daher wird Lobbyarbeit, 510
damit, 12, 57, 69, 94, 174, 176, 213, 227, 282, 294, 314, 322, 331, 338, 355, 356, 363, 369, 373, 390, 393, 405, 407, 443, 446, 453, 469, 478, 517, 519
dar, 21, 30, 101, 106, 201, 234, 241, 269, 314, 342, 366, 398
daran hindern, 137, 496
darauf abzielen, 25, 153, 178, 202, 352, 378, 465, 512, 521
darauf abzielten, 107, 155, 303
darauf ausgelegt, 64, 65, 317, 324, 379, 520
darauf hinwiesen, 50
darauf konzentrieren, 510
darauf sind, 5
Darbietungen herausfordern, 57
dargestellt, 9, 64, 121, 192, 282, 343, 344, 383, 491
darin, 47, 94, 158, 317, 384, 421, 479, 483, 523
darstellt, 42–44, 47, 55, 162
darstellten, 208
Darstellung kann, 475
Darstellung von, 193
Darstellungen von, 69
darum, 35, 54, 55, 192, 218, 261, 296, 339, 378
darunter, 3, 6, 10, 17, 30, 33, 36, 46, 170, 171, 200, 223, 227, 259, 270, 280, 292, 297, 343, 350, 417, 449, 482
darüber, 37, 50, 174, 250, 306, 338, 351, 355, 360, 373, 389,

464, 480, 515, 526
Darüber hinaus, 5, 6, 105, 112, 185,
  242, 273, 289, 295, 299,
  318, 321, 322, 349, 351,
  366, 374, 389, 394, 406,
  438, 450, 458, 477, 491,
  501, 523
das Bewusstsein, 26, 43, 107, 113,
  118, 178, 207, 229, 261,
  305, 350, 353, 354, 366,
  426, 497, 517
das Bewusstsein zu, 236, 263, 298,
  322, 336, 491
das Bild von, 37
das darauf, 6
das Eis zu, 56
Das Führen, 257
Das Leben, 457
das Lernen, 131
das Licht auf, 354
das oft übersehen, 70
das Selbstwertgefühl, 406, 521
das Wissen, 465
das Wohlbefinden, 257, 265, 380, 384
das zeigt, 221
dass, 2–5, 7, 8, 10, 12, 14, 17, 21,
  25–38, 40–44, 46–51, 53,
  55–57, 59, 62, 63, 65, 67,
  69–73, 75–79, 81–83, 85,
  87–92, 94, 95, 98, 99,
  101–103, 105–108, 114,
  118, 119, 121, 122, 124,
  126, 127, 129–131, 135,
  138, 143, 147, 149, 153,
  155, 157, 159–162, 164,
  167, 170, 172, 176, 178,
  184–188, 190–194, 200,
  201, 204–206, 208–210,
  212, 215–218, 220,
  222–225, 228, 229, 232,
  233, 238, 239, 241–243,
  247–250, 254, 257,
  259–261, 263, 265,
  271–274, 276, 280–282,
  284–286, 289–296, 298,
  300, 301, 303–307, 309,
  312, 314, 316–322, 324,
  326, 327, 331, 332, 334,
  336–338, 340, 342, 344,
  345, 347–353, 355, 356,
  358, 360, 362, 364–374,
  377–379, 381–390, 392,
  394, 395, 398–400, 402,
  405–407, 413–416, 421,
  424, 426, 428, 429,
  431–433, 437–439,
  442–444, 446, 447, 450,
  453–455, 457–462,
  466–468, 473, 475,
  477–486, 489–491, 493,
  495–498, 500–505, 507,
  509–512, 515–517, 519,
  522–524, 526, 528
dasselbe, 140, 432, 461
dasselbe zu, 185
Daten präsentierte, 35
Datenanalysen, 389
dauerhafte, 400, 402
davon, 4, 59, 73, 184, 217, 272, 414, 450, 494
dazu, 5, 7, 8, 12, 17, 21, 30–32, 35,
  37, 39–41, 46–48, 50, 53,
  54, 56, 59, 65–67, 75, 79,
  90, 91, 99, 104–106, 118,
  121, 129, 138, 143, 149,
  153, 160, 162, 164, 167,
  178, 179, 181, 185, 189,

193, 194, 200, 205–210, 216, 217, 222, 234, 243, 250, 260, 267, 273, 279, 282, 283, 291, 295, 302, 304–306, 308, 314, 317–320, 322, 325, 332, 339, 347–351, 353, 355, 356, 364–373, 387, 389, 394, 398, 405, 406, 415, 416, 426, 428, 431, 433, 436–438, 440, 450, 454, 459–461, 465, 468, 475, 480, 486, 490, 498, 502, 503, 507, 511, 515–517, 523, 526
Dazu gehören, 45, 54, 73, 115, 138, 231, 248, 253, 274, 402, 429, 487
Dazu gehört, 161
Dazu gehörten, 29
Dazu gehörten Gesundheitsinitiativen, 303
Dazu gehörten Workshops, 155
definieren, 86, 88, 121, 124, 147, 321, 406, 454
definiert, 6, 8, 148, 174, 216, 227, 299, 447
definierte, 197
dem, 2, 6, 27, 29, 36, 42, 45, 50, 56, 59, 66, 68, 77, 87, 89–92, 94, 103, 104, 118, 122, 137, 140, 147, 148, 153, 154, 156, 171, 182, 193, 194, 200, 204, 210, 215, 217, 241, 248, 250, 256, 257, 259, 265, 273, 290, 302, 320, 321, 338, 344, 346, 352, 353, 360, 368, 386, 390, 392, 394, 405, 414, 455, 458, 462, 463, 466, 468, 473, 474, 478, 484, 489, 504, 509, 516, 524
den, 2–8, 10, 12, 14, 15, 17, 19–22, 24, 27, 29–31, 35, 38, 40, 42–45, 47, 49, 51–53, 55–57, 59, 63–74, 76, 81, 83, 88–90, 92–95, 99, 102, 105, 107, 110, 112, 118, 119, 121, 127, 129–131, 133, 135, 137, 140, 142, 147, 151, 153–157, 160–164, 167, 170–172, 176, 177, 179, 182, 184–187, 190, 191, 193, 194, 199–201, 204–209, 213–216, 221–223, 228–231, 233, 234, 237, 239, 240, 243, 248, 249, 252, 253, 256, 257, 259, 261–263, 265, 268–272, 274, 276, 278, 279, 281–284, 286, 289–303, 305, 308, 309, 311, 316–320, 326, 331, 332, 336, 341, 342, 344–348, 351–356, 358, 360, 362, 365–369, 372, 373, 379, 382, 385–392, 397, 399, 402, 404, 405, 407, 409, 411, 413–420, 426, 428–430, 432–437, 439, 441, 444, 447, 449, 453, 455, 458–462, 466–468, 472–476, 478–480, 489, 491, 493, 496, 498, 501–505, 507,

Index 545

510–512, 515–517, 519, 522–524, 526–528
denen, 10, 12, 15, 17, 21, 26, 28, 32, 34, 35, 37, 39, 40, 42, 45, 48, 52, 55, 57, 64, 66, 69, 76, 78, 83, 88, 95, 103, 105, 108, 114–118, 122, 126, 127, 135, 136, 149, 153, 160, 162, 163, 179, 181, 184, 186, 189, 193, 199, 202, 209, 215, 218–220, 229–232, 242, 257, 259, 261–263, 274, 277–279, 283, 289, 294, 304, 306, 307, 309, 317–319, 321, 329, 335, 338, 340, 352, 354, 366, 380, 385, 386, 392, 400, 405, 408, 412, 422, 426, 427, 432, 438, 442, 446, 449, 453, 458, 459, 465, 466, 479, 482, 489, 491, 493, 494, 496, 498, 504, 505, 507, 516, 523, 526
Denken der, 112
Denken sowie, 419
denn je gefordert, 504
Denn letztendlich sind, 504
Dennoch müssen, 184, 347
Depressionen, 127, 132, 222, 228, 523
der, 1–8, 10–12, 14–44, 46–57, 59, 61–72, 74, 76–79, 81–99, 101–114, 117–122, 124–127, 129–133, 135–138, 140, 143, 145, 147–149, 151, 153–165, 167–174, 176–182, 184–202, 204–213, 215–225, 227–234, 236–243, 245, 247–252, 255–257, 259–263, 265, 267, 269, 271–274, 276, 277, 279–286, 288–322, 324–326, 329–332, 334–356, 358–360, 362–374, 377–395, 397–400, 402, 404–430, 432–440, 442–444, 446–451, 453–455, 457–463, 465–469, 472–480, 482–491, 493–498, 501–505, 507, 509–513, 515–526, 528
Der Aktivismus, 59, 74, 385, 442, 444, 482, 528
Der Aufruf zum Handeln, 62
Der Aufruf zur, 491
Der Austausch von, 281, 419
Der Balanceakt zwischen, 194
Der Druck, 148, 458
Der Druck auf, 523
Der Druck kann, 223
Der Einfluss von, 90, 104, 135, 307, 325, 326, 465
Der Einsatz, 491
Der Einsatz von, 194
Der Eintritt, 108
Der Erfolg von, 218
Der Kampf, 17, 124, 126, 206, 232
Der Prozess, 87
Der Prozess der, 125
Der Prozess des Schreibens, 119
Der Prozess kann, 295
Der Schlüssel, 94, 173
Der Schutz, 398
Der Sozialwissenschaftler, 489
Der Tweet, 50

Der Umgang mit, 98, 143
Der Unterschied, 290
Der Wandel, 522
Der Weg, 129
Der Weg des Aktivismus, 106, 160
Der Weg zum Wandel, 444
Der Wendepunkt, 458
Der Zugang zu, 89, 336, 387
deren Akzeptanz, 377
deren Auftritte oft als, 39
deren Bedeutung, 42
deren Engagement, 446
deren Geschichten, 153
deren Geschwister sie, 91
deren gesellschaftliche, 11
deren Großmutter, 92
deren Kämpfe nachzuvollziehen, 184
deren Reaktionen auf, 92
deren Rechte, 168, 220, 412
deren Schaffung, 331
deren Sichtbarkeit, 312
deren Stimme Gehör, 352
deren Stimmen, 153, 413
deren Umgang mit, 227
deren Unterstützung beitragen, 484
deren Werke, 120
derer, 186, 444
derjenigen zu, 512
des Aktivismus, 284
des Erhebens der, 512
des Kampfes, 124
des Respekts, 8
dessen, 92, 338
desto geringer, 190, 498
destruktiv sein, 290
detaillierten, 464
deutlich wurde, 391
die, 1–12, 14–57, 59, 61–74,
    76–79, 81–99, 101–133,
    135–138, 140, 141, 143,
    145, 147–149, 151,
    153–165, 167–174,
    176–182, 184–202,
    204–218, 220–225,
    227–235, 237–243,
    245–248, 250–257,
    259–263, 265, 267–286,
    288–314, 316–327,
    329–356, 358–360,
    362–374, 377–395,
    397–422, 424–451,
    453–455, 457–470,
    472–491, 493–517,
    519–528
Die Auseinandersetzung mit, 94,
    122, 234
Die Erfolge dieser, 304
Die Erfolge von, 307, 466
Die Erhöhung, 182
Die Geschichten von, 284
Die Gleichheitstheorie, 407
Die Gleichstellung der, 221, 305
Die Gleichstellungsgesetze, 305
Die Medienpräsenz ist, 178
Die Mitglieder fühlen sich, 370
Die Psychologin, 11
Die Theorie der, 99, 124, 232, 292,
    321, 348, 406, 407, 459,
    467, 480, 489, 516
Die Theorie des sozialen, 89, 223,
    484
Die Unruhen begannen, 4
Die Unruhen dauerten mehrere, 4
Die Unsicherheit, 124
Die Verbindung zwischen, 19, 21,
    70, 72, 112, 276
Die Vergabe von, 373
Die Vermittlung von, 433

diejenigen, 72, 85, 273, 368
Dienstleister, 217
diente, 98, 154, 302
dienten, 4, 118, 308
Dies wird besonders deutlich, 200
diese, 295, 397
Diese Ablehnung, 91
Diese Aktivitäten zielen darauf ab, 234
Diese Akzeptanz kann, 496
Diese Allianzen haben, 48, 209
Diese Anerkennung ist, 309
Diese Anerkennung kann, 319, 365, 372
Diese Anerkennung manifestiert sich, 350
Diese Anerkennung trägt dazu, 353
Diese Anerkennungen sind, 353
Diese Anforderungen, 367
Diese Angst kann, 291, 348, 450
Diese Anpassung, 289
Diese Anpassungsfähigkeit, 289
diese Ansätze, 384
Diese Ausdrucksformen ermöglichen, 338
Diese Authentizität, 461
Diese Authentizität ist, 54
Diese beinhalten, 246
Diese Belastungen können, 252
Diese Bemühungen sind, 36
Diese Beteiligung kann, 439
Diese Bewegungen spielen, 451
Diese Beziehung zeigt, 205
Diese Bildungsangebote, 163
Diese Bildungsarbeit, 461
Diese Bildungsinitiativen sollen, 160
Diese Bildungsmaßnahmen helfen nicht, 336
Diese Differenzen müssen, 187

Diese Dimensionen, 400
Diese Diskrepanz, 56
Diese Diskriminierung kann, 343
Diese Disziplin, 107
Diese Diversität kann, 215, 419
Diese Dualität, 56
Diese Dynamik erfordert, 394
Diese Dynamik wird durch, 233
Diese Ehrungen können, 358
Diese Eigenschaften, 466, 473, 524
Diese Elemente, 197
diese Elemente, 292
Diese Elemente sind, 503
Diese Emotionen sind, 82
Diese Entscheidung, 87, 105
Diese Entscheidung wurde, 243
Diese Entscheidung wurde von, 5
Diese Entscheidungen, 222
Diese Ereignisse, 3, 6, 410
Diese Erfahrung, 228
Diese Erfahrung lehrte, 107, 460
Diese Erfahrung zeigt, 38
Diese Erfolge, 28
Diese Erfolge sind, 208, 307
Diese Erkenntnis, 35, 118, 130, 458
Diese Errungenschaft, 458
Diese Errungenschaften, 17
Diese Erzählung, 39
Diese Formen der, 310
Diese Fragmentierung, 200, 347, 398, 408, 449
Diese Freiwilligen, 302
Diese Freiwilligen brachten, 154
Diese Freundschaften halfen ihr, 129
Diese Fähigkeit ist, 290
Diese Fähigkeiten, 98, 115
Diese Gemeinschaften, 118, 181, 326
diese Geschichte zu, 3

Diese Geschichten, 39, 52, 180, 184, 188, 261, 286, 325, 351, 362, 477, 515
Diese Gesetze, 199, 512
Diese Grauzonen können, 216
Diese Herangehensweise wird dazu, 53
Diese Herausforderung, 121
Diese Hindernisse, 207
Diese Hoffnung, 501, 505
Diese Identifikation, 292
Diese Ignoranz kann, 485
Diese Initiativen, 158, 180, 424, 497
Diese Initiativen können, 243, 441
Diese Initiativen könnten nicht, 479
Diese inneren, 118, 122
Diese intersektionalen, 381
Diese kleine Anekdote, 66
Diese Kluft kann, 394
Diese kollektiven, 478
Diese kollektiven Feiern, 502
Diese Konflikte können, 293, 295
Diese Konkurrenz kann, 368
Diese Konzepte, 138, 472
Diese Kooperationen haben, 186
Diese Kriterien können, 367
Diese Kritik, 49
Diese kulturellen Ereignisse, 339
Diese Kämpfe, 1
Diese Lektionen, 462
Diese Lektionen erstrecken sich, 459
diese Lektionen teilt, 462
Diese Macht kann, 190
Diese mediale, 208
Diese Menschen haben, 504
Diese Mentorship-Rolle, 43
Diese Merkmale, 26
Diese Netzwerke, 7
Diese Netzwerke können, 76
Diese Partnerschaften ermöglichen, 314
Diese Praktiken, 268, 269
Diese praktische Anwendung, 71
Diese Razzien, 4
Diese Realität erfordert, 385
Diese Räume, 38, 321, 329, 467
Diese schriftlichen Arbeiten, 103
Diese Schriftsteller, 120
Diese Schulungsmaßnahmen haben, 306
Diese sicheren Räume, 405, 465
Diese Sicherheitsbedenken, 164
Diese Sichtbarkeit kann, 319
Diese Situationen, 289
Diese Spannungen, 159
Diese Spannungen können, 130, 231, 260
Diese Stereotypen können, 192
Diese Stigmatisierung manifestiert sich, 239
Diese Suche, 79
Diese Suche kann, 95
Diese Technik, 55
Diese Theorie, 7, 107, 124
Diese Theorie hilft, 340
Diese Theorie impliziert, 480
Diese Theorie unterstützt, 321, 407
Diese Treffen, 153
Diese Träume, 502
Diese Umgebung, 81, 101
Diese Ungleichbehandlung kann, 227
Diese Ungleichheit, 398, 421
Diese Ungleichheit kann, 428
Diese Unsichtbarkeit, 170
Diese Unterschiede, 291
Diese Unterschiede können, 397, 449

Index

Diese unterschiedlichen, 352
diese Unterstützer, 504
Diese Unterstützung ist, 412
Diese Unterstützung kann, 157, 259
Diese Unterstützung zeigte, 159
Diese Veranstaltungen, 87, 154, 260
Diese Veranstaltungen bieten, 163, 316, 339, 366
Diese Veranstaltungen fördern, 439
Diese Veranstaltungen haben, 460
Diese Veranstaltungen sind, 162, 317, 502
Diese Veranstaltungen ziehen oft Tausende von, 317
Diese Verbindung, 20
diese Verbindung zu, 113
Diese Verbindung zwischen, 43
Diese Verbrechen, 232
Diese Verbrechen stellen, 234
Diese Vernetzung ist, 163
Diese Veränderung wurde, 507
Diese Veränderungen, 373
Diese Visionen, 501
diese Vorfälle, 234
Diese Werte helfen, 93
Diese Worte, 40, 41
Diese Zensur kann, 339
Diese Ziele, 380
Diese Zugehörigkeit, 108
Diese Zusammenarbeit, 211, 384, 442
Diese Ängste können, 450
Diese Überzeugung kann, 292
Diese öffentlichen, 352
diesem, 4, 6, 8, 10, 15, 22, 33, 37, 42, 47, 48, 51, 53, 55, 57, 63, 64, 70, 81, 85, 87, 88, 93, 98, 110, 120, 122, 124, 126, 135, 137, 138, 141, 147, 156, 158, 162, 165, 167, 168, 170, 174, 182, 190, 197, 199, 207, 211, 215, 221, 227, 228, 234, 239, 242, 245, 248, 255, 261, 269, 274, 277, 279, 284, 290, 292, 298, 309, 314, 318, 322, 325, 329, 331, 335, 338, 342, 345, 348, 358, 360, 363, 365, 367, 369, 380, 385, 388, 393, 397, 400, 405, 409, 412, 416, 422, 424, 427, 430, 433, 439, 446, 453, 457, 464, 469, 474, 476, 482, 487, 493, 496, 501, 503, 505, 517, 520
diesen, 3, 6, 12, 28, 35, 45, 75, 79, 85, 86, 93, 114, 118, 122, 143, 165, 171, 205, 222, 229, 230, 232, 273, 290, 294, 336, 351, 355, 362, 373, 379, 391, 407, 411, 432, 444, 449, 451, 476, 491, 494, 516, 522
dieser, 7, 15, 17, 20–23, 31, 46, 52, 53, 59, 64, 67, 72, 77, 82, 83, 85, 90, 92, 95, 101, 104, 107, 108, 111, 124, 131, 133, 136, 147, 153–155, 157–161, 170, 173, 175, 178, 181, 184, 187, 194, 201, 204, 208, 210, 213, 217–219, 221, 223, 225, 228, 237–239, 242, 243, 250, 251, 261, 269, 295, 299, 302, 304, 306–309, 311, 315, 316, 318, 322, 324, 325, 331,

349, 359, 360, 365, 367, 369, 386, 402, 405, 406, 409, 411, 413, 416, 421, 430, 437, 444, 458, 470, 475, 479, 482, 488, 490, 493, 496, 505, 512, 516, 521, 523
Dieser Ausschluss kann, 343
Dieser Brief wurde, 119
Dieser Prozess kann, 127
Dieser Prozess umfasst, 342
Dieser Zyklus zeigt, 285
digitale, 389, 391, 398, 415, 416, 429, 451, 479
digitalen, 16, 32, 33, 36, 59, 86, 120, 190, 273, 289, 380, 389, 391, 394, 398, 416, 421, 434, 451, 509
digitaler, 273, 395
Dilemma konfrontiert, 463
diplomatisch, 130, 159
direkt, 71, 164, 168, 214, 308, 367, 373, 424, 441, 446, 498, 521
direkte, 1, 5, 11, 34, 207, 210, 234, 304, 410, 426
direkten Widerspruch, 20
direktesten Möglichkeiten, 439
diskriminieren, 241, 427, 510
diskriminierende, 67, 94, 95, 221, 397
diskriminiert, 2, 94, 205, 444, 490
Diskriminierung, 124, 525
Diskriminierung betrachten, 227
Diskriminierung effektiv, 234
Diskriminierung kann, 227, 246
Diskriminierung oft auf, 437
Diskriminierung sah sie, 103
Diskriminierung sein, 125

Diskriminierung zeigt sich, 228
Diskriminierung zu, 32
Diskriminierungsformen betrachtet, 260
Diskriminierungsformen miteinander, 379
Diskursen konnte, 31
Diskussionen über, 112
Diskussionsrunden, 29, 163
diskutiert, 462
Diversität bezieht sich, 407
Doch der, 3
Doch diese Zusammenarbeit, 427
Doch mit, 443
doch oft gibt, 428
Doch sie, 78
Doch trotz, 155, 294
dokumentiert, 228
dominanter wird, 70
dominieren bestimmte, 483
doppelte, 241, 340
Dort konnte, 148
drei, 400
Dringlichkeit, 181
Dringlichkeit der, 53
Dringlichkeit von, 35, 56
Druck, 88, 193, 225, 297
Druck auch, 224
Druck auf, 206, 490
Druck der, 76
Druck effektiv, 224
Druck verbunden, 355
Druck äußern, 38
drängte, 49
durch, 4–8, 10–12, 17, 20, 21, 25, 29, 34, 37, 41, 46, 48, 52, 55, 57, 61, 73, 74, 76, 83, 85, 86, 90–92, 106, 108, 117, 118, 121, 124, 126,

127, 131, 133, 138, 153,
154, 158, 160, 161, 167,
170, 171, 188, 190, 191,
196, 201, 202, 206, 209,
215, 217, 218, 222, 223,
228–230, 232–235, 243,
247, 250, 255, 256, 260,
269, 270, 273, 280, 281,
283–285, 288, 289, 292,
294–296, 301, 303, 304,
306–309, 311, 312, 316,
317, 319, 322, 326, 327,
336, 340, 342, 344, 345,
348, 365, 373, 384, 388,
395, 402, 405–407, 416,
420, 421, 424, 428–430,
432, 436, 440, 443, 447,
450, 451, 458, 462, 466,
468, 474, 480, 484, 491,
496, 498, 499, 507, 510,
515, 517, 523, 524, 526
Durch Kampagnen, 206
Durch Schulungsprogramme, 180
Durch Selbstfürsorge, 272
Durch Selbstfürsorge und, 271
Durch Zusammenarbeit, 399
durchbrechen, 56, 66, 515
durchdrungen, 39
Durchführung von, 28, 158, 164,
170, 195, 302, 420, 497
durchgeführte Partnerschaften zu,
188
Durchhaltevermögen als, 282
Durchhaltevermögen ist, 284
Durchhaltevermögen
Schlüsselqualifikationen,
460
Durchhaltevermögen wird oft durch,
283

durchlebten, 86, 149, 458
Durchsetzung, 206, 248, 250
durchzuführen, 30, 158, 280, 317,
446, 449
dynamische, 72
dynamischen, 173, 290, 390

Ebene ansetzen, 234
Ebene betrachtet, 342
Ebene erfolgen, 439
Ebene Resonanz, 40
Ebene sind, 236
ebnen, 382, 478
echtem Verständnis, 413
effektiv, 16, 36, 53, 56, 67, 70, 105,
107, 116, 130, 158, 184,
185, 199, 200, 224, 234,
257, 261, 294, 295, 299,
302, 315, 316, 364, 390,
392, 408, 427, 429, 433,
434, 467, 477, 490, 516
effektive, 180, 187, 200, 213, 289,
292, 382, 399, 421, 428,
429, 435, 448, 451, 510
effektiven Aktivismus, 65, 202
effektiver, 32, 205, 265, 280, 312,
342, 384, 393, 395, 399,
407, 409, 432, 484
effektives Beispiel, 61
effektivsten, 59, 225
effizient, 406, 450
Ehegleichheit, 177, 283
Ehen, 21
Ehen oder, 450
eher, 106, 191, 493
Ehrungen bis hin zu, 350
Ehrungen erstrecken sich, 373
Ehrungen haben, 355
Ehrungen kann, 356

Ehrungen manchmal, 358
Ehrungen sind, 356
Ehrungen sollten, 358
Ehrungen spielen, 318, 358
eigene, 41, 42, 44, 79, 107, 110, 118, 119, 121, 154, 163, 191, 255–257, 259, 265, 269, 276, 292, 353, 463, 477
eigenen, 8, 28, 35, 39, 40, 42, 47, 48, 52–54, 66, 72, 74, 78, 85, 87, 103–106, 110, 116, 117, 122, 229, 257, 260, 263, 279, 281, 286, 289, 294, 295, 298, 300, 329, 334, 351, 355, 362, 432, 437, 441, 454, 460, 461, 463, 502, 512, 514–516, 519, 523
Eigenschaften, 282
ein, 1, 2, 4, 5, 7, 10, 14, 15, 17, 19–21, 26–32, 34, 35, 37, 38, 40–44, 46, 48, 50, 53, 55–57, 59, 63–67, 70, 74, 76, 77, 79, 81, 83, 85, 87–95, 97–99, 102–104, 106–108, 110, 117–119, 122, 124, 126, 127, 129, 131, 133, 135, 137, 138, 140, 147, 149, 153, 156, 158, 160, 162–165, 167, 168, 171, 174, 176–178, 182, 185–189, 192, 194, 196, 197, 199, 200, 202, 204–210, 212, 213, 215, 221, 222, 225, 228–232, 234, 237, 239, 241, 243, 247, 255, 256, 259–262, 265, 269, 272, 274, 279, 281, 283, 286, 293–295, 298, 299, 302–309, 312, 316–318, 320, 322, 324–327, 329, 335, 337–339, 345, 346, 348–354, 356, 362, 366, 368, 370–372, 377–379, 381, 382, 384, 386–388, 397–400, 402, 404, 407, 409–412, 414, 415, 417, 419–422, 424, 426, 427, 432–434, 436–438, 440, 442–444, 446, 448, 450, 451, 453, 455, 458–468, 476–480, 482, 484, 486, 489–491, 494, 496–498, 501–505, 507, 510, 511, 515–517, 519–521, 523, 525, 526, 528
Ein Beispiel, 33, 209
Ein Beispiel dafür, 118, 372, 432, 455
Ein Beispiel könnte das Führen, 256
Ein Beispiel könnte eine, 66
Ein durchdachter, 199
Ein einzigartiges Merkmal, 53
Ein herausragendes Beispiel, 17, 21, 131, 204, 293, 317, 458, 463, 525
Ein hohes Maß, 406
Ein Lehrer, 104
Ein Mangel, 171, 494
Ein praktisches Beispiel, 495
Ein praktisches Beispiel könnte, 256
Ein praktisches Beispiel könnte eine, 66
Ein Schlüssel, 229
Ein weiteres, 12, 40, 280
Ein weiteres Hindernis, 159
Ein weiteres langfristiges Ziel von,

379
Ein weiteres Merkmal von, 54
Ein weiteres wichtiges Ziel von, 378
Ein Wendepunkt, 1
Ein wichtiger, 7, 17, 102, 155
Ein Witz, 56
Ein zentrales Element des Buches, 52
Ein zentrales Element von, 39, 55, 467
Ein zentrales Thema, 478
Ein zentrales Ziel von, 377
einbezogen, 27, 345
Einblicke, 51
einbringen, 164, 439
Einbringen von, 67, 207, 431
eindringlicher, 40
Eindruck hinterlassen, 39
Eine, 338, 428, 487
eine, 1–8, 10, 12, 14–17, 19, 21, 25–34, 36, 38–44, 46–57, 59, 61, 62, 65–68, 70–72, 74–79, 82–88, 90–95, 97–99, 101, 104–109, 112–114, 116–121, 123–127, 129–131, 133, 135–137, 140, 143, 145, 147, 149, 151, 153–156, 158, 160–164, 167, 168, 170, 172, 173, 176–180, 182, 184, 186–188, 190, 192–194, 196, 198–202, 204–213, 215–218, 220–225, 227–229, 231–234, 237–243, 248, 250–252, 255–257, 259–263, 269, 272–274, 276–286, 288–294, 296–304, 308, 309, 311, 312, 314, 316–318, 320, 322, 324–326, 330–333, 335, 337–340, 342, 344, 345, 347–351, 353–356, 358, 360, 362–364, 366–373, 377–380, 382–385, 387, 388, 390, 392–394, 397–400, 402–407, 409–412, 414–416, 419–422, 424, 426–444, 446, 448–451, 453–455, 458, 459, 461–469, 473–480, 482, 484, 486, 487, 489–491, 493–498, 501–507, 509–513, 515–517, 519–522, 524–526, 528
Eine Auszeichnung kann, 310
Eine Gesellschaft, 8
Eine Markenidentität, 197
Eine zentrale, 107
einem, 4, 6, 8, 10, 35, 39, 43, 46, 51, 55, 56, 65–67, 76, 78, 79, 82, 84, 86, 88, 89, 91, 92, 99, 101, 103–105, 114, 117, 119, 121, 122, 124, 131–133, 136, 137, 148, 149, 153, 156, 159–161, 173, 182, 187, 188, 199, 200, 204, 205, 208, 221, 222, 228, 231, 233, 237, 240, 242, 259, 265, 271, 280, 281, 290–293, 295, 297, 299, 302, 303, 311, 320, 324, 332, 334, 336, 340, 343, 355, 365, 385–387, 391, 400, 405, 421, 426, 428, 433, 437, 438, 450, 455, 458, 462,

468, 472, 475, 483, 494, 495, 497, 504, 523
einen, 4, 5, 21, 26–28, 32, 38, 39, 42, 44, 45, 50, 51, 62, 65, 71, 74, 78, 83, 87, 94, 105, 112–114, 117, 119, 120, 126, 131, 140, 147, 154, 158, 159, 161, 187–189, 201, 209, 236, 250, 263, 265, 272, 278, 293, 299, 303, 314, 325, 338, 339, 342, 346, 352, 353, 369, 384, 385, 398, 402, 405–407, 413, 415, 416, 424, 430, 432, 439, 443, 455, 458, 462, 464–466, 475, 477, 480, 486, 490, 491, 510, 519, 521, 522
einer, 1–3, 6, 11, 21, 22, 26, 30–34, 37, 39–47, 49, 56, 62, 66, 67, 70, 72, 74–79, 81, 83, 86, 90, 92, 93, 95, 101, 103, 105–108, 113, 115, 117–119, 121, 123, 125, 131–133, 137, 138, 140, 148, 149, 151, 153–155, 158, 159, 162, 164, 172–174, 180, 181, 184, 185, 189, 190, 192, 194, 195, 197–201, 205, 210, 216, 220–222, 225, 227, 228, 232, 237, 239, 242, 243, 252, 259, 262, 265, 267, 269, 271–274, 277, 279–281, 283, 286, 288, 290–292, 296, 297, 299, 300, 304–306, 310–312, 319, 321, 322, 324, 325, 331, 334–338, 341, 344, 348, 350, 352, 358, 362, 364, 370, 377, 379, 383, 385, 386, 388, 394, 402, 403, 405, 406, 408, 413, 419, 421, 425, 426, 428, 437, 449, 450, 455, 457, 460, 462–464, 467, 468, 474, 476, 478, 485, 489, 491, 495–498, 501–505, 507, 509, 515, 517, 523, 524, 526, 528
Einerseits bietet, 274
einfach sein, 486
einfache, 184, 360, 365
Einfluss auf, 480
Einfluss von, 17, 39, 64, 92, 102, 106, 119, 121, 162, 189, 309, 320, 358, 360, 390
einflussreichsten, 41
eingehen, 112, 153, 167, 168, 228, 289, 521
eingerichtet, 497
eingesetzt, 34, 36, 56, 66, 69, 128, 228, 271, 352, 358, 461
einhergehen, 225, 294
einige, 12, 15, 17, 57, 59, 90, 93, 96, 126, 130, 135, 138, 155, 174, 194, 199, 208, 211, 213, 227, 248, 261, 268, 271, 278–280, 282, 284, 293, 298, 306, 307, 309, 314, 320, 323, 325, 329, 338, 342, 360, 385, 393, 394, 398, 405, 409, 412, 421, 424, 425, 430, 433, 447, 449, 451, 464, 466, 469, 490, 499, 517, 520
Einige der, 155, 171, 198, 219, 224, 302, 404

Einige dieser, 470
Einige Lehrer, 102
Einige Länder haben, 249
Einige Polizeibehörden, 242
einigen, 50, 105, 199, 217, 221, 344, 368, 385, 386, 397, 427, 428
einlud, 79
einnehmen, 7
Einsatz, 350, 503
Einsatz von, 40, 517
einschließlich Depressionen, 82
einschließlich gesellschaftlicher, 493
einschließlich konservativer, 215
einschließlich psychologischer, 245
einschließlich seiner, 182
einschließlich sozialer, 522
einschränkt, 241, 295, 321, 387, 406, 420, 427
Einschränkungen gegenüber, 339
Einschränkungen kämpfen, 368
einseitigen Darstellung von, 189
einseitigen Verständnis von, 483
einsetzen, 5, 6, 10, 12, 16, 17, 26, 31, 48, 74, 106, 130, 155, 163, 186, 197, 206, 209, 221, 241, 255, 260, 272, 279, 290, 291, 320, 322, 331, 350, 353, 373, 389, 413, 416, 431, 432, 436, 439, 440, 442, 449, 460, 463, 465, 480, 486, 501, 504, 507, 512, 523
einsetzt, 59, 104, 151, 153, 181, 279, 309, 338, 380, 440, 491, 503
einsetzten, 2
Einstellungen gegenüber, 406, 494

eintreten, 62, 222, 384, 412, 431, 432, 486
eintritt, 526
Einzelpersonen anstelle von, 358, 374
Einzelpersonen ausgerichtet sind, 358
Einzelpersonen können, 440
Einzelpersonen würdigen, 354
Einzigartigkeit, 26
einzubeziehen, 158, 170
einzuführen, 55, 209
einzugehen, 51, 172, 335
einzusetzen, 7, 12, 39, 41, 48, 53, 69, 92, 103, 104, 106, 113, 118, 137, 209, 252, 298, 299, 304, 351, 353, 355, 356, 369, 453, 454, 457, 458, 462, 463, 466, 480, 501–504, 515, 516
einzutreten, 32, 113, 121, 137, 351, 459, 489, 517
emotionale, 11, 46, 56, 69, 99, 105, 106, 118, 121, 127, 129, 147, 180, 188, 190, 256, 257, 261, 272, 274, 281, 294, 295, 322, 326, 329, 345, 347, 379, 469
Emotionale Unterstützung umfasst, 346
emotionaler, 267, 269
Emotionen ansprechen, 14
Emotionen auszudrücken, 436
Emotionen besser, 268
Emotionen kann, 281
Emotionen wecken, 68, 70
Emotionen zu, 133, 256, 482
Empathie gegenüber, 98
eng verbunden, 31

Engagement basieren, 413
Engagement eine, 123
Engagement können, 517
engagieren, 41, 45, 59, 61, 62, 66,
    73, 74, 85, 91, 92, 171,
    273, 283, 304, 433,
    439–441, 450, 473, 516
engagiert, 72, 378, 500
engagierte, 107, 123, 160, 194, 465
engagierten, 28, 154, 156, 302, 519
enge, 83, 86, 158
enorme, 293
enormer, 286
entfremden, 490
enthalten, 53, 94
enthält, 64
Entmutigung führen, 124, 297, 455,
    472
entscheiden, 137
entscheidend, 1, 3, 7, 8, 14, 17, 21,
    30, 31, 37, 38, 42–44, 47,
    50, 51, 54, 63, 69, 70, 77,
    83, 88–92, 95, 97, 98, 102,
    105, 108, 110, 119, 120,
    131, 133, 149, 153, 154,
    156–158, 160, 162, 163,
    168, 170, 172, 178, 185,
    187, 188, 194, 196, 202,
    204–206, 208–210, 217,
    218, 220, 223, 225, 236,
    238, 243, 247, 252, 274,
    276, 281, 283, 286, 290,
    293, 302, 316, 318, 319,
    321, 322, 331, 335, 336,
    338, 340, 342, 344, 347,
    352, 360, 368, 369, 372,
    374, 377, 381, 382, 384,
    386, 387, 390, 392, 395,
    399, 405, 409, 415–417,
    428–430, 433–435, 437,
    439, 441, 444, 446, 449,
    460, 462, 465, 467, 468,
    473, 475, 476, 480,
    493–495, 498, 500, 504,
    507, 509, 511, 512,
    515–517, 522, 526
entscheidender, 8, 10, 26, 44, 56, 72,
    85, 87, 99, 104, 106, 112,
    117, 119, 129, 131, 157,
    181, 182, 188, 197, 202,
    207, 209, 211, 213, 215,
    218, 249, 254, 261, 263,
    265, 267, 272, 283, 294,
    304, 314, 322, 349, 350,
    366, 380, 389, 390, 395,
    397, 407, 413, 417, 419,
    421, 424, 426, 427, 442,
    453, 455, 467, 478, 486,
    489, 491, 498, 510, 512,
    524
entscheidendsten, 282
Entscheidungsprozessen kann, 216
Entscheidungsprozessen oft
    ignoriert, 200
Entschlossenheit, 108, 153, 155,
    307, 360, 388, 512
Entschlossenheit anzugehen, 443
Entschlossenheit gestärkt, 37
Entschlossenheit mit, 443
entspannter, 40
entstand, 2, 151, 442
entstehen, 223, 399, 428, 451, 484
entweder, 154, 201, 343
entwickeln, 7, 34, 36, 48, 52, 72, 92,
    97–99, 102, 105, 117, 138,
    154, 155, 158, 161, 168,
    199, 202, 215, 230, 257,
    265, 271, 272, 279, 282,

292, 306, 308, 317, 349,
373, 378, 387, 389, 390,
398, 399, 420, 421, 429,
435, 436, 451, 454, 459,
474, 479, 482, 524, 526
entwickelt, 36, 89, 124, 141, 142,
169–171, 173, 182, 187,
198, 203, 229, 232, 259,
279, 280, 303, 324, 394,
416, 479, 510
entwickelte, 4, 29, 30
Entwicklung, 161
Entwicklungsländern oft mit, 428
erachten, 127
Ereignisse markierten, 278, 490
erfahren, 34, 171, 205, 207, 228,
234, 294, 295, 329, 346,
379, 405, 460, 482
Erfahrene Aktivisten können, 435
Erfahrungen, 294
Erfahrungen von, 94
Erfolge gab es auch, 155, 158, 208
Erfolge hinausgehen, 436
Erfolge verzeichnen, 155
Erfolge zu, 64
Erfolgen, 351, 467
erfolgen, 59, 157, 162, 257, 268,
311, 319, 439
Erfolgen als, 158
Erfolgen dieser, 308
Erfolgen lernen, 414
erfolgreich, 30, 38, 52, 110, 116,
124, 198, 210, 281, 284,
286, 294, 349, 394, 441,
451, 460
erfolgreiche, 65, 174, 175, 186, 187,
197, 204, 207, 209, 213,
248, 251, 284, 293, 309,
314–316, 323, 329, 378,

405, 412, 413, 422–425,
458, 469, 470, 511, 516,
520, 521
erfolgreichen, 48, 156, 206, 224,
281, 335, 418, 442
erfolgt, 106
erfordern, 10, 72, 89, 114, 115, 147,
194, 201, 202, 207, 210,
217, 224, 289, 291–294,
307, 312, 345, 368, 400,
419, 426, 476, 478, 512,
524
erfordert, 17, 33, 71, 87, 94, 103,
116, 124, 126, 164, 167,
182, 206, 232, 236, 295,
335, 338, 385, 388, 394,
399, 414, 433, 437, 442,
504, 525
erforderte gezielte, 30
ergeben, 93, 223, 242
Ergebnissen, 208
erhalten, 34, 51, 137, 205, 225, 229,
259, 274, 281, 291, 307,
311, 320, 346, 347, 350,
352–355, 360, 362, 367,
387, 394, 466, 500
erheben, 6, 44, 53, 71, 74, 101, 102,
117, 124, 129, 135, 176,
181, 185, 204, 213, 215,
321, 325, 356, 370, 433,
442, 443, 454, 459, 460,
491, 512, 513, 516, 519,
521, 528
erhebliche, 21, 97, 101, 158, 164,
176, 206, 215, 216, 241,
246, 263, 274, 276, 315,
332, 337, 348, 368, 389,
391, 394, 414, 454, 474,
496, 511, 523

erheblichen, 6, 35, 42, 77, 83, 168, 201, 306, 308, 413, 415, 428, 479, 487, 493
erhielt, 83, 155, 158, 210, 373
Erholung sein, 256
erhält, 369, 371
erhöhen, 17, 29, 30, 36, 57, 143, 171, 178, 180–182, 185, 186, 196, 199, 202, 212, 217, 224, 234, 240, 273, 301, 304, 311, 314, 319, 322, 350, 352, 354, 355, 358, 363, 364, 366, 369, 372, 373, 378, 389, 406, 416, 429, 433, 436, 441, 455, 479, 480, 493, 526
erhöhte, 209, 349, 373, 377
erhöhten, 82, 122, 221, 286, 292
Erik Erikson herangezogen, 457
Erikson, 88
erinnern, 263, 284, 356, 362, 478, 515, 526
erinnerte, 78
Erinnerungen hervorrufen, 295
Erinnerungen können, 477
Erinnerungen sind, 476
erkannt, 35, 36, 50, 56, 77, 208, 460, 461
erkannten, 79, 102, 117, 154, 289
erkennt, 31, 32, 161, 379, 510, 519
erklärt, 46, 340
erklärte, 4
Erkrankungen wie, 127
erleben, 42, 54, 104, 124, 215, 225, 260, 261, 269, 295, 379, 405, 460, 485, 504
Erlebnissen verbunden, 478
erlebte, 64, 82, 103, 121, 130, 149, 458

erlebten, 221
erleichtert, 428
Erleichterung, 268
ermordet, 414
ermutigen kann, 42
ermutigt sie, 461
ermutigte, 92
ermöglichen, 7, 10, 16, 40, 59, 66, 68, 73, 74, 112, 161, 168, 181, 184, 211, 212, 240, 268, 297, 298, 312, 314, 338, 373, 388, 393, 397, 415, 433, 434, 439, 467, 479, 484, 509, 525
ermöglicht, 16, 33, 43, 48, 50, 64, 65, 114, 116, 124, 131, 149, 184, 186, 187, 199, 220, 239, 284, 288, 294, 298, 319, 320, 388, 390, 415, 432, 526
ernst, 432, 458
ernste, 40, 54–57, 66, 297
ernsthaften, 55
erreichbar, 380
erreichen, 6, 16, 17, 33, 41, 48, 52, 56, 57, 59, 66, 71, 145, 187, 198, 208, 212, 234, 241, 292, 297, 299, 304, 319, 378, 384, 386, 393–395, 402, 434, 450, 451, 454, 476, 507, 511, 512, 526
erreichte, 118
erreichten, 131
Errungenschaften gelegt, 3
Errungenschaften von, 68
erscheinen, 54, 501
erschweren, 164, 205, 216, 296, 321, 344, 397, 399, 405, 428,

449, 451
erschwert, 86, 127, 173, 185, 195, 199, 200, 295, 339, 344, 421, 428, 429, 450
erst, 525
erste, 5, 8, 129, 155, 302–304, 457, 460, 525
ersten, 27, 28, 66, 81, 83, 91, 104, 108–110, 129, 153–155, 158, 159, 206, 218, 227, 281, 301, 304, 424, 443, 503
erster, 101, 205, 303
erwarten, 51–53
Erwartungen anzupassen, 463
erwiesen, 185, 223
erzeugt wird, 318
erzielt, 16, 17, 21, 167, 169, 188, 211, 215, 217–219, 283, 307, 309, 316, 362, 380, 385, 407, 414, 427, 464, 466, 474, 479, 480, 482
erzielten, 500
erzählen, 19, 26, 48, 53, 55, 66, 68–70, 118, 133, 135, 154, 194, 241, 308, 362, 387, 463, 504, 507, 516
Erzähler, 42
erzählt, 9, 59, 66, 117, 176, 180, 184, 185, 360, 477, 483
erzählte, 39, 515
Erzähltechniken, 54
Erzähltechniken können, 55
Erzählung, 55, 185
eröffnet, 94, 479
erörtern, 227, 393
erörtert, 235, 248, 385
Es bedarf, 421
es der, 320

es Einzelpersonen, 10, 185, 439
Es gibt, 73, 110, 231, 237, 470, 507, 519, 528
Es kann, 66
es Künstlern, 339
es schwierig macht, 334
Es wird, 65
es zu, 4
etablieren, 114, 155, 187, 504
ethnischen, 240, 449, 460
etwa, 132, 317, 450
etwas Größerem zu, 156
Evan Wolfson, 283
Evidenz zeigt, 12
existiert, 170
externe, 164, 170, 420, 490
externen, 296, 420

Fachwissen bereitstellen, 157
Faktor, 259
Faktoren, 90, 108, 127, 170, 173, 270, 383, 390, 429, 451, 493
Faktoren können, 420
Faktoren wie, 164, 379
Faktoren zurückzuführen sein, 449
Fallstudie, 52
falschen, 193
Familie untersuchen, 77
Familienmitglieds erheblich zu, 92
Familienmitglieds können, 91
Familienumfeld abhängt, 90
familiäre, 495
familiärem Druck, 77
familiären, 78
fand, 76, 83, 86, 104, 117, 119, 129, 148, 149, 262, 281, 457, 495
fanden, 41, 130

fassen, 117
fasst, 3
fehlenden Aufklärung und, 496
Fehler, 54, 284–286
Fehleranalysen präsentieren, 284
Fehlinformationen, 36, 474
Fehlinformationen verbreiten, 193
Fehlinformationen zu, 116
Fehlinformationen über, 26, 193
Feier der, 93
Feier von, 196
feiern, 5, 48, 87, 160, 163, 259, 260, 317, 338, 339, 347, 352, 366, 415, 436, 502, 505, 511
feiert, 467, 516
feierte, 5
feindlich, 46, 118, 279
feindlichen, 42, 90, 103, 121, 133, 274, 322, 497, 523
Feindseligkeit gegenüber, 232
feministischen, 209, 416, 434, 441, 478, 511
Fernsehsendungen, 344, 507, 516
fesseln, 53, 55
fesselnde, 39, 51
fesselt, 41
fest, 26, 34
festlegte, 154
finanzielle, 27, 154, 157, 164, 168, 170, 171, 200, 302, 314, 321, 346, 374, 387, 388, 420, 434, 446, 448, 475, 480
Finanzielle Unterstützung, 440
finanzieller, 310, 449
Finanzierung, 154, 195, 302, 311, 317, 388, 420, 479
Finanzierung der, 158

Finanzierung kann, 317
Finanzierung von, 200, 523
Finanzierung zu, 169, 170, 475
Finanzierungsmöglichkeiten, 159
Finanzierungsquellen angewiesen, 388
finden, 12, 28, 35, 41, 42, 50, 55, 71, 76, 91, 102, 104–106, 108, 118, 132, 135, 137, 147, 149, 158, 170, 194, 195, 255, 267, 273, 281, 293, 294, 304, 311, 320, 334, 339, 351, 352, 368, 389, 398, 405, 455, 461, 475, 476, 523
findet, 55, 352, 395
Folgen gehören, 270
fordert, 31, 48, 468
forderten, 4, 243
Forderungen von, 243
Foren, 50
formalen, 497
formen, 93
Formen kommen, 484
formt, 108
formulieren, 93, 116, 299, 455
formuliert, 47, 65, 99, 173, 223, 348, 404, 454, 467
Forschungsergebnissen, 181
Fortschritte, 225
Fortschritte erzielen, 294
Fortschritte gesehen, 3
Fortschritten, 188, 525
fortschrittlichen, 222
fortsetzen, 271
fortzusetzen, 200, 356, 387, 440
Frage gestellt wird, 185
Fragestellungen vor, 63
Frauenrechte, 460

Index 561

frei, 77, 160, 321, 329, 345
Freiheiten genießen, 250
Freiheiten von, 204, 215, 248
Freiheiten weiter, 202
Freiwillige angewiesen, 273, 406, 449
Freiwillige konfrontiert, 446
Freiwillige können, 439
Freiwillige spielen, 444
Freiwillige suchen, 156
Freiwillige tragen, 157
Freiwilligen das Gefühl gibt, 156
Freiwilligen mobilisieren, 154
Freizeitaktivitäten bietet, 426
Freude bereiten, 256
freuen, 51
Freund konfrontiert, 137
Freunden, 129
freundliche, 209
Freundschaften jedoch mit, 135
Freundschaften können, 136
Freundschaften könnte eine, 137
Freundschaften oft eine, 137
Frieden, 486
Frustration innerhalb, 352
Fundament, 204
fundamentale, 114, 453
fungieren, 4, 44, 52, 68, 104, 133, 135, 137, 176, 218, 272, 358, 475, 476, 501
fungierte, 107
fungierten, 302
Funken, 444
funktioniert, 281
Fähigkeit, 262, 281, 335, 339
Fähigkeit abhängen, 213, 511
Fähigkeit beschrieben, 277
Fähigkeit besitzen, 524
Fähigkeit stärkt, 467

Fähigkeiten, 45, 71, 98, 99, 102, 106, 108, 116, 117, 154, 156, 280, 286, 292, 293, 295, 317, 407, 435, 446, 465
Fähigkeiten einbringen, 439
Fähigkeiten weiterzuentwickeln, 118
Fälle von, 211
fördern, 7, 8, 10, 12, 17, 21, 26, 30, 32, 34–36, 38, 39, 41, 42, 48, 50, 57, 59, 60, 68, 70, 73, 78, 85, 90, 93–95, 98, 112, 116, 128, 130, 139, 149, 153, 155, 160, 161, 163, 164, 171, 172, 174, 178–180, 184, 189, 192, 205–208, 215, 216, 220–222, 225, 229, 234, 240, 250, 252, 256, 257, 261, 265, 267, 269, 274–276, 283, 290, 294, 296, 298, 303–305, 308, 309, 314, 316–318, 322, 324, 329, 331, 333, 336–340, 342, 344–346, 351–353, 356, 358, 364, 366, 370, 373, 374, 378, 382, 384, 386, 388, 395, 401, 405–408, 412, 420, 421, 427, 429, 432, 433, 436, 438–440, 443, 446, 449, 453, 460, 461, 465, 467, 468, 475–477, 479, 482–485, 489, 491, 493–495, 504, 506, 507, 511, 517, 520, 526
fördert, 8, 29, 38, 44, 65, 66, 114, 147, 167, 184, 239, 272, 284, 292, 330, 336, 342, 345, 348, 416, 417, 419,

424, 432, 462, 484, 489, 497, 521
Förderungen kann, 475
fühlten, 27, 30, 105, 154
führen, 10, 35, 47, 56, 67, 75–77, 82, 86, 89, 91, 92, 94, 99, 105, 112, 123, 124, 132, 133, 136, 137, 141, 164, 167, 172, 173, 185, 187–189, 192–195, 199–201, 216, 217, 221, 222, 231, 233, 240, 242, 260, 273, 281, 282, 285, 291, 293, 295, 297, 299, 311, 317, 320, 321, 332, 334, 340, 341, 344, 347–349, 351, 352, 358, 365, 367, 368, 370, 371, 373, 374, 385–387, 389, 390, 394, 398, 405, 406, 408, 420, 421, 427, 428, 437, 443, 449, 450, 455, 463, 468, 472, 474–477, 479, 483, 485, 486, 490, 494, 496, 507, 510, 522, 523
führt, 34, 40, 72, 122, 140, 162, 163, 167, 177, 180, 185, 190, 192, 193, 199, 200, 216, 217, 229, 231, 233, 240, 242, 292, 332, 336, 343, 372, 377, 386, 387, 391, 398, 408, 420, 438, 449, 480, 496–498
führte, 2, 4, 66, 76, 78, 79, 91, 92, 104, 105, 119, 121, 130, 148, 149, 159, 177, 204, 206, 221, 228, 283, 285, 301–303, 305, 458, 460, 501, 525
führten, 2–6, 82, 118, 131, 155, 158, 159, 208, 242, 271, 281, 410, 455, 458, 490
Führungsqualitäten, 350
Fülle von, 446
für, 2–8, 10–12, 14, 16, 17, 19–21, 23, 24, 26–34, 36–53, 55, 57, 59, 61–72, 74, 75, 77–79, 81–89, 91–95, 97–99, 101–108, 110, 112–114, 117–121, 124, 126, 127, 129–131, 133, 135–138, 140, 142, 145, 147–149, 151, 153–165, 167, 168, 170, 171, 173–182, 184–188, 190, 191, 193, 194, 196, 197, 199–202, 204–213, 216–218, 220–224, 227–229, 231–234, 238–243, 248–250, 252–257, 259–263, 265, 267–269, 271–274, 278, 279, 281, 283, 284, 286, 289–291, 293, 294, 296–309, 312–314, 316–323, 325, 327, 331, 332, 334–340, 342, 344–356, 358, 360, 362–364, 366–370, 372, 373, 377–382, 384–390, 392, 397–400, 402, 404, 405, 407–409, 411–419, 421–424, 426–444, 446, 447, 449–451, 453–455, 457–468, 470, 472–480, 482, 484–491, 493–495, 497, 498, 501–505, 507,

Index

509–513, 515–517, 519,
521–526, 528
Für Stephanie Woolley, 120

gab es auch, 159, 208
gab es einen, 78
gab ihm nicht, 84
ganze Gemeinschaften, 455
ganzen, 5
ganzheitlichen Ansatz, 400
ganzheitliches Verständnis, 345
gearbeitet, 37
geben, 48, 93, 105, 163, 298, 322,
349, 389, 490
gebildete, 33
gebracht, 35
Geburtsurkunde einzuführen, 208
gedacht, 41, 510
Gedanken, 86, 103, 105, 117, 118,
256, 257, 268, 462
gedeiht, 338, 460
Gefahr von, 184
gefeiert, 33, 117, 186, 317, 355, 362,
478, 502, 507
Geflecht, 340
geformt, 39, 87, 104
gefunden, 40, 87, 279, 432
gefährden, 78, 191, 199, 231, 306,
358, 371, 420, 429
gefährdet, 127
gefördert, 11, 26, 67, 158, 193, 217,
222, 247, 284, 316, 373,
386, 388, 465, 496, 498,
523
Gefüge, 247
Gefühl, 355, 370, 453, 505
Gefühl der, 10, 28, 35, 46, 56, 76,
82, 84, 85, 89, 91, 99, 101,
102, 124, 129, 136, 137,
149, 159, 163, 222, 228,
233, 240, 256, 260, 261,
293, 295, 297, 321, 329,
334, 336, 346, 349, 362,
365, 374, 385, 387, 420,
421, 437, 450, 455, 458,
467, 472, 477, 484, 494,
511
Gefühl hatte, 149
Gefühl von, 76, 93, 318
Gefühl äußern, 368
Gefühle, 86, 105
Gefühle kann, 257
Gefühle von, 82
Gefühle zu, 281, 457
geführt haben, 64
gegen, 105, 474, 490
gegen Diskriminierung, 163, 210
gegen Fehlinformationen und, 306
gegen Gewalt, 209
gegen Rückschläge, 525
gegen Ungerechtigkeiten, 229, 233,
250
gegen Veränderungen, 394
gegen Widrigkeiten, 52
Gegensatz dazu, 222
gegenseitig ermutigen können, 283
gegenwärtigen Generationen, 400
gegenwärtigen Herausforderungen,
64
gegenwärtigen Kampf, 3
gegenüber, 6, 16, 38, 46, 98, 118,
138, 184, 222, 232, 279,
304, 311, 331, 339, 394,
406, 420, 494, 496
gegenübersehen, 17, 335, 412
gegenübersieht, 66, 69, 232, 496,
505

gegenüberstand, 35, 36, 108, 307, 458
gegenüberstehen, 15, 55, 64, 83, 114, 122, 126, 218, 220, 229, 230, 277, 283, 340, 380, 382, 392, 438, 504, 516
geheim zu, 76
geheimen, 76
geht, 35, 46, 47, 54, 55, 67, 99, 192, 200, 218, 261, 296, 299, 352, 378, 438
gehören, 232
gehört, 10, 25, 27, 35, 49, 65, 94, 118, 119, 121, 130, 147, 161, 170, 172, 178, 194, 206, 225, 243, 289, 290, 317, 320, 334, 338, 345, 347, 352, 362, 365, 366, 370, 374, 378, 381, 382, 398, 408, 415, 442, 478, 482–484, 486, 512
Geist der, 411
gekämpft, 444, 466, 473, 525
Geld, 164, 447
Geldgebern gerecht zu, 475
Gelegenheit bietet, 43
Gelegenheit zum Lernen, 279
Gelegenheiten zum Feiern, 318
gelegt, 3, 177
geleistete, 318, 350, 372
geleisteten, 309, 312
geleitet, 27, 465
gelenkt, 193, 369
gelten, 3, 6, 21, 137, 242, 368, 410
gemacht, 22, 37, 43, 44, 66, 86, 118, 149, 229, 249, 349, 352, 522
Gemeinden, 302, 386, 432
gemeinsam, 7, 31, 62, 74, 186, 382, 419, 432, 442–444, 455, 491, 504, 505, 507, 517, 524, 528
Gemeinsam können, 486
gemeinsame Interessen, 405
gemeinsame Kampagnen, 48
gemeinsame Ziele zu, 461
Gemeinschaften, 24, 26, 36, 44, 68, 71, 72, 90, 93, 112, 120, 133, 142, 176, 182, 184, 217, 223, 232–234, 253, 254, 261, 276, 283, 289, 351, 387, 399, 422, 424, 426, 432, 436, 455, 463, 478, 479, 494–496, 507, 510
Gemeinschaften abzielen, 436
Gemeinschaften anfällig, 248
Gemeinschaften angeboten wird, 256
Gemeinschaften angewendet, 71
Gemeinschaften arbeiten, 368
Gemeinschaften auch, 482
Gemeinschaften auszuüben, 112
Gemeinschaften befassen, 479
Gemeinschaften befähigt, 279
Gemeinschaften bieten, 259, 486
Gemeinschaften dazu, 503
Gemeinschaften gedeiht, 460
Gemeinschaften gibt, 260
Gemeinschaften hegen, 501
Gemeinschaften herbeizuführen, 53
Gemeinschaften ihre, 512
Gemeinschaften isoliert, 247
Gemeinschaften kann, 7, 433
Gemeinschaften konfrontiert, 489
Gemeinschaften mobilisieren können, 70
Gemeinschaften stärkt, 502

Gemeinschaften
    Unterstützungssysteme, 455
Gemeinschaften vor, 419
Gemeinschaften weiterhin vor, 493
Gemeinschaften zusammenbringen, 501
Gemeinschaften zusammenkommen, 409
Gemeinschaften zusammenschweißen kann, 233
gemeinschaftlicher, 439, 501
Gemeinschaftsarbeit, 516
Gemeinschaftsbildung bezieht sich, 405
Gemeinschaftsbildung bietet, 405
Gemeinschaftsbildung kann, 387
Gemeinschaftsbildung stärkt, 432
Gemeinschaftsengagement können, 196
Gemeinschaftsnetzwerken, 37, 39
Gemeinschaftsnetzwerken innerhalb, 38
Gemeinschaftsorganisationen, 145, 439
Gemeinschaftsprojekte, 521
Gemeinschaftsprojekte direkt, 521
Gemeinschaftsprojekte oft vor, 520
Gemeinschaftsprojekte sind, 520
Gemeinschaftsprojekten, 420
Gemeinschaftsunterstützung, 247
Gemeinschaftsveranstaltungen zu, 35
gemeistert, 462
gemischt, 399
gemobbt wurde, 76, 227
Generation heranwachsen, 332
Generationen, 382

Generationen von, 8, 333
Generationenunterschied, 475
genießen, 250, 307
genutzt, 52, 53, 56, 184, 364, 454, 478, 479
genügend, 130, 334
geografischen Grenzen, 16
gepflastert, 106, 153, 158
geplante Kampagne zur, 28
geprägt, 2, 3, 7, 25, 36, 37, 42, 43, 64, 83, 101, 108, 126, 131, 147, 155, 199, 207, 209, 227, 234, 250, 272, 295, 296, 337, 355, 379, 407, 415, 451, 455, 457, 462, 464, 478, 498, 503, 510, 516, 523, 526
gerecht betrachtet, 481
gerecht sein, 342
gerechte, 25, 126, 390, 424, 453, 480, 498
gerechten, 21, 388
gerechtere, 3, 8, 10, 17, 31, 39, 52, 59, 70, 72, 83, 94, 95, 108, 113, 121, 143, 153, 162, 176, 186, 204, 206, 213, 229, 232, 234, 237, 239, 248, 255, 261, 294, 304, 314, 322, 340, 342, 345, 349, 350, 366, 369, 379, 382, 384, 385, 388, 392, 399, 402, 404, 411, 414, 416, 426, 429, 432, 437, 439, 444, 454, 455, 462, 464, 478, 480, 482, 484, 486, 489, 493, 498, 502, 503, 505, 507, 516, 524, 526
gerechteren Zukunft, 403

Gerechtigkeit, 1, 5, 6, 8, 11, 17, 19, 26, 42, 106, 110, 112, 120, 163, 220, 234, 338, 348, 356, 360, 400, 402, 404, 409, 416, 432, 480, 507, 511, 512, 516, 519, 526, 528
Gerechtigkeit bietet, 480
Gerechtigkeit kämpft, 62
Gerechtigkeit niemals als, 482
Gerechtigkeit noch lange, 362
Gerechtigkeit sein, 211
Gerechtigkeit spielen, 484
Gerechtigkeit stehen, 272
Gerechtigkeit weitertragen, 525
Gerechtigkeitsbewegungen, 31
Gerechtigkeitsbewegungen verbunden, 467
Gerechtigkeitsbewegungen vorantreibt, 382
Gericht, 209
geringer, 190, 498
geringeren, 201
gerückt, 5, 179, 368, 479, 510
gesammelt, 167
gesamte Gesellschaft, 306
gesamten Gemeinschaft, 39, 245
gesamten Gemeinschaft beleuchtete, 372
gesamten Schulgemeinschaft bei, 114
gesamten Vereinigten Staaten, 5
geschaffen, 16, 38, 49, 124, 194, 229, 232, 293, 345, 466, 482, 524, 526
geschafft, 57, 442, 461
geschah, 243
geschehen, 7, 55, 73, 138, 191, 214, 256, 274, 344, 432, 440, 455
gescheiterte Versuch, 209
gescheiterter Gesetzesentwürfe, 283
Geschichte, 163, 433
Geschichte der, 230
Geschichten, 68
Geschichten authentisch, 9
Geschichten betrachten, 476
Geschichten Brücken bauen, 478
Geschichten daran, 263
Geschichten derjenigen zu, 473
Geschichten können, 281, 483
Geschichten lebendig, 54
Geschichten oft eine, 262
Geschichten sein, 52
Geschichten spielen, 57
Geschichten teilen, 263
Geschichten von, 76, 263, 354, 442
Geschichten öffentlich teilen, 185
Geschlecht, 19, 74, 107, 120, 161, 227, 385, 406, 415, 497, 508, 528
Geschlechter ist, 305
Geschlechter und, 306
Geschlechterrollen, 78
Geschlechterrollen streng, 148
Geschlechterstereotypen sein, 66
Geschlechtertheorie formuliert, 348
geschlechtlichen Identitäten zu, 348
geschlechtsangleichender, 305
Geschlechtsidentität, 10, 21, 88, 379
Geschlechtsidentität akzeptiert, 143, 493
Geschlechtsidentität durchgesetzt haben, 21
Geschlechtsidentität einhergehen, 137
Geschlechtsidentität resultieren, 487

Geschlechtsidentität schärften und, 158
Geschwister, 90
Geschwisterbeziehungen können, 90
Geschwistern kann, 92
geschärft, 41, 49, 179, 181, 210, 463, 465, 507
geschützt, 21, 209, 210, 218
Gesellschaftlich haben, 356
gesellschaftlich sind, 269
gesellschaftliche, 4–6, 11, 12, 17, 24, 37, 57, 113, 126, 141, 155, 164, 167, 176, 202, 208, 221, 250, 283, 288, 289, 295, 301, 303, 307, 316, 321, 356, 364, 366, 373, 385, 390, 410, 420, 427, 450, 468, 523, 524
Gesellschaftliche Vorurteile, 495
gesellschaftlichen, 4, 6, 34, 40, 44, 88, 112, 135, 148, 200, 204–206, 209, 212, 221–223, 228, 295, 326, 343, 354, 371, 374, 390, 458, 462, 474, 476, 491, 498
Gesetz sah lebenslange, 20
Gesetze, 21, 161, 201, 204–206, 208, 216, 221, 355, 378, 385, 390, 464
Gesetze auftreten, 217
Gesetze durchgesetzt, 344
Gesetze erlassen, 344
Gesetze erlassen werden, 216
Gesetze oft nicht, 344
Gesetze sind, 523
Gesetze zu, 35, 206, 215, 378
Gesetzen Gefahr laufen, 427
Gesetzesentwürfen, 161, 216, 465

Gesetzesentwürfen geschehen, 440
Gesetzesänderungen wird, 181
Gesetzgeber, 35
Gesetzgeber aufrechterhalten, 512
gesetzliche, 202, 222, 236, 248, 435
gesetzlichen Rahmenbedingungen, 218, 220
gespielt, 15, 121, 242
gesprochen, 34, 35, 228, 355
Gespräche, 29, 56, 57, 153, 281, 353, 463, 484, 486
gestalten, 3, 14, 46, 54, 215, 252, 280, 290, 304, 348, 416, 444, 450, 491, 493
gestaltet, 63, 65, 315, 374, 484
gesteigert, 188
gestellten Mitglieder der, 480
gestärkt, 37, 94, 158, 283, 292, 353, 356, 426, 459, 461
Gesundheit, 89, 126, 163, 228, 247, 274, 318, 324
Gesundheit beeinträchtigt, 35
Gesundheit bestehen, 336
Gesundheit innerhalb, 222
Gesundheit ist, 276
Gesundheit reichen, 64
Gesundheit schützen, 269, 276
Gesundheit spielen, 495
Gesundheit von, 523
Gesundheitsdienste anzubieten, 378
Gesundheitsdienstleister ihre, 307
Gesundheitsprobleme wie, 228
Gesundheitsproblemen führen, 222
Gesundheitsproblemen äußern, 132
Gesundheitswesen kann, 387
Gesundheitszustand korreliert ist, 259
Gewalt, 3, 16, 20, 210, 231, 234, 241, 301, 302, 329, 386,

420, 443, 479, 497, 502
Gewalt ausgesetzt, 4
Gewalt betroffen, 385
Gewalt führte, 501
Gewalt gegen, 3, 69, 385, 414
Gewalt konfrontiert, 237
Gewalt sein, 27, 38
Gewalt sind, 477
Gewaltverbrechen gegen
    Transgender-Personen, 27
gewandelt, 443
gewinnen, 54, 71, 125, 130, 154,
    162, 170, 174, 182, 195,
    207, 217, 256, 257, 304,
    337, 350, 399, 415, 416,
    429, 461, 507, 523, 525
gewinnt, 400
gewissen, 355
gewährleisten, 187, 200, 205, 206,
    322, 385, 387, 392, 400,
    449
gewöhnt, 394
gewürdigt wird, 365
gezeichnet, 65
gezielt anzugehen, 218
gezielte, 30, 322, 389, 461, 511
gezielter, 173, 404
gezogen, 462
gezogen werden, 65
gezwungen fühlen, 137
gibt, 19–24, 56, 67, 69, 71, 73, 105,
    110, 113, 121, 130, 136,
    156, 164, 173–176, 185,
    191, 192, 195, 200–202,
    205–207, 215, 231,
    237–239, 241–243, 248,
    250, 251, 253, 260, 285,
    293, 295, 311–313, 315,
    319, 321, 332, 337, 339,
    344, 345, 348, 349, 352,
    358, 365, 367, 368, 370,
    374, 385–389, 391, 394,
    402, 405, 412–414, 418,
    422, 423, 427, 428, 437,
    439, 449–451, 453, 454,
    470, 474–478, 483, 485,
    488, 490, 496, 498, 503,
    507, 510, 511, 519, 521,
    523, 527, 528
gilt, 5, 21, 239, 250, 263, 311, 349,
    365, 366, 385, 388, 397,
    412–414, 422, 427, 485,
    490
ging, 35, 49, 209
glauben, 280, 292, 485
glaubt, 26, 32, 34, 44, 160, 162, 229
gleichen Maße von, 136
gleichen Rechte, 33, 74, 250, 307,
    508
gleichen Werte, 475
gleichgeschlechtliche, 5, 204, 221,
    283, 450, 511
gleichgeschlechtlichen, 3, 11, 17, 21,
    177, 204–206, 283, 450,
    507
gleichgeschlechtlicher, 21
Gleichgesinnte zu, 163
Gleichgesinnten kann, 516
Gleichgewicht, 267, 269, 293
Gleichheit, 6, 8, 93, 133, 498, 501
Gleichheit alle, 504
Gleichheit beitragen, 528
Gleichheit einsetzt, 338
Gleichheit erfordert, 33
Gleichheit fördern, 378
Gleichheit haben, 442
Gleichheit schaffen, 526
Gleichheit spielen, 416

Gleichheit und, 3–6, 17, 19, 24, 46, 62, 163, 182, 188, 211, 225, 234, 243, 272, 283, 284, 300, 307, 339, 356, 362, 400, 402, 404, 409, 432, 437, 443, 455, 480, 482, 484, 491, 496, 502, 503, 505, 507, 512, 513, 515, 525, 528
Gleichheit vor, 248
Gleichheit zu, 511
Gleichstellung der, 205, 306, 440, 458, 474, 510
Gleichstellung von, 181, 215
Gleichung, 47, 95, 200, 295, 336, 371
gleichzeitig Lösungsansätze und, 64
Gleichzeitig sind, 236
globale, 41, 201, 351, 397–399, 426–429
globalen Diskurs, 398
globalen Ungleichheiten, 201
globaler, 386, 398, 490
Greenwich Village, 3
greifbarer, 66, 119
Grenzen, 256, 257
Grenzen hinweg zu, 429
Grenzen können, 272
Grenzen von, 39
große Anhängerschaft, 190
große Mobilisierungsaktionen, 449
großen Anklang, 41
großer Bedeutung, 154, 163, 282, 343
Grundlagen, 182, 309, 338, 424, 489, 490
Grundlagen basieren, 235
Grundlagen der, 277, 298
grundlegend, 437

grundlegende, 131, 155, 336
grundlegender, 21, 108, 135
grundlegendsten, 199, 433
gruppen, 118
Gruppenaktivitäten innerhalb, 255
Gruppenleiter geschult, 273
Gruppenmitgliedschaften, 124
größere, 63, 131, 164, 187, 311, 342
größerem Verständnis, 349
größeren gesellschaftlichen, 205
größeren Prozess sei, 303
größerer, 7
größten, 34, 47, 69, 88, 104, 130, 136, 158, 170, 188, 192, 195, 232, 239, 240, 272, 289, 291, 293, 294, 302, 308, 317, 321, 334, 347, 389, 394, 397, 405, 411, 419, 427, 449, 455, 483, 485, 490, 525
Gründerin von, 120, 301
Gründung, 2
Gründung konnte, 155
Gründung von, 27, 41, 64, 525
Gründung zahlreicher, 4, 410
gut, 56, 59, 67, 188, 197, 217, 228, 421, 450
gute, 255
Gäste der, 4

haben, 3, 5, 11, 15, 16, 21, 33–35, 37, 39–43, 47, 48, 50, 52, 56, 59, 64, 68, 77, 82, 83, 89, 92, 94, 104, 105, 114, 120, 121, 127, 131, 136, 141–143, 149, 153, 156, 158, 167, 169, 184–187, 190–193, 195, 198, 201, 203, 207, 209, 210, 216,

218–222, 227–229, 231,
233, 240–242, 249, 254,
257, 261, 263, 279, 280,
293–295, 304–308,
310–312, 319, 320, 325,
331, 334, 348, 349, 351,
353, 355, 356, 360, 362,
367–369, 371–373, 377,
380, 386, 387, 389–391,
394, 398, 405, 406, 413,
426–428, 430, 441, 442,
444, 450, 451, 454, 455,
460–469, 473, 475, 477,
480, 482, 486, 489–491,
493, 494, 496, 497,
502–504, 507, 511, 512,
514–516, 521–523, 525
Haftstrafen, 20
half, 78, 83, 84, 86, 87, 91, 92, 99,
117, 118, 121, 149, 154,
495
halfen auch, 28
halfen nicht, 131
Haltung, 231
Haltung gegenüber, 222
harter Kämpfe, 11
Harts Stil, 54, 55
Harts Stil effektiv, 53
Harvey Milk, 8, 454, 525
Hassverbrechen gegen, 205, 222
hat, 6, 10, 11, 16, 22, 26, 31–39, 41,
43, 44, 47–50, 53, 55–57,
62, 64, 66, 71, 74, 87, 112,
129, 133, 137, 142, 167,
171–173, 176, 179, 182,
185, 193, 205, 207–211,
223, 228, 229, 231, 234,
237, 242, 243, 245, 246,
252, 263, 271, 274,

279–281, 293, 294, 306,
307, 309, 314, 320, 322,
324–326, 339, 348–355,
360, 362, 372, 388, 414,
415, 426, 432, 442, 443,
454, 459–468, 473, 475,
478, 479, 481, 486, 504,
507–509, 512, 515, 516,
521–523, 525, 526
hatte, 4, 30, 78, 99, 129, 149, 209,
458, 525
hatten, 5, 28, 78, 86, 118, 130, 131,
149, 304, 391, 399
Haustier kann, 99
Haustiere, 98, 99
Haustiere ihre, 98
Haustiere spielen, 98
heilen, 256
heilende, 477
helfen, 290, 300, 478
helfen auch, 147, 511
helfen dabei, 261
helfen können, 110, 147
helfen sie, 157
Henri Tajfel, 124, 259
Herangehensweise zeigt, 504
herausfordernd, 24, 43, 51, 79, 85,
95, 108, 119, 122, 136,
263, 374, 378, 480, 512,
524
herausfordernden Zeit ist, 444
herausfordernder Prozess, 87, 433
Herausforderung, 36, 78, 123, 143,
158, 173, 194, 201, 216,
217, 234, 279, 342, 368,
387, 390, 394, 420, 428,
475, 523
Herausforderung bei, 172

Index 571

Herausforderung dar, 30, 101, 342, 366
Herausforderungen, 10, 52, 108, 114, 121, 131, 147, 167, 171, 192, 207, 242, 250, 255, 269, 294, 304, 307, 371, 399, 474, 516
Herausforderungen gegenüber, 16
Herausforderungen kennt, 105
Herausforderungen konfrontiert, 269
Herausforderungen konkretisiert, 20
Herausforderungen kämpfen, 137
Herausforderungen sind, 157
Herausforderungen zu, 33, 42, 115, 295, 298, 406
herausragende, 15, 17, 34
herbeiführen, 126, 455
herbeizuführen, 6, 8, 12, 51, 53, 113, 119, 147, 153, 155, 185, 206, 217, 223, 225, 233, 294, 331, 340, 354, 408, 436, 449, 463, 466, 491, 503, 515
Herkunft, 2, 406, 407
hervor, 47, 106
hervorgehoben, 48, 64, 365
hervorheben, 66, 339, 350, 366
hervorhob, 306
hervorragende Gelegenheiten, 179
Herzen, 339
Herzen liegen, 447
Herzstück von, 184
heterosexuellen Menschen dominiert wird, 408
heutigen, 3, 36, 41, 59, 68, 113, 120, 176, 190, 193, 388, 390, 395, 397, 421, 434, 439, 442, 451, 484, 489, 498, 512, 515, 524, 526
hielt, 40
Hier kommen, 268
Hier kommen Menschen aus, 516
Hier sind, 268, 271, 278, 280
Hier wird, 64
Hier wird auch, 65
Hier zeigt, 200
Hierbei kann, 457
Hierbei zeigte sich, 159
hierfür, 6, 35, 51, 56, 68, 86, 92, 94, 98, 105, 122, 161, 177, 193, 199, 205, 206, 216, 217, 221, 222, 243, 249, 260, 289, 295, 338, 340, 346, 347, 365, 367, 372, 385, 389, 405, 420, 430, 442, 443, 449, 460, 472, 475, 494, 496, 501, 515, 523, 525
Hilflosigkeit, 89
hilft, 66, 105, 114, 198, 256, 278, 340, 424, 433, 454, 476
hinaus, 5, 6, 37, 50, 105, 112, 153, 174, 185, 242, 250, 273, 289, 295, 299, 306, 318, 321, 322, 325, 338, 349, 351, 355, 360, 366, 373, 374, 389, 394, 406, 438, 450, 458, 464, 477, 480, 491, 501, 511, 523, 526, 528
hinausgeht, 39, 42, 299
Hinblick auf, 31, 215, 305
Hindernisse, 16, 173, 211
Hindernissen, 302
Hingabe letztendlich zu, 443
hingegen bezieht sich, 9

hingegen hat, 56
hingegen kann, 66
Hinsicht spielen, 155
hinsichtlich, 49, 241, 243
hinter, 6, 153, 233, 314, 360, 362, 453
Hinter jeder, 351
hinterfragen, 66, 83, 94, 121, 141, 250, 294, 295, 370, 437
Hintergrund arbeiten, 504
Hintergrund gedrängt, 56, 193, 341, 358
Hintergründen, 504
historisch, 94, 405
Historisch gesehen, 242
Historisch gesehen haben, 454
historische, 3
historischen, 1, 64, 204
Hodges, 21
Hoffnung, 126, 263, 453–455, 501, 505
Hoffnung als, 454
Hoffnung auch, 501
Hoffnung gibt, 453, 503
Hoffnung nie verlieren, 444
Hoffnung oft das, 454
Hoffnung schöpfen, 455
Hoffnung spielt, 501
Hoffnungslosigkeit innerhalb, 450
hofft Stephanie, 83
hohen Kosten, 398
hohen Maß, 222
homophobe, 48, 137
Homophobie, 7, 289
homosexuelle, 4, 20, 199, 386
homosexuellen, 149
Humor können, 57
humorvolle, 53, 57, 66, 67
hält, 72

Händen der, 382, 519
hängt, 170, 206, 218, 416, 446, 526
häufig, 6, 11, 20, 34, 76, 115, 121, 126, 131, 138, 163, 192, 215, 216, 239, 241, 242, 274, 281, 282, 297, 354, 373, 390, 462, 525
häufige Verwendung von, 193
häufigsten, 95, 142, 198, 219, 224, 230, 270, 293
höheren Empathie, 190
hörbar, 153, 191
hören, 186, 484
Hürde, 368
Hürden, 34, 155, 239, 279, 286, 295, 414, 493, 523
Hürden ist, 195, 272, 291, 317, 321, 334, 394, 405, 485, 490, 525
Hürden konfrontiert, 145
Hürden oder, 289
Hürden zu, 24, 388

Idee von, 158
identifizieren, 131, 284, 292, 301, 349, 389, 468
identifiziert, 136
Identität Gewalt, 379
Identitäten, 46, 494
Identitäten betreffen, 341
Identitäten innerhalb, 149, 460, 476, 490
Identitäten konzentrieren, 47
Identitäten können, 222
ignorieren, 231
ignoriert, 47, 137, 200, 365, 367, 371, 408, 483, 484
ihn menschlich, 54

Index 573

ihnen, 48, 79, 198, 220, 256, 278, 284, 289, 290, 319, 322, 349, 390, 443, 447, 473
ihr, 27, 28, 30, 39, 40, 42, 44, 81, 83, 86, 87, 90, 98, 99, 101, 106–108, 117–119, 121, 122, 124, 129, 130, 140, 153–155, 158, 164, 185, 191, 192, 220, 259, 272, 274, 286, 304, 335, 356, 382, 406, 430, 435, 438, 442, 443, 453, 457, 458, 461, 463, 466, 468, 472, 475, 489, 496
Ihr Ansatz, 48
Ihr Durchhaltevermögen, 283
Ihr Engagement, 37, 39, 444, 517
Ihr Erbe wird, 466
Ihr jährliches Festival der, 521
Ihr unermüdlicher Einsatz, 34
ihre, 2, 5–10, 12, 16, 17, 19, 25, 26, 28–30, 32, 34–48, 50–53, 59, 66, 69–71, 73, 76–79, 81, 83, 86–88, 90–93, 98, 99, 101–108, 112–114, 116–125, 127, 129–131, 140, 145, 149, 153, 154, 156, 157, 159, 160, 164, 168, 170, 171, 173, 177, 178, 181, 185–188, 190, 191, 194–196, 198–202, 204, 205, 209, 210, 212, 214–216, 220, 225, 227–229, 232, 234, 239–243, 248, 253, 257, 260–262, 265, 268, 269, 271, 272, 274, 276, 277, 279–281, 283, 285, 286, 288–292, 294, 295, 298, 300, 304, 307, 308, 310–312, 316, 317, 319–321, 325, 327, 329, 332, 336, 338, 339, 345, 346, 348–353, 355, 356, 362, 367, 369–373, 379, 382, 387–390, 393–395, 397–399, 405, 406, 411, 415, 416, 426, 427, 430, 432, 434, 435, 437, 439, 440, 442–444, 446, 449, 450, 453–455, 457–468, 472, 473, 475–477, 479, 482, 497, 502, 504, 507, 509, 510, 512, 515, 516, 521, 523–525
Ihre Authentizität, 463
Ihre Erzählung, 44
Ihre Fähigkeit, 41, 50, 382, 465, 467, 473, 526
Ihre Geschichte, 459
Ihre Geschichte zeigt, 42
Ihre Großmutter, 92
Ihre Gründung von, 466
Ihre Handlungen zählen, 528
Ihre Initiativen haben, 39
Ihre Innovationskraft, 382
Ihre Lehrer, 117
Ihre Reaktionen, 91
Ihre Reise zeigt, 459
Ihre Resilienz, 279
ihrem Aktivismus, 459
ihrem Alltag integrieren, 255
ihrem Leben, 65, 83, 457
ihrem Leben dar, 106
ihrem persönlichen, 99, 105, 188, 463
ihrem Weg, 124, 459, 462
ihrem Weg als, 37

ihrem Weg begegnen, 284
ihrem Weg begleitet, 503
ihrem Weg zum Aktivismus, 119
ihren, 12, 31, 34, 35, 40–44, 51, 53, 72, 79, 81, 82, 87, 98, 103, 106, 108, 119, 121, 129, 131, 132, 137, 163, 201, 227, 229, 243, 247, 255, 283, 294, 329, 334, 348, 350, 352, 354, 355, 368–370, 387, 457, 458, 463, 466, 490, 496, 501, 502, 510
ihrer, 2, 6, 8, 11, 21, 26, 32, 35–44, 46, 48, 50–52, 57, 61, 64, 66, 71, 72, 74, 77–79, 81–83, 85–88, 91, 92, 94, 98, 99, 101, 103–106, 108, 118–120, 125, 129–132, 135, 137, 142, 143, 156, 161, 167, 174, 176, 181, 188, 191, 192, 194, 196, 197, 207, 208, 218, 222, 227, 228, 237, 248, 250, 252, 257, 260, 262, 265, 271, 272, 281, 290–292, 294, 295, 309, 314, 317–319, 325, 329, 334, 336–338, 342, 346, 347, 349–351, 353, 356, 358, 360, 363, 365, 369, 372, 373, 379, 389, 399, 415, 416, 425, 432, 433, 441, 454, 457–460, 462–464, 467, 473, 475, 482, 487, 493, 515, 520, 521, 525
immer, 70, 71, 107, 117–119, 136, 159, 184, 205, 210, 237, 241, 354, 355, 367, 394, 398, 450, 473, 475, 489, 498, 515
implementieren, 229, 242, 344, 394
implementiert, 302
impliziert, 480
in, 1–8, 10–12, 15–17, 19–22, 24–46, 48–57, 59, 61–72, 74–79, 81–83, 86–99, 101–110, 112, 114, 117–122, 124, 127, 129, 131–133, 135–138, 140, 142, 143, 145, 147–149, 153–158, 160, 161, 163, 164, 167, 170–173, 176–179, 181, 182, 184, 185, 187–190, 192, 193, 196, 199–202, 204–211, 213–218, 221–223, 225, 227, 228, 230, 231, 233, 234, 236–243, 246, 248, 250–252, 255–257, 259, 262, 265, 267–269, 271, 273, 274, 276–283, 285, 286, 288–292, 294, 295, 297–299, 301–312, 314, 317–322, 325, 326, 329, 331, 332, 334–346, 348–353, 355, 356, 358, 360, 362–368, 371–373, 377–379, 382, 384–387, 389–391, 394, 397–400, 402, 405, 407–410, 413–416, 421–423, 426–433, 435, 437–439, 441–446, 450, 451, 453–455, 457–469, 474, 475, 477–480, 482, 484–486, 489–491, 493–498, 501–505, 507,

Index 575

510–512, 515–517, 519,
    521–526, 528
Indem Individuen sich, 432
individuelle, 12, 42–44, 57, 59, 83,
    126, 133, 149, 236, 257,
    279, 296, 299, 330, 338,
    348, 353, 358, 366, 390,
    430, 432, 433, 455, 459,
    462, 465, 477, 493, 501,
    513, 521, 523
individueller, 11, 234, 235, 342, 439,
    474, 493, 517, 522, 523
Individuen, 10, 15, 76, 77, 156, 188,
    199, 252, 284, 292, 363,
    419, 442, 457, 468, 484,
    487, 517
Individuen benötigen, 90
Individuen dar, 234
Individuen Diskriminierung, 346
Individuen durchlebt, 261
Individuen Gleichgesinnte, 108
Individuen helfen, 145
Individuen ihr, 259
Individuen ihre, 88, 91, 127, 329,
    523
Individuen innerhalb, 46, 321
Individuen oder, 342, 451
Individuen schaffen, 184
Individuen sich, 87, 321
Individuen sicher fühlen, 405
Individuen versuchen, 125
Individuen verzerren, 239
Individuen von, 259
informationale Unterstützung, 347
informativ sein, 52
informieren, 33, 163, 257, 289, 416,
    511
informiert, 105, 336, 468
infrage, 472

Initiativen betrachten, 499
Initiativen bis hin zur, 430
Initiativen erfolgreich, 30
Initiativen vorantreibt, 444
Initiativen zeigt, 331
initiieren, 206, 373
initiierte, 131
Inklusion, 113
inklusiv, 137, 172, 192, 320, 342,
    347, 360, 372, 374, 381,
    522
Inklusive Netzwerke müssen, 347
inklusiven, 21, 30, 157, 250, 304,
    331, 480
inklusiveren, 31, 34, 72, 252, 279,
    325, 362, 402, 405, 413,
    419, 468, 476
innen oder, 114
innere, 104, 267, 269
inneren, 33, 76, 78, 86, 87, 92, 118,
    122, 132, 148, 263, 265
innerhalb, 4, 10, 11, 17, 28, 30, 32,
    35, 38, 46–51, 56, 69,
    77–79, 81, 92, 94, 103,
    107, 114, 130, 149, 158,
    159, 161–163, 171, 174,
    180, 185, 189–191, 195,
    199, 208, 209, 221, 222,
    237, 240, 242, 243, 250,
    255, 260, 272, 291, 292,
    309, 311, 316, 321, 322,
    326, 334, 337, 338, 342,
    345, 347, 352, 358, 360,
    364–370, 372–374, 381,
    384–387, 391, 394,
    405–409, 415, 417–422,
    427, 428, 432, 435, 437,
    439, 449–451, 460–462,
    467, 476, 477, 479, 483,

490, 517, 522
Innerhalb der, 136, 200
innovative, 36, 72, 170, 380, 387, 390, 394, 429, 475, 478, 526
Insbesondere, 131
insbesondere, 26, 31, 36, 37, 56, 75–77, 81, 83, 85, 89, 93, 99, 104, 113, 118, 120, 122, 126, 137, 138, 140, 145, 147, 156, 162, 163, 173, 185, 190, 197, 201, 242, 245, 255, 259, 272, 273, 277, 290–292, 294, 296, 298, 305, 309, 318, 320, 335, 338, 339, 345, 352, 353, 363, 367, 368, 372, 378, 380, 385–387, 389, 414, 417, 422, 446, 451, 462, 472, 481, 482, 504, 509, 511, 512, 524
Insbesondere Transfrauen, 385
Insgesamt, 159, 356
Insgesamt gibt, 388
Insgesamt zeigen, 50
Insgesamt zeigt, 17, 210, 243, 312, 360
Insgesamt zeigt sich, 350
Inspiration nutzen, 517
inspirieren, 8, 26, 34, 41–43, 46, 53, 69, 103, 105, 140, 261, 263, 283, 298, 299, 304, 340, 353, 369, 432, 458, 462, 467, 502, 515, 517, 526
inspirierende, 31, 41, 55, 57, 110, 238, 282, 298, 300, 338, 353, 393, 470, 490, 517, 521

inspiriert, 5, 39, 64, 87, 154, 299, 326, 353, 355, 444, 453, 462, 463, 480, 503, 521, 525
inspirierten sie, 117
institutionelle, 227, 228
instrumentelle, 347
Instrumentelle Unterstützung bezieht sich, 346
integraler Bestandteil der, 1
integraler Bestandteil ihrer, 176
integrieren, 31, 48, 50, 105, 130, 255, 289, 292, 298, 332, 344, 345, 352, 384–386, 409, 479, 494
integriert, 273, 348, 400, 402, 416
intellektuelle, 121, 295, 296
internalisierten, 295
internationale, 20, 40, 201, 217, 350, 351, 353, 386, 399, 427, 429, 490
internationaler, 199, 206, 217, 369, 427
interne, 159, 170, 172, 260, 295, 337, 352, 420
internen, 200, 420, 476
intersektionale, 4, 7, 24, 31, 35, 47, 48, 94, 163, 260, 289, 340, 383, 385, 405, 416, 467, 478, 504, 511
Intersektionale Bildung, 497
intersektionalem, 17, 31, 50, 65, 303, 394, 429
intersektionalen, 2, 26, 34, 47–49, 51, 92, 130, 133, 149, 162, 209, 317, 341, 342, 352, 380–382, 384, 407, 415, 420, 467, 479, 497, 510, 512, 516

Intersektionaler Aktivismus, 46, 342, 384
intersektionaler Ansätze, 480
investieren, 154, 200
isoliert betrachtet, 31, 161, 407, 479, 516
isoliert fühlen, 408
isoliert stattfinden, 442
ist, 1, 3–8, 10–12, 14–17, 19–21, 24–26, 28, 29, 31–44, 46–48, 51–57, 59, 61–74, 76, 77, 79, 81, 83–92, 94, 95, 97, 98, 101–108, 110, 112, 114–119, 121–124, 126, 127, 129, 131–133, 135–138, 140, 143, 147–149, 155–158, 160–165, 167, 168, 170–173, 176–182, 184–202, 204–210, 213, 215–222, 225, 227–234, 237–243, 247, 248, 250–252, 254–257, 259–263, 265, 267, 269, 271–274, 276, 278–284, 286, 288–300, 305–309, 311, 312, 314, 316–322, 325, 326, 329–332, 334–342, 344–355, 358, 360, 362, 365–369, 371–374, 377–392, 394, 395, 397–400, 402, 404–409, 412–417, 419–422, 424, 426–444, 446, 447, 449–451, 453–455, 459–468, 472–476, 478–486, 489–491, 493–498, 500–505, 507, 509–513, 515–517, 519, 521–526, 528

Jahr 2015, 21
Jahr 2019, 243
jahrelangen Aktivismus, 507, 523
jahrelangen inneren, 76
jahrzehntelangen, 5
Jahrzehnten bemerkenswerte, 22
James Baldwin, 117, 120
Jamie, 91
Jamies Kampf, 91
Janet Mock, 463
Je mehr, 498
jede, 31, 484, 486
Jede Auszeichnung, 360, 362
jedem, 158
jedem Bereich des Lebens, 524
jeden LGBTQ-Individuums, 110
jeden Menschen, 87, 98, 101
jeder, 10, 25, 33, 59, 62, 74, 94, 129, 156, 252, 257, 263, 274, 322, 331, 338, 351, 353, 356, 362, 430, 432, 437, 442, 473, 484, 486, 489, 491, 500, 507, 512, 515–517, 519, 526–528
Jeder Aktivist wird mit, 442
Jeder Einzelne, 516
Jeder Einzelne kann, 491, 507
Jeder kann, 74
Jeder Mensch, 467
Jeder Schritt, 486, 528
Jeder von, 432, 443, 444, 486, 528
Jedes Jahr zieht, 339
Jedes Kapitel ist, 63, 65
Jedes Unterkapitel, 65
Jedes Unterkapitel behandelt, 64
jedoch auch, 234

Jedoch gab es auch, 103
jedoch gibt, 22
jedoch nur, 307
jedoch oft auf, 36
jedoch oft mit, 34
jedoch oft übersehenes, 90
jedoch sind, 344
jener würdigen, 503
John Turner, 124, 259
Johnson, 283
Johnsons Leben, 185
Johnsons unermüdlicher Einsatz, 525
Journalisten müssen, 194
Judith Butler, 348
Jugend hören, 382
Jugendliche steht, 323
Jugendlichen, 210, 325
Jugendlichen beeinflussen, 90
Jugendlichen eingehen, 521
Jugendlichen zu, 322
junge, 41, 44–46, 105, 106, 335, 382, 465, 466, 526
jungen Mann, 76
junger, 44, 104, 105, 325, 380, 382, 465, 521
jüngere, 43, 56, 467
Jüngere Aktivisten, 380, 526
Jüngere Aktivisten könnten andere, 475

Kalenders geschehen, 256
Kalifornien, 8, 525
kamen, 3
Kampagne, 281, 282, 302, 304
Kampagne beinhalteten, 301
Kampagne kam aus, 301
Kampagne schließlich, 460
Kampagne zielte darauf ab, 301

Kampagnen, 234, 337
Kampagnen oft große, 398
Kampf, 61, 67, 162, 199, 211, 278, 331, 332, 416, 463, 484
Kampf gegen Diskriminierung, 250
Kampf gegen Vorurteile, 496
Kanada, 17, 26, 31, 158, 206, 207, 215, 222, 304, 351, 507
Kandidaten, 209
kann, 6, 7, 10, 21, 32, 35, 36, 38, 42, 46–48, 53–57, 59, 66–68, 73–77, 86–89, 91, 92, 94, 95, 99, 104–110, 114, 116, 119, 122–124, 127, 131–133, 136–138, 140, 148, 157, 158, 163, 167, 170–174, 176, 177, 179–181, 185, 187–195, 197, 199–202, 204, 205, 208, 211, 214–218, 222–225, 227–234, 240, 242, 243, 246, 252, 256, 257, 259, 261, 268, 269, 273, 274, 276, 279–284, 290–297, 299, 300, 310–312, 314, 316–322, 325, 331, 332, 334, 336–345, 347–349, 351–353, 355, 356, 358, 360, 364–366, 368–374, 378, 383, 386, 387, 389, 391, 394, 395, 398, 399, 402, 406–409, 415, 416, 419–421, 424, 426, 428–430, 432, 433, 435–442, 444, 446–451, 455, 457, 461–463, 468, 469, 473–477, 479, 480, 482–487, 490, 491, 496,

Index

498, 503, 507, 509, 511,
513, 516, 519, 522–524,
526–528
Kapazitäten, 444
Kapitals, 89
Kapitels, 110
Kategorien berücksichtigen, 407
Kategorien wie, 47
keine, 227, 485
keinen, 237, 429, 451
Keith Haring, 338
Kern mit, 482
Kevin Hart, 53, 55
Kevin Hart wird der, 53
Kimberlé Crenshaw, 7, 379, 407,
415, 467, 510, 516
klar definiert, 216
klare, 31, 34, 93, 116, 172, 173, 187,
202, 207, 243, 293,
298–300, 302, 304, 451,
454, 455, 524–526
klaren, 154, 256, 299, 450, 462, 464
klarer, 404
Klarheit zu, 257
Kleidung trug, 82
kleinen, 46
kleinere, 311
Kleinere Organisationen, 187, 311
Klima der, 20, 199
Kliniken, 378
Kluft kann, 429
Kluft schlagen, 78
Kollegen, 367
kollektive, 4, 10, 12, 43, 154, 223,
225, 234, 245, 279, 284,
292, 294, 296, 318, 348,
390, 394, 405, 409–411,
432, 433, 451, 455, 459,
462, 477, 482, 484, 496,

501, 503, 513, 517, 521,
524
Kollektive Erinnerungen spielen, 477
kollektiven Anstrengungen
innerhalb, 358
kollektiven Effizienz, 292
kollektiven Fortschritt, 522
kollektiven Unterstützung, 505
kollektiver Kampf, 83
kollektives Anliegen, 526
kollektives Gut., 140
kollektives Unterfangen, 10
kollektives Ziel, 501
kombiniert, 41, 220
Kommentare, 137
Kommentare ignoriert, 137
Kommerzialisierung, 14, 185, 191,
192
Kommilitonen reagierten, 107
Kommunikationsstrategien, 281
Kommunikationsstrategien
entwickelt, 173
kommunizieren, 36, 43, 116, 130,
136, 197, 199, 302, 388,
399, 429, 465, 509
kompetent behandelt, 187, 387
komplexe, 34, 40, 43, 51, 66, 173,
184, 193, 274, 342, 465,
483, 484
komplexen, 47, 77, 107, 115, 177,
202, 340, 353, 516
komplexer Prozess, 451
komplexes Thema, 15
komplexes Zusammenspiel von, 309,
371
Komplexität, 67, 135, 192, 482
Komplexität anerkennen, 31
Komplexität der, 64, 70, 189, 213,
342, 384

Komplexität dieser, 92, 95
Komplexität von, 468
Komponente der, 161
Konferenzen spricht, 351
Konflikt, 92, 295
Konflikt führen, 86, 132
Konflikte, 93, 118, 126, 130, 260, 420
Konflikte innerhalb, 130
Konflikte können, 122, 337, 420
Konflikte sind, 420
Konflikten, 76, 79, 187, 200, 293, 449, 476
Konflikten bezüglich der, 263
konfrontiert, 10, 17, 21, 26, 32, 34, 35, 37, 39, 40, 42, 44, 47, 48, 52, 57, 69, 76, 88, 89, 95, 101, 105, 107, 115–117, 135–137, 145, 153, 154, 160, 162, 179, 181, 184, 186, 189, 193, 199, 202, 206, 209, 215, 219, 228, 232, 237, 239, 242, 253, 259, 261–263, 269, 274, 279, 280, 289, 301, 304, 306, 309, 317–319, 335, 336, 338, 340, 352, 354, 365, 366, 373, 386, 400, 408, 426, 442, 446, 449, 453, 454, 457, 459, 463, 465, 466, 472, 479, 482, 487, 489, 493, 494, 496, 498, 504, 507, 526
konkrete Beispiele, 307, 512
konkreten, 182, 319
konnte, 28, 29, 31, 108, 118, 119, 121, 131, 148, 154, 155, 265, 271

konnten von, 399
Konservative Gruppen, 38
konservativen, 36, 38, 42, 75–78, 81, 86, 89, 92, 101, 105, 117, 132, 148, 227, 339, 474, 495, 515
Konstante, 522
Konstante sind, 290
konstruiert, 121
Konstruktive Kritik, 290
konstruktive Kritik, 291
Kontakt, 86, 457
Kontexte gegeben, 64
Kontexte konstruiert, 121
Kontexten sind, 75
kontinuierliche, 114, 217, 218, 250, 318, 390, 392, 395, 426
kontinuierlichen, 388, 499, 524
Kontrast, 222
Kontroverse, 306
konzentrieren, 35, 47, 191, 211, 268, 280, 311, 372, 386, 415, 450, 479, 490, 510, 511
konzentriert, 160, 426, 521
konzentrierte, 38
Konzept, 46, 94, 377, 379, 400, 415
Konzept besagt, 248
Konzept der, 248, 321, 462, 489, 510
Konzept ist, 12, 259, 280, 350
korrekten Pronomen zu, 194
kraftvolle, 55, 65, 70, 119, 180, 184, 252, 256, 261, 299, 338, 366, 382
kreative, 43, 71, 117, 170, 176, 182, 195, 256, 338, 393, 419, 436, 437, 521
kreativen Ausdrucksformen, 257
kriminalisiert, 231

kriminelle Handlungen, 232
Kritik, 50, 119, 291, 371
Kritik hingegen kann, 290
Kritik innerhalb, 51
Kritik konfrontiert, 504
Kritik oft auf, 290
Kritik verbunden, 292
kritisch, 107, 291, 311
kritische, 49, 57, 112, 352, 370
kritischem Denken, 110, 116
kritischen Kommentaren, 50
Kritisches Denken, 114, 115
kritisches Denken, 112, 116, 250
kritisiert, 243
kritisierte, 121
Kultur spielt, 339
Kulturelle Herausforderungen, 343
kulturelle Hintergründe können, 405
kulturelle Normen, 97, 495
Kulturelle Normen spielen, 494
kulturelle Repräsentation, 468
kulturelle Teilhabe, 342
kulturelle Unterschiede, 419
kulturelle Unterschiede können, 399
kulturelle Veränderung, 436
Kulturschaffende sehen, 339
Kunst wird somit, 43
Kunstwerke oft mit, 338
kurzfristige, 268, 299, 303, 371, 400, 402, 436, 479
kurzfristigen Zielen, 523
Kämpfe durchlebten, 149, 458
Kämpfe ignoriert, 365
Kämpfe oft langwierig und, 472
Kämpfen, 502
kämpfen andere, 398
Kämpfen legalisiert wurde, 525
kämpfen oft mit, 334

Kämpfen sind, 263
Kämpfen stärken, 501
kämpfte auch, 283
können, 4, 6, 7, 10–12, 14, 17–22,
  28, 31, 32, 36, 38, 42, 44,
  45, 47, 49, 51–53, 55–57,
  59–61, 65, 68–74, 76, 77,
  82, 83, 90–94, 97, 99,
  104–106, 108–110,
  112–114, 116, 122, 123,
  126, 128–132, 135–140,
  142, 147, 149, 156, 158,
  160, 161, 163, 164, 168,
  170, 171, 178–182,
  185–189, 191–193, 196,
  197, 199–201, 204–206,
  208, 210, 212, 215–218,
  221–223, 228–232, 234,
  235, 237, 239, 241, 243,
  248, 250–255, 257,
  260–263, 265, 267,
  269–277, 279–283, 285,
  286, 290–300, 302, 304,
  307, 308, 313, 315, 316,
  318–322, 329, 331,
  336–340, 342, 346–350,
  352–354, 358, 360,
  364–369, 371, 373, 374,
  382, 384, 385, 388–390,
  395, 397–399, 402, 405,
  407, 408, 411, 413, 414,
  416, 418–421, 427–430,
  432–444, 446–451, 454,
  455, 459, 461–463, 465,
  466, 472, 474, 476–480,
  483, 484, 486, 489–491,
  493, 494, 496, 497,
  499–502, 507, 509, 510,
  513, 516, 517, 519,

521–523, 528
könnte, 311
könnte beispielsweise, 273
könnte dazu, 17, 67
könnte der, 229
könnte es sinnvoll, 281
könnte helfen, 480
könnten Schwierigkeiten haben, 311
könnten sich, 187
körperlicher, 269
kümmern, 140, 256
Künstler, 339, 502
künstlerischem Ausdruck ist, 43
Künstlern, 293

Lachen, 66
Lage sein, 288, 468
landesweit, 204, 283
landesweiten Diskussion über, 119
lange, 3, 362, 512
langer, 103
langfristig, 500
langfristige, 50, 82, 155, 170, 228, 237, 268, 298, 303, 371, 372, 400, 402, 436, 479
langfristigen Auswirkungen von, 39, 320, 353, 356, 371, 373
langfristigen Erfolg und, 286
langfristigen Erfolg von, 455
langfristigen Erfolg, und, 263
langfristigen Kampfes, 5
langfristigen Ziele, 33
langwieriger Prozess, 209
Lassen Sie, 62, 444, 491, 507, 517, 528
Lassen Sie uns, 74, 486, 505
Laufbahn, 121
Laufe ihrer, 350, 464
Laufenden bleiben, 394

laut, 49
Laut dem, 414, 462
Laut der, 261, 262, 321
Laut dieser, 406
Laut Dweck glauben, 280
Laut Erik Erikson, 88
Laut John Rawls', 480
lauten, 299
lautesten, 353
Leben, 32, 35, 85, 87, 95, 98, 101, 110, 117, 124, 138, 147, 165, 279, 325, 352, 465, 480, 496, 522
leben, 5, 84, 87, 114, 222, 229, 241, 252, 269, 273, 327, 331, 345, 349, 402, 416, 432, 458, 465, 486, 495, 515, 528
Leben bereichert, 12
Leben von, 83, 91, 93, 114, 129, 296, 353
Leben zum Aktivismus, 64
lebendige Verbindung zur, 444
lebendiges Zeugnis, 42
Lebensbedingungen von, 216
Lebensbereichen, 8
Lebensbereichen erfahren, 34
Lebensbereichen zeigt, 343
lebenslanger Prozess, 149
lebenslanger Prozess ist, 459
Lebensphasen mit, 457
Lebensrealität von, 11, 221
lebte, 76, 121, 463
Legalisierung der, 3, 11, 17, 21, 177, 204–206, 507
legitimieren, 450
legt, 56, 99, 187, 223, 232, 259, 348, 462, 467, 484
legte, 242, 303

Index 583

lehren, 21
Lehrer, 81, 104–106, 114, 158, 180, 207, 302, 306, 332
Lehrer oft nicht, 438
Lehrplan können, 112
Lehrpläne ignorieren, 231
Lehrpläne integrieren, 332
lehrreich, 46, 55, 65, 158
lehrten, 99, 103, 160
leichter, 53
leidenschaftliche Aktivistin, 353
leisten, 74, 352, 367, 427, 449
leistete, 98
Leitbild, 405
Lektionen flossen, 98
lenkt, 319
Lernen, 106
lernen, 7, 28, 85, 99, 130, 160, 211, 257, 262, 269, 280, 281, 286, 291, 292, 329, 382, 414, 443, 460, 467, 473, 496, 501
Lernen aus, 281, 284, 286
Lernens, 284, 286, 329
Leser, 51–53, 55, 118
Leser dazu, 53, 59, 65
Leser ermutigen, 517
Leser ermutigt, 65
Leser erwarten, 52, 53
Leser inspirieren, 53
Leser können, 51, 60, 61
Leser mit, 65
Leser möglicherweise, 55
Leser sind, 61
Leser unterhalten, 53
Leser werden, 52
letzten, 3, 15, 22, 24, 51, 65, 182, 209, 222, 385, 414, 478, 493

Letztendlich erinnern, 263
Letztendlich hängt, 170
Letztendlich ist, 133, 178, 241, 443
Letztendlich sind, 138
letztendlich zu, 140
letztlich, 199, 234, 314
LGBTQ-Aktivismus, 19, 26, 41, 54, 57, 59, 70, 72, 94, 99, 106, 115, 116, 135, 164, 170, 174, 176, 177, 184, 186, 189, 192, 206, 211, 215, 218–220, 223–225, 234, 237, 238, 241, 259, 261, 274, 278, 279, 292, 293, 300, 314, 318, 320, 322, 329, 347, 348, 371, 374, 395, 405, 409, 412, 413, 426–428, 432, 446, 448, 453, 455, 466, 470, 477, 478, 486, 489, 493, 496, 497, 501–503, 505, 519, 522, 524, 525
LGBTQ-Aktivismus unerlässlich, 147
LGBTQ-Bereich, 145, 277, 286, 318, 472, 521
LGBTQ-Veranstaltungen, 339
Lichtblick, 46, 503
liegen, 33, 165, 261, 300, 307, 443, 447, 482
Lisa ihre, 271
Lobbyarbeit, 6, 45, 64, 161, 181, 200, 202, 204, 206, 207, 378, 380, 464, 510
Lobbyarbeit anpassen, 289
Lobbyarbeit beschäftigt, 35
Lobbyarbeit gibt, 202
Lobbyarbeit kann, 181
Lobbyarbeit umfasst, 202

Lobbyarbeit von, 181
lohnend, 43
lokal als, 22
lokale, 154, 302, 366, 399, 424–426, 432, 441
Lokale Initiativen spielen, 424
lokalen
    Gemeinschaftsorganisationen, 74
lokalen Schulen, 158, 180
lokaler, 40, 215, 369, 399, 425, 426, 430, 441
lustige, 66
Ländergrenzen hinweg zu, 397
ländlichen Gebieten arbeiten, 367
lässt, 369
Lösungen, 7, 52, 71, 400, 419
Lösungen entwickelt, 510
Lösungsansätze zu, 281

machen, 25, 26, 56, 62, 66, 103, 154, 184, 191, 201, 206, 215, 234, 263, 317, 337, 353, 398, 432, 433, 443, 460, 477, 479, 486, 490, 491, 504, 513, 516, 519, 528
macht, 40, 41, 67, 137, 153, 261, 283, 334, 394
machte, 4, 101, 107
Magazinen veröffentlicht, 304
man, 99, 107, 108, 110, 121, 257, 289, 295, 432, 441, 460
manchmal, 47, 49, 118, 311, 319, 337, 358, 399, 420
Mangel, 451
Mangelnde Aufklärung kann, 421
mangelnden Unterstützung, 523
mangelnder, 155, 208
manifestieren, 75, 215, 246, 475

Mann, 495
marginalisiert bleiben, 185
marginalisierte, 6, 47, 321, 386, 387, 408, 414, 451, 482
marginalisierten, 31, 48, 94, 125, 130, 145, 153, 176, 228, 259, 260, 331, 340, 352, 367, 372, 377, 381, 415, 478, 482, 504, 510, 516, 519
marginalisierter, 17, 35, 49, 69, 184, 385, 407
Maria, 92, 262
Maria fand, 262
Maria kämpfte jahrelang mit, 262
Marken werben, 191
Markenidentität, 198
Markenidentität kann, 197
Marketingstrategie, 191
markierte, 2
markierten, 278, 490
Marsha P. Johnson, 185, 283, 454, 463, 525
Martin Seligman, 99
Materie, 52
mathematisch, 383
Max Horkheimer, 250
Maya teilen, 149
Maßnahmen ergreifen, 446
mediale, 208
Medienarbeit, 462
Medienauftritte dazu, 37
Medienformaten konnte, 121
Medienlandschaft, 36, 193
Medienorganisationen sich, 194
Medienpräsenz gibt, 176
Meditation helfen, 269
medizinische, 11, 387
medizinischer, 34, 303, 307, 385

mehr, 50, 130, 187, 190, 193, 205, 229, 286, 292, 319, 320, 352, 353, 362, 367, 372, 373, 414, 468, 491, 494, 498, 504
mehrere, 4, 17, 22, 32, 48, 174, 177, 208, 250, 277, 295, 341, 401, 408, 412, 449, 466, 506, 527
mehreren bemerkenswerten Erfolgen, 302
mehreren Dimensionen, 356
mehreren marginalisierten, 340
mehreren Preisen, 458
mehreren Schlüsselelementen zusammen, 197
mehreren Schlüsselkonzepten, 417
mehreren Schulen, 302
mehrerer Identitäten, 406
Mehrheit davon, 414
Meinung, 159
Meinung beeinflusst, 307
Meinung negativ, 193
Meinungen, 190
meisten, 480
meistern, 33, 99, 203, 300, 399
Menschen betreffen können, 4
Menschen daran hindern, 273
Menschen dazu, 454
Menschen glauben, 280, 485
Menschen helfen, 73
Menschen konfrontiert, 209, 526
Menschen motiviert, 505
Menschen zu, 41, 525
Menschen zusammenbringen, 460
Menschen zusammenzubringen, 53, 56
Menschenrechte, 12, 112
Menschenrechte dar, 21

Menschenrechte festlegen, 217
Menschenrechte sind, 19
Menschenrechten stärken, 21
Menschenrechtsabkommen, 206
menschliche, 171, 184, 336, 515
menschlicher, 55, 105, 449, 511
mentale, 253, 267, 297, 477
Mentee kann, 469
Mentorship kann, 109
Mentorship spielt, 469
Merkmal von, 40
messbar, 6
messbare, 162
Mia, 326
Mikroaggressionen behaupten, 107
mildern Strafen, 233
mildern, 247
Minderheiten oder, 35
mindern, 122
Mischung aus, 39, 51, 108, 155
Missbrauch von, 242
Misserfolg, 7, 28, 159, 280, 284, 516
Misserfolg ausmachen kann, 282
Misserfolgen konfrontiert, 280
Misserfolgen lernen, 28
Misserfolgen umzugehen, 280, 281
Missionserklärung, 154
Missstände aufmerksam, 206
Missstände hinweisen, 56
Missverständnisse auszuräumen, 293
Missverständnisse können, 428
Missverständnissen geprägt, 36, 478
mit, 2, 6, 10, 14, 17, 19, 21, 26–28, 30–32, 34–40, 42–44, 47, 48, 52, 53, 55–57, 59, 64–66, 69–71, 73, 76, 79, 81–84, 86–89, 93–95, 98, 99, 101, 103–107, 109,

110, 112, 113, 115–124,
127, 129–132, 135–137,
143, 145, 147–149, 153,
154, 158, 160–162, 164,
172, 176, 178–182, 184,
186–189, 191–196, 199,
202, 206, 208–210, 212,
215, 219, 220, 222, 224,
225, 227–229, 232, 234,
237, 239, 242, 252, 253,
256, 257, 259–263, 265,
267, 269, 271, 273, 274,
276, 278–281, 284, 286,
289–296, 298, 301–306,
308, 309, 312, 314–320,
332, 334–336, 338–340,
346, 349–355, 358–360,
364–366, 368, 371, 373,
378, 380–382, 385, 386,
388, 390, 394, 397, 398,
400, 408, 414–416,
426–428, 433, 434, 438,
441–443, 446, 449, 451,
453–455, 457–463,
465–468, 472–476,
478–480, 482, 484, 487,
489–491, 493, 494, 496,
498, 501, 504, 507,
510–512, 516, 517, 523,
526
Mit dem, 2, 118, 509
Mit der, 29, 119, 398
Mit jedem Schritt, 516
miteinander, 57, 90, 110, 118, 129,
157, 337, 340, 379, 398,
400, 407, 491, 510
Mitgefühl, 98, 346
Mitgestalter des Wandels, 413
Mitgliedern helfen, 336

Mitgliedschaft aufbauen, 173
Mitgliedschaft hatte, 30
Mittel ermöglichten es der, 373
Mittelpunkt der, 424
mobilisiert, 41, 316, 442, 490
mobilisierte, 302
mobilisierten, 38, 283, 286
Mobilisierung, 118, 188, 213, 424,
449, 450, 462, 519
Mobilisierungsanstrengungen, 451
modernen, 7, 19, 242, 393, 398, 410
motiviert hat, 475
motiviert Menschen, 454, 501
motiviert sind, 232
motivierte sie, 118
Muss, 126
muss, 124, 137, 240, 321, 337, 342,
344, 372, 385, 386, 416,
428, 479, 481, 482, 504,
511, 516
musste, 30, 99, 107, 130, 154, 159,
304, 306, 351
mussten, 27, 28, 78, 155, 289, 458,
472, 482
Mut, 262, 362, 382
männerdominierten Bereich
beigetragen, 426
möchten, 34, 59, 94, 222, 362, 465
möglich, 21, 34, 331, 424, 460, 466,
517, 526
möglicherweise, 55, 56, 86, 94, 105,
124, 137, 170, 193, 273,
297, 320, 339, 367, 368,
391, 394, 398, 429, 449,
450, 459, 475, 512, 514
Möglichkeiten, 16, 19, 24, 36, 74,
398, 415, 416, 427, 439,
478, 508, 509, 526, 528
mühsamer Prozess ist, 103

müssen, 22, 27, 34, 67, 71, 72, 74, 88, 92, 94, 95, 105, 123, 156, 184, 187, 192, 194, 195, 218, 248, 281, 288–290, 292, 312, 317, 332, 347, 355, 362, 386, 390, 394, 398–400, 402, 407, 420, 428, 429, 451, 454, 455, 473–477, 490, 491, 510, 511, 516, 524, 526

Nach, 280
nach, 1–3, 6, 16, 20, 27, 33, 38, 41, 46, 52, 76, 79, 88, 95–97, 103, 104, 108, 110, 122, 131–133, 137, 147–149, 153, 155, 156, 194, 199, 206, 207, 231, 259, 265, 300, 306, 307, 360, 385, 409, 444, 457–459, 474, 496, 525
Nach dem, 148, 462
Nach der, 221
Nachahmung, 106
nachhaltige, 65, 72, 192, 213, 269, 276, 300, 402, 421, 436, 449
nachhaltigen, 42, 325, 402, 466, 480
nachhaltiger, 480
Nachhaltigkeit bedeutet, 400
Nachhaltigkeit der, 273, 335, 415
Nachhaltigkeit von, 167, 170, 212, 420, 475
Nachhaltigkeit wird, 479
Nachrichtenmedien, 179
nachzudenken, 53, 66, 107
nahm, 118
nationale, 40, 201, 217, 350, 353

Natur sein, 253, 277
Neben, 157, 253, 295
Neben der, 103
Neben formalen, 497
Neben ihrem Studium, 107
Neben persönlichen, 228
Nebenfiguren oder, 344
negativ, 122, 193, 230, 241, 291
negativen Auswirkungen von, 228
negativen Botschaften, 83
negativen Emotionen überwältigt zu, 294
negativen Klischees, 239
negativen Konsequenzen, 188
negativen Konsequenzen teilen, 321
negativen Licht, 208
negativen Licht sehen, 295
negativen Medienberichten oder, 38
nehmen, 155, 257, 265, 281, 289, 387, 432, 458
neigen viele, 193
Netzwerke, 433
Netzwerke kontinuierlich, 347
Netzwerken bis hin zu, 211
Netzwerken gestärkt, 283
Netzwerken kann, 86
Netzwerks geschehen, 138
neue Unterstützer, 350
neuen, 2, 59, 217, 281, 289, 373, 382, 394, 467, 478, 526
neuer, 303, 304, 372, 380, 382, 395
neuesten, 392, 394
Neugier behandelt, 194
New York City, 1, 3, 410
Nicht, 103, 195
nicht, 1–8, 10–12, 14, 17, 20, 21, 25–29, 31–34, 36, 37, 39–44, 46–49, 52, 53, 56, 57, 59, 62, 65–72, 74, 76,

78, 79, 81, 83–87, 89, 93, 94, 98, 99, 101–110, 113–121, 124, 126, 129–133, 135–138, 140, 147–149, 151, 153–163, 165, 167, 168, 170–173, 176, 177, 179, 180, 182, 184–186, 188–194, 196–199, 201, 204–210, 213, 215–222, 224, 225, 227–229, 231–234, 237, 239–243, 245, 247, 250–257, 259–261, 263, 265, 267–269, 272–274, 276, 279–281, 283–286, 290, 292–300, 302–310, 312, 314, 316–318, 320–322, 325–327, 329–331, 333–336, 338–345, 347–356, 358, 360, 362–372, 374, 379, 380, 382–385, 387, 388, 390, 391, 393–395, 398, 400, 402, 405–409, 412, 413, 416, 417, 419–422, 424, 426, 428–431, 437–439, 442, 444, 446, 448–450, 453–455, 457–469, 472, 473, 475–480, 482–486, 489–491, 493, 495–498, 500–505, 507, 509, 511–517, 519–526
niemand, 342, 384, 444, 481
noch Gesetze, 241, 450
noch viel, 17
Nominierungen, 367–369
Nominierungen können, 367
Norm betrachtet, 343, 494

Norm sind, 517
notwendig, 12, 27, 32, 42, 45, 65, 115, 161, 168, 176, 206, 224, 236, 238, 248, 317, 322, 342, 346, 380, 387, 402, 407, 419, 433, 475, 480, 485, 526
notwendige Bedingung, 489
notwendige Praxis, 48, 239, 384
notwendige Reichweite, 450
notwendige Unterstützung, 34
notwendige Unterstützung zu, 137
notwendigen, 30, 36, 147, 170, 206, 263, 265, 305, 326, 391, 394, 395, 429, 434, 448, 491
Notwendigkeit, 140, 301, 302, 386, 389, 450
Notwendigkeit betonen, 94
Notwendigkeit erkennen, 121
Notwendigkeit getrieben, 151
Notwendigkeit hingewiesen, 35
Notwendigkeit kontinuierlichen, 499
Notwendigkeit von, 33, 40, 50, 65, 69, 103, 119, 181, 206, 234, 283, 304, 306, 326, 339, 352, 433, 465, 485, 524
Nur, 170, 194, 261, 294, 314, 331, 332, 360, 369, 399, 446, 451, 455, 482, 500
nur, 1, 2, 4–8, 10–12, 14, 17, 20, 21, 25–29, 32–34, 37, 39–44, 46–49, 52, 53, 56, 57, 59, 62, 65–72, 74, 78, 79, 81, 83–87, 90, 93, 98, 99, 102–110, 113–121, 124, 126, 129, 131, 133, 135,

Index 589

   138, 140, 147, 149, 151,
   153–156, 158, 160–163,
   165, 167, 168, 170, 171,
   173, 176, 179, 180, 182,
   184–186, 188–192, 194,
   196, 197, 199, 201,
   205–210, 213, 215, 217,
   218, 220–222, 224,
   227–229, 232, 234, 237,
   239, 241, 245, 247,
   250–253, 255–257,
   259–261, 263, 265,
   267–269, 272, 274, 276,
   279, 281, 283, 284, 286,
   290, 292–294, 296, 298,
   300, 302–310, 312, 314,
   316, 318, 320–322,
   325–327, 329–331, 333,
   335, 336, 338–340, 342,
   345, 348–356, 358, 360,
   362–366, 369, 372, 379,
   380, 382, 384, 385, 388,
   390, 393, 395, 400, 402,
   405, 407, 409, 412, 413,
   416, 417, 419, 420, 422,
   424, 426, 430, 431, 437,
   439, 442, 444, 446, 448,
   451, 453–455, 457–469,
   472, 473, 476–480, 482,
   484, 486, 489–491, 493,
   494, 496–498, 500–505,
   507, 509, 511–513,
   515–517, 519–526
Nur durch, 10, 17, 21, 48, 124, 158,
   202, 218, 232, 234, 243,
   247, 250, 342, 345, 384,
   388, 395, 402, 421, 429,
   491, 496, 524
nutzen, 3, 6, 7, 19, 36, 51, 57, 59, 70,
   71, 108, 116, 119, 201,
   212, 229, 234, 274, 291,
   294, 299, 322, 389, 390,
   394, 406, 421, 436, 439,
   446, 502, 517
nutzte, 8, 103, 120, 281, 304, 338,
   460
Nutzung technologischer
   Entwicklungen, 416
Nutzung von, 6, 33, 86, 162, 171,
   178, 194, 364, 434, 475,
   479, 480
nächste, 43, 113, 443, 475
nächsten, 180, 443
näher, 516

ob, 9, 137, 500, 517
Obdachlosen, 283, 525
obwohl, 289, 525
Obwohl es eine, 208
Obwohl es Fortschritte, 387
Obwohl Haustiere, 99
oder, 2, 6, 8, 10, 12, 20, 21, 27, 31,
   33–36, 38, 47, 52, 56, 62,
   67–69, 74–76, 83, 88, 89,
   91, 93, 94, 105, 106, 114,
   123, 125, 132, 136, 137,
   143, 154, 155, 157, 159,
   163, 164, 170, 172, 174,
   177, 180, 185, 188, 189,
   191, 193–195, 200, 201,
   205, 206, 215–218, 221,
   222, 227, 228, 231, 232,
   243, 248, 250, 252, 255,
   256, 260, 273, 274, 279,
   281–283, 288–291,
   293–295, 299, 302, 311,
   317, 319–321, 329, 336,
   338–344, 346, 348, 351,

353, 365–369, 372, 373,
379, 385, 387, 389, 391,
394, 398, 400, 405, 406,
416, 421, 427–429,
431–433, 437, 439–444,
447, 449–451, 455, 462,
463, 467, 474, 475, 477,
480, 483, 484, 486, 487,
490, 491, 493, 494, 496,
500, 507, 508, 510, 511,
515–517, 523, 525, 528
offen, 2, 8, 32, 35, 78, 84, 87, 91,
118, 228, 241, 343, 432,
463, 525
offene, 97, 103, 138, 292, 293, 336
offenen, 119, 230, 291
offensichtlichen, 250, 485
offensichtlichsten, 319, 369
oft besonders anfällig, 479
oft das Ergebnis von, 501
oft dazu, 40
oft eingeschränkt, 89, 386
oft herausfordernde Reise, 131
oft humorvolle, 57
oft mit, 71
oft persönliche, 65
oft Phasen der, 125
oft sensationalisiert wird und, 216
oft von, 222, 408
oft überhört oder, 442, 515
Oftmals fehlt es, 217
Oftmals müssen, 289
ohne, 28, 36, 37, 71, 86, 163, 198,
219, 294, 321, 329, 351,
355, 388, 405, 451, 458,
467, 475, 486, 501, 523
Operationen, 305
Opfer von, 385
Organisationskulturen können, 187

organisieren, 35, 93, 131, 154, 157,
195, 382, 449, 450, 454,
479
organisiert, 26, 36, 45, 209, 229,
317, 451, 460, 474
organisierte, 29, 107, 153
Orientierung, 20, 33, 43, 62, 91,
109, 227, 303, 468
Orientierung berücksichtigen, 479
Orientierung bewusst, 76
Orientierung entdeckte, 91
Orientierung oder, 74, 508, 516, 528
Orientierungen informiert, 468
Orte, 37
outen, 348

Paar rechtlich geschützt, 210
Paare, 221
Paare legalisiert wurde, 511
passen, 148, 368
Patricia Hill, 321
Personen, 20, 522
Personen gehören, 232
Personen halfen nicht, 28
Personen helfen, 379
Personen oft mit, 239
Personen oft nicht, 347
Personen weniger, 368
Perspektiven konnten sie, 285
Persönlich, 356
persönliche, 12, 26, 35, 41–44, 53,
59, 62, 64, 65, 79, 83, 87,
95, 97, 106, 110, 113,
117–120, 124, 129, 138,
140, 143, 159, 184, 185,
188–190, 229, 252, 256,
257, 262, 267, 269, 270,
274, 284, 290, 294, 295,
297, 302, 304, 336, 354,

355, 362, 389, 395, 432,
457–459, 461, 464, 466,
467, 472, 476, 477
Persönliche Geschichten, 42, 180,
515
persönlichem, 501
persönlichen, 37, 42, 51, 55, 65, 66,
99, 103, 105, 137, 151,
153, 177, 185, 188, 189,
227, 228, 261, 295, 352,
356, 442, 459, 463, 472,
478, 502, 503, 517, 518
persönlicher, 6, 34, 39, 42, 43, 52,
57, 67, 153, 227, 229, 262,
277, 283, 351, 458, 463
Persönliches Engagement ist, 517
persönliches Gefühl, 501
Persönliches Wachstum, 432
persönliches Ziel, 126
physische Gesundheit der, 255
physische Orte, 329
physische Versammlungen, 289
physischen Welt nicht, 86
physischer Aktivität, 257
Pierre Bourdieu, 89
planen, 449
plant, 33, 160, 161
politische, 6, 10–12, 17, 20, 35,
40–42, 61, 62, 120, 162,
164, 181, 185, 199, 202,
207, 210, 213, 215, 217,
218, 221–223, 282, 283,
288, 289, 306, 338, 339,
342, 345, 355, 378, 380,
385, 390, 408, 416, 437,
450, 451, 464, 466, 474,
495, 510
politischen, 3, 6, 15, 28, 29, 40, 115,
130, 160, 161, 176, 181,
187, 200–202, 207, 209,
210, 214–216, 221, 222,
241, 289, 290, 342, 345,
358, 371, 378, 385, 427,
430, 433, 434, 440, 449,
450, 455, 465, 474, 498,
509, 511, 524
politischer, 35, 39, 200, 208, 213,
215, 222, 307, 327, 385,
429, 512, 522, 523
politisches Engagement, 432
Polizeirazzien, 1
Popkultur zeigen, 343
positionieren, 289
positiv, 159, 208, 222, 306, 355, 374,
474, 475, 496
positive, 19, 21, 24, 34, 50, 67, 84,
90–92, 106, 113, 155, 161,
167, 184, 190, 192, 196,
216, 222, 243, 265, 269,
274, 279, 282, 290, 298,
303, 304, 308, 309, 312,
313, 331, 349, 364, 369,
371, 406, 413, 424, 459,
466, 475, 486, 491, 493,
498, 502, 503, 519
positiven Absichten von, 412
positiven Ansätze gibt, 243
positiven Aspekte, 339
positiven Aspekte der, 36, 176, 311,
348
positiven Aspekte gibt, 191
positiven Aspekte können, 109
positiven Aspekte von, 94, 130, 260,
352, 358, 454, 477, 496
positiven Auswirkungen, 105, 156,
331, 348, 496
positiven Auswirkungen der, 157,
349

positiven Auswirkungen von, 38, 131, 365, 374
positiven Darstellungen von, 177
positiven Einfluss auf, 83, 112, 209, 439
positiven Entwicklungen, 308, 312
positiven Reaktionen gibt, 370
positiven Rolle, 18
positiven Rückmeldungen gab es auch, 49
positiven Veränderung, 221
positiven Veränderung geführt, 306
positiven Veränderungen führen, 507
positiven Vorbildern, 240, 468
positiven Wandel, 126
postuliert, 12
potenzielle Mitglieder, 172
potenzielle Mitglieder abschrecken, 172
potenzielle Unterstützer, 351
potenzieller, 173
praktischen, 65, 111, 292
Praxis führte, 305
Praxis oft mit, 490
Praxis umzusetzen, 71, 112
Praxis untersuchen, 298
Preisen, 319, 350
Preisen verbunden, 364
Preisgelder oder, 373
Preisträger zu, 370
Preisverleihungen kann, 364
Preisverleihungen sind, 351
Preisverleihungen spielen, 363
priorisieren, 48, 257
Prioritäten, 338
Prioritäten resultieren, 293
Prioritäten setzen, 299
proaktiv auf, 509

Problemen gehören, 95, 142, 230
Produkte verkaufen, 191
professionelle, 257, 263, 265
profitieren, 391, 399, 480
Programmen einzubeziehen, 158
Programmen entwickelt, 324
Projekten hervorgehen, 522
Projekten kollidieren, 123
prominenten Psychologen, 88
Pronomen oder, 193
Proteste, 6, 38, 234
protestieren, 210, 454
Prozess, 127, 405
Prozess der, 79
prägen wird, 478
prägend, 159
prägende, 87, 98, 101
prägender, 81
prägendsten, 227
prägnante, 173
prägte, 79, 81
präsent, 8, 193, 243
präsentieren, 54, 64, 87, 148, 154, 174, 193, 284, 297, 351
präsentiert, 51
Präsenz von, 10
präventive, 271
präzisieren, 119
psychische, 6, 35, 38, 52, 82, 83, 118, 126–129, 161, 228, 247, 255, 259, 263, 265, 268, 274–276, 318, 336, 349, 379, 386, 405, 455, 479, 480, 495, 497, 523
Psychologen wie, 279
psychologisch, 321
psychologische, 10, 46, 89, 106, 127, 322, 329, 451

Index 593

Psychologische Barrieren spielen, 450
Psychologische Veränderungen, 12
psychologischen, 11, 89, 98, 160, 221, 222, 228, 247, 291
Publikum bewegt, 41
Publikum erreichen, 59
Publikum führte, 66

quantifizieren, 371
queeren, 136
Quelle der, 44, 137
Quellen der, 300
quo, 472, 526

Rahmen des Aktivismus, 69
Rahmenbedingungen können, 427
Rahmens betrachtet, 358
Rampenlicht, 351
Rand gedrängt, 511
Rasse, 337, 510
Rassismus als, 340
Rassismus oder, 340
rassistischen und, 441
Razzien, 242
reagieren, 50, 93, 288, 289, 455, 509
reagiert, 8, 35, 460, 509
reagierte darauf, 50
Reaktionen hervorrufen können, 56, 371
reaktive, 271
realer, 95
Realität verzerren, 193
Realitäten vereinfachen, 483
Rechte fordern, 451
Rechte kämpfen, 186, 362, 519
Rechten der, 2
Rechten von, 522
rechtlich bedeutsam, 208

rechtliche, 11, 16, 89, 153, 155, 161, 204–206, 209, 216–218, 220, 221, 233, 249, 289, 318, 346, 440, 454, 465, 474, 490, 523
rechtlichen, 6, 11, 160, 205, 215–218, 221, 222, 231, 234, 248–250, 283, 307, 397, 510
Rechtsexperten abhängen, 220
reduzieren, 32, 189, 306, 496
reflektieren, 194, 294, 298, 372
Reflexion kann, 257
Regelmäßige Reflexion über, 257
regelmäßiger, 257
Registrierung von, 434
regulieren, 268, 280
reich, 283
reichen, 64, 207, 209, 263, 350, 467
Reise, 42, 53, 77, 83, 87, 119, 126, 133, 512
Reise von, 155, 159, 517
Rekrutierung von, 170, 171, 334
relevanter, 437
religiöser, 215
Repressalien, 450
Repressionen konfrontiert, 386
repräsentieren, 137, 163, 320, 334, 369, 370, 374, 407
repräsentiert, 153
repräsentierter, 483
Resiliente Individuen, 501
Resiliente Menschen sind, 280
Resilienz, 99, 479
Resilienz auf, 277
Resilienz beschreibt, 459
Resilienz bewiesen, 44
Resilienz bezieht sich, 472
Resilienz bis hin zur, 459

Resilienz der, 11, 159, 300
Resilienz ist, 278
Resilienz können, 279
Resilienz oder, 282
Resilienz spielt, 459
Resilienz stärken, 257
Resilienz und, 72, 263, 296
Resilienz verbunden, 501
Resilienz von, 267
Resilienz zu, 298, 302, 511
Respekt gegenüber, 331
respektiert, 10, 21, 25, 143, 194, 217, 250, 388, 476, 489, 516
respektvoll, 187, 194, 387
Ressourcen, 195
Ressourcen arbeiten, 428
Ressourcen bereitstellen, 114, 479
Ressourcen effektiv, 299
Ressourcen effizienter, 212
Ressourcen einer, 164
Ressourcen kann, 171, 336
Ressourcen kombinieren, 292
Ressourcen können, 106
Ressourcen sein, 257
Ressourcen zu, 187, 211, 273, 292
Ressourcenknappheit kann, 406
restriktive, 241, 427
restriktiven Gesetzen, 200
restriktiveren, 511
resultiert, 26, 372
revolutionieren, 380
Rezeption von, 370
richten, 32, 48, 160, 252, 283, 300, 324, 378, 438, 474
richtet, 72
richtete, 50, 119
richtigen, 106, 129, 319

Richtlinien, 204, 206–208, 210, 229, 355, 378
Richtlinien beeinflussen, 11
Richtlinien gerecht zu, 289
Richtung Gerechtigkeit, 362
Risiken, 390
riskieren, 16
Rolle, 70, 120, 164, 220, 274, 340, 347, 519
Rolle bei, 15, 112, 113, 177, 180, 201, 206, 216, 250, 316, 322, 325, 339, 370, 378, 419, 438, 450, 451, 486, 494, 517, 520
Rolle beim, 109
Rolle bewusst, 85
Rolle dabei, 184, 263, 337
Rolle der, 422
Rolle spielen, 344, 510
Rolle spielt, 278
Rolle spielte, 29
Rolle von, 483
Rolle wie, 105
Russland, 199, 490
Räume anerkennen, 331
Räume bis hin zu, 467
Räume schaffen, 322
Rückgang der, 385
Rückgang von, 205
Rückgrat der, 426
Rückschläge häufig, 282
Rückschlägen. Es, 442
Rückschritte können, 385

sagte sie, 40
sah sich, 4
sah sie, 42
Sam nicht, 326
sammeln, 164, 302, 388, 439, 447

Index

San Francisco, 521
schaffen, 6, 8, 10, 17, 21, 25, 27, 28, 30–32, 34, 35, 39, 42, 50, 51, 55–57, 59, 66, 71, 76, 83, 90, 91, 94, 97, 104, 107, 113, 118, 119, 121, 129, 140, 143, 149, 151, 153, 158, 160–163, 167, 171, 176, 178–180, 184, 188, 192, 194, 199, 206, 207, 210, 212, 213, 229, 231, 234, 237–239, 241, 243, 247, 248, 260, 261, 263, 272, 273, 286, 293, 294, 302, 303, 308, 309, 314, 321, 322, 326, 331–333, 338, 340, 342, 347–350, 358, 362, 366, 369, 372, 373, 379, 384–388, 390, 399, 402, 405, 407, 409, 411, 412, 414–416, 421, 424, 426, 429, 431, 434, 436, 437, 439, 441, 442, 451, 455, 458, 461, 463, 465, 468, 476, 477, 479, 482, 484, 486, 490, 491, 493, 496–498, 503, 504, 507, 511, 516, 517, 521, 523, 525, 526, 528
Schaffen von, 344
schafft, 40, 45, 46, 66, 184, 349, 407, 467, 519, 521
scheiterte das Gesetz, 208
scheuen, 257
schließen, 34
Schließlich, 461
schließlich, 76, 262, 281, 283, 299, 460, 495

Schließlich erkannte sie, 271
Schließlich ist, 181, 201, 436, 441, 476
Schließlich trägt jeder, 432
Schlusswort, 65, 515
schmerzhafte, 227, 294
schnellere, 184, 509
Schreibblockaden, 118
Schreiben, 45, 103, 117–119, 256, 281, 440
Schreiben begegnete, 118
Schreiben sein, 119
Schriftsteller, 502
Schritt, 21, 31, 83, 110, 119, 129, 164, 182, 205, 265, 281, 303, 304, 314, 325, 362, 528
Schritte von, 154
Schulaufführung, 228
Schule, 76
Schule das erste, 457
Schulen, 344
schulen, 36, 332, 416
schulten, 158
Schulung, 394, 429
Schulungen, 74
Schulungen über, 322
Schulungsprogramme, 387
Schulzeit kämpfte er mit, 148
Schulzeit machte, 101
Schutzmaßnahmen von, 249
schwarze, 340, 408, 463
schweren, 53, 56, 199
schwierig machen, 215
schwierige Lage, 105
schwierigen, 55, 86, 163, 277, 300, 387, 459, 466
schwieriger, 394, 398
Schwierigkeiten beleuchtet, 122

Schwierigkeiten bewusst, 138
Schwierigkeiten haben, 136, 294
schädlich sein, 69
schärfen, 7, 26, 31, 37, 42, 43, 107,
    113, 118, 119, 129, 133,
    135, 157, 162, 176, 178,
    180, 184, 186, 207, 229,
    236, 261, 263, 297, 298,
    304, 305, 318, 319, 322,
    332, 336, 338, 344, 350,
    352–356, 358, 366, 377,
    426, 433, 435, 436, 451,
    455, 484, 491, 497, 517
schärft, 526
schätzen, 522
Schüler, 114
Schüler außerhalb ihrer, 104
Schüler balancieren, 105
Schüler beeinträchtigen, 497
Schüler ihre, 104
Schüler sich, 105
Schülern, 112, 308, 332, 511
Schülern zugeschnitten, 158
schützen, 35, 161, 164, 201, 206,
    215–217, 220, 225, 243,
    248, 269, 276, 355, 378,
    385, 386, 389, 465, 477
sehen, 6, 16, 41, 106, 138, 280, 295,
    339, 349, 352, 362, 454,
    463, 472, 485, 493, 504,
    507
Sehnsucht, 108
sei es auf, 369
sei es aufgrund, 195, 385
sei es bei, 439
sei es durch, 8, 52, 74, 91, 255, 288,
    289, 365, 440, 443, 480,
    484, 491, 507
sein, 6, 17, 27, 28, 36, 38, 45, 48, 52,
    53, 56, 62, 66, 67, 69,
    75–77, 87, 91, 92, 95, 99,
    104, 105, 108, 109, 119,
    122, 124, 125, 130, 131,
    135, 137, 148, 149, 156,
    170, 184, 188, 191, 193,
    208, 211, 218, 228, 229,
    238, 243, 253, 255–257,
    261, 263, 274, 276, 277,
    281, 282, 288, 290, 291,
    294–296, 298, 299, 311,
    316, 319–322, 329, 331,
    342, 343, 355, 367, 378,
    382, 387, 388, 390, 394,
    395, 405, 416, 419, 444,
    449–451, 454, 455, 458,
    462, 463, 467, 468,
    475–477, 479, 480, 482,
    486, 507, 509, 511, 512,
    516, 519, 524
seine, 8, 53–55, 84, 91, 92, 108, 110,
    148, 149, 184, 223, 265,
    338, 495, 525
Seine Botschaften von, 8
Seine Erfahrung zeigt, 265
Seine Fähigkeit, 525
Seine Geschichte, 495
seinen Geschichten, 55
seinen Geschwistern belastete, 92
seinen Mitschülern, 495
seinen Platz, 149
seiner, 10, 25, 76, 84, 148, 182, 223,
    224, 294, 331, 336, 383,
    444, 486, 489, 491, 495,
    516
Seiten, 114
selbst, 32, 34, 41, 47, 62, 79, 87,
    101, 126, 127, 129, 130,
    132, 137, 140, 145, 147,

Index

149, 159, 179, 200, 228,
242, 253, 257, 260, 272,
281, 291, 295, 302, 321,
322, 329, 355, 368, 381,
405, 411, 416, 419, 430,
442, 449, 453, 462, 475,
490, 522
Selbst wenn Fortschritte, 217
Selbstakzeptanz, 86
Selbstbewusstsein, 10, 87, 104
Selbstfürsorge beeinträchtigen, 138
Selbstfürsorge helfen nicht, 255
Selbstfürsorge ist, 255, 257
Selbstfürsorge kann, 140
Selbstfürsorge sein, 256, 257
Selbstfürsorge sind, 138
Selbstfürsorge vorgestellt, 255
Selbstfürsorge zu, 6, 138, 139
Selbsthilfegruppen, 479
Selbsthilfegruppen innerhalb, 11
Selbstironie, 54, 55
Selbstreflexion zurückzieht, 295
Selbstwert, 295
Selbstwertgefühl, 42
sendet, 351, 467
sensationalistische Geschichten zu, 193
sensibilisieren, 66, 180, 186, 242
Sensibilisierung, 29
Sensibilität, 291, 378
setzen, 123, 299, 367, 381, 475, 490
Setzen von, 257, 272
setzt, 32, 197, 229, 378, 379, 403
setzte, 2, 283, 304
Sexualität auseinandersetzt, 107
Sexualität beeinflussen, 161
Sexualität diskriminiert, 444
sexuelle, 32, 89, 91, 125, 193, 339, 407, 449, 468, 510, 511

sexuellen, 10, 21, 40, 76, 88, 91, 143,
205, 250, 252, 262, 344,
348, 416, 433, 457, 468,
486, 487, 493
sich, 2, 4–7, 9, 10, 12, 14, 16, 17, 19,
20, 25–42, 44, 45, 47, 48,
50–53, 55, 56, 59, 61, 62,
65, 66, 69, 70, 72–76, 78,
79, 83–94, 99, 101,
103–108, 110, 112–114,
118–122, 124, 126, 127,
129–133, 135–138, 140,
145, 147–149, 151,
153–157, 159–164, 170,
171, 173, 181, 182,
184–187, 191–194, 197,
201, 206, 209–212, 215,
218, 220, 221, 223, 224,
227–230, 232, 239–242,
246, 249, 251, 252,
254–257, 259–262, 265,
268, 271, 272, 274,
276–283, 286, 288–292,
294–296, 298–300, 302,
304, 306, 308, 309, 311,
314, 317, 318, 320–322,
324–326, 329, 331, 332,
335–340, 343, 345–353,
355, 356, 358–360, 362,
364–366, 368–374,
378–383, 386–390,
392–394, 397, 398,
405–408, 410, 412–417,
420, 426, 427, 429–433,
435, 436, 438–443, 446,
449–451, 453–455,
457–466, 468, 472–476,
478–480, 482, 484–486,
490, 491, 493–498,

500–505, 509–512, 514–517, 519, 521, 523, 526, 528
Sichere Räume, 37, 329
sicherer, 6, 32, 37, 39, 84, 90, 105, 107, 160, 303, 316, 320–322, 329, 331, 336, 407, 442, 460, 465, 467, 495
sicherere, 207, 234, 302, 414
Sicherere Räume, 322
Sicherheit, 16
sichern, 22, 162, 170, 202, 215, 302, 387, 475
sicherstellen, 30, 147, 161, 192, 194, 250, 286, 290, 320, 337, 338, 342, 344, 347, 382, 399, 402, 443, 479, 486, 500
sicherstellt, 57
sichtbar, 159, 229, 439, 477, 502, 513
sichtbarer, 468
Sichtbarkeit, 3, 37, 39, 42, 51, 55, 65, 118, 153, 158, 160, 162, 165, 176, 178–181, 192, 196, 239–241, 289, 309, 316, 319, 320, 348, 353, 360, 371, 377, 379, 412, 420, 462, 486
Sichtbarkeit bedeutet, 348
Sidney Tarrow, 223
sie, 4, 6, 11, 12, 14–17, 19, 21, 25, 26, 31–46, 48–50, 52, 53, 55, 57, 59–61, 64–70, 72, 76–79, 81–83, 86–88, 91–94, 99, 101–108, 110, 112, 114, 116–121, 124, 127, 129, 130, 133, 135, 137, 140, 141, 143, 145, 149, 156–158, 161–163, 170, 184, 185, 187, 189, 191–195, 202, 205, 208, 210–212, 215–220, 223, 225, 227–229, 232, 234, 239, 240, 243, 248, 251, 253–255, 257, 259, 261, 262, 269, 271, 274, 278, 279, 281, 283–286, 289–292, 294, 295, 298, 299, 303, 304, 307, 309, 310, 312, 317, 318, 320–322, 326, 331, 333, 338, 344, 347–349, 351, 352, 354–356, 358–360, 362, 364–369, 371–374, 377, 380, 382, 388, 390, 392, 394, 399, 404, 407, 411, 413, 416, 419, 421, 422, 424, 426, 431, 432, 438, 440, 443, 444, 450, 451, 453, 455, 457–463, 465–468, 474, 476–479, 482–485, 490, 493, 496, 501–504, 507, 515, 516, 521, 523, 525
Sie helfen, 352
sieht sich, 365, 420
sieht sie, 38, 355
signifikant, 259
signifikante Fortschritte, 307
signifikanten Steigerung der, 158
sind, 1, 3, 5–8, 10–12, 14, 16, 17, 19–22, 26, 31–46, 48, 50–53, 55, 57, 59, 61–65, 68–70, 72, 75, 76, 82, 83, 85–91, 93–95, 97, 98, 104–108, 110, 113, 115,

Index

116, 118, 120, 124, 126, 129–133, 135–138, 140–143, 145, 147, 149, 153, 156–165, 167, 168, 170–174, 176, 178–180, 184–186, 188–194, 196, 198–202, 205–213, 215–219, 222–224, 227–229, 231, 232, 234, 236, 237, 239–243, 245–250, 252–254, 259–263, 265, 267–271, 273, 274, 276, 278–286, 289–293, 295–298, 300, 302, 306, 307, 310, 312, 314–322, 324–327, 329, 331, 332, 335–340, 342–347, 349–356, 358, 360, 362–364, 368–374, 378–382, 385–390, 392, 394, 395, 397–402, 404–409, 411, 412, 415–417, 419–421, 424, 426, 427, 429, 430, 433, 436–440, 442–444, 446–451, 453, 455, 457, 459, 460, 462–470, 472–480, 482, 484, 485, 487, 489–491, 493–496, 498, 501–506, 510, 511, 515–517, 519–524, 526

Sinne bietet, 156
Sinne sind, 190
Situationen hervorheben, 66
Situationen hervorzugehen, 459
sofort, 455
sogar zurückgenommen, 385
Solche Allianzen können, 373
Solche Gesetze, 221

Solche Initiativen können, 436
solche Initiativen können, 443
Solche Situationen können, 137
solchen, 29, 38, 75, 91, 105, 206, 297, 303, 306, 316, 318, 324, 335, 372
solcher, 11, 89, 137, 147, 163, 164, 196, 250, 321, 331, 351, 441, 467
solidarischen, 384, 491
sollten, 103, 177, 191, 217, 240, 255–257, 281, 344, 358, 371, 407, 445, 463, 485, 486
somit, 43, 99, 108, 265
sorgfältig, 67, 69, 187, 483
sorgfältige Überlegung, 312
sowie, 12, 15, 64, 98, 124, 133, 135, 147, 158, 161, 165, 167, 170, 218, 261, 290, 298, 303, 307, 331, 335, 338, 342, 368, 402, 412, 419, 422, 449
sowohl, 22, 24, 32, 34, 39, 43, 48, 50, 51, 54, 55, 63–66, 77, 79, 81, 85, 92–95, 104, 108, 120, 124–126, 133, 137, 149, 158, 160, 170, 171, 179, 180, 182, 190, 192–194, 199, 204, 207, 208, 210, 215, 216, 218, 232, 234, 236, 239, 243, 252, 256, 269–271, 274, 277, 290, 294, 332, 340, 342, 343, 348, 350, 356, 366, 369, 371, 374, 385, 390, 399, 406, 409, 414, 419–421, 426, 433, 437, 449, 457, 474, 477, 478,

480, 496, 501, 510, 512
sozial, 137, 210, 400
soziale, 6, 7, 10, 12, 20, 26, 29, 32, 36, 59, 87, 98, 99, 105, 106, 112–114, 118, 121, 127, 133, 187, 218, 220, 221, 225, 227, 228, 241, 246, 247, 256, 259, 286, 292, 316, 337, 338, 342, 348, 382, 397, 407, 416, 421, 426, 436, 451, 453, 454, 460, 480, 489, 490, 510, 521, 522, 526
sozialem, 385, 406, 519
sozialen, 2–4, 6, 10, 12, 15, 16, 31, 35, 47, 56, 57, 64, 74, 81, 86, 89, 90, 98, 101, 106, 107, 115, 121, 123, 124, 135, 136, 160, 161, 176, 178, 184, 185, 190, 193, 208, 221, 223, 232, 240, 247, 254, 256, 259, 289, 297, 303, 316, 329, 342, 343, 345, 369, 389, 400, 406, 407, 416, 426, 434, 441, 449, 451, 460, 462, 467, 480, 482, 484, 486, 489, 504, 507, 509–511, 524
sozialer, 7, 12, 34, 110, 112, 120, 122, 182, 222, 223, 245, 257, 336, 406, 453, 522
Sozialwissenschaft, 462
Sozialwissenschaftler, 462
Soziologen wie, 223
Spaltungen, 338
Spaltungen führen, 347, 420
Spaltungen innerhalb, 56
Spannungen führen, 368, 405, 490

Spannungen innerhalb, 94, 374, 427
Spannungen können, 352, 476
Spannungen und, 201
Spannungen zwischen, 231, 420, 476
Spenden, 74, 484
Spenden angewiesen, 36, 164, 200, 373, 387, 440
Spenden ermöglichen, 168
Spenden sind, 168
spezialisiert, 89
speziell, 27, 38, 41, 48, 161, 303, 324, 372, 479, 510
spezielle Schulungsprogramme zu, 242
spezifische, 20, 47, 64, 69, 179, 215, 216, 228, 278, 299, 341, 367, 389, 447, 520
spezifischen Bedürfnissen von, 105
spiegelt die, 42
spielen, 6, 12, 17, 18, 57, 68, 70, 90–93, 98, 105, 108, 109, 112–114, 120, 129, 133, 135, 145, 155, 162, 164, 184, 190, 192, 194, 201, 206, 212, 216, 220, 248, 250, 263, 272, 274, 292, 311, 316, 318, 320, 333, 340, 344, 345, 347, 350, 354, 356, 358, 363, 364, 366, 370, 372, 416, 424, 444, 450, 451, 453, 466, 477, 479, 484, 493–497, 502, 507, 510, 511, 520
spielt, 19, 36, 50, 61, 77, 79, 83, 124, 127, 167, 173, 176, 180, 184, 192, 217, 223, 229, 232, 251, 277–279, 292, 296, 298, 309, 312, 322,

Index

325, 337, 339, 344, 364,
378, 384, 393, 406, 419,
421, 422, 438, 443, 451,
459, 469, 474, 486, 490,
496, 498, 501, 505, 517,
519
spielte, 29, 228
spielten, 29, 177, 302, 304
Sportwettkämpfen, 201
sprach darüber, 515
Sprachbarrieren hinweg, 399
spricht, 40, 54, 55, 66, 351
spürbar, 39, 465
Stadt, 209, 426, 495
starker, 387
starten, 105, 155, 172, 372, 479
statischen Denkweise, 280
Statistiken hinausgeht, 42
Statistiken zeigen, 385
Statistiken über, 69, 181
stattfand, 40, 158
stattfindet, 327, 427
stehen jedoch oft vor, 217
stehen sowohl, 478
stehen vor, 277
steht, 22, 31, 174, 222, 228, 280,
294, 323, 383, 385, 424,
491, 509
steigern, 164, 370
stellte auch, 21
stellten, 42, 306, 472
Stephanie, 66, 81, 82, 86, 101, 103,
107, 117–119
Stephanie aktiv, 107
Stephanie auch, 107, 118, 458
Stephanie kämpfte mit, 104
Stephanie lernte, 459
Stephanie mit, 458
Stephanie Unterstützung, 83

Stephanie von, 457
Stephanie Woolley, 25, 27, 31, 34,
39, 44, 46–48, 51, 63–65,
67, 68, 87, 99, 101, 121,
129, 131–133, 141–143,
151, 153, 158–160, 165,
176, 207, 210, 227,
279–281, 301, 303, 304,
319, 320, 325–327,
350–353, 356, 360, 362,
372, 402, 404, 442, 454,
457, 459, 464–467, 472,
473, 476, 478, 503, 505,
515, 517
Stephanie Woolley als, 65, 155, 467
Stephanie Woolley auf, 37, 403
Stephanie Woolley aus, 462
Stephanie Woolley beispielsweise,
369
Stephanie Woolley ein, 119, 353
Stephanie Woolley eine, 162, 371,
466
Stephanie Woolley haben, 466, 525
Stephanie Woolley können, 135
Stephanie Woolley lesen, 53
Stephanie Woolley mit, 83
Stephanie Woolley vielschichtig, 124
Stephanie Woolleys
    Auszeichnungen, 319, 353
Stephanie Woolleys Engagement,
    37, 153, 468
Stephanie Woolleys Erfahrungen
    mit, 229
Stephanie Woolleys Erfolge haben,
    320
Stephanie Woolleys Leben, 79, 459
Stephanie Woolleys Lebensweg ist,
    42
Stephanie Woolleys Reden, 41

Stephanie Woolleys Reise zeigt, 87
Stephanie Woolleys Rolle als, 46
Stephanie Woolleys unermüdlicher
    Einsatz, 31
Stephanie Woolleys Vision, 167
Stephanie Woolleys Weg zur, 351
Stephanies Leben, 459
Stephanies Leben kam während, 458
Stephanies Schreiben, 119
Stephanies Traum, 119
stereotype, 308, 344, 465, 483
Stereotypen behaupten, 306
stereotypisiert, 121, 343
steuern, 256, 299
Stiftungen, 154
stigmatisieren, 200
Stigmatisierung, 247
Stigmatisierung können, 260
Stigmatisierung sind, 20
Stigmatisierung von, 167, 239, 308,
    321, 496
Stigmatisierung Vorbehalte, 304
Stil präsentiert, 51
Stil von, 53, 55
Stimme, 398
Stimmen der, 14, 27, 35, 48, 70, 72,
    135, 206, 241, 243, 342,
    349, 364, 382, 442, 482,
    484, 486, 512, 515
Stimmen derjenigen, 362
Stimmen derjenigen einbeziehen,
    322
Stimmen derjenigen hören, 516
Stimmen derjenigen zu, 362, 511
Stimmen gehört, 10, 49, 94, 172,
    178, 194, 225, 289, 290,
    317, 334, 338, 345, 347,
    366, 381, 415, 484
Stimmen gleich gehört, 130

Stimmen gleichwertig gehört, 370
Stimmen innerhalb, 28, 35, 47, 49,
    161, 189, 360, 370, 374,
    467
Stimmen oder, 320
Stimmen stärkt, 46
Stimmen von, 25, 121, 161, 176,
    360, 378, 449, 478
Stonewall, 2
Strafen führen, 199
Strategie kann, 428
strategische, 56, 129, 165, 174, 178,
    196, 204, 215, 224, 312,
    316, 364, 407, 451, 462,
    510
Strategische Partnerschaften sind,
    212
strategischen, 421, 450, 459
Streben nach, 103, 259, 360
streng religiösen Familie aufwuchs,
    76
Stressbewältigung, 459
stressiger wird, 164
Stresslevel, 122
strukturelle Ungleichheiten zu, 412
Studenten helfen, 112
Studiums entdeckte, 107
Städten bietet, 426
ständig, 72, 135, 137, 173, 193, 286,
    288, 290, 300, 390, 394,
    398, 438, 481, 509
ständige, 33, 35, 36, 72, 123, 194,
    206, 271, 282, 290, 342,
    414, 455, 458
ständigen, 6, 122, 253
stärken, 11, 21, 26, 29, 30, 43, 48,
    50, 70, 91, 102, 105, 106,
    110, 113, 116, 118, 184,
    197, 243, 255–257, 259,

261, 296, 298, 300, 310,
318, 320, 333, 342, 350,
358, 360, 362, 364, 365,
372, 373, 395, 405, 406,
415, 416, 419, 424, 429,
437, 445, 449, 455, 466,
477–479, 497, 501, 502,
511
stärker, 187, 281, 292, 349, 371,
442, 504
stärkere, 138, 217, 234, 281, 292,
347, 373, 388, 407, 409,
432, 507
stärkeren Gemeinschaft, 131, 426
stärksten Marginalisierten, 48
stärksten marginalisierten, 482
stärksten Verbindungen, 119
stärkt, 46, 167, 199, 330, 366, 419,
421, 432, 462, 467, 468,
484, 502
suchen, 46, 76, 156, 257, 424, 459,
490
systematische, 34

tabu, 332
tabuisiert, 427
Tagebuchs sein, 256
Tat umzusetzen, 524, 525
Taten oft nicht, 233
tatsächlich inklusiv, 381
Tausende von, 40, 210
Tausenden geteilt, 50
Teamarbeit bietet, 293
Teamarbeit spielt, 292
Teamarbeit zeigen, 294
Techniken berücksichtigt, 67
Techniken dazu, 267
Techniken des öffentlichen, 105
technologische Barrieren auch, 428

technologische Entwicklung, 415
technologische Fortschritte, 24, 288,
393
Teil von, 156
teilen, 7, 10, 40, 42–44, 59, 73, 86,
102, 105, 114, 118, 119,
149, 154, 171, 172, 181,
185, 186, 188, 208, 240,
257, 262, 263, 272, 283,
292, 304, 321, 329, 337,
346, 351, 354, 362, 366,
415, 435, 455, 463, 477,
479, 502
teilgenommen, 351, 464
Teilnahme der, 243
Teilnehmer kommen zusammen,
502
teilnimmt, 110
teilt, 38, 44, 46, 83, 362, 461–463
teilweise, 127
Thema Geschlechtsidentität, 78
thematisiert, 64, 65
Themen auflockern, 53
Themen zusammenzufassen, 65
Theodor W. Adorno, 250
Theoretikerin Kimberlé Crenshaw,
478
theoretische, 4, 12, 46, 48, 70–72,
107, 108, 135, 433, 462,
501
Theoretische Ansätze, 71
theoretischem, 72
theoretischen, 20, 65, 85, 88, 95,
106, 111, 112, 138, 147,
165, 182, 211, 223, 232,
235, 277, 290, 292, 298,
309, 323, 358, 363, 424,
446, 482, 490, 512, 520,
522

theoretischer, 4, 19, 20, 71, 250, 292, 294, 325, 390, 437
theoretisches Konzept, 384
theoretisches Konzept ist, 239
theoretisches Wissen, 71
Theorie der, 480
Theorie postuliert, 12
Theorie wird Nachhaltigkeit oft, 400
Theorien können, 204
Theorien untersuchen, 397, 427
tief, 27, 81, 93, 141, 153, 234, 283, 295, 321, 342, 477, 498, 502, 524
Tiefen, 457, 459
tiefere, 52, 67, 68, 107, 186, 229, 241, 257, 261, 263, 307, 360, 380, 461, 463
tiefgreifend, 39, 82, 247, 353
tiefgreifende langfristige, 372
tiefgreifenden Analysen, 51
tiefgreifenden Einfluss auf, 78, 120, 131
tiefgründigen, 53
Tieren aufwachsen, 98
Tieres, 99
Toronto, 27–30, 33, 37, 39, 40, 49, 50, 64, 68, 108, 153, 155–157, 159, 162, 165, 167, 170, 173, 176, 180, 188, 199, 208–210, 217, 281, 293, 302, 306–309, 311, 312, 314–317, 320, 322, 324–326, 372, 379, 404, 439, 443, 448, 454, 458, 464, 467, 473, 475, 478–480, 504, 516, 521, 525
traditionellen, 56, 76, 94, 474, 475
Traditionen, 93

Traditionen anerkennen, 94
Traditionen aufzugeben oder, 94
Traditionen reformiert werden, 94
Traditionen sind, 93
tragen, 8, 74, 85, 91, 113, 114, 143, 157, 163, 164, 181, 189, 205, 250, 290, 293, 300, 305, 308, 332, 335, 366, 426, 431, 486, 493, 516
tragische, 344
trans Frau teilt, 463
transformieren, 10, 131, 348, 380, 455
transformierend, 85
Transfrauen konfrontiert, 408
transgender, 20, 449
Transgender-Anliegen zu, 26
Transgender-Mann, 84, 148, 265
Transgender-Schülern, 302
transidenten, 442
Transidentität, 427
transparente, 162, 316
Transpersonen, 449
Transphobie konfrontiert, 340
traten, 227
Traumata hervorrufen, 477
treibenden Kräfte, 503
Trevor Project, 440, 521
Triumphe der, 39
Triumphe zeigen, 515
trotz, 17, 155, 206, 216, 217, 279, 282–284, 286, 294, 301, 472, 473, 502, 515
Trotz der, 14, 16, 18, 19, 22, 38, 49, 56, 59, 67, 69, 104, 105, 109, 110, 113, 121, 130, 135, 154, 155, 164, 168, 176, 178, 185, 187, 189, 191, 195, 196, 202, 206,

208, 211–213, 215, 220,
225, 242, 248, 250, 260,
262, 274, 279, 292, 293,
308, 309, 311–313, 315,
316, 318–320, 322, 330,
332, 335, 337, 339, 340,
348, 352, 355, 358,
364–366, 370, 374, 389,
391, 394, 395, 402, 405,
407, 412, 418, 422–424,
437, 447, 453, 454, 458,
466, 477, 483, 485, 487,
489, 490, 493, 496, 498,
518, 519
Trotz dieser, 20, 21, 23, 83, 155,
157–159, 175, 208, 219,
238, 243, 251, 295, 306,
349, 413, 488, 490, 521
Trotz ihrer, 271
Trotz seiner, 224, 383, 495
Trotz zahlreicher, 283
trugen, 5, 30, 99, 118, 177, 302
Träger von, 360
trägt dazu, 283
Träume, 501–503
tun, 140, 185, 193, 307, 432, 461
Tweet, der, 50
Twitter ermöglichen, 10, 240, 415
Twitter ermöglichten es ihr, 86
tägliche, 384
täglichen Leben, 327, 526
Täter führen, 233

Uganda, 20, 199, 490
umfassen, 124, 126, 142, 170, 171,
182, 197, 212, 218, 219,
369, 441, 479, 497
umfassende, 48, 162, 222, 234, 301,
303, 406, 507

umfassender, 404
umfasst, 6, 32, 64, 125–127, 161,
173, 202, 207, 236, 237,
277, 342, 346, 367, 419,
432, 434, 436, 454, 504
umfassten, 27, 28, 457
Umfeld, 50, 74, 91, 114, 228, 231,
241, 243, 272, 308, 345,
355, 386, 467, 490, 497
Umfeld als, 81
Umfeld aufwachsen, 468
Umfeld bewegen, 122
Umfeld der, 247
Umfeld leben, 222
Umfeld schaffen, 479
Umfeld zu, 32, 104, 171, 210
Umfelds kann, 232
Umgang, 98, 103, 130, 279, 281,
298, 451
Umgebung, 107, 149, 229
Umgebung brachte, 86
Umgebung kann, 75, 77
Umgebung leben, 252
Umgebung lernen, 496
Umgebung sicher zu, 103
Umgebungen aufgewachsen, 76
Umgebungen erkannt, 77
umgesetzt, 70, 168, 217, 344
umschwenkten, 391
umsetzen, 70, 450, 503
umzugehen, 37, 105, 136, 257, 265,
273, 278, 280, 281, 296
umzusetzen, 71, 112, 524, 525
Unabhängigkeit, 311, 312
unbemerkt gelassen, 466
unbestreitbar, 290, 320, 335, 478,
489
unbestritten, 59, 135, 164, 196, 274,
318, 339

und, 1–12, 14–17, 19–22, 24–57, 59, 61–79, 81–95, 97–99, 101–133, 135–143, 145, 147–149, 151, 153–165, 167, 168, 170–174, 176–182, 184–197, 199–202, 204–213, 215–225, 227–243, 245, 247, 248, 250, 252–257, 259–263, 265, 267–274, 276–286, 288–312, 314–327, 329, 331–356, 358–360, 362–374, 377–382, 384–395, 397–400, 402, 404–417, 419–422, 424, 426–444, 446–451, 453–455, 457–469, 472–487, 489–491, 493–498, 501–505, 507–513, 515–517, 519–526, 528
Uneinigkeit, 28
unerschütterlichen Glauben, 39
unerwartete, 282, 289
Unerwarteten gibt, 56
ungebrochen, 14, 340
ungleiche, 365, 428
ungleichmäßig, 389
universelle, 19, 55
Unklare oder, 299
unklaren, 298
unmöglich, 503
Unruhen inspirierten auch, 5
uns, 3, 8, 17, 62, 74, 81, 113, 263, 284, 300, 307, 322, 350, 356, 362, 432, 442–444, 477, 478, 480, 482, 486, 491, 498, 505, 507, 515–517, 524, 526, 528

unschätzbarem, 46, 163, 462, 503
unsere, 3, 74, 300, 432, 443, 476, 477, 491, 503, 514, 519, 526
unserer, 476
unsicher, 72, 78, 105, 124
Unsicherheit geprägt, 207
Unsicherheit innerhalb, 159, 385
unter, 82, 92, 107, 137, 162, 193, 283, 332, 341, 426, 440, 497
untergraben, 20, 55, 56, 191, 321, 341, 371, 420, 451, 523
untergräbt, 67, 137, 243
unterhaltsame, 53, 55, 57
untermauern, 85, 98
untermauert, 235
unterrepräsentiert, 200, 387, 421
unterrepräsentierten, 352
unterscheiden, 25
Unterschiede, 342, 429, 490
Unterschiede können, 427
unterschiedlich interpretiert wird, 291
unterschiedliche, 130, 136, 154, 200, 260, 272, 293, 299, 347, 367, 384, 398, 427, 428, 449, 476, 490, 522
Unterschiedliche Ziele, 187
unterschiedlichen, 2, 30, 68, 240, 293, 352, 374, 415, 420, 430, 467, 504
unterschätzen, 11, 157, 222, 254, 265, 504
unterstreichen, 35, 69, 181, 232, 326, 354
unterstützen, 8, 17, 19, 24, 62, 84, 113, 137, 140, 149, 154, 157, 159, 181, 195, 236,

Index 607

239, 243, 255, 274, 289, 303, 311, 318, 339, 382, 407, 431, 433, 435, 436, 441, 443, 446, 449, 467, 484, 489, 491, 493, 497, 498, 500, 522, 526, 527
unterstützende, 33, 77, 89–91, 124, 129, 131, 158, 238, 326, 333, 405, 414, 421, 463, 465, 511, 521
unterstützenden, 83, 106, 114, 138, 157, 173, 222, 232, 252, 291, 304, 405, 438
unterstützender, 276
unterstützt, 10, 27, 43, 48, 105, 108, 159, 199, 222, 243, 292, 321, 407, 426, 461, 498, 521
unterstützten, 92, 102, 130, 159
Unterstützungsangebote sie, 170
Unterstützungsdiensten, 161
Unterstützungsnetzwerk, 163
Unterstützungsnetzwerke bieten, 346
Unterstützungsnetzwerke spielen, 345
Unterstützungssystemen anerkennen, 147
Unterstützungssystemen innerhalb, 103
Unterstützungssystemen kann, 256
untersuchen, 17, 22, 37, 42, 53, 57, 59, 70, 77, 85, 93, 95, 98, 111, 120, 126, 135, 138, 141, 147, 156, 162, 170, 174, 182, 194, 197, 218, 223, 239, 242, 245, 250, 269, 274, 279, 284, 290, 292, 298, 307, 309, 323,

331, 338, 345, 348, 358, 363, 365, 369, 380, 388, 397, 405, 409, 412, 422, 424, 427, 430, 433, 453, 469, 476, 482, 487, 493, 501, 505, 520
untersucht, 133, 178
unterteilt, 64, 295, 342, 400
unverzichtbar, 446
unverzichtbarer Bestandteil des, 178, 187, 316, 335
unverzichtbarer Bestandteil des Aktivismus, 286
unzureichend, 233, 242, 387
unzureichende, 216, 240, 317
unzähliger, 454
unüberwindbar, 516
Urteil bestätigte, 21
USA, 6, 17, 21, 177, 201, 205, 283, 414, 510
Utah, 426

v, 21
variieren, 217
variieren können, 215, 299
verabschiedet, 11, 208, 222, 458, 523
verankert, 75
verankert waren, 78
veranschaulichen, 26, 425
Veranstaltungen, 29, 210, 311, 450
Veranstaltungen bieten, 195
Veranstaltungen das Gefühl der, 318
Veranstaltungen durchzuführen, 158, 317
Veranstaltungen erfordert, 164
Veranstaltungen erheblich einschränken, 317
Veranstaltungen erschwert, 195

Veranstaltungen fördern, 308
Veranstaltungen gefördert, 373
Veranstaltungen haben, 351, 521
Veranstaltungen halfen, 302
Veranstaltungen konnte, 29
Veranstaltungen mussten, 155
Veranstaltungen oder, 74, 180, 274
Veranstaltungen oft mit, 443
Veranstaltungen organisieren, 131
Veranstaltungen sind, 163, 490
Veranstaltungen spielen, 194
Veranstaltungen teilgenommen, 351
Veranstaltungen verbunden, 164, 196
Veranstaltungen wie, 57, 162, 164, 179, 436, 477
Veranstaltungsorten, 317
Verantwortung, 3
verarbeiten, 256, 457, 495
Verarbeiten von, 281
Verarbeitung, 281
verbale, 227
verbessern, 31, 72, 97, 116, 161, 162, 177, 178, 187, 218, 279, 280, 286, 292, 303, 307, 380, 439, 461, 468, 480, 507, 521
verbessert, 11, 26, 205
verbesserte, 221, 281
verbesserten, 458
verbieten, 40, 161, 200, 205, 208, 344, 378, 465
verbietet, 248, 523
verbinden, 26, 33, 53, 55, 149, 232, 260, 416
verbindet, 57
Verbindungen, 201, 373
Verbrechen anerkannt, 233

verbreiten, 16, 17, 19, 32, 36, 70, 71, 140, 163, 193, 279, 304, 319, 339, 351, 382, 388, 395, 397, 433, 434, 458, 461, 479
verbreitet, 16, 20, 33, 38, 59, 82, 115, 192, 193, 206, 259, 306, 312, 343, 385, 480
Verbreitung, 229, 338
Verbreitung von, 36, 120, 173, 182, 184, 193, 416, 474, 509, 510
verbunden, 6, 12, 14, 31, 34, 38, 43, 56, 57, 59, 95, 99, 109, 110, 118, 121, 124, 129, 135, 147, 157, 164, 174, 176, 178, 184, 188, 192, 196, 212, 213, 239, 260, 265, 267, 291, 292, 294, 298, 302, 312, 316, 319, 320, 322, 331, 338, 340, 352, 355, 364, 369, 371, 373, 397, 405, 407, 446, 453, 462, 463, 467, 469, 473, 474, 478, 484, 490, 491, 501, 519, 526
Verbündete, 85
Verbündeten wäre es, 503
verdeutlichen, 10, 12, 64, 69, 70, 76, 95, 96, 111, 138, 223, 228, 242, 359, 388, 470, 499, 512
verdeutlicht, 2, 3, 32, 65, 90, 122, 162, 190, 201, 243, 295, 336, 462, 495, 498, 505
verdeutlichten, 302, 304
Vereinbarkeit von, 124
vereinfacht, 177
verfeinern, 290

verfolgt, 427, 461
verfolgte, 34
Verfolgung, 20, 386
Verfolgung von, 410
verfügbar, 379
verfügbare, 257, 379
verfügen, 273, 395, 398
Verfügung stehen, 450
Vergangenheit, 3
Vergleich, 449
vergrößern, 390
Verhalten, 137
Verhaltensweisen führen, 136
verharmlost, 57, 67
verhindern, 38, 215
verkörpert, 162, 432
verlassen, 281
Verlauf des Buches, 63
verletzlich fühlen, 291
Verletzlichkeit, 119, 261, 463
Verletzlichkeit von, 66
verletzt, 67, 217, 228, 386
vermeiden, 280
vermitteln, 53, 55, 57, 63, 65–67, 69, 186, 197, 317, 387, 436, 477, 484
vermittelt, 40, 45, 67, 68, 105, 428, 475
vernetzen, 16, 28, 73, 83, 86, 120, 373, 426, 429, 479
Vernetzung, 162, 164, 399, 415, 437
Vernetzung auch, 397
Vernetzung kann, 398, 416
Vernetzung zwischen, 163
Verpflichtungen stehen, 217
verringern, 163, 273, 339, 365, 398, 450
verschiedene, 4, 6, 7, 20, 29–31, 46, 48, 64, 65, 73, 75, 97, 106, 108, 120, 127, 128, 139, 142, 160, 163, 169, 170, 173, 178, 191, 196, 203, 214, 223, 231, 234, 255, 268, 270, 275, 280, 292, 299, 304, 317, 319, 334, 337, 340, 344, 379, 407, 408, 415, 433, 439, 445, 447, 449, 459, 462, 485, 499, 510, 516, 521
verschiedenen, 3, 4, 6, 8, 10, 12, 15, 17, 30, 33–35, 37, 38, 41, 42, 47, 50, 51, 63, 85, 94, 95, 98, 107, 111, 118, 121, 122, 124, 147, 148, 156, 161, 162, 165, 168, 170, 174, 179, 181, 182, 194, 197, 200, 211, 213, 215, 216, 218, 221, 227, 230, 239, 242, 245, 248, 250, 259, 260, 269, 280, 290, 292–294, 299, 309, 317–319, 335, 338, 341–343, 345, 348, 350, 351, 363, 365, 367–369, 373, 380, 383–385, 388, 390, 393, 397, 399, 407, 408, 417, 419, 420, 422, 425, 426, 428, 430, 432, 433, 435, 446, 449, 457, 460, 474, 476, 479, 482, 487, 490, 493, 496, 505, 507, 512, 518, 522, 524
verschiedener, 50, 94, 285, 498
verschlechtern, 193
verschärft, 481
versetzen, 184, 250, 461
Versorgung zu, 387
verstand, 119

verstecken, 87
verstehen, 1, 3, 19, 72, 92, 121, 130, 136, 147, 149, 210, 217, 230, 234, 265, 294, 338, 340, 342, 402, 406, 437, 477, 480, 484, 516
versteht es, 40
verstärkt, 122, 153, 216, 228, 233, 260, 270, 308, 319, 348, 499
verstärkten, 6, 185, 221, 222, 302, 305, 460, 467
verteidigen, 204, 206, 210, 390, 474, 514
verteilt sind, 480
vertiefen, 64
Vertrauen, 117, 243, 304
Vertrauen aufbauen, 463
Vertrauen innerhalb, 461
vertreten, 27, 28, 155, 191, 200, 289, 406, 408, 421, 475, 512
Vertretung von, 228
verursacht, 170, 458
Verwandte spielen, 90, 92
Verwandten auf, 90, 92
verwehrten, 283
verwendet, 54, 66, 69, 371
verwendeten, 69, 281
Verwendung von, 55
verwiesen, 248
verwurzelt, 93, 153, 295, 342, 477, 489, 498, 501, 502
verwurzelte, 27, 141, 283, 321, 524
verwässern, 194, 483
verzeichnen, 155
verzerren, 69
verzerrt, 189, 477
verzerrte, 177
Verzweiflung, 35

verändern, 11, 12, 14, 19, 37, 46, 94, 121, 176, 250, 286, 297, 311, 339, 353, 356, 373, 464, 504
verändert, 12, 137, 307, 325, 388, 438, 454, 509
veränderte, 302, 511
Veränderungen, 4, 6–8, 11, 12, 15, 17, 37, 51, 53, 56, 59, 72, 103, 106, 108, 112, 113, 119, 135, 147, 153, 161, 176, 178, 181, 185, 196, 213, 215, 217, 223, 225, 234, 276, 281, 282, 289, 290, 294, 303, 304, 314, 316, 318, 338, 340, 352, 353, 355, 364, 371, 373, 374, 409, 436, 441, 443, 446, 449, 451, 453, 454, 458, 465, 468, 484, 501–504, 510, 517, 519, 526
Veränderungen auch, 24
Veränderungen beitragen, 365
Veränderungen bewirken, 74, 192, 413, 455, 466, 498
Veränderungen bewirkt, 525
Veränderungen bewirkt als, 50
Veränderungen herbeizuführen, 6, 8, 12, 113, 206, 233, 331, 354, 408, 463, 466, 491, 515
Veränderungen innerhalb, 107, 358
Veränderungen kämpfen können, 140
Veränderungen können, 10
Veränderungen oft gegen tief, 524
Veränderungen sind, 11
Veränderungen zeigen, 11

Index

veröffentlichen, 193
Veröffentlichung, 181
viel, 17, 55, 158, 303, 307, 463
Viele, 27, 35, 36, 200, 355, 394
viele, 3, 5, 19, 23, 26, 34, 38, 39, 41,
    42, 46, 47, 53–55, 75, 76,
    79, 81, 83, 86, 87, 93, 97,
    99, 105, 106, 108, 110,
    118, 124, 126, 131, 133,
    153, 154, 159, 163, 168,
    169, 171, 173, 184, 187,
    193, 209, 221, 225, 227,
    229, 237, 238, 241, 247,
    261, 262, 269, 272, 273,
    283, 289, 295, 301, 307,
    329, 334, 336, 338, 346,
    348, 352, 368, 387–389,
    391, 398, 405, 407, 444,
    450, 454, 455, 458, 459,
    463, 474, 475, 479, 481,
    490, 493, 501, 502, 523,
    528
Viele Aktivisten kommen aus, 391
Viele berichten, 496
Viele Darstellungen, 387
Viele fühlen sich, 124
Viele Journalisten haben, 193
Viele Jugendliche haben, 89
Viele Lehrer fühlen sich, 105
Viele LGBTQ-Künstler kämpfen,
    339
Viele LGBTQ-Personen, 385
Viele LGBTQ-Personen fühlen sich,
    387, 523
Viele Länder sind, 217
Viele Menschen, 201
Viele Menschen haben, 185, 494
Viele Menschen zögern, 188
Viele Mitglieder der, 154, 159, 450

Viele potenzielle Mitglieder, 170
Viele religiöse Traditionen haben, 94
Viele Schulen, 386
vielen Aktivistengruppen gibt, 293
vielen Fällen kann, 283
vielen Fällen sind, 216
vielen Gemeinschaften gibt, 321
vielen gesellschaftlichen, 228
vielen Initiativen, 153
vielen Ländern, 201, 207
vielen Ländern fehlt es jedoch, 429
vielen Ländern gibt, 205, 241, 344,
    427, 450, 510
vielen Ländern haben, 21, 523
vielen Ländern ist, 16, 206
vielen Ländern sind, 20, 398
vielen positiven Aspekte, 337
vielen Schulen, 231, 332, 437
vielen Städten, 231
vieler, 2, 26, 48, 85, 95, 124, 126,
    147, 262, 286, 325, 353,
    505, 517, 526
vielfältig, 6, 9, 48, 79, 103, 126, 132,
    142, 202, 207, 209, 274,
    338, 343, 345, 352, 399,
    421, 429, 432, 478, 498
vielfältige, 10, 12, 110, 387, 407,
    409, 493
vielfältiger, 2
Vielleicht, 66
vielmehr müssen, 407
Vielmehr sind, 31
vielschichtig, 19, 27, 39, 89, 124,
    137, 170, 194, 199, 218,
    221, 234, 247, 254, 276,
    292, 296, 350, 368, 369,
    419, 467, 476, 478, 495,
    524
vielschichtiger Prozess, 126, 204

vielversprechend, 24, 273, 480, 498,
    512, 516
Vielzahl von, 6, 22, 37, 45, 54, 86,
    90, 95, 115, 120, 121, 136,
    138, 154, 156, 199, 200,
    202, 252, 277, 297, 383,
    385, 403, 419, 425–427,
    437, 442, 451, 457, 509
Virginia Woolf, 120
Vision sah sich, 154
Visionen, 455, 501, 503, 525
Visionen besinnen, 300
visionäre, 299, 525
Visionären ab, 526
visualisieren, 69
visuell, 59, 69
visuelle, 68, 70, 338, 436
volle Terminkalender, 334
voller, 101, 416, 522
vom, 3, 389
von, 1–8, 10–12, 15–17, 19–22,
    24–57, 59, 61–77, 79,
    82–95, 97, 99, 101–121,
    124, 126, 129–133,
    135–138, 140, 142, 143,
    145, 147–149, 151,
    153–165, 167, 168, 170,
    171, 173, 174, 176–182,
    184–189, 191–197,
    199–202, 204–213,
    215–224, 228–236,
    238–243, 245–250, 252,
    254–257, 259–263, 265,
    267–273, 276–286,
    289–297, 299–312,
    314–327, 329–356, 358,
    360, 362–374, 377–381,
    383–392, 394, 395,
    397–399, 402–405,
    407–410, 412, 413,
    415–417, 419–422,
    424–451, 453–455,
    457–463, 465–469,
    472–480, 482–486,
    489–491, 493–498,
    501–505, 507–512,
    514–517, 520–526, 528
voneinander, 7, 257, 329, 382
vor, 3, 16–18, 20, 22, 33, 38, 45, 63,
    76, 86, 94, 104, 115, 122,
    153, 163, 164, 168, 174,
    185, 188, 199, 205–207,
    209, 213, 217, 231, 248,
    272, 277, 291, 294, 297,
    300, 306–308, 317, 321,
    323, 329, 334, 347, 383,
    385, 390, 405, 419, 425,
    443, 444, 447, 450, 467,
    473, 474, 478, 482, 487,
    491, 493, 496, 509, 510,
    518, 520, 523, 525
Vor der, 307
vorantrieb, 155
voranzubringen, 382, 419
voranzutreiben, 176, 178, 186, 213
vorbei, 3, 362
vorbereiten, 474, 511
Vorbilder können, 432
Vordergrund, 63, 184, 368, 413,
    479, 510, 515
vorhanden, 190, 498
vorherrschen, 397, 444
vorherrschten, 81, 101
vorkommen, 131
vornehmen, 369
Vorträge, 7, 163
Vorurteile verstärken oder, 483
Vorurteilen gegenüber, 118

Vorurteilen geprägt, 272, 355
Vorurteilen konfrontiert, 365
Vorurteilen spielt, 229
vorzustellen, 454

Wachsens, 87
Wachstum, 94, 133, 265
Wachstum oft aus, 459
wagen, 110, 129
Wahl, 209
Wahlen bieten, 214
Wahlen sind, 213
Wahrnehmung, 17, 19, 72, 176, 192, 201, 221, 312, 314, 344
Wandels, 223
wandelt, 288
wandte, 154, 302
wandten sich, 289
war, 1–4, 26–31, 34, 35, 37, 38, 41, 49, 50, 52, 77–79, 81, 83, 85–87, 92, 98, 99, 101–104, 106–108, 117–119, 130, 131, 151, 153–155, 158, 159, 164, 187, 207–210, 283, 302–306, 308, 319, 351, 399, 457, 458, 463, 465–467, 501, 503, 525
waren, 3–5, 27–29, 31, 78, 86, 91, 99, 101, 103, 107, 108, 120, 129, 130, 148, 153–155, 158, 159, 284, 289, 301–303, 306, 309, 402, 410, 414, 458
warum, 480, 482
Wechselwirkungen zwischen, 47, 342
wecken, 68, 70, 133, 461, 482
Weg begleiten, 505

Weg beschreiten, 491
Weg stehen, 524
Weg zum vollständigen Gleichgewicht, 522
Wegbereiter, 526
wehren, 83, 229
wehrten, 4, 278
weil sie, 76, 294, 368, 485
Weise, 9, 12, 41, 54, 57, 59, 66, 68, 93, 110, 121, 127, 176, 193, 284, 297, 312, 380, 388, 428, 455, 465, 475, 477, 491, 509
Weise abhängen, 19
Weisen geschehen, 214
Weisen manifestieren, 75
Weisen äußern, 317
weiter, 117, 118, 193, 196, 202, 241, 295, 382, 395, 416, 419, 443, 458, 473, 500, 523
weitere, 30, 36, 179, 180, 187, 369, 420, 428, 440, 475
weiteren Marginalisierung, 321
weiteren Marginalisierung führt, 386
weiteren Marginalisierung von, 242, 344
weiteren Schlüssel, 32
weiteren Stigmatisierung führen, 474
weiterentwickelt, 137
Weiterentwicklung, 478
weiterer, 4, 27, 32, 35, 43, 52, 103, 119, 130, 158, 160, 164, 208, 209, 248, 250, 256, 281, 292, 304, 305, 308, 319, 336, 344, 368, 381, 386, 389, 398, 415, 434, 437, 440, 450, 460, 461, 465, 467, 468, 497, 504,

516
weiteres langfristiges Ziel von, 378
weiteres zentrales Anliegen, 194
Weitergabe von, 43, 417, 467
weitergeben, 333, 443, 475
weiterhin, 3, 5, 21, 24, 255, 290, 331, 350, 355, 372, 444, 466, 493, 512
weiterhin aktiv zu, 356
weiterhin auf, 206
weiterhin bestehen, 402
weiterhin betreffen, 528
weiterhin Brücken zwischen, 188
weiterhin daran arbeiten, 372
weiterhin effektiv, 158
weiterhin Engagement, 307
weiterhin gehört, 478
weiterhin gemeinsam, 505
weiterhin Generationen von, 466
weiterhin Gesetze, 510
weiterhin innovativ bleibt und, 395
weiterhin kreative, 170
weiterhin neue Wege, 135
weiterhin verletzt, 217
weiterhin von, 17, 220, 243, 453
weiterhin vor, 385
weiterhin wachsen, 446
weiterhin zusammenarbeiten, 17
weiterhin zusammenarbeitet, 204
weitertragen, 444
weiterzumachen, 33, 282–284, 458, 472, 502, 503, 517
weitreichende, 5, 37, 99, 245, 312, 491, 493
welche, 19, 69, 70, 141, 170, 216, 389
Welche Faktoren, 280
Welt, 462
Welt spielt, 421, 451

Weltanschauung, 120
weltweit, 15, 17, 317, 399, 427, 429, 490, 502
wenden, 89
wenige, 59, 430
wenigen Geldgebern abhängig ist, 479
weniger, 56, 163, 193, 229, 293, 311, 352, 365, 367, 368, 398, 482, 483
wenn, 460
Wenn Aktivisten, 292, 299, 373, 450
wenn Aktivisten, 390
Wenn beispielsweise, 370
wenn die, 295, 298, 380
Wenn Einzelpersonen, 372
wenn es, 35, 200, 218
wenn es eine, 56
wenn Gemeinschaften zusammenarbeiten, 331
Wenn Geschichten, 185, 483
wenn man, 121, 289
Wenn Menschen, 318, 455, 484
Wenn Menschen ihre, 185
Wenn Menschen sehen, 349, 362
Wenn persönliche, 189
Wenn Politiker, 222
wenn Rückschläge und, 300
Wenn Schüler, 106
Wenn Stephanie beispielsweise, 66
Wenn Stimmen aus, 407
werben, 191
Werbung, 450
werden, 4, 6, 7, 9–11, 15, 17, 21, 22, 25, 27–29, 31, 33, 35, 37, 39, 41, 42, 46, 47, 49–57, 59, 61–73, 75, 77, 81, 85–88, 90, 92–95, 97, 98, 104, 106, 108, 109, 111,

114, 116, 119–122, 124,
126–129, 131, 135, 136,
138, 140, 141, 143, 145,
147, 149, 155, 156, 158,
159, 161, 162, 165, 167,
168, 170–172, 174,
176–180, 185, 187–189,
192–194, 196, 197, 199,
200, 204–207, 209, 211,
213, 215–218, 221–223,
225, 227, 229, 231–235,
239, 242, 243, 245, 247,
248, 250, 252, 255–257,
259–261, 269, 270, 273,
274, 277, 279, 280,
282–286, 289–292,
294–296, 298, 300, 304,
307–309, 312, 314–323,
325–327, 329, 331, 332,
334–345, 347–349, 351,
352, 356, 358, 360,
362–374, 378, 380–383,
385–389, 393, 397, 398,
400, 402, 405–409, 412,
415, 416, 422, 424,
426–428, 430, 432, 433,
438, 439, 442, 443,
446–448, 450, 451, 453,
455, 457, 461–463,
466–469, 473–480,
482–484, 486, 487, 490,
491, 493, 494, 496, 498,
500–505, 509–513,
515–517, 519, 520, 522,
524, 526
werfen, 65, 354, 464
Werkzeug, 14, 182, 223
Wert, 46, 163, 164, 463, 503
Werte, 75, 78, 93, 94, 101, 405, 427

Werten kann, 94
Wertschätzung, 366
wertvolle, 55, 72, 108, 109, 114, 117,
160, 213, 257, 280, 285,
407, 426, 439, 459
wertvoller, 138
wesentliche Komponente des
LGBTQ-Aktivismus, 325,
330
wesentliche Rolle, 364
wesentlicher Bestandteil der, 453
wesentlicher Bestandteil des
Aktivismus, 44, 281, 504
wesentlicher Bestandteil des Erfolgs,
312
wesentlicher Bestandteil des
LGBTQ-Aktivismus, 196,
322
wesentlicher Bestandteil des
LGBTQ-Kampfes, 411
wesentlicher Bestandteil des
persönlichen, 295
wesentlicher Bestandteil ihres
Aktivismus, 41
wesentlicher Bestandteil ihres
Einflusses, 41
wesentlicher Schritt, 167
weshalb eine, 263
wichtig, 3, 6, 32, 34, 35, 42, 44, 55,
57, 67, 69–71, 73, 85, 87,
94, 98, 101, 105, 107, 110,
115, 118, 130, 138, 145,
149, 158, 163, 167,
170–172, 184, 187,
190–192, 194, 206, 208,
210, 212, 228, 230, 241,
243, 257, 271–273, 280,
289, 291, 292, 300, 309,
320, 322, 326, 329, 331,

334, 337, 342, 345, 346,
350–352, 358, 360, 371,
373, 374, 382, 387, 390,
395, 402, 405, 412, 413,
415, 416, 421, 429, 431,
433, 436–438, 442, 443,
449, 455, 460, 462, 463,
472, 473, 475, 479, 480,
484, 486, 491, 493, 495,
503, 504, 507, 515, 516,
519, 524
wichtige gesellschaftliche, 356, 364
wichtige Stimmen innerhalb, 365
wichtige Stimmen übersehen, 368
wichtige Themen, 193
wichtige Themen zu, 439
wichtigen, 4, 6, 8, 26, 105, 123, 449
wichtiger, 5, 7, 17, 27, 32, 43, 83, 98,
102, 103, 119, 130, 155,
160, 164, 205, 209, 248,
250, 281, 283, 292, 305,
308, 309, 316, 319, 336,
352, 381, 389, 434, 440,
460, 461, 465, 497, 504
widerspiegeln, 69, 70, 105, 126, 177,
192, 213, 239, 240, 360,
368, 374, 428, 464, 502
widerspiegelt, 15, 48, 172, 173, 189,
216
widerspiegelte, 30
Widerspruch zu, 76, 78, 217
Widerstands gegen, 27
Widerstandsfähigkeit, 360, 362,
459, 525
widriger, 282, 284
Widrigkeiten, 286, 515
wie, 3–5, 7–11, 16, 17, 19, 20, 28,
33–36, 38, 39, 42, 44, 45,
47, 49, 51–55, 57, 59, 64,

65, 68, 70–73, 77, 78, 86,
87, 91, 93, 98, 99, 103,
105–108, 110, 113,
116–121, 124, 127,
131–133, 135, 141, 149,
158, 162, 164, 167, 170,
176, 179, 182, 184, 185,
193, 197, 199, 200,
205–207, 210, 215–217,
221–223, 228, 229, 231,
240, 241, 250, 262, 263,
279–284, 286, 289, 290,
294, 299, 306, 307, 309,
311, 312, 315, 316,
318–320, 322, 325–327,
337–339, 346, 348, 351,
355, 360, 365, 366, 370,
371, 379, 380, 385, 386,
388, 394, 404, 406, 407,
409, 415, 416, 421, 430,
432, 434–436, 439, 443,
446, 448–450, 453–455,
459, 460, 463, 464, 466,
467, 473–475, 477, 483,
486, 490, 491, 495–497,
502, 504, 509–511, 515,
521, 522, 525, 526, 528
Wie bei, 153
wieder, 210, 355, 473
wiederfinden, 240, 271
wiederholter, 283
wiederum, 163, 185, 216, 221, 295,
297, 305, 336, 389, 438
Willen, 206, 217
willkommen, 30
wir, 3, 6, 10, 15, 17, 21, 22, 37, 42,
53, 55, 57, 59, 63, 66, 70,
72, 74, 77, 81, 85, 88,
93–98, 111, 120, 124, 126,

Index 617

127, 129, 131, 135, 138,
141, 147, 149, 156, 158,
162, 168, 170, 174, 182,
186, 194, 197, 199, 207,
211, 213, 218, 221, 223,
227, 237, 239, 241, 242,
245, 248, 250, 252, 261,
263, 269, 274, 277, 279,
284, 290, 292, 298, 300,
307, 309, 314, 318, 322,
323, 325, 329, 331, 335,
338, 342, 345, 347–350,
358, 360, 363, 365, 369,
380, 382, 384, 388, 393,
397, 399, 402, 405, 407,
409, 412, 414, 422, 424,
425, 427, 430, 432, 433,
437, 439, 442–444, 446,
453, 457, 464, 469, 474,
476, 477, 482, 484–487,
489–491, 493, 496,
499–501, 503–505, 507,
513, 515–517, 519, 520,
522, 526, 528
Wir müssen, 526
Wir sollten, 486
wird durch, 20
wird es schwierig, 449, 450
wird ihre, 369
wirken auch, 372
wirklich effektiv, 516
wirklich wichtig, 300
wirksam, 25, 48
Wirksamkeit illustrieren, 482
Wirksamkeit kann, 224
Wirksamkeit von, 56, 360
Wirkung von, 265, 371
Wirkung zeigt, 153
wirkungsvoll, 26, 40, 261, 395

wirtschaftliche, 6, 247, 342, 451
wirtschaftlichen, 246
Wissen erwerben, 106
Wissen Macht, 26, 160
wissen oder, 450
Wissen zu, 317, 433, 461
Wissen über, 494
wissenschaftlichen, 390
Wissensvermittlung, 110, 422, 437
wo, 20, 34–36, 41, 69, 76, 98, 107,
115, 199, 205, 206, 216,
222, 227, 255, 269, 282,
292, 294, 296, 329, 336,
343, 346, 347, 351, 389,
408, 451, 472, 494, 523,
524
wobei, 414
wodurch sie, 59
wohin sie, 299
Wohl, 516
Wohl kümmern, 140
Wohlbefinden, 8, 95, 99, 127, 138,
149, 221, 222, 259, 267,
296, 330, 338, 462, 493,
523
Wohlbefinden derjenigen, 272
Wohlergehen von, 20, 303
wohlfühlen, 40, 160, 171, 304
wohlhabenden, 428
wollte, 28, 458
wollten, 351
Woolley, 32, 34–37, 48, 50, 155,
207–210, 228, 281, 352,
355, 460, 461, 473
Woolley arbeitete eng mit, 130
Woolley argumentiert, 32, 47
Woolley berichtete, 228
Woolley entdeckte, 120
Woolley erkannte schnell, 28

Woolley fand, 129
Woolley hatte, 129
Woolley konnte, 154
Woolley kritisierte, 121
Woolley musste, 30, 99, 130
Woolley organisierte, 29, 153
Woolley selbst, 34, 228
Woolley sieht, 32, 161, 356
Woolley zeigt, 43
Woolleys Aktivismus, 131, 460
Woolleys Ansatz, 50, 229, 467
Woolleys Ansatz zeigt, 26
Woolleys Ansichten, 121
Woolleys Ansichten über, 48
Woolleys Arbeit, 37–39, 50, 64, 208, 326, 467, 468, 479, 480
Woolleys Auftritten, 40
Woolleys Auszeichnungen, 355, 356, 362
Woolleys Beziehung, 98
Woolleys Einsatz von, 52
Woolleys Engagement, 48, 51, 325, 353, 355, 356, 362, 464, 466
Woolleys Erfolgen, 466
Woolleys Erzählung, 42
Woolleys Fall, 99
Woolleys Fokus auf, 49
Woolleys Fähigkeit, 40, 42, 131, 352
Woolleys Geschichte, 131, 353
Woolleys inspirierende, 41
Woolleys Leben, 120
Woolleys Leben zeigt, 78
Woolleys persönliche, 42, 43
Woolleys persönlichem, 64
Woolleys Reden, 39–41
Woolleys Reise, 65, 79, 87
Woolleys Selbstvertrauen, 78

Woolleys Vision, 52, 480
Wort, 66
wuchs, 81, 101, 117, 148, 227
wurde, 153
wurde argumentiert, 49
wurde von, 50
wurden, 1, 2, 5, 11, 16, 17, 41, 64, 103, 117, 118, 130–132, 158, 159, 165, 170, 187, 208, 209, 222, 227, 228, 242, 247, 289, 302–304, 306, 319, 326, 385, 414, 427, 442, 443, 458, 466, 474, 480, 523
wächst, 338
Während, 159, 352, 389, 391, 421, 451
während, 2, 3, 34, 50, 53, 55, 57, 63, 66, 83, 84, 88, 91, 92, 94, 95, 107, 122, 125, 158, 163, 185, 187, 209, 228, 243, 255, 290, 293, 304, 338, 365, 368, 370, 391, 397, 399, 427, 428, 458, 472, 475, 476, 482, 483, 490, 491, 494, 503
Während Aktivismus, 276
Während seiner, 148
Während Sichtbarkeit oft als, 474
Während sie, 19, 193
Während theoretische, 72
Während Transparenz, 463
wünschenswerte Eigenschaften, 472
Würde, 194, 388, 416, 491, 528
Würde der, 194
würdigen, 384, 504

Zahl von, 27

zahlreiche, 20, 24, 26, 73, 110, 113, 155, 175, 192, 195, 201, 202, 207, 209, 231, 239, 248, 251, 285, 307, 312, 313, 349, 350, 353, 386, 402, 405, 413, 418, 422, 423, 437, 439, 460, 465, 470, 485, 488, 498, 507, 519, 521
zahlreicher, 4, 283, 410, 473
zeigen, 11, 20, 21, 50–52, 66, 71, 79, 82, 83, 87, 98, 110, 113, 119, 127, 188, 205, 222, 228, 259–262, 282, 286, 294, 302, 315, 316, 324, 325, 339, 343, 348, 351, 353, 385, 386, 424, 442, 466, 479, 496, 504, 507, 511, 515–517, 523
zeigt, 176
zeigt ihre, 353
zeigt sich, 41, 326, 523
zeigte, 303
zeigte ihr, 119
zeigten, 154, 278
Zeit spielt, 36, 176
Zeiten, 256, 277, 300, 387, 466, 503
zeitlich mit, 123
zensiert oder, 339
Zensur, 184
Zensur von, 339
zentrale, 29, 107, 135, 143, 206, 250, 251, 267, 279, 292, 304, 318, 331, 350, 366, 384, 405, 416, 453, 459, 493, 496, 501, 510
zentraler, 7, 21, 30, 31, 42, 44, 53, 59, 79, 85, 87, 88, 93, 95, 108, 126, 162, 165, 199, 207, 234, 278, 322, 405, 419, 439, 457, 462, 466, 476, 517, 520
zentrales Anliegen, 479
zentrales Anliegen ist, 385
zentrales Ereignis, 64
zentrales Thema, 460
zentrales Thema, das sich, 230
zentrales Ziel innerhalb, 366
Zentren oft, 367
Zerrissenheit führte, 104
Zeugnis dafür, 326
Zeugnisse von, 325, 362
zieht, 372
zieht Hunderte, 521
Ziel, 124, 502
Ziel bietet, 299
Ziel der, 511
Ziel näher, 516
Ziele, 6, 17, 28, 71, 145, 154, 171, 172, 198, 208, 213, 268, 274, 280, 292, 294, 298–300, 316, 371, 384, 394, 395, 405, 434, 450, 454, 476, 509
Ziele der, 512
Ziele effektiver, 393
Ziele geben, 298
Ziele hinaus, 299
Ziele innerhalb, 420
Ziele kann, 299
Ziele konzentrieren, 211
Ziele können, 299
Ziele verfolgen, 441
Ziele von, 161, 379
Zielgruppe, 68, 281, 304
Zielgruppe erreichen, 57
Zielgruppen oder, 293
zielt darauf ab, 26, 290, 321

zogen, 4
zu, 1–8, 10–12, 14, 16, 17, 19–22,
    24–48, 50–57, 59, 61–74,
    76–79, 82–99, 101–108,
    110, 112–126, 128–133,
    135–143, 145, 147–149,
    151, 153–164, 167–174,
    176–182, 184–190,
    192–196, 198–213,
    215–218, 220–225,
    228–234, 236–243, 247,
    248, 250, 252, 254–257,
    259–263, 265, 267–269,
    271–277, 279–283, 285,
    286, 288–312, 314,
    316–322, 324–327, 329,
    331, 332, 334, 336–356,
    358, 360, 362–366,
    368–374, 377–380, 382,
    384–395, 397–403,
    405–409, 411–416,
    419–422, 424–429,
    431–443, 445–447,
    449–451, 453–455,
    457–468, 472–480,
    482–486, 489–491,
    493–507, 510–517,
    519–528
Zu viel, 55
Zudem, 358, 387, 394, 475
Zudem können, 164, 320
Zugang ausgeschlossen, 389
Zugang zu, 153
Zugehörigkeit bietet, 259
Zugehörigkeit innerhalb, 370
Zugehörigkeit von, 91
zugeschnitten, 29, 124, 158, 161,
    173, 303, 378, 386, 392
zugrunde, 165, 279

zugänglichen, 43
zugänglicher, 56
Zugänglichkeit verbunden, 14
Zuhörer, 39, 40
Zukünftige Generationen, 468
zukünftige Initiativen, 280
zukünftige Kampagnen, 351
zukünftige Misserfolge, 280
zukünftige Veranstaltungen zu, 159
zukünftigen Aktivismus, 65
zukünftigen Erfolge von, 155
zukünftigen Generationen von, 468
Zum Beispiel kann, 136, 187, 490
Zum Beispiel könnte, 192
Zum Beispiel zieht, 439
Zunahme der, 398
zunehmend, 32, 241, 271, 385, 400,
    510
zunehmende, 3, 5, 10, 507, 512, 516
zunächst, 4
Zunächst einmal gab es einen, 27
zur, 2–5, 7, 12, 19, 21, 26–28, 30,
    32, 36, 38, 42, 48, 52, 54,
    57, 64, 65, 67, 70–72, 74,
    78, 83, 85, 87, 97, 107,
    110, 113, 114, 119, 120,
    124, 126, 129, 131, 133,
    137, 147, 153, 155, 157,
    162–165, 167, 169, 170,
    173, 177, 179–181, 186,
    188, 189, 194, 196, 199,
    201, 208–210, 213, 216,
    218, 221, 235, 242, 252,
    255–257, 265, 269, 272,
    279, 281, 283, 284, 286,
    290–292, 295, 296, 299,
    300, 303, 304, 306, 318,
    335, 336, 338, 339, 342,
    348, 351–353, 362–365,

372, 373, 387, 390, 394,
398, 402, 405–407, 410,
415, 421, 422, 426, 427,
429, 430, 433, 434, 437,
440, 442–444, 450, 453,
458–460, 462, 466, 468,
478, 479, 486, 489–491,
493, 494, 496, 498, 501,
505, 507, 509, 510, 515,
516, 521–523, 528
zurückgelassen wird, 481
zusammen, 3, 130, 158, 197, 210,
260, 305, 378, 490, 502,
516
Zusammenarbeit, 17, 48, 129, 158,
179, 180, 186, 187, 201,
208, 217, 220, 242, 243,
273, 293, 294, 299, 304,
307, 338, 373, 382, 387,
388, 399, 402, 405–407,
416, 427–429, 442, 504,
507, 511, 516
zusammenarbeiten, 17, 233, 238,
292, 312, 331, 382, 384,
429, 434, 507, 528
zusammenarbeitet, 204, 272, 372,
380, 524
zusammenbrachte, 40, 501
Zusammenfassend lässt sich, 5, 10,
12, 14, 33, 37, 44, 51, 55,
59, 62, 70, 79, 92, 99, 106,
108, 114, 121, 124, 131,
135, 147, 153, 157, 162,
164, 184, 186, 192, 206,
212, 218, 220, 239, 249,
254, 261, 265, 274, 292,
296, 298, 309, 318, 320,
326, 332, 340, 347, 358,
364, 366, 371, 374, 382,

390, 392, 414, 429, 439,
453, 455, 462, 466, 482,
484, 493, 495, 498, 512,
519
zusammengearbeitet, 209, 441, 461
zusammengefasst, 302
Zusammenhalt, 292
Zusammenhalt der, 478
Zusammenhalt innerhalb, 38
Zusammenhang mit, 191, 228, 319
zusammenschließen, 74, 405, 432,
451, 486, 491, 504
zusammenschließt, 441
zusammenwirken können, 113
zusammenzuarbeiten, 159, 408, 453
zusammenzuhalten, 159
Zusätzlich gibt, 71, 231
zwar groß, 516
zwei, 182, 342
Zweitens ist, 233
zwischen, 7, 19–21, 38, 39, 42–44,
47, 48, 50, 53, 55–57, 66,
68, 70–72, 79, 95, 105,
112, 122, 123, 163, 180,
184, 186, 188, 194, 201,
218, 220, 221, 229, 231,
242, 243, 261, 262, 274,
276, 282, 284, 289, 290,
293, 295, 315, 342, 351,
367, 368, 373, 398, 399,
417, 419, 420, 428, 433,
449, 455, 469, 475, 476,
507, 516
zählen, 171, 528
zählt, 356, 362, 484, 486, 517, 528
zögern, 188, 387

Ängste, 91
Ängste erhebliche, 97

Ängste äußern, 45
Ängsten, 87, 110
Émile Durkheim argumentierte, 489
Öffentlicher Druck, 210
Öffentlicher Druck bezieht, 223
Öffentlicher Druck spielt, 223
Öffentlichkeitsarbeit, 71, 307
Übergang von, 64
Überleben von, 290
Überlegung, 48, 56
Überschneidungen verschiedener, 94
Überschneidungen von, 260, 407, 478
Überschneidungen zwischen, 289
Überwinden, 99, 294, 448
Überzeugungen, 294
ähnliche, 42, 52, 55, 86, 99, 106, 118, 149, 262, 349, 441, 458
ähnlichen, 86, 259, 312
ältere, 114, 382, 475
äußerliche, 126
äußern, 38, 45, 50, 123, 132, 227, 317, 368, 490, 514
öffentlich, 222, 311
öffentliche, 4, 17, 19, 30, 31, 37, 162, 176, 177, 179, 181, 192, 193, 208, 210, 217, 223–225, 307–309, 311, 312, 314, 355, 365, 366, 370, 443, 465, 474, 475, 490
öffentlichem Druck, 204
öffentlichen, 31, 42, 72, 105, 201, 216, 223–225, 241, 311, 352, 372, 440, 463, 468
öffentlicher, 120, 224, 310
ökologisch, 400

über, 4, 17, 19, 21, 26, 29, 30, 32–36, 39, 40, 42, 48–51, 53–56, 64–69, 72, 78, 79, 87, 89, 94, 104, 107, 112, 116–119, 124, 130, 131, 149, 151, 153–155, 158, 160, 162, 163, 177, 179–181, 192–194, 201, 209, 210, 216, 228, 234, 243, 256, 257, 273, 285, 286, 293, 299, 301, 302, 304, 305, 307, 308, 312, 318, 322, 325, 334, 336, 337, 348, 352, 355, 356, 362, 365, 368, 370, 373, 378, 379, 390, 395, 397–399, 420, 429, 432, 433, 436, 438, 459, 462, 463, 465, 468, 476, 486, 490, 494, 496–498, 504, 510, 511, 515, 524
überarbeiten, 460
überbetont, 170, 189, 509
übergeordnete, 299
übernehmen, 98, 106, 240, 430, 486, 497
überschneiden, 7, 460, 468, 497
übersehen, 49, 70, 252, 321, 342, 356, 362, 368, 374, 386, 389, 399, 428, 510, 516
überwinden, 21, 24, 33, 35, 42, 73, 83, 91, 106, 118, 155, 156, 159, 172, 202, 217, 229, 232, 239, 248, 250, 293, 295, 298, 338, 346, 347, 349, 366, 387, 388, 399, 411, 413, 414, 422, 429, 447, 451, 454, 474, 476, 485, 493, 524

überwältigend, 99, 158, 159, 255, 296, 355, 501

Milton Keynes UK
Ingram Content Group UK Ltd.
UKHW021124111124
451035UK00016B/1206